刑事类案辩护要点与策略选择

XINGSHI LEIAN
BIANHU YAODIAN
YU
CELüE XUANZE

徐宗新 等 编著

法律出版社 LAW PRESS · CHINA
北京

图书在版编目(CIP)数据

刑事类案辩护要点与策略选择 / 徐宗新等编著. --
北京 : 法律出版社, 2023
ISBN 978 -7 -5197 -8223 -8

Ⅰ. ①刑… Ⅱ. ①徐… Ⅲ. ①刑事诉讼－辩护－案例
－中国 Ⅳ. ①D925.210.5

中国国家版本馆 CIP 数据核字(2023)第 153584 号

刑事类案辩护要点与策略选择
XINGSHI LEIAN BIANHU YAODIAN YU CELÜE XUANZE

徐宗新 等 编著

责任编辑 张红蕊
装帧设计 汪奇峰

出版发行 法律出版社
编辑统筹 法规出版分社
责任校对 冯高琼
责任印制 耿润瑜
经　　销 新华书店

开本 710 毫米×1000 毫米 1/16
印张 35 **字数** 610 千
版本 2023 年 11 月第 1 版
印次 2023 年 11 月第 1 次印刷
印刷 北京中科印刷有限公司

地址:北京市丰台区莲花池西里 7 号(100073)
网址:www.lawpress.com.cn
投稿邮箱:info@lawpress.com.cn
举报盗版邮箱:jbwq@lawpress.com.cn
销售电话:010 - 83938349
客服电话:010 - 83938350
咨询电话:010 - 63939796

书号:ISBN 978 -7 -5197 -8223 -8　　**定价**:98.00 元
凡购买本社图书,如有印装错误,我社负责退换。电话:010 - 83938349

作 者 名 单

徐宗新　　上海靖予霖律师事务所主任,浙江靖霖律师事务所创始人、终身荣誉主任
武广轶　　浙江靖霖(昆明)律师事务所执行主任
孙立波　　浙江靖霖律师事务所主任
王之虎　　浙江靖霖(济南)律师事务所主任
刘华锋　　靖霖刑辩学院副院长
陈　浩　　浙江靖霖律师事务所环境污染辩护与研究部主任
陈柳明　　上海靖予霖(福州)律师事务所执行主任
卢姗姗　　上海靖予霖(福州)律师事务所律师
翁京才　　上海靖予霖(福州)律师事务所主任
李　隽　　上海靖予霖律师事务所知识产权部主任
胡　梁　　浙江靖霖律师事务所副主任
孙　宇　　上海靖予霖律师事务所副主任
丁宇魁　　上海靖予霖(天津)律师事务所律师
曾钧泓　　上海靖予霖律师事务所食药环犯罪研究与辩护部主任
贾小玉　　浙江靖霖律师事务所刑行交叉研究与辩护主任
黄菊珍　　上海靖予霖(苏州)律师事务所执行主任
李莉莎　　上海靖予霖律师事务所律师
刘　笛　　上海靖予霖律师事务所网络犯罪研究与辩护部副主任
吴黎明　　浙江靖霖(济南)律师事务所副主任
吴纪平　　浙江靖霖律师事务所职务犯罪防范与辩护部主任
徐激浪　　浙江靖霖律师事务所副主任,靖霖刑辩学院副院长
杨　汇　　浙江靖霖(北京)律师事务所副主任,刑辩学院副院长

陈沛文　　上海靖予霖律师事务所网络犯罪研究与辩护部主任
周　娜　　上海靖予霖（天津）律师事务所执行主任
朱佳明　　浙江靖霖（义乌）律师事务所主任
王超强　　上海靖予霖律师事务所副主任
王建波　　浙江靖霖律师事务所副主任
曹朝军　　浙江靖霖（武汉）律师事务所执行主任
倪雨苗　　浙江靖霖律师事务所副主任
唐　健　　浙江靖霖（武汉）律师事务所律师
郑凯方　　上海靖予霖律师事务所副主任
孙建保　　上海靖予霖律师事务所副主任
高之立　　上海靖予霖律师事务所律师
卢文革　　上海靖予霖律师事务所律师
徐跃灵君　上海靖予霖律师事务所法医技术专业部主任
时　岩　　浙江靖霖（北京）律师事务所律师
张聪荣　　浙江靖霖（昆明）律师事务所律师
宋雷昌　　上海靖予霖律师事务所副主任

序

陈兴良[*]

《刑事类案辩护要点与策略选择》一书即将由法律出版社付印发行，本书主要作者、靖霖律师事务所主任徐宗新律师邀我为本书作序，并将本书电子版发给我，使我得以先睹为快阅读了本书。我认为本书具有以下三个特点，由此而使得本书不同于其他律师所写的刑事辩护类书籍：

第一，本书以刑事类案为论述对象，这一点不同于个案分析的书籍。个案和类案有所不同，个案是单个的案件，绝大多数案例类书籍是讨论个案的。例如，以疑难案件为内容的刑辩书籍，就是以个案为论述对象的。确实，在刑辩业务中，刑事案件都是以个案的形式呈现的，因而律师办理的都是个案，尽管个案可能是二人以上的共同犯罪或者是犯有数罪的情形。因此，刑辩业务始于个案，也终于个案。然而，刑事案件并不是个案的简单汇集，案件之间存在有机联系。在这个意义上说，以刑辩方略为主题的书籍不能局限于个案而应当扩展到类案。在个案研究中，虽然也可以达到以小见大的效果，但毕竟受到个案的局囿，难以对某类案件定罪量刑的一般规律进行探讨。只有通过类案研究，才能在更为广阔的视野把握某类案件的共同特征。本书以类案为研究对象，表明本书已经超越了律师个人办案经验总结的写作目标，而是以宏观视角对类案进行系统性论述，因而具有一定的理论研究性质。在这个意义上可以说，从个案分析到类案研究，这是一种理论层次的升华与理论内容的深化。

这里应当指出，类案和类罪之间还是存在差别的。类罪的概念是极为确定的，是指刑法中的某一类犯罪，这个意义上的类罪具有法定性。例如，根据《刑法》分则

---

* 陈兴良，北京大学博雅讲席教授、博士生导师。

体系,将我国刑法中的犯罪分为十章,可以说是十类犯罪。例如,《刑法》分则第四章规定的人身犯罪和《刑法》分则第五章规定的财产犯罪,各是一类犯罪。但在某一章犯罪之下,又可以进行分类。例如,人身犯罪根据侵害法益的不同,又可以分为侵犯生命权的犯罪、侵犯健康权的犯罪以及侵犯自由权的犯罪等;财产犯罪根据行为方式的不同,又可以分为占有型财产犯罪和毁坏型财产犯罪等。我国《刑法》第三章和第六章由于罪名较多,采用了章下分节的体例,因而每一节犯罪也可以说是一种类罪,并且在每一节犯罪中还可以进一步区分不同的类罪。由此可见,我国刑法中的类罪设置标准是较为复杂的,这些类罪具有不同于个罪的特殊性,揭示这些特殊性对于刑辩活动具有典型的指导意义。例如,本书《计算机网络犯罪的辩护策略与技巧》一文就是以网络犯罪这一类犯罪为论述对象,网络犯罪规定在我国《刑法》第285条至第287条,共设立了七个罪名。这七个罪名归属于《刑法》分则第六章"妨害社会管理秩序罪"之第一节"扰乱公共秩序罪",但它与其他扰乱公共秩序犯罪具有明显差异,其以计算机为犯罪对象或者手段,并且发生在网络空间,因而具有技术上的复杂性和手段上的新颖性。尽管不同的网络犯罪具有各自的特点,但从类罪的角度对网络犯罪刑辩规律进行综合性的研究,对于办理网络犯罪的个案具有重要参考价值。例如,网络犯罪中计算机电子数据的鉴定问题具有较强的技术性,相关鉴定意见对于网络犯罪的定罪量刑是一个关键的证据,在刑辩过程中如何对计算机电子数据的鉴定意见进行审查,是研究各种网络犯罪个罪时需要认真对待的问题。

类案不同于类罪,类罪是某一类犯罪,因此其必然包含了数个个罪;类案则只包含一个个罪,但数个个罪形成类案。也就是说,类罪的主体是罪名,类罪是由数个不同罪名构成的。但类案的主体是案件,是由一个罪名的数个案件构成的,这是类罪与类案的不同之处。比较类罪和类案两个概念,类罪并不包含类案,但类案则可以包含类罪。因此,类案的概念外延大于类罪。在本书中的各个部分,既有对类罪的论述,又有对类案的论述。例如,前面所论及的计算机网络犯罪就是类罪,它涉及不同的罪名。但本书其他专题也涉及类案,如非法经营犯罪的辩护专题涉及的是个罪而不是类罪,因为在我国《刑法》第225条规定的非法经营罪是一个独立的犯罪。但由于非法经营罪具有兜底式罪名的特征,因而在非法经营罪中又可以根据行为类型分为专营专卖等物品类非法经营(第1项)、许可证等文件类非法经营(第2项)、证券等金融业务类非法经营(第3项)和其他非法经营活动(第4项)。由此可见,非法经营罪中实际上包含了各种不同的行为类型,尤其是其他非法经营活动具有堵截构成要件的性质,其内容更是五花八门。在这种情况下,非法经营罪虽然只是个罪,但仅从个案进行研究往往难以把握非法经营罪的全局,只有对非法经营罪进行类案研究,才能真正揭示非法经营罪的本质特征,由此出发才能正确把握非法经营罪的辩护要点和辩护策略。因此,我认为本书以类案为考察切入点是十分成功的选择。

第二,本书作者都是靖霖律师事务所的律师,书中采用了大量的案例,但这些案例大多数并非作者自己办理的,这与通常以律师记录本人所办理的刑事案件的书籍完全不同。刑辩律师的主要业务就是办理刑事案件,虽然多数案件属于平淡无奇的通常案件,但也会办理一些影响力较大的案件或者疑难性案件,这些案件的法律效果和社会效果都十分突出,因而值得总结和反思,并且是律师在刑辩生涯中值得称道的业绩。因此,刑辩律师以自己所办理的重大、疑难、复杂案件为内容撰写具有总结性的刑辩书籍是较为常见的。但本书所涉及的案件,虽然不能排除作者本人所办理的案件,但大多数并非作者本人办理的案件。这个事实决定了本书的目的不在于对本人刑辩业务的总结,而是通过本书的写作,对刑辩业务进行理论研究,因而本书的重点不在于案件,而在于刑辩业务。本书的书名确定了辩护要点和策略选择这两个主题,可以说是概括了本书的写作重点。

辩护要点是从具体案件中提炼出来的,因而是建立在对类案的正确认识基础之上的。一个刑事案件进入诉讼程序后,就会呈现出指控方和辩护方以及裁判者这样一种三方构造。这一构造的目的就是保障裁判结果的正确性。刑辩律师处于辩护方的地位,它的职能对应于指控方。控辩双方基于立场的不同,对同一个案件各有不同的立场:指控方着眼于指控犯罪,提出能够证明犯罪嫌疑人或者被告人有罪或者罪重的事实和证据;与之相反,辩护方则立足于维护犯罪嫌疑人或者被告人的合法权利,提出能够证明其无罪或者罪轻的事实和证据。因此,刑辩律师接到一个刑事案件,首先需要确定本案是否存在以及存在哪些无罪或者罪轻的事实与证据,由此作为辩护切入点。我认为,这就是辩护要点的核心含义。当然,每个刑事案件的辩护要点各不相同,需要刑辩律师去寻找。可以说,寻找辩护要点正是刑辩活动的第一步。当然,每个刑事案件的可辩性程度并不是相同的,有些案件的辩点较少;反之,有些案件的辩点较多。在这种情况下,尽可能全面地找到所有辩点是较为重要的。换言之,遗漏辩点是刑辩的重大疏忽。在本书中,各个专题的作者都将辩护要点作为重点问题加以论述,对于其他刑辩律师办理同类案件具有较大的启迪性。例如,污染环境罪是我国《刑法》第338条规定的一个罪名,本罪的行为是指违反国家规定，排放、倾倒或者处置有放射性的废物、含传染病病原体的废物、有毒物质或者其他有害物质，严重污染环境。刑法对本罪的行为方式，即排放、倾倒或者处置作了具体规定，但《刑法修正案（八）》将污染对象予以了删除。由于环境污染是针对土地、水体、大气等具体对象的，因而环境污染可以分为土地污染、水体污染和大气污染。同样，司法实践中的环境污染案件也可以分为土地污染案件、水体污染案件和大气污染案件。其中，较为突出的是水体污染案件。《"水污染"型污染环境案件的辩护路径》一文就是以水体污染的类案为基础，就该类案件的刑辩规律进行了深入的论述。本文对辩护要点的寻找问题作了集中阐述，作者认为在办理水体污染环境案件时，审查的重点主要包括监测机构和监测人员的资质、标准的适用、取样过程等是否符合相关规定；具体审查方式包括监测机构和监测人员是否具有资质，国家标准、行业标准及特殊流域标准的适用，国家标准中不同标准的适用，取样点位，取样容器的清洗，样品的保存，采样，暗管的认定等问题。这些辩护要点主要涉及水体污染案件的证据问题，直接关系到被告人的有罪与无罪，因而是办理此类案件不可疏忽的方法与步骤。

除了刑辩要点以外，刑辩策略也是十分重要的内容。刑辩策略具有一定的技巧性，是对刑辩经验的总结。当然，辩护策略是建立在对辩护要点的扎实把握基础之上的。而且，辩护策略与辩护要点之间存在明显的区分。但在本书中，大多数专题主要集中论述了辩护要点或者辩护思路，并没有严格意义上的辩护策略的论述，即使论及辩护策略，也在很大程度上混同于辩护要点或者辩护思路。例如，本书《非法集资涉案公司员工刑事风险防控及辩护策略》一文对非法集资类案提出了以下辩护策略：协助当事人把握住自首情节、争取非羁押性强制措施、争取较轻的罪名、争取较轻的作用地位、量刑减轻、从轻、无罪辩护、不能忽视财产刑。上述所谓辩护策略其实还是辩护要点。那么，辩护策略到底如何把握呢？我认为，辩护策略是为达到辩护效果所采用的某些技巧，它服务于辩护效果的最终实现。例如，某个刑事案件，在证据和法律这两个方面都存在可辩之处，但证据方面的可辩之处更为有利，在这种情况下，辩护重点就应该放在证据辩护上，这就是一种辩护策略的选择。又如，退一步说的量刑辩护，也就是先作无罪辩护，然后退一步说，进行量刑辩护。当然，这种退一步说的量刑辩护会削弱无罪辩护的说服力。在量刑规范化以后，庭审活动区分为定罪阶段和量刑阶段，也就是为量刑专门设立一个环节，这就是为无罪辩护的刑辩律师提供了法定的量刑辩护机会，因此不再需要退一步说的量刑辩护，这无疑是一种司法的进步，为刑辩活动提供了合理空间。

在论及刑辩活动中的策略时，还存在一些在我看来并不十分合适的做法，值得商榷。例如，讨价还价式无罪辩护就是其中之一，我国目前的刑辩活动中无罪辩护率较高，但无罪判决率极低，两者形成鲜明对照。这种现象的存在原因十分复杂，应当判无罪而法院不敢判无罪的现象确实存在。但不可否认，刑辩律师不应当作无罪辩护而作无罪辩护的现象也客观存在。存在这种现象的原因也是多方面的，如刑辩律师的独立性不足，屈从于委托人的要求等。但还存在一个原因，即刑辩律师坐地起价，将无罪辩护作为获得从轻处罚的一个砝码，这是一种典型的讨价还价式的刑辩策略。我认为，这种做法是较为不妥的。刑事辩护具有严肃性，刑事司法活动中虽然也有所谓辩诉交易，但辩诉交易还是以事实与法律为基础的。因此，我认为坐地起价式的无罪辩护并不可取。此外，刑辩活动中还有一个涉及辩护策略的问题值得研究，这就是如何看待轻罪辩护。在刑辩业务中，罪轻辩护是较为常见的，即承认有罪但提出可以对被告人从轻、减轻处罚的辩护意见。罪轻辩护并不存在争议，存在争议的是轻罪辩护，即在控方指控被告人犯有重罪的情况下，刑辩律师通过论证被告人犯有另外一个轻罪作为否定重罪的辩护理由。例如，控方指控被告人犯盗窃罪，刑辩律师通过论证被告人犯侵占罪而推翻盗窃罪的指控；控方指控被告人犯故意杀人罪，刑辩律师通过论证被告人犯故意伤害罪而推翻故意杀人罪的指控；等等。对此，许多刑辩律师持否定性观点，认为刑辩律师的职责是推翻控方的有罪指控，而不能另外给被告人加上一个控方所并未指控的罪名。我认为，在通常情况下，刑辩律师的职责决定了不能对被告人增加控方所没有指控的罪名。但如果这一做法能够否定控方指控的更重的罪名，从而实现对被告人最为有利的辩护效果，那么，作为一种刑辩策略，通过论证被告人犯有另外一个轻罪作为否定重罪的辩护方法是完全合理的。由此可见，刑辩策略的选择在刑辩活动中还存在很多值得研究的课题。

第三，本书的内容涉及实体性辩护和程序性辩护，具有全面性，为刑辩业务提供了内容充实而涉及面广泛的重要参考资料。在本书的自序中，徐宗新律师指出：“任何案件的辩护，都必须兼用程序性辩护和实体性辩护，双管齐下，才能保证辩护效果。程序性辩护是全身CT扫描，而实体性辩护是定点精细化手术，点面结合，辩护才能不留死角，不留遗憾。本书的类罪辩护方略，正是程序性辩护和实体性辩护的结合，有程序有实体，实体中有程序，程序中有实体，参考这些做法，有助于我们制定更完美的辩护方案，从而提高案件辩护的成功率和当事人的满意度。”我认为，这段话是十分精辟的。以往的刑辩活动，较为注重实体性辩护，轻视程序性辩护。这与当时我国刑事司法活动重实体、轻程序的观念大行其道有着密切的联系。随着程序正义理念的推行,我国司法实践对程序越来越重视,程序正义的理念也在刑事司法活动中得以体现。正是在这一历史背景下,程序性辩护逐渐成为刑事辩护的工作重点。当然,我国目前还缺乏有效的程序违法的制裁后果,也就是说,程序违法对刑事案件处理的关联性较低。在这种情况下,也就决定了程序性辩护只能起到保障被告人诉讼权利的作用,对被告人实体权利的保障作用还极为有限。

靖霖律师事务所是刑辩的专业律师事务所,在我国刑辩界具有较大的影响力,并且也取得了较佳的刑辩效果。本书反映了靖霖律师事务所在刑辩业务的理论研究上所取得的重要成果,这是值得庆贺的。我相信,本书的出版对于推进我国刑辩研究的理论深化会起到某种示范作用,特此向读者推荐。

是为序。

谨识于三亚领海寓所

2023 年 4 月

自　　序

一类犯罪有一类犯罪的特点,一类犯罪也有一类犯罪的辩护方略。比如,毒品类犯罪,法律对毒品的种类、纯度和取证程序有特别的规定,辩护就有专门的切口、路径和方法;又如,污染环境犯罪,法律对危险废物的认定有特别的规则,对其辩护就应当按照相应的规则,“对症下药”,才能取得“疗效”;再如,计算机信息网络犯罪,其与数字技术密切相关,辩护必须从技术入手,如何运用技术进行辩护,是此类案件辩护成功的关键。

随着靖霖刑事律师队伍的扩大,所办案件的增多,我们也有意识地进行类罪辩护的研究,总结类案处理的规律和规则。近年来,我们结合所办案件,对类罪的犯罪特征、构罪要件、所涉专业、行政规定、证据要求、法律规定等进行梳理,总结出了一套适用于类罪的辩护方略,这是我们靖霖刑事律师源于实践、高于实践又反哺实践的一次刑事辩护业务技能的研究活动,旨在提升自身业务能力的同时,又可以与同仁们进行探讨交流。

经过十三年的专业化发展,笔者有一个观点:刑辩业务技能,分为程序性辩护技能和实体性辩护技能。

程序性辩护,是指在刑事诉讼程序中,按照一定的程序来辩护。具体是什么程序呢?不同的律师有不同的做法。靖霖刑事律师的辩护,有一套标准程序,即刑事辩护的标准化流程。靖霖刑事律师所出版的《刑事辩护全流程质量控制与十项技能解析》一书,讲解的就是如何按照靖霖的标准化流程,按照“五化”的要求,练就十项技能,达到有效辩护。靖霖要求的程序性辩护,就是辩护律师按照标准化流程进行辩护工作,即在什么时间节点,做什么辩护工作,并把辩护工作做到完美。我们认为,如果程序没有走完,有所遗漏,那么辩护就有瑕疵,案件的质量就得不到保障。

实体性辩护,是指运用实体法律提出无罪、轻罪、罪轻的材料和意见。比如,对非法经营犯罪进行辩护,就要熟知涉案的非法经营商品的法律法规,审查相关行为是否违反了行政法规,再判断其情节是否达到了严重的程度。非法经营的商品种类繁多,涉及的行政法规数量庞大,不了解这些实体法律,就做不好这类犯罪的辩护;又如,对于非法集资类犯罪,就要运用法律、行政法规、司法解释中关于非法集资认定的规定、定性的要求以及不追究刑事责任的情形来进行辩护;再如,对侵犯公民个人信息犯罪进行辩护,就要依据《个人信息保护法》对个人信息保护的规定,通过审查《罗伯特议事规则》,来判定哪些个人信息是受法律保护的,如此才能进行准确的定性。

任何案件的辩护,都必须兼用程序性辩护和实体性辩护,双管齐下,才能保证辩护效果。程序性辩护是全身 CT 扫描,而实体性辩护是定点精细化手术,点面结合,辩护才能不留死角,不留遗憾。本书的类罪辩护方略,正是程序性辩护和实体性辩护的结合,有程序有实体,实体中有程序,程序中有实体,参考这些做法,有助于我们制定更完美的辩护方案,从而提高案件辩护的成功率和当事人的满意度。

本书还从类罪扩展到类案,如暴力类案件,申诉、控告、专家证人、涉刑资产处置等某类刑事业务,对这些常见业务的办理方略也一并提出,供办案参考。

希望本书能对读者有所裨益。书中不足之处,也欢迎大家批评指正。

徐宗新

2023 年 1 月

目　　录

第一篇　危害公共安全类犯罪

第二篇　破坏社会主义市场经济秩序类犯罪

第三篇　侵犯公民人身权利、民主权利类犯罪

第四篇　侵犯财产类犯罪

第五篇　妨害社会管理秩序类犯罪

第六篇　贪污贿赂类犯罪

第七篇 其他刑事律师业务

1

第一篇

危害公共安全类犯罪

涉枪案件的辩护

——从八个典型案例展开

刘华锋

近年来，发生了几起社会关注度比较高的涉枪案件，比如，天津大妈气枪案、钥匙扣枪案，这些案件无论是在社会上，还是在相关专业领域都引起了一些关注；笔者也曾经在体制内工作，办理过一些涉枪案件，有一些心得和经验。下面将结合这些案例和自己的工作经历，和大家分享一下涉枪案件中如何做好相关的辩护工作。

一、钥匙扣枪案

（一）简要案情

2012 年，被告人李某通过互联网在国外购买袖珍转轮手枪（长 4 厘米，形状像钥匙扣）一支，并于 2013 年至 2018 年 7 月联系被告人许某以该枪支为原型枪大量复制生产。经许某联系，由被告人梁某（化名）的五金加工厂生产五金冲压件，由深圳某金属制品公司生产击锤、枪管、鼓轮，由惠州某公司生产塑料件。相关配件生产后寄给许某，由许某再转发给梁某，由梁某的工厂负责将全部零配件组装成成品。组装完成后，李某通过境外网站及被告人郭某某等多个国内下线的代理，将袖珍转轮手枪出售。2018 年 7 月 31 日，李某被公安机关抓获，当日在福建省厦门市某地下停车场李某的汽车后备箱内，扣押散装小左轮手枪若干，盒装小左轮手枪 9 套（每套含 1 支小左轮手枪、9 发小左轮子弹），枪支零件若干，未拼装完成小左轮手枪 7 支；在李某住处扣押小左轮手枪 2 支，小左轮子弹 1 袋。经中国刑警学院物证鉴定中心鉴定，李某存放在家中及车内的 62 支钥匙扣左轮手枪是以火药为动力的自制袖珍转轮手枪，属于非军用枪支，具有射击功能，应被认定为枪支。33 件枪支零部件是以火药为能源的非制式枪支零部件,具备与制式枪支专用零部件相同的功能,应被认定为枪支零部件。2018年9月18日,被告人许某、梁某等人被公安机关抓获,当日在许某住处扣押疑似枪支若干。2018年11月20日、11月30日,经中国刑警学院物证鉴定中心鉴定,其中14支系以火药为动力的自制袖珍转轮手枪,属于非军用枪支,具有射击功能,应被认定为枪支。

（二）枪支相关规定

1. 枪支的定义

《枪支管理法》对枪支所下的定义是:以火药或者压缩气体等为动力,利用管状器具发射金属弹丸或者其他物质,足以致人伤亡或者丧失知觉的各种枪支。2019年公安部发布的《公安机关涉案枪支弹药鉴定工作规定》对枪支也下了一个定义:"本规定所称'枪支',是指符合《中华人民共和国枪支管理法》第46条之规定,以火药或者压缩气体等为动力,利用管状器具发射金属弹丸或者其他物质,足以致人伤亡或者丧失知觉的各种枪支。枪支一般应具备枪身、枪管、击发机构、发射机构等。"

2. 枪支的特征

枪支具有以下四个特征:

第一个是动力特征。有动力才能够发射相关物品,这个动力列举的为火药或者气体。当然,除了这两种最常见的动力外,还有其他动力,比如弹簧,如果弹簧压缩产生的弹力足够大,也有可能将物体快速发射出去。再如,还有可能是电磁等。

第二个是发射工具特征。作为发射工具要有管状物,也就是枪管,如果没有枪管,发射出去的物体是没有方向的,那么发射工具将不具有准确度,难以被使用。

第三个是发射物特征。发射物是金属弹丸或者其他物质。子弹的弹头多是金属的,其他物质难以完全列举,实际上只要是能够将人致伤的物体,都可能被作为发射物,比如石头、玻璃,甚至是冰块等。

第四个是致伤力特征。要求足以致人伤亡或者丧失知觉,这是枪支最核心的特征。枪支之所以要被管控,就是因为它能够将人致伤、致死,如果不具有这些功能,显然不是刑法意义上的枪支,也就没有管控的必要。

3. 枪支的鉴定

由于上述概念的原则性,仅靠上述概念,司法实践中仍难以准确界定是否为枪支。为解决这一问题,公安部曾在2001年出台《公安机关涉案枪支弹药性能鉴定工作规定》(公通字〔2001〕68 号,以下简称 2001 年枪支弹药规定);2010 年对该规定进行了修订,发布《公安机关涉案枪支弹药性能鉴定工作规定》(公通字〔2010〕67 号,以下简称 2010 年枪支弹药规定);2019 年再次对上述规定进行修订,发布《公安机关涉案枪支弹药鉴定工作规定》(公通字〔2019〕30 号,以下简称 2019 年枪支弹药规定)。

纵览这三个规定,它们都将枪支分为制式枪支和非制式枪支,在制式枪支的认定上三个规定具有连贯性,但在非制式枪支的认定上则存在巨大差异。

关于制式枪支,三个规定均指出,凡是制式枪支,无论能否完成击发,均认定为枪支。关于何谓制式枪支,2001 年枪支弹药规定未明确说明,2010 年枪支弹药规定和 2019 年枪支弹药规定均明确进行了说明,含义基本一致,即指按照国家标准或者公安部、军队下达的战术技术指标要求,经国家有关部门或者军队批准定型,由合法企业生产的各类枪支,以及境外合法企业制造的枪支和历史遗留的各类旧杂式枪支。但是,2010 年枪支弹药规定和 2019 年枪支弹药规定略有不同,2019 年枪支弹药规定除了给出制式枪支的含义外,还给出了判断方法,提出与制式枪支的实物或者资料相符,或者具备制式枪支特征的,应认定为枪支。

关于非制式枪支,三个规定存在巨大差异,具体如下:

2001 年枪支弹药规定以能否发射制式子弹为标准进行了细分,指出凡是能发射制式子弹的,一律认定为枪支。如果不能发射制式子弹,进一步根据致伤力进行判断。判断标准是将枪口置于距厚度为 25.4 毫米的干燥松木板 1 米处射击,当弹头穿透该松木板时,即可认为足以致人死亡;弹头或弹片卡在松木板上的,即可认为足以致人伤害。具有以上两种情形之一的,即可认定为枪支。反之,则不能认定为枪支。

2010 年枪支弹药规定沿用了上述分类,也指出凡是能发射制式子弹的,一律认定为枪支;如果不能发射制式子弹,进一步根据致伤力进行判断。只不过变化在于,如果能装填制式弹药,即使因缺少个别零件或锈蚀不能完成击发,但是经加装相关零件或除锈后能够发射制式弹药的非制式枪支,也要一律被认定为枪支。另外,该规定对致伤力的判断标准作出了巨大调整,完全放弃了 2001 年枪支弹药规定里提及的射击干燥松木板的方法,改为按照《枪支致伤力的法庭科学鉴定判据》(GA/T 718—2007)的规定,当所发射弹丸的枪口比动能大于等于 1.8 焦耳/平方厘米时,一律认定为枪支。

2019年枪支弹药规定则直接改变了上述分类方式，不再以是否可以发射制式子弹为标准，转而以动力情况为标准，将非制式枪支分为以火药为动力和以压缩气体为动力。对于以火药为动力的，不再测试枪口比动能，只要能发射就被认定为枪支，从而大幅降低了此类枪支的认定门槛。对于以压缩气体为动力的，则仍按照2010年枪支弹药规定中枪口比动能大于等于1.8焦耳/平方厘米的标准。该规定具体指出，对以火药为动力的非制式枪支，能发射制式或者非制式弹药的，应认定为枪支。对火铳类枪支，其枪管、传火孔贯通，且能实现发射功能的，应认定为枪支。对以火药为动力的非制式枪支，因缺少个别零件或者锈蚀不能完成击发动作，经加装相关零件或者除锈后具备发射功能的，应认定为枪支。对以压缩气体等为动力的非制式枪支，所发射弹丸的枪口比动能大于等于1.8焦耳/平方厘米的，应认定为枪支。因缺少个别零件或者锈蚀不能完成击发动作，经加装相关零件或者除锈后具备发射功能，且枪口比动能大于等于1.8焦耳/平方厘米的，应认定为枪支。

关于枪口比动能，《枪支致伤力的法庭科学鉴定判据》中有明确的计算公式，具体如下：

$$e_0 = E_0/A;$$

$$E_0 = \frac{1}{2}mv_0^{\ 2};$$

$$A = \frac{1}{4}\pi d^{\ 2}$$

式中：

E_0——枪弹弹丸枪口动能，单位为焦(J)；

m——枪弹弹丸质量，单位为千克(kg)；

v_0——枪弹弹丸枪口速度，单位为米每秒(m/s)；

e_0——枪弹弹丸枪口比动能，单位为焦每平方厘米(J/cm^2)；

A——枪弹弹丸最大横截面积，即弹丸在枪管内运动时速度的垂直方向上的最大面积，单位为平方厘米(cm^2)；

d——枪弹弹丸最大直径，单位为厘米(cm)。

（三）辩护人观点

辩护人对该案作了无罪辩护，具体包括：

1. 根据枪口比动能大于等于1.8焦耳/平方厘米的标准来认定枪支，不合理也不合法。因为该标准违反《立法法》《枪支管理法》《标准化法》等，且该标准所依据的《人体轻伤鉴定标准(试行)》已被废止。

2. 本案鉴定枪口比动能时所用的子弹是自制弹,不是所查获枪形物所配的子弹。

3. 本案鉴定严重错误,不能作为定案依据。主要体现在:(1)未对鉴定所用自制弹进行任何记录。(2)鉴定时射击次数违反《法庭科学枪口比动能测速仪法测试规程》的要求。(3)鉴定时的测速设备不符合《法庭科学枪弹测速仪通用技术条件》的规定,该文件中技术参数要求里写明了可测速弹丸直径是4毫米到20毫米,但本案测试弹的直径只有1.8毫米。(4)鉴定没有进行复核。根据2010年枪支弹药规定,对枪支弹药的鉴定需经过鉴定、复核两个步骤,并应当由不同的人员分别进行,但本案鉴定书并没有经过复核。(5)鉴定资质有瑕疵。该案鉴定属于物证类鉴定,按照全国人大常委会《关于司法鉴定管理问题的决定》,从事此类司法鉴定的机构和人员需要在司法行政部门进行核准登记,列入鉴定名录,定期公告。(6)鉴定事项超范围。鉴定人员均为痕迹检验专业,让痕迹鉴定机构、痕迹鉴定专家来鉴定某物是否属于枪支,属于典型的、无效的超范围鉴定。

4. 被告人不具有制造、邮寄、买卖枪支弹药的主观故意。具体表现在:(1)检索淘宝、天猫等购物平台,类似本案物品这样的枪形钥匙扣仍在网络中正常销售,并未被全部下架。(2)如果将可以挂在腰间的这一枪形钥匙扣作为枪支,有违常人理解。(3)涉案钥匙扣是通过邮寄送货的,经过了安全检查,如果说涉案物品是枪支,怎么还可以准予运输。另外,如果是枪支,那么侦查人员邮寄涉案物品的行为也将构成邮寄枪支罪。(4)涉案物品售价仅几十元,价格低廉,枪支不可能卖这么便宜。

(四)法院判决及理由

法院认为,被告人李某违反枪支管理规定,非法制造、买卖、邮寄78支枪支、33件枪支零部件,其行为构成非法制造、买卖、邮寄枪支罪,情节严重,其在共同犯罪中起主要作用,系主犯。但鉴于其所制造、买卖、邮寄的枪支仅供装饰,未造成严重社会危害及后果,对其可依法在法定刑以下判处刑罚。被告人许某违反枪支管理规定,非法制造、邮寄78支枪支、33件枪支零部件,其行为已构成非法制造、邮寄枪支罪,情节严重,其在共同犯罪中亦起主要作用,系主犯。但鉴于其所制造、邮寄的枪支仅供装饰,未造成严重社会危害及后果,对其亦可依法在法定刑以下判处刑罚。被告人梁某违反枪支管理规定,非法制造、邮寄78支枪支、33件枪支零部件,其行为已构成非法制造、邮寄枪支罪,亦系主犯。但鉴于其所制造、邮寄的枪支仅供装饰，未造成严重社会危害及后果，对其也可依法在法定刑以下判处刑罚。关于本案的枪形物是否为枪支，法院认为，本案的鉴定意见是具有法定资质的鉴定机构中的鉴定人员依照法定程序作出的，应该作为定案的依据，该鉴定意见证实涉案枪支是以火药为动力的自制袖珍转轮手枪，属于非军用枪支，具有射击功能，故将其认定为枪支。据此，法院判决如下：被告人李某犯非法制造、买卖、邮寄枪支罪，判处有期徒刑4年；被告人许某犯非法制造、邮寄枪支罪，判处有期徒刑3年6个月；被告人梁某犯非法制造、邮寄枪支罪，判处有期徒刑3年。

二、自制手枪案

（一）简要案情

2013年11月9日，被告人朱某某在饭店吃饭时与他人发生打斗，打斗过程中朱某某对饭店老板王某某进行追砍，其间还拿出一支手枪，但是这把枪无法击发，现场留下了3发64式手枪的子弹。后经鉴定，该手枪是以火药为动力的自制仿64式手枪，送检状态下其由于击锤力不够，无法正常击发国产64式手枪弹。

（二）辩护人观点

辩护人对事实无异议，但提出涉案枪支因不能击发，没有危害性，故不能被认定为枪支。

（三）法院判决及理由

法院认为，虽然涉案自制手枪目前不能击发，但是该手枪可以装填制式枪弹，且现场也查获了3发64式手枪子弹，只要将涉案手枪稍加修复就可以击发，因此应当将其认定为枪支。后法院以非法持有枪支罪判处被告人朱某某有期徒刑1年。

三、火柴枪案

（一）简要案情

被告人郑某某自行设计、制造了一支火柴枪（有发射管，击发物品是火柴头），以380元的价格在网络上售卖。某买家在网上购买后，公安机关根据买方提供的线索抓获了郑某某，并查获了疑似枪支4支。经鉴定，4支疑似枪支均是以火药为发射动力的枪支，可以击发并具有致伤力。

（二）辩护人观点

辩护人所提辩护意见包括：

1. 被告人卖出的火柴枪和被查获的枪的内部结构不同，需要重新鉴定。

2. 即使涉案物被鉴定为枪支，也不能证明被告人明知是枪支而予以出售。具体来说，被告人主观上没有认识到售卖物品是枪支，所以在网店售卖，其属于事实认识错误，不能定罪。

3. 即使要定罪，也应当比照适用最高人民法院、最高人民检察院出台的《关于涉以压缩气体为动力的枪支、气枪铅弹刑事案件定罪量刑问题的批复》，而不应以查获数量量刑。

(三)法院判决及理由

法院认为，首先，被告人卖出的火柴枪与被查获的火柴枪是一致的。其次，涉案物品具有枪的特征，而且枪口比动能超过了1.8焦耳/平方厘米。再次，被告人对于涉案物系枪支主观上也是有认识的。最后，被告人销售的枪支的枪口比动能不高，综合认定为犯罪情节轻微，危害不大。最终法院以非法制造、买卖枪支罪对被告人免予刑事处罚。

四、射钉枪案

(一)简要案情

被告人顾某先后从网上买了两把射钉器，放在自己家里，后来公安机关查获了一把，他又主动上缴了一把，经鉴定，射钉器经过了改装，属于枪支。

这个案件里的枪支是由一种叫射钉器的装修工具改装而来的，外形很像手枪。射钉器使用的是射钉弹，射钉弹里面装的是火药，和真正的子弹很像，只是把弹头换成了钉子，通过击发射钉弹可以把钉子打入水泥或钢板，威力非常大。但是作为装修工具的射钉器只有抵住硬物时才能击发，不能隔空射击，这是它与枪支的核心区别。本案之所以将射钉器鉴定为枪支，是因为其被进行过改装，改装部件是增加的一个垫片，网上称之为“免顶神器”。通过这样的改装，原本只能抵住硬物才能击发变成了可以隔空击发，这时射钉器具备了枪支的功能。

(二)辩护人观点

辩护人提出，被告人是从网上购买的射钉器，不知道其经过了改装，只是用于装修，收货后将该物品给木工组装，后存放在库房，在其中一把坏了后被告人才又买了一把。因此，不构成犯罪。

(三)法院判决及理由

法院认为,被告人在2019年7月10日的讯问笔录中称自己在护圈前的枪管下加了一个垫片,也就是说被告人自己供述曾经进行过改装。所以,最终认定被告人构成非法持有枪支罪,撤销原判管制1年1个月的处罚,改判其免予刑事处罚。

五、BB枪案

(一)简要案情

被告人莫某某自2006年读小学开始,每年过年前后都会在玩具店及地摊购买BB枪,放在家中把玩。2020年9月17日,广州荔湾警方在莫某某的住处搜出22支枪状物。后经鉴定,按照2019年枪支弹药规定,22支枪状物中有6支属于以压缩气体为动力发射弹丸的非制式枪支。

(二)辩护人观点

辩护人所提辩护意见包括:

1. 不能依照公安部出台的相关规定中的标准来认定枪支。

2. 即使要按照公安部出台的相关规定中的标准来认定枪支,也应依照2001年枪支弹药规定中的标准。涉案物是莫某某在2006—2009年购买的,在此期间,公安机关认定枪支的标准是2001年枪支弹药规定,不能使用后来修订从严的标准。

3. 根据2001年枪支弹药规定,涉案物不属于枪支,因为在2001年枪支弹药规定中对于不能发射制式子弹的非制式枪支,要进一步根据干燥松木板标准进行致伤力判断,而这一标准大致可以换算成枪口比动能为16焦耳/平方厘米,涉案的这6支BB枪中,有4支的枪口比动能低于5.4焦耳/平方厘米,有2支的不足10.8焦耳/平方厘米,故均不属于枪支。

4. 莫某某不具有涉枪犯罪的主观故意。莫某某自读小学开始从玩具店及地摊购买BB枪,后把这些枪作为玩具放在家中,完全不具有涉枪犯罪的主观故意。

(三)法院判决及理由

法院认为,莫某某违反枪支管理规定,非法持有枪支,其行为已构成非法持有枪支罪,应依法予以惩处。关于辩护人所提意见,首先,《枪支管理法》仅明确了枪支的动力、发射工具、发射物及性能等特征,并未规定具体的量化标准。根据《枪支管理法》的规定,公安部作为枪支管理的主管部门,有权就枪支的认定标准制定相关的规定,故本案依据公安部出台的规定认定枪支合法有效。其次,本案是对莫某某非法持有枪支的行为进行评价，持有是一种持续性的行为，故以公安部 2019 年枪支弹药规定中的标准认定涉案枪状物为枪支也是合法有效的。最后，根据莫某某的稳定供述以及对其住所的勘验情况，莫某某是一名枪类爱好者。莫某某供述其知道国家规定枪口比动能超过 1.8 焦耳/平方厘米的枪状物是违法的，并知道其持有的 22 支枪状物中有若干支是可以击发的，而可以击发的枪状物中有 5 ~6 支的枪口比动能可能超过 1.8 焦耳/平方厘米。此外，莫某某也供述其认为只要自己不将持有的枪状物携带外出就无人知晓，其后来在网店购买水弹枪及相关配件的购买记录均在购买后予以删除。可见，莫某某对于其持有枪状物存在违法可能性是明知的，对于其持有枪状物被发现也具有一定的规避行为。综合全案证据，莫某某自 2006 年起，出于爱好，以 120 ~1300 元不等的价格在越秀区一德路和淘宝网店购买涉案枪状物。鉴定为枪支的 6 支枪状物均以塑胶弹丸为发射物，枪口比动能均较低。在侦查人员对其住所进行搜查时，莫某某主动配合，并未规避公安机关的调查，归案后能如实供述犯罪事实。莫某某有固定的职业，并无任何违法犯罪前科。综合全案可以认为莫某某犯罪情节轻微，不需要判处刑罚。故法院以非法持有枪支罪，对其免予刑事处罚。

六、天津大妈气枪案

（一）简要案情

2016 年 8 月至 10 月 12 日，被告人赵某某在天津市河北区李公祠大街亲水平台附近，摆设射击摊位进行营利活动。2016 年 10 月 12 日 22 时许，公安机关在巡查过程中发现赵某某的上述行为，将其抓获归案，当场查获涉案枪形物 9 支及相关枪支配件、塑料弹。经天津市公安局物证鉴定中心鉴定，涉案 9 支枪形物中的 6 支为能正常发射的以压缩气体为动力的枪支。

（二）辩护人观点

辩护人所提辩护意见包括：

1. 公安部出台的《枪支致伤力的法庭科学鉴定判据》中的标准既不合法也不合理。

2. 本案枪支鉴定书存在严重问题，不能作为定案依据。具体体现在：(1)涉案枪形物的提取、包装和送检违法，检材被污染。查扣赵某某枪支的录像显示，本案的枪支物证的提取、包装和送检，违反了公安部《法庭科学枪支物证的提取、包装和送检规则》。(2)鉴定所依据的《枪支性能检验方法》从未公开过，不能作为鉴定依据。

3. 赵某某没有犯罪故意。非法持有枪支罪是故意犯罪，要求被告人明知行为对象是枪支。赵某某一直认为自己摆摊用的是玩具枪，而非法持有枪支罪要求的枪支是真枪。

（三）法院判决及理由

法院认为，首先，关于辩护人所提枪支认定标准问题。《枪支管理法》第 46 条规定："本法所称枪支，是指以火药或者压缩气体等为动力，利用管状器具发射金属弹丸或者其他物质，足以致人伤亡或者丧失知觉的各种枪支。"此规定未包含可供执行的、具体的量化标准，需要由有权机关作出进一步规定。《枪支管理法》第 4 条明确规定："国务院公安部门主管全国的枪支管理工作……"据此，公安部作为枪支管理主管部门有权制定相关规定，本案鉴定所依据的《公安机关涉案枪支弹药性能鉴定工作规定》《枪支致伤力的法庭科学鉴定判据》均合法有效，应当适用。其次，关于辩护人所提涉案枪形物的提取、包装和送检问题。公安机关在侦查过程中，虽未按照公安部相关规定现场对涉案枪形物进行编号、封装和填写标签，但严格依照《刑事诉讼法》的规定制作了搜查笔录、扣押决定书、扣押清单，并对查扣过程进行了同步录像；将赵某某带回派出所后，经其确认给涉案枪形物贴上标签予以封存。一审庭审期间，赵某某本人对扣押送检的枪形物当庭予以了确认。二审期间，检察机关从天津市公安局河北分局依法调取了相关情况说明，进一步证明了涉案枪支依法提取、扣押、保管、送检的过程。上述证据相互印证，证据之间没有矛盾，能够确定涉案枪支为上诉人赵某某所持有，排除被混同的可能性。侦查机关未在第一现场对涉案枪形物进行编号、封装和填写标签，以及随手抓取枪形物，不影响证据关联性的认定。再次，关于枪支鉴定书的问题。公安部颁布的 2010 年枪支弹药规定指出，涉案枪支、弹药的鉴定由地（市）级公安机关负责，各地可委托公安机关现有刑事技术鉴定部门开展枪支、弹药的鉴定工作，故本案鉴定机构具备相关鉴定资质；《枪支性能检验方法》系公安部正式颁布的规范性文件，辩护人认为该规定属"尚未公布的规定"没有事实根据；枪支的关联性问题前已述及。综上，本案《枪支鉴定书》系具有鉴定资质的鉴定机构，对赵某某持有的枪形物依照法定程序和方法作出的结论，符合《刑事诉讼法》及相关司法解释对鉴定意见审查与认定的要求，且经法庭举证、质证，应依法予以采信并作为认定案件事实的证据。最后，关于赵某某的主观明知。涉案枪支外形与制式枪支高度相似，以压缩气体为动力、能正常发射、具有一定致伤力和危险性，且不能通过正常途径购买获得，赵某某对此明知，其在此情况下擅自持有，即具备犯罪故意。至于枪形物致伤力的具体程度，不影响主观故意的成立。综上，赵某某非法持有的枪支均刚刚达到枪支认定标准，犯罪行为的社会危害相对较小，其非法持有枪支的目的是从事经营，主观恶性、人身危险性相对较低，二审期间其能如实供述犯罪事实，认罪态度较好，有悔罪表现等情节，可酌情予以从宽处罚，后法院以非法持有枪支罪，改判有期徒刑3年，缓刑3年。

七、高压气瓶枪案

（一）简要案情

2017年，被告人王某某、胡某夫妇进了一批高压气瓶，后通过网络予以销售，胡某售出26个高压气瓶，其中王某某负责打包和邮寄18个。4个月后，因为其他人在网上购买枪支零部件组装枪支被查获，公安机关顺藤摸瓜抓获王某某、胡某夫妇，并在他们租赁的房屋中查获了309个高压气瓶。

（二）枪支散件的相关规定

1. 司法解释的规定

2001年，最高人民法院在《关于审理非法制造、买卖、运输枪支、弹药、爆炸物等刑事案件具体应用法律若干问题的解释》中规定："非法制造、买卖、运输、邮寄、储存、盗窃、抢夺、持有、私藏、携带成套枪支散件的，以相应数量的枪支计；非成套枪支散件以每三十件为一成套枪支散件计。"2009年，最高人民法院虽然对该解释进行了修正，但上述条文并未修改。

2. 枪支散件的定义

关于什么是枪支散件，2001年枪支弹药规定并未提及，2010年枪支弹药规定和2019年枪支弹药规定均将枪支散件分为制式枪支散件和非制式枪支散件，而且2019年枪支弹药规定还对枪支散件下了一个定义，即指专门用于组成枪支的主要零部件。

3. 枪支散件的鉴定

关于制式枪支散件的认定标准，2010年枪支弹药规定和2019年枪支弹药规定基本一致，2010年枪支弹药规定指出，对制式枪支、弹药专用散件（零部件），能够由制造厂家提供相关零部件图样（复印件）和件号的，一律认定为枪支、弹药散件（零部件）。2019年枪支弹药规定指出，与制式枪支、弹药及其散件的实物或者资料相符,或者具备制式枪支、弹药及其散件特征的,应认定为枪支、弹药及其散件。

关于非制式枪支散件的认定标准,2010 年枪支弹药规定和 2019 年枪支弹药规定区别较大,2010 年枪支弹药规定指出,对非制式枪支、弹药散件(零部件),如具备与制式枪支、弹药专用散件(零部件)相同功能的,一律认定为枪支、弹药散件(零部件)。2019 年枪支弹药规定指出,对非制式枪支散件,与制式或者非制式枪支散件的实物、资料相符或者相近,或者具备枪支散件相同功能的,应认定为枪支散件。

(三)辩护人观点

辩护人所提辩护意见包括:

1. 涉案气瓶不具有专用性,不是枪支散件。具体而言:(1)最高人民法院、最高人民检察院《关于审理非法制造、买卖、运输枪支、弹药、爆炸物等刑事案件具体应用法律若干问题的解释》没有对枪支散件进行明确定义,应当将其限制解释为主要用于从事枪支制造的部件,且具有专用性。(2)公安部《关于枪支主要零部件管理有关问题的批复》将其限制解释为专用于枪支的零部件。该批复附件将气瓶的主要性能特征描述为"气枪中用于储存高压气体的枪支零件"。也就是说,"气枪中"的"气瓶",才是枪支主要零部件。如果不是"气枪中"的"气瓶"则不是枪支的主要零部件。如用于潜水、医疗的气瓶,就不能被认为是枪支主要零部件。且附件中的气室、气门、泵体,均有定语"气枪中";准星、照门,均有定语"为枪支";几乎所有的零部件都限定为"××功能"的"枪支"零件。可见,零件仅专用于枪支时,才属于枪支零件。(3)《枪支散件的检验方法》规定,"疑似枪支散件一般应与枪支密切相关,不包括民用市场上可合法任意购买且未经过改造的机械或电子产品"。本案中的气瓶,市场上可随意出售和购买,鉴定人也当庭认可。

2. 涉案气瓶本身没有社会危害性,销售和购买高压气瓶并不需要特别许可,任何人均可合法任意购买。

3. 行为人没有非法买卖枪支的故意。非法买卖枪支罪是故意犯罪,要求行为人明知是枪支而非法买卖。胡某的供述证明,她知道气瓶的用处很多,但并不明知高压气瓶是法律意义上的枪支配件或枪支,更不知道购买出售高压气瓶的行为违反了法律规定。

4. 涉案气瓶的扣押存在问题。具体表现在:(1)搜查扣押现场未附照片。(2)见证人身份不详。(3)搜查笔录对物品特质、数量注明不详,且没有补正或作出合理解释。(4)没有会同胡某、王某某进行清点,309个的数字是否真实无法确定。(5)气瓶如何封存,没有任何照片,同一性无法保证等。

5. 鉴定意见不能作为定案的根据。具体理由是:(1)检材来源不明,同一性无法保证。(2)涉案气瓶并不是《枪支散件的检验方法》所规定的检材对象。(3)抽样数量严重不客观,违反《枪支、枪弹及零部件物证检验的抽样方案》的规定。(4)鉴定采取实物对比法,但对比对象不具备对比条件,无法得出意见。根据2010年枪支弹药规定第3条第5项的规定,对比对象应当为"制式枪支""专用散件"。涉案气枪显然不是"制式枪支"。即便按照《枪支散件的检验方法》,与涉案气枪上的气瓶进行比对,也因对刘某某气枪上气瓶的属性一无所知,故不具备对比条件,无法对比。(5)越权鉴定,且未经复核。

6. 若是定罪,因胡某没有任何规避调查的行为,且案发至今,一直认罪悔罪,希望对其免予处罚或判处缓刑。

(四)法院判决及理由

法院认为,首先,关于涉案气瓶的扣押及送检。公安机关随案移送的搜查扣押时拍摄的照片确实未显示有高压气瓶,录像也未能显示查扣309个高压气瓶的完整过程,搜查笔录和扣押物品清单上对高压气瓶的特征未作描述,对气瓶扣押后保管不规范等问题确实存在,但上述搜查笔录和扣押物品清单上,均有物品持有人和见证人的签字,足以证明气瓶来源明确,因此瑕疵的存在不足以影响物证同一性的认定。其次,关于是否属于枪支散件。据河南省公安厅司法鉴定中心出具的鉴定书,将从胡某、王某某处查扣的309个四种型号的高压气瓶组装到样本枪上进行检测时,枪口比动能均达到1.8焦耳/平方厘米的枪支认定标准,有致伤力和危害性,应将高压气瓶认定为枪支散件。再次,关于行为人的主观故意。据王某某的多次供述及相关证人证言,认定其将气瓶作为枪支散件销售,所售气瓶用于组装气枪在主观上是明知的。最后,关于量刑。考虑到涉案气瓶具有其他民用用途,且出售的26个高压气瓶尚未达到非成套枪支散件折算成一套枪支散件的数量标准(30件为一套),未出售的309个高压气瓶也尚未流入社会,社会危害性相对较小,据最高人民法院、最高人民检察院《关于涉以压缩气体为动力的枪支、气枪铅弹刑事案件定罪量刑问题的批复》的相关规定,综合考虑被告人的主观认知、违法所得和社会危害性等,酌情从轻处罚。综上,二审法院以非法买卖枪支罪判处胡某有期徒刑5年,王某某有期徒刑3年。

八、通厕器枪案

（一）简要案情

2016年3月，阜阳一位农民家中的鸡被气枪打死了，在调查枪支来源的过程中，被告人姜某某被抓获，公安机关在姜某某的仓库中查获3870个通厕器握把，后被鉴定为枪支散件。

（二）辩护人观点

辩护人所提辩护意见包括：

1. 姜某某的通厕器握把不属于刑法意义上的枪支主要零件。具体体现在：（1）刑法规制的是枪支主要零（部）件，不是所有枪支零（部）件。（2）姜某某的通厕器握把不符合刑法规制的"枪托"的定义。姜某某的通厕器握把只是一个枪形的塑料外壳，它从头包到尾，并不只是位于枪支的后部，与其说它是枪托，还不如说它是枪壳，但枪壳也不在《枪支主要零件及性能特征明细表》中。（3）姜某某的通厕器握把系通厕器外壳，受专利法保护。

2. 鉴定存在诸多问题，不能采信。具体体现在：（1）鉴定资质存在瑕疵。（2）鉴定方法严重错误。检验报告采取的论证逻辑都是将检材与鉴定机关此前出具的某检验报告中的快排枪进行比对，声称该快排枪已被鉴定为枪口比动能超过1.8焦耳/平方厘米，属于枪支，而检材与该快排枪上的塑料握把的形制功能完全相同，故得出结论，即受检塑料制品就是枪支零部件（枪托）。2010年枪支弹药规定第3条第5项明确规定："对非制式枪支、弹药散件（零部件），如具备与制式枪支、弹药专用散件（零部件）相同功能的，一律认定为枪支、弹药散件（零部件）。"也就是说，比对鉴定时鉴定机关应该将非制式的散件与制式枪支进行对比，而不是与此前自己鉴定的非制式枪支对比。（3）姜某某的通厕器握把可以用于玩具、通厕器、快排等物品，具有通用性。

3. 如果定罪，量刑时应考量已售未售的区分，未售部分应予以排除，还应适用最高人民法院、最高人民检察院《关于涉以压缩气体为动力的枪支、气枪铅弹刑事案件定罪量刑问题的批复》等相关规定。

（三）法院判决及理由

法院认为，根据姜某某此前的多次供述，其是因为了解做气枪握把可以赚钱，才设计图纸，后找人做模具，并委托他人生产的，并利用互联网平台销售、邮寄气枪握把，姜某某的供述得到了为其包装、发货、销售的多人的证言以及同案犯的供述印证。虽然案发后，姜某某的亲属将握把作为其他物品组件申请了专利，但本案现有证据能够证实姜某某为牟取非法利益，而设计、委托生产枪支握把，再通过网络、快递予以销售的事实，具有非法制造、买卖、邮寄枪支的主观故意。客观上，其售出及被查获的握把被鉴定为枪支散件，售出的握把卖给贩卖枪支、枪支散件的陈某某等。且姜某某被采取强制措施时，"速通通厕器"外观专利尚未申请，也没有相关产品投入市场，而该产品主要由"枪托"形的握把、挂杆、吸盘等组成，被授予外观设计专利的是整个产品，而非"枪托"形握把。现有证据也并未反映姜某某制造、贩卖的握把当时在市场上用于制造通厕器等，因此，通厕器具有外观专利并不能推出该握把不属于枪支散件的结论。考虑到被告人委托他人生产的枪托是塑料材质，且大部分尚未售出，从枪托的价格、材质上看，也只能制造枪口比动能较低的气枪。据此，二审法院撤销一审判决，以非法制造、买卖、邮寄枪支罪判处被告人姜某某有期徒刑5年。

九、关于枪支的有效辩点总结

前六个案例是关于枪支的，其中前四个案例中的枪支是以火药为动力的，后两个案例中的枪支是以气体为动力的。在这些案例中，不仅摘录了辩护人的辩护观点，而且还给出了相应的法院意见，结合双方的观点，可以得出涉枪案件的以下四个有效辩护方向。

（一）关于枪支鉴定辩护

1. 鉴定的枪支是不是行为人出售或持有的枪支

鉴定的前提是要确保被鉴定物品系涉案枪支，具体而言，要按照物证的审查要求，审查枪支的扣押、提取、流转及送检是否符合《刑事诉讼法》及《法庭科学枪支物证的提取、包装和送检规则》的相关规定，重点审查枪支的提取是否有搜查笔录、扣押笔录及相关清单，提取扣押时是否系两位侦查人员，搜查及扣押时有没有见证人，见证人是否符合规定等。这里需要注意的是，并不是说只要枪支的提取或送检不符合上述规定，鉴定意见就一定不能被采纳，而是只有难以保障同一性，无法作出合理解释的，才不能被作为定案的根据，这在第一个和第六个案例中都有清晰的体现。

2. 测量枪口比动能所用的子弹是否合适

根据《枪支致伤力的法庭科学鉴定判据》，决定枪口比动能的因素有三个，分别是枪弹弹丸质量、枪弹弹丸枪口速度、枪弹弹丸最大直径。这三个因素对于以火药为动力的枪支来说,均与子弹有关,而与枪支本身无关。所以,审查测量枪口比动能所用的子弹是不是被鉴定枪支所配的子弹就格外重要,如果不是所配的子弹,而使用自制的子弹进行测试的话,子弹内火药数量的多少将大大影响测量值。

3. 鉴定人和鉴定机关是否具有鉴定资质

对涉案枪支的鉴定属于物证鉴定事项,根据全国人民代表大会常务委员会《关于司法鉴定管理问题的决定》,国家对从事物证类鉴定业务的鉴定人和鉴定机构实行登记管理制度。侦查机关根据侦查工作的需要设立的鉴定机构,不得面向社会接受委托从事司法鉴定业务。根据最高人民法院、最高人民检察院、公安部、国家安全部、司法部《关于做好司法鉴定机构和司法鉴定人备案登记工作的通知》的规定,公安机关自行审核认定的鉴定机构、鉴定人也必须在司法行政机关备案登记并公告。因此,首先要审查的就是鉴定人和鉴定机关的资质,如果没有资质,所作的鉴定意见不应当作为定案的根据。

4. 鉴定方法是否符合要求

这里需要重点审查鉴定过程是否符合行业标准,如是否符合《法庭科学枪口比动能测速仪法测试规程》中列明的各项要求。这里需要说明的是2001年枪支弹药规定和2010年枪支弹药规定都对枪支鉴定设置了鉴定和复核的特别要求,但2019年枪支弹药规定已将该要求取消,只是规定对枪支的鉴定按照《公安机关鉴定规则》执行。此外,还需要指出的是,根据公安部相关规定,以枪口比动能大于等于1.8焦耳/平方厘米作为以气体为动力的枪支的判断标准虽然遭受诸多质疑,也由此而引发了很多争议,辩护人在辩护中也占用很大篇幅去质疑这一标准,但是从目前的司法实践来看,司法机关在这一标准的适用上仍是一致的,尤其是在引发国内高度关注的天津大妈案件中,法院更是明确地指出相关标准合法有效。

(二)关于行为人主观认知辩护

虽然前面谈了枪支鉴定中的有效辩点,但毕竟鉴定是专业工作,找出鉴定意见的明显问题还是比较困难的。涉枪犯罪的前提是行为人明知是枪,因此,即使通过鉴定,涉案物品被鉴定为枪,也不代表行为人就明知是枪,这一主观认识上的辩护几乎在前面的大部分案件中均有体现,也是最为有效的辩点。案例中不少法院的判决书在回应这一辩护观点的时候,都有些牵强。比如在天津大妈气枪案中,法院认为,涉案枪支外形与制式枪支高度相似,其以压缩气体为动力、能正常发射、具有一定致伤力和危险性，且不能通过正常途径购买获得，赵某某对此明知，据此，认为赵某某具有犯罪故意。这一推定难以令人信服，因为，赵某某用这些枪形物摆地摊是公开的，也有一段时间，市场上还有监管人员，从来没有人提出过异议，赵某某也一直认为这些枪型物只是打气球的工具，不可能是枪。还有钥匙扣枪案，在该案中，即使钥匙扣枪形物被鉴定为枪支，也难以认定行为人明知钥匙扣枪形物是枪支，因为，行为人是在网络上公开出售的，其并未采取隐蔽手段，邮寄钥匙扣枪形物时也是通过正规的寄递渠道，销售价格也符合装饰品的定价，种种表现都反映出行为人根本不可能认为其制造和出售的钥匙扣枪形物系枪支。当然，也要说明的是，行为人知不知道是枪也不能从社会一般人的角度去看，而应当站在一个谨慎人的角度，尤其对于从事玩具枪或仿真枪交易的人而言，因为他们是相关物品的经营者，所以应当负有更高的注意义务。曾经发生过这样一起案件，一家制造仿真枪的厂家，在生产制造仿真枪的时候，为了杜绝生产出枪口比动能超过 1.8 焦耳/平方厘米的仿真枪，每次定型批量生产前都先将样品拿去检测，拿到不超标的检测报告后才投入生产，生产好之后还要进行抽样再测试。但不幸的是，某日该厂家遭到举报，公安机关将其仓库中的仿真枪查扣，后经检测里面仍有少量产品超标，公安机关据此认为厂家涉嫌构成非法制造、买卖枪支罪。对于此案，笔者认为厂家已经尽到了其应负的注意义务，主观上根本没有制造、买卖枪支的故意，不能构成犯罪。

（三）关于案件性质辩护

假如前面的辩护观点均不被采纳，那么购买枪支的人是定非法持有枪支罪，还是非法买卖枪支罪，这两个罪名在量刑上存在很大区别。虽然有学者认为，非法买卖枪支罪中的非法买卖是指违反有关规定，购买或者出售枪支，并不要求买入后再卖出。然而，司法实务中的以娱乐、收藏等自用为目的而购买的行为，也有很多被认定构成非法持有枪支罪。尤其是在最高人民法院、最高人民检察院《关于涉以压缩气体为动力的枪支、气枪铅弹刑事案件定罪量刑问题的批复》的理解与适用中，更是明确地指出，以收藏、娱乐为目的，非法购买、持有以压缩气体为动力、枪口比动能较低且不属于易于通过改制提升致伤力的枪支的，社会危害性相对较小，应当依法从宽处罚；如果行为人系初犯，确有悔改表现，没有造成严重后果，则可以依法不起诉或者免予刑事处罚；情节显著轻微危害不大的，不以犯罪论处；确有必要判处刑罚的，可以非法持有枪支罪依法从宽处罚。

（四）关于量刑辩护

关于量刑，要用好“法”和“情”字。习近平总书记强调：“法律并不是冷冰冰的条文，背后有情有义。要坚持以法为据、以理服人、以情感人，既要义正辞严讲清‘法理’，又要循循善诱讲明‘事理’，感同身受讲透‘情理’，让当事人胜败皆明、心服口服。”应该说，作为司法审判工作最终产品的裁判文书，其摆正法理、事理、情理三者关系，乃是时代所需、民众之盼、司法大势所趋。

关于“法”字，首先要充分用好最高人民法院和最高人民检察院出台的《关于涉以压缩气体为动力的枪支、气枪铅弹刑事案件定罪量刑问题的批复》，这个批复强调对于以气体为动力的枪支在量刑时不要“唯数量论”，尤其是在枪口比动能很小的情况下，即使数量较大，符合入罪情形，也不能机械地按照司法解释规定，以此作为跳档次的标准。另外需要注意的是，虽然这个批复针对的是以气体为动力的枪支，但是在该批复的理解与适用中，条件有所放宽，指出对于火柴枪等这些以火药为动力的枪支也可以比照适用。此外，还要充分用好一些地方司法机关出台的执法意见，比如浙江省高级人民法院和浙江省人民检察院就曾针对枪支案件出台相关会议纪要，明确如果枪口比动能在1.8焦耳/平方厘米以上，不足5.4焦耳/平方厘米的，一般情况下不起诉，已经起诉但情节轻微的可以免予刑事处罚。

关于“情”字，要向法官充分传达社会大众的同情。正如前面所说，虽然在枪支的判断上，目前检察院和法院仍在采用公安部出台的枪口比动能大于等于1.8焦耳/平方厘米的认定标准，律师对此提出的质疑也均未被采纳，但是辩护人据此提出的从宽量刑观点却均被予以了采纳。因为，当一些老百姓观念上认为的玩具等物按照这一标准被鉴定为枪支后，老百姓普遍难以接受，尤其是一些刚超出这一标准不多的所谓枪支，更是会引发老百姓的普遍同情，那么辩护人就要在辩护中将这种同情及时地传达给办案人员。回顾前面的案例，大多在量刑上作出轻缓改判的案件都用到了这个“情”字，尤其在天津大妈案中体现得更为明显。

上述四个辩护方向是一个体系。第一个辩点针对是否可以认定为枪支，从鉴定本身展开辩护。第二个辩点是主观认知，即能否认识到是枪支，从常情常理的角度展开。第三个辩点是即便是枪，该如何定罪，从轻罪辩护角度展开。第四个辩点是即使定罪，也不能唯数量论，即使达到一定数量，也要考虑枪口比动能的大小和伤害性的大小，尽量争取免予处罚或者缓刑。

十、关于枪支散件的有效辩点总结

通过上述最后两个案件,可以总结以下枪支散件案件的有效辩护要点。

(一)关于枪支散件鉴定辩护

1. 鉴定的枪支散件的来源及送检

这部分内容与前面枪支鉴定部分相同,不再赘述。第七个案例中法院更是进行了详细说理。

2. 鉴定人和鉴定机构的资质问题

这部分内容与前面枪支鉴定部分相同,也不再赘述。

3. 专用性特征

有些零件,除了可以用在枪支上,还具有其他用途,它们能不能算是枪支散件?在上述两个案例中,辩护人都认为只有零件仅专用于枪支时,才属于枪支散件,主要理由是,公安部《关于枪支主要零部件管理有关问题的批复》明确指出,枪支散件是指组成枪支的主要零件和部件,其中,枪支主要零件是指对枪支性能具有较大影响而且不可拆分的单个制件,如枪管、击针、扳机等;枪支部件是指由若干枪支零件组成具有一定功能的集合体,如击发机构部件、枪机部件等。该批复附件《枪支主要零件及性能特征明细表》也对枪支的主要零件进行了列举。但法院均认为即使零件具有其他用途,也不能直接否定其专用性特征,只要是枪支的主要零部件,而且行为人又知道该零件是被用于制造枪支的,就应当被认定为枪支散件。该部分内容毕竟属于枪支的专业知识范畴,辩护中如果能引入有专门知识的人出庭,辅助对鉴定意见进行质证,效果会更好些。

4. 功能性特征

功能性的认定一般采用"功能等效比较法"。通常来讲,是先寻找一把对照枪,用对照枪进行射击实验,认定其是否为枪支,若为枪支,再把对照组枪支拆卸,将对照组零部件与待检零部件进行结构、尺寸、材质等方面的比对,通过认定两组零件的功能是否相同来认定待检零部件是否为枪支零部件。需要说明的是,2010 年枪支弹药规定要求非制式枪支散件在认定时需要与制式枪支的零部件进行比较,具有相同功能的,可以认定为枪支零部件。但是 2019 年枪支弹药规定大大降低了这一比对要求,指出既可以与实物比对,也可以与资料比对,既可以与制式枪支比对,也可以与非制式枪支比对,只要与制式或者非制式枪支散件的实物、资料相符或者相近,或者具备枪支散件相同功能的,即应当认定为枪支散件。该部分内容毕竟属于枪支的专业知识范畴,辩护中如果能引入有专门知识的人出庭,辅助对鉴定意见进行质证,效果会更好些。

5. 是否可以单独或与其他零部件一起组装成刑法意义上的枪支

之所以要认定枪支散件,是因为其组装成的枪支具有潜在危险性,如果不能组合成一把刑法意义上的枪支,那自然不具有可罚性。至于什么是枪支,前文已经说明,此处不再赘述。

(二)关于行为人主观认知辩护

既然是涉枪犯罪,那么前提是必须要明知是枪支的零部件。如果某零部件只能用于制造枪支,而不具有其他用途,可以推定明知。如果零部件既可以用于制造枪支,又可以有其他用途,则即使经鉴定属于枪支零部件,也不能直接推定行为人明知,必须结合其他证据进行综合判断。比如案例七中的高压气瓶,因为它自身本就可以用于潜水等,如果他人以购买潜水设备为由从行为人处购买了气瓶,后该气瓶却被实际用于制造枪支,那么即使这个气瓶被鉴定为枪支散件,对行为人也不能以涉枪犯罪定罪处罚。在上述两个案例中,虽然辩护人都提出了该项辩护意见,但法院均从证据角度认为行为人系明知。

(三)关于枪支散件数量辩护

数量辩护可以从两个角度进行,一个是从枪支零部件范围角度进行,根据《枪支主要零件及性能特征明细表》,辩护中可以将表内没有列举,具有通用性的螺丝、弹簧等物品从枪支散件中剔除出去。另一个是从主客观一致的角度进行,既然被鉴定为枪支零部件的一些物品还具有其他用途,那么在这些物品被卖出之前都还尚不能确定其要用于哪里,辩护中可以提出将那些没有证据证实是将被用于制造枪支的物品予以剔除。

重大责任事故案件的审查与辩护要点

郑凯方

重大责任事故罪作为安全生产领域的业务过失类犯罪，是司法实践中较为常见的罪名。此类案件往往涉案人员较多，犯罪主体复杂。既包括直接从事生产、作业的人员，也包括对生产、作业负有组织、指挥或者管理职责的负责人、管理人员、实际控制人、投资人等。有的案件还涉及国家机关工作人员渎职犯罪。另外，此类案件事故原因错综复杂，既有直接原因也有间接原因，原因行为与危害后果之间的关联程度又存在差异。因此，如何在复杂涉案主体、事故原因与因果关系中厘清责任，是此类案件审查与辩护的重点。

一、法律法规中的要点

《刑法》第134条第1款规定："在生产、作业中违反有关安全管理的规定，因而发生重大伤亡事故或者造成其他严重后果的，处三年以下有期徒刑或者拘役；情节特别恶劣的，处三年以上七年以下有期徒刑。"

2011年12月30日最高人民法院发布的《关于进一步加强危害生产安全刑事案件审判工作的意见》（法发〔2011〕20号，以下简称2011年审判工作意见）、2015年12月14日最高人民法院、最高人民检察院发布的《关于办理危害生产安全刑事案件适用法律若干问题的解释》（法释〔2015〕22号，以下简称2015年司法解释）就此类案件的法律适用问题作出了具体解释。

1. 主体要件

本罪的行为主体是自然人，单位不能成为本罪的主体。根据2015年司法解释，对生产、作业负有组织、指挥或者管理职责的负责人、管理人员、实际控制人、投资人等人员，以及直接从事生产、作业的人员均可以成为本罪的犯罪主体。企业的性质、资质、所属行业等均不影响本罪的成立,群众合作经营组织、个体经营户的从业人员、无证开采小煤矿的从业人员均可成为本罪的主体。

2. 客观行为与损害结果

重大责任事故罪行为方式限于"在生产、作业中违反有关安全管理的规定,因而发生重大伤亡事故或者造成其他严重后果"。根据2015年司法解释第6条、第7条的规定:(1)造成死亡1人以上,或者重伤3人以上的;(2)造成直接经济损失100万元以上的;(3)其他造成严重后果或者重大安全事故的,属于"造成严重后果"或者"发生重大伤亡事故或者造成其他严重后果",对相关责任人员,处3年以下有期徒刑或者拘役。(1)造成死亡3人以上或者重伤10人以上,负事故主要责任的;(2)造成直接经济损失500万元以上,负事故主要责任的;(3)其他造成特别严重后果、情节特别恶劣或者后果特别严重的,对相关责任人员,处3年以上7年以下有期徒刑。

3. 因果关系与责任追究

重大责任事故往往是多因一果。2011年审判工作意见第8条规定:"多个原因行为导致生产安全事故发生的,在区分直接原因与间接原因的同时,应当根据原因行为在引发事故中所具作用的大小,分清主要原因与次要原因,确认主要责任和次要责任,合理确定罪责。一般情况下,对生产、作业负有组织、指挥或者管理职责的负责人、管理人员、实际控制人、投资人,违反有关安全生产管理规定,对重大生产安全事故的发生起决定性、关键性作用的,应当承担主要责任。对于直接从事生产、作业的人员违反安全管理规定,发生重大生产安全事故的,要综合考虑行为人的从业资格、从业时间、接受安全生产教育培训情况、现场条件、是否受到他人强令作业、生产经营单位执行安全生产规章制度的情况等因素认定责任,不能将直接责任简单等同于主要责任。对于负有安全生产管理、监督职责的工作人员,应根据其岗位职责、履职依据、履职时间等,综合考察工作职责、监管条件、履职能力、履职情况等,合理确定罪责。"

二、十大辩护要点

在上述法律要点的基础上,我们将重大责任事故罪细分为十个刑事认定要素,进行逐一分析。十要素即该罪名的十大辩点。

(一)事故性质之辩

全国人大常委会法制工作委员会编著的《中华人民共和国刑法释义》,将事故分为自然事故、技术事故和责任事故。确定是否属于责任事故，是进行责任追究的前提。

“自然事故”是指因不以人的意志为转移的自然原因所导致的事故。该自然原因不因人力的干扰或影响而发生，也并非人力所能控制。在自然事故中，因行为人对于损害结果主观上没有罪过，不具有刑事犯罪“有责性”要件，无须承担刑事责任。

“技术事故”是指受技术手段或者设备条件所限而无法避免的人员伤亡或经济损失事故。技术事故应当按照普遍的、行业性的标准而非按照企业当下的设备状态来决定。如果凭借现有的科技和设备条件，本可以避免事故的发生，但由于疏忽大意未能避免的，则可构成重大责任事故罪。

实务中，事故多是“多因一果”，单纯因自然原因或者技术限制而引发的事故并不多见，更多的是人为因素和其他因素相纠缠而共同导致的惨剧。在多类型因素并存尤其是介入了自然灾害因素的案件中，因果关系的认定争议较大。笔者建议采用“结果避免可能性理论”来分析自然灾害介入因素下的因果关系，即“只有在遵守了义务就能够避免危害结果时，才能归责于违反义务的行为人；当遵守义务也不能避免危害结果时，违反义务与危害结果之间无法建立内在关联，不应归责于行为人；当结果避免的可能性不确定时，根据刑事司法疑罪从无原则，应当作有利于行为人的认定，不应当归责于行为人”。在个案审查方面，建议按以下逻辑进行分析与论证：(1)排除人为因素影响后，事故是否仍会发生；(2)行为人的客观行为是否违反了安全管理规定；(3)各因素对事故结果的原因力大小。

除事故性质的判断外，审查与辩护时还应重点关注“行业风险”。很多行业都不可避免地存在一定风险，矿山、危险化学品、交通运输、建筑施工、金属冶炼等本身就属于高危行业。传统的刑法理论认为，行为人只要认识到自己的行为存在危险，就应当停止该行为。按照该思维，风险行业的存在本身就是一种“犯罪”。但是，该种入罪思路显然不合常情常理。刑法学界因此提出了“允许的危险”这一理论，一定程度上限制了过失犯罪的成立范围，可以成为重大责任事故罪免责或减轻责任的事由。

（二）时空要素之辩

重大责任事故罪虽为过失犯罪，但其保护的法益是公共安全，具体而言是生产、作业的安全——通过刑事手段来规范生产、作业有序进行，惩罚在此过程中带来危害后果的不法行为，使从业人员遵守生产、作业的规定而不致事故发生。这不仅是重大责任事故罪与其他罪名的重要区别，也是重大责任事故罪犯罪客观方面对时空的特殊要求。导致事故发生的责任行为必须发生在生产、作业过程中，与生产、作业有直接联系，否则不宜定性为重大责任事故罪。

例如，在(2016)辽07刑再4号齐某重大责任事故案中，一审、二审法院均认定齐某构成重大责任事故罪，再审中，合议庭认为，作为重大责任事故罪中所指的“生产、作业”有其独有的限制和特征。从刑法的意义上讲，“生产、作业”系基于社会分工的结果，必须具有反复性、持续性及一定的危险性，生产作业过程，只包括生产、作业的活动进入实质运行的阶段，而活动准备阶段、休假、休息时间或者生产作业停顿阶段，都不属于生产、作业过程。本案中，涉案养殖场经营范围为“兰狐、貉子养殖”，所属行业为“牲畜饲养”，事故发生在垒锅台、安装电翻锅过程中（由外部人员沈某某实施），该活动只是为饲养狐狸、貉子准备食物，被告人齐某与受害人沈某某垒锅台、安装电翻锅的作业与狐狸、貉子饲养作业虽具有关联性，但与狐狸、貉子饲养作业的持续性、反复性有着本质的区别，并不属于兰狐、貉子饲养的实质运行阶段的生产作业。另外，要准确把握“生产、作业”在时空上的限定，即行为人没有从事生产、作业，或者生产、作业处于停止状态，行为人在休息时间所为的行为造成了严重后果，均不能构成重大责任事故罪。本案中，与受害人沈某某一起作业的工人陈述“我们两个最后干的活是垒烟囱……”被告人齐某也多次供述“他应该干的活都干完了”，且现有证据不足以证明受害人的正常作业尚未结束，故无法认定导致受害人死亡的相关行为属于本罪当中的作业行为。再审改判齐某无罪。可见，重大责任事故罪需重点考察行为的发生是否与本身的生产操作密切相关。

那么，如何判断是否属于“在生产、作业中”呢？有学者认为，违法行为必须是发生在生产作业过程中，不能是在一项生产作业活动结束后发生的，且只包括生产作业活动进入实质运行的阶段，而活动准备阶段、职工或者其他工作人员的休假、休息时间或者生产作业停顿阶段，都不属于生产、作业过程。笔者认为，上述观点过于绝对，并未对“生产、作业”的工作性质和类别予以区分。实践中生产作业的情况应区分“一次性”的生产作业和“重复性”的生产作业，生产作业的情形不同也会对案件处理结果产生重大影响。

1. 有明确工作和休息时间的“重复性”生产作业

对于有明确工作和休息时间的“重复性”生产作业，在停业整顿期间或者休息过程中,因为违反相关监督管理和安全生产法律法规导致严重损害结果的情形,要注意审查是否与生产活动相关。如与生产工作本身有关联,行为人违反了法律规定或规章制度并造成重大责任事故罪的结果,则构成本罪;如果不在本职生产工作期间,即使违反了有关安全管理的规定并造成严重后果也不应认定为本罪。

案例:江西某塑料加工厂失火案。某塑料加工厂负责人租用了一四层民房,一楼作为塑料加工生产车间,二至四楼作为生活场所,负责人和员工分别住在三楼和四楼。2022 年 5 月 27 日晚,该负责人将自用的电动三轮车停入加工车间。5 月 28 日 1 时 40 分许,因电动三轮车电气线路故障引发火灾,过火面积约 200 平方米,伤亡 1 人,直接经济损失 782600 元。公安机关认为,本次事故起火原因为电动三轮车电气线路故障,系在休息时间发生,不属于在生产、作业中发生的重大事故,故该负责人不构成重大责任事故罪。

2. 有明确开始和结束时间的"一次性"生产作业

(1)在"一次性"生产、作业的过程中

从司法实务看,道路施工和建设工程领域对"生产、作业中"的界定有其特殊性,不是通常意义上的生产、作业当时,而是指贯穿整个建设过程,从项目立项开始到项目竣工验收结束,建设工程都处于生产、作业中。例如,在(2017)内 0426 刑初 249 号王某某、曹某某重大责任事故案中,事发涵洞桥尚在修建过程中。2016 年 10 月 1 日 21 时许,王某某、曹某某由于施工中采取的安全措施不到位(当时没有在施工作业,属于休息时间),造成韩某 1、赵某二人酒后驾驶摩托车掉入施工现场深坑内死亡。法院判决认定被告人王某某、曹某某在施工中违反有关安全管理的规定,未尽到安全管理义务,因而发生二人死亡的重大伤亡事故,均已构成重大责任事故罪。

另外,在建设工程领域因不同主体介入建设项目的时间不同,比如施工单位是在中标后开始介入建设,监理单位是在接受建设单位委托后开始介入,因此在审查时还应关注不同主体的生产、作业时点。

(2)在"一次性"生产、作业结束后

如果事故的发生与生产操作密切相关,即使是在"一次性"的生产、作业结束后,仍有涉嫌本罪的可能。只要行为过程中存在威胁公共安全的客观因素,就具有重大责任事故罪中生产、作业的危险性质,属于本罪所规定的生产、作业。只要实施了违反有关安全管理规定的行为,且达到了本罪所要求的结果标准,那么无论是发生在一次性作业过程中还是作业结束后,都可以本罪定罪处罚。典型如泉州某酒店坍塌案，杨某某等人在2012年至2017年，违反国家有关城乡规划、建设、安全生产规定，为谋取不正当经济利益，在无合法建设手续的情况下，雇用无资质人员，将某酒店建筑物由原4层违法增加夹层改建成7层，违法违规建设、改建钢结构大楼，达到极限承载能力并处于坍塌临界状态，加之事发前对底层支承钢柱违规加固焊接作业引发钢柱失稳破坏，导致建筑物整体坍塌。相关责任人及某酒店承包经营者在发现重大安全隐患后，未履行安全管理职责，未及时采取紧急疏散等措施，最终造成重大伤亡事故及严重经济损失，最终相关责任人被判犯重大责任事故罪。

（三）责任主体之辩

如前所述，本罪并非特殊主体。但是，该罪犯罪主体仍可细分为两类：一是直接责任人员，即直接从事生产、作业的人员，对事故的发生负有直接过失；二是监督过失人员，即负有安全生产管理、监督职责的工作人员，对事故的发生负有监督过失。直接责任人员的认定通常不具有争议，对监督过失人员的认定则应仔细审查行为人是否具有相应的职责与权限。可以从法律法规及单位的内部规范、岗位职责、同行业情况、合同约定等方面查找依据。如果行为人本身就不具有安全生产与管理职责，那么就不具有承担责任的基础。例如，在（2016）吉01刑终164号高某某等人重大责任事故案中，《建设工程施工合同》载明被告人高某某是该项目甲方派驻施工现场的工程师，不是建设单位的项目管理代表人，其仅在现场对施工单位可能存在的工程技术问题进行监督，不负有安全管理职责，故高某某不应对该项目施工过程中发生的安全事故承担责任。一审法院认定高某某构成重大责任事故罪，判处有期徒刑3年，二审改判无罪。

（四）主观过失之辩

过失包括疏忽大意的过失与过于自信的过失，指应当预见自己的行为可能发生危害社会的结果，因为疏忽大意而没有预见，或者已经预见而轻信能够避免，以致发生危害结果。换言之，是在有预见结果发生的义务和可能性的情况下，却没有采取适当行为来避免结果的发生。如果可以证明行为人对于损害结果主观上确实没有罪过，则不具有刑事犯罪“有责性”要件，无须承担刑事责任。因此，辩护人应系统性地审查证据，尤其是从业资格、从业时间、接受安全生产教育培训情况、现场条件、类似情形等，审查在案证据是否可以认定行为人对危害结果的发生有主观认识，查找相反证据论证行为人对危害结果的发生不具有认识因素、没有主观过失。

典型如最高人民检察院发布的第95号指导案例宋某某等人重大责任事故案。

该案中,2017 年 3 月 9 日,该矿施工人员赵某某带领 4 名工人在 3101 综采工作面清煤时发生顶部支护板塌落事故,导致上覆煤层坍塌,造成 3 名工人死亡,赵某某及另一名工人受伤,直接经济损失 635.9 万元。事故调查报告认定赵某某对事故的发生负直接责任,认为赵某某在发现漏煤时未组织人员撤离而是继续清煤导致了事故的发生,公安机关对其以重大责任事故罪移送审查起诉。检察机关审查起诉过程中,经自行侦查,发现案发地点当时是否出现过顶板漏煤的情况存在疑点,赵某某、幸存的员工和其他案发前经过此处及上一班工人的证言,均不能印证现场存在漏煤的事实,不能证明赵某某对危害结果的发生有主观认识,无法确定赵某某的责任。因此,依法对赵某某作出不起诉决定。

（五）客观行为之辩

重大责任事故罪客观上要有违反安全管理规定的行为,故需重点审查有无违规行为,有无采取消除安全隐患的行为。

1.“违反安全管理规定”的理解

2011 年审判工作意见第 7 条规定:“认定相关人员是否违反有关安全管理规定,应当根据相关法律、行政法规,参照地方性法规、规章及国家标准、行业标准,必要时可参考公认的惯例和生产经营单位制定的安全生产规章制度、操作规程。”根据该意见,安全管理规定具体可分为四类:一是国家制定并颁布的有关安全生产与管理的法律、法规等规范性文件;二是行业或者管理部门制定的关于安全生产、作业的规章制度、操作章程,包括但不限于安全监管、技术质量标准、人员职业技术资格、施工作业人员劳动安全保障等方面;三是企业、单位内部制定的各类有关生产安全的规章、细则;四是虽无明文规定,但在实际生产、施工作业过程中依据过往经验而被公认的行之有效的操作习惯和惯例等。在此提示三点:一是关注以上管理规定的位阶效力;二是注意国家标准、行业标准有强制性与非强制性之分;三是对于公认的惯例和生产经营单位制定的安全生产规章制度、操作规程,只有在法律和章程制度不能对具体生产作业进行有效指导的时候才进行参考。

2. 合理信赖原则的适用

如前所述,本罪的责任主体分为直接责任人员与监督过失人员两类。在监督过失责任中,对于监督者而言,可以考虑运用合理信赖原则以免除或减少监督者的过失责任。在已建立合理信赖关系的情形下,如果被监督者违背信赖、监督者又并无失察时,不能追究监督者的过失责任。只有在依法确认监督者违反注意义务、怠于履行监督管理职责,或者监督者对被监督者的信赖是不合理的,其行为确实是结果发生的原因之一时,才能追究监督者的过失责任。

笔者认为,考察是否建立了合理信赖关系,需从正反两方面进行审查与论证。正向审查包括:(1)是否建立了明确的责任制度和健全的安全防范体系;(2)是否为被监督者提供了履行职责的充分条件,如相应的技术与安全培训;(3)被监督者是否具有专业知识和技能或者督促被监督者拥有了履行职责的知识和技能;(4)监督者自身是否遵守了相关的法律法规、规章制度、业务规则等。反向审查包括:(1)被监督者是否不具有从事某项工作的合法资格和能力;(2)在过去的工作中,被监督者是否具备胜任工作的能力,是否存在否定其工作能力、工作态度的事件;(3)被监督者是否曾向监督者汇报过该安全问题,是否有时间也有能力避免危害结果的发生;等等。总而言之,通过正反两方面的分析,论证监督者与被监督者已建立日常的、实质上的信赖关系,监督者难以预见到危害行为的发生。

(六)危害结果之辩

重大责任事故罪是结果犯,伤亡人数、直接经济损失金额是入罪及法定刑升格的主要依据。对于伤亡人员的认定,应着重审查伤情鉴定意见是否准确,有无重大瑕疵,因果关系上有无其他介入因素。经济损失的认定争议多,具有较大辩护空间。什么是直接经济损失？笔者梳理了相关司法解释及行政法规、规章等,见表1。

表1 直接经济损失的认定

序号	文件名称	关于直接经济损失的规定
1	《关于刑事附带民事诉讼范围问题的规定》(已失效)	被害人因犯罪行为遭受的物质损失,是指被害人因犯罪行为已经遭受的实际损失和必然遭受的损失。
2	《关于渎职侵权犯罪案件立案标准的规定》	本规定中的“直接经济损失”,是指与行为有直接因果关系而造成的财产损毁、减少的实际价值;“间接经济损失”,是指由直接经济损失引起和牵连的其他损失,包括失去的在正常情况下可以获得的利益和为恢复正常的管理活动或者挽回所造成的损失所支付的各种开支、费用等。
3	《关于审理破坏电力设备刑事案件具体应用法律若干问题的解释》	本解释中直接经济损失的计算范围,包括电量损失金额,被毁损设备材料的购置、更换、修复费用,以及因停电给用户造成的直接经济损失等。

续表

序号	文件名称	关于直接经济损失的规定
4	《关于办理盗窃油气、破坏油气设备等刑事案件具体应用法律若干问题的解释》	“直接经济损失”包括因实施盗窃油气等行为直接造成的油气损失以及采取抢修堵漏等措施所产生的费用。
5	《火灾统计管理规定》	火灾直接财产损失是指被烧毁、烧损、烟熏和灭火中破拆、水渍以及因火灾引起的污染等所造成的损失。 火灾间接财产损失是指因火灾而停工、停产、停业所造成的损失，以及现场施救、善后处理费用（包括清理火场、人身伤亡之后所支出医疗、丧葬、抚恤、补助救济、歇工工资等费用）。

目前法律及司法解释暂未就危害安全生产类犯罪的“直接经济损失”作出具体认定规定。因此，审查时建议参照相关行政层面的认定规定。原国家标准局出台的《企业职工伤亡事故经济损失统计标准》（GB 6721—86）为安全生产类事故的经济损失提供了计算依据，其对“伤亡事故经济损失”作出明确规定：是指企业职工在劳动生产过程中发生伤亡事故所引起的一切经济损失，包括直接经济损失和间接经济损失。直接经济损失是指因事故造成人身伤亡及善后处理支出的费用和毁坏财产的价值。间接经济损失是指因事故导致产值减少、资源破坏和受事故影响而造成其他损失的价值。直接经济损失的统计范围包括：（1）人身伤亡后所支出的费用，包括医疗费用（含护理费用）、丧葬及抚恤费用、补助及救济费用、歇工工资；（2）善后处理费用，包括处理事故的事务性费用、现场抢救费用、清理现场费用、事故罚款和赔偿费用；（3）财产损失价值，包括固定资产损失价值和流动资产损失价值。在火灾类安全事故中，由公安部、原劳动和社会保障部、国家统计局出台的《火灾统计管理规定》（公通字〔1996〕82 号）将直接经济损失限定为被烧毁、烧损、烟熏和灭火中破拆、水渍以及因火灾引起的污染等所造成的损失。除此之外，因火灾而停工、停产、停业所造成的损失，以及现场施救、善后处理费用则属于火灾间接财产损失。该规定作为部门规章，其效力和适用顺序应高于《企业职工伤亡事故经济损失统计标准》。

（七）因果关系之辩

因果关系是核心辩点亦是辩护难点。在此，笔者结合实务经验，建议注意以下三个方面：

第一,因果关系讨论的是行为是否对法益造成了法不容许的危险,行为本身是否具有危险性不是因果关系范畴内的问题。在重大责任事故中,即便违反安全管理规定行为本身具有危险性,但是如果该行为并未对法益造成危险,那么就不能认定该行为与损害结果之间具有因果关系。

第二,事故的危害结果应是直接由行为人"不履行有关安全管理规定"的作为义务造成的。反过来讲,如果行为人"履行了有关安全管理规定"的作为义务,就不会出现事故的危害结果。

第三,事故调查报告认定的事故原因不等于刑事因果关系的认定。事故调查报告由行政主管部门、专家依法定程序形成,对事故原因、事故性质、责任认定、责任者处理等提出的具体意见和建议,需经政府批复确认,是司法机关是否追究相关人员刑事责任的重要参考。但是实务中因司法机关具体办案人员专业知识有限,在原因判断上过于依赖事故调查报告,导致刑事上因果关系的判断常常缺乏独立性,甚至产生"唯事故调查报告论"的现象。笔者认为,事故调查报告只是探求导致事故发生的各方面原因,至于是否属于刑法意义上的因果关系、原因力大小,还需要进行独立判断。因此,建议辩护人介入案件后,应与事故调查小组保持沟通,关注事故调查进展,尽早提交相关意见及有利的证据材料;对于已在案的事故调查报告,辩护人应秉持独立审查原则与怀疑批判精神,结合全案证据审查事故调查报告的科学性。实践中,存在事故调查报告建议追究刑事责任,而司法机关认为证据不足、无法建立起因果关系因而未予追究的案例,也发生过事故调查报告建议给予行政处罚或者党纪政纪处分,司法机关却追究刑事责任的案件。

(八)责任大小之辩

通常来说,责任事故的发生是数个过失行为共同作用的结果,各个行为人均违反了各自的职责要求,或直接或间接地导致了事故的发生。诸多过失行为并存情况下的"多因一果"案件中,各方责任孰大孰小,是否属于主要责任,直接关系到各方的量刑,也关系到行为人是否适用3~7年量刑档次(只有负事故主要责任才有可能适用)。笔者建议深度剖析各个失职行为与事故结果之间引起与被引起的因果历程,从行为人对责任事故控制的可能性、控制程度、是否处于结果回避的优越地位、有无向上反映汇报等方面进行分析,在此基础上判断其失职行为在引发事故中所起作用的大小,继而分清主要原因与次要原因,确认主要责任和次要责任。

(九)轻罪之辩

重大责任事故罪与交通肇事罪均属危害公共安全犯罪,前者违反的是"交通运输法规”,后者违反的是“有关安全管理的规定”,但是对于从事营运活动的交通运输组织来说,航道、公路既是公共交通领域,也是其生产经营场所,“交通运输法规”同时亦属交通运输组织的“安全管理的规定”,因此二者经常发生竞合。交通运输活动的负责人、投资人、驾驶人员等违反有关规定导致在航道、公路上发生交通事故,造成人员伤亡或者财产损失的,可能同时触犯交通肇事罪与重大责任事故罪。

除交通肇事逃逸致人死亡外,两罪的法定刑相同。但是,两罪的入罪标准不同,加重情节也不同,这就有了轻重之分,为辩护提供了突破口。在立案标准上,交通肇事罪中,只有对事故负有同等责任、主要责任或全部责任时才可入罪,而在重大责任事故罪中,入罪时不区分主要责任与次要责任(主要责任只是法定刑升格的要件)。可见,在立案标准上,交通肇事罪的要求高于重大责任事故罪。但是,在3～7年这一量刑档次中,交通肇事罪的适用条件又在一定程度上低于重大责任事故罪。因此,辩护时,辩护人应灵活根据案件的实际需要,进行轻罪辩护。

那么如何区分交通肇事罪与重大责任事故罪呢?根据最高人民检察院第97号指导案例夏某某等人重大责任事故案,可从以下三个方面区分两罪:

第一,看事故发生的地点是否属于公共交通管理范围。一般情况下,在航道、公路等公共交通领域,违反交通运输法规驾驶机动车辆或者其他交通工具,致人伤亡或者造成其他重大财产损失,构成犯罪的,应认定为交通肇事罪;在停车场、修理厂、进行农耕生产的田地等非公共交通领域,驾驶机动车辆或者其他交通工具,造成人员伤亡或者财产损失,构成犯罪的,应区分情况,分别认定为重大责任事故罪、重大劳动安全事故罪、过失致人死亡罪等罪名。

第二,看行为人对交通运输活动是否负有安全管理职责,对事故发生是否负有直接责任,所实施行为违反的主要是交通运输法规还是其他安全管理的法规等,准确选择适用罪名。具有营运性质的交通运输活动中,行为人既违反交通运输法规,也违反其他安全管理规定(如未取得安全许可证、经营资质、不配备安全设施等),发生重大事故的,由于该类运输活动主要是一种生产经营活动,并非单纯的交通运输行为,为全面准确评价行为人的行为,一般可按照重大责任事故罪认定。交通运输活动的负责人、投资人等负有安全监管职责的人员违反有关安全管理规定,造成重大事故发生,应认定为重大责任事故罪;驾驶人员等一线运输人员违反交通运输法规造成事故发生的,应认定为交通肇事罪。

第三,看是符合“生产、作业中”这一时空要素。运输是运输业企业最核心的业务活动,但是也宜将“生产、作业”限定在正在行驶且产生经济效益的运输活动中,前期的活动准备阶段或生产作业停顿、完毕阶段都不应当认定为生产、作业的过程。如果涉事企业的核心业务并非运输,只是事故发生在运输活动中,那么可以辩护不属于重大责任事故罪中的“生产、作业中”,不符合重大责任事故罪的构成要件。

(十)罪轻之辩

罪轻辩护可以从以下角度进行分析:(1)伤亡人数、经济损失、环境污染;(2)事故原因与行为人职责的关联程度;(3)行为人主观过错大小;(4)事故发生后行为人的施救表现;(5)履行赔偿责任情况;(6)有无自首、立功等从轻减轻处罚情节,有无加重情节;(7)行为人对于涉事单位的重要性;(8)行为人个人及家庭情况;(9)涉事企业对当地就业、纳税等方面的重要性;(10)案件的社会影响;等等。根据2011年审判工作意见第16条、第17条的规定,对于事故发生后,积极施救,努力挽回事故损失,有效避免损失扩大;积极配合调查,赔偿受害人损失的,可依法从宽处罚;对于危害后果较轻,在责任事故中不负主要责任,符合法律有关缓刑适用条件的,可以依法适用缓刑。

三、合规从宽制度的运用

2022年4月,最高人民检察院会同中华全国工商业联合会等部门宣布涉案企业合规改革在全国范围内推开。涉案企业刑事合规不起诉制度是企业刑事合规改革试点中的一项制度,是一种新的激励机制,对企业及企业工作人员都是一项重大利好的司法政策,为涉嫌违法犯罪的企业和相关责任人员提供了一条新的出路、新的救济路径。

重大责任事故罪属于业务型犯罪,与涉案企业合规整改具有天然的契合性。加之属于过失犯罪,社会危险性较小,行为人容易争取到自首、谅解等情节,故通过涉案企业合规整改实现不起诉、获得轻缓处理的空间较大。在最高人民检察院公布的第二批企业合规典型案例中,即包含一起重大责任事故案件——随州市Z公司、康某某等人重大责任事故案。

笔者对于重大责任事故案件的合规整改,建议从以下方面入手:

(1)企业管理层应高度重视合规整改项目,并作出合规整改承诺;

(2)立即全面停止违反安全生产管理要求的生产作业活动,积极弥补损失,积极采取消除事故影响、缴纳罚款等措施,并对责任人员作出纪律处分,切实防止“边整改”“边违规”;

(3)对标安全生产相关法律法规的要求,深刻剖析发生违法违规的原因,排查企业及有关人员在主观和客观方面的漏洞及薄弱环节;

(4)以全面合规为目的,以安全生产专项合规为重点,针对与安全生产违法行为有密切联系的企业内部治理、规章制度、机构与岗位设置、人员管理、操作流程、安全生产设施保障、风险排查与管控、外部第三方管理、监督与举报机制、考核与奖惩机制、安全生产培训机制、事故应急处置及救援预案等方面存在的问题,制定切实可行的合规管理规范,完善相关业务管理流程,拆解工作并落实到人,健全合规风险防范报告与监督机制,防止类似事故再次发生。

2

第二篇

破坏社会主义市场经济秩序类犯罪

食品、药品犯罪案件的辩护

王之虎

近几年，危害食品、药品安全的犯罪行为一直是国家重点打击的对象，并且随着人民生活水平的不断提高，食品、药品的安全也日益受到国家法律的重视。在此笔者将作以下三个方面的分享：第一个方面是危害食品、药品安全类案件的特点；第二个方面是危害食品、药品安全类犯罪相关罪名解析；第三个方面是危害食品、药品安全类案件的辩护心得。

一、案件特点与犯罪特点

首先，大家来看一组数据。

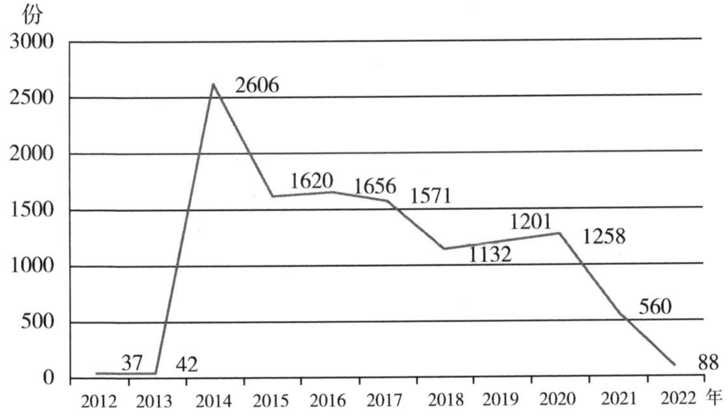

图 1　生产销售有毒、有害食品罪部分省份近十年判决文书份数

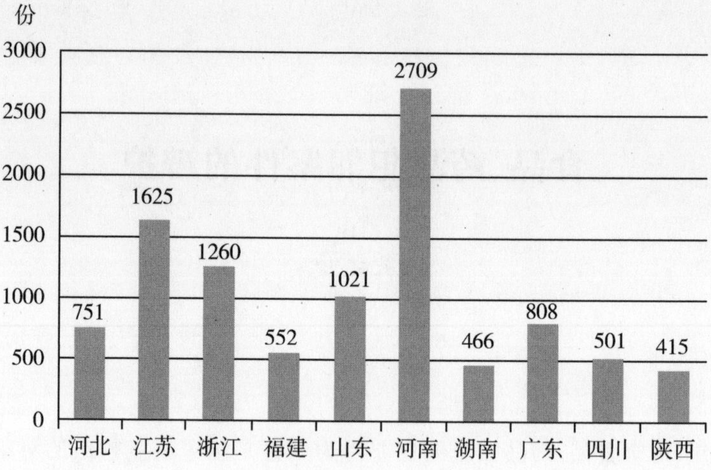

图2　不同省份生产销售有毒、有害食品罪近十年判决文书份数

根据对图1和图2大数据的分析,我们可以明显地看出食品、药品类犯罪有以下特点:

(1)危害食品、药品安全类案件数量保持在高位,罪名相对集中,所涉罪名主要是生产、销售不符合安全标准的食品罪,生产、销售有毒、有害食品罪,生产、销售、提供假药罪,生产、销售、提供劣药罪。

(2)被告人的文化程度相对较低。

(3)食品、药品所涉及的种类繁多。

食品、药品安全类犯罪有以下特点:

(1)隐蔽性强,侵害时间长。

(2)犯罪手段相对专业化。

(3)侵害的主体不特定,发生范围广,行为危害性大,社会影响大。

(4)网络成为犯罪发生的主要媒介之一。

(5)处罚力度大,凡是涉及食品、药品安全类犯罪,处罚都是以重刑威慑,特别是假药类的犯罪案件。

二、罪名概览与简析

(一)相关罪名

危害食品、药品安全类犯罪涉及的相关罪名大致有五种:第一种是生产、销售、提供假药罪，第二种是生产、销售、提供劣药罪，第三种是妨害药品管理罪，第四种是生产、销售不符合安全标准的食品罪，第五种是生产、销售有毒、有害食品罪。以上五种犯罪规定在《刑法》第三章“破坏社会主义市场经济秩序罪”中，并且，妨害药品管理罪是《刑法修正案（十一）》新增设的罪名，作为《刑法》第142条之一。

（二）立法过程

1. 生产、销售、提供假药罪

2020年《刑法修正案（十一）》对本条作了修改，一是删除原条文第2款的内容，即“本条所称假药，是指依照《中华人民共和国药品管理法》的规定属于假药和按假药处理的药品、非药品”；二是增加“药品使用单位的人员明知是假药而提供给他人使用的，依照前款的规定处罚”的规定。此举也与2019年出台的《药品管理法》进行了衔接。

2. 生产、销售、提供劣药罪

1979年《刑法》第164条规定了制造、贩卖假药罪，1997年《刑法》第142条规定了生产、销售劣药罪，明确规定了罚金的具体幅度和量刑标准，目的是加强药品管理能力，保护人民群众的生命健康安全。2020年《刑法修正案（十一）》第6条增加“药品使用单位的人员明知是劣药而提供给他人使用的，依照前款的规定处罚”。

3. 妨害药品管理罪

这个罪名是2020年《刑法修正案（十一）》第7条增设的，作为《刑法》第142条之一，主要还是与2019年出台的《药品管理法》做好衔接，凸显对药品的管理。

4. 生产、销售不符合卫生标准的食品罪与生产、销售有毒、有害食品罪

生产、销售不符合卫生标准的食品罪与生产、销售有毒、有害食品罪分别在1997年《刑法》第143条和第144条进行了规定，特别是在2000年以后，我国发生了重大的食品安全事故，比如震惊全国的三鹿奶粉事件，促成了2009年《食品安全法》的颁布。这充分体现了在刑事立法上我国针对严重危害食品安全犯罪行为采取重刑的刑事政策。

（三）认定标准

上述5个罪名的认定标准分别如下：

1. 生产、销售、提供假药罪

生产、销售、提供假药罪规定在《刑法》第141条，其最高刑是死刑，并处罚金或者没收财产。药品使用单位的人员明知是假药而提供给他人使用的，依照前款的规定处罚，这是《刑法修正案（十一）》新增设的条款。

生产、销售、提供假药罪的认定标准是依据2019年修订的《药品管理法》第98条的规定作出的，其中对于“假药”进行了具体的规定。

立案标准是最高人民检察院、公安部《关于公安机关管辖的刑事案件立案追诉标准的规定(一)》第17条的相关规定，最高人民法院、最高人民检察院《关于办理危害药品安全刑事案件适用法律若干问题的解释》第2条、第3条、第4条、第15条分别对“对人体健康造成严重危害”、“其他严重情节”、“其他特别严重情节”以及“生产、销售、提供的药品金额”进行了具体规定(详见条文，此不赘述)。

2. 生产、销售、提供劣药罪

生产、销售、提供劣药罪规定在《刑法》第142条，即“生产、销售劣药，对人体健康造成严重危害的，处三年以上十年以下有期徒刑，并处罚金；后果特别严重的，处十年以上有期徒刑或者无期徒刑，并处罚金或者没收财产。药品使用单位的人员明知是劣药而提供给他人使用的，依照前款的规定处罚”。

《刑法修正案(十一)》对这一规定进行了修改，删除了什么是劣药的规定，增加“药品使用单位的人员明知是劣药而提供给他人使用的，依照前款的规定处罚”的情形。

生产、销售、提供劣药罪的认定标准是根据2019年《药品管理法》第98条对“劣药”进行的列举式规定作出的，符合规定的就属于劣药，构成犯罪的按照生产、销售、提供劣药罪追究刑事责任。另外，对于没有经过审批的进口药品而言，通过换包装等多种操作之后，它尽管可能是一个真的药品，也可能会被认定为劣药。

立案标准是最高人民检察院、公安部《关于公安机关管辖的刑事案件立案追诉标准的规定(一)》第18条的相关规定。另外，对于劣药、假药的定义通过《药品管理法》进行了确定。生产、销售、提供劣药罪中关于“对人体健康造成严重危害”和“后果特别严重”的判断，分别规定在最高人民法院、最高人民检察院《关于办理危害药品安全刑事案件适用法律若干问题的解释》第5条第2款以及第3款，即“生产、销售、提供劣药，具有本解释第二条规定情形之一的，应当认定为刑法第一百四十二条规定的‘对人体健康造成严重危害’”。“生产、销售、提供劣药，致人死亡，或者具有本解释第四条第一项至第五项规定情形之一的，应当认定为刑法第一百四十二条规定的‘后果特别严重’”。

3. 妨害药品管理罪

妨害药品管理罪是《刑法修正案(十一)》新增设的罪名。现在，对于进口的药品不再一律按照假药论处。2019年修订了《药品管理法》。这个罪名也是根据《药品管理法》和行政法规设定的，因此，仅仅有列举式的四项规定（生产、销售国务院药品监督管理部门禁止使用的药品；未取得药品相关批准证明文件生产、进口药品或者明知是上述药品而销售；药品申请注册中提供虚假的证明、数据、资料、样品或者采取其他欺骗手段；编造生产、检验记录），相应的司法解释尚没有出台。

4. 生产、销售不符合安全标准的食品罪

生产、销售不符合安全标准的食品罪规定在《刑法》第 143 条，构成本罪的前提是足以造成严重食物中毒事故或者其他严重食源性疾病，没有达到这个标准的显然不能构成本罪。

生产、销售不符合安全标准的食品罪的认定标准规定在最高人民检察院、公安部《关于公安机关管辖的刑事案件立案追诉标准的规定（一）》第 19 条，即“生产、销售不符合卫生标准的食品，涉嫌下列情形之一的，应予立案追诉：（一）含有可能导致严重食物中毒事故或者其他严重食源性疾患的超标准的有害细菌的；（二）含有可能导致严重食物中毒事故或者其他严重食源性疾患的超标准的其他污染物的。本条规定的‘不符合卫生标准的食品’，由省级以上卫生行政部门确定的机构进行鉴定”。而这个标准是按照《食品安全法》中对相关物质的含量标准进行认定的。

最高人民法院、最高人民检察院《关于办理危害食品安全刑事案件适用法律若干问题的解释》第 1 条、第 2 条、第 3 条、第 4 条分别对上述条文中的“足以造成严重食物中毒事故或者其他严重食源性疾病”“对人体健康造成严重危害”“其他严重情节”“后果特别严重”进行了具体的规定（详见条文，此不赘述）。

5. 生产、销售有毒、有害食品罪

生产、销售有毒、有害食品罪在司法实务当中比较常见，各类食品都可能涉及，名目繁多的保健品也往往成为犯罪对象。生产、销售有毒、有害食品罪，是指在生产、销售的食品中掺入了有毒、有害的非食品原料，或者销售明知掺有有毒、有害的非食品原料的食品。其中，对于致人死亡或者有其他特别严重情节的，依照《刑法》第 141 条的规定处罚。也就是说，对于致人死亡或者有其他特别严重情节的不按照生产、销售有毒、有害食品罪处罚，而是按照生产、销售、提供假药罪处罚，最高刑为死刑。

生产、销售有毒、有害食品罪的立案标准规定在最高人民检察院、公安部《关于公安机关管辖的刑事案件立案追诉标准的规定（一）》第 20 条。该条规定：“在生产、销售的食品中掺入有毒、有害的非食品原料的，或者销售明知掺有有毒、有害的非食品原料的食品的，应予立案追诉。使用盐酸克仑特罗（俗称‘瘦肉精’）等禁止在饲料和动物饮用水中使用的药品或者含有该类药品的饲料养殖供人食用的动物,或者销售明知是使用该类药品或者含有该类药品的饲料养殖的供人食用的动物的,应予立案追诉。明知是使用盐酸克仑特罗等禁止在饲料和动物饮用水中使用的药品或者含有该类药品的饲料养殖的供人食用的动物,而提供屠宰等加工服务,或者销售其制品的,应予立案追诉。”盐酸克仑特罗是前几年对于社会危害非常大的“瘦肉精”事件中添加的有毒、有害的非食品原料,鉴于其对人体危害非常大,故在食品当中添加“瘦肉精”的一律按照生产、销售有毒、有害食品罪论处。

最高人民法院、最高人民检察院《关于办理危害食品安全刑事案件适用法律若干问题的解释》(2013 年)第 4 条、第 5 条、第 6 条、第 7 条分别对上述条文中的“后果特别严重”“对人体健康造成严重危害”“其他严重情节”“致人死亡或者有其他特别严重情节”进行了具体规定。另外,该司法解释第 7 条规定:“生产、销售有毒、有害食品,生产、销售金额五十万元以上,或者具有本解释第四条规定的情形之一的,应当认定为刑法第一百四十四条规定的‘致人死亡或者有其他特别严重情节’。”也就是说,如果生产、销售的数额达到 50 万元以上(含 50 万元)或者符合第 4 条规定的“后果特别严重”的情形,则对于生产、销售有毒、有害食品这个行为不再按照生产、销售有毒、有害食品罪定罪处罚,应该按照生产、销售、提供假药罪定罪处罚,这个罪名最高刑为死刑。

(四)辩护工作中的常见问题

对于这类案件,笔者结合实务经历,总结归纳了以下 5 个问题:

1. 事实认定问题

上文提到的五种犯罪都属于法定犯,法定犯的完整规范由刑法和行政法共同构成。法定犯中包含了一定的行政要素,行政要素不但承担着行政违法性的解释功能,还具有限制入罪的功能,而刑法主要承担对犯罪构成要件的犯罪行为的制裁。因此,从法学理论上讲,法定犯具有行政从属性。

就上述五种犯罪而言,在药品犯罪中,2011 年《刑法》当中所称的“假药”“劣药”的认定采用的是行政法的概念。而 2019 年修订的《药品管理法》对“假药”“劣药”作了明确的规定,相应的《刑法》对该罪名的适用范围也有了相应的变化,如未取得药品批准证明文件生产、销售药品不再属于假药的范围。

在实践中,当行政违法行为达到一定危害程度时,即达到刑法规定的起刑标准时,就构成了犯罪,相对应的行政违法行为就升格为刑事犯罪行为,行政执法部门也就具有刑事犯罪事实侦查与认定的功能,但其又不属于司法机关,其收集的证据并不当然地作为指控刑事犯罪的适格证据。因此，在事实认定的依据上，要注意区分它是行政违法认定，还是刑事司法认定，这无论是对我们的辩护工作还是对司法机关的侦查、起诉、审判工作都非常重要。

2. 法律适用问题

关于法律适用，在构成法定犯的前提下，存在一个刑行交叉的问题，也就是说要明确行政违法与刑事犯罪的界限，行政违法向刑事犯罪转化，不仅要考虑量的问题，还要考虑质的问题。同时还要注意是否存在一个“刑行交叉问题”，如《刑法》第144条规定，犯生产、销售有毒、有害食品罪，如果达到致人死亡或者有其他特别严重情节的，即按《刑法》第141条的生产、销售、提供假药罪来处罚。这里的“食品”与“药”是否有衔接点，值得探讨。

3. 证据规则适用问题

此类案件适用什么样的证据规则？实践中，证据的搜集和认定存在不规范现象。食品药品犯罪一般是由行政主管机关先调查，其认为涉嫌犯罪了，再向公安机关移送，这时就存在行政证据如何采信的问题。根据《刑事诉讼法》第54条的规定，行政机关在行政办案中收集的书证、物证、视听资料、电子数据等证据材料可以在刑事诉讼中作为证据使用，但是，如果行政办案是违法办案的话，那么其收集的证据是否可以在刑事诉讼中使用呢？是否应当先审查证据是否符合行政执法的合法性，再审查其是否符合刑事诉讼的合法性？

4. 数额认定问题

在食品、药品安全类案件中，销售数额的认定非常重要，但往往也是比较复杂的。对于一般的案件，通过物流信息，查清物流单、发货单、发票等，就可以基本查清销售金额，但如果存在商品捆绑销售情形，物流信息就不够准确；有的案件中涉案物品销量比较大、销售品种比较多、销售范围比较广，确实很难查清楚具体的销售数额，那么结合账本来推定是否可行？网络销售的，根据网络数据来推定是否可行？会不会有误差？

5. 罚金刑的适用

根据《刑法》的规定，生产、销售有毒、有害食品罪，生产、销售不符合安全标准的食品罪以及生产、销售、提供假药罪，生产、销售、提供劣药罪等犯罪的罚金刑是无限制罚金刑，这种无限制罚金刑的规定从经济上加大了对于上述犯罪的处罚力度，进一步提高了危害食品、药品安全的犯罪经济成本，更好地发挥了刑法的震慑作用。对于辩护工作来讲，无限制的罚金刑意味着法官对于罚金刑的量刑幅度有较大的自由裁量权，在这种情况下，要找到充足依据说服法官判处金额合适的罚金，以最大限度地维护当事人的合法权益。

三、辩护心得

（一）三层次定性辩护

定性辩护分以下三个层次：

第一，审查有没有犯罪事实。即被指控的犯罪行为，有没有合法且充分的证据来证实，应通过每个证据的“三性”审查梳理出证据体系，然后对证据体系进行评判，以确定其是否达到了确实、充分的程度。只有形成了完整的证据体系，排除了合理怀疑，才可以确定存在涉嫌犯罪的事实。

第二，审查是行政违法还是刑事犯罪。如果行政法律规范有明确的处罚措施，则入罪缺乏必要性，且从社会效果看更适合作出行政处罚时，就应该提出属于行政违法行为不应入罪的辩护观点。比如，2019 年《药品管理法》作出了不少新规定，涉及假药、劣药的认定，对行政违法和刑事犯罪进行了区分。

第三，审查构成什么罪。是否更适合定轻罪？对重罪与轻罪的辩护，不能用想象竞合犯的原理，因为想象竞合犯是择一重罪，与轻罪辩护是矛盾的。作轻罪辩护时，只能从不构成重罪入手，应逐一将二罪的犯罪构成特征进行比对，只有不构成重罪的理由成立，才可能仅涉嫌轻罪。

（二）准确而灵活地运用证据审查规则

1. 言词证据的审查

这里面包括犯罪嫌疑人、被告人的供述和辩解，同案人员的供述和辩解，其他人员的证言。在审查这些证据的时候，一要看是否存在非法证据。如通过刑讯逼供、非法拘禁、严重威胁等手段取得的证据。如果发现了上述非法证据，作为辩护律师，一定要申请启动非法证据排除程序。启动非法证据排除程序要注意以下三点：第一，让当事人提供线索，线索包括时间、地点、人员、方式、内容五个方面。线索由当事人提供给驻所检察官，最好是用书面方式。再由检察官向当事人进行核实。这是排除非法证据前期应进行的基础工作。非法证据可以一路走一路排，侦查阶段发现就在侦查阶段提出排非，审查起诉阶段发现就在审查起诉阶段提出排非，审判阶段发现就在审判阶段提出排非。总之，只要一发现就提出排非申请。第二，审查各言词证据之间是否存在矛盾。各被告人或者犯罪嫌疑人供述之间是否存在矛盾，证人之间以及证人和犯罪嫌疑人、被告人之间的陈述内容是否存在矛盾。比如，在有的案件当中,当事人关于销售数量各执一词,究竟该如何认定?从我们辩护的角度来讲,如果没有客观证据证实,且言词证据存在矛盾,就销售额最终也不能得出一个唯一结论时,应当本着存疑有利于被告人的原则,按"就低不就高"的规则来认定销售金额。第三,对当事人是否"明知"重点进行审查。二要看在口供中是否承认"明知",在阅卷时,要对是否"明知"的口供进行重点审查。三要看客观证据能否推定当事人主观明知。所谓客观证据,是指交易习惯是否正常、交易价格是否正常、是否了解到相关案件已作犯罪处理、其他同案人是否明知等证据。如果客观证据表明当事人必定明知,则不能轻易提出当事人不明知的辩护意见。

2. 鉴定意见的审查

对鉴定意见的审查,分为四个方面:鉴定主体是否合法;检材来源是否合法、真实,送检样本与鉴定对象是否具有同一性;鉴定方法是否符合相关标准;委托鉴定的主体是否合法。

首先,要审查鉴定主体。因为涉案的食品、药品多种多样,所承担鉴定职责的鉴定机构也不一样。因此,在审查这类证据的时候,鉴定主体是否合法,鉴定机构、鉴定人员有没有资质、鉴定机构的鉴定范围是什么等这些情况应当重点审查。

其次,审查检材来源是否合法、真实,送检样本与鉴定对象是否具有同一性。举一个销售假药的案子,这个药品是来自民营医院内部药房的一种中成药,只允许在医院内部销售。行为人拿到这个药后转手卖给了别人。突然有一天,行为人被公安机关抓获,最后认定他销售假药。辩护人通过审查该案的鉴定意见(认定函),认为检材的来源不合法且检材和鉴定对象不具有同一性。检材系公安机关派了一名便衣人员,到行为人的诊所买的两瓶药,并将这两瓶药拿到相关机构作了认定。辩护人认为取证的主体不合法,检材来源不合法,检材和鉴定对象不一致,质疑上述鉴定程序违法。最终法院采纳了辩护人的意见,准备进行重新鉴定,但被扣押的药品却灭失了,无法重新鉴定。最后,双方达成辩诉交易,法院对当事人判了缓刑。

再次,审查鉴定方法是否符合相关标准。鉴定不同物质时有不同的鉴定方法,而且都有一定的标准,有国家标准也有行业标准。鉴定方法如果不符合标准,那么所得出的鉴定结论就可能不准确,就难以被采信作为定案依据。

最后,审查委托鉴定的主体是否合法。部分由区县公安机关承办的案件,委托机关是公安厅的相关部门;部分由食品药品环境知识产权犯罪侦查大队办的案子,委托机关成了派出所等,这些都是程序违法,可以作为重新鉴定申请的理由。

特别强调一下,对于假药鉴定意见的审查,有两个方面特别要注意:第一,《药品管理法》中有关于属于假药或者按假药处理的药品的规定，符合这个规定的药品，可以直接进行认定。第二，难以认定的，可以根据市级以上药品管理部门出具的认定意见等相关材料进行认定，必要时可以委托省级以上药品监督管理部门设置或者确定的药品检验机构进行检验。市级以上药品管理部门出具的认定意见，即认证函，在司法实践中是可以作为刑事证据来使用的。对此辩护人不能简单地认可，必须对这些认证函进行前述四方面的实质审查。

3. 数额的计算与认定

关于涉案数额的认定，在通常情况下，公安机关的依据是会计师事务所作的相关专项审计报告。公安机关把涉案人员的银行流水全部调出后交由被委托的会计师事务所，会计师事务所对这些银行流水进行分析，根据每个人的资金流水得出相关结论。其实，通过资金流水分析出来的销售数额往往不客观，必须结合其他证据进行审查。

确定涉案数额的核心问题是"问题物品卖出数量"，所以重点在于两个关键词：一是"问题"，即有没有证据证明统计的物品存在问题；二是"卖出"，不是送，也不是发错货。

对控方认定的涉案数额，辩护人在审查时要重点审查的方面包括但又不限于以下几个：

第一，赠品和退货数量。以生产、销售有毒、有害食品罪为例，司法实践中，侦查机关一般对销售的数量按照物流单来计算，这里存在一个问题，有的涉案产品以赠品的方法进行了出货，那么以赠品的方式进行出货的，应如何认定？刑法只规定了生产、销售有毒、有害食品罪，但没有规定赠送有毒、有害食品罪，要是把赠送他人的行为作为犯罪来处理，违反罪刑法定原则。

第二，实际生产与销售数额。销售数量与生产数量密切相关，如果依照生产能力和原材料数量，生产不出控方认定的销售数量，则说明控方认定的销售数量不真实，在无法排除合理怀疑的情况下，就应该进行就低认定。不能完全依据专项审计报告的结果。

第三，进行书证比对。比如当发货清单与收款数额不一致，或者仅有发货清单，没有对应的汇款时，就不算典型的销售，应该进行合理的解释。再如当产品特征说明批次不一时，每次生产的产品都应该抽样鉴定，不能混同认定。可见，这一点也是我们需要重点审查的方面。

总之，要不断地穿梭于人证与书证、物证之间，挖掘出合理的辩点，寻找证据间的矛盾，排除一切非涉案物品，以"就低不就高"原则，提出涉嫌犯罪的数额。

（三）主要量刑情节

1. 法定量刑情节

包括但不限于：

一是看共同犯罪中，是否属于从犯。

二是看是否属于自首，例如，在案卷当中虽然出现了行为人的传唤证，但也不能证明他是被传唤到案的。因为有的时候是当事人到案以后才在传唤证上签的字。因此，一定要向当事人核实到案的方式，比如电话传唤到案的，按照法律规定是可以认定为自首的。

三是看是否属于立功，有没有协助公安机关抓捕同案犯，有没有检举其他的犯罪等。

四是看是否构成坦白。

五是要正确运用认罪认罚在构成犯罪的前提下，认罪认罚十分关键。如果行为人对被认定的罪名和事实没有异议，并且认罪认罚的，也可以从轻或者减轻处罚。因此，在行为人构成犯罪的前提下，辩护律师也要充分地运用好这一点。

2. 关于酌定量刑的情节

包括但不限于：

一是看行为人的主观恶性大不大。

二是看是否具有危害结果。如果没有造成严重的危害结果，也可以作为一个酌定的量刑情节。

三是看有没有造成严重的社会影响。

四是看本人的情况和家庭情况。即看本人的身体有没有不符合羁押和服刑的情况，看当事人在家庭生存中是否不可或缺。

非法集资类犯罪辩点梳理

徐宗新

一、非法集资类犯罪的特征及具体表现形式

非法集资类犯罪,有其特有的犯罪构成特征,根据最高人民法院《关于审理非法集资刑事案件具体应用法律若干问题的解释》(法释〔2022〕5 号)第 1 条之规定,如构成非法吸收公众存款罪,要同时具备四个特征,即非法性、公开性、利诱性和社会性。

2021 年国务院颁布的《防范和处置非法集资条例》通过列举的方式,列举了四种非法集资的典型行为,即(1)设立互联网企业、投资及投资咨询类企业、各类交易场所或者平台、农民专业合作社、资金互助组织以及其他组织吸收资金;(2)以发行或者转让股权、债权,募集基金,销售保险产品,或者以从事各类资产管理、虚拟货币、融资租赁业务等名义吸收资金;(3)在销售商品、提供服务、投资项目等商业活动中,以承诺给付货币、股权、实物等回报的形式吸收资金;(4)违反法律、行政法规或者国家有关规定,通过大众传播媒介、即时通信工具或者其他方式公开传播吸收资金信息。

当然,实践中,非法集资的形式多种多样,不止以上四项。因此,上述条款也设置了兜底条款,即"其他涉嫌非法集资的行为"。

二、针对四个特征审查罪与非罪

(一)非法性

非法性,即未经有关部门依法许可或者借用合法经营的形式吸收资金。一般有两种情况。

1. 未经有关部门依法许可。其中,有以下四种情形:

(1)未经有关部门许可的。比如一些 P2P 公司,仅是一个咨询公司,其从事网

络借贷信息中介机构业务，并未获得有关部门许可。

(2)骗取许可欺诈发行的。即虽然获得了许可，但是实际并没有达到许可的条件，比如是通过骗取的手段获得了许可。

(3)具有主体资格，但具体业务未经许可的。比如，私募基金公司从事 P2P 业务，那么这个 P2P 业务就是未经有关部门依法许可的。

(4)具有主体资格，但经营违法的。比如，私募采用了公开募集的方式，该经营方式就是违法的，涉嫌非法集资。

2. 借用合法经营的形式。对此，司法解释进行了罗列：

2022 年最高人民法院《关于审理非法集资刑事案件具体应用法律若干问题的解释》第 2 条规定："实施下列行为之一，符合本解释第一条第一款规定的条件的，应当依照刑法第一百七十六条的规定，以非法吸收公众存款罪定罪处罚：

（一）不具有房产销售的真实内容或者不以房产销售为主要目的，以返本销售、售后包租、约定回购、销售房产份额等方式非法吸收资金的；

（二）以转让林权并代为管护等方式非法吸收资金的；

（三）以代种植（养殖）、租种植（养殖）、联合种植（养殖）等方式非法吸收资金的；

（四）不具有销售商品、提供服务的真实内容或者不以销售商品、提供服务为主要目的，以商品回购、寄存代售等方式非法吸收资金的；

（五）不具有发行股票、债券的真实内容，以虚假转让股权、发售虚构债券等方式非法吸收资金的；

（六）不具有募集基金的真实内容，以假借境外基金、发售虚构基金等方式非法吸收资金的；

（七）不具有销售保险的真实内容，以假冒保险公司、伪造保险单据等方式非法吸收资金的；

（八）以网络借贷、投资入股、虚拟币交易等方式非法吸收资金的；

（九）以委托理财、融资租赁等方式非法吸收资金的；

（十）以提供'养老服务'、投资'养老项目'、销售'老年产品'等方式非法吸收资金的；

（十一）利用民间'会'、'社'等组织非法吸收资金的；

（十二）其他非法吸收资金的行为。"

以上情况是从众多的非法吸收公众存款现象中整理出来的，但在实践中不仅限于以上情况,所以司法解释附加了兜底条款。

根据以上列举,我们认为,对非法集资类犯罪行为的认定,要作实质判断。比如,从表面上看,一些销售房产、转让林权等行为都有法律依据,但实质上其吸收资金的行为却是非法的,符合非法集资类犯罪的特征,即"表面合法实质违法"。

(二)公开性

公开性,即通过网络、媒体、推介会、传单、手机信息等途径向社会公开宣传。对于公开宣传的理解,要注意以下两个方面的内容。

1. "采用相对隐蔽的手段"的认定

浙江省高级人民法院、浙江省人民检察院、浙江省公安厅《关于当前办理集资类刑事案件适用法律若干问题的会议纪要(二)》第 2 条第 2 款规定:"行为人为逃避有关部门的监管,采用相对隐蔽的手段向社会不特定对象发布、传播吸收资金信息的,可以认定为向社会公开宣传。"

这里规定的"采用相对隐蔽的手段"是指什么?如何判断?

一般我们判断的原则,是主客观相一致原则。即客观上,行为人虽然采取了隐蔽、不公开的手段,但主观上,其是故意为了规避法律的制裁,那么,就可以被认定是"采用相对隐蔽的手段进行公开宣传"。比如,采用亲友口口相传、不公开的路演等方式,这些方式本身具有隐蔽性,但如果行为人主观上是为了向不特定公众募集资金,只是希望通过上述行为,防止被认定为具有公开性,就会被认定为"采用相对隐蔽的手段"实质进行公开宣传。

因此,律师在辩护时,不能仅就现象论现象,而是要结合实质进行判断。如果当事人主观上不具有公开性,比如只希望在亲友之间募资,没有认识到亲友会通过其他向社会公开的方式募集资金的,那么根据主客观相一致的原则,其行为就不具有公开性。

2. "口口相传"的认定

浙江省高级人民法院、浙江省人民检察院、浙江省公安厅《关于当前办理集资类刑事案件适用法律若干问题的会议纪要(二)》第 2 条第 1 款规定:"……对于以口头等方式发布、传播集资信息是否属于公开宣传,能否将口口相传的效果归责于集资行为人,应根据主客观相统一的原则,结合行为人对此是否知情、态度如何、有无具体参与、是否设法加以阻止等主客观因素具体认定。"

上述规定实质上将一定条件下的"口口相传"认定为公开宣传。但是,也不能简单认为"口口相传"都是公开宣传,而是要结合行为人是否知情、态度如何等综合判断。如果本着放任态度，那么“口口相传”就具有公开性，如果持反对态度，那么“口口相传”就不具有公开性。

因此，对上述规定的理解，还是要结合主客观相一致的原则，判断行为人主观上是反对还是放任危害结果的发生，即判断故意还是过失。如果是故意，则具有公开性，如果是过失且反对危害结果的发生，就不能认定具有公开性。

一般“口口相传”有四种情况，前两种应被认定具有公开性，后两种则不具有公开性：

（1）在行为人授意下，其亲友以口头形式向社会公开宣传。行为人向亲友融资，该行为本身具有合法性，但行为人授意亲友向社会公开去融资，那么该行为就具有公开性。授意是直接故意，其亲友的融资行为被视为行为人的行为。

（2）未在行为人授意下，其亲友以口头形式向社会公开宣传，但之后行为人未予以制止。在这条中，行为人知情后未予制止，主观心态是放任，属于间接故意，应被认定为具有公开性的“口口相传”。

（3）未在行为人授意下，其亲友以口头形式向社会公开宣传，行为人予以制止。在这条中，当行为人知道亲友向社会公开宣传后，就马上予以制止，反对危害结果的发生，就不是放任，也没有追求犯罪结果的发生，就不是故意，不会被认定具有公开性。而且，即使造成公开性的结果，行为人主观上至多是过失，那么根据主客观相一致的原则，就不能认定具有公开性。

（4）无论行为人是否授意，其亲友仅在亲友之间相互宣传。仅在亲友之间互相宣传，宣传的范围还是有一定局限性的，客观上就不具有公开性，就不用进行主观判断，就不能认定具有公开性。

（三）利诱性

利诱性，是指承诺在一定期限内以货币、实物、股权等方式还本付息或者给付回报。利诱性的两大特征，第一是承诺性，第二是有偿性。

在此我们结合案例，看看针对利诱性如何辩护。

起诉书指控：2004 年 9 月至 2015 年 1 月，被告人丁某某在未经有关部门依法批准的情况下，以资金周转、开发房地产等名义，支付 0. 8 分至 4 分不等的高额月息作为诱饵，向浙江嵊州、东阳、义乌、浦江以及山东济南等地的袁某、孙某某、吴某某、许某某、龚某某、张某某、黄某某、陈某某等 50 余名不特定社会公众吸收资金累计人民币 20. 8 亿余元，至今尚有本金 7. 29 亿余元未能归还。

判决书认定：2007 年 4 月至 2014 年 5 月，被告人丁某某在未经有关部门依法批准的情况下，以资金周转、开发房地产等为由，支付2.5分至3分不等的高额月息作为诱饵，以其自己或某某集团有限公司的名义，向浙江嵊州、义乌、浦江等地的王某、张某某、王某某等多名不特定社会公众吸收资金共计人民币4250万元，于案发前已清偿完毕。

比较诉判内容，我们可以看到，起诉书指控的犯罪金额是20.8亿余元，经律师辩护和法院审查，最终判决书认定的金额仅有4250万元，连个零头都不到。

就是否成立“利诱性”，我们针对陈某2的借款，提出了两点辩护意见：

第一，丁某某及陈某2在笔录中均未提及丁某某向陈某2借款时有无约定利息，吴某某（财务）也陈述“利息多少我说不来”，该笔借款是否存在利息约定证据不足。

第二，陈某2表示借款是为了还丁某某人情的，尽管丁某某打了4万元给陈某2作为临时借贷的“回报”，但陈某2并未收取，原额打回给了丁某某，因此该笔借款不具备“利诱性”的特征。

法院采纳了我们的辩护意见，最终判决书认定，陈某2曾受惠于被告人，其无息借钱给被告人系还他人情，故对上述相关借贷关系的发生不应认定为被告人非法吸收公众存款。该认定，就是从“利诱性”角度否定了陈某2的行为具备非法吸收公众存款的特征。

（四）社会性

社会性，是指向社会公众即社会不特定对象吸收资金。在这点上，我们要注意对于吸收双方关系的认定。

1. 对于“亲友”的理解

对于社会性的辩护，我们要准确理解最高人民法院《关于审理非法集资刑事案件具体应用法律若干问题的解释》第1条第2款的规定，即“未向社会公开宣传，在亲友或者单位内部针对特定对象吸收资金的，不属于非法吸收或者变相吸收公众存款”。

上述规定说到了两个对象，第一个是亲友，第二个是单位内部，对于“单位内部”容易理解，其对象是特定的，不具有社会性，不属于非法吸收公众存款。

对于“亲友”概念，司法实践中往往有分歧。比如，在笔者辩护的一起案件中，公诉人认为“亲属”必须是至亲、近亲属，或者说至少是旁系亲属。对于“朋友”，公诉人认为必须是密友，仅认识，但接触不多的不属于“朋友”。

但是，从辩护角度出发，笔者认为，对“亲友”的认定，没有法律规定必须是至亲或密友。其中的“亲”，只要是亲戚就可以认定为亲属。关于“友”，只要是熟悉的、认识的、有过接触的、有过交往的，我们认为都应属于朋友的范畴。

综上，根据有利于被告人的解释，只要是亲属，只要是朋友都应该属于解释中“亲友”的范畴。

另外，我们还需要关注借款发生的情况（如借款是否直接发生、是否拐弯抹角通过他人介绍、是否通过层层宣传而发生的等），这一点，在认定公开性时十分重要。比如，亲友向行为人借款时，双方直接谈好利息，并非通过社会公开宣传后才找到行为人出借款项，就不能认定具有公开性；反之，则应当认定具有公开性。又如，不论你是谁，都可以在银行存贷款，这具有公开性；如果行为人进行了与银行一样的借贷业务，就涉及非法集资类犯罪。

2. 关于“亲友”认定的辩护

同样结合前文所举的丁某某非法吸收公众存款的案例，我们对于行为人与集资参与人的“亲友关系”也提出了相应的辩护意见：

（1）关于李某2，李某2陈述“我在1998年左右就认识丁某某，我是他的员工……在2005年左右，我离开了公司，后来在2007年，丁某某又把我请回他的丁某集团担任副总，一起到山东济南搞房地产”。丁某企业信贷资料（分户）记载李某2的借款时间为2007年5月15日及2009年4月1日，可见借款时，李某2系公司员工，属特定对象。（2）关于袁某1、冯某2，袁某1陈述“我和丁某某认识10多年了，以前是比较好的朋友，而且是生意上的朋友”，尽管后来因为钱的事情，袁某1向公安机关报案，但不能因此就否定丁某某向袁某1借款时双方亲密的朋友关系。袁某1与冯某2系夫妻关系，冯某2的借款与袁某1应为一体。（3）关于周某，根据公安机关提供的《情况说明》，“周某以不想丁某某被刑事处罚为由拒绝配合我们公安机关做询问笔录，只在口头上表述其和丁某某系表兄弟关系”，这证明周某是丁某某的亲戚，系特殊关系人。

最终，判决书认定：关于李某2，借贷关系发生时其系丁某某公司副总，故对上述相关借贷关系的发生不应认定为被告人非法吸收公众存款。关于袁某1、冯某2，袁某1与被告人是多年生意上和生活上的朋友，冯某2与袁某1系夫妻关系，故对上述相关借贷关系的发生不应认定为被告人非法吸收公众存款。关于周某，其与被告人系表兄弟关系，故对上述相关借贷关系的发生不应认定为被告人非法吸收公众存款。

根据以上判决，我们可以看到法院对于亲友关系的认定，还是较为宽松的，如生意、生活上的朋友，还有亲属关系较远的表兄弟都可以被认定为“亲友”，相应的集资行为也没有被认定为具有公开性。

3. 例外情形

关于“向亲友或者单位内部人员吸收资金”也可能突破社会性，即使是向亲友或者单位内部人员吸收资金，该资金也可能会被计算入非法吸收公众存款的金额之中。

如最高人民法院、最高人民检察院、公安部《关于办理非法集资刑事案件若干问题的意见》第 5 条规定：“非法吸收或者变相吸收公众存款构成犯罪，具有下列情形之一的，向亲友或者单位内部人员吸收的资金应当与向不特定对象吸收的资金一并计入犯罪数额：

（一）在向亲友或者单位内部人员吸收资金的过程中，明知亲友或者单位内部人员向不特定对象吸收资金而予以放任的；

（二）以吸收资金为目的，将社会人员吸收为单位内部人员，并向其吸收资金的；

（三）向社会公开宣传，同时向不特定对象、亲友或者单位内部人员吸收资金的……”

在上述意见中，第 1 项属于放任的故意，即间接故意。第 2 项属于以合法形式掩盖非法目的，从实质角度来说，就是非法吸收公众存款。

对于第 3 项，是指不管什么对象，不管是单位内部还是亲友，只要是资金，行为人都吸收，这是一种概括的故意，那么向亲友和单位内部吸收的资金就要被计入犯罪数额。重点是必须要确定行为人具有概括的故意。比如，行为人本来就想向不特定公众吸收资金，不管是谁的资金，行为人来者不拒，多多益善，包括亲友和单位内部的，而且是同时进行的，这才能认定行为人具有概括故意，从而适用上述条款的规定。但是，如果是先向亲友或者单位内部员工集资，这时行为人吸收资金是有特定对象和范围的，后面因为资金紧张，才向社会公开集资的，这时行为人的主观上才有非法吸收公众存款的故意，那么之前向亲友和单位员工吸收的资金，就不能被计入犯罪数额。

三、其他无罪辩点

（一）用于生产，及时清退

这个无罪辩点的提出，主要用到两条法律规定：

第一条,2022 年最高人民法院《关于审理非法集资刑事案件具体应用法律若干问题的解释》第 6 条第 2 款规定:“非法吸收或者变相吸收公众存款,主要用于正常的生产经营活动,能够在提起公诉前清退所吸收资金,可以免予刑事处罚;情节显著轻微危害不大的,不作为犯罪处理。”

第二条,浙江省高级人民法院、浙江省人民检察院、浙江省公安厅《关于当前办理集资类刑事案件适用法律若干问题的会议纪要的通知》第 4 条规定:“为生产经营所需,以承诺还本分红或者付息的方法,向社会不特定对象筹集资金,主要用于合法的生产经营活动,因经营亏损或者资金周转困难而未能及时兑付本息引发纠纷的,一般可不作为非法吸收公众存款犯罪案件处理。但对于其中后果严重,严重影响社会稳定的,应当按非法吸收公众存款犯罪处理。”

从上述两条规定来看,浙江省的规定是更加科学、合理的,根据该规定,当被控构成集资类犯罪时,我们需要证明三点,就可以不构成犯罪:第一,集资是为生产经营所需,筹集的资金主要用于合法的经营活动;第二,是合法经营亏损或者市场风险造成的难以兑付;第三,未产生严重后果,未严重影响社会稳定。这里的严重后果和影响社会稳定,主要是指集资参与人损失巨大,社会影响恶劣,群情激愤,影响个人生命安全和社会秩序。

综合上述分析,我们可以发现,对集资参与人的维稳工作对于行为人是否要被追究刑事责任是至关重要的。如果行为人能在纠纷后与集资参与人一方达成偿还债务的和解协议并获得谅解,一般就不会产生严重后果或严重影响社会稳定,矛盾化解了,危害消除了,对行为人就没有必要作犯罪处理。所以,与集资参与人方达成和解协议并获得谅解,十分重要。

在司法实践中,是有相应的判例的。比如江蓬检诉刑不诉(2016)10 号写明:“本院认为,王某甲实施了《中华人民共和国刑法》第一百七十六条规定的行为,但所吸收的资金主要用于正常的生产经营活动,能够及时清退所吸收资金,根据《中华人民共和国刑法》第三十七条、最高人民法院《关于审理非法集资刑事案件具体应用法律若干问题的解释》第三条的规定,可以免予刑事处罚。依据《中华人民共和国刑事诉讼法》第一百七十三条第二款的规定,决定对王某甲不起诉。”广东省江门市蓬江区人民检察院这个不起诉决定,用的就是最高人民法院的规定,对王某甲作了相对不起诉处理。

(二)只帮不拿,不定共犯

在共同犯罪中,对一些客观上起到一定作用,但危害较轻的行为,是可以不作为犯罪处理的。这里应用的法律规定是最高人民法院、最高人民检察院、公安部《关于办理非法集资刑事案件适用法律若干问题的意见》第4条,即"为他人向社会公众非法吸收资金提供帮助,从中收取代理费、好处费、返点费、佣金、提成等费用,构成非法集资共同犯罪的,应当依法追究刑事责任。能够及时退缴上述费用的,可依法从轻处罚;其中情节轻微的,可以免除处罚;情节显著轻微、危害不大的,不作为犯罪处理"。

对于上述规定,从无罪辩护角度,可以分成两个层面理解。第一层面,就是字面意思,对于情节轻微的,比如获利金额不大的可以免除处罚,情节显著轻微、危害不大的,可以不作为犯罪处理。第二层面,我们反过来理解,如果为他人的非法吸收公众存款行为提供帮助,但没有获得所谓的代理费、好处费、返点费、佣金、提成等费用,那就可以推定其主观上没有共同犯罪的故意,也没有危害社会的结果,就不应认定其构成非法吸收公众存款犯罪的共犯。

在司法实践中,也有相应的判例。比如广西壮族自治区南宁市青秀区人民法院(2013)青刑初字第514号刑事判决书认定:"被告人孙某收取由业务员与客户确定了的钱款,按单位确定的经营模式及单位与客户签订的协议办理发还顾问费、返利事宜,是受单位指派或奉命实施,其所经手的钱款,亦没有占为己有或参与分赃,其仅是按聘任合同领取固定工资。可见,孙某处理财务的行为,在整个涉及犯罪的事实中,是一种被动的行为,仅起一定的辅助作用,不宜认定为非法吸收公众存款罪的客观行为表现。"

上述判决是严格按照最高人民法院、最高人民检察院、公安部《关于办理非法集资刑事案件适用法律若干问题的意见》作出的无罪判决,对于自己的公司,孙某主观上认为其是正常运营的,没有认识到公司涉及非法吸收公众存款犯罪,其行为与公司的非法吸收公众存款行为没有利益挂钩。因此,获利方式是我们在进行集资类犯罪辩护时,一个很重要的无罪辩点。

(三)层级较低,不知性质

层级较低的员工,如果是在不知道单位行为性质的情况下参加工作,律师也可以提出这些员工不构成犯罪的辩护意见,主要依据的是以下规定:

第一,根据最高人民检察院《关于办理涉互联网金融犯罪案件有关问题座谈会纪要》第10条:"对于无相关职业经历、专业背景,且从业时间短暂,在单位犯罪中层级较低,纯属执行单位领导指令的犯罪嫌疑人提出辩解的,如确实无其他证据证明其具有主观故意的,可以不作为犯罪处理……"

上述规定针对的是一些层级较低的员工，因为其从业时间较短，没有金融行业的专业背景，无法认识到其参加了一个非法吸收公众存款组织。很多非法吸收公众存款公司，有时候也会故意把自己包装得很规范，包装成其是在从事合法业务。有些工作人员虽然是参与了非法吸收公众存款工作，实际上是受到蒙蔽的，其没有参与非法吸收公众存款犯罪的主观故意，就不应当认定为犯罪。该纪要中提到，“确实无其他证据证明其具有主观故意的”，就推定辩解能够成立，这非常正确地适用了我国刑事诉讼“无罪推定”的证明规则。

比如，新疆维吾尔自治区阿勒泰市人民法院（2015）阿刑初字第138号判决书中认定：被告人马某某是金苏公司成立后招聘来的业务经理，是受公司的指派完成业务经理的职责；被告人敬某某是公司成立以后从社会招聘的前台，与其他员工一样按照公司安排的职责进行履职。本案在审查起诉阶段，公安机关两次补充侦查亦未查清被告人马某某、敬某某存在非法吸收公众存款共同故意的犯罪主观目的，现有的证据不足以证明被告人马某某、敬某某在主观上有非法吸收公众存款的故意，虽然客观上造成了众多被害人资金不能返还的结果，但被告人马某某、敬某某不具备非法吸收公众存款的主观故意，公诉机关无证据证实被告人马某某、敬某某明知故意犯罪的主观目的，不能认定被告人马某某、敬某某的行为构成非法吸收公众存款罪。

在上述判决书中，马某某作为业务经理，属于管理人员，敬某某是前台，属于普通工作人员，该判决中适用的证据规则就是，在无法查清行为人存在非法吸收公众存款犯罪的主观故意时，即使其在一个非法吸收公众存款公司中工作，也不能认定其构成犯罪。因此，主客观相一致原则，在非法吸收公众存款犯罪辩护中十分重要。

第二，上海市高级人民法院、上海市人民检察院、上海市公安局《关于办理涉众型非法集资犯罪案件的指导意见》第2条第2款规定：“对于被告单位中层级较低的管理人员或者普通职员，如果确有证据或理由表明其并不知晓非法集资性质，而是当作正常经营业务参与实施了非法集资行为的，一般不宜作为犯罪处理。”

上海市的指导意见，对于层级较低进行了进一步明确，不仅包括普通职员，还包括管理人员。这里还有两点要说明：其一，对于管理人员，不是推定不明知，而是要确有证据或理由表明其并不知晓非法集资性质而当作正常经营业务参与。其二，该条款规定“一般不宜作为犯罪处理”，那么哪些情况下要作为犯罪处理呢？笔者认为要将层级较低，主观不明知和客观上没有收取佣金、代理费、中介费等客观行为相结合进行判断，进而确定是否要作为犯罪处理。比如，虽然辩称主观不明知，但是客观上获利非常大的，那么该主观认识的辩解恐怕就无法成立。反过来，行为人辩解主观不明知，客观上也仅仅拿了一点工资报酬，报酬固定也不跟结果挂钩，在这种情况下，律师提出无罪辩护的观点，才可能被采纳。

在此，我们注意到，上述两个规定，在证明规则上的表述还是有所不同的，最高人民检察院的纪要规定，如果没有其他证据证明行为人有主观故意的，我们就应采取主观不明知的辩解，适用的是无罪推定原则。但是上海的指导意见规定，要确有证据或理由表明其并不明知非法集资性质且作为正常业务参与，这样的话当事人就必须自证无罪，举证责任就更重。相比起来，还是最高人民检察院的纪要更加符合刑诉法的基本原则。但无论如何，我们在作无罪辩护时，应当作深层次的分析，不仅要论证当事人层级低、主观不明知，而且还要结合获利等客观情况进行充分的说理。

（四）仅需行政处罚，不需要追究刑事责任

1. 仅作行政处罚情形之一——互联网信息服务提供者

国务院《防范和处置非法集资条例》第 34 条第 1 款规定："互联网信息服务提供者未履行对涉嫌非法集资信息的防范和处置义务的，由有关主管部门责令改正，给予警告，没收违法所得；拒不改正或者情节严重的，处 10 万元以上 50 万元以下的罚款，并可以根据情节轻重责令暂停相关业务、停业整顿、关闭网站、吊销相关业务许可证或者吊销营业执照，对直接负责的主管人员和其他直接责任人员处 1 万元以上 10 万元以下的罚款。"另外，该条例第 10 条第 2 款规定："互联网信息服务提供者应当加强对用户发布信息的管理，不得制作、复制、发布、传播涉嫌非法集资的信息。发现涉嫌非法集资的信息，应当保存有关记录，并向处置非法集资牵头部门报告。"

我们从刑法打击的角度来分析，如果互联网信息服务提供者在其平台上发布非法集资的广告，就有客观行为，且其之前也应有审查（如果没审查，不可能将广告上线），那么其主观上对于帮助犯罪的行为也是明知的，主客观相一致，构成犯罪就没有问题。

但是，我们在辩护的时候，应当提出这样的观点：

第一，其仅仅是一个互联网信息提供者，毕竟不等同于行为人，不能直接适用行为人的规定。

第二，从主观明知的认定和判定角度来看，只有被发现了还继续从事，证据才充分。因为只有当平台已经被指出其存在涉嫌非法集资的信息，被责令整改，但还是继续发布时，才能认定平台方存在主观故意，这时结合其帮助犯罪的客观行为，才可以认定构成犯罪。

第三,要运用刑行交叉的思维,运用行政法规辩护。互联网信息服务提供者,如果没有履行对非法集资信息的防范和处置义务,那么根据上述规定,其仅仅是一个行政违法层面的行为,没有达到刑事犯罪的标准。这时,首先要由有关主管部门责令改正,给予当事人警告,没收违法所得。如果当事人拒不改正或者情节严重的,才处以罚款或更严厉的行政处罚。如果当事人屡教不改、屡罚不改,再将其作为犯罪处理比较合适。这里涉及的就是行政前置的概念。行政前置是指对于危害社会的行为要作出精准的分层打击,不能将所有的危害行为一律用刑法来打击,只有在行政处罚不足以体现其社会危害性、不足以产生预防效果时,才需要动用刑法打击。

2. 仅作行政处罚情形之二——广告经营者、广告发布者

《广告法》第 55 条规定,广告主、广告经营者、广告发布者有本条第 1 款(发布虚假广告)、第 3 款(明知或者应知广告虚假仍设计、制作、代理、发布的)规定行为,构成犯罪的,依法追究刑事责任。

国务院《防范和处置非法集资条例》第 11 条第 3 款规定:“广告经营者、广告发布者应当依照法律、行政法规查验相关证明文件,核对广告内容。对没有相关证明文件且包含集资内容的广告,广告经营者不得提供设计、制作、代理服务,广告发布者不得发布。”

国务院《防范和处置非法集资条例》第 34 条第 2 款规定:“广告经营者、广告发布者未按照规定查验相关证明文件、核对广告内容的,由市场监督管理部门责令改正,并依照《中华人民共和国广告法》的规定予以处罚。”

根据上述规定,对于广告经营者、广告发布者,其如果发布虚假广告或者明知、应知广告虚假仍设计、制作、代理、发布的,如构成犯罪,要依法追究刑事责任。但如果其发布的是包含集资内容的广告,则并没有法律规定可以直接推定其对于广告内容的明知,不能直接进行刑事追责。

因此,对于涉及集资内容的广告经营者、广告发布者,辩护分两个层面:一是从主观方面入手,从客观证据层面去论证行为人在主观方面是否存在明知,如果被发现了还不进行改正,那么才可以判断其存在帮助集资犯罪的主观明知;二是运用行政前置的原则进行辩护,先行政后刑事,提出慎用刑事措施的辩护观点。

3. 仅作行政处罚情形之三——金融机构、非银行支付机构

《防范和处置非法集资条例》第 13 条规定:“金融机构、非银行支付机构应当履行下列防范非法集资的义务:(一)建立健全内部管理制度,禁止分支机构和员工参

与非法集资,防止他人利用其经营场所、销售渠道从事非法集资;(二)加强对社会公众防范非法集资的宣传教育,在经营场所醒目位置设置警示标识;(三)依法严格执行大额交易和可疑交易报告制度,对涉嫌非法集资资金异常流动的相关账户进行分析识别,并将有关情况及时报告所在地国务院金融管理部门分支机构、派出机构和处置非法集资牵头部门。"

《防范和处置非法集资条例》第35条规定:"金融机构、非银行支付机构未履行防范非法集资义务的,由国务院金融管理部门或者其分支机构、派出机构按照职责分工责令改正,给予警告,没收违法所得;造成严重后果的,处100万元以上500万元以下的罚款,对直接负责的主管人员和其他直接责任人员给予警告,处10万元以上50万元以下的罚款。"

根据上述规定,对于金融机构、非银行支付机构未履行防范非法集资的相关义务的,也要行政处罚前置,先行政处罚。如果再犯,构成犯罪的,再进行犯罪处理。

4. 仅作行政处罚情形之四——与被调查事件有关的单位和个人

《防范和处置非法集资条例》第36条规定:"与被调查事件有关的单位和个人不配合调查,拒绝提供相关文件、资料、电子数据等或者提供虚假文件、资料、电子数据等的,由处置非法集资牵头部门责令改正,给予警告,处5万元以上50万元以下的罚款。阻碍调查人员依法执行职务,构成违反治安管理行为的,由公安机关依法给予治安管理处罚;构成犯罪的,依法追究刑事责任。"

根据上述规定,如果与被调查事件有关的单位和个人不配合调查,则要先行后刑,行政处罚前置。另外,虽然与不配合调查性质不同,但对于阻碍调查的人员,也要尽量先给予行政处罚,不轻易入刑。

四、数额辩护

(一)关于"折抵本金"

最高人民法院、最高人民检察院、公安部《关于办理非法集资刑事案件适用法律若干问题的意见》第5条第1款规定:"向社会公众非法吸收的资金属于违法所得。以吸收的资金向集资参与人支付的利息、分红等回报,以及向帮助吸收资金人员支付的代理费、好处费、返点费、佣金、提成等费用,应当依法追缴。集资参与人本金尚未归还的,所支付的回报可予折抵本金。"

上述规定我们要注意的问题是,因为不能有人在非法集资活动中获益,所以集资参与人是不能获得相关利益的,其如果有损失,也仅能计算本金的损失。有时,我们在计算到底归还了多少本金时，无法分清支付的费用项目，在这种情况下，我们就要算一个总账，在被认定的本金金额上，扣除相关费用（利息、分红、代理费、好处费、返点费、佣金、提成等费用，还有支付的本金），如果还有剩余，就将剩余部分计算为本金，如果支付的已经超过本金，对超出部分应当依法追缴。

（二）关于“缺乏言词证据”部分

最高人民法院、最高人民检察院、公安部《关于办理非法集资刑事案件适用法律若干问题的意见》第6条规定：“办理非法集资刑事案件中，确因客观条件的限制无法逐一收集集资参与人的言词证据的，可结合已收集的集资参与人的言词证据和依法收集并查证属实的书面合同、银行账户交易记录、会计凭证及会计账簿、资金收付凭证、审计报告、互联网电子数据等证据，综合认定非法集资对象人数和吸收资金数额等犯罪事实。”

这个规则针对的是集资范围广的案件。这类案件，办案单位不可能对每个集资参与人都进行调查，而对于这些没有言词证据的，可以运用现有证据来直接认定人数和资金金额等犯罪事实。通过这条规则，我们可以在以下四个方面提出辩护意见：

1. 因户籍证明、辨认笔录缺失，导致身份不能明确的，不能认定人数和资金金额。比如，因为上述材料的缺失，无法证明相关人员之间的关系。

2. 因被告人未到案，双方关系不能明确，不能排除亲友之间借款或企业之间拆借的情况，不能认定人数和资金金额。比如，一些吸收资金的行为人没有到案，其与参与人的关系不能确认，不能将其计入集资人数或者将其吸入的资金计入犯罪金额中。

3. 因对集资参与人未进行调查，借款内容不能明确，且与被告人供述以及与财务记录人员指向的数额差异明显，不能形成唯一结论，无法排除存在不能计入犯罪金额的情况。

4. 不属于因客观条件限制不能收集言词证据的情况。比如一些集资参与人每天都待在家里，或者待在企业里面，不存在无法收集其证据的情况，其言词证据就应该被收集，否则就不能将其直接纳入犯罪人数或者将其投入资金计入犯罪金额中。

因此，我们在辩护时，要从案件的现有证据中发现疑点、发现矛盾，被告人也要积极提出相应的辩解，如果无法排除合理怀疑，就可以提出事实不清、证据不足，不能认定的辩护意见。

（三）关于“离职后，下线单独实施”部分

上海市高级人民法院、上海市人民检察院、上海市公安局《关于办理涉众型非法集资犯罪案件的指导意见》第6条第2款规定：“对于非法集资活动的参与者，应当按照其实际参与的非法集资活动计算犯罪数额；其离开单位后，下线人员独自实施的非法集资数额，不应计入其犯罪数额。”

这是一个明确的规定，从共同犯罪的理论讲，离职人员与在职人员是共同犯罪，哪怕离职了，其如果没有有效地防止危害结果的发生，仍然不产生犯罪中止的效果，依旧应当对后续发生的危害后果承担责任。

但是，从非法集资类犯罪的特点来看，其总体是一个单位行为，每个人都是在完成职务行为，如果没有职务了，就不存在犯罪可能，就不应该承担责任。因此，上海市的这个规定是合理的。

（四）关于“内部人员互相集资”部分

上海市高级人民法院、上海市人民检察院、上海市公安局《关于办理涉众型非法集资犯罪案件的指导意见》第6条第3款规定：“非法集资单位内部人员相互集资的数额，不应计入各自的犯罪数额，但应计入各自的上线以及单位的犯罪数额。”

对于上海市的这一规定，似乎与上文中讲到的向单位内部员工集资不定非法吸收公众存款犯罪矛盾。笔者个人的理解是，在单位内部员工互相集资，单位领导和员工之间相互集资的情况下，因为他们是同事关系，属于一个单位内部员工，所以不应计入各自的犯罪数额。但是，如果存在上线（上一层级）单位或者个人，那么就不属于本单位的员工了，被吸收的资金就应当计入上线单位或者个人的犯罪数额。

总而言之，本条的规定对于辩护工作是有利的，如果属于单位内部的员工互相吸收资金，是不计入他们本人的犯罪数额的，这是对单位员工互相吸收资金不具有社会性法条的具体运用，也是一个在实践中产生法律适用争议的具体解释。

（五）关于“重复投资”部分

最高人民法院、最高人民检察院、公安部《关于办理非法集资刑事案件若干问题的意见》第5条第2款规定：“非法吸收或者变相吸收公众存款的数额，以行为人所吸收的资金全额计算。集资参与人收回本金或者获得回报后又重复投资的数额不予扣除，但可以作为量刑情节酌情考虑。”

在实践中，比如行为人第一笔吸收了1000万元，集资参与人拿回本金和利息

1100 万元后，又投了 1000 万元，第二年又拿回利息 100 万元，这样的话同一个本金赚 200 万元，这个时候非法吸收公众存款金额是多少？应该算两笔，共计 2000 万元。虽然数额如此计算，但在量刑上可予以酌情考虑，也就是可参照 1000 万元的数额酌情从轻考虑。

在我们辩护的一个案件中，实际的本金只有 2 亿元，但是因为集资参与人不停地重复投资，总金额达到了 20 亿元，那么我们在辩护时就应该把重复投资的问题凸显出来，分析清楚每一笔钱是如何重复投入和归还的。2 亿元的危害性跟 20 亿元的危害性相差很大，根据这一条，我们应提出可参照 2 亿元的标准进行量刑。

（六）关于“重复计算——未提取，利用到期本息滚动投入”的部分

上海市高级人民法院、上海市人民检察院、上海市公安局《关于办理涉众型非法集资犯罪案件的指导意见》第 6 条第 4 款规定：“对于一次性投入资金未作提取，其间虽有利用到期本息滚动投入记录的，只需将一次性投入的本金计入非法吸收公众存款或者集资诈骗的犯罪数额。如果其间确有追加投入的，应当将追加投入金额与前次投入的本金累计计入犯罪数额。”

与上个规定的不同之处是，虽然有本息滚动投入，但是参与人一直没有提取，就仅将一次性投入的本金计入犯罪数额。比如我们前面讲到的丁某某等人的案例中就有重复计算的问题。我们提出丁某某、吴某某、黄某某均提到实际借款本金为 100 万元，后续借款是上一笔借款到期后的展期。虽然丁某企业信贷资料（分户）记载存在黄某某的三笔借款，下一笔借款开始时间均为上一笔借款的归还时间，但后续两笔借款均没有银行交易记录来印证。因此，其计算的 300 万元中的 200 万元属重复计算，借款金额实为 100 万元。法院采信了辩护观点，对于被告人于还款当日或次日再次向同一人吸收的存款，只要不超出该还款金额则视为同一笔涉案款项，不作为非法吸收公众存款的涉案部分重复认定。

如此认定也是符合法理的，因为它实质上就是一笔钱，没有产生新的社会危害性，所以只能算一笔，其性质跟上述情况即钱拿回去以后再投进来是有区别的。因为钱拿回去以后，投资人可以选择不投，也可以选择再投进来，这种行为是新的行为，产生了新的危害性，所以应当叠加计算。

综上，我们在审查证据时，要进行对账，非常细致地审查证据，对每一笔集资款，我们要知道这个钱是怎么提出去的，又是如何重新投进来的，要知道是否放在账上没动，即使在账上调账了，也要审查这个资金有没有被提出来。

五、"非法占有目的"的认定与辩驳

(一)相关法律规定

集资诈骗罪与非法吸收公众存款罪之间区别的关键就是"非法占有目的"。2017年《刑法》规定,非法吸收公众存款罪的法定最高刑是10年有期徒刑,集资诈骗罪可判处10年以上有期徒刑还可以判无期,《刑法修正案(十一)》虽然把非法吸收公众存款罪的法定最高刑提高到15年,但集资诈骗罪的整体量刑还是明显重于非法吸收公众存款罪,所以,对"非法占有目的"认定的辩护,是一项常规的工作。

首先,从法律规定层面看,对于"非法占有目的"是如何认定的。

1. 2001年最高人民法院《全国法院审理金融犯罪案件工作座谈会纪要》

2001年最高人民法院《全国法院审理金融犯罪案件工作座谈会纪要》中规定,对于行为人通过诈骗的方法非法获取资金,造成数额较大资金不能归还,并具有下列情形之一的,可以认定为具有非法占有的目的:

(1)明知没有归还能力而大量骗取资金的。

比如已经债台高筑了,还继续吸收资金,就会被认定为骗取资金。

(2)非法获取资金后逃跑的。

这种情况是采用推定方式认定具有非法占有目的。

(3)肆意挥霍骗取资金的。

比如拿了钱就去买房、买车高消费,就会被推定不想偿还资金,从而认定具有非法占有目的。

(4)使用骗取的资金进行违法犯罪活动的。

比如将资金用于赌博、贩毒等违法犯罪行为,这些行为可能收益非常高,但是违法犯罪行为可能被抓,这些钱就会被没收,且赌博贩毒的亏损风险也非常大,是一种风险非常高的活动,所以把资金置于高风险之下运作,被认定具有非法占有目的。

(5)抽逃、转移资金,隐匿财产,以逃避返还资金的。

这是根据行为人的客观行为得出其主观上不想还钱的结论,是通过事后行为推定其事前主观故意的认定方法。在实践中,辩护律师要力劝当事人在暴雷前后不要有这样的行为,否则原来定非法吸收公众存款罪的就可能转化为定集资诈骗罪。

(6)隐匿、销毁账目,或者搞假破产、假倒闭,以逃避返还资金的。

这也是通过事后行为来推定事前具有不想归还的非法占有故意。

(7)其他非法占有资金、拒不返还的行为。

2. 2022 年最高人民法院《关于审理非法集资刑事案件具体应用法律若干问题的解释》

2022 年最高人民法院《关于审理非法集资刑事案件具体应用法律若干问题的解释》第 4 条列举了认定"非法占有目的"的七种情形和兜底条款:

(1)集资后不用于生产经营活动或者用于生产经营活动与筹集资金规模明显不成比例,致使集资款不能返还的。

对于这点,需要注意以下几个问题:第一,以生产经营活动为名对外集资,但集资来的资金不用于生产经营活动,可以直接推定行为人是不可能归还的,具有非法占有目的。第二,什么叫明显不成比例?比如对外集资了 100 亿元,但用于生产经营活动的只有 2 亿元、10 亿元或者 20 亿元,不到一半,其他的都被用于非生产经营活动,这样就叫明显不成比例;如果 80 亿元用于生产经营活动,那应该还是在正常范围之内。第三,什么叫非生产经营活动?其指与集资项目不匹配,不能产生利润的活动,主要指消费活动和没预期利益的投资活动。第四,对于集资款不能返还的,还要审查刑法上的因果关系,如果不是因为"不将集资款用于生产经营或者投入生产经营活动比较少"造成的,就不能适用这一条。

比如,一家企业,对外吸收了 300 万元,用在了生产经营项目 50 万元,其他的用于了房地产、资金融资、海外资产的投资等非生产经营活动,但这些都是有极大盈利可能性的,预期的利益非常大。后该企业因为一项违规经营,被证监会调查,导致其项目突然停止,短期内形成资金挤兑,最终导致资金链断裂,集资款不能返还。这家企业的集资款不能返还,是由第三方因素造成的,并不是因为其用于生产经营活动的资金与筹集资金规模明显不成比例,从刑法上的因果关系考量,就不宜适用本条。

(2)肆意挥霍集资款,致使集资款不能返还的。

(3)携带集资款逃匿的。这里用到的"逃匿",比 2001 年最高人民法院《全国法院审理金融犯罪案件工作座谈会纪要》中的"逃跑"更为准确。因为逃跑有可能是为了逃避其他风险,比如逃避集资参与人的人身攻击,就像交通肇事后为了逃避在场家属的打击报复,这些逃跑不一定有躲避法律制裁的意思,可能是为了逃避其他风险(如人身风险),所以这里用"匿"字来推定非法占有目的更为准确。

(4)将集资款用于违法犯罪活动的。

(5)抽逃、转移资金,隐匿财产,逃避返还资金的。

(6)隐匿、销毁账目,或者搞假破产、假倒闭,逃避返还资金的。

(7)拒不交代资金去向,逃避返还资金的。比如当集资参与人或者办案机关来追款时,如果行为人为了证明自己有偿付能力,伪造了虚假的借条,或者伪造了一些虚假的款项去向,就会被推定具有非法占有目的。这个一定要警惕,不要认为这是案发后的事后行为就随意为之,这是可以用来推定行为人在案发当时具有非法占有的故意的。

(8)其他可以认定非法占有目的的情形。

3. 2017 年最高人民检察院《关于办理涉互联网金融犯罪案件有关问题座谈会纪要》

2017 年最高人民检察院《关于办理涉互联网金融犯罪案件有关问题座谈会纪要》第 4 条也规定了一些可以认定具有非法占有目的的情形:

(1)大部分资金未用于生产经营活动,或名义上投入生产经营但又通过各种方式抽逃转移资金的。

(2)资金使用成本过高,生产经营活动的盈利能力不具有支付全部本息的现实可能性的。

比如给的佣金或好处费等返点比例太高,导致不可能支撑整个运作模式,迟早崩盘,就会被认定为放任危害结果的发生,被推定具有非法占有目的。问题是,到底多高才算资金使用成本过高?目前没有明确的标准。比如现在很多搞人工智能或者电动汽车的前期,研发投入成本非常高,一直在吸收资金,可能直到临近资金链断裂,也没有产出效益,但最后一口气成功了,这种情况能不能算资金使用成本过高?这里恐怕要结合利润率来综合考量。如果行业内普遍是这样的资金使用成本,那么虽然看起来比较高,但也不能认定为资金使用成本过高。

(3)对资金使用的决策极度不负责任或肆意挥霍造成资金缺口较大的。

这种行为就可推定为放任损失的发生,认定行为人在非法占有目的方面具有间接故意。

(4)归还本息主要通过"借新还旧"来实现的。

这条是新规定。对于这条,我们的辩护点是针对"主要"二字。有"主要"就有"次要",可见,有"借新还旧",不等于全部都是"借新还旧",只要归还本息不是主要通过"借新还旧"来实现的,而是主要通过其他方式来实现的,就不能认定为以非法占有为目的。另外，我们在辩护时还应当分清，该条规定并不适用于所有行为人。因为对于资金盘是否无法维持，是否主要通过“借新还旧”维持，高层应当是明知的，但是对于非核心领导层及层级相对较低的公司经营管理人员来说，其未必知道是否存在这种情况，不能据此认定其具有非法占有目的。

（5）其他依照有关司法解释可以认定为非法占有目的的情形。

综合上述3个规定，笔者对推定具有非法占有目的情形作一个总结，具体有以下10种情形：

（1）明知没有归还能力而大量骗取资金的；

（2）携带集资款逃匿的；

（3）对资金使用的决策极度不负责任（如用于高风险投资）或肆意挥霍集资款，致使集资款不能返还的；

（4）使用骗取的资金进行违法犯罪活动的；

（5）抽逃、转移资金，隐匿财产，逃避返还资金的；

（6）隐匿、销毁账目，或者搞假破产、假倒闭，以逃避返还资金的；

（7）集资后不用于生产经营活动，或者用于生产经营活动与筹集资金规模明显不成比例，致使集资款不能返还的；

（8）拒不交代资金去向，逃避返还资金的；

（9）资金使用成本过高，生产经营活动的盈利能力不具有支付全部本息的现实可能性的；

（10）归还本息主要通过“借新还旧”来实现的；

（11）其他可以认定非法占有目的的情形。

通过上述总结，我们发现认定非法占有目的的核心，就是事前不具有偿还债务的能力，事中、事后不具有偿还债务的能力、表现与意愿。

4. 最高人民检察院指导案例的认定理由

在由最高人民检察院发布的一线检察官讲解的第十批指导性案例——周某集资诈骗案中，也对非法占有目的的审查，提出了这样的观点：是否具有非法占有目的，是正确区分非法吸收公众存款罪和集资诈骗罪的关键。对非法占有目的的认定，应当围绕融资项目真实性、资金去向、归还能力等事实、证据进行综合判断。行为人将所吸收资金大部分未用于生产经营活动，或名义上投入生产经营，但又通过各种方式抽逃转移资金，或供其个人肆意挥霍，归还本息主要通过“借新还旧”来实现，造成数额巨大的募集资金无法归还的，可以认定具有非法占有的目的。

（二）辩护思路

根据前述关于“非法占有目的”的规定和分析，笔者结合几个案例，来探讨如何具体作不具备非法占有目的的辩护：

1. 如陈某被控集资诈骗案，起诉书指控“集资后不用于生产经营活动或者用于生产经营活动与筹集资金规模明显不成比例，致使集资款不能返还的”，辩护人认为：

（1）本案证据证明集资款被用于生产经营活动

比如根据在案证据，以及辩护人搜集的相关证据，证明部分集资款被陈某用于了购买玉石，投资房产，开办公司，以及用于投资人的差旅、住宿、餐饮消费，而非去向不明。

（2）通过精确计算借入金额和款项支出金额，证明被用于生产经营活动的金额与筹集资金规模大致相当

辩护人列出被遗漏的正常开支，精准计算借入金额和款项支出金额。首先，对于借入金额，存在新借条更换旧借条时将之前未付利息写入本金的情况，应当从借入金额中扣除相应利息。其次，如果投资房产支付了首付款，还支付了按揭款，则这些按揭款应当进行扣除计算。最后，如果投资了园林公司，采购了大量苗木和相应的设备，则这些款项也应当计入投资。

2. 对于被控“肆意挥霍集资款，致使集资款不能返还的”的辩护

（1）辩行为性质：“挥霍（减值）”还是“投资（保值、增值）”

比如在张某被控集资诈骗案中，公诉机关认为其购买别墅、排屋就是挥霍，但我们认为要分情况，比如买了没住，放着等增值，就应当被认定为投资。但是，如果买来自己居住，那么可能就会被认定为一种挥霍。

（2）辩资金来源：“自有资金”还是“投资款”

即便是挥霍，如果其资金来源是自有资金，那么就不存在刑法上的因果关系，不能认定行为人挥霍集资款。在上述案件中，张某是在集资前购买的车辆或者别墅，或是用妻子的经营收入购买的，故不能认定是肆意挥霍集资款。

（3）辩所占比例：“肆意”还是“极小”

在张某被控集资诈骗案中，辩护人计算了被控挥霍的款项占总的吸收资金的比例是5%，不能因为存在挥霍行为、高消费行为，就推定整个吸收资金具有非法占有的故意。

3. 对于被控“携带集资款逃匿的”的辩护

(1)辩点一:“逃跑(躲催债、筹措资金而逃离)”还是“逃匿(隐匿集资款)”

比如逃跑是为了躲催债、筹集资金,并没有联系不上,达不到“匿”的程度,就不能认定其具有隐匿集资款的非法占有目的。

(2)辩点二:区分“时而联系不上”和“逃匿”

时而联系不上,不属于逃匿。如果能够一直联系上,但因为担心被催债人员骚扰而出现联系不畅,也不属于“逃匿”。

(3)辩点三:区分“携资金”还是“携集资款”

对于携带的款项的性质也要进行区分,如果携带的不是集资款,也不能适用该条款。

(4)辩点四:区分“已经还不了”和“逃匿才还不了”

对于集资款无法归还的原因,我们也要进行区分,如果是集资人逃匿了才导致无法归还,那么才可能推定具有非法占有目的。如果逃匿跟无法归还缺少刑法上的因果关系,则不能因为逃匿而直接推定具有非法占有目的。

4. 对于被控“将集资款用于违法犯罪活动的”的辩护

对于这条的辩护,主要是围绕对“违法犯罪活动”的理解,进行辩点挖掘。

5. 对于被控“抽逃、转移资金,隐匿财产,逃避返还资金的”的辩护

(1)辩点一:分析资金有没有脱离投资项目人的管理、控制

要想认定被告人“抽逃、转移资金,隐匿财产”,就要审查每一笔转移行为有没有逃避返还资金,比如审查区分公卡公用、公卡私用、私卡公用、私卡私用的情形。

(2)辩点二:区分“去向不明”和“用于投资”

对于资金的去向必须进行审查,看被告人对资金走向有没有合理的辩解。如果没有,那可能就被认定为资金去向不明,存在逃避返还资金的行为。

6. 对于被控“隐匿、销毁账目,或者搞假破产、假倒闭,逃避返还资金的”的辩护

对于这条的指控,我们在辩护时,就要审查“隐匿、销毁账目”是不是为了逃避返还资金,到底是经营失败还是搞虚假破产、假倒闭。

7. 对于被控“拒不交代资金去向,逃避返还资金的”的辩护

对于这条,我们也要审查到底是真不知情(如被控人员不是主要负责人),还是拒不交代。

8. 模式之辩

集资诈骗罪与非法吸收公众存款罪的界分,主要是非法占有目的之辩,除了以

上这些,还是一种模式之辩。第一,要看有没有盈利点,如果没有盈利点,那么迟早会崩盘,就会被认定为集资诈骗。第二,要看利息成本是不是很高,可不可能维持长期经营。第三,对于推定非法占有目的行为的明知要进行辩护。第四,虽然同案,但是在同案中也要区分到底是集资诈骗还是非法吸收公众存款,要根据不同的主观方面和客观行为来进行区分。

六、"新雷区"——私募基金

在私募基金领域,目前也有"暴雷"情况,私募基金继 P2P 之后成为涉及集资类犯罪的"新雷区"。

私募基金的私募资金行为,即便经过备案是合法的,但是如果手段违法,采用公开募集的方式,比如以口口相传、举办推介会,并承诺收益等方式来销售产品,就可能会被认定构成非法吸收公众存款罪。如果再具备非法占有目的,可能就构成集资诈骗罪。在此笔者列举了 4 个私募基金被认定为集资犯罪的案例:

案例一:发行主体未取得私募基金管理人资格

(2016)沪 01 刑终 2112 号裁定书认定:经查,公安机关调取的私募基金管理人公示信息,证实东忠富泉公司在发行富洪基金时尚未取得私募基金管理人资格。相关证人证言、募集说明书、基金认购确认函、账户历史交易明细表、已兑付客户明细表以及司法鉴定意见书等证据证实,东忠富泉公司未经有关部门批准,以口口相传及举办推介会等形式,承诺 10% ~12% 的年化收益,向龙某等 14 名投资人销售基金产品……除 1 人通过网络购买,其他 13 名投资人均通过东忠富泉公司召开推介会以后以口口相传的方式购买了基金产品,符合法律规定的社会不特定对象……现有的证据足以认定上诉人东忠富泉公司违反国家金融管理法律规定,向社会公众吸收资金,数额巨大,其行为完全符合非法吸收公众存款罪的构成要件。

案例二:私募基金管理人销售未备案产品

(2016)粤 0304 刑初 678 号判决书认定:本案中,上海清科凯盛公司未进行相关登记备案,同时涉案基金产品说明书、委托贷款合同、委托协议、委托资产管理协议等明确写明上海清科凯盛公司将募集的资金贷款给他人使用,募集的基金亦非针对证券投资活动的,故上海清科凯盛公司发起设立的涉案基金并非法律规定的"私募基金",而涉案"私募基金"所涉的项目的真实性并非认定"私募基金"合法的依据,故其具有非法性特征。且其符合"公开性""社会性""利诱性"特征,故其以"私募基金"的形式募集资金的活动应认定为"非法吸收公众存款或变相吸收公众存款”的行为。

案例三:私募基金管理人未尽充分的披露义务

(2017)沪01刑终1793号判决书认定:私募基金应备案登记,私募基金管理人必须履行登记备案基金信息的义务,包括基金的名称、成立时间、投资领域等,同时对于投资人应披露投资对象、资产负债、收益分配等重要信息,不得隐瞒或提供虚假信息。在案证据表明,本案中所涉基金未进行相关的备案登记,且上诉人朱某控制、支配资金的去向,根本没有向投资人披露所募集资金的真正去向;在合伙企业股东方面也仅有C管理中心的部分人员进行过工商变更登记。上海天蔓公司等涉案相关公司没有存款业务的经营权,其相应的融资行为也未依法履行相关融资法律程序,明显具有非法性特征。

案例四:打着“私募基金”的幌子,从事着非法集资活动

(2017)沪01刑终1025号裁定书认定:本案中,张某等人成立多家合伙企业吸收资金,从表面上看各个合伙企业的人数没有突破有限合伙制基金合伙人50人的人数限制,但总的人数已远远超过人数上限,且上诉人在吸收资金时没有了解投资人的财产信息,其集资行为指向没有针对性。本案上诉人采取的主要是口口相传的方式放任吸收资金的信息在不特定的范围内传播,明显具有公开性。事实上,上诉人设立资金池,募集的资金远大于备案注册的金额,上诉人控制、支配资金的去向,根本没有向投资人披露所募集资金的真正去向。因此,B公司虽然有三只基金注册备案过,但其在募资运作上明显违反私募的相关法律规定,亦不符合私募的本质特征,不能认定其为合法。

根据上述判例我们可以发现,在刑事裁判领域,是会透过现象看本质的,不会因为有私募基金的资质,就不认定行为人构成犯罪,还是要从本质上审查行为人的行为。

因此,我们在对私募基金涉集资犯罪进行辩护时,也要分几个层级进行审查和辩护。第一,审查是不是构成集资诈骗罪。第二,如果不构成集资诈骗罪,是否构成非法吸收公众存款罪。第三,对于一些合法有资质的私募基金,我们可以首先考虑其是否属于违反行政法的违规经营,只需要进行行政处罚即可。

涉私募非法集资刑事案件的辩护

胡　梁

近几年，有关私募基金平台或者管理人涉及刑事风险或是被追究刑事责任的越来越多。刑事司法实务中对于这类案件的定罪量刑的把握，基本停留在对《刑法》分则条文构成要件的理解和适用上。有的司法工作人员将涉私募基金的非法集资类案件与P2P平台涉刑案件视为同一属性对待、办理，张冠李戴。造成上述现象的原因，显然是没有对私募基金的专业知识进行掌握，更没有对私募基金的运行方式进行深入了解，最终可能导致法律适用的错误。对于律师而言，在这类涉刑案件的办理中，如若能够把握其中的要领，就可能取得较好的效果。

要想了解私募基金究竟是何方神圣，我们就得回到对私募基金的重新认知上，必须明确私募两个字的前沿理论，才能为此类案件的辩护提供最为明确的思路。本文即从私募基金概念、特性、种类及运营，现行规制私募基金行为有效的法律、部门规章和行业以及涉私募非法集资类刑事案件的辩护要点三个方面展开讨论。

一、私募基金的概念、特性、种类及运营

私募基金，是指为以非公开方式向投资者募集资金设立的投资基金，包括契约型基金或资产由基金管理人或普通合伙人管理的以投资活动为目的设立的公司或合伙企业。品之概念，直观上它是基金，私募二字则寓意私下，非公开之意，与老百姓认知的基金有所区别便在于此。我们日常在各大商业银行、证券机构购买的也是基金，但那是公募基金，谁都可以买。私募不一样，它不对外销售，它销售给那些特定范围内的“有钱人”，所以有准入门槛——100 万元起购一说。相比之下，公募基金则几乎没有起购门槛，基金申购者申购 1000 元也行。至此，引出另一个专属私募基金的概念——合格投资者。根据《私募投资基金监督管理暂行办法》第 12 条

规定,私募基金的合格投资者是指具备相应风险识别能力和风险承担能力,投资于单只私募基金的金额不低于1000万元且净资产不低于1000万元的单位;或者金融资产不低于300万元或者最近三年个人年均收入不低于50万元的个人。从以上准入门槛可以看出投资私募基金令大部分工薪阶层望而却步,故而私募基金投资在民间往往被称为"富人的游戏"。

此外,私募基金概念中后面一句则指的是私募基金存在的形式,即或是契约型,或是资产由基金管理人或普通合伙人管理的以投资为目的设立的公司或者合伙企业。契约想必较好理解,通俗即签订一份合同,投资者是委托人,基金管理人是受托人,为了投资者利益,由基金管理人凭借敏锐的洞察力和丰富的投资经验,帮助打理投资资金,而后依据项目投资产出给予投资者回报。基金管理人以投资为目的设立的公司或者合伙企业,通常也是私募的外在表现形式,按照《公司法》《合伙企业法》的规定,投资人和基金管理人之间共同成立股份有限公司或者有限合伙企业,以该市场主体身份去运作基金财产。归根结底,无论采用何种形式,对于投资者来说都是一样的,基金管理人实为运营一方,是打理投资基金财产的。

在特性方面,除上述提及的"合格投资者"专有属性外,还具体表现为私募投资基金具备基金管理人登记(不设行政审批,但需要在中国证券投资基金业协会进行登记,获取基金管理人牌证和基金销售机构牌证)、基金募集前和募集后的备案(称之为双备案,即基金募集之前需要到中国证券投资基金业协会进行备案,基金募集完毕之后又要进行备案)及非公开性(只能针对合格投资者进行销售,不能面向不特定公众进行销售)的特征。

有关私募基金的分类,按照存续周期以及是否可转让、赎回,大致可分为开放式投资基金(基金运作周期较短,基金总额不固定,运作周期内可转让可赎回)和封闭式投资基金(基金运作周期较长,处于封闭状态,运作周期内不能赎回或者转让);按照投资方向划分,可分为私募证券基金、私募股权基金、创业投资基金以及其他基金等。

着眼于私募基金的运营,则一般分为四个阶段,即基金的募集、投资、管理、退还。金融圈将之称为"募、投、管、退"四步骤。与通常理解不一致的是,笔者习惯将投资放在首位,而不是募集。因为按照笔者的理解,无论投资资金去向为证券、股权还是创业投资基金,在全面展开资金募集之前,必然要以有投资项目为前提,也一定是先依据投资项目的回报周期以及募集成本,先行由基金管理人依据费率设计基金产品。如若在没有投资项目的情况下,基金管理人先行募集资金,则会形成资金池，资金池现象则是规制私募基金的法律、部门规章所明令禁止的现象，故而从私募运营的四个阶段分析必然是先有投资项目后才募集资金。实务界也有人将"投资"二字理解为投向，具体指基金募集完毕后，依据指令投向项目端的行为，这样理解也无可非议。总而言之，上述四个阶段，是整个私募运营的必经环节。

二、现行规制私募基金行为有效的法律、部门规章的相关问题

在私募基金运营过程中是否任由基金管理人自由发挥而将投资人基金财产置于未知的风险之中，答案必然是否定的。规范层面也必然有相应的法律、法规、部门规章、行业规定对其进行规制。笔者对现行有效的法律、部门规章以及行业规范性文件进行梳理，仍有《证券投资基金法》（以下简称《基金法》）、《私募投资基金监督管理暂行办法》（以下简称《暂行办法》）、《关于加强私募投资基金监管的若干规定》（以下简称《若干规定》）、《私募投资基金募集行为管理办法》、《私募投资基金备案须知》等多部法律、部门规章以及行业规范性文件在金融活动领域作为规范私募基金投资的依据。

在法律位阶层面，目前只有《基金法》这一部属于法律。《暂行办法》和《若干规定》的制定颁布机关为证监会，证监会隶属国务院部委，故而上述两份规范性文件在行政法上属于部门规章。其余文件则均为中国证券投资基金业协会制定颁布的行业自律性规定，并不具有普适性的法律效力。然而，对私募基金领域进行行政处罚和刑事追责的法律依据则自然应当是法律、行政法规以及经法律、行政法规授权适用的部门规章，也即至少与在刑法层面上能作为"国家规定"的规范性文件的效力相等同的规范性文件。

抛开中国证券投资基金业协会制定的行业自律性规定，我们来看上述法律、部门规章和规范性文件在私募基金"募、投、管、退"四个阶段分别都有哪些规定，也不妨对比一下各效力的规范性文件的内容以及发布时间。

虽然《基金法》属于国家法律，但是其颁布施行时间为2015年4月24日，比证监会制定的《暂行办法》的颁布施行时间即2014年8月21日要晚8个月。在法律属性层面上，前者属于法律，后者属于部门规章。部门规章可以得到法律的授权，从而形成刑法意义上的"国家规定"，比如我国的《贷款通则》即是得到《商业银行法》的授权，成为银行业在发放、审核贷款过程中的"国家规定"。违反《贷款通则》的规定，即应受到银保监会的惩处甚至被追究刑事责任。《刑法》第186条违法发放贷款罪的认定依据虽来自《贷款通则》的规定，但无可争议的是，法律授权部门规章，

也应当在法律颁布实施之后以出台“办法”“规定”“实施细则”的形式加以规定。现行规范领域，对于私募基金行政违法的认定基本依据《暂行办法》。在内容上，相较于《暂行办法》，《基金法》的规定较为笼统，比如在合格投资人一项中，《基金法》第87条首次在法律层面对合格投资人进行了原则性界定，规定了非公开募集基金应当向合格投资人募集，人数不超过200人，但对于这200人需要满足什么样的资产要求，《基金法》则未规定相关标准，反倒是《暂行办法》第12条对合格投资人作出了具体的界定。从适用上看，《暂行办法》解决了涉私募行为的法律适用问题。但是，毕竟《暂行办法》属于私募早期的规范性文件，面对如雨后春笋般出现的众多私募机构以及私募基金运营过程中出现的问题，比如通过基金拆分突破募集人数和募集规模的规定、FOF基金互投等实务现象，《暂行办法》显然已无法全部予以囊括或者适应，所以证监会在2020年年底出台了《若干规定》。《若干规定》在规范私募基金管理人名称、经营范围，明确私募基金财产投资要求，强化私募基金管理人及从业人员的主体规范要求，规范开展关联交易方面有着更为详细的规范性要求。同时，《若干规定》明确了法律责任和过渡期。既然有过渡期，并进行了新老划断，说明以前涉刑的私募平台仍应按照老的规范要求来进行认定，而非适用新的标准。

在私募的投资阶段、募集阶段、管理阶段、退还阶段，《暂行办法》和《基金法》都详细罗列了一些禁止性行为，其规范条文主要约束的对象则为基金管理人和基金托管人，此处不再赘述。相较于《暂行办法》和《基金法》，2020年12月30日颁布实施的《若干规定》强化了私募基金募集、管理的规范性要求，该《若干规定》一共14条，但内容翔实，针对性较强。并且新增了几种情形，大致可体现在四个新的禁止性规定上。（1）不得隐瞒关联关系（背后蕴藏的含义是作为基金管理人，不能将募集来的基金财产投向自己的产业，也不能通过建立关联公司来达到为单一投资项目融资的目的）。（2）加大穿透核查力度。如果说《暂行办法》仅在募集端要求穿透核查投资人的投资资格，那么《若干规定》则新增了不得为单一投资项目设立多只基金的规定，即私募机构经常运用母子基金的手段来规避单一投资基金所募集资金不足的情形。这种情形在之前的私募基金运作平台中很常见。（3）规范了投资渠道，尤其是对于其他类私募基金产品的投资渠道，明确禁止了私募基金财产投向借（存）贷、担保、明股实债等非私募基金投资活动，规定其不得投向保理资产、融资租赁资产、典当资产等类信贷资产、股权或其收（受）益权。显然这从本意上看是为了规避投资人的风险。（4）明确禁止资金池业务。禁止资金池业务和禁止关联交易及穿透核查方面均有关联，也与具体的投资项目相关，前述二者无论是通过关联公司代销基金产品，还是通过设立母子基金募集资金，都有可能涉及自融或者变相自融，存在有资金池的嫌疑。

此外，《若干规定》还特别增加了有关投资端项目选择的问题，也就是私募基金产品所投资的项目的期限与基金的兑付周期之间不能存在期限错配，私募基金首先不能选择这样的投资项目，因为一旦存在期限错配，必然会形成资金池。为什么？因为类似期限错配的项目，往往并不需要一次性全部投资到位，例如政府3P项目，其所需融资建设的社会公共设施设备，存在一个建设周期，每个点的工程进度需要相应的资金，而私募基金募集的资金往往一次性全部募足，这时候在基金管理人处会形成资金沉淀，也就形成了资金池。这也是《若干规定》的完善之处，其立法本意是将之前发生于私募基金平台的违法犯罪根源切断，没了资金池加之银行、证券公司等托管机构进行托管，投资人的资金就有了安全的保障，至少降低了损失的风险。

三、涉私募非法集资类刑事案件的辩护要点

在了解完私募基金的相关知识后，剩下的便是结合涉私募非法集资类刑事案件来谈谈如何明确辩护方向。这类案件可能涉及的罪名有非法吸收公众存款罪、集资诈骗罪，当然，也会有非法经营罪、挪用资金罪、操纵证券市场罪、内幕交易罪等罪名，但本文主要讨论的是涉私募非法集资类刑事案件，故而在本文中只针对非法吸收公众存款罪、集资诈骗罪展开讨论。相较于其他罪名，上述两罪在涉私募刑事案件中为高发罪名，更具代表性。

刑法系后盾法，在大多数行政犯领域，仅看案件事实和罪名构成要件，并不能解决正确定罪量刑的问题。只有先弄清楚什么是私募基金，才能给私募类案件入罪划定基础界限，不会出现私募基金就是P2P的错误认识。在正确认知的前提下，笔者总结私募基金类案件的辩护要点可分为私募基金特有辩护以及非法集资类犯罪传统辩护。

私募基金特有的辩护又可进一步区分为宏观和微观。宏观即原则，此处宏观可总结为法律适用辩点以及行政认定前置辩点，与刑法原则的区分是这两大辩点应当加持刑法理论甚至是法律适用位阶理论，如特别法优于一般法，后法优于前法、前置法优于后盾法等。那么，在私募刑事案件中应如何运用呢？

(一)宏观辩护要点

1. 关于法律适用,这里分以下三个维度:

第一维度,但凡是中国证券投资基金业协会所颁布的行业规则都不应予以考量,因为它只能被称为行业规范性文件,而非法律、行政法规、部门规章。

第二维度,因《基金法》颁布实施于《暂行办法》之后,且后者属于部门规章,前者属于法律,故应当优先适用法律。另外,经法律特别授权的规章,应当制定于该法律文件之后,故按照时间节点,《暂行办法》不是法律特别授权的规章,辩护人提出法律适用意见时,可提及这点。

第三维度,不妨考量一下有关私募机构的相关行为,《暂行办法》没有作出禁止性规定的,理应不构成犯罪,比如母子基金、FOF 基金以及投向存在期限错配投资项目等情形。

以上是关于法律适用的位阶辩点以及法有无溯及力原则性辩点,辩护律师在办理相关私募机构涉非法集资类刑事案件并运用上述辩点时,首先要审查行为发生的时间,其次要审查行为的类型和性质。

2. 关于行政犯的认定规则。构成行政犯必须以违反行政法律法规为前提。换句话说,在行为人构成犯罪的情况下,其必然也系行政违法。结合私募基金涉刑非法集资类案件的认定规则,相关合格投资者、投资者风险识别能力以及风险承受能力的调查、基金管理人基金项目的设计、基金财产的投资、管理等违法行为的认定,必然也是由证监会先行调查后首先作出行政认定,情节严重涉嫌犯罪的,才移送司法机关立案。但笔者也碰到过行政机关认定了私募销售机构有违规销售私募基金产品的情况,并且也查明部分基金财产存在由个别私募机构高管进行个人消费挥霍的事实,证监会的调查结论认定该私募机构涉嫌非法吸收公众存款罪,挥霍部分资金的个人涉嫌集资诈骗罪并将其移送公安机关立案侦查,公安机关也完全按照证监会的上述认定以涉嫌二罪移送审查起诉。但检察机关改变了认定规则,将相关高管追加认定为构成集资诈骗罪向法院提起公诉,笔者认为相关机关没有遵循同一规则,造成法律适用的混乱,有失妥当。理由有二:其一,突破证监会的认定结论在无新增事实的前提下,有违背行政犯法定理论的嫌疑;其二,在未进行行政调查前置的情况下,刑事入罪并没有事实依据。故而碰到这样的案件,辩护律师脑海中应该始终有行政犯认定要行政调查前置这根弦。

(二)微观辩护要点

从已判刑公布的涉私募非法集资类案件行为特征上分析,大致可以看出涉私募非法集资类犯罪与《刑法》第176条非法吸收公众存款罪的构成要件行为之间存在大体相同的情形,即行为特征方面符合公开性、利诱性、不特定性。除此之外,在基金管理人和基金销售机构相关人员均有基金管理人牌证和私募基金从业资格证的情况下,基金管理人募集资金的行为是否还存在非法性的问题?我们在办理此类案件时又应该注意哪些要点呢?

公募基金和私募基金完全不同。公募机构要想发行公募基金,需要中国证券监督管理委员会核准并颁发基金管理人牌证才能成为法律意义上的基金机构;而私募机构不一样,私募机构基金管理人只需要在基金业协会登记即可。基金管理人未登记、基金产品未备案是否就属于非法吸收公众存款罪中的非法性的问题呢?笔者认为应思考以下几个问题:

1. 基金管理人未登记是否为非法性要件。由于私募基金不设行政审批,也就无非法集资案件中的"非法性"前提,而《暂行办法》严格意义上也并非"国家金融管理法律规定",从这一点来说,其实基金管理人的登记并非合法成立要件的前提,所以也不能作为使其具备"非法性"构成要件的前提,《暂行办法》对此也予以认可,其第9条规定"基金业协会为私募基金管理人和私募基金办理登记备案不构成对私募基金管理人投资能力、持续合规情况的认可;不作为对基金财产安全的保证"。通俗地说,即使备案了,基金业协会对你的投资能力、持续合规情况也不予背书。既然如此,那么凭什么要去基金业协会备案呢?这也从侧面进一步说明私募基金的备案并不具备相应的法律效力,即使没有备案,也不能作为行政法意义上以及更高层面《刑法》意义上的"非法性"的认定。

2. 不特定对象的认定。私募基金在销售对象上要为"合格投资者",如何确定为合格投资者?基金管理人如何尽到穿透核查义务?如若投资者刻意造假,伪造金融资产证明或者集合投资人投资,私募机构如何能够发现?如若基金管理人已经履行了审慎注意义务的前提下,还是混入了几个不合格投资者,算不算仍为不特定对象?

笔者的理解是,即便销售对象是特定的,作为私募基金管理人在销售私募基金时肯定也要进行宣传,宣传方式包含路演、报告会、沙龙等。而私募机构只要在上述宣传方式下没有直接通过宣传内容体现私募基金,只是通过上述形式筛选出符合私募基金投资的客户,即属合法合规,这是其一;其二,对于合格投资者以及适格投资者两个方面的审查,作为基金管理人或者基金募集机构,只需尽到审慎注意义务即可,这种审慎注意义务对应下的审查应当理解为形式审查。因为私募基金管理人并非司法机关,无调查权、侦查权等法律赋予的权力,无法对投资者的真实金融财产状况进行实质性审查,如此要求穿透核查,也未免过于苛责,故而所谓的不特定对象,无论在销售方式上,还是在销售对象上完全也可以有上述辩护要点。

3. 公开性的判定。这里的公开性应作限缩解释,非法吸收公众存款罪的公开,是指面向社会大众的公开,如果利用公众媒体或讲座等情形,是否等于公开传播?虽然通过公众媒体或讲座等方式进行传播,但受众群体是经过了先期筛选的合格投资者,这种情形是否为公开传播?所以这个公开性必须要结合以上不特定性进行认定,不能以一旦公开宣传,就直接认定为具备公开传播的特性。

4. 利诱性的判定。证监会和司法机关往往会在行政调查以及刑事证据收集过程中,提取投资者甚至基金代销机构基金销售人员的笔录或者相关聊天记录,从而证明在销售私募基金过程中存在保本付息的承诺。作为辩护律师,这时需要审查两个方面。一是审查基金管理人内部制度层面,有无合规化销售的要求,有无形成培训、考核甚至惩戒制度,是否明确过在销售私募产品时不能进行保本付息的承诺。如果个别销售人员为了追求个人业绩给予了投资者保本付息的承诺,那就是销售人员的个人行为,基金管理人没有责任。二是审查《基金合同》,有无相关合格投资人的提示以及是否签订《风险揭示书》等。如果投资人本人均亲笔签署,而在案发后为了迎合刑事案件调查,在侦查人员的要求下或者出于取回投资款的考量,违心做了"没有仔细看基金协议"等类似的言辞,笔者认为客观性均存疑,不应予以采信。故而对于该类案件的办理,客观证据的证明力相当关键。实际上,司法实务中对于存在保本付息情形的案件也并非全部入刑。笔者搜罗了一下杭州地区法院的相关判例,也有很多此类案件作为民事纠纷进行处理,辩护律师在办理该类案件时也可以及时向侦办机关提出。

5. 基金设计层面。母子基金的设立是否等同于《若干规定》中的基金拆分?依据投资项目整体资金的需求,为了解决单只基金资金不足、人数受限的情形,很多基金管理人成立了母子基金配套销售,以规避行政监察。《若干规定》第 7 条第 2 款明确规定"任何单位和个人不得通过将私募基金份额或者其收(受)益权进行拆分转让,或者通过为单一融资项目设立多只私募基金等方式,以变相突破合格投资者标准或投资者人数限制"。显然,该规定针对的就是基金管理人设立母子基金的情况,违反该规定是否就直接可以认定存在犯罪的可能性?笔者认为,判断此行为是行政违规还是刑事犯罪还是得看实质,即设立母子基金的目的是什么。如果设立母子基金的目的是规避投向基金公司自有项目或者形成其他资金池,则属于《刑法》意义上的自融或者变相自融行为。此外,还应对母子基金所对应的基金财产作实质判断,如若用于项目投入,则仍属行政合规评价范畴;如若用于纯粹的募新还旧,则存在刑事入刑的可能。

6. 募新还旧和FOF基金问题。募新还旧和P2P平台借新还旧属于同一范畴的概念,即用新募集客户的资金去兑付老客户的投资本息。如果没有实质的资产端,通过这样不断新老覆盖的方式进行循环往复,总有一天会导致整体资金链断裂,给投资人造成损失,所以刑法对这一行为进行了规制。但是,P2P中纯粹的借新还旧行为本身也并不必然形成集资诈骗罪中的"非法占有的目的",推定嫌疑人是否具备上述主观故意,应结合最高人民法院《关于审理非法集资刑事案件具体应用法律若干问题的解释》来综合认定。故而单纯的募新还旧,在私募项目端项目真实的情况下,不能推定基金管理人存在犯罪的可能性。

FOF基金同样如此,基金财产的走向是否配套募新还旧也是认定FOF基金募集是否涉嫌刑事犯罪的关键。如若FOF基金募集的目的并非如其初衷投向其他基金,而是用来募新还旧,则有犯罪之嫌。如果只是投向其他基金项目,到目前为止没有任何法律、行政法规对其予以禁止。

7. 期限错配后的整体判断问题。对于存在期限错配的项目,就要解决在基金兑付期与项目回报周期不匹配时,投资人投资款兑付的问题。《若干规定》对此予以了明令禁止,但同样刑法讲求实质,存在期限错配是否直接可推定基金管理人或者基金销售机构涉嫌非法吸收公众存款罪?笔者认为当然不是。这是一个项目本质属性的问题,在《若干规定》出台之前,私募基金投资并未禁止投向债权类项目。无论是政府债,还是政府3P工程融资,均没有限制或者禁止私募基金资金流入的规定。那么在《若干规定》出台之前基金管理人在运营时选择了存在期限错配的项目时应当如何判定其是否涉及刑事犯罪呢?此处应判断基金管理人是否有其他融资渠道或者受项目本身的建设周期、回报周期限制时,基金管理人是否有解决期限错配的资金实力。如有,则进一步说明即便存在期限错配,也没有任何行政违规以及触犯刑法的情况。这里还要特别审查基金管理人在兑付周期之内兑付资金来源的问题。如若兑付资金来自其自有财产和项目方回款没有问题;如若来自其他基金财产,且确有挪用、侵占其他基金财产的情形,则有涉嫌犯罪的可能。

8. 闲置资金使用的问题。现今由于全部要求基金财产托管,一般情形下,理论上不再存在闲置资金。但也不排除基金管理人通过项目端套现基金财产的可能,如若通过项目指令托管机构打款至项目后期套现,并挪作他用,则可进一步依据行为性质判定构成相应的罪名。

以上是笔者从基金运营、管理层面等微观角度总结的辩护要点，结合募集端以及宏观层面的辩护要点，汇集在一起是私募基金涉及非法集资类刑事案件的特有辩护要点。而就该类刑事案件的传统辩护要点基本围绕在非法吸收公众存款罪和集资诈骗罪这两个罪名的传统要点上，即：

1. 非法吸收公款存款罪中四个特征的审查比对、犯罪嫌疑人（被告人）的犯罪时间段、数额的认定以及地位和作用、损失挽回的状态与可能、偿债方案与谅解等。

2. 集资诈骗罪中底层资产是否能够覆盖债权、相关主体是否转移隐匿资金的最终去向、是否具有偿债能力与意愿、债权人是否明知行为人的资产状况等。

3. 着重审查侦查机关查封、扣押、冻结嫌疑人资产的情况，做好财产刑辩护，最终防止当事人在被判刑的同时财产被全部罚没，落得人财两空。

四、结语

办理涉私募非法集资刑事案件，律师不能就事论事、死套法条，而应该结合案件证据，深挖案件事实，刨根问底，同时应当具备刑法系后盾法以及行政违法甚至民事违约的行政、民事前置思维。这样才能真正对这类案件达到实质辩护效果奠定坚实的基础。

非法集资涉案公司员工刑事风险防控及辩护策略

孙　宇

一、非法集资涉案公司常见结构

非法集资案件属于涉众型经济案件，由公安机关的经侦部门管辖。此类案件，多是因为非法集资涉案公司无法兑付、延期兑付集资款本息，集资参与人与涉案公司沟通无果后向公安机关经侦部门报案而案发。因集资参与人在报案时，一般仅能提供投资合同、转账凭证、与公司业务员的聊天记录等，故公安机关一般不了解涉案公司的组织架构、业务模式等内情。为了对涉案公司及人员有一个宏观、迅速的了解，同时也为将来确定打击范围，经侦部门在接到集资参与人报案后开始初查工作时，便会设法了解、掌握涉案公司架构，用以分辨涉案公司的哪些部门是与非法集资有关的核心部门，哪些人员是组织、领导者，进而确定对哪些人员需要追究刑事责任以及责任大小。

（一）从纵向（按层级）划分，涉案公司人员一般可分为实控人、股东、高管、部门经理、基层员工、关联公司人员等

1. 一旦被认定为公司实控人，当涉案公司涉嫌犯罪时，实控人就是公安机关初查、侦查的重点对象，当时机成熟时公安机关会优先控制实控人，以防止转移资产、潜逃、毁灭证据、串供等不利于案件进展的行为发生。但在公司的管理层中如何认定实控人，对此存在一定争议，实践中甚至出现偏差。例如，在A私募基金公司涉嫌非法吸收公众存款案件中，A私募基金公司的法定代表人甲因涉及某P2P公司非法吸收公众存款案被B地警方刑拘，后其被B地法院判处刑罚。在甲被羁押数月后，A公司因涉嫌非法吸收公众存款罪被C地警方立案侦查，警方将A公司的总经理助理乙取保候审，案件移送审查起诉后C地检察机关认定乙的作用较大、地位

较高，是A公司的实际控制人，决定以集资诈骗罪对乙进行逮捕，乙对检察机关认定其是A公司的实控人有异议。

2. 股东、高管则根据岗位的不同而存在不同层级的刑事风险。例如，有些互联网金融公司的业务分为助贷（为银行、保险公司等金融机构推荐借款人）、P2P两部分，其中负责助贷业务的股东、高管因助贷业务本身的合规性、不涉及非法集资而不涉案，而当其业务、分管工作与P2P业务交叉时，则可能涉案。当股东、高管直接分管、负责与P2P业务有关的部门时，其涉案风险较高。再如，没有办理入职手续，但实际参与公司经营管理的股东、高管，如果具有公司的管理权、签字权等权限，则涉案风险较高。

3. 对基层员工而言，有相当比例的基层员工在行政、人事、技术、客服、催收、风控、出纳等岗位上从事基础工作，故其有可能不涉案。同时在基层从事募集资金业务的员工人数众多，少则数十人、多则数百人，若众多业务员工都被列入涉案范围则有扩大打击范围之嫌，容易引发新的涉众问题。根据相关司法解释，基层业务员工在退回提成、佣金后可不作为犯罪处理。

4. 对于涉案公司的关联公司的人员而言，若其与非法集资行为关联度弱，涉案的可能性则比较低。在实践中，有些关联公司的法定代表人、高管是由涉案公司任命、派驻的，甚至他们在关联公司任职时还兼任涉案公司的岗位，则此类任命、派驻人员的刑事风险较高。

（二）从横向（按岗位）进行划分

根据以往的办案经验，按照涉案风险高低可分为三个层级。一是涉案风险较大的从事技术开发、实控人助理、客服、线上线下销售、财务等工作的人员，上述部门是涉案公司对接客户、募集资金、开发产品的重要部门。二是风险居中的从事风控、法务工作的人员，其为涉案公司提供辅助性的服务。三是风险较低的从事行政、人事、资金结算等工作的员工，但需要注意的是，若行政、人事部门员工负责员工培训工作，尤其是与募集资金有关的培训工作，则涉案可能性较高。

二、常见罪名

非法集资涉案员工，一般会涉及以下罪名：

（一）集资诈骗罪

在非法集资案件中，对涉案公司及实控人来说集资诈骗罪是最重的罪名，部分股东、核心高管也会被认定为集资诈骗罪的共犯。当案件被认定为集资诈骗时，若股东和高管知晓、参与、控制了资金的去向、用途，则他们被认定为集资诈骗罪的可能性较高。

（二）非法吸收公众存款罪

涉案员工被认定为非法吸收公众存款罪及该罪名共犯的情况最为常见。对于中下层员工而言，想要通过证明自己并不明知公司没有融资资质，进而论证自己并非非法吸收公众存款罪的共犯比较难，司法实践中对于在公司工作过一段时间的员工，一般推定其知晓公司不具有金融融资资质但仍从事融资相关活动，进而其被认定为非法吸收公众存款罪的共犯。

（三）洗钱罪

近年来，上海市部分地区出现了将涉案公司财务人员、超级居间人（超级放贷人）、提供个人银行卡给公司使用的员工认定为洗钱罪的案例。从2019年开始，上海市地区部分检察机关对上述人员在审查起诉阶段改变定性，由非法吸收公众存款罪变更为洗钱罪将上述人员起诉到法院。

（四）帮助信息网络犯罪活动罪

在追赃挽损存在诸多困难的情况下，公安机关为了应对集资参与人施加的种种压力，通过扩大涉案人员范围，促使涉案员工退回违法所得。从2022年上半年开始，上海市部分检察机关将关联公司技术开发团队定性为帮助信息网络犯罪活动罪。

三、人员心态

非法集资公司人员的心态决定了他们接下来会采取何种应对风险的措施，这在某种程度上影响了案件定性和量刑。

（一）高管人员

对高管人员而言，若其被追究刑事责任，首先考虑避免被定性为集资诈骗罪。其次考虑避免成为主犯。并非所有的公司高管人员都一定是主犯，根据过往办案经验，有过涉案公司联合创始人被认定为非法吸收公众存款罪的从犯，并最终通过全额退回违法所得被判处缓刑的案例。[①] 即使高管人员被认定为非法吸收公众存款罪的主犯（涉案公司副总裁），也可以通过大额退赔争取缓刑。[②] 最后，尽量多地

① 参见（2020）沪0115刑初3509号。
② 参见（2020）沪0115刑初2423号。

争取从轻、减轻的量刑情节。例如，自首的时间节点很重要，涉案公司的核心管理人员要防范因实控人未到案而被投资人、办案机关有意、无意地当作实控人处理的风险。另外，若高管及关联人员也在涉案公司投资，那么当涉案公司出现兑付危机后，对公司资金有一定掌控能力的高管会考虑利用其职位便利提前兑付自己及关联人员的投资款，而上述行为又可能涉嫌职务侵占罪或挪用资金罪。

（二）中下层员工

中下层员工普遍存在以下几种心态：

1. 考虑离职。部分员工基于趋利避害的心理，当了解到公司出现兑付危机、高层被追究刑事责任后第一反应就是离职。但离职不仅无法阻却刑事责任，而且可能被在职员工推诿责任，从而引发更大的刑事风险。在有的案件中，基层业务员在介绍集资参与人投资近 8 年后，依然被追究了刑事责任。[①]

2. 主动报案。当涉案公司出现逾期后集资参与人的第一反应是找对接的业务员或业务经理讨要集资款，这导致集资参与人的压力直接转移到了从事募集资金工作的业务员或业务经理身上，部分人员可能会为了转移投资人压力，选择带领集资参与人去涉案公司讨要集资款，讨要无果则带领集资参与人去公安机关报案。此外，当涉案公司出现兑付危机时，其不仅会拖欠集资参与人的款项，而且也会拖欠公司员工的业务提成、工资、报销等款项，有的员工为讨要被公司拖欠的上述款项，也会选择主动报案。在上述两种情况下，由于员工对涉案公司内部较为了解，能够提供较为详细的信息，故公安机关一般会较快立案。

3. 考虑销毁与自己有关的证据。不乏员工因为害怕承担刑事责任，在了解到其他同事被公安机关讯问或询问的时候，出现删除聊天记录、公司邮件，销毁业务合同等行为，其简单地认为销毁证据后即不会被公安机关调查，或者公安机关就掌握不了对其不利的证据。当律师遇到当事人咨询时，一定要提醒当事人不能销毁证据，不然容易让办案机关对其产生不利的推断，反而加重自身责任。正确的做法是全面梳理证据，从中找出对自己有利、不利的证据并固定下来，针对不利证据作出合理解释，针对有利证据构建出罪或罪轻的证明体系。

（三）关联公司人员

对关联公司人员而言，其多会考虑以下问题：

1. 考虑自身是否存在刑事风险。关联公司主要分为空壳公司和实际经营的公

---

① 参见（2020）沪 0116 刑初 1414 号。

司。在空壳公司中挂名的管理人员，如挂名的法定代表人、监事、股东等，一般不存在刑事风险，但可能需要承担民事责任。对于实际经营公司的管理人员而言，若其与募集资金有较大关联，或使用了非法集资公司大量资金的，则刑事风险较高。

2. 考虑借款是否需要归还、如何还。一方面，大部分借款方在获取资金后多投到项目中，短期内难以变现，故其不太会积极、主动地还款。另一方面，在司法实践中鲜有公安机关积极核实投资款项去向、追索款项，责令相关人员、公司归还投资款项，并施以查封、扣押、冻结措施。这就加剧了借款人“逃废债”的心理，即能拖就拖，能少还就少还的心理。

3. 考虑是否继续承担连带责任、担保责任等民事责任。虽然民事合同具有相对性，但很可能在案件办理中被刑事调查所穿透，公安机关根据财产线索调查资金去向、核实资产归属，最终由审判机关判断该笔资金、资产是否涉案的赃款赃物，进而决定是否追缴用于退赔集资参与人。如非法集资的资金经过多个账户转账后，以关联公司、人员名义进行股权、不动产投资等，再将该股权、不动产进行质押、抵押贷款、对外提供担保以获取利益，关联公司、人员及他项权利权利人存在善意取得等诸多抗辩。虽通过穿透性调查可认定投资资金来源于非法集资，但因投资行为合法有效，且权属登记在下游其他公司、人员名下，股权投资款实际用于公司经营，不动产上有他项权并对外长期租赁，在刑事财产刑执行中又存在诸多困难。

四、风险防控策略

（一）及时了解涉案公司基本情况

梳理涉案公司人员架构、员工的岗位职责，迅速了解公司决策模式、人员分工。通过公司决策审批流，判断员工是负责上传下达还是具有实际决策权，若员工具有实际决策权则其承担的刑事责任较重。有的员工可能存在内部岗位变动，或在案发前已离职的情况，总体来说工作时间越长，承担的责任会越重。除了岗位职责外，涉案员工的收入情况也会影响量刑轻重。收入一般由工资、奖金、业务提成、福利性报销等组成，一般情况下这些收入均需退赔。此外，若存在涉案公司回购高管、员工持有的股份的情形，那么从涉案公司账户、实控人个人账户支出的股权回购款同样会被责令退赔。公安机关在调查初期，一般均会向涉案公司财务人员调取所有员工收入情况。在经济案件中，一般认为员工收入越多作用越大、地位越高，公安机关在早期根据收入多少确定涉案人员范围，同时收入情况也能帮助各办案机关印证员工的作用地位。

（二）收集、固定证据

公司内部一般具有完善的数据流、业务流、审批流等工作信息。例如，聊天信息、报销凭证、银行流水、业务合同、服务器数据等，这些材料、数据将影响办案机关对员工的定性和作用地位的判断。涉案员工往往缺乏法律专业知识和敏感度，很难区分有利证据和不利证据，不知如何合法地收集证据，更不知如何运用有利证据。律师可配合涉案员工梳理上述证据材料，将对其有利的证据及时固定，对其不利的证据也要进行整理、归纳、分析并寻找辩点。

（三）根据员工所处的公司岗位、业务分工分析刑事风险点

从整体来说，员工的岗位及业务分工若与非法集资行为关联性不大，则员工涉案风险较低。但在司法实践中，不乏集资参与人为了挽回损失而给予办案机关种种案外压力，而办案机关对本不应追究刑事责任，或可追可不追刑事责任的员工作犯罪处理，以促使员工退回在涉案公司的收入的情况。总体来看，律师应根据员工的岗位具体职责、分工、收入、实际作用等情况，结合管辖地对于非法集资案件或紧或松的政策，具体分析员工是否存在涉案风险以及员工面临的风险高低。

（四）根据刑事风险点寻找合理解释和证据

非法集资案件中，公安机关在接到集资参与人报案后、受理前，多会采取约谈涉案公司人员、上门走访、要求提供公司材料等非正式的调查；或者在受理后立案前的初查阶段，询问公司人员、调取公司财务、人员、对外投资等材料。通过上述非正式调查、初查，公安机关判断公司是否涉案、涉案人员范围等。公司员工应在自身工作职责范围内，梳理能够证明自己无罪、罪轻的证据。非法集资案件中公司员工即使涉案，大多也仅涉嫌非法吸收公众存款罪，公司员工可围绕非法吸收公众存款罪构成的四要件、在公司工作职责和分工等，收集、固定对自身有利的证据，在被公安机关约谈、询问时，涉案员工可提供证据印证其合理解释。

五、辩护策略

（一）协助当事人把握住自首情节

认定自首情节，须同时满足主动到案和如实供述两个条件。在公司出现风险后员工须时刻关注案件动向，当公司实控人到案后，员工的手机等通信工具要保持畅通。当接到公安机关电话通知后员工应积极配合调查，及时前往公安机关，避免公安机关因联系不上、传唤不到而采取上门抓捕、上网追逃等措施，导致员工失去主动到案情节。到案后，律师应为员工做好法律咨询，建议员工在接受询问、讯问时

保持良好的态度，同时提醒员工也要坚持合理辩解、维护自身诉讼权利，要求公安机关将合理辩解记入笔录。

（二）争取非羁押性强制措施

首先，要争取在侦查阶段直接对其取保候审。律师在涉案员工到案前应协助梳理风险点，并根据经验判断涉嫌犯罪的可能性，若涉嫌犯罪概率较大须提醒涉案员工及其家属提前准备好退赔款项，随时准备全额退赔，以争取公安机关直接对其取保候审。其次在刑拘后，争取检察机关在审查批捕阶段不批捕，由于审查批捕最多只有7天的时间，故律师需要提前与公安、检察机关确认好退赔账号，有条件的可获取尽可能多的投资人谅解书，并及时与承办检察官沟通，通过全额退赔、认罪认罚等有利情节争取不批捕。最后，若涉案员工被批捕了，律师可申请羁押必要性审查争取变更强制措施。但整体来说，越往后采取取保候审的可能性越低。

（三）争取较轻的罪名

一是争取定轻罪。例如在非法吸收公众存款罪与集资诈骗罪中，争取定非法吸收公众存款罪。二是争取定一罪。有时审判机关会对实际控制人定非法吸收公众存款罪和集资诈骗罪两罪，高管及中下层员工定非法吸收公众存款罪和洗钱罪两罪，律师辩护应争取去掉较重的罪名，或者去掉其中一个罪名。

（四）争取较轻的作用、较低的地位

作用地位主要体现在主从犯的认定上，在实践中司法机关会根据岗位和工作内容、收入多少判断作用地位、认定主从犯。员工的岗位和工作内容与募集资金、资金运作密切相关的，其在非法集资案件中的作用较大、地位较高、责任较重。认定为从犯的，除了能够争取减档处罚外，还能适用缓刑。以非法吸收公众存款罪为例，上海地区法院对于非法吸收公众存款罪的主犯一般不判缓刑，若辩护目标是为被告人争取缓刑，则律师在审查起诉环节要先争取嫌疑人被检察机关认定为从犯，再通过退赔等其他情节争取缓刑。

（五）量刑减轻、从轻

根据2022年2月最高人民法院出台的《关于修改〈最高人民法院关于审理非法集资刑事案件具体应用法律若干问题的解释〉的决定》，非法吸收公众存款罪分为三档量刑，即3年以下、3～10年、10～15年有期徒刑。随着经济的发展，当前非法集资案件很容易达到吸收存款5000万元以上或者未兑付金额2500万元以上的条件，此类案件普遍属于涉案金额特别巨大的这一情节，基准刑在10～15年有期徒刑这一档。故对被告人和辩护人而言，要先争取降档，才能有机会通过退赔争取缓刑。

(六)无罪辩护

在实践中,非法集资案件中的集资参与人为了挽回损失持续地通过"上门、上街、上访"等方式给公检法机关施加压力,即使就部分员工存在罪与非罪的争议,在员工涉案后办案机关基于涉众压力也鲜少作出撤案、不起诉、无罪的决定,律师争取无罪的空间较小。但需要辩护律师注意的是,在相关司法解释中还是存在以下出罪空间:一是参与集资的基层员工,通过积极地全额甚至超额退回出违法所得可争取从轻、减轻处罚,情节较轻的可争取免除处罚或不作犯罪处理。① 二是对于在涉案公司中从事辅助性职能的基层员工来说,由于其层级低、作用较为次要,主观上难以证明其知晓涉案公司从事非法集资活动,②故对其可争取不作为犯罪处理。

(七)不能忽视财产刑

在非法集资类案件的判决书中,与财产刑有关的内容有罚金、退回违法所得、不足部分责令继续退赔三部分。在非法集资类案件中,涉案员工的罚金一般在几万元到几十万元之间,辩护空间相对小。违法所得的认定范围一般包括工资、奖金、提成、福利性报销等,对于报销款项,涉案员工若能提供证据证明其曾为涉案公司垫付了款项,则可予以扣减。在司法实践中,法院在开庭后、宣判前,若准备对被告人判处缓刑或从轻、减轻处罚,一般会要求被告人退回全额违法所得甚至超额退回违法所得,故律师要积极与承办法官沟通退赔事宜。此外,若犯罪嫌疑人、被告人违法所得较大而退赔远小于违法所得,那么办案机关会查封其名下资产。鉴于房产查封后不能变现退赔,且后期执行拍卖环节极易折价,故若能提前自售房产,则可争取最大程度变现、退赔,以体现其悔罪态度。

---

① 最高人民法院、最高人民检察院、公安部《关于办理非法集资刑事案件适用法律若干问题的意见》第4条规定:"为他人向社会公众非法吸收资金提供帮助,从中收取代理费、好处费、返点费、佣金、提成等费用,构成非法集资共同犯罪的,应当依法追究刑事责任。能够及时退缴上述费用的,可依法从轻处罚;其中情节轻微的,可以免除处罚;情节显著轻微、危害不大的,不作为犯罪处理。"

② 最高人民检察院《关于办理涉互联网金融犯罪案件有关问题座谈会纪要》第10条规定:"对于无相关职业经历、专业背景,且从业时间短暂,在单位犯罪中层级较低,纯属执行单位领导指令的犯罪嫌疑人提出辩解的,如确实无其他证据证明其具有主观故意的,可以不作为犯罪处理……"

企业融资型犯罪的辩护

丁宇魁

企业在生产经营过程中,向银行或者其他金融机构融资时,容易涉嫌"高利转贷罪""骗取贷款罪",对这些罪如何进行辩护?笔者认为,这两个罪名在司法实践中和法律适用上,罪与非罪、此罪与彼罪的界限并不清晰,探讨空间非常大。

一、高利转贷罪

《刑法》第175条规定,以转贷牟利为目的,套取金融机构信贷资金高利转贷他人的,要予以刑事处罚。

在实践中,有的企业在银行贷款之后,基于各种各样的原因,比如原本贷款时的项目做不下去了,或者资金有结余,就给其他企业或者个人拆借或者出借资金。在这样的情况下就容易产生刑事风险,因为有一些司法机关在认定高利转贷罪时,只关注"转贷"这个词,也就是说,不管当事人是出于什么原因、什么理由,只要是将从银行拿出来的钱,提高利息转贷给他人,就要定这个罪。

不可否认,个别司法机关工作人员在解释和适用法律的时候,倾向于进行"粗暴的文义解释",程序法和实体法都是如此。再配上一点客观归罪的思维,就会作出这样的认定:不管行为人是如何取得的贷款,只要行为人最终把钱款提高利率转贷出去了,就涉嫌高利转贷罪。但刑事司法恰恰是一种精致的工艺,需要条分缕析地解读。那么接下来笔者就边分析边展示辩护要点。

(一)如何理解"以转贷牟利为目的"

我们先从《刑法》第175条高利转贷罪中的第一个要件"以转贷牟利为目的"开

始,此处用一个案例来展开[①]。

检察机关指控:2013年4月28日,被告人刘某1与其子刘某2虚构(花木)购销合同,刘某1以房产进行抵押于2013年5月从某县农村商业银行(以下简称农商行)贷款500万元支付给刘某2,贷款月息1.08%。2013年5月28日,农商行将500万元支付到刘某2尾号为7229的农商行账户。2013年6月20日,刘某2在农商行现金开户尾号为5393的银行账户,同时从其尾号为7229的账户转账200万元至其尾号为5393的银行账户。2014年9月4日,刘某1为谋取高息向张某出借资金300万元,让其子刘某2转账70万元至出借账户,刘某2根据刘某1的要求从其尾号为5393的银行账户转账70万元至刘某1尾号为2446的账户,后刘某1从其尾号为2446的账户转账300万元出借给张某。张某给刘某1出具了300万元的现金借条,约定月息2分5厘。2015年2月6日,刘某1从其尾号为2446的账户转账262.5万元出借给张某,张某给刘某1出具了300万元的现金借条,约定利息2分5厘。2019年8月29日,某县人民法院立案审理了刘某1与张某民间借贷纠纷一案,判决认定:张某向刘某1的借款本金为600万元,自2015年12月6日至2019年4月18日共计产生利息6145000元,已支付利息3217114元。据此,被告人刘某1于2014年9月4日安排其子刘某2将贷款资金70万元以高息(月息2分5厘)出借给张某,实际违法所得为36万余元。

公诉机关认为,被告人刘某1以转贷牟利为目的,套取金融机构信贷资金高利转贷他人,违法所得数额较大,应当以高利转贷罪追究刑事责任。建议判处被告人有期徒刑1年6个月至2年,若认罪可适用缓刑。

事情发生在2013年,刘某1贷款500万元,存入了其儿子刘某2的账户。此后张某想要借款300万元,刘某1自己账户里原有230万元,他又让其儿子转过来70万元,凑齐300万元借给了张某。张某是刘某1的朋友,刘某1告知过张某自己贷款的事情,后来张某借钱后不想按约定还利息,就去公安机关报案说刘某1高利转贷,从而案发。

上述情节的核心问题在于:行为人在贷款之前,没有转贷牟利的目的,但行为人在贷款之后,客观上发生了转贷牟利的行为,这是否构成高利转贷罪?

根据《刑法》第175条的规定,高利转贷罪,是指以转贷牟利为目的,套取金融

---

① 本文案例均为真实案例,虽系公开审理的案件,但未上裁判文书网,有的也并非笔者直接办理,因此,为保护当事人隐私,将本文案例所涉当事人信息隐去。

机构信贷资金高利转贷他人,违法所得数额较大的行为。从纯粹语义上就可以看出,罪状的前、后关系是:以……为目的……高利转贷他人。也就是说,此罪的认定要求行为人在实施贷款行为时就要带着高利转贷的目的,而不能认为“行为人先实施一个孤立的套取资金行为,再实施一个孤立的转贷行为,两两相加就构成犯罪”。

进一步讲,这其实就是“行为与责任同时存在原则”在刑法分则规定中的体现,也就是说,“套取资金”的行为与“以转贷牟利为目的”必须同时存在才构成犯罪,即只有当行为人在申请贷款时就有转贷牟利的目的,才能认定犯罪。按照清华大学张明楷教授的解读,《刑法》第 175 条规定的是,“套取金融机构信贷资金高利转贷他人”而非“将套取的金融机构信贷资金高利转贷他人”。条文罪状本身就已经规定了目的和行为在时间上的先后顺序,先有这个目的,带着这个目的去实施行为才能构成该罪。

以上就是本罪的第一个辩护要点,在上述案件中,该意见最终是被法院采纳认可的。

(二)如何理解“套取”

《刑法》第 175 条用了“套取”一词,综观《刑法》452 个条文,在罪状的描述上,有“取得”“获得”“非法占有”“谋取”“骗取”“索取”等措辞,这些措辞都被用过多次,唯独“套取”一词,在整部《刑法》中仅用过一次,这就非常值得研究了。实际上,从日常生活用词来看,“套取”和“骗取”是有相近之处的,都有欺骗或虚构的意思,但这里为什么要用“套取”而不直接使用“骗取”,直接规定为“骗取金融机构信贷资金高利转贷他人”不就可以了吗?既然法条上不这么用,那这个法条一定有它的特殊性,说明“套取”与“骗取”一定是有区别的。

首先,中国政法大学阮齐林教授就认为,“套取”的意思实际上指向“以转贷牟利为目的”,在这个意义上“套取”和“骗取”是同一个意思,高利转贷罪只不过是骗取贷款罪的一种特殊形式。这种解读好像也说得通,因为所有条文中,只有本条规定了转贷行为,且高利转贷罪与诈骗罪也确实不一样,与诈骗罪相近的还有合同诈骗罪以及一系列的金融诈骗罪。但法条上特地采用不同的表述,如果仅将“套取”解释为“以转贷牟利为目的”而使用的特定词语,则这样的解释并不能让人释然——既然都是骗,怎么到“以转贷牟利为目的”就不是“骗”,而是“套取”了呢?更何况,只有甄别二者的不同,才有利于进行罪轻辩护:两个罪的第一档的 3 年以下有期徒刑量刑中,高利转贷罪中的“套取”贷款不要求造成金融机构重大损失,而骗取贷款罪中的“骗取”贷款却要求造成金融机构重大损失。因此,作为辩护人,必须进一步深挖“套取”的内涵——高利转贷罪中的“套取”和骗取贷款罪中的“骗取”究竟有什么区别。

其次，关于“套取”一词的意思，中国人民银行有一个已经失效的文件即中国人民银行《关于严禁利用信用卡、银行卡、支付卡违规套取现金的通知》(银发〔1998〕136 号，以下简称《通知》)，其中提到“严禁利用信用卡、银行卡、支付卡等新的结算工具违规套取现金”。该通知的目的在于对“用信用卡、银行卡、支付卡等新的结算工具违规套取现金”的行为加强监管。要说通过信用卡套取现金，结合最高人民法院、最高人民检察院《关于办理妨害信用卡管理刑事案件具体应用法律若干问题的解释》(法释〔2018〕19 号，以下简称《解释》)第 12 条的规定来看，违反国家规定，使用销售点终端机具(POS 机)等方法，以虚构交易、虚开价格、现金退货等方式向信用卡持卡人直接支付现金，情节严重的，应当依据《刑法》第 225 条的规定，以非法经营罪定罪处罚。从上述《通知》和《解释》可以看出，被套取的现金一定是持卡人的现金。如果套取的现金不是持卡人的现金，而是他人信用卡上的现金，那就不是违规的问题了，可能就构成信用卡诈骗罪等罪名。

因此，结合上述《通知》和《解释》来看，“套取贷款”指的是行为人自己有支配权限，但是虚构了用途(或者理由)。“骗取贷款”就是虚构事实，获得了行为人本不该获得的资金或贷款。可见《刑法》第 175 条中的“套取”，实际上就是指利用行为人自己所具备的信贷资质，虚构用途或者理由，获得钱款。若行为人个人或企业本就不具备使用信贷资金的资格，但是由于使用了欺骗手段，才获得了这样的资格，则应被认定为骗取。

对此，全国人大常委会法制工作委员会的立法解释①能够支撑上述观点。该立法解释表明，《刑法》第 175 条所规定的“套取金融机构信贷资金高利转贷他人”是指“编造虚假理由，从银行、信托公司、农村信用社、农村合作银行等金融机构获得信贷资金后又转贷给第三人”。立法解释讲得很清楚，是“编造虚假理由”，而不是在贷款过程中“采用欺骗手段”。当然控方也许会说，“编造虚假理由”也是“欺骗手段”中的一种。但是，至少立法解释是把范围严格限缩了的，不应该随意扩大。

(三)如何理解“信贷资金”

《刑法》第 175 条中的第二个关键词是“信贷资金”。只有正确理解了信贷资金

---

① 参见许永安主编：《中华人民共和国刑法修正案(十一)解读》，中国法制出版社 2021 年版，第 412 页。

的理解，才可以充分厘清高利转贷罪和骗取贷款罪的刑罚轻重关系。对此，可以回到前述刘某1涉嫌高利转贷案中。在该案中，刘某1贷款时是提供了担保的。从刑法保护的法益来看，既然行为人已经提供了担保，那么银行的资金是没有风险的，不应该将行为人的行为认定为犯罪。那么，《刑法》第175条所规定的“套取金融机构信贷资金高利转贷他人”中的“信贷资金”究竟是否包含有抵押的贷款？对此，很多刑法学者会说，该问题在理论上有争议，有人认为“信贷资金”仅指无抵押的贷款，也有人认为“信贷资金”既包含有抵押的贷款，也包含无抵押的贷款。但一般而言，如果法律条文没有明确规定，司法实践中也没有达成共识，理论研究上还有争议，则很难给法官一个充分的出罪理由，很难实现较好的辩护效果。因此，我们需要一个体系解释的思路。

从体系解释的角度看，如果认为“信贷资金”同时包含有抵押和无抵押的贷款，那么必将带来量刑的不当（即便不考虑前述关于“套取”手段应限缩为“虚构贷款理由”的论证）。高利转贷罪和骗取贷款罪的第一档量刑是一样的，区别在于，高利转贷行为中银行的资金是没有损失的，借多少还多少；而骗取贷款行为中的资金是有去无回的，银行发生重大损失。况且，如前所述，行为人“套取”的是自己有支配权的资金，只不过虚构了贷款理由；而行为人“骗取”的是他人的资金，即行为人并不具有贷款条件，却通过虚构事实或材料使自己满足贷款条件。在这种情况下，两个罪名的量刑居然是一样的，这意味着上述解释一定是有问题的。

要解决上述量刑不当的问题，对《刑法》第175条唯一的解释是，高利转贷罪中的“信贷资金”不包含有抵押的贷款，仅包含无抵押的贷款。无抵押的贷款是基于行为人的信誉放贷，银行已经承担了一定的风险，若行为人再将资金转贷，将使资金处于更大的风险之中，因此才需要进行更加严厉的处罚。如果不按照上述解释，就会使刑法条文本身陷入体系矛盾之中，陷入罪责刑不相适应中，这样的解释就是错误的解释。当然也许有人会说，高利转贷罪保护的法益不仅是资金安全，还有金融秩序。但问题是，即便考虑到金融秩序的问题，显然银行的资金安全本身就是金融秩序中非常重要的一部分，那么比起纯粹的金融秩序，骗取贷款罪对资金安全层面的金融秩序的破坏更加严重，其尚且要求造成金融机构重大损失的要件，为何高利转贷罪反而不需要造成金融机构重大损失，似乎高利转贷罪比骗取贷款罪危害性更大，量刑更重？所以以对纯粹“金融秩序的保护”作为处罚“转贷有抵押贷款的行为”的正当性依据是不充分的。

在前述刘某1高利转贷案中，法院虽没有进行详细的论证，却是认可上述论证的。该案判决书载明：

在本案中，被告人刘某1辩称，其贷款时签订的《购销合同》是出于委托银行将贷款支付给其子刘某2的目的，但无其他证据予以证实，不排除其虚构合同套取贷款的可能性，但被告人贷款500万元是用自有房产抵押，其贷款存在物权上的担保，与套取"信贷资金"存在差别，依据该行为发生时的法律规定，基于抵押担保取得的贷款不属于高利转贷罪构成要件中的"信贷资金"。

在这里要特别强调一点，我们在进行案例检索时会发现，相当多的裁判文书中都把抵押贷款的转贷行为也认定为高利转贷罪，可见对上述问题有很大争议，这显然增加了辩护难度，但反过来看，也是律师展现辩护水平的机会。

二、骗取贷款罪

（一）如何理解"欺骗手段"

在分析高利转贷罪时，我们提到了骗取贷款罪中的"欺骗手段"，主要讨论的是骗取贷款罪中的"欺骗手段"与高利转贷罪中的"虚构理由"之间的区别。前者是指没有资格使用信贷资金而虚构资格，后者是指有资格使用信贷资金而虚构贷款理由。接下来笔者将具体阐述"欺骗手段"的认定。

"欺骗手段"的认定问题，本质上是欺骗行为的构造问题。在诈骗类犯罪（包括与骗取贷款罪有相同罪名构造的贷款诈骗罪）中，"欺骗行为"，指的是行为人采取虚构事实、隐瞒真相的方法，使受骗对象产生错误认识，并处分财产。那么在实践中常见的"欺骗手段"有哪些？如何辩护？我们同样以案例展开。

某起诉书指控称：2010年6月以来，被告人吴某作为某公司法定代表人，为了帮助某公司的项目筹集资金，多次组织多名公司员工及亲属贷款，其虚构员工系项目经理并从公司内部承包项目，项目经营需要资金的事实由公司提供担保，其以多名员工的名义从中信银行办理个人经营性贷款，并将贷款资金用于公司项目建设，贷款资金每年转贷使用至今。截至起诉前尚有12人共计5700万元的贷款本金未归还银行，其中已有9人的贷款本金及利息均逾期，逾期贷款本金达4500万余元；另外3人共计1200万元贷款本金于2018年7月6日以借新还旧方式转贷后尚未逾期。在司法实践中，个别司法机关对"虚构"的认定非常粗糙，只要贷款材料里有虚假的部分，就认定为"虚构"。如果按这个逻辑，可能所有贷款主体多少都会存在问题，比如在资产评估上、经营状况上，涉及资金审计等一系列问题上，没人敢保证100%准确。上述起诉书提及的就是骗取贷款罪中"欺骗手段"的问题，起诉书称吴某通过“虚构员工系项目经理并从公司内部承包项目”的方式骗取贷款。

对此应如何开展辩护呢？我们在会见被告人时，他明确说整个贷款过程就是银行工作人员主导的，连（骗取的）主意都是银行工作人员出的。但仅有被告人辩称银行知情，在辩护上显然不够，我们还需要其他证据来印证。经过阅卷我们发现，被告人吴某提交给银行的项目承包合同显示，项目的发包方和中标方是同一个公司，担保方也是该公司，等于说发包方、承包方、担保方都是吴某的同一个公司。这样的合同显然是虚假的。这就意味着银行必定是知道申请贷款的材料是虚假的，因为银行贷款的流程非常严格和复杂，有贷前、贷中、贷后管理，中间都有严密的审核流程，如果不是银行知情，这样的贷款申请是不可能被审批通过的，这就与被告人的辩称相互印证。

因此，该案有两种辩护思路：

其一，引用张明楷教授的观点，“行为人的欺骗手段是不是对银行发放贷款起重要作用”[①]，如果说欺骗内容不是放贷的重要考量方面，那就不构成银行处分财产或者放贷的理由，那无论贷款材料真假与否，都不是因陷入错误认识而放贷，因此，即便行为人有欺骗行为，也不应当被认定为骗取贷款罪。

其二，若银行工作人员对所谓的“骗贷行为”知情，甚至主导整个过程，那么银行自然也没有陷入错误认识，同样行为人不应当被认定为骗取贷款罪。

实际上，以上情节在司法实践中并不少见。从《刑法修正案（十一）》修正过程中反映的情况看，立法者已经注意到，在司法实践中，造成“骗贷”的原因和情况复杂。银行在融资中处于“强势”地位，适用格式条款，融资条件严格，而借款人对资金需求大，有的很难完全符合贷款条件，有的在一些材料上存在虚假提供的情况，从实践情况看甚至有的提供了真实的担保，但因存在欺骗手段和涉及数额较大，也面临刑事责任风险，甚至有的“骗取”行为是在银行人员授意、指导、帮助下进行的。也正因如此，骗取贷款罪才调整了门槛，在第一档量刑中只保留“重大损失”这一要件。此外，从公安部经侦局《关于骗取贷款罪和违法发放贷款罪立案追诉标准问题的批复》也能看出，骗取贷款罪和违法发放贷款罪在很多情况下本就有着千丝万缕的关系。

因此，此类案件从上述两个角度进行辩护，应当说是有一定效果的。但遗憾的是，在上述案件中，法院并未认可辩护人的意见。然而，相同的意见却在另一起案件

---

① 张明楷：《刑法学》（第5版），法律出版社2016年版，第777页。

中得到了认可。

某起诉书指控：刘某的A公司已因欠款被人民法院列为失信被执行人。刘某的证言也能证实，其曾与吴某说过其公司的现状，但吴某仍然找到刘某让其以A公司的名义对自己3000万元的流贷作担保，且提供了虚假的购销合同骗得贷款。在贷款到期后，吴某的公司无力归还银行贷款，经法院强制执行后仍未能归还，给银行造成巨额损失，其行为已构成骗取贷款罪。

在上述案件中，被告人吴某明知刘某的A公司已经被列为失信被执行人，却仍要求刘某让其以A公司的名义提供担保，因此认定吴某构成骗取贷款罪。但起诉书没有提到的案件事实是，刘某也对上门签担保合同的银行工作人员说明过其公司的真实状况，银行工作人员却仍执意让他签。

最终，法院根据“欺骗手段”的构造对案件进行分析，得出了无罪的结论。

关于吴某骗取贷款的事实能否认定的问题，法院审理认为，骗取贷款罪是指以欺骗手段取得银行或者其他金融机构贷款，给银行或者其他金融机构造成重大损失的行为。骗取贷款罪的“欺骗手段”主要表现为：行为人实施欺骗行为→具有放贷决定权的人陷入认识错误→作出放贷的财产处分决定→行为人获得贷款→银行的贷款遭受损失风险。随后，法院就具体案情进行了分析，但判决书的论证过于冗长，简要归纳如下：(1)本案中，银行对吴某公司的流动资金贷款起主导作用，该银行发放贷款是基于其本身给予吴某公司的问题授信，与该公司提供资料之间无因果关系；(2)银行工作人员证实该银行掌控贷款的用途和流向；(3)刘某的证言证实，银行的三名工作人员找到她，让其A公司给吴某公司担保3000万元流动资金贷款，当时她跟银行工作人员表明A公司没有实际资产，已被法院列为失信被执行人，但银行工作人员还是让她签了字，盖了章。

因此，对骗取贷款罪中“欺骗手段”的辩护应紧密围绕“欺骗行为”的构造来展开。

(二)如何理解“重大损失”

《刑法》第175条之一第1款规定，“以欺骗手段取得银行或者其他金融机构贷款、票据承兑、信用证、保函等，给银行或者其他金融机构造成重大损失的，处三年以下有期徒刑或者拘役，并处或者单处罚金；给银行或者其他金融机构造成特别重大损失或者有其他特别严重情节的，处三年以上七年以下有期徒刑，并处罚金”。《刑法修正案(十一)》删除了2017年《刑法》第175条之一骗取贷款罪中规定的“或者有其他严重情节”，为何要删除？从立法解释来看，骗取贷款罪的设立是为了保护银行贷款资金的安全,防范贷款风险,而不是要惩罚一切不合规范的贷款行为。从该罪设立的立法背景看,之所以规定骗取贷款罪,其根本原因是“骗取金融机构信用与贷款,会使金融资产运行处于巨大风险之中”。因此,在《刑法修正案(十一)》之前规定的“其他严重情节”指的应当就是使金融机构的信贷资金处于巨大风险之中。

现在已经明确了,《刑法修正案(十一)》删除了给金融机构资金造成巨大风险的罪状,只剩下重大损失这一罪状。那么司法实践中存在哪种需要甄别的“重大损失”呢?来看另一个案件。

某起诉书指控:申请贷款期间,被告人采用伪造虚假购销合同的手段向贷款银行编造虚假贷款理由、隐瞒贷款实际用途,为顺利骗取贷款被告人还向贷款银行提供虚假的企业资产负债表等,隐瞒企业真实经营状况,骗取银行贷款共计人民币2000万元。上述贷款被被告人用于归还公司借款、贷款以及公司经营等,截至目前上述贷款本金均未予以归还,给贷款银行造成重大损失。

该起诉书采用的是“虚构+未还”的结构,“虚构”说的是“骗取”,“未还”说的就是“重大损失”。但起诉书对“未还”的说法语焉不详,什么是未还?是完全无法偿还?还是由于办案机关的不当介入,导致生产经营陷入停顿,无法继续偿还?即便没有偿还,是否就一定指向重大损失这一结果?

首先,在商业银行贷款活动中有一个概念,叫“贷款损失”,是指“信贷资产实际回收金额低于账面金额的损失”。从这个概念中可以得到一个预设,即对于贷款来说,所谓“逾期”不能当然算是重大损失。

那么上述预设是否有法律支撑?在穷尽所有关于“骗取贷款罪”的法律规定后,笔者发现了《关于骗取贷款罪和违法发放贷款罪立案追诉标准问题的批复》,其中提到了商业贷款的五级分类制,循着五级分类制,还可以找到一个规定即《贷款风险分类指引》(以下简称《指引》)。这个发布于2007年7月3日的《指引》把贷款划分为五类,即正常、关注、次级、可疑、损失。这里提到的“损失”,就是我们要找的“贷款损失”,也就是说,如果我们要对《刑法》第175条之一规定的“重大损失”进行一个解读的话,这个损失不能是预设的损失,不能是还没发生的损失,而应该是既成的损失,即穷尽一切法律程序之后,在本息仍然无法收回或只能收回极少部分的情况下形成的损失,而不应当是前述起诉书提到的“逾期”。

诚然,立法解释特别提到,“不必要求金融机构等穷尽一切法律手段追偿个人房产等财产不能清偿之后,才认为造成重大损失”,但辩护人对此并非毫无辩护空间。立法解释从学理的分类上讲，是一种主观解释，一般情况下当然有很强的说服力，但如果有法律的明文规定，且规范性法律文件可以指向一个无罪或轻罪的结论，那么辩护律师据此做到理由充分、论证得当，也并非就没有机会。

（三）如何理解“其他特别严重情节”

骗取贷款罪中的最后一个问题，即第二档量刑中提到的“其他特别严重情节”。在司法实务中有人认为，如果行为人骗取贷款数额特别巨大，则即便尽数归还，也应按照“其他特别严重情节”定罪处罚，也就是说，在难以认定金融机构有重大损失，不能直接适用第一档量刑的情形下，可绕过第一档量刑的规定，直接认定被告人骗取贷款具有“其他特别严重情节”从而直接适用第二档量刑。

上述做法是值得商榷的。根据《刑法修正案（十一）》的立法解读[①]，“其他特别严重情节”一般也应当以“造成重大损失”为条件，如果具有特别严重的欺骗手段或者涉嫌数额极其巨大，给国家金融安全造成了特别重大的风险，也可依法追究刑事责任。从上述立法解读可以看出，若行为人仅系骗取贷款数额特别巨大，且已悉数或大部分归还，没有给银行或其他金融机构“造成重大损失”，则不应当被认定为“其他特别严重情节”。

① 参见许永安主编：《中华人民共和国刑法修正案（十一）解读》，中国法制出版社2021年版。

“贷新还旧”之骗贷风险及辩护空间研判

曾钧泓

“贷新还旧”是实践中一种常见的贷款方式，如果能够操作顺畅，贷款人、银行乃至其他参与方均可由此获利，实现“双赢”或“三赢”局面。在贷款实务中，“贷新还旧”大致可以分为“以贷还贷”“贷款置换”“居间过桥”“顶名贷款”四种模式。由于“贷新还旧”过程中普遍存在虚假行为，近年来许多贷款人因此被追究了骗取贷款的刑事责任，“贷新还旧”也从彼时之“还贷救火标配”悄然演化成了现在之“高危骗贷行为”。即便如此，“贷新还旧”领域内的诸多问题仍然颇具争议，本文拟从“因果之辩、行为之辩、数额之辩”三方面入手，力求探寻“贷新还旧”的有效辩护之道。

一、救火标配：“贷新还旧”之概念与模式

（一）“贷新还旧”之概念厘定

作为一种特殊的贷款方式，“贷新还旧”这一概念最早出现在中国人民银行2000年发布的《不良贷款认定暂行办法》（已废止）之中，其本意是指贷款人（包括贷款个人与贷款企业）在贷款到期后，“又重新贷款用于归还部分或全部原贷款的”[①]借贷行为。随着时代发展与业务更迭，现今贷新还旧之概念早已不限于此，第三方也更多涌现其中“牵线搭桥”。笔者认为，虽然贷新还旧的外延不断拓宽，但万变不离其宗，该类行为始终具备一个核心共性，即“贷款人通过向金融机构申请新贷款的方式，归还其已有的旧债务（含银行欠贷和非银行债务）”。贷新还旧，一方面能使贷款人免遭惩处、变相续贷，另一方面还可以帮助银行暂时削减不

① 详见《不良贷款认定暂行办法》（已废止）第9条。

良贷款率[①],由此在贷款实务中得到了广泛适用,被称为“还贷救火标配”。

(二)“贷新还旧”之模式划分

1. “以贷还贷”模式。该模式一般涉及 1 家放贷银行、1 个贷款人。具体流程为:A 为偿还 B 银行的贷款,即向 B 银行重新申请一笔新贷,并以此归还前期贷款(见图 1)。

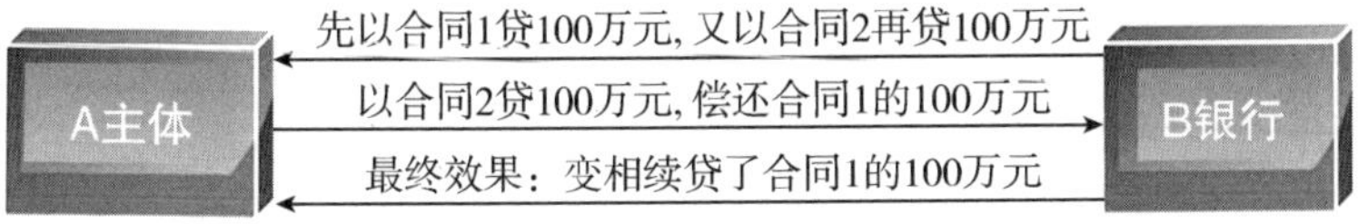

图 1　“以贷还贷”模式

近年来,由于贷款政策趋紧,多数银行已较少使用该模式,若需使用也有严格限制[②],新贷合同之贷款用途会注明“本贷款用于偿还 × ×(原合同编号)合同项下借款人所欠债务”,以示“贷新还旧”之本质。

2. “贷款置换”模式。贷款置换在实践中有多种形式和理解,本文仅就与主题相关之模式展开论述。该模式与“以贷还贷”的主要区别在于放贷银行不同,一般涉及 2 家放贷银行、1 个贷款人。具体流程为:A 为偿还 B 银行贷款,即转向 C 银行申请新贷,并用 C 银行之新贷偿还 B 银行之旧贷(见图 2)。

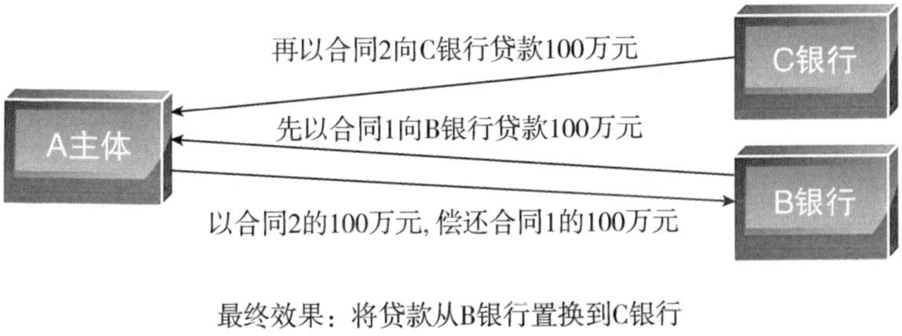

图 2　“贷款置换”模式

在实践中,贷款人基于同一银行“以贷还贷”之困难,有时便尝试“贷款置换”。虽然此模式要求较高,银行也可通过征信系统查询贷款人名下所有贷款,但若确能

---

① 参见杜素梅:《论银行贷款借新还旧风险的产生、成因及防范措施》,载《云南财贸学院学报(社会科学版)》2006 年第 6 期。

② 参见刘东峰:《以贷还贷相关法律问题研究》,中山大学 2005 年硕士学位论文。

满足条件(无不良记录、提供足额担保等),另一银行也存在放贷可能[①]。此时贷款人通常会隐匿“贷新还旧”之意,代以其他贷款用途。

3.“居间过桥”模式。该模式一般涉及1家放贷银行、1个贷款人和1个居间出资方。具体流程为:A向C方拆借“过桥资金”归还B银行贷款,随后A即向B银行申请新贷,并用新贷款资金归还C方资金(见图3)。

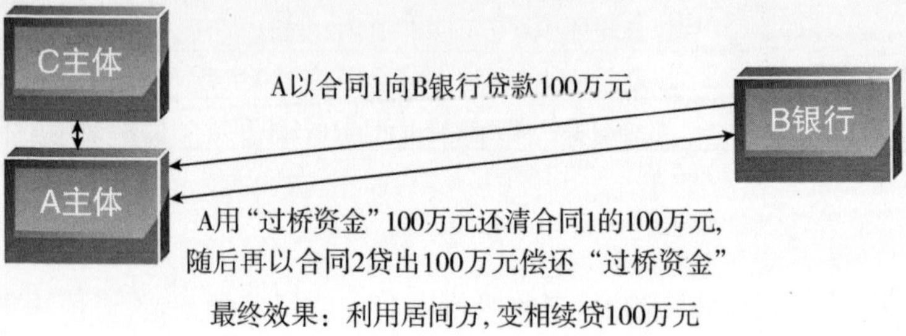

图3 “居间过桥”模式

虽然处于灰色地带,但借此贷款人可实现“先还款、后续贷”,银行亦可正规收旧贷新,故此类模式日益成为主流,但几乎没有贷款人会明示新贷合同的用途为贷新还旧[②]。

4.“顶名贷款”模式。该模式一般涉及1家放贷银行、1个实际贷款人和1个名义贷款人。若A已失去续贷资质,又无力偿还B银行贷款,A常常会以第三方主体C的名义向B银行申请新贷,但所获贷款实质由A使用,并以此归还B银行贷款(见图4)。

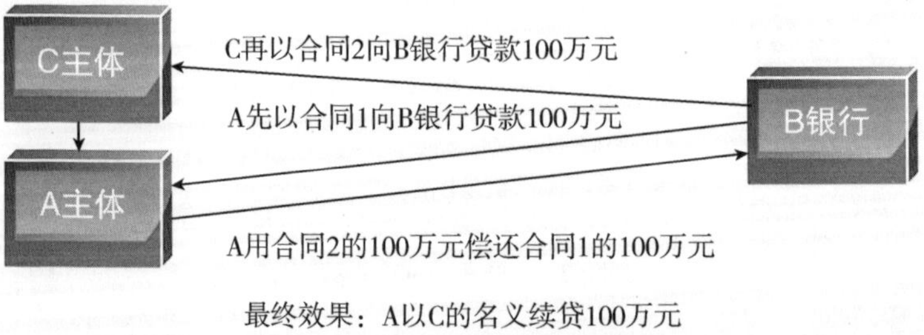

图4 “顶名贷款”模式

---

① 参见何虹:《置换贷款风险隐患不容忽视》,载《金融会计》2012年第4期。

② 参见边永平、杨柳:《企业向非金融机构借入“过桥贷款”的风险及影响》,载《金融发展评论》2014年第12期。

在实践中，A 既有可能实施 C 明示同意之“借名贷款”，亦有可能实施 C 毫不知情之“冒名贷款”[①]。在此类模式中，新贷合同的用途自然不可能注明“贷新还旧”，而是标以其他用途。

二、悬顶之剑：“贷新还旧”之骗贷风险辨析

（一）骗取贷款罪简析

骗取贷款、票据承兑、金融票证罪系 2006 年《刑法修正案（六）》增设的罪名，2020 年《刑法修正案（十一）》（以下称《刑修十一》）对该罪名进行了修改，删除了原先的“其他严重情节”入罪条款。根据 2020 年《刑法》第 175 条之一的规定，骗取贷款、票据承兑、金融票证罪是指“以欺骗手段取得银行或者其他金融机构贷款、票据承兑、信用证、保函等，给银行或者其他金融机构造成重大损失”之行为。骗贷入刑的主要考虑是，实践中行为人骗贷时之非法占有目的往往难以证明，因此一旦无法认定贷款诈骗罪，就只能进行无罪处理，不利于保护金融机构的信贷资产安全[②]。基于此背景，立法机关便将部分合同欺诈行为犯罪化，增设骗取贷款罪，使其与贷款诈骗罪形成高低有别的预防体系，共同惩治涉贷犯罪行为，亦使行为人罚当其罪[③]。

根据 2022 年最高人民检察院、公安部修订的《关于公安机关管辖的刑事案件立案追诉标准的规定（二）》第 22 条的规定，行为人若以欺骗手段取得银行或者其他金融机构的贷款，给银行或者其他金融机构造成直接经济损失数额在 50 万元以上，即应立案追诉。由此可见，本罪无须行为人主观上具有非法占有目的，只要其申请贷款时采取了一定的欺骗手段，导致相应危害后果即可定罪论处。

（二）“贷新还旧”之骗贷刑事风险辨析

近年来随着经济形势下行、银行不良贷款率陡然升高，相关部门加大了对贷款人“逃废债”的联合打击力度，骗取贷款罪也在此浪潮中获得广泛适用，大有“口袋化”趋势。虽然《刑修十一》及时限制了骗取贷款罪的适用范围，但在性质上本就颇具争议的贷新还旧仍属于高度风险行为。贷款人申请新贷款的真实目的显然是归还旧债务，但又不得不隐瞒这一实际用途，故只能弄虚作假。一旦后续无力还贷，金融机构随时可能“翻脸”，贷款人申请新贷时的各类虚假行为也会成为事后追责的

---

① 参见任继鸿：《贷款犯罪研究》，吉林大学 2005 年博士学位论文。

② 参见孙国祥：《骗取贷款罪司法认定中的三个问题》，载《政治与法律》2012 年第 5 期。

③ 参见陈洪兵：《骗取贷款罪的准确适用探究》，载《湖南大学学报（社会科学版）》2015 年第 5 期。

“有力罪状”，骗取贷款罪成为其高悬头顶的“达摩克利斯之剑”。

1. 虚构贷款用途

贷款人获取新贷显然是为了归还旧债，但正规“以贷还贷”的适用空间越发狭窄，而在其他模式中，大多数贷款人都会隐匿意图、虚构用途，甚至提交虚假证明。虚构用途是“贷新还旧”中最为普遍的骗贷风险行为，但贷款人往往别无选择，最终埋下了一颗“不定时炸弹”。

2. 虚报贷款主体

无论“借名贷款”抑或“冒名贷款”，欠贷人既是实际申贷意愿主体，又是实际贷款使用主体，还是实际本息偿付主体，故实践中因“虚报贷款主体”而被认定为骗取贷款的案例不在少数。另外，由于被顶名人无实际用贷需求，故该模式往往伴随着虚构用途，进一步加剧了刑事风险。

3. 虚夸资信实力

银行放贷需严格审核贷款人的经营现状、资产质量、偿债能力及担保力度，而绝大多数欠贷人必然有所欠缺。为顺利获贷，部分贷款人便以伪造财务报表等方法虚增现金流量净值、虚降资产负债率，或让他人提供虚假担保，制造“虚假繁荣”。一般而言，此类行为将使银行高估资信状况、增加收贷风险，故其始终是刑法重点打击的骗贷行为之一。

三、破解之道：“贷新还旧”之辩护空间研判

虽然“贷新还旧”蕴藏着不容忽视的刑事风险，实践中亦有众多有罪判例，但该领域诸多问题仍有较大争议。笔者认为，辩护律师可深究“贷新还旧”各类模式之特性，探寻有效的辩护路径。

（一）因果之辩：心照不宣地“弄虚作假”

骗取贷款罪虽不需要非法占有目的，但骗贷行为必须足以使金融机构陷入错误认识，并基于该错误认识放贷进而导致危害后果，即欺骗行为与骗贷后果必须具备因果关系。然而在实践中，银行对贷款人尤其是贷款企业之弄虚作假往往心知肚明，最终却基于诸多考虑继续放贷，此类“心照不宣”在贷新还旧中绝非个例。笔者认为，“贷新还旧”在因果关系领域存在较大辩护空间，辩护律师应当精研案卷，下述情形应认定为因果关系阙如，不宜用刑法规制。

1. 有的银行基于自身经营考虑发放新贷

一定程度上来说，“贷新还旧”能帮助银行缓释贷款风险，由此，有的银行常基

于自身经营、扶持企业发展等考虑，对虚假材料视若无睹①。如在（2019）鲁05刑终139号案件中，法院认为“本案中，A银行为了单位业绩考核经讨论后决定给予B公司问题授信，将银行承兑汇票敞口转为流动资金贷款，A银行对B公司的流动资金贷款起主导作用，A银行发放贷款是基于其本身给予B公司的问题授信，与B公司提供资料之间无因果关系”，最终认定骗取贷款罪不成立。（2014）湖浔刑初字第410号案件、（2016）苏12刑终277号案件亦体现出类似的裁判要旨。

2. 有的银行主动推荐“过桥”机构，进而发放新贷

实践中，有的银行会积极为企业联络“过桥资金”还贷，并承诺发放新贷助其归还拆借资金。笔者认为，银行此时显然未陷入认识错误，故骗取贷款罪不存在适用空间。如在（2016）鲁1191刑初3号案件中，涉案银行为避免欠款逾期，遂协调临时过桥资金将该笔信用证欠款按期偿还，还款后，在银行主导下，被告宋某某又以卓瑞公司名义另行申请800万元贷款，偿还上述过桥资金。对该800万元贷款的起因及用途，涉案银行是明知的，最终法院未将该笔贷款计入犯罪数额。

3. 有的银行基于政府居中协调，进而发放新贷

当前经济形势下，一些地方政府为改善企业困境，常在银企间居中协调、促成借贷，如在（2014）杭富刑初字第835号案件中，政府专门召开金融协调会，“会议同意对东南公司继续予以支持”，随后被告所在的东南公司即以废纸交易为由获得新贷。部分地市甚至设有“政府过桥资金”，以《恩施州州级过桥专项资金管理办法》（已废止）为例，州级过桥资金只能用于还贷，而企业获得资金的前提即为“银行承诺对企业提供续贷”。笔者认为，此时企业即便虚构用途也不宜被定罪，因为银行放贷显然是基于政策导向，在前述案例中法院最终也认定该指控不成立。

4. 并非贷款终审者“明知”，才能认定银行“明知”

实践中有观点认为，现在银行发放贷款均实行的是“审贷分离、分级审批”的制度，所以即便初审者知晓贷款申请材料是虚假的，终审者也不知情，仍然说明终审者因为虚假申贷材料而陷入了错误认识，不能因此切断因果关系②。笔者认为，贷款初审者同样属于银行工作人员，无论其是否具有贷款发放的决定权，其实施的都

---

① 参见梁海、丁洪涛、陈德钊：《地方中小银行“借新还旧”业务潜在风险分析》，载《金融发展评论》2014年第4期。

② 如（2016）苏1181刑初181号判决书认为，“即便银行具体办理业务的人员明知材料有假而予以上报，但其后的一系列环节均受该虚假事实所欺骗，从而向被告单位发放贷款500万元”。类似案例还有（2014）浙杭刑终字第193号等。

是职务行为,故行为结果也应当归属于银行。有学者也指出,"这种由被害人的主动行为推动行为人犯罪导致被害人被害的互动关系被犯罪学界称为被害人的主动被害模式。刑法评价上,这种所谓的主动被害表明银行等金融机构没有被欺骗,并不是真正的被害人。在银行工作人员未被骗的情况下,银行为了通过贷款谋取自身的利益继续向行为人发放贷款,即丧失刑法对其保护的必要性,即使日后对其造成损失,也属于刑法中的被害人自我答责的范围,阻却犯罪的成立"①。浙江省绍兴市2018年《关于办理骗取贷款类经济犯罪有关法律适用问题的座谈会纪要》也体现了相似观点②。

(二)行为之辩:不宜一概而论的"借名贷款"

在"冒名贷款"中,由于被冒名人对贷款毫不知情、未与银行形成任何借贷合意,银行也难以向被冒名人直接主张欠款,故此时认定实际欠贷人"以欺骗手段获取贷款",在实务中争议不大。值得深究的是"借名贷款",此时被借名人知晓贷款事宜,许多案例中其甚至亲自申请贷款,但最后实际欠贷人仍被认定为"骗贷"③。笔者认为,"借名贷款"并不完全等同于"骗贷",就此问题应当细致分析如下。

1. 被借名人系法律认可的贷款主体

从民事法律关系考察,若被借名人实质参与贷款申请、认可贷款系其所为,银行也对其开展资信审核,则双方已合意形成了金融借贷关系,而被借名人和实际欠贷人则另行形成"民间借贷"或"间接代理"关系④。无论何种关系,均不能轻易否定被借名人的合同主体地位。在司法实践中,包括最高人民法院判决在内的众多民事案例也都认为被借名人应当"责任自负"⑤,承担还款责任。

---

① 孙国祥:《骗取贷款罪司法认定的误识与匡正》,载《法商研究》2016年第5期。

② 浙江省绍兴市2018年《关于办理骗取贷款类经济犯罪有关法律适用问题的座谈会纪要》规定:负责贷款的银行工作人员明知借款人提供的是不实借款资料,仍以银行名义向借款人发放贷款,表明银行等金融机构没有被欺骗,并不是真正的被害人,属于被害人自我答责的范围,可以阻却犯罪的成立,因此借款人的行为一般不应认定构成骗取贷款罪。

③ 如(2016)吉05刑终97号一案,企业家张某借8名农户之名贷新还旧,农户也全部到场办理手续、签字确认,最终企业家张某被法院认定为骗取贷款罪。

④ 间接代理规定于《民法典》第925条、第926条,根据该法条规定,除非银行知晓借名事实后仅要求欠贷企业家承担责任,否则此时借款主体、偿贷主体仍应被认定为被借名人,且银行"不得变更选定的相对人"。

⑤ 其中不乏(2016)最高法民申360号、江苏省高级人民法院金融商事审判十大典型案例之"甲小贷公司诉秦某借款合同纠纷案"等较权威案例。

2. 民法认可之“借名”不宜认定刑法之“欺骗”

笔者认为，虽然“民法看形式、刑法看实质”，但刑民审判中对于基础法律关系的认定不应有所差别①，银行对于贷款主体的认知既清晰又准确，未陷入错误认识，故“虚报贷款主体”之用词本身即是错误，正如（2017）内05刑终84号判决书所提到的，被借名人“井某茹、邵某顺对该两笔贷款均认可为本人所贷，且贷款材料上签名均系本人书写，贷款后虽由被告井某龙使用，但系井某茹、邵某顺与井某龙间的经济往来，不能据此认定井某龙骗取了该两笔贷款”。（2021）辽0115刑初80号判决书也显示了同样的裁判要旨，该案被告人郭某某借其他三人之名贷款共60万元。法院经审理认为，没有证据证明该三笔“借名贷款”中存在其他的虚假内容，最终没有将此认定为犯罪。

3. 若实际欠贷人实施了其他造假行为，则可以认定“骗贷”

实际欠贷人是真正的用款主体，在“借名贷款”过程中可能会进行弄虚作假，向金融机构提供其他虚假贷款材料，此时认定其“骗贷”争议不大。如在（2016）浙0922刑初21号案件的指控事实中，被告人马某为促成借名贷款，便伙同他人虚构贷款用途、提供虚假证明，最后法院认定该事实指控成立。

4. 无证据证明作假系实际欠贷人指使，则不应仅凭借名入罪

如果新贷申请中确有虚假行为，但在案证据无法证明系实际欠贷人所指使，那么考虑到此时被借名人系合法贷款合同主体，不宜认定实际欠贷人骗贷。例如前案另一个借名事实，被告人马某要求胡某贷款为自己所用，胡某同意并实际办理贷款手续，后在贷款中存在冒名签字等虚假行为，公诉机关因此指控马某骗取贷款。最终法院认为，并无证据证明此虚假行为系马某所指使，故不能仅凭“借名”入罪，最后认定该指控不成立。

（三）数额之辩：准确认定“直接经济损失”

在司法实践中，对于“直接经济损失”的理解和适用存在较大分歧。部分司法机关认为只要贷款人逾期无法还款，即便贷款时提供了足额有效的抵押担保，也已经给银行等金融机构造成了损失。如在（2020）赣10刑终56号骗取贷款二审案件中，辩护人提出上诉人提供了真实有效的抵押担保，但法院认为，上诉人“编造虚假合同以取得贷款，其虽提供了贷款担保，但骗取银行的贷款至今未还清，给银行造成重大损失”，最终仍然认定上诉人构成骗取贷款罪。

---

① 参见郭晶：《刑民交叉案件的民事基础法律关系判定》，载《中国检察官》2012年第8期。

实际上,在许多涉贷案件中,银行本可以通过民事途径主张对抵押物的优先受偿权,或向保证人主张连带清偿责任,进而有效挽回损失。但基于我国“先刑后民”的审判原则,法院可能以等待刑事判决为由中止原有民事审判或直接不予受理,导致银行在刑事判决前无法追回损失,而这又使骗贷人员的定罪量刑无法得到减免。更有甚者,部分银行在刑事判决后,又通过民事手段优先执行抵押物并追回了全部损失。笔者认为,在“贷新还旧”案件中准确认定“直接经济损失”尤为重要。在存在抵押担保的情形下,直接以逾期贷款金额认定犯罪数额,难以实现罪责刑相一致。

1. 行政规范中“贷款损失”的界定

根据《贷款风险分类指引》(银监发〔2007〕54 号),目前我国商业银行实行贷款五级分类制,将贷款划分为正常、关注、次级、可疑和损失五类,后三类合称为“不良贷款”。从后三种贷款类型的定义中,可以了解“贷款损失”的内涵:(1)次级贷款:借款人的还款能力出现明显问题,完全依靠其正常营业收入无法足额偿还贷款本息,即使执行担保,也可能会造成一定损失;(2)可疑贷款:借款人无法足额偿还贷款本息,即使执行担保,也肯定要造成较大损失;(3)损失贷款:在采取所有可能的措施或一切必要的法律程序之后,本息仍然无法收回,或只能收回极少部分。

由此可见,“贷款损失”是以采取法律程序、主张抵押担保权为前提的。2009 年最高人民法院刑事审判第二庭《关于针对骗取贷款、票据承兑、金融票证罪和违法发放贷款罪立案追诉标准的意见》中也明确指出,不宜一概以金融机构出具“形成不良贷款”的结论来认定“造成重大损失”。因此,骗取贷款案件中,不宜简单地以“逾期欠贷金额”认定“直接经济损失”。

2. 骗贷入刑本质:危及信贷资产安全

骗取贷款罪属于破坏国家金融管理秩序犯罪,其行为显然侵犯了国家信贷管理制度,但是否仅限于此?有学者指出:“立法者设立骗取贷款罪的目的是保护银行等金融机构信贷资金的安全。而银行等金融机构的资金是否安全,一看是否造成实际的损失,二看是否形成贷款风险(潜在的损失)。因此,骗取贷款罪的法益就是贷款安全,其最低的入罪标准应限定为形成贷款风险,危及贷款安全。”①笔者认为,贷款等信贷资产本身即有一定风险属性,银行之风险防控也仅能控制风险于合理区间,而无法完全排除风险。由此可见,贷款中的各类欺骗行为,只有突破银行放

① 孙国祥:《骗取贷款罪司法认定的误识与匡正》,载《法商研究》2016 年第 5 期。

贷风险预期、额外增加信贷资产的风险程度或风险数额时，才可能被认定为骗取贷款罪①，而对于那些根本没有额外提升风险的欺骗行为，即便违反信贷规范，也并未危及信贷资产安全，此时可通过民事或行政途径处理，不宜科以刑罚。

3. 抵押担保：在其有效价值范围内减免犯罪数额

在贷款实务中，绝大部分的商业贷款均需要贷款人提供抵押担保，而且在贷款抵押担保合同中会附上该抵押财产的《评估报告》，详细记载其评估价格。“金融机构的重大损失，一定是指具有终局性的、现实的损失。”②笔者认为，如果贷款人提供的是足额抵押担保，银行完全可以通过抵押财产价值或保证人财产受偿，信贷资金并未处于无法偿还的风险中。如在北检刑检刑不诉（2021）Z83 号案件中，被不起诉人贷款时提供的抵押物“经物价局鉴定价值 2000 万余元，足以偿还贷款本金及利息”，此时不应认定金融机构存在“直接经济损失”，检察机关最终也对王某不予起诉③。从因果关系角度论证，足额抵押担保也是银行放贷的最重要依据，正如（2016）沪 01 刑终 1247 号判决书所提到的：“在抵押担保足额、真实、有效的情况下，金融机构发放贷款的主要依据是抵押担保，并没有陷入错误认识发放贷款”；而在（2016）苏 0581 刑初 1339 号案件中，贷款终审银行更是在审批表上直述：“考虑到本次授信由政府控股背景的国发公司提供担保，能有效控制最终授信风险……拟继续授信。”最终上述两法院均认定被告人不构成骗取贷款罪。

基于上述考量，即便贷款人提供的抵押财产实际无法足额清偿，也应当在其有效价值范围之内，扣减骗取贷款的犯罪数额。如在（2022）辽 09 刑终 37 号案件中，被告人王某使用虚假材料贷款 1500 万元并提供了虚高的抵押房产评估报告（虚高评估价为 3000 万元，实际评估价为 1144.66 万元），最终法院认定被告人王某给金融机构造成了 355.34 万元的损失。

四、结语

2009 年公安部经侦局《关于骗取贷款罪和违法发放贷款罪立案追诉标准问题的批复》指出：“通过持续‘借新还旧’以及民间借贷方式偿还贷款的行为，不能简单

---

① 参见彭志娟、胡向远：《全面把握骗取贷款罪中欺骗手段的严重程度》，载《检察日报》2016 年 5 月 9 日，第 3 版。

② 周光权：《骗取贷款罪中的“给金融机构造成损失”》，载《法治日报》2021 年 6 月 23 日，第 11 版。

③ 类似还有旬检刑不诉（2021）Z1 号不起诉决定书、汶检刑不诉（2021）15 号不起诉决定书、固检一部刑不诉（2021）Z8 号不起诉决定书、忻府检二部刑不诉（2021）Z4 号不起诉决定书等。

地认定为‘其他严重情节’。”虽然《刑修十一》对骗取贷款罪进行了修改，但实践中因“贷新还旧”被追究骗取贷款刑事责任的案例仍不胜枚举。笔者认为，“贷新还旧”类骗贷案件中蕴含着较为广阔的辩护空间，辩护律师应当精研卷宗、深挖细节，努力探索有效辩护之道。

内幕交易犯罪辩护实战攻略

孙立波

内幕交易是证券犯罪领域的重要问题,党的十九大明确要求深化金融体制改革,促进多层次资本市场健康发展,而规范证券市场是我们国家深化金融体制改革的重要内容,是改革的必由之路。可以预见,在接下来的司法实践中,相关证券类犯罪,尤其是内幕交易犯罪,将处于一个高位态势。同时,证券类犯罪、内幕交易犯罪是律师辩护行业的重要部分。本文结合自身办理内幕交易案件的经验,以及最高人民法院相关的公报案例,探讨刑辩律师在办理这类案件中的辩护技能。

一、内幕交易犯罪案件概述

内幕交易、泄露内幕信息罪,是指证券交易内幕信息的知情人员或者非法获取证券交易内幕信息的人员,在涉及证券的发行,交易或者其他对证券交易价格有重大影响的信息尚未公开前,买入或者卖出该证券,或者明示、暗示他人从事上述交易活动,情节严重的行为。

该定义蕴含了三大核心内容:第一,内幕信息,是指涉及证券的发行、交易或者其他对证券交易价格有重大影响的信息;第二,内幕信息的敏感期,要求尚未公开前;第三,内幕信息知情人,是指证券交易内幕信息的知情人员或者非法获取证券交易内幕信息的人员。

“内幕”是指不为外人所知悉的信息,“交易”通俗地讲就是买卖,包括本人买卖,或者指使他人买卖。因此所谓内幕交易,是指证券交易内幕信息的知情人员或者非法获取证券交易内幕信息的人员,利用信息不对称的优势,自己从事或者指使他人从事本不该进行的交易。那么这个罪的逻辑起点就在于行为人从事了本不应该进行的交易,其通过提前获知内幕信息,利用信息不对称的优势,在践踏众多股民利益的基础上,获取了巨额的利益。由于此类行为具有严重的社会危害性,所以世界上大部分国家把这种行为认定为犯罪,并且予以严厉打击。而且从世界各国的立法实践以及司法实践来看,对于内幕交易类的证券犯罪的打击呈现出越来越重的趋势,其在欧美发达国家已经变成了一项重罪。在中国,现行立法,尤其是《刑法修正案(十一)》,也对证券类犯罪采取了一个高压的态势。根据最高人民法院、最高人民检察院《关于办理内幕交易、泄露内幕信息刑事案件具体应用法律若干问题的解释》,构成内幕交易罪,要求成交额在50万元以上,或者获利或者避免损失数额在15万元以上,或者内幕交易3次以上,可以说内幕交易罪的起刑点是比较低的。

二、内幕交易犯罪的辩护策略

(一)无罪之辩

1. 认定函的基本内容

中国证券监督管理委员会(以下简称证监会)所出具的认定函,是内幕交易犯罪辩护所绕不开的话题。在司法实践当中,根据证监会出具的认定函,法院可以直接认定被告人是否属于内幕信息的知情人,是否在敏感期利用内幕信息进行了交易,从而决定被告人是否构成内幕交易罪。可见这份认定函在内幕交易案件中起到了关键性的作用,但是令辩护律疑惑,甚至让检察官、法官都疑惑的问题是:这份函件到底属于什么类型的证据?到底是书证、物证、证人证言还是鉴定意见?因为证据属性是法定的,如果一份材料没有办法被归类于证据的法定种类的话,那么它就不能成为证据,正是因为认定函的证据属性不明,所以在实践中律师不知道该如何来对其进行质证,也导致很多情况下办理该类案件会取得一个不好的效果。换言之,正是因为这份函件在内幕交易犯罪的认定中起到了非常重要的作用,如果能够把它推翻,那么就能够取得良好的辩护效果。从司法实践来看,法院认定被告人构成内幕交易罪主要有三个关键性因素:第一,案件当中有没有内幕信息?第二,内幕信息的敏感期是什么时候?第三,内幕信息的知情人是谁?内幕信息知情人在内幕信息敏感期之内利用内幕信息进行了内幕交易,自然构成内幕交易罪,而这份函件就是认定这三大特征的关键性因素。从行政调查来讲,虽然法律没有规定内幕交易等证券犯罪案件有行政前置程序,但在司法实践当中,都是由证监会的稽查部门先进行行政调查,然后进行行政处罚,或者直接把案件移交给公安机关。证监会的稽查部门通过调查,出具了认定函,检察官或者法官会直接将这份认定函当作证据使用,从而据以定案。

关于这份函件的证据属性问题,主要有两种观点。

第一种观点认为,证监会是证券的管理机关,有权出具相应的认定函,如同交通肇事案件中交警部门出具事故认定书一样。但是,这种观点是比较旧的,也经不起推敲,目前,持此观点的人已经不多了。从我们辩护人角度来讲,行政机关出具的认定意见,只能对行政处罚产生证据效力。而且这个认定函是不能直接转化为定罪的证据的,《刑事诉讼法》明确规定,行政机关在行政执法过程中所获取的书证、物证、视听资料、电子数据等,在刑事案件中是直接可以作为证据来使用的,但证监会的认定函不属于《刑事诉讼法》所规定的可以直接使用的行政证据种类。所以不能把行政机关出具的认定函直接拿来作为证据使用,必须要委托有司法鉴定资质的鉴定机构来进行鉴定。况且,刑事案件对于证据的要求是最高的,而行政案件和民事案件的证明标准则采优势证据标准,行政案件证明标准相较于刑事案件确实低很多,如果把基于一个低证明标准所作出的认定结论直接用于刑事案件,肯定是有问题的。如果任何行政主管机关对行政相对人作出的相应的行政认定,都可以被拿来作为刑事案件的依据,那么司法当中会出现非常荒谬的情况,例如,工商部门有权就假冒伪劣产品直接作出认定,海关可以就走私问题直接作出认定,商标局可以对知识产权案件直接作出认定,这相当于直接将司法架空,严重违背了任何证据都必须经过质证才能作为定案依据的法律规定,等于是将行政认定权等同于司法裁判权。由于行政认定文书对刑事案件不具有直接的约束力,所以笔者认为第一种观点是错误的,现在也很少有人持此观点。

第二种观点将这种行政认定函当作具有公函性质的书证,认为它具有法律效力,是特殊的书证。在最高人民法院发布的杜兰库指导案例中,法院直接通过权威判例的方式认可了这种认定函的证据效力。虽然说有权威的判决在前,但是我们作为辩护人不能放弃对证据属性问题的抗辩。认定函到底是书证、物证,还是证人证言非常值得讨论,毕竟需要对证据的形式合法性予以质疑。

除了就认定函从证据的种类进行辩护以外,是否可以对认定函的实质内容进行辩护呢?对认定函的实质内容辩护的难点在于如何来推翻认定函,尤其是证监部门作为一个专业的机构所作出的函件,其在专业领域是具有极高可信性的,在这种情况下,辩护人是不是就毫无工作可做呢?笔者认为未必,这个时候律师要在案件当中找证据,要积极地搜集证据来推翻认定函所认定的事实。即便认定函具有权威性、专业性,可信度非常高,但在实践中成功被推翻的可能性还是存在的,毕竟司法机关有独立审查的权力和能力，所以律师在辩护过程当中一定要心存希望，尽最大可能针对这个认定函进行有针对性的质证，从而达到最好的辩护效果。

既然认定函在内幕交易犯罪认定中具有非常重要的作用，那么针对认定函的质证也是律师辩护过程当中非常重要的工作内容。如何来对认定函进行质证或者解析呢？既然认定函的内容是围绕内幕信息、内幕敏感期和内幕信息知情人三点所展开的，我们也应对这三点进行有针对性的解析。

2. 内幕信息的认定

内幕信息，是指在证券交易活动中涉及发行人的经营、财务或者对该发行人证券的市场价格有重大影响的尚未公开的信息，这是一个法定的概念。那么到底什么样的信息是内幕信息呢？《证券法》对于内幕信息进行了一个穷举式的规定，现行《证券法》是2020年3月1日起开始实行的，其中对于内幕信息的相关内容进行了重大的修改。在2020年3月1日之前，《证券法》对于内幕信息的认定仅限于公司重大事件以及其他事件两个部分。修改之后的《证券法》则将内幕信息分为两类：第一类是对于股票交易价格有较大影响的重大事件，包括公司的经营方针和经营范围的重大变化等；第二类是对于上市交易公司债券的交易价格产生较大影响的重大事件。同时，对这两类法定的内幕信息都规定了一个兜底条款，即国务院证券监督管理机构规定的其他事项。我们在内幕交易案件的辩护当中，首先是要明确内幕信息属于哪一类型。

根据前述内幕信息的定义，我们可以从这个定义当中提炼出内幕信息的三大核心特征，也就是未公开性、重要性和关联性。任何信息必须符合以上三点特征，才有可能成为内幕信息。

第一，内幕信息的未公开性，是指相关的信息尚未通过法定的有效方式进行公开，不为一般人所知悉。既然是没有被公开的信息，那么也可以倒推出这种信息将来有一天必须对外向公众公开，如果永远不必公开，那就不能称之为内幕信息。最典型的就是“老鼠仓”案件，很多基金公司人员获取了内幕信息，知道基金公司要投哪只股票，故抢在基金公司进行投资之前，相关人员在低位进行建仓，等基金公司投资把这个股票价格拉上去了，他们就直接清盘，以此获取一个高额的利润。虽然这类“老鼠仓”案件和内幕交易案件都涉及对信息的利用，但是基金公司的投资方案、计划、策略等，并不必然会对公众公开，也有可能永远不公开，所以这类信息我们认为不能称之为内幕信息。当然“老鼠仓”案件有可能构成其他犯罪，比如利用未公开信息交易罪等，但由于内幕信息的未公开性，故其并不能构成内幕交易罪。

第二,内幕信息的重要性,是指对公司证券的市场价格有重大影响。在《证券法》修改之前,2014 年《证券法》第 75 条没有明确列举的信息,也有可能被认定为内幕信息,因为该条有兜底条款。例如,在重孙子公司利润分配内幕交易案中,A 公司控制 B 公司,B 公司参股 C 公司,C 公司控制 D 公司,D 公司有关利润分配有一个重大利好消息,A 公司获知后进行了交易算不算内幕交易?内幕信息必须有重要性,那么如何判断内幕信息的重要性呢?判断的要点就是如果将内幕信息放出去,对公司的股票价格会产生什么样的影响?是否导致股票价格上涨或者股票价格下跌?是否可能造成股票价格的波动?由此可见,如果这条信息释放出去,不会对公司证券的市场价格产生影响,那么它也就不具有内幕信息的重要性,不能被称为内幕信息。我们可以通过价格影响测试来检测某一信息是否可能或者已经显著影响证券的交易价格。首先,要看"实然"层面,即相关信息是否对证券交易价格产生显著影响。比如某公司要发三季度报,三季度报的内容表明这个公司的基本盘效益非常好,利润涨了 300%。因为是重大利好,故该消息放出去,肯定会对公司证券价格产生重大影响。若有内部信息知情人获取了这个信息,在发三季度报之前,大量买进该公司的一个股票,等三季度报放出来之后,把股票抛售获取巨额利润,这便是实然层面,就是要看有没有实际造成影响。其次,要考察"应然"层面,即相关信息是否应当对证券交易价格产生显著影响。在上述重孙子公司内幕交易案中,A 公司控制 B 公司,B 公司参股 C 公司,C 公司实际控制 D 公司,D 公司的股东说我要分配 6 亿元的分红,明确 A 公司能够获得分红收益 1.23 亿元。那么当这样的消息放出去,会不会对 A 公司股市的交易价格产生重大影响?显而易见,这必然会产生重大影响,这便是"应然"层面的。当然,也有可能出现内幕信息是利好消息,但公开以后股价大跌;或内幕信息是利空消息,但公开以后股价上涨的情况。一般来讲,在司法实践当中,相关的内幕交易案件很少会遇到"应然"的问题,从法律理论上来说,"应然"的内幕信息的交易也构成内幕交易罪,但目前的案例还比较少。

第三,内幕信息的关联性。只有涉及公司证券基础价值的信息,才能被判定为内幕信息。内幕信息必须与公司证券基础价值相关,反映这家公司生产经营的基本面的一些信息,如果没有关联性,即便其他因素会对公司证券交易价格产生重大影响,也不能将其判定为内幕信息。例如,王石离婚案,从一般人的角度来讲,如果王石离婚,其妻子肯定要分走一部分财产,这对于王石以及万科公司来讲显然是一个利空的信息。但实际上,王石离婚的信息发布之后,万科公司的股票反而大涨,所以这在一定程度上体现了中国股市的不可预测性。由于王石离婚的信息与万科公司证券的基础信息并不关联，所以该信息肯定不能被认定为内幕信息。

这里就涉及一个非常重要的问题，构成内幕信息除了要满足未公开性、重要性、关联性等特征之外，这个信息本身是否必须是真实的信息？传统证券理论通说认为真实性并不是内幕信息的一个认定要件，只要信息向社会公开，可能对证券期货的价格产生影响，就应当被认定为内幕信息。但“祖龙公司”内幕交易案的判决改变了通说的观点，该判决认定真实性应当是内幕信息的一个构成要素，在理论界产生了重大影响这是否意味着在司法实践当中已经将真实性作为内幕信息认定的一个构成要素了呢？笔者认为不尽然，这仅仅是对内幕信息真实性有不同的理解而已。该案中的真实性不在于这个信息本身是不是真实的，而在于有没有这个事实。比如行为人要投资 A 公司，而实际上投资的却是 B 公司，但是相关人获得的信息是行为人要投资 A 公司，其得到的信息肯定是错的，但这并不影响事实本身的成立。又如肖时庆内幕交易案。[①] 肖时庆通过职务便利了解到 A 公司要借壳 B 公司上市，他趁机大量购买 B 公司的股票，但最后 B 公司卖给了 C 公司，肖时庆遂把 B 公司股票抛售，获取了利润。该案辩方一个重要的观点是肖时庆获取的内幕交易信息是不真实的，他得知的消息是 A 公司买 B 公司的壳，而不是 C 公司买 B 公司的壳。但是最终法院还是明确认定肖时庆构成内幕交易罪，因为 B 公司作为壳子，其要被卖出去的事实是真实的，但到底卖给谁，并不属于内幕信息真实性所要考量的内容。再如，在抚顺特钢违规披露证券信息，受到了证监会的重罚，实际上亏损严重，但其为掩盖自己亏损的事实，对外公布季度报和年报时，夸大自己的利润。如果有人提前获知抚顺特钢要公布季度报，而且也通过其他非法途径了解到欲公布的信息是重大利好消息(因为利润很高的这种信息肯定会非常提振市场的士气，也肯定会对抚顺特钢的证券交易价格产生重大影响)，故在这种情况下行为人买进卖出，笔者认为也构成内幕交易的，即便它公布的数据是假的，但是假数据本身也会对股票的价格产生重大影响。这里面的真实性并不需要绝对的真实性，只需要相对的真实性就可以了。如何判断内幕信息具有相对的真实性？笔者认为应从以下三个方面进行判断：一是根据普通市场投资者的理性来判断，如果投资人能够明显感觉到信息的真假，那么哪怕它的内容再重大，也不能被认定为内幕信息。比如行为人听到一则消息——工商银行即将破产，行为人基于这个信息将其当时手上持有的工商银行的 1 万股股票提前抛售。在一般人看来，行为人的行为肯定是愚蠢

---

① 参见(2011)豫法刑二终字第 45 号。

的,因为工商银行绝对不可能破产,这样的信息并不足以让投资人作出抛售或者买进工商银行股票的举动,所以这类信息明显属于谣传,不可能认定其具有真实性或者说相对真实性。同时如果炒股机构根据一家企业的基本盘作出相关的预测,那么即便预测结果最终与真实情况完全符合,也不能认定其是内幕信息。因为这样的预测仅仅是一家之言,没有更多的依据,也不必然导致投资人作出相应的理性选择。正如抚顺特钢的例子,虽然它公布的季度报和年报中的数据存在大范围的造假,但其从客观上反映的基本面是真实的,投资人所获取的信息是这家企业经营效益非常好,那么根据一般人的判断,其会进行买入或者卖出行为。二是从信息来源和根据进行判断。一般来说,内幕信息来自内幕人员,即相关内部信息知情人。从股市散户嘴里得到的消息和从一家公司的高管嘴里得到的消息的真实性、确定性、权威性以及对行为人投资行为的影响力,肯定存在根本性的区别。行为人完全有理由相信这家公司的董监高或其他内幕信息执行人员所透露的信息是真实的,而市场谣言在很多情况下属于无稽之谈。所以从信息的来源和根据也可以判断内幕信息是否具有相对真实性。三是将信息内容和企业生产经营某个阶段的客观情况进行对照,以判断内幕信息是否真实。就像上文中提到的肖时庆内幕交易案,原本肖时庆得到的信息是A公司买B公司这个壳,结果B公司卖给了C公司。在这个情况下,对于B公司来说,它卖壳的事实本身是确定存在的,只不过是卖给谁的问题而已。信息所指向的卖壳的事实是真实的,所以显然这个信息本身也是真实的,虽然内幕信息往往处于变动之中,比如到底是卖给A还是卖给C并不确定,但是该信息跟B公司的真实客观情况相一致,一旦B公司公开说要卖壳,必然会影响其证券的交易价格,就可以认定这个消息属于内幕信息。

3. 内幕信息知情人的认定

必须是了解内幕信息的人所泄露的信息或者根据其所掌握的内幕信息去进行交易,才能构成内幕交易罪。《证券法》对于内幕信息知情人进行了一个穷举式的罗列,一共9条,很长很多很复杂,但可以归纳为:因职务、职责、商业关系直接接触掌握内幕信息的人,是内幕信息知情人,包括但不限于公司内部人员、政府监管和管理部门人员、司法机关人员、立法司法机关人员、证券交易所等自律组织的人员、证券公司等中介机构服务机构的人员、商业交易对方及其人员。2019年修改后的《证券法》对内幕信息知情人也进行了修改。相较于2014年《证券法》,主要修改了两点:第一,2019年《证券法》明确将发行人也列为内幕信息知情人,原先只是发行人的董事、监事、高级管理人员是内幕信息知情人,修改之后变成了发行人及其董事、监事、高级管理人员。第二,2019 年《证券法》规定上市公司收购人或者重大资产交易方及其控股股东、实际控制人、董事、监事、高级管理人员,也属于内幕信息的知情人。很多律师可能觉得由于内幕信息知情人是法定的,没有什么太多可以辩护的空间,或者说也不会对于律师的辩护策略产生重大的影响,所以对这一块可能容易忽略,笔者觉得这个观点值得商榷。在 2019 年《证券法》出台之前,笔者在 2018 年就当事人是否属于内幕信息的法定知情人进行了辩护,并且取得了一个好的结果。当时,笔者的当事人是 A 公司的副总经理,A 公司是一家国有企业,某地的国资委为了做大做强进行整合资源,筹划将 A 公司和 B 公司进行合并,而将要进行合并的 B 公司是上市公司 C 公司的母公司,笔者的当事人在 B 公司的例会上听说 A 公司要和 B 公司合并,他完全了解 B 公司是什么样的情况,便提前大量买入了 C 公司的股票。后来就被纪检部门调查出来。笔者介入了之后,就产生了一个疑问,即该当事人是否属于法定的内幕信息知情人。首先,笔者非常明确,当事人不属于非法获取证券内幕信息的人员,他不存在非法获取内幕信息的事实。我们可以根据 2014 年《证券法》第 74 条梳理一下到底当事人是否属于法定的内幕信息知情人。2014 年《证券法》第 74 条第 5 项和第 6 项明确规定证券监督管理机构工作人员,保荐人、承销的证券公司、证券交易所、证券登记结算机构、证券服务机构的有关人员系内幕信息知情人。显而易见的是,笔者的当事人不属于这些主体。根据 2014 年《证券法》第 74 条第 1 项和第 3 项,内幕信息的知情人是发行人的董事、监事、高级管理人员,以及发行人控股的公司及其董事、监事、高级管理人员,那么本案中也不存在这里面涉及的股票发行,该案仅仅是公司合并,不存在所谓的发行人。第 74 条第 2 项规定,持有公司 5% 以上股份的股东及其董事、监事、高级管理人员,公司实控人及其董事、监事、高级管理人员也属于法定的内幕信息知情人,那么当事人是否属于这一点?本案当中可以明确的是持有上市公司 5% 以上股份的股东是 B 公司,而当事人是 A 公司的副总经理,不属于持股 5% 以上的股东的董事、监事、高级管理人员。那么最后就只剩下第 4 项,即由于所任公司职务可以获取公司有关内幕信息的人,这样看起来当事人好像有点符合第 4 项的规定,他是 A 公司的董事、监事、高级管理人员,在公司任职,并获取了公司内部信息,所以他是内幕信息知情人,但细细一推究,好像事实并非如此。2014 年《证券法》第 75 条规定,在证券交易活动中,涉及公司的经营、财务或者对公司证券的市场价格有重大影响的尚未公开的信息为内幕信息,它也进行了一个穷举式的列举,即公司重大事件、公司分配股利或者增资的计划、公司股权结构的重大变化以及公司债务担保的重大变更等。公司指的是上市公司,因为只有上市公司的重大事件才有可能影响证券的交易价格,只有上市公司分配股利或者增资的计划才有可能严重影响公司证券的交易价格。根据立法原理可以明确,在同一部法律当中应该不会出现同一个词有两种含义的情况,故在2014年《证券法》中,“公司”两个字的上下文含义也应当是相同的。既然该法第75条中的公司是上市公司,那么其第74条第4项中的“由于所任公司职务可以获取公司有关内幕信息的人员”所任的也是上市公司职务。回归到本案中,从逻辑论的论证角度来说,笔者的当事人作为A公司的董事、监事、高级管理人员,因为在A公司所任职务的关系,虽然了解到了B公司所实际控制的上市公司C公司的内幕信息,但其并不属于2014年《证券法》所规定的内幕信息的知情人。如果其是B公司或者是C公司的董事、监事、高级管理人员,便有可能成为内幕信息的知情人。2019年修改后的《证券法》规定了,上市公司收购人或者重大资产交易方及其控股股东实控人的董事、监事、高级管理人员是法定的内幕信息知情人。如果笔者的当事人的事情发生在2020年1月1日以后,那么完全可以利用该条规定进行认定。

实践当中如何认定内幕信息知情人呢?一般来说有直接认定和间接推定两种方式。可通过当事人自认,或者审查相关会议记录、会议文件等证据来直接认定;也可以用间接证据予以推定,比如通过一些相关的证据来推定行为人应当获取到了内幕信息。但笔者认为推定的方式有时并不可靠,最典型的就是“苏嘉鸿诉证监会”这一行政案件。该案案情是,A公司通过B公司了解到了C公司的内幕信息,然后A公司进行了交易,证监会查到了该行为A公司进行了处罚,但是证监会在调查的过程中只调查了A公司和C公司,没有调查B公司,所以法院认为这个案件事实不清、证据不足。一定程度上来说,间接认定是不太可靠的,这也给我们辩护这类案件提供了启发。对于直接认定,我们可以直接对证据本身进行分析以认定内幕信息知情人,对于间接推定,我们要大胆提出相关的依据和有力的见解,这对于我们辩护此类案件能够起到非常大的作用。

4. 内幕信息敏感期的认定

所谓内幕信息的敏感期,是指内幕信息从形成到公开的时间段,首先,什么时候是内幕信息的形成时间?司法实践以及证券法理论当中都认为不能机械地理解内幕信息的形成时间。例如,某公司要借壳上市,肯定不能等到某公司把壳子已经买下来了,协议都签了,钱都付了,然后该消息公开时,才认定为内幕信息的形成时间,而应当是相关的决议筹划形成的时候,就可以认定为内幕信息的起始时间。某公司只有想要借壳上市,才有动力去找壳子,并跟壳子的所有方进行磋商,达成合意签约,这个时间少则一两年,多则数年,如果非要等到这个事情铁板上钉钉后才认定是内幕信息,而之前的所有内幕信息的交易行为都不被认定为内幕交易的话,显然有失公允。例如,“杜兰库”案件[①],杜兰库当时是A公司的总会计师,他在检查A公司下属企业的时候,了解到A公司的一家子公司B公司想要借壳上市,至于借谁的壳他并不知道。但是杜兰库根据相关下属企业负责人的汇报,检索到符合B公司要求的壳子的只有一家公司,即“高淳陶瓷”,于是他就大量购进“高淳陶瓷”的股票,最后其行为被认定为内幕交易。因此笔者认为影响内幕信息形成的动议、决策、筹划或者一个动议、筹划、决策执行的起始时间或者说确定时间,可以认定为内幕信息的形成时间。就本案而言,不能等到B公司与“高淳陶瓷”双方已经签订了协议并且付完了钱才认定内幕敏感信息形成。又如,2018年“证监会处罚神州数码”的案件。神州数码在2016年之后,一直希望能够通过并购重组实现业务扩张和增长并于2016年借壳上市。借壳上市以后其为了做大做强想要并购北京快友公司,并于2017年1月与北京快友公司的相关工作人员进行了初步的会面。2017年2月16日,神州数码的董事长和北京快友公司的董事长进行了会面,并且就并购的事项进行了讨论,然后达成了初步的合作意向。证监会在调查时,认定神州数码的董事长和北京快友公司的董事长达成初步合作意向的时间,是内幕敏感信息的起始点。但作为辩护人,笔者认为对内幕信息敏感期的形成时间不能进行过度的理解,不能在董事长脑子里面出现一个想法,但是还没有进行实质性的沟通筹划以及谈判协商时,就认为形成了内幕信息。尤其在市场经济当中,存在很多没有明确合作意向的沟通考察,或者虽然进行了沟通考察,但没有经过实控人或者相关负责人的许可,这种情况下也不能认定为内幕敏感信息的形成。此外笔者还办理了一个对于内幕信息敏感期夸大理解的实际案例。案件事实是杭州某地有一家上市公司效益较好,某年,这家上市公司的总经理认为公司上半年效益很好,为了回馈投资人想进行一次分红和高送转,随后形成了相关报告,并把相关报告动议提交给了公司实控人董事长。但董事长认为公司现金流比较紧张,不适合分红和高送转,于是他把总经理提出的分红计划和高送转的方案直接给否决了,于是这个事情就被搁置下来了。笔者的当事人不知道从哪里听说的消息,称这家公司要进行分红和高送转,于是直接跑到了这家公司的董事长家里,并向其核实重大利好的真实性。董

---

① 载《最高人民法院公报》2012年第10期。

事长非常严肃地批评了笔者的当事人，说方案确实是有递上来，但是被他否决了，公司不进行分红和高送转。但当事人觉得董事长的话有弦外之音，决定还是先把股票买进，于是大量买进了这家公司的股票。人算不如天算，虽然分红和高送转的提议被董事长给否决了，但是总经理在开股东大会时未经董事长许可，临时把分红和高送转的议案塞进了股东大会的议程里。等到董事长发现时已经晚了，股东大会顺利通过了有关分红和高送转的议案，该当事人因此获得了收益，结果其就被证监会盯上了，同时案件被移送给了公安机关。在这个案件当中，笔者当时提出了一个重要的辩护意见，即内幕信息的形成和最终的确立，以及内幕信息是否实际存在，是存在严重问题的。当时总经理提出议案的时候，我们认为是可以认定为内幕敏感信息已经形成的，但是在被董事长直接否决的情况下，也即当事人所获取的信息被否决的情况下，这个内幕信息中间就被切入了中断因素，即便是明确的动议，该动议筹划也不能无边无际，当事人所获取的信息只是一个碎片化的信息，可见，确实有动议，但是被否决了。因此，当事人购买这个公司的股票，还是基于这个公司的基本面较好，并非基于高送转所可能引发的证券价格波动，即其是基于投机的因素进行的购买，毕竟董事长明确讲过分红和高送转的议案被否决了。而最终议案获得股东大会通过则完全是基于意外的因素，即总经理态度坚定，以及股东大会在董事长明确发表反对意见的情况下还是通过了议案，这完全是意外的因素，不能认定该当事人构成内幕交易罪。

在内幕敏感信息形成之后，还涉及内幕信息的公开问题。内幕信息的公开，是指内幕信息在国务院证券期货监督管理机构指定的报刊、网站等媒体上被披露。虽然证监会并不禁止上市公司在指定的报刊、网站以外的媒体上披露，但是也明确规定了披露的时间不得早于在法定的报刊、网站上披露的时间，而且是在指定的媒体上公布，不能以发布会公告的形式来代替公告。那么在这种情况下，内幕信息公开应当严格按照法定有效的披露要求，在相关指定的媒体上进行披露，披露之后内幕信息即告解密。那么在披露之后，即便获取了内幕信息，只要不是在内幕信息的敏感期，即不是在内幕消息的成立和公开之前进行交易，就都不构成内幕交易罪。但司法理论实践领域中形成了一个观点，即我国的证券市场的发展不成熟，发布制度也不成熟，即便相关信息发布之后，很多投资人依然不了解，从监管者的监管能力角度来说，也没有办法进行监管。而且我们上市公司的临时公告一般是要求下午收盘以后发布，次日第二天早间开盘，有一定的停牌时间来供市场进行消化。如果说上市公司在媒体发布前将相关信息进行了公开，那么在这段时间内市场主体能不能够及时获取相关的信息,是值得怀疑的。并不是每一个市场主体都能在第一时间获取这个信息,所以要给市场一定的时间去消化,了解这个情况后才能够对内幕信息的敏感期进行实质性把握。但笔者认为这个观点是值得商榷的,这等于就是给内幕信息知情人或者说公众赋予了太多的要求。如果非要认为在法定的媒体公布之后,还需要一段时间来进行消化,让市场投资人都知道才能不算内幕信息,显然是不公平的,也于法无据,当然这也是从辩方的角度来说的。

立法对内幕敏感信息进行了限制。第一,在正式公告之前,在上市公司或者其他信息披露人尚未披露的情况下,如果媒体率先公布内幕信息,上市公司或者其他信息披露义务人应当立即予以澄清;第二,在证监会指定的媒体正式公告之前,知悉内幕信息的人不得进行交易;第三,如果市场上已经有了披露,其他投资人可以进行交易,媒体率先报道则被视为市场传言。刚才讲的部分都是围绕内幕信息认定函的部分内容,很多律师称其对于出具的认定函没有办法进行有效的质证。笔者认为在接触这类案件的时候,千万不要轻易地认可认定函。另外就是要通过积极的辩护来恢复事实的真相。应在维护当事人合法权利的同时,将审判权交还给司法机关。

5. 非法获取型内幕交易的问题

前述都是关于认定函的问题,那么接下来就是要探讨非法获取型内幕交易的问题,即利用窃取、骗取、套取、窃听、利诱、刺探或者私下交易获取内幕信息的行为手段。认定构成非法获取内幕信息主要有两种方式:一是通过非法手段进行直接认定;二是通过判断特定人员交易行为的异常进行推定。直接获取的认定比较简单,就是行为人直接通过偷、抢、骗把内幕信息拿过来了。但是在司法实践当中,在很多情况下,证据达不到直接认定的标准,没有办法证明行为人骗、偷或者说直接非法获取了内幕信息,那么只能进行推定,而且法律也对于这类推定采用了举证责任倒置的证明方式。首先由司法机关来证明交易行为是否明显异常。例如,A 公司要借壳 B 公司上市,对于 B 公司来讲,卖壳的事实肯定是内幕信息。如果 1 月 1 日内幕信息形成,某人在 1 月 2 日重仓买入 B 公司的股票,等到 B 公司公告把壳子卖给 A 公司后,当天股市股票涨停,当事人把股票全部抛售,显然,当事人的交易行为具有高度的不正常性。行为人是重仓买进 B 公司的股票的,而且是掐着该敏感信息形成的时间节点,该行为肯定是明显异常的。那么在这个情况下,当事人负有证明责任,他要解释其买 B 公司股票的原因是什么,要提出抗辩。如果行为人提不出有力的辩解,就直接可以推定它实施了内部交易的行为。这是非法获取型内幕交易的两大范畴，直接认定是通过非法手段获取进行判断，间接推定是通过特定人员实施交易的异常进行判断。

那么这里面有一个重要的问题，就是怎么样的交易属于明显的异常？相关司法解释，尤其在最高人民法院、最高人民检察院《关于办理内幕交易、泄露内幕信息刑事案件具体应用法律若干问题的解释》中，很明确地规定是从时间的吻合程度、交易的背离程度和利益的关联程度来予以综合认定。

第一个是时间的吻合程度，是指开户、销户、激活资金账户等的时间和内幕信息的形成变化、公开时间是否基本一致，例如内幕信息刚刚形成，行为人就重仓买入相关股票，然后等到内幕信息公布后，就把股票全抛了，该行为肯定有问题。还有就是买入或者卖出与内幕信息相关的证券的时间和内幕信息形成、变化、公开时间是否基本一致，形成了我就买进，公开了我就卖出。但如果行为人重仓买入的时间，在内幕信息形成之前，那肯定是不具有时间的吻合性的，只有重仓买入的时间在内幕信息形成之后、公开之前，那么在时间的吻合性上才是有重大嫌疑的。

第二个是交易的背离程度，即判断交易是否基于平时的交易习惯和公开信息而采取的。首先，判断买入或者卖出证券期货的行为和平时的交易习惯是否相同，例如在上述案例中，当事人为了获取高送转信息而买入股票，他最终被定罪的最重要的一点原因就是他以前是从事水泥行业的，他所投资的股票全是水泥股，从来没有涉及这个案件当中的环保概念股，而他内幕交易买的股票是环保概念股，为了买环保概念股，他把之前所有的水泥股全部抛售，并加了 10 倍的杠杆，这对于股票投资者来说，是一个具有重大风险的行为，只要股票稍微跌一跌，就可能爆仓。他从来没有加过杠杆，也从来没有开过股票质押式回购。如果不是有确定的利好，他不会这么做。这也就可以推定出他了解到了内幕信息。这一点在辩护过程当中确实是一个非常棘手的问题，检察机关就抓住这一点，对他进行了指控，从法律角度来说，我们辩方也提不出太有力的一个辩解，当然最终这个案件的处理结果还是比较理想的。还有判断买入或者卖出证券期货的合约行为，与证券期货公开信息反映的基本面是否相背离，比如这个股票正在跌，你把它买进去了，或者说股票正在涨，你把它卖掉了，这种跟基本面明显相背离的行为，也在一定程度上可以推定行为人掌握了别人所不了解的一些信息。

第三个是利益的关联程度，即账户的交易资金进出是否跟内幕信息知情人员或者非法获取内幕信息人员有关联或者利害关系。比如甲是这家公司的董事、监事、高级管理人员，其老婆的证券账户就买了甲所任职公司的股票，而正好甲是内幕信息知情人,这直接可以推定交易明显不正常。从时间吻合性、交易的背离性还有利益的关联程度三点进行判断,可以推定交易是否明显异常。在交易明显异常的情况下,如果提不出有力的辩解,不能说明消息可靠性来源的话,可以直接推定行为人构成内幕交易罪。

那么如何来进行一个合理的解释?最高人民法院、最高人民检察院《关于办理内幕交易、泄露内幕信息刑事案件具体应用法律若干问题的解释》规定了正当信息来源的抗辩事由,其中最重要的一点就是交易具有其他正当理由或者正当信息来源。针对这一点,如何进行辩护呢?一是重视当事人的主观的辩解本身;二是当事人存在一个合理辩解时,律师要去加强辩解的合理性。

笔者认为非常重要的一点就是应利用马赛克理论,这也是对股票和证券交易价格的基本面进行判断的重要方法。什么是马赛克理论呢?马赛克理论,是指若干非重大信息或者信息片段结合起来可以形成有重要价值的信息。在实践中或者在证券投资交易中,通过获取某家公司的每一点微小的信息,并把这些信息进行整合,就有可能还原出这家公司的一个整体的情况。笔者举一个自己投资股票的案例。2015 年某晚,笔者正在看《新闻联播》,恰好播出时任国务院总理李克强访问南美洲的智利共和国,笔者心想智利最重要的出产物是铜矿,而中国作为一个缺铜的大国,李克强总理此行,肯定不会没有目的,应该会涉及对智利铜矿的采购和收购问题。笔者检索陪同李克强总理出访的相关人员后发现了中国国内首屈一指的有色金属企业××矿业的董事长,并且××矿业正好也是上市公司,笔者分析接下来肯定会对该企业产生重大利好。当时笔者就买了××矿业的股票。果不其然,在李克强总理回国之前,公布了中国政府以及中国企业投资智利铜矿的协议。这则消息对这家上市公司股票产生了重大利好,笔者也小赚了一笔,这也就是马赛克理论的应用,也可以作为内幕交易案件的一个重要的辩解策略。在当事人提出合理化辩解的基础之上,律师可以通过相关的理论,加强其辩解。但是,在正当性理由或者正当性来源的研判上还是有限制的,对于具有专业知识的人员,只要他利用的信息是通过职务信息或者工作便利所获得的,也应当被认定为内幕信息知情人员。其通过专业知识加强了对内幕信息的判断,该行为当然属于与内幕信息有关的证券期货交易,显然也应当被认定为内幕交易,因此马赛克理论也是有限制的。当然,在实践当中完全利用内幕信息的情形并不多见,很多情况下行为人只是获取了部分内幕信息,再结合股票的基本面和技术面来进行分析。但是从控方角度来说,只要行为人获取了内幕信息,他购买股票是基于他对股票基本面的分析,但是其对股票基本面分析的信息来自其对于内幕信息的非法获取，这也构成内幕交易。除非他提出完全足够的证据，能够切断他对内幕信息执行行为和交易行为之间的联系，才算提出了一个有力的辩解。所以这对于我们辩方提出了一个更高的证明要求。

关于内幕信息传递的问题。多级传递下的打击范围问题应当如何判定？比如内幕信息知情人A把信息泄露给了B，B把信息泄露给了C，C泄露给了D，D泄露给了E、F、G、H，那么从C开始，就是二手以上的人员，是否要对他们追究刑事责任呢？在我们内幕交易案件办理的过程中，其实对C、D、E、F、G、H这样的执行人员的辩护相对容易一些，司法实践对于这种情况打击的力度也存在不同。从外国的立法来看，欧盟对于第二手以上的人员就不追究刑事责任，只是给予行政处罚；日本只是处罚第一手信息人员；美国需要明确第一手、第二手、第三手之间有明确的可识别关系，需要存在一定的身份信息，比如说信息传递着有明确的消息来源和路径，才可以对其进行打击。那么在中国对于这种多级传递的打击范围也存在不同的做法。比如说“杜兰库”案件，A传B、B传C、C传D、D传E之后还以内幕交易犯罪被追究刑事责任。但鉴于这个案件是在最高人民法院、最高人民检察院《关于办理内幕交易、泄露内幕信息刑事案件具体应用法律若干问题的解释》出台之前的判决，我们认为对当前司法实践的指导意义不大。目前在碰到这类案件，对于第二手以上的人员不应当再追究刑事责任，因为内幕交易罪主要打击的是内幕消息的知情人员及其近亲属等关系密切的人员，这是从信息控制和预防犯罪的角度来进行处罚的，是从源头上进行刑事处罚。对第三手、第四手人员进行打击，既不符合刑法的谦抑性，也与内幕交易犯罪的打击的对象背道而驰。

如果行为人意外被动获知或者偶然知悉相关内幕信息，应否追究其刑事责任？比如行为人在咖啡馆喝咖啡，听到隔壁两个上市公司的高管在谈论生意，并且听到某家上市公司有重大利好，然后买了这个公司的股票。在这种情况下，当然不能追究行为人的刑事责任，因为行为人没有非法获取内幕信息，也不是法定的知情人，他只是意外获知了相关内幕信息。所以在判断意外获知内幕信息是否构成内幕交易的情况时，我们应当考量信息的领受人、传递人和信息源的关系。是否因为工作或者工作上形成的便利条件，比如说行为人去董事长办公室汇报工作，董事长在和别人在聊内幕信息正好被行为人听到，这种情况下可能是有问题的，但也未必一定追究行为人的刑事责任，很多情况下对行为人以行政处罚为主。如果行为人在不具有身份的情况下，或者行为人与利用职务上的便利偶然获知内幕信息没有关系，那么行为人既不构成刑事犯罪，也不构成行政违法。如果行为人因为职务关系，或者是利用工作上便利偶然获知的话,可能仅构成行政违法。

(二)罪轻之辩

内幕交易案件是一个数额犯,数额越高,处罚越重;数额越低,处罚越轻,甚至不构成犯罪。罪轻辩护最重要的一点就是数额之辩,这就涉及成交额的计算、次数计算、获利或者避免损失数额的计算。那么如何进行计算呢?内幕交易数额计算的一个前提是它会发生变动,内幕信息公开前、公开后的一段时间、公开后很长时间以及买了股票还没卖的这些时间段,行为人的实际获利情况都存在不同。可以明确的是,内幕信息公开前两天,把之前买的股票卖出是8元/股,行为人实际获利3万元;公开后第一天15元/股卖出,行为人能获利10万元;公开后3个月变成了50元/股,行为人能获利45万元;公开6个月之后,内幕信息的推动作用已经完全没有了,掉到2元/股行为人亏3万元。那么以哪个时间节点来计算,就决定了行为人能实际获利的一个情况。一般来讲计算方式有两种,即收盘价计算法和实际差价计算法。笔者想讲一个特定的案例,笔者的一名当事人在内幕敏感信息期限内重仓买进某股票,但由于他的身份限制,股票买进一年之内不能进行交易,因此在一年之后他才把股票进行了抛售。笔者当时提出公安机关是以收盘价来计算我的当事人的违法所得的,这对于笔者的当事人而言是不公平的,应当按照一年以后当事人抛售股票的实际盈亏来认定他的违法所得。后来检察机关也采纳了笔者的观点,为最终对当事人作出不起诉处理奠定了良好的基础。

除了数额之辩之外,还有一个情节之辩。传统的情节之辩如自首、从犯、初犯、偶犯等,这里不再赘述。但要抓住一点,如果当事人在证监会进行调查的过程当中,第一时间陈述了相关的事实,并没有作过多的辩解,这种情况下也可以认定为当事人在有关部门调查时如实供述了犯罪事实,司法实践中这种情况还是可以认定为自首,认定了自首也就有了一个可以从轻、减轻的情节,最终即便法院认定当事人构成犯罪也能够为其得到从轻、减轻处罚打下一个坚实的基础。

再来谈一下实质危害性之辩。就笔者当事人的这个案子而言,他买进股票以后并没有办法进行及时的抛售,这与其他内幕交易的违法犯罪人有所不同。其他案件中的行为人重金重仓买进,随后抛出割韭菜这种行为,两者的危害性肯定是有所区别的。固然我的当事人根据内幕信息买进了股票,但是他在一年以后才进行抛售。此时他购买股票或者说交易股票的行为本身跟内幕信息的影响力两者之间的关联性已经非常小了,从实质的危害性角度来讲可以进行从宽处理。最终检察机关采纳了笔者的观点,对笔者的当事人作出了罪轻不起诉的决定。

三、内幕交易调查的应对

内幕调查一般认定的逻辑，是由证券交易机构从大数据角度发现某只股票、某个投资人的投资行为存在重大嫌疑，即通过大数据比对的方式发现可疑迹象。发现可疑对象之后由证监会介入立案、调查，如果证监会认为构成犯罪就将相关线索移交公安部门。那么我们律师在证监会的内幕调查过程中能起到什么作用呢？首先，通过沟通希望证监会不正式立案；其次，立案之后希望证监会不发行政处罚事项告知书；再次，如果发了行政处罚事项告知书希望不给予行政处罚；最后，如果给予了行政处罚就到此为止，不移交公安机关，这就是我们的应对目标。此外，如果行政处罚不可避免，希望轻罚缓罚，缩小事项和主体，这是我们的工作内容。如果遭遇到了内幕交易调查，应该怎么办呢？首先，从思想上和行动上要高度重视，请专业律师尽早介入，了解事实，分析、研究、搞清内幕交易的性质，预测后果，制定总体对策。解决上述问题的关键在于找出核心抗辩点，组织抗辩证据，在交易明显异常的情况下，提出合理化的辩解意见，明确真实的信息来源，进而找到作出交易决策的根本依据，找出核心的抗辩点进行抗辩。其次，还有态度的问题。被调查人应当积极配合，可以进行合理的辩解，但是不能围绕证据对抗侦查，以对抗调查的方式来进行抗辩。曾经有某个证券公司人员在证监会调查人员冲进办公室的时候，把自己的笔记本电脑从五十几楼的办公室窗户扔到楼外去了，妄图销毁证据。但是现阶段科技这么发达，即便电脑粉身碎骨，还有很多先进的数据恢复方式，这样的做法根本没有实际意义。至于去串供，就是更加愚蠢的做法了。总之，被调查时态度要诚恳，积极配合不对抗，积极组织抗辩证据，依法申辩，不轻易认错或者认罪。此外，不能抛弃自己的权利，依法举证，依法申辩，依法听证，以上就是面对内幕交易调查的应对措施。

从四个案例看涉土地犯罪案件的辩护

陈柳明　卢姗姗　翁京才

在中国，土地问题是关乎社会稳定的大问题，在城市化进程中，在利益的驱使下，形形色色与土地相关的刑事案件频发。有人为了发展工业、旅游业而占用耕地，涉嫌非法占用农用地犯罪；有人为了多拿征迁补偿涉嫌诈骗罪；还有人为了协助他人完成虚构事实的征迁材料涉嫌滥用职权、玩忽职守、非国家工作人员受贿等犯罪。

土地具有巨大的价值，有利益的地方就容易滋生犯罪，并产生不同的问题。土地流转过程中，不同的主体可能涉嫌哪些不同的罪名？土地流转中，对于地上附着物的拆迁补偿，如果有关人员涉嫌犯罪，则被拆迁人及与补偿款有关的不同主体又会遭到什么样的刑事罪名追诉？破坏耕地与我国当下耕地保护政策相悖，对于招商引资项目的入驻企业如何预防涉土地犯罪？土地流转过程中的各方，如果受到刑事追诉，辩护律师应如何应对？本文首先通过涉土地刑事案件概况展示目前涉土地犯罪的基本现状；其次借助相关案例了解涉土地相关法律法规；再次通过四个涉土地典型刑事案件，分析此类犯罪的特性与共性；最后结合辩护经验与法律规定，提出涉土地案件的类罪辩护思路。

一、涉地犯罪案件概况

关于涉土地类犯罪最常见的罪名是非法占用农用地罪，非法转让、倒卖土地使用权罪，非法批准征收、征用、占用土地罪，非法低价出让国有土地使用权罪，诈骗罪。但是，在司法实务中，我们发现还可能涉及很多我们可能从来不会觉得与土地有关的刑事罪名，比如受贿罪、（单位）行贿罪、非国家工作人员受贿罪、对非国家工作人员行贿罪、滥用职权罪、职务侵占罪、失火罪等。

因为环境保护的需要，全国上下对土地类案件都比较重视，这也是多地的司法机关发布当地司法数据，专门发布此类典型性案例的原因。福建省是个生态大省，对该类犯罪的处理尤其重视，比如，该类犯罪，在福建几乎没有适用过缓刑，这一司法导向就是地方性司法政策的一种体现。我们通过裁判文书网，对福建省三年来涉土地犯罪的裁判情况进行梳理，我们发现，在涉土地刑事犯罪案件中，非法占用农用地罪占80%，非法转让、倒卖土地使用权罪占10%，剩下的才是其他罪名。可见，福建省作为一个生态大省，对土地乃至耕地的保护力度还是很大的，非法占用农用地犯罪是涉土地犯罪中重点打击的犯罪。

二、相关法律法规

由于涉土地犯罪中的不少内容涉及刑行交叉问题，因此，辩护律师除了要熟悉刑事法律及有关司法解释之外，对一些相关的行政法规、部门规章、地方性法规也要有一定的了解，甚至对部分具有指导性意义的经典民事判决书要熟读并理解其裁判要旨。以下是与土地犯罪有关的主要法律法规。

（一）刑法相关条文规定

刑事法律中与涉土地犯罪相关度最高的是关于“非法占用农用地罪，非法转让、倒卖土地使用权罪，非法批准征收、征用、占用土地罪，非法低价出让国有土地使用权罪，诈骗罪”的规定。另外是其他与涉土地犯罪相关的罪名规定。如前文提到的受贿罪、（单位）行贿罪、非国家工作人员受贿罪、对非国家工作人员行贿罪、滥用职权罪、职务侵占罪、失火罪等。

（二）土地管理法与城市房地产管理法等

《土地管理法》与《城市房地产管理法》是有关土地管理及城市房地产管理的两部专门法律，其规定细，专业性强。另外，还有于2022年8月1日生效的《黑土地保护法》，专门对黑土地的保护从立法层面上作出了规定。在其他相关法律能够规制的情况下，我们认为不宜直接以刑法介入社会秩序的调整与修复，在其他法律法规能够评价的情况下，亦不宜直接适用刑法进行评价，这也是刑法谦抑性原则的基本要求。因此，遇到涉土地相关的刑事犯罪案件时，我们作为辩护律师也要首先进行排查与思考，即该行为是否可以从其他法律角度进行评价就足以达到调整与修复目的？是否应当直接适用刑法以犯罪角度予以论处？这也是出罪的一个辩点。

（三）相关司法解释及其他行政法规

成文法往往具有滞后性，而成文法的滞后性只能通过修正案、相关司法解释或者有权部门的回复等来弥补，以应对与解决社会生活中新出现的问题。在涉土地类案件的辩护过程中，现行有效的该类规定有：闽常办〔1995〕综字037号、闽常办〔1997〕法行字20号、《全国法院维护农村稳定刑事审判工作座谈会纪要》（法〔1999〕217号）、最高人民法院《关于村民小组组长利用职务便利非法占有公共财物行为如何定性问题的批复》（法释字〔1999〕12号）、原国土资源部《关于印发〈招标拍卖挂牌出让国有土地使用权规范〉（试行）和〈协议出让国有土地使用权规范〉（试行）的通知》（国资发〔2006〕114号）、最高人民法院、最高人民检察院《关于办理环境污染刑事案件适用法律若干问题的解释》（法释〔2016〕29号）等。学习上述相关司法解释等规范性文件有利于辩护律师更好地了解涉土地类犯罪的辩护出口，有助于辩护律师在辩护的过程中寻找突破点以及新的辩点。

（四）涉土地类犯罪案件还可能涉及刑民交叉问题

在办理具体案件的过程中，辩护律师还要注意学习与了解《民法典》等法律，以便对案件中涉及的民事法律关系作出正确的判断与定性。同时，对部分具有指导性意义的经典民事判决书要达到熟读并理解其裁判要旨的程度，以便在刑民交叉案件中精准运用。

三、经办案例分享

涉土地类犯罪，存在不少刑行交叉、刑民交叉的情况，因此，对于这类案件，辩护律师应当进行条分缕析，厘清个案中的法律关系。

我们先来看笔者办理过的几个案件。

案例一：村委会干部能否定诈骗罪

某地要拆迁，被拆迁人有一套工业用房，其找到村党支部委员会和村民委员会（以下简称村两委）称其愿意给一些费用（最后实际给了几十万元），请求村两委允许他把工业用房进行分割，分成五户住房，并且变更房屋性质为居住使用。其间，一村委会干部A帮忙找了三本同村人的户口簿，相关材料的造假工作由被拆迁人自己完成，村委会在拆迁补偿材料上盖章确认，最后，该拆迁户多拿了几百万元补偿款。被拆迁人如约给村委会总计四十多万元的好处费，村委会相关人员对该笔款项进行均分，但其中几百元不好均分，就将这几百元直接给了那位帮忙借了三本户口簿的村干部A。案发时，该村干部A正在海外探亲，在接到有关部门的电话后，其从境外归国配合调查。案发后，办案单位进行分案处理，除该干部A与被拆迁人由同市另一地办案单位管辖外，其余村干部由案发地办案单位管辖。

案件进入审查起诉阶段后,该村干部A的亲属委托律师介入,通过会见、阅卷,我们认为案件管辖进行这样的分案不符合分案规定,认为该村干部A与被拆迁人的案件应该与其余村干部的案件一起并案处理,并由案发地办案单位管辖,我们除口头与承办人沟通外,同时还提交了详细的书面意见,承办该村干部A案件的检察院经审查,赞同我们的意见,遂将案件移交给了案发地检察院。但是,案发地检察院审查后,又重新将案件移回原承办检察院,继续作分案处理。我们在提出管辖异议的同时,还对侦查机关就我们当事人行为的定性的决定提出异议。侦查机关认为我们当事人构成诈骗罪共犯。

案例二:Q是否构成诈骗

W和Q相约找地进行旅游开发,欲建宾馆,在买地的过程中,其发现地块上有基本农田无法实现建设目的,遂通过与地方政府的"一把手"洽谈,成功地以招商引资项目进行了正常的招拍挂流程,相关部门依规变更土地用途,当地主管部门觉得W和Q前期买地支付了不少款项,故同意将该款项返还给二人。由于部分支出不能体现在上报的支出表上,二人遂用其他方式虚增支出以使其成为合法支出,于是,W和Q在村委会的协助下,编造自己买地的支出项目,增加返还款项以弥补实际投入资金。村委会逐级上报后,主管部门经过层层审批,最后将相应款项转入村委会,村委会再将相应的款项转入Q指定的账户。Q是否构成诈骗罪?

案例三:理事会成员是否应当被刑事追诉

2013年4月,为了加快推进村里工业用地的征地工作,解决被征地农民原村安置的问题,某村委会书记陈某1和村长陈某2组织村民代表开会决定建设村里的安置房,在未经有关部门批准的情况下,直接建设某小区作为安置房,占土地面积约60亩。在村委会的指导下成立了村建理事会落实此事,理事会成员共计11人,未经批准擅自占用某街道某村土地作为某小区项目用地。经原F市国土资源局实地勘测及鉴定,违占土地面积中有14.28亩耕地的种植条件遭到严重破坏,侦查机关以前述人员涉嫌非法占用农用地罪移送审查起诉。理事会成员是否应当被刑事起诉?理事会/村委会是否可构成单位犯罪?

案例四:各公务员与村委各干部该定何罪

某村某地即将征地拆迁,D有一个无产权仓库,为多获得补偿,其找到某单位领导E要求帮忙,E找到同单位曾经挂职于该村的干部C,告知其尽量帮忙,但不清楚具体如何操作。C找到该村村委会主任A与村党支部书记B,并找到同村一位村民,主张该仓库为该村民所有,C办完了相关手续并通过村委会审核盖章,D顺利拿到了超过正常补偿款近50万元的补偿。事后,C称送给了村干部20多万元,并将余款给了D,D将其中一部分送给了E。本案中的E、C与村干部A、B是否构成犯罪,分别构成何罪?

四、涉土地类犯罪案件的主要辩护思路

分析上述四个案例,我们不难发现涉土地的刑事案件的特征往往是法律关系复杂,犯罪行为多样,犯罪方式多样。另外,涉土地刑事案件还具有涉及人数多,涉及罪名繁杂,分类上有个人犯罪、共同犯罪、单位犯罪等特点,即使是共同犯罪,亦可能因不同主体、实施不同犯罪行为,而构成不同罪名,案件可能并案处理,也可能分案处理,还可能构成数罪,几乎囊括刑事犯罪案件的所有特征。比如汕头市中级人民法院发布的涉土地犯罪案例中的案例一,其案情为:2003—2011年,潮南陇田镇某社区居委会及党支部书记、居民委员会主任郑某群在未经有权机关批准的情况下,非法转让集体土地124亩给购地者用来建造厂房和房屋,共收取地皮款近400万元,后居民委员会未经国土部门批准,非法占用该社区5.87亩土地建成楼房86间,其中的82间楼房非法转让给34名村民使用,收取地皮款共80多万元。2002年2月—2018年7月,郑某群多次利用其职务上的便利,通过出纳员郑某通从该村账户借款私用,后为非法占有集体财产,先后伪造5张工程项目支出单据,并交由郑某通用于抵销郑某群本人在上述账户里的私人借款,累计侵占居委会集体资金共240万元。其中,郑某曹先后两次伪造单位工程结算汇总表等材料,虚构其承包该社区相关工程项目的事实,并在伪造的费用支出单据上签字,配合郑某群实施平账行为,帮助其侵占居委会集体资金合计150多万元。郑某通2014年退休后,将上述账户内的集体资金113万元转到郑某宏的个人账户中,并将剩余的9416.56元集体资金占为己有。后郑某群通过指使郑某宏两次实施隐瞒集体收入的平账方式,累计侵占集体资金人民币150万元。本案郑某群同时构成非法转让土地使用权罪和职务侵占罪,数罪并罚被判处有期徒刑8年,并处罚金25万元;被告人郑某通、郑某曹构成职务侵占罪,各被判处有期徒刑1年。该案例就兼具了涉土地类犯罪案件共同犯罪、职务犯罪、数罪并罚等特征。

鉴于上述特征,结合我们的办案经验,笔者提出如下辩护路径思考。

(一)主体之辩

初看上述四个案例,尤其在案例一与案例二中,不少人看到的是诈骗的事实,侦查机关与检察机关看到的也是诈骗的事实,因此,该两案均是以诈骗罪立案侦查

并提起公诉的。我们介入案件后，经过阅卷、研究、讨论，认为案件并非简单地涉及诈骗罪，于是，我们找寻另一条轻罪的出口，即身份因素是否影响其行为的定性，从主体角度切入辩护，不失为此类涉土地刑事犯罪案件辩护思路中一条很好的路径。

当我们认真思考了这一问题之后就会发现，在案例一中，根据主客观相一致的原则，村委会干部的犯意起于收受贿赂，终于在虚假材料上盖章，最后，主管部门将拆迁补偿款发放，主观犯意是想要收受贿赂，而其他行为都是在职务范围内为了实现收受贿赂的目的而实施的。因此，在认真考虑了主体身份后，根据主客观相一致原则，对村委会干部定非国家工作人员受贿罪更为适宜，也更符合法律规定。众所周知，在这两个罪名之间，最后的刑期将是天壤之别。因为，如果将村委会干部定为诈骗罪共犯，那么不管其是不是从犯，按涉案的金额，刑期基本都将在10年以上，而如果定的是非国家工作人员受贿罪，那么，收受贿赂在100万元以下的均可能在3年以下量刑，刑罚远低于同样犯罪情节下以诈骗罪定罪的刑罚。

2011年以前，大多数地区将该类犯罪基本都定为诈骗罪，以虚构事实、隐瞒真相，骗取财物来进行定罪。2011年以后，越来越多的办案单位认为应当要考虑不同主体在案件中的作用，以实现罚当其罪的目的。我们经办的案例一与案例二就充分展示了这一点，对具有特殊身份的犯罪嫌疑人，在评价其行为时，应当首先考虑其特定身份与其行为的关联性，而非割裂行为与身份孤立地进行评价与辩护。因此，在接触土地类犯罪的时候，辩护人应当充分考虑甚至优先考虑当事人的主体身份。在当事人具有特殊主体身份的情况下，进一步思考将特殊主体身份结合到犯罪行为中进行评价时，是否可以找到轻罪的辩护出路，如果能找到，那作为辩护律师，我们就掌握了先机，就找到了帮助当事人减轻刑罚的机会。

（二）定性之辩

前文已经提过主体之辩，在案例四中，公诉机关对公务员均以贪污罪提起公诉，对村干部则以诈骗罪提起公诉，对D以贪污罪共犯提起公诉。仔细考量这些不同主体身份及他们在案件中的作用，我们发现，他们的行为其实不同，不应当以同一个罪名进行评价与定罪量刑，应该针对不同行为作出不同定性。因此，就不得不提出第二个辩护方案——定性之辩。在案例四中，经过激烈且充分的庭审辩论，法院最终对E、C、A、B定了贪污罪共同犯罪，并根据4人在案件中的不同作用而确定了不同的量刑，对村党支部书记定了玩忽职守罪，对实施盖章行为的村委会主任定了滥用职权罪，案件中依据每个主体的不同身份、不同行为作出不同定性，罪名不同，量刑亦不同，进一步表明了在涉土地刑事犯罪的辩护工作中定性之辩的重要性。

可见，是否考虑主体，进而考虑定性，对当事人而言，其所面临的刑事处罚将大相径庭，在案例四中，如果跟大部分征迁案件一样，直接定诈骗罪的话，那么由于涉案的征地补偿款已经超过50万元，理论上刑期可以在10年以上。如果根据各主体在案件中的不同作用，充分考虑刑罚的主客观相一致原则进行定性之辩，则不同的罪名，最后的刑罚可能大不相同，因此定性之辩也是涉土地刑事案件中重要的辩点之一。

（三）单位犯罪之辩

在案例三中，更多的人在看到这个案件时认为应当充分利用理事会成员为公解忧、理事会是公益组织并没有获益、即使定非法占用农用地罪仍应争取缓刑的辩护思路，并且我们认为争取到缓刑的结果应该是高概率事件。

我们作为辩护人介入后，经过阅卷，找到了有别于传统辩护在此类案件中坚持的辩护观点，以一个全新的辩护思路进行辩护，即推翻了原来预设的辩护方案，推翻了争取缓刑这一目标，我们发现就该案应当挖掘其他更多更重要的减轻处罚情节，努力争取在审查起诉阶段就作出不起诉决定。

经过研究讨论，我们提出以下观点：

首先，本案的理事会是在村委会的指导下成立的，理事会所履行的职责只有一项，那就是落实、执行村委会关于该事项的所有安排。在案证据证实村委会为推进征地工作，召集村民代表开会决定把政府的回拨地拿来建设村民安置房来补偿村民，并成立村建理事会监督该建房项目，即村建理事会系村集体经过民主程序成立的，系村集体利益组织。《刑法》第30条虽未明确将村委会列举为单位犯罪的主体，但该条款的规定仅是对犯罪主体概念所作的概括性规定，并不代表单位犯罪的主体只有该条所列举的五类，且最高人民法院、最高人民检察院发布的《关于办理商业贿赂刑事案件适用法律若干问题的意见》第2条的规定已明确了村委会在刑法意义上的单位性质，故以村委会的名义实施犯罪的，可以以单位犯罪论处。汕头市中级人民法院于2021年4月发布的涉土地犯罪典型案例中，案例二就认定了村委会构成单位犯罪，基本案情为1997年10月—2014年3月，潮阳区谷饶镇某村村委会及村党支部书记陈某鸿未经有权机关批准，非法安排民房、厂房面积近600亩，从中收取地皮款，并在村财务记账中将其作为村收入用于集体开支。潮阳区人民法院判决被告单位潮阳区谷饶镇某村村委会犯非法转让土地使用权罪，判处罚金420万元；判决被告人陈某鸿犯非法转让土地使用权罪，判处有期徒刑5年，并处罚金420万元。这充分证明了村委会可以构成涉土地类犯罪的犯罪主体，单位犯罪之辩不存在法理障碍。因此，在案例三中，村建理事会系由村委会组织村民推举产生的代表成立的，是为村建安置房服务的，并非为了谋取非法利益，本案若构成犯罪亦是村委会构成单位犯罪，我们首先论证了本案构成单位犯罪的可能性。

其次，理事会成员系为村集体利益而为，并非为个人谋取利益，其不具有非法占用农用地的主观故意。一方面，村委会和村民都没有意识到建房审批手续会办不下来。村民正是基于对政府保障村民住宅权利的信任、基于对政府行政的信任、基于可以从村建房得到补偿的考虑，才同意配合政府征迁，本案村建理事会也是为征迁工作顺利开展、为村民早日入住合格的安置房，而由某村村委会组织11个宗族推举11名代表成立的，目的是更好地监督某小区的工程建设。另一方面，村建理事会为村集体利益而为，并非为个人谋取非法利益，其不具有犯罪的动机。

在承办本案的过程中，当我们第一次见到案件公诉机关承办人的时候，我们就提出了这一观点，在最初的交流中，承办人未表态是否赞同我们的观点，我们旋即撰写完整的关于“村委会可以构成单位犯罪主体”的案例检索报告，并专门就此问题写了书面意见一并提交办案单位参考。在提交书面材料后，我们进一步当面与承办人交流，案件取得了阶段性胜利，案件被退补，退补后移送的材料证实了我们提出村委会构成单位犯罪这一辩护意见是有事实依据的。最后，我们提交了对本案作出相对不起诉的律师意见，检察院组织听证程序，经过听证，公诉方决定最后上会讨论，最终对本案作出相对不起诉决定，案件的辩护取得了完美收官。

本案的成功，充分证明了单位犯罪之辩的可行性与正确性。因此，在涉土地犯罪案件中，不仅需要考虑主体之辩、定性之辩，更应当考虑能否适用单位犯罪之辩点，从罪责刑上减轻当事人需要承担的具体刑罚，以在合法范围内实现当事人合法利益最大化的辩护效果与辩护目的。

（四）非法占用农用地罪辩护

在涉土地类刑事犯罪中，占比最大的就是这个罪名，根据我们的检索报告，涉及非法占用农用地罪的犯罪案件达到所有涉土地犯罪案件的80%。针对这一发案率最高的土地类犯罪，我们认为辩护中，应当注意以下几点：

第一，考虑出罪，只有以这样的无罪推定思维为大前提，才能审查清楚证据，才能厘清案件中各种法律关系。无罪需要充分的理由，对辩护人是一种挑战。在无罪思维的导向下，辩护人的辩护思路与证据审查指向将会更加明确。通过对事实与证据进行仔细梳理、逐一排查，针对犯罪构成的四要件或犯罪二阶层（三阶层）中的首要条件/首要阶层进行评判，才能分析与寻找到具体个案中可无罪或出罪的事实，进而得出无罪的结论。

第二，辩护人要主动积极地说服案件的承办人，说服的过程是一项充满技巧的工作。辩护是一项重要的说服工作，无论是以书面方式还是口头形式，都是将辩护律师的观点展示给承办人。因此，这中间的沟通工作、说理工作是辩护工作中最为重要的环节。所有的工作成果能否在最后的办案决定中得到采纳往往受到多种因素影响，但是，说服一定是最重要的工作之一。根据我们的办案经验，辩护人在厘清法律关系、审查清楚案件证据、整理清楚书面材料的基础上，要争取与承办人面对面交流，尽量将法律问题详尽当面沟通，在与承办人当面沟通的过程中，一方面表达自己的辩护观点，另一方面观察承办人的即刻反应，面对面的交流给予沟通双方的反应时间是最短的，因此，是可以最直接得到、感受到、观察到承办人对于辩护律师提出的辩护意见的第一反应的，是疑惑、不采纳还是犹豫、赞同，这细微的表情观察也是辩护律师进一步调整辩护思路、辩护策略的重要依据。依据沟通的不同反应，辩护律师应当即时调整辩护观点、补充说理依据。

第三，针对非法占用农用地罪的犯罪构成细挖法律事实，寻找突破口。非法占用农用地罪的重要的立案条件之一是所占用的土地面积要达到法定的要求。因此，辩护人不能只看航拍图，航拍图直接计算出来的面积不一定是农用地的面积，里面可能含有其他类型的用地面积，因此，如果卷宗里没有自然资源部门的原始登记资料，辩护律师必须向有关部门申请调取。调取后，认真地审图，重新计算涉案农地面积是否符合刑事案件的追诉与立案标准，申请原始登记资料这一点，有可能被未从事过涉土地类犯罪辩护的律师忽视，这尤其需要关注。

第四，仔细分析当事人的行为是否破坏了农用地并且达到了无法种植的程度。此处，需要重点审查土地性质，必须是林地或农地，所以土地使用权证、造册登记文件、政府的审批规划文件等证据就尤为重要。另外，还需要着重审查是否达到无法种植的程度，这就需要专业的鉴定人员或具有专门知识的人员出具专家意见，这是辩护律师在此类案件的辩护工作中可以争取的点。比如，行为人只是在林地里改变了林种而不是在林地上实施建窑、建坟、建房、挖沙、采石、采矿、取土、种植农作物、堆放排泄废弃物等行为，相关行为最后没有造成林地的原有植被或林业种植条件被严重毁坏或者严重污染。又如，行为人的行为看似破坏，实则改良了耕地，这种改良并不改变被占用土地的用途，而是在实施改良行为后反而有利于耕地的保护。所以，该行为也不是破坏耕地，不符合非法占用农用地罪的构成要件。非法占用农用地罪所保护的客体是耕地与林地的种植条件，行为人的行为如果并不影响植物与作物的种植，则无须通过刑事法律予以规制。

第五，主观上的明知必须通过客观行为表现出来，根据具体问题具体分析，体现主观见之于客观的原则。关于非法占用农用地的主观明知问题，多个典型案件已经说明，司法机关在裁判该罪的过程中，如果行为人主观上没有非法占用农用地的故意，则不被认定为构成非法占用农用地罪。从主观是否具有故意的角度进行辩护，也是非法占用农用地犯罪案件的一项辩护思路。比如，农村公路建设用地属于农用地范围，其未改变土地用途，无须办理农用地转用手续。行为人如果在没有办理农用地转用手续的情况下直接进行农村公路的施工，则不需要追究刑事责任。再如，扩大种植问题，如果行为人此前得到了相关文件的批准，原文件仍然合法有效，在此基础上，行为人与村委会通过承包土地继续开展种植，其间也没有任何行政主管部门提前告知其该行为的违法性，那么即使其客观上占用了农用地，根据主客观相统一原则，根据主观无非法占用农用地的故意，亦不能认定其构成犯罪。还有就是招商引资项目，不少地方政府在招商的时候往往会向企业说明进行的招商项目的相关手续都是合法的，在企业开展项目时也会给予充分的协助与配合，企业可以尽管大胆地来落地、大胆地来经营，于是，一些企业比如混凝土生产企业就想当然地认为，有相应的背书与保证，生产过程中若需要硬化地面或改变土地性质也能通过相关审批，也可能是合法的，该行为就属于既不明知也未放任改变土地用途的行为，故不应当以非法占用农用地罪追究行为人的责任。

第六，涉土地犯罪案件中也可能触及刑行交叉或刑民交叉问题，因此辩护律师应拓宽辩护思路，从刑民或刑行相结合的角度分析案件，制定最后的辩护方案，这也是处理非法转让土地使用权罪案件的辩点之一。举一个非法转让土地使用权的案例，该案件基本情况是：陈某某与多人合伙，通过挂牌拍卖方式，获得了某国有土地使用权。拍卖成功后，根据拍卖须知，所有合伙人作为股东设立公司，并将上述土地使用权登记在了 A 公司名下。在涉案房地产未达到开发投资总额的 25% 时，A 公司所有股东将公司股权转让给了第三方公司，获利近 2000 万元。经办该案的律师巧妙地抓住了涉案关键点，即土地使用权人是否发生改变以及土地性质是否发生改变，以此为角度切入并结合非法转让土地使用权罪的构罪条件、侵害法益的性质等进行辩护，而土地使用权人是否发生改变就涉及民法上的判断标准，律师以民法的法律规定评判该争议焦点，从刑民结合角度分析案件，最终该案二审改判为缓刑，取得了很好的辩护效果。

（五）学理之辩

在涉非法转让土地使用权罪案件中，以股权转让方式进行的土地使用权转让是否构罪，往往涉及刑民交叉问题，在实务与学理上一直存在较大的分歧。

就《公司法》的规定而言，在肯定公司的所有权与股东股权分离的法律状态下，不能认为公司的股东结构发生变化，公司对部分财物（包括涉案土地）的所有权或使用权即发生变化。土地使用权人一直是公司，而非股东，股权转让不发生土地使用权人变更的效果，但实际控制土地的实际使用土地的主体却发生了变更，因此，从刑法角度评判的话又会出现实际使用人发生变化涉嫌以合法形式掩盖非法目的的问题，进而出现了罪与非罪的分歧。司法实践中，对此有两种不同的观点主张。肯定有罪的观点主张，以公司股权变更的方式变更土地使用权，实质上是以合法形式掩盖非法目的，仍然属于非法转让土地使用权。尽管实务界有对此作出有罪判决的案例，但刑法学界却有不少人认为以股权转让的方式转让土地使用权的不构成犯罪。其中，张明楷教授认为，在公司享有土地使用权的情况下，股东转让部分或者全部股份的，不能认定为非法转让、倒卖土地使用权；周光权教授也主张，“基于法秩序统一性原理，在刑事司法上就不能无视民法立场和公司法法律制度，对于以股权转让方式转让土地使用权的行为，不能认定为非法转让、倒卖土地使用权罪。本罪的适用范围必须严格限定为股权转让之外的、行政法规上严格禁止的非法转让、倒卖土地使用权的行为，从而对本罪的客观构成要件要素进行限制解释”。陈兴良教授也主张，公司股东采取转让股权的方式转让土地使用权的，不能构成非法转让、倒卖土地使用权罪。其理由是：(1)公司股权变更不是土地使用权权属变化，公司财产与股权权益是完全不同的，股权变化不等于土地使用权的权属关系发生改变。(2)违反《土地管理法》的规定，并不等于构成《刑法》第228条。未依法获取土地权属证明就进行土地使用权转让的，固然违法但应个别化判断。(3)《刑法》第228条规定的非法转让、倒卖土地使用权罪，是指未经批准而将土地使用权转让或者倒卖给他人。如基本农田具有特定用途，未经土地管理机关批准改变土地性质而转让，可以构成本罪。但以转让公司股权的方式转让土地使用权的行为，在民事法律关系上都不能认定为违法，站在违法性和法秩序统一性的角度，都不能认定为违法，即不能构成非法转让、倒卖土地使用权罪。因此，当我们在做这类案件的辩护工作时，在学理与实务中出现了很大的争议，在无明确的法律进行规定的情况下，除了结合刑民交叉案件的辩护思路外，还可以加入学理之辩点，从学界的观点、刑法总论的观点出发，探讨涉案行为的本质及其是否构成犯罪、是否具有社会危害性等，从而实现出罪或罪轻的辩护目标。

五、结语

上述案例，是我们实际办理的涉土地类犯罪案件中较典型性的案例。辩护律师在面对涉土地刑事犯罪案件的辩护工作时，应当细致研究案情，重点审查证据，厘清繁杂的法律关系，从主体、定性、是否构成单位犯罪、土地性质是否为农用地、是否达到法定的侵占面积、是否达到无法种植的程度等角度逐一分析、逐层突破，找到案件的具体辩点。在辩点的展示上，辩护人需要在辩护过程中尽可能给办案人员进行展示，应在充分消化案情、准备好充足论据与事实依据的基础上，尽可能以面对面的方式与承办人沟通，实时调整辩护策略，尽可能详尽地说明与辩论，尽努力把能做的、该做的都做到位，使过程不留遗憾，相信最终取得的辩护效果也将是好的。

虚开增值税专用发票罪的辩护

王建波

一、罪名概况

虚开增值税专用发票罪规定在《刑法》第二编第三章第六节“危害税收征管罪”中。危害税收征管罪共有 14 个罪名，这 14 个罪名根据犯罪对象的不同，我们可以把它分成两类：

一类是以税款为犯罪对象的罪名，包括《刑法》第 201 条的逃税罪、第 202 条的抗税罪、第 203 条的逃避追缴欠税罪、第 204 条的骗取出口退税罪。从行为的性质上来区分，前三个罪名的行为是纳税人逃避法定纳税义务；而第四个罪名的行为实质是骗取国家已经入库的税款，应属于诈骗性质的犯罪，只不过因其犯罪对象是税款，所以《刑法》从犯罪客体分类的角度将其纳入“危害税收征管罪”这一节中。

另一类是以发票为犯罪对象的罪名。这一类犯罪共有 10 个罪名，其中最常见的是第 205 条的虚开增值税专用发票、用于骗取出口退税、抵扣税款发票罪和第 205 条之一的虚开发票罪；从第 206 条到第 209 条及第 210 条之一的关于发票类犯罪的 8 个罪名，是关于伪造、非法制造发票和非法出售、非法购买、非法持有发票的行为的规定，这些罪名随着发票管理技术水平的提高尤其是互联网开票的普及在实践中已非常少见。

从现状来看，虚开增值税专用发票、用于骗取出口退税、抵扣税款发票罪和虚开发票罪两个罪名（以下统称虚开发票犯罪）的犯罪占危害税收征管罪的大约 80%，而其中虚开增值税专用发票、用于骗取出口退税、抵扣税款发票罪又占了大多数。

实践中，增值税专用发票、用于骗取出口退税、抵扣税款发票以外的其他发票一般称为普通发票；增值税专用发票在日常生活中也比较常见；此处仅对用于骗取出口退税、抵扣税款发票做一下具体的解读。

用于骗取出口退税、抵扣税款发票，指的是具有申请出口退税和抵扣进项增值税或者功能的普通发票、收付凭证和完税凭证。这些普通发票、收付凭证和完税凭证不是增值税专用发票，但与增值税专用发票的功能相同，所以《刑法》将虚开这些发票、凭证的行为规定为虚开增值税专用发票的同一罪名。这些发票、凭证在2008年之前有四种，实践中称之为"四小票"，即废旧物资专用发票、运费发票、农产品收购凭证或销售发票、进口增值税专用缴款书（俗称海关完税凭证），但国家税务总局规定自2009年1月1日起废旧物资专用发票不再作为增值税扣税凭证，而运费发票在2012年全面实行"营改增"之后被增值税专用发票替代，所以当前与增值税专用发票具有相同功能的其他发票、凭证只有农产品收购凭证或销售发票、海关完税凭证两种（虚开这些发票或凭证的法律后果与虚开增值税专用发票相同，犯罪构成亦相同，故下文统称为虚开增值税专用发票）。

二、增值税基本原理、增值税专用发票简述及虚开增值税专用发票的法律后果

增值税，是以商品或劳务、服务在流转过程中的增值额作为计税依据的一种税收。如何理解增值税的概念呢？我们以图1为例进行解读。

图1　商品的典型流转过程

假设有某商品，生产商的生产成本是100元，以120元的价格销售给批发商，批发商以130元的价格销售给零售商，最后零售商以160元的价格销售给消费者。该商品按照现有增值税的一般税率13%计税。那么，在这个商品的流转过程当中，在生产商销售给批发商的环节增值20元，该环节生产商应当缴纳的增值税为$20\times13\%=2.6$元；在批发商销售给零售商的环节增值10元，该环节批发商应当缴纳的增值税为$10\times13\%=1.3$元；在零售商销售给消费者的环节增值30元，该环节零售商应当缴纳的增值税为$30\times13\%=3.9$元。该商品整个流转过程的增值额为$160-100=60$元，纳税人应当缴纳的增值税为$60\times13\%=7.8$元，而三个环节分别缴纳的增值税之和正是7.8元。此谓简要的增值税税收原理。

然而，要理解虚开增值税专用发票罪这个罪名，更重要的是要理解增值税的征

收方式。增值税征收的基本方法叫作进项扣除法。简言之,就是纳税人缴纳的增值税税款等于其销项税扣除进项税的得数。所谓销项税,是由纳税人向其销售对象(下游)收取的税款;而进项税,是指纳税人向其购买对象(上游)支付的税款。销项税、进项税的计算方法均为销售(购买)货物、劳务或服务的价格乘以税率。纳税人在销售货物、劳务或服务时从其下游收取的销项税实质上是替国家预收的税款,由其申报缴纳给国家;而其在购进货物、劳务或服务时向上游支付的进项税,实质上是由其预付、由上游代收的税款,在其完成销售后这可以在申报缴纳的销项税中扣除这部分税款。增值税纳税人有收取并缴纳销项税的义务和申报抵扣进项税的权利。我们以图 2 为例予以说明。

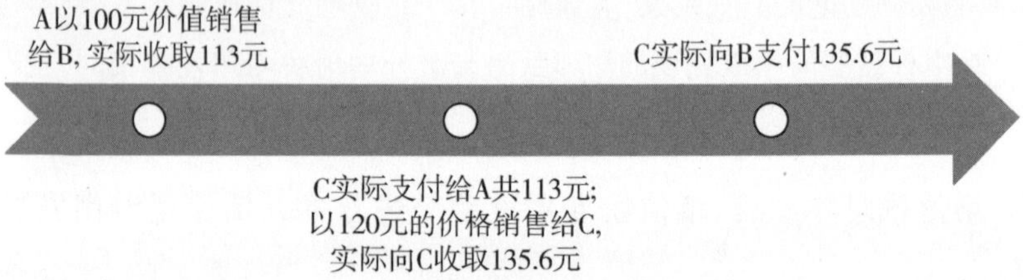

图 2 增值税的收取示意图

假设某增值税纳税人 B 以 100 元的价格向其上游 A 进货,然后以 120 元的价格销售给下游 C,则 B 需要缴纳的增值税就是增值额 20 元 ×13% ,那是 2. 6 元。而 B 是如何缴纳这 2. 6 元的? 首先,B 向 A 进货时需要支付给 A 的金额除货物本身的价格 100 元外,还要加上价格乘以增值税税率 13% 部分即 13 元,那么 B 实际支付给 A 的金额是 113 元(价税合计金额)。这 13 元的税款,对于 B 而言相当于向 A 预付的税款,对于 A 而言则是代国家收取了 B 预缴的税款。其次,假设 B 把货物以 120 元的价格销售给 C,同样 C 实际支付给 B 的货款除货物本身的价格 120 元外,还要加上 13% 的税率的税额,即价税合计金额是 135. 6 元,其中的 15. 6 元是由 B 代国家向 C 先行收取的税款。最后,就纳税人 B 而言,其在申报缴纳增值税时,先把从 C 处代收的 15. 6 元税款交给国家,再向国家申报扣除之前进货时预先支付给 A(由 A 代收)的 13 元税款。两者的差额 2. 6 元即为 B 应当缴纳的增值税税款,也正好是 B 这个流转环节的增值额 20 元对应的税款(税率 13%)。

在进项扣除法的前提下,若纳税人在没有货物、劳务或服务购进或购进时没有向上游预付全部或部分税款(以不含全部或部分税款的价格购进货物)的情况下向税务机关申报扣除了对应的税款,显然意味着国家从国库里向纳税人支付了本不应当支付的这部分税款,即国家税款被纳税人骗取。而纳税人在购进(销售)货物、劳务或服务时预付(代收)的税款记载于增值税专用发票之上。增值税专用发票如图3所示。

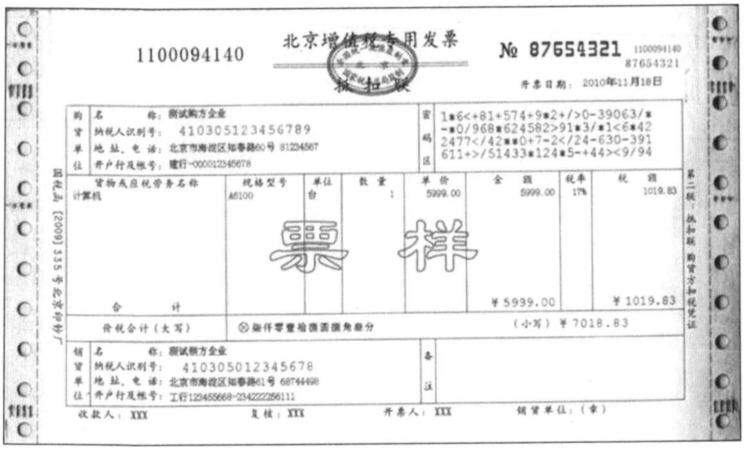

1100094140　北京增值税专用发票　№ 87654321　1100094140　87654321

抵扣联

开票日期：2010年11月18日

购货单位　名　　称：测试购方企业
纳税人识别号：410305123456789
地 址、电 话：北京市海淀区知春路60号 81234567
开户行及帐号：建行-000012345678

密码区
1*6<+81+574+9*2+/>0-39063/*
-*0/968*624582>91*3/*1<6*42
2477</42**0+7-2</24-630-391
611+>/51433*124*5-+44><9/94

货物或应税劳务名称	规格型号	单位	数量	单价	金额	税率	税额
计算机	A6100	台	1	5999.00	5999.00	17%	1019.83
合　　计					￥5999.00		￥1019.83
价税合计（大写）	⊗柒仟零壹拾捌圆捌角叁分				（小写）￥7018.83		

票样

销货单位　名　　称：测试销方企业
纳税人识别号：410305012345678
地 址、电 话：北京市海淀区知春路61号 68744498
开户行及帐号：工行123455668-234222256111

备注

收款人：XXX　复核：XXX　开票人：XXX　销货单位：（章）

国税函〔2009〕335号北京印钞厂

第二联：抵扣联　购货方扣税凭证

图3　增值税专用发票(样张)

增值税专用发票有以下三个方面的特征:一是由国家税务总局统一印制;二是仅限于增值税一般纳税人领购使用,非增值税一般纳税人不得开具增值税专用发票;三是同时记载销售方的纳税义务和购买方的进项税款。增值税专用发票是纳税人向税务机关申报扣除进项税的唯一合法凭证。

若发票上记载的购销双方没有发生实际的货物、劳务或服务购销,但开具了增值税专用发票,且被购买方用于向税务机关申请扣除发票上记载的进项税或出口退税,就可能导致国家税款被骗取的法律后果。这也是法律需要禁止虚开增值税专用发票的内在因素。

三、对虚开行为的理解与认定

(一)行政法层面上的虚开行为

《发票管理办法》第22条规定,"开具发票应当按照规定的时限、顺序、栏目,全部联次一次性如实开具,并加盖发票专用章。任何单位和个人不得有下列虚开发票行为:(一)为他人、为自己开具与实际经营业务情况不符的发票;(二)让他人为自己开具与实际经营业务情况不符的发票;(三)介绍他人开具与实际经营业务情况不符的发票"。《发票管理办法实施细则》第26条规定,"……未发生经营业务,一律不准开具发票”;《增值税专用发票使用规定》第 11 条规定,增值税专用发票的开具应当“与实际交易相符”。

可见,按照发票管理的行政法规的规定,任何单位和个人都有如实开具发票的义务,不如实开具发票是行政违法行为。行政法意义上的“虚开”是指“开具与实际经营业务情况不符的发票”的行为。对于虚开发票的行政违法行为,《发票管理办法》第 37 条第 1 款规定:“违反本办法第二十二条第二款的规定虚开发票的,由税务机关没收违法所得;虚开金额在 1 万元以下的,可以并处 5 万元以下的罚款;虚开金额超过 1 万元的,并处 5 万元以上 50 万元以下的罚款;构成犯罪的,依法追究刑事责任。”

(二)刑法意义上的虚开行为

1.“虚开”的刑法定义与理解

刑法意义上“虚开”的定义见于 1996 年最高人民法院《关于适用〈全国人民代表大会常务委员会关于惩治虚开、伪造和非法出售增值税专用发票犯罪的决定〉的若干问题的解释》。该解释第 1 条规定了虚开增值税专用发票的三种情形:没有货物购销或者没有提供或接受应税劳务而为他人、为自己、让他人为自己、介绍他人开具增值税专用发票;有货物购销或者提供或接受了应税劳务但为他人、为自己、让他人为自己、介绍他人开具数量或者金额不实的增值税专用发票;进行了实际经营活动,但让他人为自己代开增值税专用发票。

第一种情形,是指在购销双方完全没有真实交易的情况下开具增值税专用发票的情形,我们可以简单地理解为“无中生有”型虚开。

第二种情形,是指货物购销双方有真实的交易,但开具数量或者金额不实的增值税专用发票(多开)的情形,我们可以简单理解为“以少开多”型虚开。

第三种情形,是增值税专用发票记载的销售(购买)方与实际的销售(购买)方名称不一致的情形,我们可以称之为“票货分离”型虚开。

2. 虚开行为的方式

根据《刑法》第 205 条第 3 款的规定,虚开有四种行为方式,即为自己虚开、为他人虚开、让他人为自己虚开、介绍他人虚开。

为自己虚开,是指在空白的增值税专用发票上虚构一个销售方开具给自己的情形。此种情形多见于增值税制度开始实行的最初几年。由于当时发票是手工填开,发票管理手段落后,于是一些不法分子在向税务机关领购空白的增值税专用发票之后,自己填开给自己的企业,用于向税务机关申报抵扣税款。但自税控开票系统实施尤其是实行认证抵扣制度以来，此种为自己虚开的方式已无法实现，所以现实中此种虚开形式已基本不存在。

为他人虚开，是指销售方（开票方）将增值税专用发票虚开给他人的情形，我们通常又称其为“虚开销项”。

让他人为自己虚开，是指购买方（受票方）从他人处虚开增值税专用发票给自己的情形，我们通常又称其为“虚开进项”。

介绍他人虚开，是指在虚开增值税专用发票的开票方和受票方之间居间介绍、进行撮合的情形。

上述四种行为方式中，为自己虚开属于单方行为结构，行为人单独构成犯罪；为他人虚开与让他人为自己虚开是双方行为结构，双方是对合犯性质的共同犯罪；在有介绍的虚开的情形下，开票方、受票方、介绍方是三方行为结构，是三方构成共同犯罪。

3. 虚开行为的定性争议

《刑法》第205条对虚开增值税专用发票、用于骗取出口退税、抵扣税款发票罪采用了简单罪状的表述方式：“虚开增值税专用发票或者虚开用于骗取出口退税、抵扣税款的其他发票的，处……”并没有叙明本罪主客观方面的具体构成特征。

从法条的字面理解，虚开是危害行为，增值税专用发票或者用于骗取出口退税、抵扣税款的其他发票是行为对象。因而，以文义解释的角度理解，行为人只要有虚开的行为即构成本罪，即刑法教义学上的行为犯。

从本罪的立法背景看，1994年我国开始全面施行增值税制度后，出现了大量伪造、虚开和非法出售增值税专用发票的不法行为，对增值税制度造成了极大危害，于是全国人大常委会在1995年出台了《关于惩治虚开、伪造和非法出售增值税专用发票犯罪的决定》（其中虚开部分被吸收为《刑法》第205条），旨在严厉惩治这些不法行为，防止增值税制度受到冲击。在当时背景下，不法分子伪造、虚开和非法出售增值税专用发票的目的很单一，即用以骗抵增值税进项税款，进行非法牟利。因此，立法者认为虚开的犯罪构成特征是众所周知的，无须对其主、客观方面进行详细描述，同时简单、直接的罪名表述也包含了对伪造、虚开和非法出售增值税专用发票行为严厉打击的立法目的。

随着国家投入巨资开发的增值税管理系统“金税工程”的逐步实施和不断完善，简单粗暴地虚开骗税方式变得难以实现，犯罪手段亦随之隐蔽化。同时，经济运行方式也在不断发展变化。虚开增值税专用发票行为的形态也变得日渐复杂化，不再是单纯的以骗抵增值税进项税为目的。比如:某些实体企业有真实交易,但让第三方代开增值税专用发票或从第三方开具了进项增值税专用发票;某些企业为虚增经营额,在没有真实交易的情况下在关联企业之间相互对开、环开增值税专用发票;某些虚开增值税专用发票行为是纯粹为了逃避其他税种,而非抵扣进项增值税;等等。于是,长期以来,理论界、实践中均出现了对不具有骗抵增值税目的、未造成增值税被骗抵结果的虚开行为是否应当以虚开增值税专用发票罪定罪的争议。最高司法机关的一些司法文件、指导性判例和大量学者、司法实务人员、律师的理论观点均表达了对本罪系"目的犯"甚至"结果犯"的支持。但立法层面始终未有定论,各级法院的裁判仍主要以法条的字面含义和司法解释为规则。

四、实践中虚开增值税专用发票的犯罪方式

(一)犯罪主体

虚开增值税专用发票因行为主体不同,可分为实体企业虚开增值税专用发票、空壳公司虚开增值税专用发票以及"中间人""票贩子"职业化介绍虚开增值税专用发票三种形态。

1. 实体企业虚开增值税专用发票

实体企业虚开增值税专用发票,是指正常经营的企业偶尔或少量虚开增值税专用发票的情形。这种虚开情形一般认定为单位犯罪,直接负责的主管人员和其他直接责任人员同时承担相应的刑事责任。实体企业虚开增值税专用发票一般有以下四种情况:

(1)虚开销项。实体企业虚开销项一般亦有两种情况:一种情况是企业有真实的进项,但因购买方不需要发票,其销项发票"多余"而虚开给第三方;另一种情况是核定征收的纳税人因开具发票不产生额外的税收而虚开给他人。虚开销项一般是为了赚取"开票费"。

(2)虚开进项。虚开进项往往是企业在经营过程中有实际的进货,但因上游为非增值税一般纳税人而无法开具增值税专用发票,或贪图价格便宜、以不含税的价格进货而未取得增值税专用发票,但在向税务机关申报扣除进项税时无法抵扣,于是从第三方虚开取得增值税专用发票用于抵扣进项和税前列支。

以上两种虚开行为我们通常可以称为"票货分离"型的虚开。

(3)"过票"虚开,即实体企业参与虚开的链条,为他人的虚开交易"过单""过票"。此种情形下,往往进、销项均为虚开。

(4)关联企业之间互开,即两家或多家关联企业为某种目的互相虚开发票。这种虚开方式往往不存在真实的交易,但开票企业一般按票面金额如实纳税,并不造成国家税款损失。

2. 空壳公司虚开增值税专用发票

空壳公司虚开增值税专用发票,是指不法分子为以虚开增值税专用发票非法牟利为业,专门设立空壳公司从事犯罪活动的情形,属于为犯罪而设立公司的情形,应当以自然人犯罪论处。空壳公司因没有实际经营活动,所以一般是既虚开进项又虚开销项,部分案件还伴随“变票”即进、销项品名不一致的情形。

3. “中间人”“票贩子”职业化介绍虚开增值税专用发票

市场上存在一些职业化的虚开增值税专用发票的“中间人”“票贩子”,他们在开票方和受票方之间居间介绍,赚取“开票费”、票点差价。这种行为属于法律上的“介绍他人虚开”行为。

当然,介绍虚开增值税专用发票的自然人也有一些有正当职业,只是偶尔、少量介绍他人虚开增值税专用发票。

(二)犯罪目的

1. 以申报抵扣进项增值税或出口货物退税为目的的虚开

行为人虚开增值税专用发票的主观意图是利用增值税专用发票的抵扣、出口退税功能,向税务机关申报实际未预缴进项增值税,若申报成功,则骗取了国家的税款。此时骗税行为的实行主体为申报抵扣、出口退税的企业(虚开行为的受票方),开票企业或介绍虚开者为其骗税提供了帮助,双方或三方系共犯关系。

2. 不以申报抵扣进项增值税或出口货物退税为目的的虚开

现实中,一些实体企业为虚增经营业绩、应对考核,或为虚增固定资产,或为向金融机构贷款作依据等目的而虚开进项发票;也有一些企业为了套取现金而虚开发票,或将虚开的发票用于税前列支(不用于抵扣进项增值税)。

(三)犯罪方式

1. 直线式虚开

直线式虚开,是指按商品、劳务或服务的正常流转方向虚开增值税专用发票的情形,即按增值税专用发票的开票链条由上游虚开给下游。部分直线式虚开存在“变票”情形,即开票方的销项品名与其进项品名不一致。

2. 闭环式虚开

闭环式虚开,是指虚开增值税专用发票的双方或多方之间形成闭环开票关系。

两家企业之间的互相开票称为“对开”,三家或三家以上企业之间的互相开票称为“环开”。某些闭环式虚开存在中间环节的“变票”情形。

五、虚开增值税专用发票罪的辩护策略

(一)对实体企业虚开增值税专用发票罪的辩护

实体企业虚开增值税专用发票的主要特点是“票货分离”,即开票的主体与实际交易的主体不一致。

假设被告单位A为开票方(销售方)、B为受票方、C为实际购买方,A的实际销售对象为C,却将发票开具给B,A与B之间构成虚开增值税专用发票的共犯,对A而言为虚开销项的情形,如图4所示。

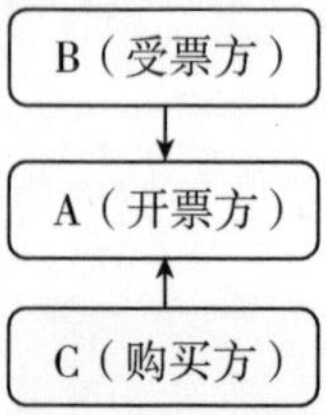

图4 虚开增值税专用发票情形一

如被告单位A为受票方、B为开票方、C为实际销售方,A实际从C处购进货物、劳务或服务,却从B处取得发票,则A与B之间亦构成虚开增值税专用发票的共犯,对A而言为虚开进项的情形,如图5所示。

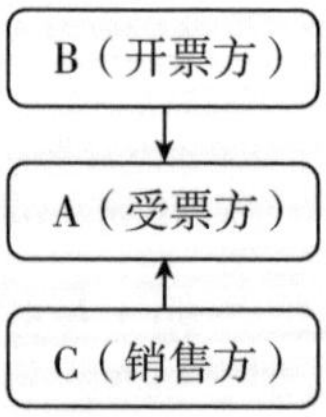

图5 虚开增值税专用发票情形二

1. 无罪之辩

对于实体企业票货分离型的虚开增值税专用发票的行为,无论是虚开销项还是虚开进项,在事实和证据层面控辩双方没有争议的情况下,辩护人作无罪辩护有无成功可能?从目前司法实践中司法人员对虚开增值税专用发票罪这个罪名的普

遍理解角度来看,成功的可能性确实较小。但正是由于长期以来对虚开行为主观方面理解的争议,对于一些主观上不具有骗取税款目的、客观上也未造成国家税款损失的情形是可以作法理上的无罪辩护的,实践中亦有不少的判例支持。归纳一下实践中的相关判例,实体企业虚开增值税专用发票的行为最终被认定无罪的有以下几种情形:

(1)销售方有实际经营,让他人为自己代开发票的

典型案例是最高人民法院发布的“张某强虚开增值税专用发票案”。被告人张某强与他人合伙成立个体企业某龙骨厂,因某龙骨厂系小规模纳税人,无法为购货单位开具增值税专用发票。于是张某强找到一般纳税人企业A公司,以A公司名义与6家下游企业签订合同、收取货款(货物实际由某龙骨厂提供),A公司为6家下游企业开具增值税专用发票,开票税额60余万元。案发后,一审法院判处张某强有期徒刑3年、缓刑5年,因案件在法定刑以下量刑(案件在2017年宣判,当时虚开增值税专用发票税额在50万元以上的法定刑为10年以上),按规定应当逐级呈报最高人民法院核准。最高人民法院经复核认为,被告人张某强以其他单位名义对外签订销售合同,由该单位收取货款、开具增值税专用发票,张某强不具有骗取国家税款的目的,未造成国家税款的损失,其行为不构成虚开增值税专用发票罪,一审法院认定张某强构成虚开增值税专用发票罪属适用法律错误,裁定不核准并撤销一审法院的判决,并发回重审。该案经原一审法院重审后,依法宣告张某强无罪。

(2)挂靠方以被挂靠方名义开具发票的

以石家庄市中级人民法院的二审判例为例。被告人张某为自然人,其以A医药公司名义与B药厂和医院分别签订购销合同,先将货款付给A医药公司,再由A医药公司将货款支付给B药厂进货,B药厂向A医药公司开具增值税专用发票;所购药品由B药厂直接发至张某指定的医院,A医药公司根据张某提供的B药厂的随货通行单、药检单、出库单等相关手续及开票信息向医院开具进项增值税专用发票,医院向A医药公司支付货款后,A医药公司按票面金额10%扣除开票费和下次进货款,将剩余货款支付给张某。A医药公司的进项增值税专用发票按票面金额的8%左右支付费用。A医药公司向医院开具的销项增值税专用发票的相关内容,与所销售货物相符。至案发,A医药公司共向医院开具增值税专用发票400余份,金额3800余万元,税额646余万元。检察院指控张某构成虚开增值税专用发票罪。一审石家庄市某区人民法院审理认为:A医药公司没有进行实际药品经营,而是由张某在不具备药品经营资质的情况下实际进行经营活动,张某的行为符合非法经

营罪的构成要件，张某之所以要让A医药公司从中为自己代开增值税专用发票，系为了能够在经营活动中获得更多的利润，虚开行为是非法经营行为的手段，根据牵连犯中重罪吸收轻罪的原则，认定张某构成虚开增值税专用发票罪，判处有期徒刑10年。张某不服，提起上诉。二审法院在审理过程中，向国家税务总局发函，请国家税务总局回复张某的行为是否符合《关于纳税人对外开具增值税专用发票有关问题的公告》（国家税务总局2014年39号公告）及其解读中第2条中的第一种挂靠情形。国家税务总局向法院回函：张某与A医药公司之间的关系，符合2014年第39号公告及其解读第2条中第一种挂靠情形。张某是挂靠人，A医药公司是被挂靠人。二审法院认为，张某不具有骗取国家税款的目的，客观上也没有造成国家税款的损失，其行为不构成虚开增值税专用发票罪，也不构成非法经营罪。判决：撤销一审判决，张某无罪。二审判决生效后，张某申请国家赔偿，并得到法院的支持。

（3）虚开的发票未用于抵扣进项增值税的

以浙江省高级人民法院的二审判例为例。被告人芦某兴在以A公司名义经营运输业务期间，从5家运输公司取得虚开的运输发票53份，用于在A公司入账冲减营业税，合计偷逃税款54万余元，同时为其他运输企业虚开运输发票50份，被受票企业用于冲减营业税、合计偷逃税款33万余元。公诉机关以芦某兴犯虚开用于抵扣税款发票罪提起公诉，一审法院审理认为芦某兴的行为系虚增营业开支，偷逃税款，并帮助他人偷逃税款，构成偷税罪（《刑法修正案（七）》施行前为偷税罪），公诉机关指控被告人构成虚开用于抵扣税款发票罪罪名错误，芦某兴犯偷税罪，判处有期徒刑6年、并处罚金100万元。一审判决后，芦某兴服判，但公诉机关提起抗诉，认为本案中的运输发票具有抵扣增值税进项税功能，芦某兴虚开运输发票触犯了《刑法》第205条的规定，构成虚开用于抵扣税款发票罪。浙江省高级人民法院审理后认为，本案中的受票单位都是运输企业，不是增值税一般纳税人（“营改增”之前运输企业不是增值税纳税人），不具有申报抵扣增值税资格，被告人虚开的运输发票被受票企业入账后不可能被用于抵扣税款。二审法院认为原审判决定罪和适用法律正确，量刑适当，裁定驳回抗诉，维持原判。

（4）为完成经营业绩在关联企业之间对开、环开的

以湖北省高级人民法院的二审判例为例。湖北汽车集团公司旗下子公司的3名经理，为完成集团对他的销售业绩的考核，在集团的关联子公司之间互相虚开增值税专用发票，被武汉市中级人民法院判处10年至11年有期徒刑。被告人上诉后，湖北省高级人民法院向最高人民法院进行了请示，最高人民法院经向全国人大

常委会法工委和国家税务总局等有关部门征求意见，并召集部分刑法专家论证、最高人民法院审判委员会讨论形成一致意见，向湖北省高级人民法院批复，认为该案行为人主观上不具有骗取税款的目的，客观上也没有造成国家税款的损失，不构成犯罪。后湖北省高级人民法院判决撤销武汉市中级人民法院的一审判决，宣告3名被告人无罪。

2. 轻罪之辩

实践中，某些虚开增值税专用发票的行为并非以骗抵进项增值税为目的，但其目的行为可能触犯刑法其他罪名，而该罪名法定刑较轻的，可以作轻罪辩护。典型的是石化行业的变名虚开行为。一些地方炼油企业为逃避缴纳成品油消费税，将组份成品油以化工原料名义进行销售，虚设闭环交易链条，由中间环节改变品名为成品油，上、下游分别进行化工原料和成品油的“过单”交易，炼油企业最终获取不含消费税的成品油增值税专用发票，达到偷逃成品油消费税的目的。在“变票”“过单”的过程中，各个环节按交易金额如实缴纳增值税，并没有造成国家增值税税款损失。从本质上看，炼油企业是一种逃税行为，“变票”“过单”的贸易公司是帮助炼油企业逃税的行为。

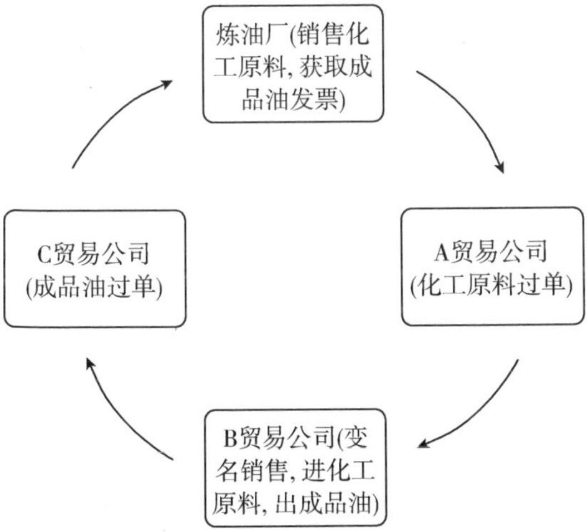

图6　变名虚开增值税专用发票

全国有部分法院认定此类案件为逃税罪，如乌鲁木齐市中级人民法院(2019)新01刑初283号刑事判决书认为：两被告人的行为主观上不具有骗抵国家税款的目的，上下游公司按照交易的数量、金额如实开具增值税专用发票，且正常申报抵扣增值税进项税额，不会造成国家增值税税款的流失；本案中的“变票”行为，对于受票人即成品油企业来说是一种偷逃消费税的行为，对于开票公司来说是一种偷逃消费税的帮助行为；两被告人主观上为了帮助下游公司逃避缴纳消费税、客观上实施了虚构货物交易、开具增值税专用发票、“变票”等欺骗手段，致使消费税被偷逃达到应纳税额的30%以上，其行为符合逃税罪的构成要件，应以逃税罪追究刑事责任。深圳市中级人民法院（2019）粤03刑初162号二审判刑事决书认为：被告人为谋取非法利益，违反国家税收法规，钻国家关于石油消费税的政策空子，伙同他人采用更改增值税专用发票上的品名，逃避缴纳消费税，偷逃应纳税款数额巨大，且偷逃税额占应纳税额的30%以上，其行为构成逃税罪。关于公诉机关指控被告人犯虚开增值税专用发票罪，经查，被告人殷某的行为不符合虚开增值税专用发票罪的构成要件，其主观上没有虚开增值税专用发票的故意，客观上也没有实施虚开增值税专用发票的行为，且未造成国家增值税款的损失，公诉机关指控其行为构成增值税专用发票罪罪名有误，应予纠正。

3. 罪轻之辩

对于实体企业虚开增值税专用发票的案件，辩护人通过证据审查、与被告人的积极沟通，在充分了解案件事实后，如认为虚开的事实、证据不具有争议时，应把重点放在如何争取尽可能轻的量刑上。

第一，辩护前置，即在案件在税务稽查阶段、尚未移送公安机关前或公安机关尚未抓捕行为人之前，对当事人充分分析事实、宣讲法律，说服当事人主动投案并转出已经虚抵的进项税（受票方）、接受税务行政处理或退出违法所得（开票方），尽量争取自首、积极退赃等有利的量刑情节。

第二，税款损失的审查。现实中，受票方或其上游确认虚开增值税专用发票的，按照国家税务总局的相关规定，应当进行进项税的转出并补缴所得税等税款，如为恶意接受虚开，还要进行处罚。对此，辩护人应当对案件中税款转出、补缴的情况进行审查，尤其是对虚开销项的被告人，更应仔细审查下游受票方税款转出、补缴情况，以确认最终被告人对国家税款造成损失的情况。如未造成国家税款损失或损失较小，则可以作为量刑从宽的较为有利的理由。

第三，政策之辩。当前国家层面就稳定经济发展方面“六稳”“六保”的相关政策对刑事案件涉案企业的处理比较有利，尤其是最高人民检察院正在积极推进的涉案企业合规不起诉制度，对实体企业虚开的案件是各类企业涉刑案件中“少捕慎诉”、合规不起诉政策落实最多的案件种类之一。因此，对于实体企业虚开增值税专用发票的案件,但凡有条件的,辩护人要尽量推动被告人运用这些刑事政策争取从轻处理。对于犯罪数额相对较小的案件,要努力推动合规不起诉或相对不起诉,即便不能做到不起诉,在量刑方面也可能运用这些政策尽量争取从宽。

第四,证据之辩。虚开增值税专用发票案件的证据辩护可能达到因证据不足而罪轻甚至无罪的效果。虚开增值税专用发票的开、受票双方为应对税务机关检查,账面上仍要进行"货款"的支付,但因为双方没有真实交易,收款方必然要将"货款"通过私下渠道归还给付款方,这就形成了"资金回流"。实践中认定虚开增值税专用发票行为成立的核心证据便是资金回流,一旦资金回流被查实而无合理辩解,虚开增值税专用发票的定性基本无争议。因此,证据辩护的重点在于对资金回流证据、交易真实性证据的审查。

回流资金证据的审查,一是要审查回流资金与合同、发票票面记载的交易金额是否相对应。如通过审查能证明回流资金与合同、发票票面记载的交易金额不能一一对应,在案又有相关证据能证明开、受票双方之间有正常的资金往来,辩护人可以提出该部分资金可能并非虚开增值税专用发票的回流资金的合理怀疑。二是要审查行为人对回流资金有无合理辩解。比如,开票方与受票方之间是长期合作关系、双方有借贷关系的情形;又如,购货时现金交易、事后补开发票时又进行资金走账的情形。这些辩解如能找到相关依据,如借据、银行账户交易明细中"附言"的内容、银行提现记录、购货时现金付款的收据等凭证,则可以大胆提出该部分资金并非虚开增值税专用发票的回流资金的意见。

交易真实性证据的审查,重点在于审查在案有无所指控的虚开增值税专用发票的事实、有无对应的真实交易。通过审查如能发现有真实交易的依据,如货物购进、出库、入库、运输的相关凭证,可以提出证据不足或该部分金额应当在指控的犯罪数额中扣除的意见。

(二)对空壳公司和"中间人""票贩子"职业化虚开增值税专用发票罪的辩护

不同于实体企业虚开增值税专用发票罪一般认定为单位犯罪的是,空壳公司和"中间人""票贩子"职业化虚开增值税专用发票罪均为自然人犯罪,在辩护策略上应更加注重传统的辩护方法,这里就不再过多展开讨论。需要重点探讨的是介绍虚开方的从犯之辩。

介绍虚开本身是一种帮助行为,但《刑法》第 205 条将"介绍他人虚开"单独规定为一种行为方式。从法条的规定看,为他人虚开、为自己虚开、让他人为自己虚开、介绍他人虚开四种行为方式均属于虚开增值税专用发票的行为,均可独立构成犯罪,并无主次关系。由于《刑法》把介绍虚开这种帮助行为"正犯化"了,给介绍虚开行为人认定从犯造成了较大的障碍。

笔者认为,根据虚开增值税专用发票的犯罪构成,仅有"介绍他人虚开"的行为是不可能独立成立犯罪的,介绍行为必然是与"为他人虚开"和"让他人为自己虚开"两种行为共生共存的,三方是共同犯罪的关系。既然是共同犯罪,就不能排斥《刑法》总则关于共同犯罪主、从犯的规定的适用。

若案件能在共同犯罪中区分出主从关系,按照介绍虚开行为人在案件中的地位和作用有认定从犯可能,辩护人当然要进行行为人系从犯的辩护,且实践中也有不少将介绍虚开的行为人认定为从犯的判例。如杭州市下城区人民法院(2020)浙0103刑初245号刑事判决书指出:关于被告人高某某在共同犯罪中所起的地位和作用……高某某……从中具体发挥介绍人、协助资金走账作用,构成共同犯罪……高某某仅获得"价税"流水0.4%至0.6%的"好处费"……高某某在共同犯罪中起次要作用,系从犯。又如浙江省武义县人民法院(2019)浙0723刑初561号刑事判决书指出:陈某某介绍他人虚开增值税专用发票……系共同犯罪……陈某某为牟利帮助受票公司传递开票信息及发票,在共同犯罪中起次要作用,系从犯。

笔者同时认为,辩护人对介绍虚开方的从犯之辩是比较重要的辩护策略,但凡有条件、有依据的,都要提出来。根据介绍虚开方在虚开类案件中的不同情况,审查其是否可以认定为从犯可重点关注以下几个方面:(1)介绍方只是单次、偶尔进行了介绍,而不是以此为职业的;(2)不是整个虚开交易的犯意发起者、教唆者,没有参与预谋、策划、协商,实施过程中不积极参与的;(3)受受票方指使寻找票源或受开票方指使寻找受票方,对开票方或受票方具有依附性、从属性的;(4)仅仅是传递信息,没有提供资金、走账账户等积极帮助行为的;(5)没有获利或在共犯的获利中占比较小的;等等。

组织、领导传销活动犯罪的辩护要点和策略

黄菊珍

一、组织、领导传销活动罪的立法沿革

(一)整治时期

20世纪80年代,随着我国改革开放的启动、推进,国外的直销经营模式进入我国,并逐渐发展,有的演变成传销。

我国首先从行政上对传销活动中的违法行为进行整治。1994年8月10日,原国家工商行政管理局发布《关于制止多层次传销活动中违法行为的通告》(已失效)。同年9月2日,原国家工商行政管理局发布了《关于查处多层次传销活动中违法行为的通知》(已失效)。1995年9月22日,国务院办公厅发布《关于停止发展多层次传销企业的通知》。1995年10月17日,原国家工商行政管理局发布《关于印发〈国家工商行政管理局关于审查清理多层次传销企业的实施办法〉的通知》(已失效)。1997年1月10日,原国家工商行政管理局颁布了《传销管理办法》,该办法第2条规定,“传销是生产企业不通过店铺销售,而由传销员将本企业产品直接销售给消费者的经营方式。它包括多层次传销和单层次传销。多层次传销,是指生产企业不通过店铺销售,而通过发展两个层次以上的传销员并由传销员将本企业的产品直接销售给消费者的一种经营方式。单层次传销,是指生产企业不通过店铺销售,而通过发展一个层次的传销员并由传销员将本企业的产品直接销售给消费者的一种经营方式”。

可见,在20世纪90年代,面对全国市场上纷纷出现的传销活动,当时国家已经开始加强管理和规范,但是有关部门很快发现如果不全面禁止传销活动,利用传销形式进行的诈骗活动便无法真正得以规范和控制。于是在1997年,原国家工商行

政管理局颁布《传销管理办法》。1998 年,国务院又颁布了《关于禁止传销经营活动的通知》。

(二)行政处罚时期

对传销活动的全面禁止,始于 1998 年 4 月 18 日国务院发布《关于禁止传销经营活动的通知》。该通知第 2 条规定:“自本通知发布之日起,禁止任何形式的传销经营活动。此前已经批准登记从事传销经营的企业,应一律立即停止传销经营活动……对未经批准登记擅自从事传销经营活动的,要立即取缔,并依法严肃查处。”

2005 年 8 月 23 日,国务院颁布《禁止传销条例》。该条例第 2 条对传销进行了规定,“本条例所称传销,是指组织者或者经营者发展人员,通过对被发展人员以其直接或者间接发展的人员数量或者销售业绩为依据计算和给付报酬,或者要求被发展人员以交纳一定费用为条件取得加入资格等方式牟取非法利益,扰乱经济秩序,影响社会稳定的行为”。该条例第 7 条对传销行为进行了规定,“下列行为,属于传销行为:(一)组织者或者经营者通过发展人员,要求被发展人员发展其他人员加入,对发展的人员以其直接或者间接滚动发展的人员数量为依据计算和给付报酬(包括物质奖励和其他经济利益,下同),牟取非法利益的;(二)组织者或者经营者通过发展人员,要求被发展人员交纳费用或者以认购商品等方式变相交纳费用,取得加入或者发展其他人员加入的资格,牟取非法利益的;(三)组织者或者经营者通过发展人员,要求被发展人员发展其他人员加入,形成上下线关系,并以下线的销售业绩为依据计算和给付上线报酬,牟取非法利益的”。

在同一天,也就是 2005 年 8 月 23 日,国务院颁布《直销管理条例》(2017 年重新进行了修订),其第 3 条对直销进行了明确的规定,“本条例所称直销,是指直销企业招募直销员,由直销员在固定营业场所之外直接向最终消费者(以下简称消费者)推销产品的经销方式。本条例所称直销企业,是指依照本条例规定经批准采取直销方式销售产品的企业。本条例所称直销员,是指在固定营业场所之外将产品直接推销给消费者的人员”。

在这一时期,由于刑法没有将传销行为概括为刑法所禁止的、具有独立构成要件和行为模式的犯罪行为,因此,在这一阶段,对于以传销或者变相传销的形式进行违法犯罪活动的行为,均只能以相应的其他罪名予以刑罚处罚。2000 年 7 月 17 日,工商局、公安部、人民银行发布的《关于严厉打击传销和变相传销等非法经营活动的意见》第 5 条规定:“公安机关要严格按照《公安部关于严厉打击以传销和变相传销形式进行犯罪活动的通知》(公通字〔2000〕54 号)精神,依法严厉打击以传销、变相传销形式进行非法经营、集资诈骗、非法吸收公众存款等违法犯罪活动，并在当地人民政府的领导下，与工商行政管理、人民银行等部门密切配合，共同做好有关工作。对工商行政管理机关、人民银行依法取缔传销、变相传销及非法集资的工作要给予大力支持；对移交的犯罪线索要认真受理并及时将查处情况反馈有关部门。”

2001年4月10日，最高人民法院发布《关于情节严重的传销或者变相传销行为如何定性问题的批复》，其中指出：“对于1998年4月18日国务院《关于禁止传销经营活动的通知》发布以后，仍然从事传销或者变相传销活动，扰乱市场秩序，情节严重的，应当依照刑法第二百二十五条第（四）项的规定，以非法经营罪定罪处罚。实施上述犯罪，同时构成刑法规定的其他犯罪的，依照处罚较重的规定定罪处罚。”

（三）正式入刑时期

2009年2月28日，随着《刑法修正案（七）》的公布，组织、领导传销活动罪作为《刑法》第224条之一，正式入刑。这次立法只把“拉人头”“缴纳入门费”两种传销形式纳入该罪的调控范围，而没有将“团队计酬”式传销纳入其中。并且把处罚主体由《禁止传销条例》中的“组织者和经营者”限定为“组织者、领导者”，而其他（一般参加者和积极参加者）均没有被纳入本罪的主体范围。

2013年11月14日，最高人民法院、最高人民检察院、公安部联合发布了《关于办理组织领导传销活动刑事案件适用法律若干问题的意见》（以下简称《传销意见》）。

二、对组织、领导传销活动罪的理解

（一）概念

《刑法》第224条之一规定，“组织、领导以推销商品、提供服务等经营活动为名，要求参加者以缴纳费用或者购买商品、服务等方式获得加入资格，并按照一定顺序组成层级，直接或者间接以发展人员的数量作为计酬或者返利依据，引诱、胁迫参加者继续发展他人参加，骗取财物，扰乱经济社会秩序的传销活动的，处五年以下有期徒刑或者拘役，并处罚金；情节严重的，处五年以上有期徒刑，并处罚金”。

（二）特征

1. 以推销商品、提供服务等经营活动为名

司法实践中，传销组织往往会以某种项目、商品、服务的名义，利用快速的高回

报为诱饵,引诱他人参与传销活动。

2. 要求参加者以缴纳费用或者购买商品、服务等方式获得加入资格

这里的"商品"和"服务",有的具有真实内容,但物非所值;有的仅仅是名义上的、虚拟的商品和服务。这也是传销犯罪与非法吸收公众存款罪、集资诈骗罪的显著区别。

3. 按照一定顺序组成层级

这是传销犯罪最突出的特征。各种传销活动不论名目如何,在组织结构上都是按照加入的顺序、发展人员的多少、"业绩"等因素组成"金字塔"型层级。形成上下级关系后,越往上级别越高、越顶尖,越往下级别越低、人数越多,入罪标准是30人以上且层级在三级以上。

4. 直接或者间接以发展人员的数量作为计酬或者返利依据。这是传销犯罪核心的特征。传销活动的计酬方式分为两种:一种方式是直接以发展人员的数量作为计酬或者返利的依据,传销的目的就是让尽可能多的人加入,所以计酬的依据就是下线人员的增加。但这种方式在实践中越来越少了。目前更多采取的是第二种方式,即间接以发展人员的数量计酬,该种方式比较隐蔽,除了传销组织的顶层设计者及整个模式的掌控者外,一般参加者都感觉不出来,只知道反正加入就可以收益,拉人越多收益越多,这也是现在新型传销隐蔽的原因。

5. 引诱、胁迫参加者继续发展他人参加。传销犯罪以发展人员数量作为计酬或者返利的依据,因此就需要加入的人员不断地发展下线,从下线人员的"入门费"中获得计酬,这样循环反复。下线人员停止增加,计酬就会中断,由此只能引诱、胁迫参加者继续发展他人参加。

6. 骗取财物。欺骗性是传销活动最本质的特征。传销活动中的参加者,一般不认为自己被骗了,有的传销组织已经被侦查机关"一锅端"了,成员还认为侦查机关阻碍了其致富的道路。其实,传销组织支付给成员的薪酬,来自成员缴纳的"入门费",要保持传销组织的运转,必须不断增加新成员,增加"入门费",但其人员不可能无限增加,这就必然会有资金链断裂的一天,如果那一天到来,在传销金字塔最顶端的人员就会转移资金,下线人员必定血本无归。这样一来,一旦案发,必会扰乱经济社会秩序。

7. 扰乱经济社会秩序。这是传销犯罪的危害性特征。目前,我国《刑法》把组织、领导传销活动罪放在其第三章"破坏社会主义市场经济秩序罪"的第八节"扰乱市场秩序罪"中,可见传销犯罪具有与相邻的合同诈骗罪等一样的扰乱经济社会秩

序的社会危害性。其实就笔者个人的理解来看,组织、领导传销活动罪侵犯的是复杂客体,侵犯了他人的财产权和经济社会秩序双重客体。

三、辩护的要点

(一)犯罪主体的适格之辩

1. 组织者、领导者的认定

最高人民法院、最高人民检察院、公安部于2013年11月14日发布的《传销意见》的第1条第1款规定,“以推销商品、提供服务等经营活动为名,要求参加者以缴纳费用或者购买商品、服务等方式获得加入资格,并按照一定顺序组成层级,直接或者间接以发展人员的数量作为计酬或者返利依据,引诱、胁迫参加者继续发展他人参加,骗取财物,扰乱经济社会秩序的传销组织,其组织内部参与传销活动人员在三十人以上且层级在三级以上的,应当对组织者、领导者追究刑事责任”。

《传销意见》第2条第1款规定:“下列人员可以认定为传销活动的组织者、领导者:(一)在传销活动中起发起、策划、操纵作用的人员;(二)在传销活动中承担管理、协调等职责的人员;(三)在传销活动中承担宣传、培训等职责的人员;(四)曾因组织、领导传销活动受过刑事处罚,或者一年以内因组织、领导传销活动受过行政处罚,又直接或者间接发展参与传销活动人员在十五人以上且层级在三级以上的人员;(五)其他对传销活动的实施、传销组织的建立、扩大等起关键作用的人员。”

司法解释没有对“其他对传销活动的实施、传销组织的建立、扩大等起关键作用的人员”作明确规定,但至少应当是与传销活动的组织者、领导者,与在传销活动中起发起、策划、操纵作用、承担管理、协调、宣传、培训等职责的人员,可以相提并论的人员,才可以认定为起“关键作用的人”。此处不能随意作扩大解释。

2. 积极参加者、一般参加者的出罪辩护

传销活动的组织者和领导者,应当是那些在传销组织的层级结构中居于核心的地位,对传销组织的正常运转起关键作用的少数人员。积极参加传销活动的人员如果不是传销活动的骨干分子,不宜被追究刑事责任。

《传销意见》第2条第2款规定,“以单位名义实施组织、领导传销活动犯罪的,对于受单位指派,仅从事劳务性工作的人员,一般不予追究刑事责任”。这里的一般参加者,仅从事劳务性工作,一般拿固定薪水,获得的薪酬与传销活动发展下线的计酬无关,比如公司前台、保安、司机、清洁工,他们实际上和传销组织的实施、扩大没有太大关系,对这类人员,不予追究刑事责任。

（二）传销与直销的区分之辩

直销在我国是合法的，直销是指直销企业招募直销员，由直销员在固定营业场所之外直接向最终消费者推销产品的经销方式。传销与直销的区分在于以下几点：

1. 运营依据不同。直销是通过直接向消费者推销产品获利。传销本质上是通过“拉人头”“缴纳入门费”获利，完全没有产品或者以伪劣、质次价高的产品为幌子。

2. 层级不同。直销是从直销员到消费者的“单层次”模式。传销是“多层次”模式，参与者通过不断发展人员加入，形成上下层级。

3. 是否缴纳入门费。单层次直销活动招募直销员，不以缴纳费用或者购买商品作为条件，而且退出自由。传销活动中，参与者通常要缴纳费用或者以“认购商品”等方式变相缴纳费用，需要不断发展人员加入，并从直接或间接发展的下线缴纳的费用中提取报酬。

4. 售后制度不同。直销活动都是可以正常办理换货和退货的。传销活动中，“产品”或缴纳的入门费通常不予退还，参与者的权益无法得到保障。

（三）“团队计酬”式传销的出罪辩护

1.“团队计酬”式传销的界定

《传销意见》第5条第1款规定，“传销活动的组织者或者领导者通过发展人员，要求传销活动的被发展人员发展其他人员加入，形成上下线关系，并以下线的销售业绩为依据计算和给付上线报酬，牟取非法利益的，是‘团队计酬’式传销活动”。

2.“团队计酬”式传销的处理

《传销意见》第5条第2款规定，“以销售商品为目的、以销售业绩为计酬依据的单纯的‘团队计酬’式传销活动，不作为犯罪处理。形式上采取‘团队计酬’方式，但实质上属于‘以发展人员的数量作为计酬或者返利依据’的传销活动，应当依照刑法第二百二十四条之一的规定，以组织、领导传销活动罪定罪处罚”。

3.“团队计酬”式传销与组织、领导传销活动罪的区别

（1）是否以“销售商品”为目的。单纯的“团队计酬”式传销活动是以销售商品为导向的计酬方式，基本上是正常销售商品，可以正常退货。组织、领导传销活动罪的传销活动，根本没有商品销售，或者只是以卖质次价高的“道具商品”为名，且不许退货，主要是以发展“下线”人数为主要目的，收人头费。

(2)是否缴纳入门费。单纯的“团队计酬”式传销活动的销售人员在获取从业资格时没有被要求缴纳高额入门费。“拉人头”“收取入门费”式传销活动则反之。

(3)计酬来源不同。单纯的“团队计酬”式传销活动主要根据从业人员的销售业绩计算奖金。组织、领导传销活动罪中的传销活动的报酬主要取决于发展的“下线”人数多少(“拉人头”)和新入会成员的高额入门费(“收取入门费”)。

(四)传销活动的层级和人数之辩

1.“三级及三十人”的理解

根据《传销意见》第1条第1款的规定,对组织者、领导者以组织、领导传销活动罪追究刑事责任,其中对层级和人数的要求是“其组织内部参与传销活动人员在三十人以上且层级在三级以上的”。注意,这里的“以上”包括本数。实际上就是达到30人,层级3级就可以了。

层级是传销活动最突出的结构特征。《传销意见》第7条规定:“……本意见所称‘层级’和‘级’,系指组织者、领导者与参与传销活动人员之间的上下线关系层次,而非组织者、领导者在传销组织中的身份等级。对传销组织内部人数和层级数的计算,以及对组织者、领导者直接或者间接发展参与传销活动人员人数和层级数的计算,包括组织者、领导者本人及其本层级在内。”

2. 组织、领导多个传销组织的人数计算

《传销意见》第1条第2款规定,“组织、领导多个传销组织,单个或者多个组织中的层级已达三级以上的,可将在各个组织中发展的人数合并计算”。

3. 实质未脱离原传销组织的行为认定

《传销意见》第1条第3款规定,“组织者、领导者形式上脱离原传销组织后,继续从原传销组织获取报酬或者返利的,原传销组织在其脱离后发展人员的层级数和人数,应当计算为其发展的层级数和人数”。

4. 层级及人数的取证

一是根据传销活动的组织者、领导者的供述,要求其画出传销结构图确定层级。二是调取公司的传销网络图或者层级关系图。现在网络传销比较多,传销公司的相关信息在服务器、电脑软件中均有保存。三是从传销公司高层的内部资料(如电脑等)中查看记载记录。四是查看笔记记录。五是看入会缴纳凭证、手机短信、宣传资料、业绩单、工资条、银行记录、个人账目等确定层级和人数。要重点审查传销网络图或者层级关系图的证明力。包括绘制的层级图与其他证据能否相互印证,层级图上的人员是否客观真实,层级关系图上相关人员名下所对应的账户是否有资金注入，注重书证的佐证，如涉案人员的电脑、U盘、记录本、银行卡或银行交易明细。

5."层级和人数"不能取证问题的处理

《传销意见》第1条第4款规定，"办理组织、领导传销活动刑事案件中，确因客观条件的限制无法逐一收集参与传销活动人员的言词证据的，可以结合依法收集并查证属实的缴纳、支付费用及计酬、返利记录，视听资料，传销人员关系图，银行账户交易记录，互联网电子数据，鉴定意见等证据，综合认定参与传销的人数、层级数等犯罪事实"。这个条款存在很大的辩护空间。比如司法实践中存在的"空点""杀熟"的问题，有的传销人员为了业绩，自己掏钱以亲戚朋友名义缴纳入门费或者购买商品、服务，发展下线，但实际上这些人员根本没有实际成为下线。这在传销案件中很常见，一旦嫌疑人作出这些辩解，辩护人要向司法机关提出这些发展的下线人员不应被认定的辩护意见。

（五）量刑之辩

1. 把握组织、领导传销活动罪中的"情节严重"

《传销意见》第4条规定，"对符合本意见第一条第一款规定的传销组织的组织者、领导者，具有下列情形之一的，应当认定为刑法第二百二十四条之一规定的'情节严重'：（一）组织、领导的参与传销活动人员累计达一百二十人以上的；（二）直接或者间接收取参与传销活动人员缴纳的传销资金数额累计达二百五十万元以上的；（三）曾因组织、领导传销活动受过刑事处罚，或者一年以内因组织、领导传销活动受过行政处罚，又直接或者间接发展参与传销活动人员累计达六十人以上的；（四）造成参与传销活动人员精神失常、自杀等严重后果的；（五）造成其他严重后果或者恶劣社会影响的"。

2. 主从犯之辩

《传销意见》第2条第1款将传销活动的组织者、领导者分为五类，包括：在传销活动中起发起、策划、操纵作用的人员；在传销活动中承担管理、协调等职责的人员；在传销活动中承担宣传、培训等职责的人员；曾因组织、领导传销活动受过刑事处罚，或者一年以内因组织、领导传销活动受过行政处罚，又直接或者间接发展参与传销活动人员在15人以上且层级在三级以上的人员；其他对传销活动的实施、传销组织的建立、扩大等起关键作用的人员。

除了第一类即整个传销活动的发起人、策划人、掌控人外，其他四类均有从犯辩护的空间。到底认定为主犯还是从犯，要按照其在共同犯罪中的作用大小来确定，在传销犯罪中起主要作用的，是主犯，起次要或者辅助作用的，是从犯。

（六）与其他罪名的交叉问题

1. 从一重罪处罚

以非法占有为目的，组织、领导传销活动，同时构成组织、领导传销活动罪和集资诈骗罪的，依照处罚较重的规定定罪处罚。

2. 数罪并罚

犯组织、领导传销活动罪，并实施故意伤害、非法拘禁、敲诈勒索、妨害公务、聚众扰乱社会秩序、聚众冲击国家机关以及聚众扰乱公共场所秩序、交通秩序等行为，构成犯罪的，依照数罪并罚的规定处罚。

假冒商标类犯罪的辩护要点

李　隽

我国《刑法》中的侵犯知识产权罪一节,包括商标、专利、著作权和商业秘密四类,一共9条8个罪名,而假冒商标类犯罪是指《刑法》第213条的假冒注册商标罪、第214条的销售假冒注册商标的商品罪、第215条的非法制造、销售非法制造的注册商标标识罪这三个罪名。虽然该犯罪的条款数在刑法本节中的占比不是特别大,但实务中,假冒商标类犯罪案件的数量却占据了绝大多数,也与侵犯著作权罪等有一定的共性。因此,了解假冒商标类犯罪,能够帮助我们应对较大部分的侵犯知识产权罪案件,实用性比较强。

一、法律法规中的要点

虽然实务中假冒商标类犯罪在侵犯知识产权罪中的比重较高,但与其他多发罪名相比,总量仍较少,故对于一些基础但重要的问题,需要有所了解,做到心中有数。

(一)《刑法修正案(十一)》以下简称(《刑修十一》)的主要改动

2021年3月1日起施行的《刑修十一》对假冒商标类犯罪的法定刑、追诉标准等内容进行了修改。

表1　《刑修十一》对假冒商标类犯罪的主要修改点

原《刑法》规定	《刑修十一》修改内容		修改备注
第213条　【假冒注册商标罪】未经注册商标所有人许可，在同一种商品上使用与其注册商标相同的商标，情节严重的，处三年以下有期徒刑或者拘役，并处或者单处罚金；情节特别严重的，处三年以上七年以下有期徒刑，并处罚金。	第17条	第213条　【假冒注册商标罪】未经注册商标所有人许可，在同一种商品、服务上使用与其注册商标相同的商标，情节严重的，处三年以下有期徒刑，并处或者单处罚金；情节特别严重的，处三年以上十年以下有期徒刑，并处罚金。	1. 增加"服务商标"； 2. 删除"拘役刑"； 3. 提升最高法定刑。
第214条　【销售假冒注册商标的商品罪】销售明知是假冒注册商标的商品，销售金额数额较大的，处三年以下有期徒刑或者拘役，并处或者单处罚金；销售金额数额巨大的，处三年以上七年以下有期徒刑，并处罚金。	第18条	第214条　【销售假冒注册商标的商品罪】销售明知是假冒注册商标的商品，违法所得数额较大或者有其他严重情节的，处三年以下有期徒刑，并处或者单处罚金；违法所得数额巨大或者有其他特别严重情节的，处三年以上十年以下有期徒刑，并处罚金。	1. 追诉标准由"销售金额数额较大"改为"违法所得数额较大或者有其他严重情节"； 2. 提升最高法定刑。
第215条　【非法制造、销售非法制造的注册商标标识罪】伪造、擅自制造他人注册商标标识或者销售伪造、擅自制造的注册商标标识，情节严重的，处三年以下有期徒刑、拘役或者管制，并处或者单处罚金；情节特别严重的，处三年以上七年以下有期徒刑，并处罚金。	第19条	第215条　【非法制造、销售非法制造的注册商标标识罪】伪造、擅自制造他人注册商标标识或者销售伪造、擅自制造的注册商标标识，情节严重的，处三年以下有期徒刑，并处或者单处罚金；情节特别严重的，处三年以上十年以下有期徒刑，并处罚金。	1. 删除"拘役或者管制"； 2. 提升最高法定刑。

一是对入刑标准、最高法定刑进行了修改。在《刑修十一》颁布之前，对于假冒商标类犯罪最轻可判处拘役或管制，最高法定刑为7年有期徒刑。此次《刑修十一》将"拘役、管制"删除，并将最高量刑上调至10年有期徒刑，非常明显地体现出我国加强知识产权保护，加大对涉知识产权犯罪惩治力度的趋势。可以预见，后续就涉案数额极大、社会关注度较高的涉知识产权刑事案件，量刑区间将有较大提升。

二是修改了销售假冒注册商标的商品罪的追诉标准。在《刑修十一》颁布之前，《刑法》第214条"销售假冒注册商标的商品罪"的追诉依据为假冒注册商标商品的销售金额。根据2004年最高人民法院、最高人民检察院《关于办理侵犯知识产权刑事案件具体应用法律若干问题的解释》（以下简称《解释一》）第2条，销售金额在5万元以上的，属于数额较大，判处3年以下有期徒刑或者拘役，并处或者单处罚金；销售金额在25万元以上的，属于数额巨大，判处3年以上7年以下有期徒刑，并处罚金。此次《刑修十一》第18条对该追诉标准进行了修改，变更为“违法所得数额加情节”。《刑修十一》将“销售金额追诉”调整为“违法所得追诉”，或是考虑到许多案件中销售金额与违法所得并不匹配，用违法所得来评价行为危害性进而确定量刑档次，更具有合理性。可以预见，后续实务中司法机关将更重视对于行为人违法所得的查证工作。

（二）追诉标准及主要区别

1. 四个金额的概念区别

鉴于《刑修十一》颁布后尚未出台相关司法解释，故当前司法实务中仍沿用原有的追诉标准。

表2 假冒注册商标罪，销售假冒注册商标的商品罪及非法制造、销售非法制造的注册商标标识罪的追诉标准

追诉标准	假冒注册商标罪	销售假冒注册商标的商品罪	非法制造、销售非法制造的注册商标标识罪
行为	未经注册商标所有人许可，在同一种商品上使用与其注册商标相同的商标。	销售明知是假冒注册商标的商品。	伪造、擅自制造他人注册商标标识或者销售伪造、擅自制造的注册商标标识。
立案标准	1. 非法经营数额在5万元以上或者违法所得数额在3万元以上的；2. 假冒两种以上注册商标，非法经营数额在3万元以上或者违法所得数额在2万元以上的；3. 其他情节严重的情形。	1. 销售金额在5万元以上的；2. 尚未销售，货值金额在15万元以上的；3. 销售金额不满5万元。但已销售金额与尚未销售的货值金额合计在15万元以上的。	1. 伪造，擅自制造或者销售伪造、擅自制造的注册商标标识数量在2万件以上，或者非法经营数额在5万元以上，或者违法所得数额在3万元以上的；2. 伪造、擅自制造或者销售伪造、擅自制造两种以上注册商标标识数量在1万件以上，或者非法经营数额在3万元以上，或者违法所得数额在2万元以上的；3. 其他情节严重的情形。
刑罚	情节严重的，处3年以下有期徒刑或者拘役，并处或者单处罚金；情节特别严重的，处3年以上7年以下有期徒刑，并处罚金。	销售金额数额较大的，处3年以下有期徒刑或者拘役，并处或者单处罚金；销售金额数额巨大的，处3年以上7年以下有期徒刑，并处罚金。	情节严重的，处3年以下有期徒刑，拘役或者管制，并处或者单处罚金；情节特别严重的，处3年以上7年以下有期徒刑，并处罚金。

如表2所示，在假冒注册商标罪中适用非法经营数额、违法所得数额两个标准，而在销售假冒注册商标的商品罪中适用销售金额、货值金额两个标准。它们的区别是：

非法经营数额，既包括已经销售的假冒产品的价值，也包括制造、储存、运输和未销售的假冒商品的价值，累加计算；违法所得数额，是指销售收入扣除合理成本后的利润；销售金额，是指销售假冒商品后所得和应得的全部违法收入；货值金额，是指查扣的待售假冒商品，根据已售均价乘以数量得出的价值。

2. 假冒注册商标罪无未遂

比照《刑法》第225条非法经营罪的认定标准，倾向性地认为《刑法》第213条假冒注册商标罪系情节犯，情节严重的构成犯罪，且为既遂；反之不构成犯罪，也就不存在未遂问题。因此，针对假冒注册商标罪，也就是制假行为，不管是已经销售的，还是尚未销售被司法机关查扣的假冒商品，都会计入非法经营数额，该数额不存在未遂。销售假冒注册商标的商品罪需要区分既未遂，分别认定。

3. 假冒注册商标罪两商标以上从严

犯假冒注册商标罪，并假冒了两种以上商标，非法经营数额达到3万元即构成犯罪，达到15万元量刑升档。非法制造、销售非法制造的注册商标标识罪同样存在两商标以上从严。但销售假冒注册商标的商品罪并不因假冒多个商标而影响量刑档次。

4. 销售假冒注册商标的商品罪既、未遂分别评价

销售假冒注册商标的商品罪存在未遂，针对未遂单独规定了独立的追诉标准，即查扣的货值金额在15万元以上，或者已经销售与未销售的金额合计在15万元以上，才能够构成犯罪。

需要注意的是，因犯销售假冒注册商标的商品罪，达到25万元量刑升档的情形，假设已经销售的部分和未销售的部分，分别不到25万元，但相加超过25万元，则是否要升档？

笔者认为，应参照2011年最高人民法院、最高人民检察院《关于办理诈骗刑事案件具体应用法律若干问题的解释》第6条的规定，即“诈骗既有既遂，又有未遂，分别达到不同量刑幅度的，依照处罚较重的规定处罚；达到同一量刑幅度的，以诈骗罪既遂处罚”。由于诈骗罪与销售假冒注册商标的商品罪都是纯数额犯，故应当同等对待，因此上述情形仍然应当在3年以下确定量刑，不会因总金额超过25万元而升档。

（三）其他注意事项

1. 单位犯罪与个人犯罪金额标准同一

就侵犯知识产权罪有关单位犯罪的标准，前后有两个司法解释。

《解释一》第15条规定，“单位实施刑法第二百一十三条至第二百一十九条规定的行为，按照本解释规定的相应个人犯罪的定罪量刑标准的三倍定罪量刑”。

但2007年最高人民法院、最高人民检察院《关于办理侵犯知识产权刑事案件具体应用法律若干问题的解释（二）》（以下简称《解释二》）第6条规定，“单位实施刑法第二百一十三条至第二百一十九条规定的行为，按照《最高人民法院、最高人民检察院关于办理侵犯知识产权刑事案件具体应用法律若干问题的解释》和本解释规定的相应个人犯罪的定罪量刑标准定罪处罚”。

因此，目前侵犯知识产权罪的单位犯罪、个人犯罪的标准是同一的。

2. 罚金的标准与适用

侵犯知识产权罪有关罚金的规定，主要有以下几个：

（1）《解释二》第4条规定：“对于侵犯知识产权犯罪的，人民法院应当综合考虑犯罪的违法所得、非法经营数额、给权利人造成的损失、社会危害性等情节，依法判处罚金。罚金数额一般在违法所得的一倍以上五倍以下，或者按照非法经营数额的50%以上一倍以下确定。”

（2）2020年最高人民法院、最高人民检察院《关于办理侵犯知识产权刑事案件具体应用法律若干问题的解释（三）》（以下简称《解释三》）第10条第2款规定：“罚金数额一般在违法所得数额的一倍以上五倍以下确定。违法所得数额无法查清的，罚金数额一般按照非法经营数额的百分之五十以上一倍以下确定。违法所得数额和非法经营数额均无法查清，判处三年以下有期徒刑、拘役、管制或者单处罚金的，一般在三万元以上一百万元以下确定罚金数额；判处三年以上有期徒刑的，一般在十五万元以上五百万元以下确定罚金数额。”

需要注意的是，《解释三》对罚金适用有了更为细致的规定，要求适用时应有先后次序，依次为“违法所得数额的一倍以上五倍以下”、“非法经营数额的百分之五十以上一倍以下”和根据量刑档次确定罚金，只有在前者无法查清的情况下，才依次适用后者。

二、审查与辩护的主要方面

假冒商标类犯罪的辩护，可以从假冒性质、罪名适用、金额认定等相关问题入手，在辩护中有针对性地提出意见，提高意见的可采性，避免在事实、情节方面出现不必要的争议，从而为争取从宽甚至缓刑留下时间窗口，创造更大的机会。

（一）假冒的是与非

1. 审查是否属于“同一种商品”

2011 年最高人民法院、最高人民检察院、公安部制定的《关于办理侵犯知识产权刑事案件适用法律若干问题的意见》（以下简称《2011 年意见》）第 5 条规定：“名称相同的商品以及名称不同但指同一事物的商品，可以认定为‘同一种商品’……‘名称不同但指同一事物的商品’是指在功能、用途、主要原料、消费对象、销售渠道等方面相同或者基本相同，相关公众一般认为是同一种事物的商品……”

需要注意的是，这里的“名称”是指国家知识产权局在商标注册工作中对商品使用的名称，通常即商标注册分类表中所规定的商品名称。商品在分类表中的名称，与日常通用名称有相似性，但又有不同。可能某商品的日常通用名称是甲，但其在商标注册分类表里的名称是乙；而同一个名称，可能因某些方面的区别，会同时出现在分类表的不同类中。

以案例说明：在广东省广州市越秀区人民法院（2015）穗越法审监刑再字第 5 号案例中，法院认为，涉案的喷码机功能、用途等和“与计算机连用的打印机”类似的，属于第 9 类；功能、用途等和“塑料导线印字机”“工业打标机”类似的，属于第 7 类。杜某公司生产、销售的涉案喷码机，属于工业用机械，是分类表中的第 7 类商品，其与权利人公司注册商标核定使用的第 9 类商品并非“同一种商品”。杜某公司生产、销售涉案喷码机的行为不构成假冒注册商标罪。

案例中，行为人和商标权利人都生产喷码机，权利人生产的是家用或者普通商用的喷码机，在分类表里面属于第 9 类商品，而行为人所生产的是工业用喷码机，在分类表里面属于第 7 类商品，属于不同的分类。两者虽然名称相同，但在功能用途、消费对象、消费渠道等方面有着明显不同。因此法院认为两者不属于“同一种商品”而宣告行为人无罪。

2. 审查是否属于“相同的商标”

应对假冒商标类犯罪中的“相同商标”采取广义解释，既包括“完全相同”，也包括“基本相同”。《2011 年意见》对“基本相同”进行了细化，列举了四种具体情形。《解释三》进一步明晰了“基本相同商标”的范围。另外，《解释三》征求意见稿与最终颁布文本的相关表述也存在差异，从中可探知解释制定者之考量（见表 3）：

表3 《2011年意见》、《解释三》征求意见稿与《解释三》对是否属于"相同商标"的表述

《2011年意见》	《解释三》征求意见稿	《解释三》最终颁布文本	备注
具有下列情形之一的，可以认定为《刑法》第213条规定的"与其注册商标相同的商标"：			
(一)改变注册商标的字体、字母大小写或者文字横竖排列，与注册商标之间仅有细微差别的； (二)改变注册商标的文字、字母、数字等之间的间距，不影响体现注册商标显著特征的；	(一)改变注册商标的字体、字母大小写或者文字横竖排列，与注册商标之间仅有细微差别的； (二)改变注册商标的文字、字母、数字等之间的间距，在视觉上基本无差别的；	(一)改变注册商标的字体、字母大小写或者文字横竖排列，与注册商标之间基本无差别的； (二)改变注册商标的文字、字母、数字等之间的间距，与注册商标之间基本无差别的；	1. 将相关用词与《解释一》第8条的规定保持一致，统一认定标准； 2. 删除"视觉上"。
(三)改变注册商标颜色的；	(三)改变注册商标颜色，在视觉上基本无差别的；	(三)改变注册商标颜色，不影响体现注册商标显著特征的；	改变颜色不宜简单认定为相同商标。
	(四)与立体注册商标的三维标志及平面要素在视觉上基本无差别的； (五)在注册商标上仅增加商品通用名称、型号或者直接表示商品的数量、质量的文字，不影响体现注册商标的；	(四)在注册商标上仅增加商品通用名称、型号等缺乏显著特征要素，不影响体现注册商标显著特征的； (五)与立体注册商标的三维标志及平面要素基本无差别的；	1. 明确"在注册商标上添附内容"的认定标准； 2. 明确对立体注册商标的保护； 3. 删除"视觉上"。
(四)其他与注册商标在视觉上基本无差别、足以对公众产生误导的商标。	(六)其他与注册商标基本无差别、足以对公众产生误导的商标。	(六)其他与注册商标基本无差别、足以对公众产生误导的商标。	删除"视觉上"。

比照相关规定，"相同商标"应符合以下要求：

(1)主体文字应当相同

文字商标认定"基本相同"的首要条件就是两个商标的文字相同，如果文字不同，不应认定其系"基本相同"，否则视觉上难以达到基本无差别的要求。

（2）“改变商标颜色”不宜简单认定为相同商标

根据《2011 年意见》第 6 条第 3 项的规定，“改变注册商标颜色”可以认定为刑法意义上的相同商品，实务中许多案件据此入刑。但《解释三》在原条文的基础上增加“不影响体现注册商标显著特征的”，主要是考虑：对于“颜色组合商标（由两种或两种以上颜色构成）”而言，如果改变颜色将很可能改变注册商标的显著特征，不宜简单认定为“相同商标”。这对于后续涉及颜色组合商标刑事案件的处理，显然会产生较大影响。

（3）严格限制将“注册商标上添附内容”认定为相同商标

一般而言，注册商标上增加内容可能突破“相同商标”的界限。《解释三》虽规定“添附内容”可认定为相同商标，但作了严格限制，一是仅限增加描述商品通用名称、型号等缺乏显著特征要素的文字，二是增加的内容不能影响体现注册商标的显著特征。如（2011）沪二中刑终字第 459 号判决书认为，权利人注册商标为“UGG”，而被告人使用的是“UGG 变体 + australia”，增加的 australia 仅是该品牌的国家名，并非商标构成要素，二者属于相同商标。

3. 商标是否注册并有效

（1）一般情况下，商标注册受地域约束，必须要在所在国进行注册才能够予以保护。

（2）注册商标在有效期内的法律才予以保护，如果超过有效期，就要进行续展。如果有效期满不续展，商标权利人就失去了所享有的商标权，不能够再向他人主张侵权责任。

（二）罪名的彼与此

1. 二次加工行为的性质

部分行为人购入假冒商品后，为了销售需要对假冒商品进行二次加工，这是否属于制假行为，应当如何适用罪名？

如果购入的假冒商品，本身已经附着了被假冒的商标，实施的二次加工行为不改变原假冒商品已经实现的功能和使用方式，而假冒商品的销售价值也主要不是通过二次加工来实现的，就不应因此而影响罪名的适用，仍然属于销售假冒注册商标的商品罪。

2. 想象竞合下的罪名适用

《2011 年意见》规定，如果行为人构成侵犯知识产权犯罪以及生产、销售伪劣产品等罪的，依照处罚较重的规定进行处罚。生产、销售伪劣产品罪的犯罪构成包括以次充好、以假充真,某些假冒商品也存在以次充好、以假充真,而生产、销售伪劣产品罪的量刑要重于假冒注册商标罪,在具体案件中应当注意区分。

一方面,伪劣产品通常需要经过专业机构鉴定。对于市场上很多产品,并不能单纯凭借一般社会经验判断其是否属于伪劣,例如,食品、电子产品、建筑施工材料等,它们的性能、价格之间的关联可能比较复杂,就需要对涉案产品质量进行专业鉴定,并将符合国家标准的产品从伪劣产品中剔除。

另一方面,判断行为人对于消费者是否有隐瞒、欺骗,以及消费者是否可能知假买假。生产、销售伪劣产品要求以次充好、以假充真、以不合格产品充合格产品,即行为人把不好的东西"冒充"好的东西卖给消费者。但如果消费者明知商品是残次品、低等品,就不存在冒充的客观事实,也就不宜认定为生产、销售伪劣产品罪。

(三)金额的高与低

1. 金额认定的基本原则

实务中,通常按照三个标准依次认定犯罪数额。首先,按照实际销售价格计算,用销售记录平均价计算待售相同商品、已售或者待售的其他同一品牌的同类商品的货值金额;其次,确实无法查证实际销售价格,但有标价的,可以以标价计算待销售货值金额;最后,根据实际销售价、标价、其他相互印证价格的认定标准确实无法计算侵权商品价格的,可以按照被侵权产品的市场中间价格计算。

实务中,部分公安机关会把被害单位所出具的价格证明,作为认定犯罪金额的标准。在此情况下,辩护人可以向行为人释明上述认定方式,引导行为人自愿提供相应的依据来辅助实际销售价格的认定。

2. 关于已销售商品的金额认定

对于商品已经销售的,如何计算金额,需要分情况讨论。

例如,行为人销售多品牌商品,部分品牌已经卖完,且去向无法核实,在此情况下,因没有实物进行商标比对,无法判断该品牌商品是否符合"双相同"的标准,故对该品牌的已售部分不宜进行认定。

又如,行为人从不同渠道购入商品,某渠道商品已经全部卖完,且渠道来源未能调查核实,因此无法判断该渠道购入的商品是否为假冒的,对于这部分金额也应当予以扣除。

也即对于已销售商品的金额的推定,应当综合在案证据,不能仅凭行为人的供述和销售记录。在没有查扣到假冒商品的情况下,仅有行为人的供述和单据,只能证明行为人曾经销售过疑似假冒的商品，但证据未达确实充分，该已销售部分不应计入犯罪数额。

3. 网络交易的合理辩解空间

一方面是网络虚假交易的剔除问题。根据最高人民法院第87号指导案例（2017年3月），即郭某升、郭某锋、孙某标假冒注册商标案，"假冒注册商标犯罪的非法经营数额、违法所得数额，应当综合被告人供述、证人证言、被害人陈述、网络销售电子数据、被告人银行账户往来记录、送货单、快递公司电脑系统记录、被告人等所作记账等证据认定。被告人辩解称网络销售记录存在刷信誉的不真实交易，但无证据证实的，对其辩解不予采纳"。也即如果综合全案证据，无法证明嫌疑人所辩解的刷单情况属实，可以不采信嫌疑人的辩解。因此就需要辩护人帮助嫌疑人找出相应依据，提出合理辩解。

通常而言，网络虚假交易具有以下特征：一是同一买家短时间内大量购买同一种商品。在真实交易的情况下，消费者出于自身需要会进行少量购买，一般不会连续重复购买同一商品。虚假交易中为了尽快增加交易量，行为人会指使买家在一天甚至是数小时内多次下单同一商品，这明显超出一般的消费需要。这种短期间内的重复购买情形，可以印证行为人存在虚假交易。二是交易有没有依靠相应的物流运输。在真实交易中商家都是通过物流来派送商品的，但虚假交易的行为人为了降低经营成本，缩短交易时间，大多发空包或者不发货。在交易记录中，显示买家已经确认收货，但并没有相应的物流信息。对此情况，可以要求司法机关调取相应的物流记录，如果物流次数明显少于网络销售记录，则可以参考物流次数来就低认定。三是收货时间过短。正常情况下，买家在收到商品后才会确认付款，如果交易的收货时间明显短于真实交易所需的时间，则其可以作为虚假交易的相应凭证。四是结合行为人与刷单人员间的通信、银行转账记录，通过银行转账金额推算刷单的交易量。

另一方面是销售记录的印证性问题。网络销售商品的销售记录中，对于商品信息的记载可能并不全面。在某销假案中，行为人销售假冒某品牌的雪地靴，并且执法人员查扣到假冒商品，但网店的销售记录并不直接注明该品牌，而是以商品型号代替品牌，且这些型号非该品牌独有。这时，行为人关于已销售部分是该品牌商品的说法，无法得到销售记录的印证，若不能作进一步核实，对已销售部分可以不予认定。

三、缓刑适用的标准与路径

假冒商标类犯罪,法定最高刑是3~10年,具备争取缓刑的基本条件。但实践中哪些案件可能被判处缓刑,什么样的情况下会影响缓刑的适用?

(一)适用缓刑的基本条件

梳理适用缓刑的基本条件的文件,汇总如表4所示。

表4 适用缓刑法规汇总

文件	规定
《刑法》	第72条 对于被判处拘役、三年以下有期徒刑的犯罪分子,同时符合下列条件的,可以宣告缓刑,对其中不满十八周岁的人、怀孕的妇女和已满七十五周岁的人,应当宣告缓刑: (一)犯罪情节较轻; (二)有悔罪表现; (三)没有再犯罪的危险; (四)宣告缓刑对所居住社区没有重大不良影响。 …… 第74条 对于累犯和犯罪集团的首要分子,不适用缓刑。
《解释三》	第8条 具有下列情形之一的,可以酌情从重处罚,一般不适用缓刑: (一)主要以侵犯知识产权为业的; (二)因侵犯知识产权被行政处罚后再次侵犯知识产权构成犯罪的; (三)在重大自然灾害、事故灾难、公共卫生事件期间,假冒抢险救灾、防疫物资等商品的注册商标的; (四)拒不交出违法所得的。 第9条 具有下列情形之一的,可以酌情从轻处罚: (一)认罪认罚的; (二)取得权利人谅解的; (三)具有悔罪表现的; (四)以不正当手段获取权利人的商业秘密后尚未披露、使用或者允许他人使用的。

续表

文　　件	规　　定
上海市高级人民法院知识产权审判庭《关于常见知识产权犯罪的量刑指引》(2019年)	1.缓刑的适用 (1)对拟宣告刑为三年以下有期徒刑、拘役且符合刑法总则规定的缓刑适用条件的犯罪分子,可以依法宣告缓刑;对符合前述情形且不满十八周岁的人、怀孕的妇女和已满七十五周岁的人,应当宣告缓刑。 (2)对于法定刑在三年以上有期徒刑、具有减轻处罚情节,认罪悔罪并退出全部违法所得的,可以适用缓刑。 (3)有下列情形之一的,一般不适用缓刑:①因侵犯知识产权被刑事处罚或者行政处罚后,再次侵犯知识产权构成犯罪的;②拒不交出违法所得的;③不具有悔罪表现的;④共同犯罪中情节严重的主犯;⑤犯罪金额特别巨大或者社会影响特别大的;⑥犯罪对象系食品、药品、母婴幼儿专用品以及其他危害人身安全产品的(但经鉴定假冒产品与正品质量相当的除外);⑦被数罪并罚的;⑧其他不宜适用缓刑的情形。

结合上述规定,缓刑的适用应具备以下条件:(1)一般不得有上述否定性的情形;(2)认罪认罚退赃是重要条件,但仍要重视剔除不合理金额,罚金、赔偿都与金额挂钩;(3)谅解是从宽情节,但不是缓刑的必备要件。

(二)罚金、赔偿的适用问题

1.罚金与赔偿互不免除,但互相影响

罚金与赔偿各自独立,互不免除,向商标权利人赔偿的不能免除罚金,反之亦然。但同时,积极赔偿及取得谅解是重要的从宽情节,能够争取降低罚金的倍比。如前述,"违法所得数额的一倍以上五倍以下""非法经营数额的百分之五十以上一倍以下"均为幅度罚金,司法机关在选择倍数或比例时,会着重考虑赔偿、谅解的情况,对进行赔偿、得到谅解的行为人可在倍比的下限适用罚金。

2.违法所得如何计算

《解释三》规定,罚金优先适用违法所得标准。在大多数假冒案件中,行为人实施假冒行为的利润并不高,对正品的市场冲击也不大,以违法所得标准判处罚金更能反映行为的实际危害,同时如果罚金数额对行为人来说相对较低,则更有履行的可能。但违法所得存在毛利润和净利润的区别,实务中就哪些部分可以认定为成本,存在一定争议。笔者认为:

(1)原材料款、进货价款应作为成本扣除

2009年施行的《工商行政管理机关行政处罚案件违法所得认定办法》第3条规

定,“违法生产商品的违法所得按违法生产商品的全部销售收入扣除生产商品的原材料购进价款计算”。第4条规定,“违法销售商品的违法所得按违法销售商品的销售收入扣除所售商品的购进价款计算”。显然在商标类犯罪中,原材料价款或进货价款也应计入“合理支出”范围内,司法实践中对此争议不大。

(2)房租、工资、邮费是否属于合理支出

对于商标侵权行为人实际支出的房租、设备、员工工资、物流、包装、快递等费用,能否在计算违法所得时予以扣除,争议较大。以往务实中倾向性意见认为,上述费用均系犯罪成本,不应扣减。如在(2018)甘0102刑初1005号假冒注册商标案中法院认为,被告人王某华为购买吉鑫祥牌叉车支出的300000元,属犯罪成本,不应扣减;在(2014)佛南法知刑初字第56号假冒注册商标罪一案中法院认为,“运费系运输货物产生的费用,交易手续费系借助第三方平台寻找交易对象、进行交易产生的费用,二者均属于为制造交易条件产生的成本,不应扣减”。

但若仅以“犯罪成本”主张上述费用不能扣减,则原材料款、进货价款似乎也不应扣减。对此,最高人民法院刘晓虎法官、深圳市中级人民法院赵靓法官在《违法所得的司法认定》一文中指出:“一般而言,没收违法所得时,对于犯罪成本所对应的行为附属于犯罪实行行为,不具有独立性的,因该行为亦具有非法性,故犯罪成本不应扣除;对于犯罪成本所对应的行为具有独立性,且单独评价具有非法性的,犯罪成本亦不应扣除;对于犯罪成本所对应的行为具有独立性,且单独评价难以认定为非法的,犯罪成本应予扣除,不应一并没收。”

由此笔者认为,房租、设备、员工工资等支出具有相对独立性,且单独评价难以认定为非法,可以视情认定为合理支出,在计算违法所得时予以扣减;而物流、快递等费用若专门附属于销售假货等犯罪实行行为,可考虑不予扣减。

(3)尚未售出的情况如何计算违法所得

实践中,部分商标犯罪案件存在尚未销售即被查获的情况,此时行为人尚未实际获得钱款,是否就没有违法所得?这涉及违法所得是否包括“预期获利数额”的问题,实践中存在争议。笔者认为,若确有证据证明假冒商标行为人正在实施售假行为,只是尚未售出,此时已经对相关法益造成了侵害,则可以考虑将“预期获利数额”计入违法所得,但在量刑上可以未遂论处,实现罪责刑相一致。

3. 权利人拒绝赔偿谅解的处理

辩护人可以将过程形成书证,向司法机关递交,反映当事人的认罪悔罪诚意,如司法机关同意,可以交至司法机关暂存,避免因为权利人的拒绝或开出不合理高价，阻碍对当事人适用从宽、缓刑。

最后需要说明的是，侵犯知识产权罪从法律规定到理解适用，直到转化到实务操作层面，各地司法机关的做法可能不尽相同，甚至有比较大的差异，这主要存在两个原因：一是在证据采信、金额推定、赔偿等领域，还没有统一明确的标准，各地在实务中形成了不同的习惯做法。二是全国很多地方对知识产权犯罪采取“三合一”的模式，知识产权庭法官既办刑事案件，也办民事、行政案件，因此其在办案中可能会更多体现民事法官的主观心证判断。这就对辩护人提出了要求，我们的辩护意见要言之有理、言之有据、言之有效，有理就是辩解符合逻辑，与其他证据不存在矛盾，有据就是符合法律、司法解释的规定，有效就是把握好司法办案习惯，提高意见被采纳的机会。

非法经营罪的辩护

贾小玉

非法经营罪具有三大典型特征。一是法定犯,非法经营罪系空白罪状,必须“违反国家规定”,这决定了其要以行政法规范进行前置性审查。二是与市场准入制度关系密切,非法经营罪规制的对象就是违反市场准入制度的行为。三是被称为“口袋罪”,非法经营罪脱胎于1979年的投机倒把罪,虽然目前涉及的犯罪行为较以往更为具体和明确,但是目前法律、司法解释、行政许可及其他判例确定的涉及非法经营的行为就有70余种,加之非法经营罪还有第4项兜底条款,更加强了其“口袋罪”的特征。笔者从上述三个特征出发,着重就三方面问题与大家探讨:(1)如何理解和适用“违反国家规定”?(2)非法经营与市场准入制度的关系是什么?(3)兜底条款如何适用?

一、如何理解和适用“违反国家规定”

非法经营罪是典型的法定犯,其成立基础在于“违反国家规定”。然而在司法实务中,控辩审三方对“违反国家规定”这一非法经营罪构罪之基础常有争议,存在“国家规定二次授权”“国家规定的具体内容适用不明”等诸多问题,本节将列举涉及非法经营罪的典型案例,并逐一评析,以期能够勾勒出“违反国家规定”的轮廓。

(一)只有特定主体颁布的特定形式的法律文件,才能称为“国家规定”

关于“国家规定”的概念,《刑法》第96条及最高人民法院2011年《关于准确理解和适用刑法中“国家规定”的有关问题的通知》均已明确:

1. 全国人大及其常委会通过的法律;
2. 全国人大及其常委会通过的带有单行法性质的决定;
3. 全国人大及其常委会通过的修正案、立法解释等;

4. 国务院制定的行政法规；

5. 国务院规定的行政措施：应当由国务院决定，通常以行政法规或者国务院制发文件的形式加以规定；

6. 国务院发布的决定和命令；

7. 以国务院办公厅名义制发的文件：(1)有明确的法律依据或者同相关行政法规不相抵触；(2)经国务院常务会议讨论通过或者经国务院批准；(3)在《国务院公报》上公开发布。

典型案例：【刑事审判参考案例第1077号】被告人李某某以北京恒通万嘉市场调查中心的名义经营有偿讨债业务。其接受辽宁省大连市秦某某的委托向山西省太原市的陈某追讨230万元欠款，双方签订了《商账授权代理咨询劳务合同》，约定以收回欠款的20%作为报酬。随后，李某某伙同被告人胡某某驾车随秦某某前往太原市，抵达太原市后，秦某某将陈某约出来商量还钱事宜。

本案中，认定李某某等人涉嫌犯罪的依据是国家经济贸易委员会、公安部、国家工商行政管理局于2000年6月15日联合发布的《关于取缔各类讨债公司严厉打击非法讨债活动的通知》，该通知明确指出“经报请国务院同意”后发布，但从制发主体以及发布形式来看，均与最高人民法院《关于准确理解和适用刑法中“国家规定”的有关问题的通知》的规定不符，因此，最终被认定为不属于《刑法》第96条中的“国家规定”。

（二）“国家规定”的二次授权需要明确授权

“国家规定”的效力层级均在国务院级别以上，但是这个层级以上的规定往往较为原则、概括，更细致性的规定需要该“国家规定”对下位法进行授权。那么，经过“国家规定”授权的下位法是否还属于“国家规定”？笔者认为，如果“国家规定”明确授权下位法作出具体规定，则应属于“国家规定”，如果没有明确授权，则不应属于“国家规定”。

典型案例：【(2018)粤01刑终1162号】2008年3月24日，被告人周某某、梁某某开始实际运营及管理广州凡天网络科技有限公司，通过与作者签订协议的方式刊发网络文学作品，再以会员付费阅读及广告、推广等方式获取收益。该公司依法获批了出版物经营许可证和增值电信业务经营许可证，但未获批网络出版服务许可证。

本案中，被告人所在的公司根据国务院颁布的《出版管理条例》的一般性规定领取了出版物经营许可证，根据国务院颁布的《互联网信息服务管理办法》的规定领取了增值电信业务经营许可证。但上述规定并没有具体规范网络出版服务的具体手续,也没有授权下位法进行具体的规定。《网络出版服务管理规定》是由国家新闻出版广电总局、工业和信息化部发布的,属于部门规章,不属于"国家规定"。因此,即便被告人周某某、梁某某未根据《网络出版服务管理规定》取得网络出版服务许可证,因该规定并不属于非法经营罪构成要件中的"国家规定",故周某某、梁某某不构成非法经营罪。

（三）"国家规定"的内容应当具体、明确,原则性、概括性内容不应适用

由于"违反国家规定"的表述属于典型的空白罪状,需要其他规范进行填补,如果适用的"国家规定"在内容上仍然是概括性、原则性的,实际上就等于没有适用,因此,空白罪状所援引的规范也应当具体、明确。

典型案例:【刑事审判参考案例第1077号】在非法讨债业务是否构成非法经营罪的讨论中,涉及最高人民法院、最高人民检察院、公安部于2013年4月23日联合发布的《关于依法惩处侵害公民个人信息犯罪活动的通知》(公通字〔2013〕12号,以下简称《惩处信息犯罪的通知》)是否属于"国家规定"的问题。该通知中有这样的内容:"近年来,随着我国经济快速发展和信息网络的广泛普及,侵害公民个人信息的违法犯罪日益突出,互联网上非法买卖公民个人信息泛滥,由此滋生的电信诈骗、网络诈骗、敲诈勒索、绑架和非法讨债等犯罪屡打不绝……非法调查公司根据这些信息从事非法讨债、诈骗和敲诈勒索等违法犯罪活动。"法院认为,《惩处信息犯罪的通知》虽然系最高人民法院、最高人民检察院与公安部联合发布的司法解释性质的文件,其中也提到了经营有偿讨债业务是违法犯罪行为,但并未明示具体违反的是哪个层面的法律或者行政法规,且该通知主要是就打击侵害公民个人信息犯罪作出的规定,只是附带提到了实践中存在利用非法获取的公民个人信息从事非法讨债、诈骗和敲诈勒索等违法犯罪活动的情形。因此,《惩处信息犯罪的通知》亦不足以作为认定经营有偿讨债业务的行为"违反国家规定"的法律依据。

（四）"违反国家规定"的适用也遵循从旧兼从轻原则

从旧兼从轻原则是指除了非犯罪化、弱化惩罚或有利于行为人的规定之外,刑法不得有溯及既往的效力,其已作为一条最基本的刑法适用原则在审理刑事案件的司法实践中得到适用。最高人民法院《关于审理行政案件适用法律规范问题的座谈会纪要》也明确了行政案件"实体从旧、程序从新"的适用规则。因此,作为犯罪构成要件的国家规定同样适用的原则。

典型案例:【刑事审判参考案例第862号】2000年9月15日至2002年9月15

日，被告人于某某承包吉林省桦甸市老金厂金矿东沟二坑坑口，共生产黄金约23000克。2002年9月21日，于某某自驾车辆将其承包金矿自产和收购的共46384克黄金运往吉林省长春市。途中从桦甸市沿吉桦公路行驶至吉林市南出口（红旗）收费站时，其被公安人员抓获，涉案黄金全部由吉林市公安局扣押，后出售给中国人民银行吉林市中心分行，总售价为人民币3843054.58元，出售款上缴国库。

本案的核心问题在于，在案件审理期间，国务院《关于取消第二批行政审批项目和改变一批行政审批项目管理方式的决定》发布，黄金收购、销售行为无须获取主管部门的审批许可，那么行为人是否仍然构成非法经营罪？于某某从事黄金经营期间，黄金属于《刑法》第225条第1项规定的“专营、专卖物品”，根据“从旧兼从轻”原则，故在原审一审期间，国务院文件发布后，黄金不再属于上述规定中的“专营、专卖物品”，于某某不构成非法经营罪。

（五）非法经营罪中的“国家规定”应与市场经济秩序有关

非法经营罪规定在《刑法》分则第三章“破坏社会主义市场经济秩序罪”中，从非法经营罪的罪状表述来看，其主要也是针对市场秩序的规定。因此，从非法经营罪保护的法益角度判断，其中的“违反国家规定”也应是与市场经济秩序有关的“国家规定”。

典型案例：【刑事审判参考案例第1077号】法院认为，有偿讨债行为的社会危害性主要体现在对公民个人隐私和正常工作、生活秩序的破坏和干扰，其对于正常的市场经济秩序虽有一定的危害，但并非主要方面。就非法经营罪来说，根据《刑法》第225条关于该罪构成要件的规定，其法益保护的侧重点在于市场经济秩序，因此，有偿讨债行为并不符合非法经营罪的危害实质。如果行为人在讨债过程中采取了非法获取公民个人信息、寻衅滋事、限制人身自由、暴力、威胁等手段且情节严重的，可按照其所触犯的具体罪名如侵犯公民个人信息罪、寻衅滋事罪、非法拘禁罪、非法侵入住宅罪、故意杀人罪、故意伤害罪等罪名予以处理。

二、市场准入制度之探讨

关于非法经营罪所保护的法益，目前通说认为是“市场准入制度”。但在司法实务中，对于非法经营罪侵犯的是何种市场准入制度，认识并不统一。鉴于此，笔者试以规范结合案例，从“范围”“程度”“法律概念”三个角度，对究竟如何界定非法经营罪中的“市场准入制度”进行探析。

(一)市场准入的范围:应限于与专营、专卖程度相当的准入条件

非法经营罪涉及的市场准入问题在实践中争议最大的是《刑法》第225条第1项。该项规定,未经许可,经营法律、行政法规规定的专营、专卖物品或者其他限制买卖的物品的行为属于非法经营行为。其中,相关法律、法规对于专营、专卖物品均有明确规定,但对何为限制买卖的物品却没有规定。(此外,对于非法经营罪构成要件中的"限制买卖物品"如何界定,就有是否构成犯罪的本质差别。)

1. 专营、专卖有明确的限制性规定

当前,我国依法存在的专营、专卖包括烟草专卖和食盐专营,其具有国家垄断的特殊性。《烟草专卖法》,最高人民法院、最高人民检察院《关于办理非法生产、销售烟草专卖品等刑事案件具体应用法律若干问题的解释》等法律法规、司法解释具体规定了烟叶的种植、收购和调拨等要有计划,烟草制品生产企业为扩大生产进行基本建设或者技术改造必须经国务院烟草专卖行政主管部门批准;规制了非法经营烟草专卖品的行为;《食盐专营办法》具体规定了要进行定点生产、定点批发以及具体的生产批发企业需要省级部门确定,规制了非法经营食盐的行为。

2. 根据同类解释规则,其他限制买卖的物品应与专营、专卖物品的限制程度相当

根据同类解释规则,对其他限制买卖的物品的限制程度也应与对前两者"专营"与"专卖"物品的限制程度相当。但司法实务在具体适用时却并非如此。如司法实践中常常有将危险化学品、药品、农药等作为非法经营罪的处置对象的情形,但是仔细考究《危险化学品安全管理条例》《药品管理法》《农药管理条例》等规定,除了《农药管理条例》中规定了"经营限制使用农药的,还应当配备相应的用药指导和病虫害防治专业技术人员,并按照所在地省、自治区、直辖市人民政府农业主管部门的规定实行定点经营"。并未见其他规定中有类似定点生产经营、产量限制等限制性规定,仅是规定了许可制度。

经检索,笔者发现《麻醉药品和精神药品管理条例》中出现了"管制"字样,这是否等同于"限制买卖",没有具体规定。但值得一提的是,该条例中规定了对麻醉药品和精神药品实行定点生产经营制度,生产批发企业需要省级部门确定。这一点与上述专营、专卖的规定基本一致。因此,笔者认为,麻醉药品和精神药品在管理上与专营、专卖的程度相当,应当属于非法经营罪的规制对象。

综上,从专营、专卖的具体规定来看,主要包括对生产经营者、经营地点、经营范围、经营数量、经营对象等的限制。那么,其他限制买卖的物品也应有类似的限制性

的表述，若在法律、行政法规中没有限制性规定的，不应成为非法经营罪的规制对象。

（二）市场准入的程度：超范围经营在仅涉及形式违法时不应作犯罪处理

在满足市场准入制度范围的情形下，司法实践中还存在符合准入资格但是未按规定经营是否构成非法经营罪的问题。典型案例是李明华非法经营案，2011年最高人民法院《关于被告人李明华非法经营请示一案的批复》就被告人李明华持有烟草专卖零售许可证超范围和地域经营的情形，明确了不宜按照非法经营罪处理。辩护律师在办案时对该批复多有引用，但对于该批复的司法适用，在司法实践中却存在不同的情况。

案例一：【(2016)川2081刑初266号】罗某某、刘某、苏某犯非法经营罪案中被告人罗某某及其辩护人提出，2009年至2013年年底罗某某属有证经营，虽然是超范围经营，但仅属行政处罚的范畴，不构成犯罪。经查，罗某某之妻毛某于2009年2月23日取得了烟草专卖零售许可证，该许可证载明的经营场所位于简阳市简城镇白塔路36号门市（非其转运经营地简阳市新市镇下马滩村）。对于2010年至2012年1月经营卷烟的事实，因当时罗某某有烟草专卖零售许可证，故其经营行为属于超范围和地域经营。根据最高人民法院《关于被告人李明华非法经营请示一案的批复》的精神，对有证期间的经营行为不宜纳入犯罪事实进行处理，故法院对罗某某及其辩护人的上述辩解和辩护意见予以采纳。

案例二：【(2018)闽0502刑初189号】泉州中惠能源科技有限公司、乐某某非法经营罪案中关于被告单位泉州中惠能源科技有限公司、被告人乐某某是否构成非法经营罪的问题。辩护人援引了最高人民法院《关于被告人李明华非法经营请示一案的批复》的内容，并认为被告单位在丰泽区有办理经营许可证，其在鲤城区经营的行为属于超范围、跨地域的经营，被告单位及被告人均不构成犯罪。经查，李明华非法经营案涉及的是烟草超范围和跨地域经营的情形，与本案涉及的危险化学品并非同类物品，无法进行类推。法院认为，被告单位泉州中惠能源科技有限公司违反国家规定，未经许可，在不具备安全存储的条件下，在鲤城区经营危险化学品的行为，符合非法经营罪的犯罪构成要件。

除此之外，《刑事审判参考》第124集收录的《关于〈打击非设关成品油走私专题研讨会会议纪要〉的理解与适用》，也提到对于有成品油经营许可证但超范围经营的行为，一般不宜认定为非法经营罪，主要考虑是：有许可证但超范围经营成品油的行为，虽然违反了商务部《成品油市场管理办法》（已失效）中不得超越经营范围进行经营活动的规定，但是一般情况下这种行为社会危害性不大。例如，有成品油零售许可证但从事批发业务的，因从事成品油零售业务亦应符合《成品油市场管理办法》中规定的相应审批标注，且涉及的成品油都是从有成品油批发资质的企业批发而来的，并不会造成国家税费的损失，虽然在一定程度上可能会造成零售市场的混乱，但所造成的危害有限，对其给予行政处罚即可，不宜按照犯罪处理。

笔者还了解到，《野生动物保护法》第 23 条规定了猎捕者应当严格按照特许猎捕证、狩猎证规定的种类、数量或者限额、地点、工具、方法和期限进行猎捕。司法实践中存在对虽有猎捕证，但是违反猎捕证规定的时间、地点进行猎捕的行为，认定为非法猎捕野生动物罪的情形。

通过上述案例、规范对比，烟草跨区域经营与成品油零售转批发等超范围经营情形之所以仅可作行政处理，原因在于，相较于其他情形，上述两种情况对于市场的影响仅是在于行政手续是否齐全。相反，在不考虑危险化学品是否属于非法经营罪对象的情况下，危险化学品的生产、经营如果没有取得一定的资质，则存在一定的安全隐患；违反猎捕证规定的时间、地点猎捕，违反的是超过规定地点、时间猎捕的禁止性规定，不存在允许经营而无证经营的违法空间。因此，对于超范围经营进行行政处理还是刑事处理，关键在于判断对市场秩序的影响程度是否仅限于缺少行政手续等形式违法，如果涉及的是实体性违法，在司法实务中仍有被定性为刑事犯罪的可能。

（三）市场准入中涉及的法律概念：行政法规中的拟制性许可规定不能直接适用于刑法

行政法规中与刑法中均存在法律拟制性规定，但行政法规中的拟制性规定不能直接适用于刑法，否则将违背罪刑法定的基本原则，存在以行政法规规定取代刑法规定之嫌。

从《药品管理法》的修改过程可以看出行政拟制性规范的适用历程。《药品管理法》删除了拟制假药的规定，改为违反药品管理制度的相关情形。据此，《刑法修正案（十一）》中生产、销售提供假药罪的适用范围也发生了变化，删除了其中的"本条所称假药，是指依照《中华人民共和国药品管理法》的规定属于假药和按假药处理的药品、非药品"。这预示着行政法规中的拟制性规范不予适用。

除此之外，郭某分装农药案[①]也揭示了这一问题。郭某在未另行向国务院工业产品许可管理部门申请农药生产许可证的情况下，擅自以“小改大或大改小”的方式分装农药。根据国务院《农药管理条例》的规定，生产（包括分装）农药，必须进行登记。该规范将分装农药的情形拟制为生产农药。对此，陈兴良教授也持相同的观点，即“在参照行政法规对甲行为定罪的时候，绝不能将行政法规拟制的乙行为直接当作甲行为入罪。否则，就是违反罪刑法定原则。因为罪刑法定原则要求在定罪的时候，严格按照法律的明文规定，而拟制规定超出了法律规定的文字含义，只有刑法对此作了拟制规定的情况下，才能依照拟制规定对被拟制的行为定罪”。

因此，笔者认为，虽然非法经营罪涉及的诸多类型均是以行政法规规定为前提的，但对于行政法中涉及的拟制性许可的规定，除非刑法有明确规定，否则不能直接作为刑法规范予以适用。

三、兜底条款的理解与适用

非法经营罪在实践中被称为“口袋罪”的重要原因是关于兜底条款“其他严重扰乱市场秩序的非法经营行为”的规定模糊不清，在实践中容易被滥用。为此，笔者将结合具体案例，分析实务中对于“其他严重扰乱市场秩序的非法经营行为”的判断标准。

（一）对“其他严重扰乱市场秩序的非法经营行为”的判断是一种定性判断

非法经营罪的罪状表述是：“违反国家规定，有下列非法经营行为之一，扰乱市场秩序，情节严重的……（四）其他严重扰乱市场秩序的非法经营行为。”这里涉及的“扰乱市场秩序，情节严重的”与“其他严重扰乱市场秩序的非法经营行为”是什么关系？

典型案例：【刑事审判参考案例第1121号】欧某、关某某非法从事长途大巴客运经营案中提到，判断某类经营行为是否属于“其他严重扰乱市场秩序的非法经营行为”，是对某类非法经营行为的属性进行判断，因此与情节是否严重的认定属于不同层面的问题，应当撇开个案特殊情节，从刑法因果关系的角度把握该类行为产生的实际危害和潜在危害，并以此进行综合认定。该案例从危害人民群众的生命财产安全、引发社会不稳定因素、破坏正常的市场秩序的角度进行了分析，认为其

① 参见（2005）皋刑初字第0269号。

属于"其他严重扰乱市场秩序的非法经营行为"。同时,法院从案例涉及的人数、收益等角度分析认为该行为达到了非法经营罪的入罪标准,属于"情节严重"。从这一案例可以看出,对于"其他严重扰乱市场秩序的非法经营行为"的判断是一种定性上的判断,而情节严重与否进行的是一种量刑上的判断。

（二）"其他严重扰乱市场秩序的非法经营行为"的认定在没有司法解释的情况下,需要层级请示

法律规范中"扰乱市场秩序""严重扰乱市场秩序"本身就是抽象的表述,在司法实务中的适用就更加混乱。为此,2011年最高人民法院发布的《关于准确理解和适用刑法中"国家规定"的有关问题的通知》中就"其他严重扰乱市场秩序的非法经营行为"进行了规定,提出在适用时"有关司法解释未作明确规定的,应当作为法律适用问题,逐级向最高人民法院请示"。该通知为这一情形的司法适用指明了方向:一是按照有关司法解释的规定进行适用;二是没有司法解释时,要层报最高人民法院请示。但实务中也存在没有司法解释,也未层报请示,直接判决的情形。因此,针对该条款,辩护律师可以从程序角度进行辩护。

（三）"其他严重扰乱市场秩序的非法经营行为"必须是"经营"行为

要构成"其他严重扰乱市场秩序的非法经营行为",首先行为必须具备"经营"的特征。根据《现代汉语词典》以及《反不正当竞争法》等法律的规定,经营行为应是经营者以营利为目的提供商品或服务的市场行为。

典型案例:【(2014)九刑初字第39号】王某在未取得农作物种子经营许可的前提下,于2012年4月18日,将10970公斤红小豆种子以每公斤20元的价格,销售给荣军农场的70名种植户使用。合同中约定王某以种子价款(每公斤20元)及10万元现金作为对于产品回收及种子质量的保证金,在荣军农场进行种植后,生产的所有产品归王某所有。法院最终认为,被告人王某以天津正通国贸有限公司的名义与黑龙江省荣军农场签订合同的目的是通过给荣军农场提供种子,回收农产品。被告人王某提供种子的行为不是经营行为,应视为其与农场的合作行为,被告人王某不构成非法经营罪。公诉机关指控被告人王某涉嫌非法经营罪不成立。

案例中,王某提供种子不但没有盈利,反而自己垫付了种子款作为保证金。从经营行为特点来看,本案中提供种子的行为仅是天津正通国贸有限公司与黑龙江省荣军农场的合作种植行为,王某未以营利为目的提供商品。也就可以得出,当某一行为不具备经营性特征时,其也必然不构成非法经营罪。

（四）其他非法经营行为扰乱的必须是市场秩序

其他非法经营行为扰乱的必须是市场秩序，如果侵犯的是其他法益，则不能以非法经营罪定罪处罚。

典型案例：【刑事审判参考案例第1077号】被告人李某某于2012年8月至2013年8月，以北京恒通万嘉市场调查中心的名义经营有偿讨债业务。2012年8月，李某某接受辽宁省大连市人秦某某的委托向山西省太原市人陈某追讨230万元欠款，双方签订了《商账授权代理咨询劳务合同》，约定以收回欠款的20%作为报酬。随后，李某某伙同被告人胡某某驾车随秦某某前往太原市，抵达太原市后，秦某某将陈某约出来商量还钱事宜。在秦某某与陈某商谈时，李某某等人在旁向陈某索要欠款，陈某后归还给秦某某50万元，秦某某按合同约定支付给李某某10万元报酬，李某某将其中的3000元给了胡某某。

该案例指出，有偿讨债行为的社会危害性主要体现在对公民个人隐私和正常工作、生活秩序的破坏和干扰，该行为对于正常的市场经济秩序虽有一定的危害，但并非主要方面。就非法经营罪来说，根据《刑法》第225条关于该罪构成要件的规定，其法益保护的侧重点在于市场经济秩序，因此，有偿讨债行为并不符合非法经营罪的危害实质。如果行为人在讨债过程中采取了非法获取公民个人信息、寻衅滋事、限制人身自由、暴力、威胁等手段且情节严重的，可按照其所触犯的具体罪名如侵犯公民个人信息罪、寻衅滋事罪、非法拘禁罪、非法侵入住宅罪、故意杀人罪、故意伤害罪等予以处理。

因此，在判断行为是否属于“其他严重扰乱市场秩序的非法经营行为”时，要考虑其侵犯的是否为市场秩序，还是其他法益。

（五）其他非法经营行为必须能够扰乱市场秩序

对于其他非法经营行为的判断，还需要考量其是否会扰乱市场秩序，若经过综合评估，涉案行为根本不可能达到扰乱市场秩序的程度，也无法被认定为犯罪。

典型案例：【刑事审判参考案例第828号】张某、张某琴非法经营案着重就这一问题进行了分析，法院认为，首先，从犯罪数额看，二被告人的非法经营额仅为13万元，非法所得不满2万元，与有关非法经营数额在30万元以上的标准相去甚远；其次，从经营规模看，二被告人仅同2名当事人进行了押车贷款业务，没有实际牵涉社会不特定多数人，并未造成严重扰乱当地金融秩序的结果；再次，从主观故意看，二被告人主观上只是希望通过该经营活动获取一定经济利益，并无希望或追求扰乱金融秩序的直接故意；最后，从资金能力看，二被告人由于缺乏运营资金，其公司经营在客观上难以为继,难以对金融安全造成实质威胁。综上,二被告人非法从事押车贷款的行为,尚未达到情节严重的程度,不构成非法经营罪。

从这一案例可以看出,并不是只要进行了非法经营行为就扰乱了市场秩序,要就非法经营行为对市场秩序的影响程度进行具体分析,当主观上有扰乱的故意,客观上涉案金额、经营规模、经营能力等有实际扰乱的可能时,才有定罪的可能性。

(六)其他非法经营行为必须达到“严重”扰乱市场秩序的程度

在王某军无证照买卖玉米案中,内蒙古自治区巴彦淖尔市中级人民法院再审认为,其行为违反了当时的国家粮食流通管理的有关规定,但尚未达到严重扰乱市场秩序的危害程度,不具备与《刑法》第225条规定的非法经营罪相当的社会危害性、刑事违法性和刑事处罚必要性,不构成非法经营罪。该案例提出了对是否严重扰乱市场秩序的判断应采取“相当性”的标准,但这一标准仍然过于抽象。为此,笔者通过检索《刑事审判参考》所收录案例中涉及“其他严重扰乱市场秩序的非法经营行为”的情形,总结归纳该条款中“严重”的判断标准,供各位读者参考。

1. 行业标准:非法经营的行业是社会重要领域

如【刑事审判参考案例第1122号】喻某、李某非法从事出租汽车经营活动案、【刑事审判参考案例第1121号】关某某非法从事长途大巴客运经营案、【刑事审判参考案例第1210号】朱某某、周某某、谢某某未经许可生产摩托车以及以燃油助力车名义销售摩托车的非法经营案,它们所涉及的行业均涉及公共安全或者人民群众的生命财产安全。【刑事审判参考案例第1042号】翁某某未经许可在城区违法搭建商铺并以招商为名收取租金的非法经营案则涉及对社会影响重大、受到国家严格管控的房地产行业。从这些案例可以看出,对于非法经营行为严重程度的判断涉及一定的行业标准,只有涉及社会中的重要领域,才能产生较大的社会危害性。

2. 市场秩序扰乱程度:非法经营行为对相关市场造成的冲击较大

上述案例还涉及非法经营行为对正常的经营行为造成的重大影响,同时也妨碍了相关部门对其进行有效管理。【刑事审判参考案例第1210号】提到,大量超标燃油助力车流入市场后,必将严重扰乱正常的摩托车和助力车的生产和销售秩序。【刑事审判参考案例第1122号】、【刑事审判参考案例第1121号】均提到,非法营运公司不缴纳税费,造成国家的税收流失;争抢客源、抢夺市场份额,使正规的客运站点和合法营运者的收入减少,损害合法营运车辆的正当权益,影响行业稳定;由于其没有被纳入正常的管理体系,相关部门平时也无法对其进行有效管理。

3. 社会影响:非法经营行为严重影响社会稳定

由于非法经营行为不符合市场准入条件,一方面,其会引发市场上正常经营者的不良情绪;另一方面,由于没有达到基本的营运条件,非法经营行为也导致消费者的合法权益无法得到保障。因此,相关案例也将社会影响因素列入严重程度的考量标准。【刑事审判参考案例第 1122 号】、【刑事审判参考案例第 1121 号】的法官在评案时指出,非法营运车主和合法营运车主经常发生冲突,不少地方因非法营运引发正规营运车主多次停运、罢工、上访。且非法营运车辆多数无保险,其在营运中一旦发生事故,乘客的合法权益得不到保障,给相关部门处理事故造成极大的难度,甚至容易激发上访、闹访等群体性事件,严重影响当地社会稳定。同时,因非法营运利润率极高,绝大多数非法营运车主一直在观望,如果此类行为不能得到有效遏制,将会激发更多的非法营运车辆参与非法营运。

3

第三篇

侵犯公民人身权利、民主权利类犯罪

暴力类犯罪案件的证据审查与辩护

高之立

一、概述

暴力类犯罪案件指的是犯罪手段具有暴力性特征的一类案件。根据侵害的法益不同,暴力类犯罪案件大致分为四类:第一类是纯粹侵犯公民人身权利的犯罪,如故意杀人罪、故意伤害罪;第二类是既侵犯人身权又侵犯财产权的犯罪,如抢劫罪、抢夺罪、以索财为目的的绑架罪等;第三类是以暴力侵犯性的决定权的犯罪,如强奸罪、强制猥亵罪;第四类是涉及公共安全的犯罪,如放火、爆炸、以危险方法危害公共安全罪等。除了上述罪名外,所有涉及手段行为具有暴力性特征的,在罪名上还可作进一步扩展。

类型性案件的研究基础是什么?以何种标准把一类犯罪作为类案进行研究?大致有以下几点理由:

一是证据审查的规律性。如果在证据的审查上,一类犯罪的证据审查重点比较接近,共性问题较多,能够总结出一定的规律,那么这类案件就具备进行类案分析和研究的基础。一些对案件走向和认定起到关键作用的,如都有物证,都有痕迹证据,都有一些犯罪嫌疑人使用的工具以及犯罪现场的特征等,都是这一类案件的共性问题。

二是知识点的重合性。类型性问题多了,涉及的法律、法规、判决、法律文书也会存在交叉和重合,将这些资料集中起来进行梳理和归纳,举一反三,就能达到知识整合、系统性学习的目的。

三是模板建立的可能。在类案分析、系统学习的基础上,将证据审查、质证、庭审过程中发现的共性问题,质证、辩论中遇到的焦点问题全部记录下来,尝试着将解决共性问题的思路和经验规范成解答思路备注其后,包括解决问题的过程中援引的法条、案例和文书中的释法说理等内容,建立类案模板。这种类案建模的方法,可以大大提高我们在相似的案件中审查、辩护的效率,将办案经验的优势最大化,并且运用到司法实践中。

二、物证的审查与辩护

(一)实物物证

实物物证的审查核心在于审查实物物证与其他的在案证据是否存在印证。如果能够印证,形成完整的证据锁链,控方指控的犯罪事实才能被认为有足够的证据予以支撑。如果实物物证与其他的在案证据之间存在诸多矛盾,并且不能排除,就会形成案件的风险点,影响控方的指控。实际上,找准这些风险点,辩方在辩护的过程中就抓住了有力的质证点和辩点。下面从三个方面来举例进行讲述。

1. 作案时,犯罪嫌疑人及被害人穿着的衣物

案例一:苏某虎故意杀人案①

最高人民法院认定,被告人苏某虎在山上砍柴,遇见本屯妇女苏某在附近砍柴,便向苏某提出发生性关系,遭到拒绝。苏某虎想起数日前曾被苏某责骂,遂持柴刀砸击苏某头部,致苏某仰倒后,又捡起一个片状石块,朝苏某的头面部猛砸数下,致苏某死亡后,逃离现场。

案发后,公安机关根据苏某虎的供述从其家中提取了其作案时所穿的解放鞋,并从鞋上检出苏某的血迹。同时,苏某虎也供认案发当晚其未到现场,次日到现场时穿的是黑色皮鞋而非解放鞋,且当时苏某的尸体已包裹好,准备下葬(此情节得到多名证人证实),由此证实苏某虎解放鞋上的血不是案发后沾上的,而应是作案时沾上的。

事实的指控建立在证据审查的基础之上。从最高人民法院认定的事实中能够看出该判决对证据采信的潜在脉络,从而搭建证据提取、分析的层次和逻辑。该案也是典型的暴力杀人案件,折射出此类案件的共性问题。

苏某虎作案时所持用的工具以及击打的部位,无疑都是暴力类犯罪案件需要认真审核的地方。持械、被害人被暴力侵害后形成的伤痕、打击的部位、犯罪嫌疑人身上所穿着的衣物在这个案件中都有体现。解放鞋是该案的一个重要物证,上面

---

① 林玉环:《苏某虎故意杀人案第762号——对死刑案件如何把握“证据确实、充分”的定案标准》,载《刑事审判参考》总第85集,法律出版社2012年版。

的血迹是什么时候沾染上去的是判断被告人辩解是否合理的关键。根据公安机关的侦查和最高人民法院对证据的分析，其提取及分析的思路如下：

提取作案时犯罪嫌疑人所穿的解放鞋——发现可疑血痕——鉴定血痕，检出苏某血迹——接触死者的可能性的下葬场合穿的黑皮鞋而非解放鞋——排除解放鞋是在下葬时沾染苏某血迹的可能性——得出解放鞋上的血不是案发后沾上的，而应是作案时沾上的结论。

总结司法机关认定事实、采信证据的思路，辩方审查证据会更具针对性，通过分析犯罪嫌疑人案发时所穿的衣物特征，快速发现犯罪嫌疑人是否存在不在场的证据，更好地发挥此类实物物证的证明作用，起到很好的辩护效果。

故意杀人案件由于缺乏被害人陈述的印证，处刑重，证明标准较之于一般的暴力类犯罪案件更高。作案时所穿衣物本身的特征及沾染的痕迹、破损等细节，对于判断犯罪嫌疑人是否真凶，是否到过现场具有重大意义，在判断犯罪嫌疑人的供述是否属实时，也可以根据他的供述内容与衣物特征是否印证来作侧面判断。

审查切入点：

（1）衣物血迹。匕首的捅刺形成的创口深，斧头的砍击形成的创口大，通常会出现血迹喷溅，需对衣帽、鞋袜是否沾染血迹，血痕与被害人本人的血型、DNA 的同一性进行审查、鉴定。

（2）特定场所的特有痕迹。凶手在特定的场所作案，如山坡、水塘、湖泊、菜地、花园、森林、草丛等，重点审查鞋、袜上是否留下与特定环境印证的泥土、昆虫、草籽、菜籽、菜叶碎片、水底微生物等。

（3）爆炸案中的衣物痕迹。在爆炸案件中，衣物上留下的爆炸的瘢痕、爆炸的气浪所导致的衣物特有的条状的破损、火药残留物等，都是甄别嫌疑人是否到过现场的证据。

（4）放火案中的衣物痕迹。放火的实施者携带可燃物时，衣物可能沾有可燃物的残留痕迹。在放火现场，火势过猛或者点燃后未及时离开，衣物可能存在被烧损的痕迹，也有可能沾染上现场物质燃烧后形成的粉末等物质，衣物的纤维也会吸附一些极细小的颗粒，衣物会有烟熏过的气味，据此可以判断犯罪嫌疑人是否到过现场，是否实施了引燃行为。

（5）强奸案件中的衣物痕迹。强奸案件中，在施暴和反抗的过程中，可能存在衣物污损、破损，纽扣脱落，衣物也有可能附着被害人的毛发、血液等具有鉴定价值的生物样本。

综上,通过犯罪嫌疑人衣物的审查,可以判断其与犯罪现场、犯罪行为、伤亡结果之间是否存在直接、明确、紧密的联系。

案例二:威廉·肯尼迪·史密斯强奸案

1991年3月某日晚,威廉·肯尼迪·史密斯和几位亲友一起到当地酒吧喝酒跳舞,结识女子帕特西娅·鲍曼,二人相谈甚欢。后二人离开了酒吧,一起回到别墅的海边。后来帕特西娅陪威廉回家,但一进房间她便情绪失控,指责威廉强暴了她,并拨电话叫朋友来接她,然后匆匆离去。第二天,帕特西娅报案,指控威廉强奸。威廉很快被逮捕归案。

威廉辩解:他们在海边散了一会儿步后,就将浴巾铺在沙滩上,自愿发生了性关系。帕特西娅指控:他们在沙滩散步后回到别墅的后院时,威廉突然脱掉衣服要和她发生性关系。她拒绝并转身逃离,但被追上推倒在水泥地上。她奋力挣扎,趁隙逃脱。但是威廉穷追不放,最后被他按倒在草地上强暴了大约15分钟之久。

警方收集了帕特西娅的内裤、衣服及体内残存的精液进行检验。李昌钰参加了辩护团。李昌钰认为:如果女方所称为事实,人们应该可以在她的衣服上找到青草、泥土及水泥的痕迹。但是女方的衣服很完整,没有一点撕扯的痕迹,拉链没有破损,纽扣也没有少,更找不到任何草迹和泥土;再检验女方的内裤、胸罩也没有任何地面的微量物质转移痕迹。根据他多年从事刑事鉴定的经验,他决定到案发现场重点调查有关物证上是否有微物转移的痕迹。李昌钰到女方口中称为现场的草地后,从口袋里掏出一块白手帕,在草地上擦了一擦,再用另一块白手帕擦了一下水泥地面。回到化验室化验后,白手帕在高倍显微镜下都留下清楚的痕迹,部分纤维也有受损的痕迹,证实微量物质转移的定律依然有效。

法庭上,李昌钰以专家证人身份出庭作证,向陪审团介绍了法国物证技术学家埃德蒙·洛卡德在20世纪初提出的“微量物质转换定律”。他将在水泥地和草地上摩擦过的白手帕交给陪审员传阅,并将高倍显微镜下放大的痕迹照片展示给陪审团。旨在说明,接触过草地的手帕上留下明显的与草地的摩擦痕迹;而接触过水泥地表面的手帕上也可以看到灰色的摩擦痕迹,以及部分纤维还有破损的迹象。接下来,李昌钰将女方的衣服、内裤及胸罩的高倍放大照片展示给陪审团看,“经过彻底的查证,都没有发现任何破损的纤维及草地的痕迹,这表示他们并没有在草地上待过,也没有在水泥地上挣扎过”。上述鲜明比对,对陪审团形成巨大冲击力。最后,所有的陪审员都认为帕特西娅的陈述难以令人信服,他们一致裁定威廉·肯尼迪·史密斯强奸罪不成立。

该案充分说明了衣物审查的专业、细致对暴力类犯罪的有效辩护会起到何等重要的作用。李昌钰作为案件的专家证人，通过对衣物细节（纽扣、拉链、纤维）的缜密分析和检查，又通过白手帕在草地上摩擦的侦查实验，发现了证据的疑点。司法实践中，上述做法很有启示意义。

审查切入点：

司法实践中，对犯罪嫌疑人作案时的衣物特征的取证普遍存在重讯问、询问，轻提取的弊病，不仅不利于证据的全面收集，还会增大产生冤假错案风险。下面总结几点，可以拓宽对此类证据的审查思路。

（1）善于借力专家辅助人员。重视专家证人对证据审查的辅助作用以及申请专家证人出庭的重要性。

（2）言词证据与实物证据的比对审查模式。在言词证据证明存在挣扎、拉扯情形时，即便衣物没有肉眼可见的破损，也可以通过鉴定，检查衣物的纤维是否存在新鲜断裂痕迹。

（3）发挥侦查实验的作用。除去需要批复手续的正式、正规的侦查实验，基于日常生活经验，便于操作的常识性求证的侦查实验，也会有利于证据的甄别和研判。

（4）诬告案件中的伪证规律。伪造证据的诬告强奸案件，证据上也有一定的规律可循。例如，诬告陷害的强奸案，会和真实的案件在证据上出现不同。真实案件中，作案人通常先撕毁被害人的衣物再实施强奸行为，血迹和精斑往往是在衣物破损后再沾染上的。伪造暴力强奸的诬告案件中，诬陷者会把血迹和精斑先涂上去，然后再撕破衣物，造成暴力强奸的假象。此时，通过检查破损处痕迹和血痕分布，能够甄别出血迹和精斑沾染的时间点究竟是在衣物被撕毁之前还是之后。

案例三：张三入室杀人案

李四到王五家中讨债，二人发生争吵后，李四离开。数小时后，张三入室杀害王五，作案后，将沾了血迹的衣物扔到被害人王五所居住的小区垃圾桶内，随后潜逃。警方抓获有作案嫌疑的李四。侦查人员没有提取垃圾桶内的衣物，后被环卫工人清理。李四到案后的笔录时供时翻，被抓获时，身上的衣物干净。

证据审查思路：

（1）在犯罪嫌疑人家中搜查，没有搜到沾有血迹的衣物，且从抓获当天讯问的同步录音录像来看，李四身上衣物、鞋袜干净，没有可疑血痕；

（2）根据鉴定，被害人系被斧头砍中多处，其中两处为大动脉，致被害人失血性休克而死亡。经审查,李四以前虽有过有罪供述,但李四从未提到案发后换了衣服。

找出疑点:

动脉被利器砍伤后,喷溅的血迹会污染衣物,现有证据显示,李四身上的衣物并未沾染血迹,加上李四的供述不稳定,其到过现场作案的事实存疑。

应对方案:

(1)会见时,对衣物是否换过要进行重点询问,要注意避免诱导性发问,让犯罪嫌疑人自己对案发前后的行为进行详细表述,同时与其之前认罪的有罪供述进行比对,是否一致。对于不一致的部分,要仔细询问,为何之前会有这样的供述,有罪供述形成的原因要进行详细询问。

(2)申请对犯罪嫌疑人被抓获时所穿的衣物、鞋袜进行鉴定,进一步确定是否有血痕。询问时,要问清作案的手段和方式。具体的案件情况多样,不可避免犯罪嫌疑人确实身上没沾染血迹的可能,要进行全面的、综合性的判断。

聚众斗殴案件衣物的审查切入点:

聚众斗殴案件虽然有幸存的被害人,可是打斗现场多呈现混乱状态,参与人众多,目击证人和同案犯的言词证据庞杂,主观性证据在细节表述上存在出入也是常态。如果注重犯罪嫌疑人作案时的衣物特征及附着物、残留物的审查,会对确定各参与者的行为,区分责任大小起到作用。

(1)注重审查衣物特征与各方言词证据中的表述是否相互印证,对与言词证据有出入部分进行重点摘录并绘制表格,再与客观证据进行比对,分析哪些更能与在案证据相印证。分析时不能机械比对,要综合考量犯罪嫌疑人、同案犯、证人在证、供时所处的时空背景、与案件结果的利害关系,以及平素关系和交情。防止错误判断客观证据的效力,导致辩护方向错误。

(2)根据衣物是否沾染血迹、血量、周遭环境特征判断行为人作案时所处位置,是否与死者、伤者近距离接触,判断被辩护的对象是否为致命伤、致残伤的实施者。聚众斗殴的案件就要注意审查衣物的特征与参与各方的言词证据中的表述是否存在印证。

2. 作案工具、凶器

(1)判断主观恶性和人身危险性。举例说明:甲随身携带水果刀,日常主要用于削水果,和人发生冲突后随手拿出来行凶;乙随身携带三棱刮刀,喜欢逞凶斗狠,和人发生冲突后拿出来行凶。后者在主观恶性和人身危险性上显然远大于前者。又如,拿西瓜刀砍人比起拿水果刀刺人,显然在追求杀伤力的主观内容上也有所区别。

凶器的用途，是对主观恶性和人身危险性的重要判断标准。在一起案件中，甲女杀死乙男，使用的凶器是剪刀。如果这把剪刀是她为了杀人而准备，在量刑时需要充分考量她为杀人而准备凶器的情节。如果甲女辩解，这把剪刀是她当天工作需要临时携带。经查实，她是个电器运送工，剪刀是当天有大型家电运送，她特意带过去拆包装的。案发当天和乙男之间发生争吵，临时起意杀人，那么显然此时的主观恶性和人身危险性要低于前例中为杀人而准备凶器的情形。所以，凶器的来源查实，对于行为人杀人是否有预谋，主观的恶性、人身危险性如何，具有很重要的意义。

（2）罪名的准确认定。携带凶器抢夺是抢劫。可是，如果行为人当天恰巧帮别人买了一把菜刀，放在摩托车的后箱里，或者是修车用的工具钳放在随身的斜挎包里，此时认定何罪，要格外慎重，要查清究竟是基于日常生活使用还是为了作案而使用。

（3）收集到案的凶器与尸体的伤痕和创口特征是否吻合。不同的凶器形成的创口，特征各异，钝器与锐器不同，砍刀与匕首形成的创口也不同。审查时要有一定的证据意识，懂得从创口的特征角度去审查，发现证据的矛盾点。

（4）危害性判断。在爆炸、放火案件中，要分析、测试爆炸物、易燃物能否达到危及不特定多数人安全的程度，判断究竟能不能构成爆炸罪、放火罪。在使用枪支作案的案件中，枪支有没有击发能力，以什么为动力、要有专业的鉴定作为依据，也是准确定罪和是否加重处罚的依据。

3. 对作案时使用的手机、车辆的重点审查

手机是现代人生活中必不可少的工具，很多信息都在里面，对手机的内容进行提取、恢复和鉴定，能够帮助审查证据的人找到非常有价值的内容。在绑架等案件中，手机会用于预谋、和人质的亲友联络等，我们后面会举例说明。车辆也是常用的作案工具，车辆的型号、车牌号、在现场留下的痕迹，都是非常重要的证据。

案例四：忻某龙绑架案①

被告人忻某龙因经济拮据于2005年8月18日下午1时许将女孩杨某某（殁年9岁）骗上车。骗得其父亲的手机号码和家中的电话号码后，采用捂口、鼻的方式将杨某某杀害后掩埋。8月19日，忻某龙乘火车到安徽省广德县购买了一部波导

---

① 参见最高人民检察院指导性案例（检例第2号）。

1220 型手机，于 20 日凌晨 0 时许拨打杨某某家电话，要求其父亲带 60 万元赎金交换女儿。9 月 15 日，忻某龙被公安机关抓获，并供述了绑架杀人经过，带领公安人员指认了埋尸现场，公安机关起获了一具尸骨，从其浙 B3C×××通宝牌面包车上提取了杨某某的头发两根（经法医学 DNA 检验鉴定，是被害人杨某某的尸骨和头发）。公安机关从被告人忻某龙处扣押波导 1220 型手机一部。

案件的推进非常波折。一审判处被告人忻某龙犯绑架罪，判处死刑，剥夺政治权利终身。忻某龙提出上诉。浙江省高级人民法院作出二审判决：被告人忻某龙犯绑架罪，判处死刑，缓期二年执行，剥夺政治权利终身。被害人杨某某的父亲于 2007 年 6 月 25 日向浙江省人民检察院申诉，请求提出抗诉。浙江省人民检察院经审查认为，浙江省高级人民法院二审判决改判忻某龙死刑缓期二年执行确有错误，于 2007 年 8 月 10 日提请最高人民检察院按照审判监督程序提出抗诉。

最高人民检察院派员到浙江省专门核查了案件相关情况。最高人民检察院检察委员会两次审议了该案，认为被告人忻某龙绑架犯罪事实清楚，证据确实、充分，依法应当判处死刑立即执行。二审改判是认为本案证据存在两个疑点。其中之一是卖给忻某龙波导 1220 型手机的证人傅某红在证言中讲该手机的串号与公安人员扣押在案手机的串号不一致，手机的同一性存有疑问。

经审查，公安人员在询问傅某红时，将波导 1220 型手机原机主洪某军的身份证号码误记为手机的串号。随案移送物品文件清单中写明波导 1220 型手机的串号是 3×××××××××××××5，且洪某军将手机卖给傅某红的旧货交易凭证等证据，清楚地证明了从忻某龙身上扣押的手机即是索要赎金时使用的手机。

手机串号不一致的原因查明，洪某军将手机卖给傅某红的旧货交易凭证，清晰地证明了从忻某龙身上扣押的手机就是索要赎金的时候所用的手机，这个时候才能够确定扣押的手机和作案手机具有同一性。在看这类案例时，要学会举一反三，在辩护的时候，如果能够发现手机串号、机身码等不一致，就会成为非常有力的辩护意见。

4. 现场遗留物的全面提取

了解不同的案件现场会有哪些遗留物，才能在审查证据时准确、快速地发现证据的疏漏，发表有利的质证意见和辩护观点。

（1）强奸、猥亵案件现场。被害人的内裤、衣物，现场遗留的毛巾、纸巾，可能遗留犯罪嫌疑人的 DNA，需要及时、全面提取。有的强奸案件中还存在胁迫、麻醉等手法，所以，对于现场遗留的刀枪、饮料、麻醉药剂、药剂包装、绳索、封口胶等物，也要全面提取。

(2)抢劫、聚众斗殴、故意伤害、以危险方法危害公共安全等现场。散落在地面的玻璃碎片、油漆残留、塑料碎片、车辆零部件等,可以起到还原案件事实的作用,需要全面提取。

(3)放火罪中的火灾现场。要甄别引发火灾的原因是自然起火,还是过失放火、故意纵火,更需要对现场的遗留物全面提取、重点审查。主要包括爆炸性残留物(如炸药爆炸、粉尘爆炸等)、爆点周遭的物体、爆炸物品的喷溅物、短路痕迹的电线等。

(4)被害人窒息死亡的现场。对于绳索、布条、塑料袋、毛巾等都要全面提取、拍照固定。有的案件中,犯罪嫌疑人不是凶手,因为指供诱供,所交代的绳索并不是真正的作案工具,后来发现凶器是现场其他的绳索或者布条。如果漏提,就会失去查找关键证据的机会。还有的案件中,犯罪嫌疑人被迫承认是用捂住口鼻的方式杀死被害人,但是尸检过程中并没有发现死者口鼻处有伤痕,而是在死者鼻腔内发现纤维成分,如果毛巾漏提,也不利于事实的查明。

(5)非法拘禁、强奸、绑架致人死亡现场。这类现场要重点审查控制被害人自由行动、制止其反抗的方式,具体如关押的空间大小、通风情况,捆绑、堵口所用的工具、力度、方式。如使用胶带、布块堵口时是否严重影响正常呼吸,与死亡结果的发生是“通常会引起”还是“极个别情形下会发生”,从而判断行为人对于死亡结果的发生是故意还是过失。

以上物证提取之后,保管、移交、鉴定的过程也是审查重点。提取之后是否依法封存,包装上面有没有贴上标签,提取笔录中有无记载物证提取的具体地点;火场、爆破场以及采样的具体的位置,提取的时间和提取人员等,有没有记录清楚;如果记录不清楚,就可以物证来源存疑作为辩点。

(二)痕迹物证

1. 常规痕迹

常规痕迹主要是现场的足迹、足印、指纹、掌纹、轮胎印记、划痕、血痕、唾液等比较常规、常见的痕迹,相对容易掌握。除了审查这类物证是否与犯罪嫌疑人、被害人具有同一性之外,还要审查痕迹在现场的分布轨迹,用以判断案发现场有几人,犯罪嫌疑人是否有作案的可能性,是否存在他人作案的嫌疑,作案人在现场的运动轨迹等。

有的案件是发生在熟人之间,甚至是共同居住的人、家庭成员之间。这种情况下,不能仅凭现场提取到的指纹或者脚印对作案人下结论。要审慎区分生活痕迹和作案痕迹。审查现场勘查的平面图和照片，观察痕迹在现场的分布轨迹，如果这些痕迹没有出现在被害人的尸体周遭，就要对犯罪嫌疑人是否作案人进行合理怀疑；审查现场的滴落状的血痕分布和犯罪嫌疑人供述的杀人过程是否印证，行凶的具体地点和血迹的分布是否对应等。

2. 生物样本

常见的生物样本有DNA、毛发、皮屑、体液、组织碎屑等。

特别是爆炸现场和放火现场，因为人员伤亡多，生物样本也更多。DNA的提取可以通过血迹排除凶手、判断尸源等。容易忽略的是，作案工具上面DNA的提取。

3. 附着物

附着物主要包括花粉、火药、昆虫、粉末、油漆颗粒、尘土、泥浆、藻类、爆炸残留物等。

前面的案例2中，李昌钰以白手帕在草地上摩擦为例，证明被害人穿着衣物在草地上被施暴，会留下附着物，并以此推翻了强奸罪的指控。司法实践中，以附着物的提取、检验、鉴定来侦破案件的例子很多，我们要大致了解一下什么情形下会留下这些附着物，如何去查找，查找之后如何证明涉案事实。

（1）作案环境遗留的附着物。行为人在森林、草地等场所作案，要注重对犯罪嫌疑人、被害人的衣物、鞋袜、裸露在外的皮肤进行检查。衣物、鞋底附着的昆虫残肢、植物的草籽、汁液等，除了能够证明犯罪嫌疑人到过案发现场，也能判断发现尸体的现场是否为第一现场。

（2）作案所使用的凶器遗留的附着物。行为人在作案时使用了枪支，虎口处可能会留下的火药残留；使用后放回衣裤口袋，织物上可能检出火药残留物质；带锯齿的凶器，要检查是否附着被害人的衣物纤维；钝器击打头部，对于凶器的缝隙、沟槽等地方要仔细检查，确定是否沾有被害人的毛发；碎尸现场的砧板、分尸工具，司法实践中也曾检出过死者的皮肤组织和骨屑。这些都是需要细致审查的地方。

（3）车辆撞击遗留的附着物。行为人在作案过程中驾驶车辆，可分为两种情形：一是以车辆为交通工具，二是以车辆为行凶工具。除了调取常见的相撞痕迹、轮胎轨迹等痕迹物证外，微量物质、行驶和作案时的车辆附着物都不能忽视。相撞的车辆、撞击的墙壁、挡板等现场物体，会在承痕物体、嫌疑车辆上分别留下油漆颗粒、金属微粒等附着物。对附着物进行比较特征检验，能够确定嫌疑车辆是否为作案车辆。

车辆撞击后，部分车体脱落，现场遗留的塑料、玻璃等残留物，通过同一性鉴定、分离痕迹比对，对甄别嫌疑车辆是否为作案车辆也很有帮助。车轮、车体附着的尘土、泥浆、藻类，对于确定车辆行驶轨迹、是否出现过案发现场等，均大有裨益。

(4)灰尘减层。肇事车辆碾压行人、物体后，车辆底部就会出现相应的灰尘减层，所以肇事案件中，车辆底部的灰尘完整性检查有其必要性；窒息而死的被害人，如果不能判定死因是自缢还是外力作用，除通过尸表痕迹检查推定死因外，还应根据嫌疑人辩解中提到的被害人悬挂点去检查灰尘是否发生减层。这些都是有效查找、分析物证的思路。

审查切入点：

(1)足印、指纹、掌纹、血痕除了审查其特征是否与犯罪嫌疑人、被害人具有同一性外，还要审查在现场的分布和轨迹，判断犯罪嫌疑人是否有作案的可能性；

(2)作案工具系车辆的，需要通过轮胎印、灰尘减层、微量物质交换等来判断车辆是否为肇事车辆，是否有刹车、减速等规避危害结果发生的行为；

(3)强奸、猥亵等案件中，受害人衣物和身体上提取到的体液、精斑等生物样本，除了同一性的比对之外，提取的时间、检材是否被污染也是重要的审查内容；

(4)花粉、昆虫、泥浆、藻类等附着物可以判断行为人是否出现在抢劫、杀人、伤害等案件的现场；

(5)爆炸残留物、火药残留物在以危险方法危害公共安全、火药为击发动力的枪支作案的时候要重点审查，必要时需要进行同一性鉴定。

辩点归纳如表1所示：

表1　有关痕迹物证的辩护策略

证据切入	辩护策略
现场的足迹、掌纹等痕迹不能证明与犯罪嫌疑人的痕迹具有同一性。	①不能排除他人作案可能性； ②不能证明嫌疑人到过犯罪现场。
实物物证、痕迹物证之间存在矛盾，或与言词证据存在矛盾。	证据之间的矛盾不能排除。
犯罪嫌疑人提供的作案衣物、工具、绳索没有提取到血痕、指纹、生物样本。	缺乏足够证据印证，没有形成证据体系。事实不清、证据不足。
作案工具、凶器与鉴定、言词证据不一致。	证据之间的矛盾不能排除。

三、现场勘查的审查与辩护

(一)现场勘查流程及规范

有的律师在审看现场勘查笔录时比较粗,甚至轻轻带过,实际上是很可惜的,会错过很多重要的辩点。认真审查现场勘查笔录的内容,与现场勘查照片、现场平面图相互比对,可以发现很多问题。对于现场勘查的知识掌握得越丰富,对于现场勘查的流程和规范越了解,从中发现的问题就越多,将来开展辩护的思路就越宽,辩护被采纳的概率就越高。

现场勘查是由侦查人员在见证人的见证下,运用科学技术手段,对与犯罪有关的场所、物品、人身、尸体等进行勘验、检查的侦查活动。现场勘查应当遵照《刑事诉讼法》和《公安机关办理刑事案件程序规定》的要求进行。

(1)勘查现场,应当拍摄现场照片、绘制现场图,制作笔录,对地点、周遭环境、现场遗留痕迹应客观、全面记录,准确标示命案现场的尸体、痕迹、物证之间的位置关系。

(2)发现、固定、提取现场遗留的血迹、体液、毛发、人体组织、指纹、足迹、字迹等生物样本、痕迹、物品,记录现场勘验、检查情况,制作成现场勘验检查笔录,由参加勘查的人和见证人签名。

(3)现场勘验检查笔录、现场照片、现场图应该装订成册、标注页码,加盖主勘单位的行政公章和骑缝章。现场提取的证据依照法律规定的程序扣押、保管,用于后期生物特征、同一性比对、专业鉴定以及证据分析,目的是发现案件线索、重构犯罪现场、查证犯罪事实。

(4)描述现场方位及中心现场,详细记录中心现场的建筑、设施、物品的结构、朝向、位置、门窗状况,详尽描述尸体的位置、特征、血迹性状、分布轨迹,记录勘验起止时间和现场的天气情况,对现场勘查的全过程,应当录音录像。

案例五:庞某师故意杀人案

海南省人民检察院海南分院指控:1998年2月10日上午,被告人庞某师和他的家人一起到兰庞村附近的蔗地里砍甘蔗,约10时许,庞某师拿着钩刀到蔗地对面的坡地游逛。当他走到兰庞村村民庞某成菜地附近时,碰见同村女青年庞某金(别名庞某九),两人便坐在草地上闲聊,被告人庞某师先用手摸庞某金的胸部,后又拉开庞某金的裤子拉链,扒下庞某金的内裤,同时,庞某师也拉下自己的裤链,两人发生了性关系。而后,庞某师准备返回蔗地时,见庞某金仍坐在草地上,庞某师害怕其将此事泄露，便用钩刀朝庞某金的后脑部猛击一下，将庞某金打昏在地，庞某师唯恐庞某金不死，用钩刀朝庞某金的后枕部猛砍，致庞某金当场死亡。接着，庞某师又把庞某金的尸体拖至现场旁的灌木丛中，然后逃离现场。经法医鉴定：庞某金因被人持锐器（如钩刀）砍伤头部致颅脑损伤而死亡。

海南省高级人民法院两次把这个案子发回重审。经重审，海南中级人民法院于2002年4月16日作出（2002）海南刑初字第40号刑事附带民事判决，宣告庞某师无罪。

宣判无罪是因为该案的直接证据仅有庞某师的供述，且不稳定。庞某师所作的9次供述中，5次作了有罪供述，但所供述的尸体的朝向、被害人衣物的特征、杀人凶器特征、杀人过程与现场勘查的实际情况、技术鉴定存在矛盾。具体如下：

（1）供述中的尸体的朝向与现场勘查的尸体朝向不一致。

（2）供述的衣裤特征与现场勘查不符。

（3）供述的杀人凶器与现场勘查提取的不一致。庞某师供述杀害宠某金的钩刀是其带去砍甘蔗的刀，经查，庞某师家人砍甘蔗的钩刀共5把，除2把是自家的外，另3把是家人向外祖母、庞某富、庞某初所借，且这三人均有证言在卷；而刑事科学鉴定证实现场提取刻有“某杰”两字的钩刀为杀人凶器，该刀为庞某杰所有。

（4）供述的杀人过程与刑事科学技术鉴定不一致。庞某师供述先用钩刀的面朝庞某金后脑勺猛击下去，庞某金即昏倒在地翻白眼，后又用钩刀朝头背部乱砍几刀；但刑事科学技术鉴定书证实庞某金是被人用锐器砍伤头部致颅脑损伤而死亡，没有发现庞某金后脑被钝器击打的痕迹。此外，从被告人庞某师的供述看，现场应有两个，但第一现场没有任何材料记录；公诉机关认定庞某金死亡时间仅凭庞某金家属陈述庞某金失踪的时间来推断，而没有任何科学证据来确定。

掌握了前面归纳的审查切入点，在看到这个案件时，能够快速、准确地找到辩点。作案凶器的来源查证，死者衣物认定，勘查笔录与物证、言词证据之间的对应性等，在前面归纳的物证审查切入点中都有提及。

（二）犯罪现场的勘查要点

1. 多个犯罪现场的全面勘查

前面分析的案例五存在两个犯罪现场。最终法院认定无罪的理由中有一点是“第一个现场没有任何的材料记录”，这就引出一个重要的问题——存在多个犯罪现场时，我们应当如何确定？

暴力类犯罪案件往往存在多个犯罪现场，需要结合在案证据，全面查找现场，然后对所有的现场证据进行全面的调取和检验、鉴定，防止有漏勘的现场和漏提的证据，防止遗漏同案犯防止错误认定作案人。

暴力类常见的犯罪现场包括：接触、控制、制服、囚禁被害人的现场，伤害、侵犯、杀害被害人的现场，藏尸、抛尸、碎尸的现场。有的绑架、斗殴案件，还会存在作案地点转移的情形，出现多个控制人身自由、械斗、围殴的现场。前面提到的犯罪嫌疑人、被害人身体上、衣物上、作案工具上提取的附着物，还有现场勘查中的行车轨迹、现场监控、现场残留物，都是查找犯罪现场的关键证据。

针对作案的凶器、工具，有时候还包括存放、取得、隐匿、抛弃作案凶器、作案工具的现场。通常而言，可以通过对作案凶器、作案工具来源、去向的调查来全面查找相关现场。

2. 尸体检验相关证据的重要性

（1）观察尸体所处位置、姿势、四肢、手脚形态、尸体与周围物品的位置关系，是否存在可疑物证，勘查有无移动尸体的痕迹，是否存在意外摔跌的挫伤、擦伤，是否存在反抗痕迹，是否存在高空坠亡特征。

（2）户外尸体还要仔细观察尸体现场的地形与地貌，检查是否存在被动物撕咬造成的尸体损坏，是否存在因雨水冲刷、冰雪、高温或湿度等气候条件引起的尸体异常变化等。防止出现对死亡原因、死亡时间的误判。

（3）发现尸体的腐烂程度严重时，要综合考量是否因为高温湿热天气加剧了尸体腐败速度。对于异常的尸表特征、与发现尸体环境明显不符的物质残留，要谨慎分析，防止出现人为移尸抛尸，伪造现场、伪造意外死亡等情形。

（4）观察尸体细部照片，判断死者生前是否与人搏斗，是否有过近身接触；观察死者衣物是否完整，纽扣是否存在脱落，是否在现场收集到对应的遗留物；衣物、鞋袜表面是否存在附着物、可疑痕迹。

（5）审查尸检报告及勘查笔录，尸体及周遭是否存在可疑斑痕、血痕；掌心、指缝、手、脚指甲内是否残留可供鉴定的生物检材；口腔中是否残留他人的皮肤组织和软骨组织（反抗、撕咬），是否有化学物品等异味（中毒）；头发覆盖下的头皮是否有伤口（防止遗漏伤情）；创口特征与鉴定意见是否存在分歧。

（6）发现证据的疑点和证据间的矛盾点。分析言词证据与尸体检验、现场勘查笔录是否存在矛盾，言词证据之间在关键事实的表述上是否存在矛盾，死者身上的伤口是否存在自伤和他伤难以区分的情形，犯罪嫌疑人是否存在不在场的时间证明，重要物证、凶器是否提取到案，生物检材和物证鉴定是否显示有其他人作案的可能。

案例六:王某雷不批准逮捕案①

顺平县人民检察院在审查公安机关的报捕材料和证据后认为该案不符合逮捕条件。

不批捕理由一:该案主要证据之间存在矛盾,案件存在的疑点不能合理排除。公安机关认为王某雷涉嫌故意杀人罪,但除王某雷的有罪供述外,没有其他证据证实王某雷实施了杀人行为,且有罪供述与其他证据相互矛盾。王某雷先后9次接受侦查机关询问、讯问,其中前5次为无罪供述,后4次为有罪供述,前后供述存在矛盾;在有罪供述中,对作案工具有斧头(见图1)、锤子(见图2、图4)、刨锛(见图3)三种不同说法,但去向均未查明;供述的作案工具与尸体照片显示的创口形状不能同一认定。

图1 斧头

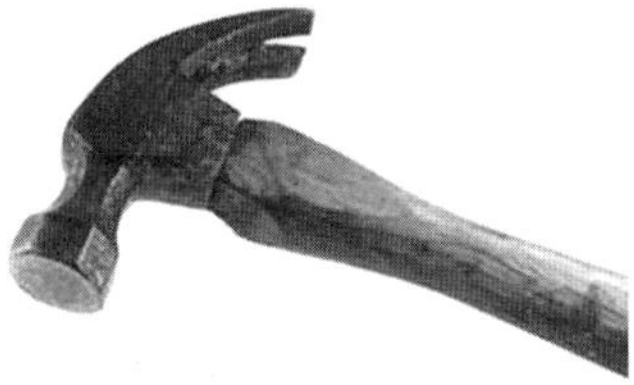

图2 锤子

图3 刨锛

图4 锤子

上述不批准逮捕的理由,就是物证与言词证据证明的内容存在矛盾。供述的作案工具与尸体照片所显示的创口形状不具有同一性。从图1至图4可见,斧头的锋刃很宽。锤子常见的有两种:一种是羊角锤,一头尖锐,一头圆而扁平;另一种是两头扁平。刨锛是泥瓦匠经常用的一种工具,一头锋利,一头方且扁平。刨锛作案后,被害人多呈头皮裂伤、颅骨骨折,裂伤区别于斧头所致创口的大面积开裂,钝器

① 参见最高人民检察院第七批指导性案例之王某雷不批准逮捕案(检例第27号)。

伤的方形特征是其独有的特性。正是因为斧头、锤子、刨锛这几种工具形成的创口特征区别太大,所以当犯罪嫌疑人的供述不能证明凶器来源、特征,与物证、鉴定等证据相矛盾,又没有其他证据排除这种矛盾时,就不能得出其是作案人的唯一结论,不符合批准逮捕条件。

不批捕理由二:影响定案的相关事实和部分重要证据未依法查证,关键物证未收集在案。侦查机关在办案过程中,对以下事实和证据未能依法查证属实:被害人尸检报告没有判断出被害人死亡的具体时间,公安机关认定王某雷的作案时间不足信;王某雷作案的动机不明;现场提取的手套没有进行 DNA 鉴定;王某雷供述的三种凶器均未收集在案。

从上述不批准逮捕的理由来看,死亡时间的鉴定缺失、物证的生物样本鉴定缺失,作案凶器未收集到案,是导致该案未达到批准逮捕条件的原因。物证收集、鉴定不全面,这些都是重要的辩点。实际上,在 2014 年 3 月 22 日,顺平县人民检察院对王某雷作出不批准逮捕决定后,对此案进行跟踪监督,依法引导公安机关调查取证并抓获了真正的凶手王某。2015 年 1 月 17 日,保定市中级人民法院以故意杀人罪判处被告人王某死刑,缓期二年执行,剥夺政治权利终身。至此,真凶落网,避免了一起冤假错案。

辩点归纳如表 2 所示:

表 2　现场勘查证据的辩护策略

证据切入	辩护策略
犯罪嫌疑人的供述与现场勘查中的尸体位置、朝向、作案环境特征不符。	不能证明嫌疑人系凶手,关键证据存在疑点。
犯罪嫌疑人的供述的作案手法与尸检报告、伤情鉴定中的创口、伤痕特征不符。	证据间的矛盾不能排除。
存在多个犯罪现场的,只对其中部分进行勘查。	证据间缺乏印证,可能存在重要物证、痕迹、现场证据缺失,不能排除其他人作案可能。
犯罪嫌疑人交代的作案过程与现场勘查的血迹、足迹、打斗、燃烧、爆炸痕迹的分布及轨迹存在矛盾。	会见时详细询问作案过程、注重细节与以前供述的矛盾,归纳辩解意见与其他证据的印证点,推翻之前供述。

四、鉴定意见的审查以及辩护

（一）鉴定意见的规范性审查

1. 鉴定常见的规范性问题

（1）鉴定人及鉴定机构是否具备法定资质，是否通过年审，资质证明及相关证明文件是否附卷移送；

（2）鉴定人是否需要回避；

（3）鉴定事项是否超出机构业务范围；

（4）检材的收集主体是否合法；

（5）鉴定事由、委托人、鉴定机构、要求、过程、方法、日期等是否表述齐全；

（6）鉴定文书签名、盖章是否齐全；

（7）是否在规定的时间内及时移交鉴定；

（8）鉴定意见是否依法及时告知犯罪嫌疑人、被害人；

（9）鉴定程序是否违反法律规定。

2. 鉴定意见可以排除的情形

鉴定意见可以排除的情形如图5所示。

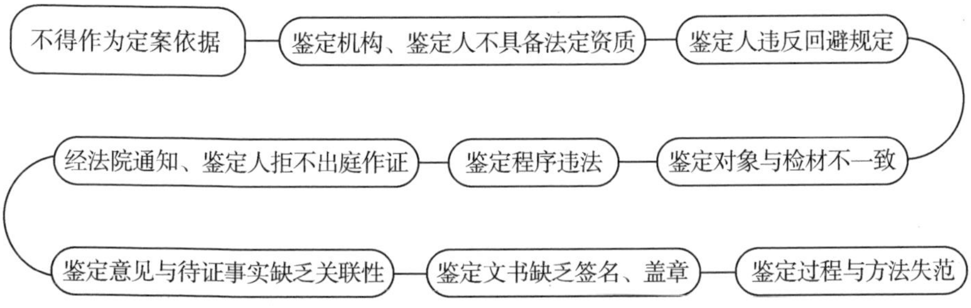

图5　鉴定意见可以排除的情形

（二）鉴定意见的实质性审查

（1）检材的来源是否清楚，检材的提取、勘验、检查等程序是否合法。

（2）检材的取样和数量是否达到相关要求。

（3）检材是否按照法定程序保管和移送。

（4）检材在流转环节中是否被替换、被污染，检材是否真实，是否损坏。

（5）鉴定人是否独立进行鉴定，鉴定意见是否受到委托人及办案单位的影响。

(6)鉴定内容有无明显遗漏。

(7)鉴定意见是否明确。

(8)鉴定程序、方法、分析过程是否符合检验鉴定规程和技术方法要求。重点审查:鉴定方法是否按照国家标准、行业标准;论证过程是否过于简单;分析比对中的差异点能否得到合理解释;鉴定依据的图谱、数据是否随附。

(9)鉴定意见与在案的物证、书证、言词证据等其他证据是否存在不能排除的矛盾。

(10)鉴定是否全面。例如,交通事故、火灾现场是否做了微量物证鉴定,有无对火灾现场证据进行综合微量物证鉴定,有无综合判断火灾事故中痕迹形成过程及与事故之间的因果关系。

案例七:卢某新涉嫌故意杀人、强奸案①

2012年9月10日晚,云南省西双版纳傣族自治州勐腊县瑶区乡沙仁村委会补角寨村民邓某某(女)被发现在自家耕种的地边死亡。经侦查,认定犯罪嫌疑人为卢某新。2014年6月9日,卢某新被云南省西双版纳傣族自治州中级人民法院一审以故意杀人罪、强奸罪数罪并罚,判处死刑缓期二年执行,剥夺政治权利终身;并赔偿附带民事诉讼原告人相应损失。一审宣判后,被告人及附带民事诉讼原告人均向云南省高级人民法院提出上诉。2015年4月2日,云南省高级人民法院以部分事实不清、证据不足为由裁定发回重审。

云南省西双版纳傣族自治州中级人民法院另行组成合议庭进行审理,于2015年12月20日再次对卢某新以故意杀人罪、强奸罪数罪并罚,判处死刑缓期二年执行,剥夺政治权利终身;赔偿附带民事诉讼原告人人民币27184元。宣判后,卢某新仍不服,继续提出上诉。

云南省高级人民法院二审认为,本案一审据以定案的DNA检材提取、鉴定,以及被告人有罪供述、现场指认笔录等证据不符合相关法律规定予以排除,不能作为定案证据,且经公安机关在二审阶段重新侦查,发现本案不排除他人作案的可能,原判认定上诉人卢某新犯故意杀人、强奸罪的事实,证据经查证不实,故二审宣告卢某新无罪。

该案存在的证据问题中最关键的一点就是鉴定的规范和有效。该案件中检材

---

① 参见《云南卢某新故意杀人、强奸案》,载广州刑事辩护律师网,http://lvshi12580.com/nd.jsp?id=93。

来源不清，缺乏相关物证的提取笔录。案件中始终强调做了现场勘查之后，一定要将提取笔录和物证照片进行比对，勘查笔录、提取笔录中没有出现过的物证，最后被用来检验、鉴定，用于对指控事实的证明，显然不能被采信，因为物证的来源不清，不能作为定罪依据，不能作出合理解释和补正就要予以排除，从而破坏证据链条的完整性。

该案后来又作了新的鉴定。但是，在被害人的身上没有检查出犯罪嫌疑人的DNA，现场提取的生物样本，与犯罪嫌疑人卢某新的DNA并不一致。新的鉴定不但未给案件增加新的证据，无法证明卢某新与被害人的死亡之间存在关联，而且还发现了现场存在的犯罪嫌疑人之外的生物样本，不能排除本案还有其他人作案的可能，案件达不到证据确实、充分的标准，这也是案件在二审阶段宣告卢某新无罪的原因。由此可见，现场的物证、物证的鉴定意见与物证之间是否印证，对于案件辩护能否成功，起着至关重要的作用。

死刑命案有效辩护的关键点

孙建保

死刑命案，顾名思义，指的是那些可能判处被告人死刑的涉及人命的案件。死刑命案的范围很广，引起命案结果的危害公共安全犯罪、暴力恐怖犯罪等都可能引发死刑的适用。本文所称的死刑命案进行了适当的限缩，并且是对“死刑”与“命案”外延的双重限缩。其中“死刑”是指死刑立即执行，而“命案”则主要指个人法益受侵害的情形。“命案”的常见情形大体包括以下几类：一是故意杀人案件；二是抢劫案件；三是绑架案件；四是故意伤害（致人死亡）案件；五是引发了命案结果的聚众斗殴案件。这几类案件在实践中比较可能判处被告人死刑，其中尤以第一、二类案件居多。

死刑命案的辩护涉及的内容非常多，因篇幅及主题所限，本文拟仅围绕死刑命案有效辩护的主题进行框架性的阐述，而不作详细展开。具体来说，笔者着重阐述刑事律师进行死刑命案辩护时应当知道、应当掌握以及应当理解的相关内容，以下分别以“应知”“应会”“应解”来指代。

一、死刑命案有效辩护的“应知”

本文所谓的“应知”，是指作为刑事律师应当知道的可以视为死刑命案辩护工作的一些基础性“常识”，包括死刑命案较之于普通刑事案件的特殊之处、我国当前的死刑刑事政策、死刑判决到底是如何作出的等，以下分而述之。

（一）“应知”之一：死刑命案的特殊之处

相较于大多数非死刑命案的普通刑事案件而言，死刑命案无论是在案件本身的性质特点方面，还是办理时需要注意的方面，都存在一些特殊之处，其中比较明显的或许要数以下几点：

其一，死刑命案基本上没有取保候审的空间。当事人及其家属在案发后通常会有一种普遍的心理，即希望能给当事人争取到取保候审的机会，不希望当事人被长时间地羁押在看守所里。当事人及其家属的心情当然可以理解，但实事求是地说，死刑命案基本上没有取保候审的空间。众所周知，取保候审有其特定的条件，在通常情况下，如果具备了取保候审的特定条件，办案单位会对当事人予以取保候审，但是在死刑命案里，情况将会变得与众不同起来。打个比方，即便是当事人患有非常严重的疾病，办案单位也可能会采取取保候审之外的特殊处理措施，而不是予以取保候审。例如，一般的监管机构会设立监管医院，主要收治那些必须羁押的已决犯或者未决犯，患有非常严重疾病的死刑命案未决犯，往往会被送往这些监管医院进行诊治及看管。如果需要开庭，不方便将当事人押解到法院里的法庭场所进行的话，甚至可以在监管医院里面搭建临时法庭进行开庭。

办案单位对于死刑命案严格控制取保候审的适用，是有着法律规定作为依据的。按照我国《刑事诉讼法》的规定，如果可能判处10年以上有期徒刑，是“应当予以逮捕”的。所以律师如果碰到这样的案子，首先就要跟当事人家属说清楚这个情况，同时将更多的时间和精力放在其他方面展开辩护工作，不建议把过多的精力放在考虑如何才能取保候审上。

其二，死刑命案的办案时限往往会拖得比较长。死刑命案从立案侦查到审查起诉再到开庭审理直至判决，其间所需要的办案时间会比较长。如果再算上二审程序和死刑复核程序，案件的耗时还会更长。除了非法集资类涉众型案件等少数案件外，其他非死刑命案所需的办案时间通常远低于死刑命案所需的时间。当然，虽然案件耗时较久，但这里的耗时也是法定时限，并非法官随意延长的，无非需要按照要求履行相应的延长报批手续。

需要指出的一点是，虽然死刑命案的诉讼环节耗时比较久，但这个“久”并不是平均分配于侦查、审查起诉、审判这三个环节的。总体来说，审查起诉环节消耗的时间比较短，侦查时间相对长一些，更长的时间则往往是在审判阶段。在审判阶段，开完庭后往往还会有许多工作要做。由于可能判处死刑立即执行，所以无论是承办法官，还是合议庭其他成员，都会格外用心，确保案件办理不出错。为了确保质量，案件首先需要合议庭评议讨论，很多时候还要经过专业法官会议讨论，然后才会提交审判委员会讨论决定。所以单就审判环节消耗的时间，有时就会比非死刑命案的办案时间总和还要久。作为辩护人，有必要在接手案件之初，就把办案时间可能会拖得比较长这个问题向当事人及其家属讲清楚。一方面，消除当事人及其家属可能存在的心理疑虑；另一方面，让当事人及其家属意识到自己所聘请的律师是有经验的，能够把这个案子代理好，从而赢得当事人及其家属的认可和信任。对于律师而言，当事人及其家属的信任是非常重要的。

与案件办理时限相伴而生的一个问题是被告人及其家属的心态变化，尤其是被告人家属的心态在案件判决之前和判决之后会有明显的不同。在案件判决之前，无论案件情节严重还是不严重，抑或严重到何种程度，被告人及其家属都会很迫切地希望早日知道判决结果。然而一旦真的被判处了死刑立即执行，那么被告人及其家属的心态马上就会发生巨大的转变，由一审期间的希望尽快知晓判决结果转变为二审期间的希望案件的节奏能慢一点，不希望二审判决很快就作出。究其原因，或许是因为被告人及其家属也明白，二审改判的概率相对比较小，多数案件都会维持原判。所以他们一边对二审抱有强烈却又忐忑的期待，一边又宁愿二审审理的时间长一点，宁愿死刑复核的时间长一些。这样一来，哪怕案件最终没有被改判，留给被告人的时间也会更多一点，这是被告人及其家属的普遍心理。作为辩护人，在接待被告人及其家属或者在办理案件过程当中，与被告人及其家属分析案情、沟通情况的时候要把这个问题给讲清楚，否则被告人及其家属可能就会经常询问甚至质疑别的案子两三个月、三四个月就结束了，而我们这个案子都过一年了还没结，案件是不是有什么“猫腻”，或者是不是律师工作没做到位等等诸如此类的问题。被告人及其家属的心理状态是非常微妙的，可能产生一些辩护人想象不到的想法，所以有必要跟被告人家属“有言在先”，把可能出现的情形先向被告人及其家属讲清楚，以免产生不必要的误会或者疑虑。

其三，死刑命案的量刑是一种“估堆式”的量刑。当前推行量性规范化，在此背景下又全面推行认罪认罚制度。在量刑规范化与认罪认罚制度的双重推力下，对于很多案件，一位有经验的律师在阅卷之后对案件的大体量刑区间能够作出判断。现实中，不少辩护人会根据最高人民法院、最高人民检察院《关于常见犯罪的量刑指导意见（试行）》，同时结合一些法定、酌定情节进行加减运算，得出其估算的刑期。如果检察官提出的量刑建议或者法官的判决结果与辩护人估算出的刑期结果有出入，辩护人就可能会拿着自己估算的刑期去跟检察官或者法官沟通，并据理力争。这种做法是值得赞许的，并且时常还会有不错的辩护效果。但这一做法有一个前提条件，即需要辩护人有相当丰富的办案经验，能对案件结果有相对明确的预判。但如果遇到的是死刑命案，情况就要另当别论了，因为这类案件的量刑没有办法通过量刑规范化，至少在目前情况下是没有办法通过量刑规范化来预估结果的，而只能根据既往的经验去做一个类比式的预判。被告人及其家属总是迫切地想知道案件的判决结果的。即便是杀了人,甚至杀了不止一个人,被告人及其家属也会问“能不能留一条命”,这是他们的一个祈盼,也是很正常的一种心理状态。但事实情况是,法官开完庭后,对全案的事实及证据已经有了充分了解,心里已经对案件的判决结果有了大体考虑,其仍然不能确定案件的最终判决结果。因为死刑命案往往需要经过审判委员会讨论决定,审判委员会作出的决定才是最终的判决结果。

其四,死刑案件的承办法官会对案件“吃”得很透。死刑命案主要由中级人民法院、高级人民法院的法官办理。相较而言,中级人民法院、高级人民法院法官每年所审理的案件数量要少于基层法院法官所审理的案件数量。相应地,法官在每起案件上所花的时间、精力会多出很多,案件的质量也会有所提升。从案件性质来看,中级人民法院、高级人民法院审理的案件很多都是有重大影响或者罪行严重的案件,尤其是针对死刑命案,在当前“少杀”“慎杀”死刑刑事政策的大背景要求之下,法官对每个死刑命案的审理都会格外谨慎,法官会在力所能及的范围内把审理工作做得极其扎实、极其细致,留给辩护人的空间就会小很多。面对非常有限的辩护空间,如果辩护人缺乏经验、能力跟不上、责任心不够等,就难以胜任辩护工作的需要,难以让辩护工作取得实效。

(二)“应知”之二:我国当前的死刑刑事政策

我国当前的死刑刑事政策可以归纳为“保留死刑、严格控制、慎重适用”十二个字。为了贯彻落实这一刑事政策,我国从立法到司法、从实体到程序进行了全方位的努力。立法上,在刑法总则里强调死刑只适用于罪行极其严重的犯罪分子的同时,在分则里进一步对哪些罪名可以适用死刑作了明确限定;《刑法修正案(八)》和《刑法修正案(九)》相继废除了20多个死刑罪名。程序上,从2007年开始,把死刑核准权收归由最高人民法院统一行使,尽可能地实现了死刑适用标准的全国统一。国家控制死刑适用的决心与努力可见一斑。

司法机关也在不遗余力地贯彻落实国家的死刑刑事政策。2010年最高人民法院印发的《关于贯彻宽严相济刑事政策的若干意见》第29条提出,“要依法严格控制死刑的适用,统一死刑案件的裁判标准,确保死刑只适用于极少数罪行极其严重的犯罪分子。拟判处死刑的具体案件定罪或者量刑的证据必须确实、充分,得出唯一结论。对于罪行极其严重,但只要是依法可不立即执行的,就不应当判处死刑立即执行”。这是司法解释性质文件中对死刑刑事政策提出的比较宽泛的要求。因抢劫引发的命案是比较典型的死刑命案,最高人民法院在2016年印发的《关于审理抢劫刑事案件适用法律若干问题的指导意见》中强调,“对抢劫刑事案件适用死刑,应当坚持‘保留死刑,严格控制和慎重适用死刑’的刑事政策,以最严格的标准和最审慎的态度,确保死刑只适用于极少数罪行极其严重的犯罪分子”。这里强调了两个“最”,即最严格的标准和最审慎的态度,还同时强调了两个“极”,即极少数和极其严重。从这两个“最”和两个“极”即能看出最高人民法院对死刑适用态度的慎重。在这样的刑事政策指引以及工作要求下,法官会用超乎常规的,甚至是苛刻的证据标准去审理死刑命案,但凡证据方面存在一点点问题,都可能会直接影响死刑的适用与否。

正是为了严格控制死刑适用,一些不那么起眼的酌定量刑情节在死刑命案里有可能会使得案件的刑罚裁量峰回路转,甚至可能会在生与死这个至关重要的决定上决定着案件的最终走向。当前的死刑命案最终实际判处死刑立即执行的非常少,原因就是当前的死刑刑事政策。

(三)“应知”之三:死刑判决如何生成

在司法实践中,法官、法院是如何贯彻落实死刑刑事政策的呢,或者说,法官、法院是如何限制死刑适用的呢?答案可以归结为经验、减法与程序三个法则。

首先来看经验法则。一位有经验的法官会根据自己的办案经验,把手上的死刑命案与其以往所办理的其他死刑命案进行横向比较,综合考虑犯罪手段、犯罪情节、犯罪后果等方面因素,判断手上的死刑命案较以往那些死刑命案是轻还是重,并参照以往死刑命案的量刑对手上的死刑命案作出是否判处死刑的初步意见。这里面存在多种可能性,举例来说,如果二者情节基本相当,而以往的死刑命案没有判处死刑,那么手上的该起死刑命案也就可以考虑不用判处死刑;如果手上的死刑命案情节重于以往判处了死刑的死刑命案,那么手头上的死刑命案当然也就有理由判处死刑了。

总体来说,法官通过这种横向比较后基于既往经验所作出的初步判断一般不会有太大的误差,换作另外一位有经验的法官来判断,多数情况下也会得出大体相同的判断结论。在此情况下,如果有 100 起死刑命案,由于“严格控制、慎重适用”的要求,法官只会将其中情节最为恶劣的极少一部分死刑命案判处死刑。以直观的数字来量化考察,假如 100 起死刑命案中大约有 20 起案件可能被判处死刑,那么不同的法官作出的哪 20 起案件情节最为恶劣的判断基本上不会相差太多,这就是经验法则在起作用。

其次来看减法法则。接着上面的量化数字来谈,假如需要将判处死刑的案件数量控制在不超过20起,那么毫无疑问应该就是情节最为恶劣的那20起,但最终是否绝对确定就是那20起呢？未必！原因何在？这20起案件乍一看,可能确实每起案件中的被告人都属于罪大恶极型,其作案手段极其残忍,犯罪后果极其严重。但如果真的去“抠”细节、“抠”证据,就会发现其中部分案件可能会存在一些问题,有的可能会在证据方面出现重大瑕疵,从而不符合前面所提及的“最严格的证据标准”的要求。例如,有可能存在作案工具没有提取到,作案工具与被害人体表的裂创不能完全吻合,审讯录像丢失不排除存在着刑讯逼供现象的可能等缺陷。一旦出现这些问题,法官就有可能会在内心产生或多或少的不确定性。这个时候法官就有可能进行“降维”处理,提出留有余地的判决意见。假设这样的案件有3起,那么还剩下17起死刑案件。在这剩下的17起案件中,如果其中的几起案件被告人案发后有意愿、有能力进行赔偿,被害人也愿意接受赔偿,并且愿意在此基础上谅解被告人,如此一来,这样的案件就有可能不会被判处死刑。假如在17起案件里面有2起属于这种情形,那么就只剩下15起案件了。当然,这里面还存在其他一些可能动摇法官判处被告人死刑信心的因素,这些可能引起排除死刑判决适用的情形都属于减法法则的范畴。

最后再来看程序法则。我国刑事诉讼案件实行两审终审制,即便上面所述的15起案件二审维持了死刑立即执行的判决,也仍然需要报请最高人民法院核准。对于死刑案件的核准,最高人民法院持极其谨慎的态度,核准程序的严谨慎重程度不亚于一道独立的审判程序。死刑复核法官一方面会从事实、证据角度严把“事实关”和“证据关”,另一方面会努力去做一些赔偿谅解的推动工作,这样一来,很有可能会从证据是否充分、刑事政策把握是否妥当等角度从15起案件中又挑出三五起案件认为不需要判处死刑,进而作出不予核准的裁定。如此一来,前面所说的100起死刑命案中可能只有10来起案件最终会被判处死刑立即执行。

总体来看,上面所说的实践路径大体上可以简单归结为经验法则基础上的减法法则,最后再辅以程序法则作为兜底保障,最终达到“少杀”“慎杀”的目标,由此切实贯彻落实了我国的死刑刑事政策。

二、死刑命案有效辩护的“应会”

本文所谓的“应会”,是指辩护人应当掌握的如何去进行有效辩护的关键性做法,这也是本文最为核心的内容。那么,律师究竟该如何着手死刑命案的辩护呢？这里涉及一项“应知”的内容,也就是辩护人需要搞清楚死刑命案有效辩护的关键点在哪里，因为只有搞清楚了这个问题，才可能有的放矢地展开工作。

死刑命案有效辩护的关键点在哪里呢？依笔者之见，这个关键点可以归结为两个维度：一是事实和证据维度，二是刑事政策把握的维度。这两个维度是法官面对一起死刑命案时考虑是否判处死刑的最重要因素。前者涉及的问题是现有证据是否足以认定案件事实，是否足以得出排他性的唯一结论；后者涉及的问题是是否有必要判处死刑。用一句话来概括，前者解决的是“能不能”判死刑的问题，后者解决的则是“要不要”判死刑的问题。

这两个维度拓展开来又可以发散为三个点：一是案件情节，二是案件起因，三是案件善后。案件情节对应的就是两个维度中的事实和证据维度，主要是看案件的事实是否清楚，证据是否确实、充分，从证据和事实角度寻找辩点；案件起因和案件善后对应的则是刑事政策的把握这个维度，主要是看在案件起因上被告人是否有值得恕悯的情节存在，在案发后被告人是否积极实施了赔偿被害人（家属）求得其谅解的悔罪行为，这两个方面从量刑角度来看，可以归属为酌定量刑情节。案件起因、案件情节、案件善后，三者对应的是案情发展的前、中、后三个环节。案件情节处于当中的环节，也是最核心的环节。如果案件情节有问题，即案件的事实和证据方面存在问题，法官对于死刑命案的事实认定以及量刑把握就会慎之又慎。对于案件起因以及案件善后这一“前”一“后”两个环节，在非死刑命案中，即便确实存在着可予恕悯的从宽情节，对被告人的从宽幅度往往也很有限，但在死刑命案中就大不相同了，甚至可能直接影响死刑与否的判决结果。带着这样的认知去开展辩护工作，辩护的针对性效果就会更加明显。

（一）“应会”之一：证据角度之辩

在上面所说的有效辩护的三个关键点中，证据可谓最为核心的辩点所在。通常情况下，死刑命案的核心证据至少包括六项，这也是每起命案证据体系里的“必备要素”。一是DNA鉴定。DNA鉴定主要是现场提取的血迹以及被告人与被害人的血迹鉴定，有时也包括毛发以及其他一些生物性物质的DNA鉴定。二是现场勘验笔录。三是对提取到的物品痕迹所做的鉴定报告。四是被告人供述和辩解。五是尸检报告。六是证人证言。此外还有一项比较常见的证据是被告人的精神鉴定报告。在一些基础条件相对较好的大、中城市，针对死刑命案，由于被告人可能面临死刑的严重后果，办案单位慎重起见，可能会委托专业的鉴定机构对被告人精神健康状况进行鉴定并形成精神鉴定报告。在基础条件相对差一些的地区，对被告人作精神鉴定的概率相对要低一些。

死刑命案的证据审查是一项专业性及经验性要求均极高的工作，本文仅围绕核心证据择其要点进行简要介绍。第一，审查现场勘验笔录。现场勘验笔录是公安机关技术勘查部门对案发现场进行勘验时所做成的记录，其内容主要记载现场情况以及现场所提取的一些痕迹、物品等情况。在审查现场勘验笔录时，重点要关注现场提取到了哪些与案件有关联的物品或者痕迹，尤其是有没有提取到作案工具。作案工具是非常重要的物证。因为作案人作案无论是用枪杀的、刀砍的、绳勒的、火烧的、砖砸的、棒抡的、匕首刺的、电击的，都会使用到作案工具。不同的死因在尸检报告上面会呈现出不同的痕迹和外观表现，也与作案工具的选择使用等契合。法官非常关注作案工具，其关注度表明法官对死刑命案的证据的重视程度，是其工作谨慎、细致的具体表现。对于作案工具，要关注被告人所供述的作案工具与现场提取到的作案工具在外形特征等方面是否一致，尤其要注意核查被害人身上的裂创能否由该作案工具所形成。比如被告人供称是持单刃匕首或者水果刀作案，但从尸检报告上的图片以及其记载的尸检情况来看，被害人身上的裂创符合双刃的特征，那么被告人的供述可能就有大问题，其陈述的作案工具可能并不是真正的作案工具，如此一来，单单一个作案工具上存在的问题就可能动摇该案的整个证据体系。

第二，审查鉴定报告。通过核阅现场勘验笔录，知道现场提取到了哪些物品、痕迹后，还要关注这些物品本身或者痕迹的载体等是否被全部作为检材送检鉴定以及鉴定的结果情况。这里存在两个环节：第一个环节是基础性的环节，即逐一核对确认鉴定报告中鉴定的检材与现场提取到的物品、痕迹情况是否完全一致。假如现场提取到10件物品，那就要看这10件物品是否全部被送去做鉴定，是否有遗漏。如果有遗漏，就要作为一个疑点提出来，同时要围绕这个疑点作具体分析，看是否有可能影响案件事实的认定。如果全部被送检，确认没有遗漏，那就要进入第二个环节的辨识，确认鉴定的结论性意见是否与本案相关联，能否指向本案当事人。以现场提取的血迹或者毛发为例，如果经DNA鉴定，最后证明的确是被告人的血迹或者毛发，那就可能与其他证据相互印证；如果现场提取的血迹或者毛发与被告人完全不一致或者不完全一致，那就要引起格外重视。这时存在多种可能性，一是可能抓错了人，存在冤错的情形；二是虽然没有抓错人，但不排除还有其他人参与作案的可能；三是被告人单独作案，其他人只是事先或事后偶然路过案发现场但却留下了血迹或者毛发等。如果是共同作案，二人系共犯，那么这两人在案件中的地位作用就有可能不同。在“少杀”“慎杀”的大背景要求之下，共犯中的地位作用即便差得不是很大,也很有可能直接影响被告人的生死。死刑立即执行和死刑缓期执行虽然从刑种上来说都是死刑,但从结果来看,一个是生,一个是死,截然不同。因而如果不能排除其他人参与作案的可能,那就直接关系到共犯的地位作用认定问题,进而关系到生死决断问题。

第三,审查尸检报告。法官在审理案件过程中会仔细阅读尸检报告,作为辩护人也要同样仔细地去阅看。仍以作案工具为例,如果被告人供称"我在被害人肚子上捅了两刀",辩护人就要结合尸检报告里所附的图片等证据去核验被害人身上的裂创情况,看裂创部位是否位于腹部,裂创部位是否为两处,裂创外观特征及剖验情况是否表现为捅刺而非划割或砍切等,这些细节点要综合把握判断。关联的证据不能被切割开来单个、孤立地去考察,一定要综合起来进行分析判断。不仅要看被告人供述的加害行为与被害人体表的裂创情况是否一致,还要看被害人体表的裂创与作案工具是否能够吻合,作案工具与被告人供述是否一致,等等。被告人供述、作案工具、尸检报告、被害人身上的裂创,这四个方面环环相扣、相互印证,只有综合起来分析判断,才能发现其中的问题。

第四,审查证人证言。每个案件的具体情况不同,证人证言的价值大小有别。有时证人证言会对案件事实的认定起到关键性作用,如有的证人亲眼看到整个案件的发生过程,基本能详细地把被告人作案的整个过程描述下来,这就是一种直接证据。但很多时候,死刑命案中没有这样的直接证据,而只有一些间接证据。辩护人对于这样的间接证据一定要仔细加以甄别。比如,有的证人证言可以在一定程度上证明被告人有没有作案时间、作案现场有没有遭到破坏、作案现场是封闭的还是开放的,等等。如果是非封闭的现场,就不能排除第三人出入现场的可能。一旦有第三人出入现场的可能,那么起诉书指控的案件事实就不能说是确定无疑的。

证人证言中有一类相对特殊的情形,即证人对涉案人员或者物品的辨认。有的案件单看公安机关制作的辨认笔录或许发现不了问题,但如果仔细思考就能发现其中不合常理的地方。例如,从笔录抬头上记载的时间来看,辨认有可能发生于案发之后很长时间,可能是案件到了审查起诉环节或者退回补充侦查环节,公诉人发现公安机关人员忘记进行了相关的辨认工作,让其补办的。以一般的逻辑思维推断,一个人很难在时隔数月甚至逾一年后准确辨认出一个仅有匆匆一面之缘的人,很难准确说出被告人当时行凶的作案工具的外观特征,除非存在某种让证人记忆极其深刻的合理情形。这种时隔很久的辨认笔录不排除证人在进行辨认时受到侦查人员诱导或者暗示的可能。作为死刑命案的辩护人,要想发现这样的细节问题，至少需要做到两点：一是看。要仔细察看，不放过任何一处文字内容，包括笔录抬头记录的时间。二是思。要冷静思考，善于发现问题。

第五，审查被告人的供述和辩解。站在辩护人的角度，往往会更加关注被告人的辩解，其实被告人的供述也不可忽略。每个案件都会有很多证据，无论是控方还是辩方，一般更加愿意先去阅看言词证据，包括被害人陈述、被告人供述、证人证言等，对案情有了基本的了解之后，然后再去阅看案卷里的勘验笔录、鉴定报告等其他证据，这是一种由主观证据到客观证据的“先主后客”型阅卷法。笔者不建议采用这种阅卷方式，而建议采用“先客后主”的阅卷方式。先看现场勘查笔录以及各类检验与鉴定报告等，看看从现场提取到了哪些东西、有没有送检、送检结果如何，在此基础上再看被告人供述，这样可以在一定程度上避免形成先入为主的观念。在“先主后客”的方式下，由于先阅看了被告人供述，接下来可能会只关注被告人供述与其他证据相互印证的部分，而将其中可能得不到印证的内容有意无意地忽略掉。在“先客后主”的方式下，相对不便的一点是，阅看案卷材料会吃力一些，所需要花费的时间相对会多一些。笔者认为，作为辩护人，多花这些时间和精力是值得的，是更好地履行辩护人职责所应当付出的“代价”，还有可能发现新的辩点从而取得意外“收获”。当然，律师的职责及工作做法有别于法官。法官在阅看案卷之前基本上没有见过被告人，案情对法官而言是全新的；而律师在见到案卷证据材料之前，往往已经会见过被告人，对案件的情况已经有了大致的了解，但这种了解也仅仅只针对案情，对于案件的证据情况未必知道很多，证据的“确实、充分”程度如何、有无矛盾或者瑕疵证据等，辩护人在阅卷之前基本上并不知道，所以站在辩护人的角度，采用“先客后主”方式是必要且可行的。

被告人的辩解内容很多时候不是针对客观事实本身，而是集中在案发前或者案发后的环节，尤其是案发前的环节。死刑命案中，被告人的辩解往往存在一个共同的特点，即由于被害人已经死亡，被告人的辩解变成了一份孤证，很难得到其他证据的印证。例如，对于案件起因的辩解，被告人往往会称被害人有错在先；对于案件事实的辩解，被告人可能会说“张三先打的我，然后我才去还击的”，或者说“张三用刀先捅我、先砍我，我夺了刀，然后回砍他”。案件起因可能只影响量刑，而对于案件事实的辩解，如果属实，可能不仅仅影响量刑，还直接关系到罪与非罪了。在这种情况下，作为案件承办人的法官可能会感到比较棘手，而对于辩护人而言，此种情况可能是绝佳的辩护机会。对于这种可能存在却又得不到证实的情形如何处理，怎样抓住辩护机会，直接考验着辩护人的辩护“功力”。作为辩护人，需要综合全案证据材料，从宏观和微观的角度，兼采证据分析与逻辑推断相结合的方法，大胆假设，小心求证，缜密分析，合理推断，以推动办案单位采纳辩护意见，给出无罪或者虽然有罪但作出留有余地判决的结论。

第六，审查精神鉴定报告。精神鉴定报告也是死刑命案辩护中不能轻易放过的一个重要证据。从司法实践情况来看，当前死刑命案中的被告人要么是没有进行精神健康状况鉴定，要么是在审查起诉或者审判环节才进行精神健康状况鉴定，在侦查阶段进行精神健康状况鉴定的比较少见。辩护人在介入案件的辩护工作后，通过会见当事人，如果感觉其言行举止有异或者通过当事人家属的介绍获悉其家族中有精神病遗传史，又或者当事人作案动机比较牵强，甚至难以理解，这种时候就有必要及时将情况向办案单位反映，申请并推动办案单位委托鉴定机构对当事人进行精神健康状况鉴定。尤其需要注意的一点是，侦查阶段侦查人员通过提讯等方式与当事人可能会有多次接触，但出于种种因素考虑其未必乐于去对当事人进行精神鉴定，而等到审查起诉环节或者审判环节，公诉人、法官与当事人接触的机会又非常有限，通过有限的接触不一定能发现当事人精神健康状况有异，也不会去给其做精神健康状况鉴定。作为死刑命案的辩护人，一方面，要有精神鉴定的意识；另一方面，要学会观察，发现情况有异，要及时反馈并推动办案单位进行精神健康状况鉴定。

对于死刑命案的辩护人而言，会阅读精神鉴定报告以及了解精神鉴定的相关知识是一项基础性要求。精神鉴定机构出具的精神鉴定报告在其结论性的鉴定意见部分一般会对三个方面同时给出意见：一是被告人是否有精神病；二是被告人是否有刑事责任能力；三是被告人是否有受审能力。司法实践中可能存在以下几种情形：

第一种情形是在关键的“鉴定意见”板块中缺失第二方面的内容，即报告中未提及被告人是否具有刑事责任能力这个问题。出现这种情形的原因，大概率是因为办案单位的具体办案人员欠缺经验或者粗心大意而在委托鉴定时只在委托事项里笼统地标注“鉴定×××（笔者注：指犯罪嫌疑人、被告人姓名）是否有精神病”之类的内容，而未明确列明上述三方面的内容，精神鉴定机构的鉴定医师出于谨慎或者省事等心理，便严格“遵照”委托要求出具鉴定报告，由此报告中并没有犯罪嫌疑人、被告人是否具有刑事责任能力这项内容。第二种情形是鉴定意见显示，被告人没有精神病，也具有完全的刑事责任能力，但却没有受审能力。出现这种情形，大概率是被告人自身原因所致。少数被告人，尤其是原先具有某种特殊身份的被告人，一旦被羁押,精神受到刺激,心理产生急剧变化,情绪出现剧烈波动,由此导致其暂时不具有受审能力。经过一段时间的调整,其受审能力是可以恢复的。第三种情形是鉴定意见中三项内容均正常,当事人没有精神病,具有刑事责任能力和受审能力,但鉴定医师会在得出鉴定意见的分析部分添加一两句看似多余的描述,大意是被鉴定人反应略显迟钝或者不够敏捷等,其潜台词意在表明虽然被告人没有精神病,但略微有些问题,如智商可能偏低、智力发育略有异常。一旦出现上述问题,辩护人就要加以高度关注,可以通过向鉴定人咨询等方式,设法搞清楚到底是怎么回事,尽可能地争取以此为契机,再辅以证据或者其他方面存在的瑕疵等辅助性的辩点,也许就会让案件出现转机。

死刑命案的证据审核应在所有刑事案件中要求最为严格,这项工作不仅考验着承办法官、检察官的能力,也可以测试出辩护人的"功力"高下。站在法官、检察官的立场,一定是希望案件的证据非常扎实,但受制于取证条件、工作经验等因素,相当一部分死刑命案的取证情况并不是很理想,这对辩护人而言反而是一条"利好"消息。众所周知,每个刑事案件的案卷中都会有一份《到案经过》,记载被告人是如何归案的,破案进展情况如何。死刑命案当然也不例外。如果死刑命案里的《到案经过》能够详细记录案件发生后公安机关如何一步步地去锁定作案人以及如何将作案人抓获归案,那么一个有经验的辩护人看到这样的《到案经过》,就能对案件证据的充分程度作出大致的判断。一般来说,如果公安机关锁定作案人的进程是合理、有序、有条不紊地演进的,那么这些案件的证据往往也会做得很扎实、很过硬,留给律师的辩护空间就会小一些。反之,留给律师的辩护空间相对就会大一些。这是因为在前者的情况下,作案人归案得越早、越顺利,那么证据材料灭失、毁损的概率就越小,侦查机关就可以越快、越全面地收集固定证据,破案过程中的一些线索材料往往也可以转化为强有力的证据;反之,作案人归案得晚,部分证据材料就可能灭失或者毁损,侦查机关调查取证的难度会逐步增加。例如,在案发后,侦查机关根据现场留下的物品、痕迹等层层推进,"顺藤摸瓜",很快将作案人抓捕归案。作案人到案越早,供述的时间可能也就越早,进而根据其供述收集其他证据的可能性也就越大。打个比方,作案人供称在作案后逃跑的途中将作案工具随手丢弃于某处,其供述得越早,侦查机关根据其供述在扔弃作案工具地点寻找到作案工具的概率就越大;反之,则寻找到作案工具的概率就越小。因为随着时间的流逝,作案工具因为种种原因而灭失的可能性也就逐渐增大。

司法实践中,死刑命案中的《到案经过》往往会记载得很简单,侦查员不会把案件的侦破经过记载得很翔实,而且侦查人员也不会愿意把破案情况告诉辩护人。所以,辩护人无法获悉具体的侦破情况时还可以从其他环节入手。例如讯问录像就是切入点之一。

案件进入审查起诉环节后,辩护人就可以查阅、摘抄、复制案卷证据材料,也可以向司法机关提出要去阅看审讯录像。阅看审讯录像至少包括以下几项目的:一是看侦查人员的讯问是否规范,是否存在诱供、逼供等违法违规取证的情形,是否保障了犯罪嫌疑人的正当诉讼权利。二是看审讯录像中犯罪嫌疑人所作的供述与讯问笔录所记载的供述内容是否一致,侦查人员是否忠实记录、是否遗漏了关键性环节等。三是看侦查人员是否把犯罪嫌疑人的辩解记录到笔录中了。辩护人一定不要轻易放过审讯录像,没有被记入讯问笔录中的犯罪嫌疑人的辩解可能就是辩点所在。

无论是站在控辩审的哪个角度,证据审查这项工作都极为重要,同时其要求也非常高。做好证据审查,一是要"细",二是要"全",三是要"思"。所谓"细",是要细心阅卷,不能放过任何细微环节;所谓"全",是要全面梳理,综合分析,不能"一叶障目,不见泰山";所谓"思",是要静下心来冷静思考,要敢于大胆地做假设推演。以提讯证为例,案卷中的《提讯证》记载了办案人员提讯犯罪嫌疑人的情况,包括哪天去提讯的,谁去提讯的,提讯开始和结束的时间等。很多辩护人见到《提讯证》后可能会一瞥而过,不会去多想什么,但这是非常不妥的。因为《提讯证》里值得关注的点有很多,甚至可能存在"大文章"。例如,通过提押与还押时间的对比,可以知道是否存在长时间疲劳审讯的情形;通过出所、入所的时间间隔与辨认笔录记载的时间对照,可以知道侦查人员将犯罪嫌疑人押解出所进行辨认的时间记载是否准确,并判断出辨认所需要的时间与实际用时之间的时间差是否合理,以排除监管场所之外审讯的情形;通过《提讯证》记载的提讯次数与案卷内讯问笔录的实有份数是否一致的比对,可以确认是否有笔录未入卷的可能。打个比方,有可能提讯证上记载提讯了 10 次,而讯问笔录上只有 8 次,那么一定要搞清楚另外两次是怎么回事。实践中,可能是侦查人员对犯罪嫌疑人宣布拘留或者逮捕而未制作讯问笔录;可能是检察机关办案人员借用公安机关的《提讯证》去提讯当事人,相关的讯问笔录存放于检察机关处;可能是外地公安机关因为另案需要获取本案犯罪嫌疑人的供述或者证言,遂借用本案办案机关的《提讯证》入所提讯本案犯罪嫌疑人等,种种情形不一而足。如果是外地公安机关借用《提讯证》,在外地公安机关的讯问笔录中就有可能潜藏着本案犯罪嫌疑人构成立功的情形。上述种种情形,都可以从《提讯证》中窥出端倪，前提就是需要辩护人有一双会观察的眼、一颗善思考的心，不放过案卷中的任何细微环节。

（二）“应会”之二：起因角度之辩

从案件起因的角度而言，辩护人需要重点关注是否存在可以恕悯被告人足以影响量刑的事由。死刑命案中，这种事由常见于两种情形：一是该案是否系由民间矛盾所引发；二是被害人是否有较为明显的过错。通常而言，后者对于量刑产生的影响比前者要更为明显一些。

首先来看民间矛盾的问题。对于什么是民间矛盾，其实没有标准答案。在最高人民法院的一些政策性文件里有提到民间矛盾这个概念，但“民间矛盾”并非法言法语，没有正式的法律条文对其加以界定。一般来说，家庭纠纷、邻里纠纷等是比较典型的民间矛盾。在《刑事诉讼法》以及《治安管理处罚法》等法律中出现了“民间纠纷”的概念，“民间纠纷”与“民间矛盾”应当可以在等同的含义上加以使用，但问题是，《刑事诉讼法》以及《治安管理处罚法》等法律中同样没有对“民间纠纷”的含义加以界定。鉴于死刑命案的重要性以及判决结果的严厉性，对于死刑命案中的民间矛盾这个概念在通常的意义上、在核心含义的范围内加以理解和掌握比较妥当。

民间矛盾在非死刑命案中往往未必会过于看重，但在死刑命案中就中另当别论。这主要是因为民间矛盾激化而引发的死刑命案中，被告人往往系因一时冲动而酿成祸端，其人身危险性原本并不一定很大，而人身危险性恰恰是死刑命案中量刑时会重点考虑的一个方面。1999 年最高人民法院印发的《全国法院维护农村稳定刑事审判工作座谈会纪要》中就强调，对于因婚姻家庭、邻里纠纷等民间矛盾激化后所引发的故意杀人犯罪案件，适用死刑时一定要十分慎重，应当与发生在社会上的严重危害社会治安的其他故意杀人犯罪案件有所区别。言外之意是，社会上发生的一些严重犯罪，比如恶性杀人案件、暴力抢劫犯罪案件，甚至爆炸案件等，被告人实施犯罪完全是自身原因，是蓄意所为，没有值得宽恕之处。民间矛盾所引发的死刑命案则不然，被告人的主观恶性与社会上发生的恶性死刑命案的被告人的主观恶性有着明显的区别。在最高人民法院主办的《刑事审判参考》中刊载了多起因民间矛盾引发的死刑命案案例，这些案例对于司法实践中个案的控辩审工作很有指导或者参考价值。

其次来看被告人过错的问题。如同前面所说的民间矛盾一样，被害人过错其实也是一个比较模糊的概念，也没有标准答案可言。《刑事审判参考》总第 124 辑第1368号余某希故意伤害案中提到了被害人过错这个概念，依其定义，刑法意义上的被害人过错是指被害人出于主观上的过错，实施了错误或不当的行为，且该行为违背了法律或者社会公序良俗、伦理规范等，侵犯了被告人的合法权益或其他重大利益，客观上激发了犯罪行为的发生。该案例还从四个角度分析了怎样才能构成被害人过错。在《刑事审判参考》中还有多起指导性的实例涉及了被害人过错的认定问题。这些案例中关于是否属于被害人过错的裁判理由对于刑事律师具有一定的启发意义。在笔者看来，刑法意义上的被害人过错应当是指被害人过错程度比较严重，站在中立第三人的角度也难以接受，换作第三人在相同境况下也会动怒，也可能实施冲动行为甚至做出过激之举的情形。换言之，被害人不仅有错，而且过错程度较大，理应对量刑产生影响，理应在一定程度上减轻被告人的法律责任，一般的小错误、小过错，不属于被害人过错。

前面所说的第1368号案例中还举了个例子，认为在夫妻关系中，如果夫妻一方婚内出轨，导致配偶杀害出轨方，出轨的被害人过错程度比较严重，可以认为是刑法意义上的被害人过错。本文接着这个例子想要谈的是，假如被害人没有出轨，而只是一贯游手好闲，或者非常懒惰，从不做家务，这些情形算不算过错？笔者认为应当也算是有错，但应当还不能称之为刑法意义上的被害人过错，只能算是轻微过错。因为正常情况下这些过错虽然让人气愤，但还不至于达到激怒配偶使其要实施杀人或者重伤对方的犯罪行为的地步，因此这种过错不足以影响量刑。实践当中较常见的一种情形是，男女双方谈恋爱分手，男方可能在财物上付出得较多，如送了厚重彩礼或者贵重礼物等。分手后男方要求女方返还，但女方不愿意返还，而这些彩礼或者赠送的贵重礼物可能占到男方个人资产总额一定的比例，男方因女方的拒不返还行为怒而行凶。在这种情况下，一般人会对男方抱有同情心理，也可能存在被害人过错的问题，但这也不是绝对的，仍然要区分具体情况而定。不妨以量化的数字来考量，假如男方只有100万元的身家，而赠送给被害人80万元，几乎以全部身家相赠，这种情况下赠礼占到了男方资产总额的极大比例，男方动怒情有可原，可以认为被害人有比较重大的过错；如果男方是亿万富豪，其赠送给被害人80万元，这笔数额对男方而言并不算大，在这种情况下其杀害被害人，如果认定被害人有过错可能就未必恰当了。所以在被害人过错这个问题上，很多情形并非绝对的，需要具体情况具体分析。这一点对法官如此，对辩护人亦同样如此。

在起因问题上还有一点需要说明，民间矛盾和被害人过错应当是既有区别又有联系的两个概念，相当一部分情形下，民间矛盾的内容和被害人过错是重叠的。

就以上述婚内出轨引发的命案为例，这是婚姻纠纷引起的命案，起因既可以归属到民间矛盾之列，又可以归属到被害人过错之列。对于具体的案件起因，无论是将其定性为民间矛盾，还是定性为被害人过错，都没有太大的区别，最主要的是要看这种起因的具体内容，判断其是否足以影响量刑。

（三）“应会”之三：善后角度之辩

所谓善后，是指妥善处理事情发生后的遗留问题。死刑命案中的善后，其内容可以包括多个方面，如被告人是否认罪悔罪，是否有协助抓捕同案犯的行为，是否有检举揭发他人违法犯罪的行为等，但更主要、也最为常见的是，是否去做了安抚被害人家属的工作，也就是被告人是否通过（代为）赔偿等方式，取得被害人家属的谅解。

案发后的赔偿谅解，充其量只能算是一个酌定从宽处罚的情节，放在其他刑事案件中，这样的从宽或许微不足道，但在死刑命案中，这样的从宽却可能足以引起“起死回生”的巨大逆转。具体来说，在其他刑事案件里，原本可能要判处5年有期徒刑的案件，因为赔偿谅解而从宽处罚，刑期可能会适当减少。假如减少了6个月的刑期，刑期虽然发生了变化，但这种变化不会太明显。但在死刑命案中，由于死刑立即执行的下一档次的刑罚就是死刑缓期二年执行并限制减刑或者直接就是死刑缓期二年执行，没有其他可供选择的刑罚空间，而无论是死刑缓期二年执行并限制减刑还是死刑缓期二年执行，都能够“保命”。所以除非不从宽，只要从宽，就可以从“丢命”变成“保命”，这种状况的出现，既与立法有关，更与我国当前的死刑刑事政策有关。

一旦被害人家属接受了被告人或者其家属代为进行的赔偿，往往就会对被告人予以谅解，同意法院对被告人从宽处罚。站在法院或者法官的立场，一方面有着落实“少杀”“慎杀”死刑刑事政策的要求，另一方面被害人家属确实出于自愿而愿意谅解被告人，能够接受对被告人从宽处罚的决定。在这种情况下，只要没有特别情况出现，对原本可以适用死刑的被告人从宽发落，也就成为必然的事情了。从这层意义上来说，善后赔偿与被害人家属的谅解不是法定从宽情节，但其作用有时候却不亚于甚至要胜过法定从宽情节。

一般人存在“杀人偿命，天经地义”“以命抵命”等朴素的正义观，对于任何一起命案，目击者或者听闻者的直觉就是凶手应当被判死刑。因为在他们的认知里，这种命案应当是最为凶残的案件了，应当是犯罪中的“天花板”了，很难想象还会有比这更为凶残的案件。殊不知，这样的命案在那些长期办理死刑命案的法官眼里或许只是一起再普通不过的死刑命案而已，未必会往死刑方向考虑。即便法官认为可能要判被告人死刑，他也还是愿意去尽力做一些和解工作，看能否促成被害方与加害方的和解。一旦被害方愿意接受加害方的赔偿或者其亲属的代为赔偿，进而谅解加害人，那么法官就可能不往判处死刑立即执行的方向考虑。

当然，这种赔偿与谅解换取从宽处罚的情形不是绝对的，并不是所有的命案只要存在赔偿与谅解，就会不判处死刑。这里还有着一个终极前提，即案件的性质与情节等是否属于罪行极其严重。司法实践中，故意杀人与故意伤害导致的命案因赔偿与谅解而不判处死刑的可能性相对大一些，但在抢劫案件中可能就未必如此了，即便被告人有赔偿能力且愿意赔偿，可能也未必会被从宽处罚。虽没有办法解释为什么会存在这种差异，但下面这个原因应当是很重要的一个方面。同样是命案，杀人或者伤害类的命案往往发生在熟人之间，在这种情况下，如果被告人愿意赔偿，被害人家属愿意接受赔偿，出于修复被破坏的社会关系、维护人际关系和睦与团结的需要，法官会倾向于死刑缓期二年执行的适用，将本应判处死刑立即执行的案件判处死刑缓期二年执行，由此使得适用死刑缓期二年执行的概率就会更大一些。但抢劫案件侵犯的是复杂客体，不仅仅是他人的人身安全与生命健康，还有财产安全，这个时候的犯罪行为已经不仅仅是个人的事情，还对社会公共秩序、社会安宁的法益造成了危害，后者的危害可能更甚于前者。出于这层因素的考虑，法官可能就未必愿意对抢劫类的死刑命案往从宽的方向去考虑。

三、死刑命案有效辩护的“应解”

本文所谓的“应解”，是指作为死刑命案的辩护人应当理解的“为什么要这样做”的基础性认识。死刑命案的辩护有其特殊性，容易对一些问题产生偏颇认识。辩护人应当首先摒弃这些偏颇认识，否则恐怕难以真正把案件办好。司法实践中，下面三个问题需要特别注意。

（一）“应解”之一：证据方面，证据有瑕疵≠疑罪

前面说到，对于死刑命案，法官会在经验法则的基础上进行减法法则的努力，减法法则中最重要的一个努力角度就是证据审查。从法官的角度看，一起命案要想判处死刑，不仅要具备“罪行极其严重”的必备条件，还必须同时具备证据必须足够确实、充分的条件，依照在案证据得出的结论必须是唯一的，必须排除了其他的所有可能性。以数字来量化考察，证据的确实与充分程度要达到100%。但站在辩护人的角度来说，情况就完全不一样了。两相对照，法官做的工作是从正向去

“立”,律师做的工作则可谓从反向去“破”。也就是说,法官需要在经过审查后确认证据达到100%确实充分的程度了才可以去判死刑;而律师是以“挑刺”的姿态应对同样的案卷与案件,如果经过阅卷等辩护工作,发现证据材料即便总体上看似并没有什么问题,但只要其中可能存在着没有查清楚或者无法查清楚的问题,这类问题不需要太多,也许只有一两个,也许只会让证据的确实充分程度减弱10%,或者5%,甚至更少,但只要这一两个问题能够达到可能会影响事实认定的程度就够了。请注意,这里使用的词是“可能”,也就是说,不需要某个问题确实存在,只要可能存在,即只要不排除这个问题存在的可能性,就够了。只要存在“不排除”某种影响事实认定或者量刑情形存在的可能性,那么案件的证据就达不到判处死刑的标准。因为判处死刑的证据标准是根据现有证据足以排除任何其他可能性,足以确保得出的结论是唯一的。

“不排除”某种可能影响量刑因素的存在,是死刑命案中的重要辩护方法之一。如果某起死刑命案中发现了证据瑕疵,推导出这种“不排除”的可能性确实存在,那么就很有可能会达到预期的辩护效果,被告人就有可能不会被判处死刑立即执行。打个比方,如果经过证据审查,发现在案证据不能排除有其他人参与作案的可能,对辩护人而言,就是极其重要的收获。在这种情况下,即使其他证据都很完善,法官也很有可能因不排除其他人参与作案的可能而最终作出留有余地的决定。因为一旦有其他人,甚至其他不止一人参与作案,被告人的地位作用就很难说了。在“严格控制、慎重适用”死刑的要求下,有时会有一些或明或暗的约定俗成的做法,比如如果要判处死刑的话,肯定是判处地位作用最重要的那个被告人,但如果不排除有其他人参与作案,那就没有办法确定无疑地认定已经到案的本案被告人就是其中地位作用最为重要的那个人。换言之,如果本案被告人的地位作用不是最重要的,那就不应该去“杀”,而应该“留”。这是站在法官角度去考虑的,站在辩护人的角度考虑,道理其实是一样的。辩护人只要能够通过现有证据,得出不排除某种可能影响量刑的情形存在,影响法官的内心确信,让法官心里“打退堂鼓”,如通过对现场提取的痕迹、物品以及鉴定报告的分析,结合现场是否系封闭或者开放场所等,得出不排除其他人参与作案的可能,就有可能使得被告人的命运由“死”到“生”。一些死刑命案中的证据比较充分,可能会存在着很多客观性证据,比如能够直接证明被告人实施犯罪行为的视频资料,或者现场有很多目击证人等,这些都是过硬的证据。在这种情况下,想要发现可能影响量刑的“不排除”情形存在的难度比较大。但也有很多案件的证据并不是那么充分,有时甚至需要靠很多间接证据去推理证明,这种情形下辩护空间就会大许多,“不排除”情形出现的概率相对就会高一些。

不仅是在证据方面,在其他方面也一样。以起因为例,在非死刑命案刑事案件中,如一些轻伤害类的案件,在起因上也许被害人有一定的过错,但是在法官看来,被害人过错毕竟只是酌定量刑情节,对量刑产生的影响很有限。在死刑命案中,如果被告人辩解被害人存在比较大的过错,虽然在案证据并不能确定地证明这一点,但结合常识常理常情分析判断,确实不排除被告人辩解属实的可能性,那就可能会让法官倾向于作出留有余地的判决,不判处被告人死刑。法官为什么会倾向于作出“留”而非“杀”的决定呢?因为死刑只适用于罪行极其严重的犯罪分子。这种严重性同时表现在主观与客观两个方面,如果被告人的辩解属实,被害人确有过错,那就表明被告人的主观恶性其实并没有那么大,并没有到“极其严重”的程度,从而不符合死刑适用标准,如果判处死刑,将不符合“少杀”“慎杀”的要求。

因此,作为死刑命案的辩护人,一方面要善于发现问题,从证据出发,推导出“不排除”某种情形存在的可能性;另一方面要客观看待这种“不排除”情形的作用及其影响。“不排除”情形的存在,使得案件的证据存在一定的瑕疵,但这并不能得出这是一桩“疑案”的结论。因此,“不排除”导出的瑕疵与“疑罪从无”之间不能画等号。当然,如果案件证据中存在的问题足以动摇整个案件的证据体系,使得案件的基本事实都无法得到确证,作为辩护人,那就要毫不犹豫地调整辩护目标,坚定地作无罪辩护,而不是作罪轻辩护。不过,此时的证据问题已经不再是“不排除”的问题,而是“不足以”的问题,即在案证据不是不排除案件事实中可能存在某种影响量刑的因素,而是压根不足以认定案件事实,前者是“量”的问题,后者则是“质”的问题。

(二)“应解”之二:起因方面,“激情犯罪”≠被害人过错

司法实践中,在说到犯罪起因时,很多辩护人喜欢用“激情犯罪”这个概念,想以此为由说服法官对被告人从宽发落。事实上,在死刑命案的辩护中采用“激情犯罪”这个提法并不妥当。

“激情犯罪”是犯罪学中的概念,往往与“预谋犯罪”相对应。辩护人引用这个概念的目的意在反映被告人的主观恶性程度没有那么深。在规范刑法学中,并没有“激情犯罪”这个概念,因而对于刑法学而言,“激情犯罪”可谓一个非规范性用语,无论是在刑法、司法解释或者司法解释性文件中,都没有“激情犯罪”这个概念。在这种情形下,如果将其放到辩护意见中作为一条重要的辩护理由来加以阐述,可能并不妥当。一方面,使用非规范性概念这个行为本身就不够严谨;另一方面,正因

为其系非规范性概念，使得其内涵与外延难以把握，没有明确的判断标准。可以想象，以一个内涵与外延都无法界定的概念为辩护理由，想要让法官采纳这样的辩护意见，能有多大的可能性呢？笔者曾经以“激情犯罪”在中国裁判文书网中进行检索，发现几千份裁判文书中都出现了这个概念。粗略看下来，主要集中在故意杀人和故意伤害类案件之中。笔者随机抽阅了其中的部分裁判文书，留心其辩护意见被采纳的情况，发现在“本院认为”或者相关的分析评判意见中，“激情犯罪”这条辩护理由几乎没有被直接采纳的。

通常来说，辩护人提“激情犯罪”想必一定是有着某种特定情形。无论这种特定情形的具体内容或者表现形式是什么，往往都可以归结一点，即被害人的先行行为让被告人动了怒，被告人由此在冲动之下行凶作案，酿成祸端。也就是说，事情不是没来由发生的，而是有“因”在先，才招致了被告人作案的“果”。对于这种引起后果的“因”，如果用“激情犯罪”不妥的话，那么该怎么表述才算妥当呢？笔者认为，用“被害人过错”这个概念或许更加稳妥些。理由如下：

其一，“被害人过错”基本上能够涵盖“激情犯罪”的内容。几乎在所有的情形下，所谓的激情犯罪都是因为被害人实施了某种激怒被告人的行为，被告人在情绪失控之下，不理智地做出了犯罪举动。被害人实施的激怒被告人的行为，站在被告人的立场来看，其实就是一种过错，所以用被害人过错这个概念来概括并没有什么不妥。况且站在辩方的角度，“被害人过错”也仅仅是被告人眼中的过错，至于是否确实应该被评定为被害人过错，或者法官是否认可这样的理解，是否采纳这样的辩护意见，并不是必要条件。所以只要辩方认为是一种被害人过错即可，哪怕最后的实际结果不一定会被认定为被害人过错，也并不妨碍辩方将其作为一种辩护理由提出来。

其二，“被害人过错”的提法更切合实际情况。单从字面含义来看，“激情犯罪”既可以理解为针对犯罪起因而言，也可以理解为针对整个犯罪行为而言，如果按照后者来理解，可能反倒更加切合其字面含义，因为“激情犯罪”这个概念的重心或者本质在于“犯罪”而非“激情”。但问题是，辩护人使用“激情犯罪”的本意往往是想从犯罪起因角度来谈问题，至于犯罪过程或者犯罪行为本身需要综合情节、手段等整体来把握，单靠“激情”不足以涵盖。相较之下，“被害人过错”只能理解为针对起因而言，无法往整个犯罪行为上理解，所以从这个角度来说，“被害人过错”的提法反倒更为贴切。

其三，“被害人过错”的提法具有一定的规范性。虽然从刑事法律的层面而言，当前还没有“被害人过错”这个概念，但在不少刑事司法解释性文件或者相关的刑事审判政策性文件中已经屡见该概念的身影。早在1999年最高人民法院印发的《全国法院维护农村稳定刑事审判工作座谈会纪要》中即已经出现了这个概念，此后在2009年最高人民法院印发的《关于审理故意杀人、故意伤害案件正确适用死刑问题的指导意见》中、2010年最高人民法院印发的《人民法院量刑指导意见（试行）》（已失效）等文件中均出现了“被害人过错”这一概念。因此，在一定程度上，“被害人过错”这个概念已经成为一个“准法定”的概念，在刑事法领域可以视为法言法语了。

基于上述原因，如果将“激情犯罪”的概念用“被害人过错”这个概念予以替换可能更为妥帖，一则规范色彩明显增加，二则相关辩护意见被法官采纳的概率可能会相应增大一些。虽然有学者在倡导刑事一体化的概念，但意图以一个犯罪学领域的概念去解决刑法学领域的问题，总给人一种不在一个平台上对话的感觉，置换成法言法语后，至少是在同一个平台上对话了。从这层意思上来说，相关辩护意见被法官采纳的概率可能会相应增大一些。

（三）“应解”之三：善后方面，赔偿谅解≠以钱买刑

赔偿谅解是一个酌定的量刑情节，取得赔偿谅解后，被告人能得到一定的从宽处罚，但在死刑命案中，起到的却是“起死回生”的作用。那么，赔偿谅解算不算以钱买刑呢？确实，以钱买刑会造成极大的不公平，一般情况下，法官会极力避免这种不合理现象的发生。但在司法实践中，死刑命案的法官不仅愿意接受赔偿谅解的做法，甚至很多时候还会主动去做赔偿谅解的工作，尽可能地促成被害方和被告人的赔偿谅解。

法官愿意接受甚至主动推动赔偿谅解的原因在于，赔偿谅解使得被告人“由死而生”，“少杀”“慎杀”的死刑刑事政策得到了贯彻落实，而后者带来的正向价值足以抵消前者衍生的负向影响。我国目前死刑刑事政策是要严格把控死刑的适用，力求“少杀”“慎杀”，这是一种更高的价值追求。在这种特定的情形下，出于更高价值追求的缘故，在有限的空间内留出一条狭窄的“生路”，不仅可行，而且必要。

可以说，正是由于包含着更高的价值追求，法官才敢在死刑命案中直面赔偿谅解。当然，这种赔偿谅解后从宽处罚的做法也不是无原则、无底线的。法官也会对这种赔偿谅解进行严格的限缩，将这种谅解赔偿只限于极小的场合。具体来说，往往只是限于那种本来就“可杀可不杀”的场合，对于那些引起天怒人怨，不杀不足以平民愤，严重危害社会公共秩序的重大暴力、恶性刑事犯罪，即便被告人及其家属

愿意赔偿，也无济于事，法官也不可能去做赔偿谅解的工作。其实，不要说严重危害社会公共秩序的重大暴力、恶性刑事案件，即便是针对特定个人的命案，如同时侵犯了双重客体的抢劫罪，法官也未必愿意去做赔偿谅解工作。

笔者建议，作为死刑命案中被告人的辩护人，我们要视案件的具体情况，尽可能地去争取赔偿谅解，但“宜做不宜说”，以免引起不必要的麻烦，造成不必要的误会。这是因为我们在辩护工作中还需要同时考虑到另外两方面的因素：一是来自被害人家属的，二是来自社会公众的。就被害人家属而言，如果其接受被告方的赔偿并对被告人予以谅解的事情被外界知悉，尤其是被身边一些左邻右舍的人知悉后，难保其中不会有喜欢搬弄是非的人在背后评头论足，诋毁、中伤被害人家属没有亲情观念，“眼里只有钱”，由此给被害人家属带来思想压力，使得其不愿意接受赔偿或者即便接受后又反悔。就社会公众而言，很少有人知道我国当前的死刑刑事政策，大众知悉因为赔偿谅解而使得或者可能使得被告人“起死回生”后，很可能会指责、抨击这种做法不公以及具体个案的判决不公，一旦这样的指责与抨击引起媒体舆论关注甚至炒作，持续发酵后，难保司法机关不会被“民意”裹挟。

死刑命案的辩护是一个宏大的话题，其中可以探讨的内容非常多，因篇幅所限，笔者仅围绕上述“应知”“应会”“应解”三个方面进行了粗浅的阐述，纯属笔者的一孔之见，其中定有舛误之处，敬请方家不吝指正。

强奸案件辩护的八项技能展开

李莉莎

一、强奸罪的概念与构成要件

《刑法》第 236 条规定，违背妇女意志，使用暴力、胁迫或者其他手段强行与妇女发生性关系，或者同不满 14 周岁的幼女发生性关系的行为构成强奸罪。

强奸罪的构成要件有：

1. 行为主体一般是男性。女性可以成立强奸罪的共犯，如教唆犯、帮助犯。

2. 行为对象是女性。《刑法修正案（十一）》新增设了第 236 条之一的规定，该规定在强奸罪的基础上增设了罪名，即负有照护职责人员性侵罪。结合最高人民法院、最高人民检察院、公安部、司法部《关于依法惩治性侵害未成年人犯罪的意见》，将强奸罪定罪量刑的年龄段归纳区分如下：

（1）与 10 周岁以下的幼女发生性行为，推定主观明知其为幼女，法定刑升格为 10 年以上有期徒刑并且从重处罚；

（2）与 10 周岁至 12 周岁的幼女发生性行为，推定明知，从重处罚；

（3）与 12 周岁至 14 周岁的幼女发生性行为，如有证据证明从女性的身体发育、言谈举止、衣着特征、生活作息等方面判断不出是幼女的，且女方系自愿的，不构成强奸罪；

（4）14 周岁至 16 周岁为少女，负有监护、收养等特殊职责的人，与少女发生性关系，即便女性是自愿的，也构成负有照护职责人员性侵罪。

3. 客观行为和结果。使用暴力、胁迫或者其他手段与妇女强行发生性关系。胁迫在认定上具有争议，利用教养关系、从属关系、职务权力等与妇女发生性行为，不能一律判断为利用胁迫手段而认定构成强奸。关键要看这类特殊关系，有没有使妇女达到一种不敢反抗、不知反抗和不能反抗的境地，要具体问题具体分析。

4. 主观方面。明知与妇女发生性行为,会剥夺女性的性自主权,包括选择发生性关系的对象、地点、方式等权利。在有些案件中,女性同意和某男性发生关系的前提,是该男性要使用避孕套,如果男性没有使用避孕套,则可能构成强奸,因为发生性关系的方式没有按照女性的意愿,故其可以被认定为强奸。

二、强奸犯罪的新特点

随着社会的发展,时代的进步,文明程度的提高,通过暴力、胁迫进行强奸的案件越来越少了,强奸罪呈现出了一些新的特点,笔者将之概括为"三化":

第一是高知化。涉案的犯罪嫌疑人往往文化程度较高,属高知人群,特别是一些名人涉嫌强奸罪,让我们对强奸罪产生了新的思考。

第二是熟人化。犯罪嫌疑人和被害人往往相互认识,甚至是熟悉的,有的有业务关系,有的还是情侣关系。

第三是非暴力化。传统的直接暴力、威胁类强奸越来越少见,借助醉酒、在饮料中下迷药、以嫖为名的新型手段层出不穷。

强奸罪呈现出来的新的特点,导致对强奸罪的认定出现了更多的问题,同时也给辩护带来了新的挑战。

三、强奸罪辩护八项技能的展开

众所周知,靖霖研发的刑辩十项技能,适用于所有刑事案件的辩护,那么,在强奸案中,如何有针对性地展开运用呢?

(一)接待家属的注意事项

在对家属进行接待的过程中,律师要把握好以下几点:

1. 避免简单翻证。非暴力的强奸案,特别是在被害人和嫌疑人原本相识的情况下,家属往往急于求成,会提出可否让被害人翻供的问题,他们以为这样案件就能不攻自破。这往往是不可取的。

我们先举一个"采耳强奸案"的例子。女技师躺在客户的身边在采耳的过程中,客户和女技师发生了关系,随后女技师报警称被客户强奸。嫌疑人的家属来委托时,称自己有朋友和女技师很熟,可以找到女技师支付赔偿金,并让女技师去公安机关说自己是自愿的,想咨询律师是否可以这样做。这时律师该如何给出建议?

第一,对于家属的想法表示充分理解。

第二,向家属明确指出,要避免简单的翻证,若翻证的理由不充分,则很难成功。

如在“采耳强奸案”中，被害人因为得到家属的赔偿而向公安机关陈述是自愿的，这一自愿的理由显然是不可取、不可信的。

第三，需明确告知，如果被害人翻证，最后也没有事实依据，公安机关很可能会以伪证罪追究被害人的刑事责任。被害人在审讯之下，如果作出确实是不自愿的陈述，那么即便案件本来可能存在疑点，也很可能因为伪证而成为铁案，由此失去存疑辩护机会，是得不偿失的。

第四，需告知，如果是家属诱使被害人翻证的，那么，家属将面临妨害作证罪的刑事风险。所以，急于求成，于事无补，反而有害。

第五，从全面提供法律服务方案的角度，告知家属，如果双方确实是自愿发生关系的，一定要翻证，而且翻就要翻到底。即便面临伪证被调查甚至被采取强制措施，也要坚持到底。

2. 谨慎取证。刑事律师虽有调查取证权，但这好比“刀尖上舞蹈”，风险极大，一旦处理不好辩护人会涉嫌妨害作证罪；即便不构成该罪，也会对案件造成不利影响。在接待的过程当中，应指导家属及时取证，律师自身也应谨慎取证，防范风险，下述案例可见谨慎取证的重要性。

张三与三两好友相约在酒吧喝酒，女生李某酒后被安排至旁边酒店休息，张三称到酒店给李某送包，后与李某独处20分钟，次日李某报警称其被张三强奸。张三称女方自愿，且其将此情况告知了在酒吧喝酒的朋友们。辩护人介入后，会见了张三，听取张三辩解后，又向在场的朋友们取了张三告知他们李某自愿与张三性交的笔录并提交给公安机关。后公安机关对在场几位朋友进行调查，这几位朋友称为张三开脱而作伪证。该律师也涉嫌伪证罪被调查。律师因在会见之后直接接触证人、直接取证的行为，将自己置于极大的妨害作证的风险之中，其取得的材料，不仅没有成为对案件有力的证据，反而造成了不利影响，成为被指控伪证的证据。

如果在侦查阶段，家属提供证人、证物，则辩护律师应该怎么操作？

第一，家属提供证人，律师可以了解情况，如果有价值，并确实不是作虚假陈述，则建议其直接向办案机关反映，或书面申请办案机关调查。

第二，家属提供物证、书证等客观证据。律师可写明线索来源、证物处所，先申请办案机关调取，办案机关不调取，可能影响案件公正处理的，律师可依照法律规定的调查程序自行调取后形成证据提供给办案机关。

第三，辩护律师除了自行调查取证以外，还可以指导家属调取证据，主要是指客观证据。因为强奸案的特殊性，有一些证据办案机关未必能够及时取得，且这些证据容易随着时间的推移,或因物理,或因人为原因灭失,比如酒店走廊视频、手机录像视频等。所以,要指导家属及时固定证据,及时进行保存或恢复。律师审查后,将有利于当事人的证据提交,可能不利的,律师没有举出不利证据的义务,故不予提交。

(二)会见嫌疑人的要领

1. 善用案例。首次会见用好"七步法":第一步告知身份说明来意,第二步告知监听风险,第三步提供充分的法律咨询,第四步询问笔录情况,第五步问其辩解,第六步提出法律服务方案并征得其同意,第七步家事传达。会见往往时间紧,任务多,律师一定要把时间花在刀刃上,务必让当事人做到心中有数。强奸案件中,法律适用并不难,难在事实认定,因为当事人往往思绪比较混乱,抓不住重点,不知道哪些细节是重要的,辩护律师可以通过举出恰当的案例,有效帮助当事人抓住重点,提出有效辩解。

如笔者在进行一起同行间涉强奸案的首次会见时,嫌疑人陈述:其与女方都从事房地产行业,他们在一次行业峰会中相遇,第一天饭后两人在酒店的露台喝酒聊天,其间女方对其有调情话语和暧昧动作。次日他们共同与好友吃晚饭,两人都喝了不少酒。后嫌疑人到女方房间同睡至天亮。清晨,嫌疑人想和女方发生关系。女方未拒绝抚摸,当嫌疑人摸至女方阴部时,女方用手挡了一下并咬了嫌疑人的脖子,嫌疑人以为女方不愿意,便停止,洗澡后两人共同离开房间。当天下午,嫌疑人被公安机关抓获,因为女方控告其强奸。

辩护人认为女方的报案原因十分蹊跷,于是举了一些报案动机不纯的案例,嫌疑人恍然大悟,认为是自己后来对女方的不尊重导致女方愤而报案。在后来的公安调查中,他重点讲述了自己与女方共同离开房间后可能惹恼了女方的几件事,最终,本案因为证据不足而未报捕。

2. 了解细节,提供全面方案。在询问笔录情况的同时,也要了解笔录以外的更多的细节,如事前、事中、事后被害人的行为,包括"自愿"体现在哪里,证据保存在哪里,关系发生的过程是怎样的,一定要细,只有充分了解细节才能提供更全面的方案。方案一为无罪方案,二为罪轻方案。疑罪方案的重点是找出"违背妇女意愿"的疑点。如果作罪轻辩护,重点在挖掘未遂、中止、自首等法定从轻、减轻情节,及时取得被害人谅解,调取嫌疑人平时表现好的相关证明材料。作无罪还是罪轻辩护,由律师提供全面的方案,最终由当事人进行选择,再由律师确定辩护策略。

如李某涉强奸案。辩护人在会见时了解到,公司老总李某与女员工张某共同饮酒醉后被同事送到宾馆同一房间,李某见色起意,有抚摸等动作,但并未勃起,未发生关系,后放弃,同时警察来敲门,将其带走调查。此案的辩护,有强制猥亵罪、强奸未遂、强奸中止等辩护方向,到底怎么辩?辩护人必须对上述定性进行详细的解释,让当事人在充分了解法律的前提下,结合自己所了解的案情,作出准确的供述与辩解。所谓"准确",就是其辩解有证据证明,至少符合常识常情常理。

3. 着重做好提审前辅导工作。强奸案件通常 7 天报捕,7 天批捕,时间较为紧张。因此,在当事人被提审前律师需为其做好法律咨询工作,以确保其在被警官与检察官提审时,作出条理明晰、重点明确的辩解。在辅导时,一定要让当事人明确,到底是作无罪辩护还是罪轻辩护。无罪辩护一定要提出有力的辩点。罪轻辩护一定要认可事实,态度一定要好。无论如何,嫌疑人要把想要表达的意见有效地传输到承办人的大脑中。

(三)与公检法承办人的沟通

1. 宜中肯客观。理性平和的沟通事实上是针对所有案件的基本要求。就强奸案而言,就报案人作风不良的存疑案件,比如报案人是陪酒小姐,律师在与承办人沟通时需注意措辞,切忌人身攻击,避免让办案人产生辩护人认为作风不好就是自愿的印象,影响沟通效果。比如在一起强奸案中,报案人是酒吧的卖酒女孩,该女孩在房间有异性的情况下,光着身子走来走去。对这一行为,如果辩护人用"光着身子走来走去,明显是在勾引异性,是想要发生关系"的表述,显然有点过;而如果使用"女孩在房间中有异性的情况下,洗好澡后光着身子走来走去,会让人感觉到她的开放程度比较高,产生与她发生关系不太会受到拒绝的想法"的表述,则更为客观,更容易让人接受。

2. 最好带一名女律师一起参与。强奸案件中被害人为女性,女律师从女性的视角阐述不是强奸的观点,以及从细节来判断是否构成强奸,会更有说服力。

3. 图文并茂,增强说服力。强奸案件中的一些姿势、场景、衣着,对认定是否属于强奸至关重要,辩护律师就争取用图示法把这些特别的因素直观地表达出来,以增强沟通的效果。比如,某强奸案中,女方称在车后座上嫌疑人一手按着她的双手,一手拿着手机拍视频,强行与她发生关系。辩护人找到了两位同事演示了这个场景,发现嫌疑人在这种情况下,根本不可能约束女方,达不到控制女方身体以实施奸入的目的。辩护人将视频和截图在沟通时展示给法官看,非常直观地表达了辩护观点,让法官一下就明白了这样的陈述是不客观的。

4. 家属参与,共同发力。家属也是重要的沟通力量,可以向办案单位反映意见,提出诉求。比如,在一起强奸案的办理中,嫌疑人与被害人本是邻居,双方父母都是好朋友,发生涉嫌强奸一事,双方家庭都难以理解与接受。被害人报案后觉得十分后悔,被害人的父母也觉得十分愧对嫌疑人一方。于是辩护人建议被害人及父母向办案单位表达谅解的意愿及不要求追究嫌疑人刑事责任的诉求,为嫌疑人取保及作进一步从宽处理打下了坚实的基础。

(四)与被害方谈和解,取得谅解

与被害人一方谈和解,取得谅解书,是强奸案件办理中极为重要的一项工作。谁去谈、与谁谈、怎么谈、谅解书怎么写,都有讲究之处。

1. 谁与谁谈?需要把握的原则是律师绝不接触被害人。因为谅解书是案件的证据,被害人是控方的证人。按照法律规定,律师如果接触被害人需取得检察院或者法院的同意。虽然没有法律明确规定在侦查阶段要取得公安机关的同意,但从法理及自身风险防范的角度出发,侦查阶段向被害人取证,也应先取得公安机关同意。那么,如果委托人提出要律师出面谈谅解,律师可建议由当事人家属与被害人一方谈,如果律师一定要出面,可由律师与被害人亲属或被害人委托的律师谈。

2. 疑罪要不要谈谅解?比如嫌疑人认为不是强奸,是否构成强奸犯罪待定,要不要去找被害人谈和解?很多人觉得既然不是强奸,还要取得谅解的话,岂不是自相矛盾,会被误认为是自认强奸。其实不然,哪怕是疑罪辩护,也可以建议当事人家属对被害人给予补偿,获得谅解,拿到谅解书。因为就强奸案件司法机关是非常重视社会影响及被害人态度的,即便案件存疑,如有谅解书也会减轻办案机关变更强制措施为取保候审及后续终止侦查、撤案的压力。

3. 和解协议怎么写?第一条,双方对所发生的事表示遗憾,愿意互相理解,理性对待,妥善处理;第二条,嫌疑人一方(代表嫌疑人)对被害人一方进行真诚的道歉,表示决不再犯;第三条,嫌疑人一方向被害人赔偿与补偿××元;第四条,被害人对嫌疑人予以谅解,向司法机关提交《谅解书》,请求司法机关对嫌疑从宽处理;第五条,赔偿补偿款于本协议生效之日起×日内付清;第六条,被害人一方不得再委托诉讼代理人及通过任何方式向司法机关表达与《谅解书》不一致的诉求,否则退回上述赔偿补偿款。如果赔偿补偿额过高,建议就赔偿补偿达成一个协议,以免给人造成花钱买刑的不良印象。

4. 谅解书应该怎么写?谅解书的写法非常讲究,尤其是在案件定性存疑的情况下,对于敏感字眼要模糊化。什么叫敏感字眼?比如写“对于某某强奸我的事情,我对他表示谅解”中的“强奸我”,该字眼在谅解书中出现无疑再次强调其非自愿,对存疑辩护不利,应避免出现。谅解书中最好使用“补偿”,不要写具体的金额,以免让人对该金额产生不同的猜想,影响对谅解真实性的确定,让人误以为是以钱换刑。以下是基础版谅解书的参考写法:

谅 解 书

××公安局(人民检察院、法院):

本人与某某于×时×地相识,平时是某某关系,对于某某在×年×月×日与我发生的事,本人深感遗憾。考虑到某某及其家属对我进行了真诚的道歉,对我的损失给予了补偿,某某也有他的家庭与事业需要他的支撑,故本人对他涉嫌犯罪一事表示谅解,请求司法机关在法律允许的范围内,对某某从宽处理。

谅解人:

××××年××月××日

附:身份证复印件一份。

(五)申请取保候审

因为强奸罪起点刑是3年以上,属于重罪,且属于影响恶劣的重罪,实刑率高,所以取保候审难度极大。但是在实践中,也确实有些强奸案件是采取了取保候审的。那么,对于强奸案件的取保候审申请有什么特别的要求呢?笔者认为,以下要素是重要的:

1. 被害人谅解。被害人的谅解对于羁押措施的变更有基础性的作用,代表着案件的社会危害性得到有效的消除,取保候审不至于发生被害人不满从而产生控告信访或其他矛盾激化的社会危险性。

2. 嫌疑人家人谅解。强奸案伤害的不仅仅是被害人,嫌疑人一方家人,特别是配偶,从某种意义而言,也是受害者。有的配偶,对丈夫出轨都不能原谅,更不要说强奸了。如果嫌疑人的家人,特别是配偶原谅了,嫌疑人回归社会进行正常生活就有保障,也就不会产生这方面的社会危险性。

3. 判例引用。《最高人民法院统一法律适用工作实施办法》提出要加强类案检索,维护法律的统一适用,因此律师要善用类案检索,将类似案情或更重情形下判缓刑的案例收集整理,制作表格进行可视化,注明判例来源,附上所有判例的原文,并用红笔标出重点,交给办案机关。

4. 政策引用。强奸罪虽然是暴力型的传统犯罪,但如果是特殊主体(企业家、外国人、华侨、国家重点工程移民、少数民族等),就应当运用相关的政策,结合少捕慎押的刑事司法政策等,提出取保候审的意见。

5. 所在社区或单位对其平时表现的评价材料。如平时表现好,单位在其领导下崇尚公益等,员工可以联名表达诉求。

(六)定性辩护

1. 强奸还是猥亵?第一,两个罪名最主要的区别在于行为人是否有发生性关系的目的。第二,产生争议的,多为强奸罪的犯罪形态为未遂或中止的情况。第三,如果嫌疑人已有想要与对方发生性关系的供述在案,变更已有笔录内容,造成供述不稳定,并非明智之举,会影响其认罪态度,不利于强制措施的变更,不利于从宽量刑。第四,猥亵与强奸未遂、强奸中止到底孰重孰轻?强奸未遂相对重一些,但强奸中止与猥亵罪尚需具体情况具体分析,法律规定,强奸中止没有造成损害的可以免除处罚,造成损害的,如按减轻60%来算,量刑在15个月左右。猥亵罪,没有恶劣情形的,处5年以下有期徒刑或者拘役,自由裁量空间较大。总体相较,在没有其他从轻、减轻情形的情况下,强奸中止量刑相对轻一些。但究竟怎么选,还是要在尊重客观事实的基础上进行选择。

2. 如何进行强奸罪的存疑辩护?

(1)事前

一看关系,包括事前双方是怎么认识的,相互之间的关系如何。实践当中比较常见的关系有"约炮"关系、恋爱关系、交易关系、利益关系等。

a. "约炮"关系。如某案嫌疑人通过某软件"约炮",在车上发生关系,可运用"约炮"双方都是自愿发生关系作不构成强奸的辩护。同时,结合二人互加好友后较为露骨的聊天记录,就能得出双方实际上是"约炮"关系,女方是自愿发生性关系的。

b. 恋爱关系。徐某和丁某曾为同学,现在不同大学读书,经常进行网络聊天联系,在假期聚会时相见,双方感情升温,某次在共同饮酒后同居一室,互有亲热举动,相拥入睡,后徐某在未征得丁某同意的情况下,与丁某发生关系,丁某惊醒后,报案称其被强奸。辩护人结合上述情况得出结论,其实二人互有好感,徐某与丁某发生关系属恋爱中的过限行为,不能被认定为强奸。最后在双方和解、男方得到女方谅解的情况下作不构成犯罪处理。

c. 交易关系。某嫌疑人到KTV唱歌喝酒后与陪酒小姐谈好以800元价格发生性关系,遂将其带到宾馆开房,后嫌疑人又带了一个朋友与该小姐发生了关系,因当天身上没有带钱，嫌疑人仅给女方50元就先行离去，女方酒醒后报案。从整个过程看，女方是卖淫，实为嫖资纠纷，是骗奸，而不是强奸。

d. 利益关系。被害人与嫌疑人有利益关系，导致报案动机不纯。有些是为了达到敲诈的目的，有些是为了升职，有些是碍于面子，有些是为了拿到合作项目，有些是为了逼嫌疑人离婚以求上位，有些是女方男友强烈要求报案以泄愤。对于这些关系，都必须进行深入挖掘，这对判定是不是真实报案，从而判定是不是真实强奸，起到至关重要的作用。

二看状态。被害人清醒的话，必须有反抗行为和反抗的痕迹；如果是失去意识，必须有证据证明被害人失去意识。在醉酒强奸案中，尤其要关注的是被害人的饮酒情况。首先，看喝的是哪种酒？有些酒别名，在某些场合下有性暗示的意思，如果女方同意喝，就暗示其同意发生性关系。其次，喝多少？要根据在场人的证言来作出判断，确定最高值与最低值。最后，醉了吗？必须从其原来的酒量，并根据当天的喝量，来进行量化判断。还可以根据案发后所测的血液酒精含量来倒推，如果案发后6小时的酒精含量是90mg/100ml，那么按照酒精的消除速率是10～12mg/(100ml/h)来计算，案发时的酒精含量是150～162mg/100ml，参考《法医毒理学》，当乙醇浓度达100mg/dl时，表现为兴奋、脸红、语无伦次、喜怒无常；当乙醇浓度达150mg/dl时，表现为激动、吵闹；当乙醇浓度达200mg/dl时，表现为动作不协调、意识紊乱、舌重口吃，故案发时尚未达到意识不清的程度。

三看性格。了解被害人的性格，是开朗还是内向、是彪悍还是懦弱、是开放还是保守。为什么要去了解？是因为要与其在案件中的表现进行对比。比如，证人证言证实被害人的性格日常非常彪悍，但被害人陈述的强奸过程中其却没作任何反抗挣扎、呼救，其陈述可信度就不高。

四看性经验。了解被害人的性生活及与异性相处情况。如女方自述案发前一晚自愿与嫌疑人发生过一次性关系，第二晚自己就不愿意与嫌疑人发生关系了，但嫌疑人还是强行与其发生关系，自己才挣脱报警的。从嫌疑人角度看，第一天女方自愿，第二天显然也不会不同意，哪怕不同意，也可以好好说，直接报警，令其无法理解。辩护人借此可以提出，嫌疑人基于前一天发生性关系的情况相信第二天女方也会自愿，在女方不愿意的情况下嫌疑人也就放弃了发生性关系的想法，没有强奸的故意。还有一案，被害人声称对男友忠贞不渝，但却在与男友交往期间，与多名男性保持着性关系，显然其说法就不能成立。

五看嫌疑人的动机和目的。包括嫌疑人想不想和女方发生关系，想怎么样发生关系，如何判断女方是自愿的。必须要有证据证明嫌疑人没有强奸的故意。比如一外国人被控强奸中国合作伙伴，该外国人辩称，其有多位情人，情人还非常漂亮，如果其与生意伙伴有感觉，就会很自然地发展成情人关系，这种性观念在他的国度非常正常。从他的角度看，男女有感觉就可以发生性关系。他的说法，虽然不符合中国人的观念，但也难以否认他就是这么想的。所以要结合他的辩解，寻找客观证据来证实他的辩解，以说明他没有强奸的动机和目的。

上述事前需重点关注的五个方面需要通过审查微信、短信、QQ 等聊天记录，证人证言，录音录像等途径来了解和分析。

(2)事中

一看被害人清醒与否。在醉酒强奸案中，重点要关注被害人的醉酒程度，可通过酒店的现场监控，查看被害人进入时是否需要人搀扶，需要几个人搀扶，在没人搀扶的情况下，看走路是否东倒西歪，能否正常与人交谈，再结合事前情况中的平时的酒量、当日喝酒的品种和数量，综合分析得出被害人的醉酒程度，也可引用表 1 和表 2 中的酒精作用机理(BAC 值)①对比《物证检验报告》中乙醇含量来增强说服力。

表 1　血液中酒精浓度(BAC%)与醉酒程度的关系

阶段	BAC%	程　　度
愉悦期	0.0 ~ 0.05	脸色见红润，疲劳感减轻
微醉初期	0.05 ~ 0.15	心跳加快，呼吸加快，脚下发飘，多唾液
微醉后期	0.15 ~ 0.25	四肢行动失调，呼吸急促，言语无逻辑
醉酒期	0.25 ~ 0.35	脸色苍白，脉搏微弱，呕吐，行走困难，意识浑浊
烂醉期	0.35 ~ 0.5	呼吸麻痹，大小便失禁，意志完全丧失，严重者死亡

表 2　饮酒量与血液中酒精浓度(BAC%)的关系

种类	酒精浓度	酒精含量(g)	BAC%
啤酒(小瓶)	4.3%	11(1 瓶)	0.025
葡萄酒	12%	14.4(1 杯 150ml)	0.031
白酒	43%	20.6(1 杯 60ml)	0.044

① 参见孙庆文:《酒精饮料在人体内的代谢及适宜饮量》，载《酿酒科技》2006 年第 8 期。

饮酒量与血液中的酒精浓度有关,血液中的酒精浓度直接反映在醉酒程度上。在强奸案件当中,至少要达到醉酒期,也就是达到0.25%(250mg/ml)这个值,才有完全失去反抗能力的可能。通过综合测算,可以较为客观地看出女性事中喝酒数量,结合其事中状态,比对在案证据,从而判断女性不省人事,完全没有反抗能力等陈述的真实性,说服力较强。

二看脱衣过程。在被害人清醒的情况下,实施强奸行为,当然要强行脱去被害人的衣裤。如果没有证据能够证明嫌疑人确实使用了暴力,则要仔细分析被害人陈述的自己被强行脱衣的过程以发现疑点。比如,报案人穿着连体裤被强奸的情形,通过模拟案发过程,可发现在该体位下,如果女性不配合,连体裤无法在没有破损的情况下被脱去。

三看性交姿势。前文讲到了一起发生在车内的强奸案件,被害人陈述其侧躺在后座上,嫌疑人用一只手将其双手按在座位上,另一只手一直拿着手机拍摄视频。通过模拟案发场景得出,只有将被害人的一条腿抬高,并且要一直控制着才能强行插入,但嫌疑人的另一只手一直拿着手机拍摄视频,显然没有手对脚进行控制,被害人下身完全可以自由活动,如果被害人不愿意,则不可能完成整个性交过程。可见,通过性交姿势的分析可以有效反驳女方关于非自愿陈述的真实性。

四看暴力和反抗情况。部分案件被害人身上有伤,需注意伤痕是不是暴力或反抗直接造成的?比如被害人腿部有伤,但嫌疑人对被害人只有一些在床上的亲摸试探动作,无明显压制性暴力,被害人腿上的伤痕是其下床以后因为房间昏暗发生磕碰而造成的,虽然被害人陈述其是为了逃离嫌疑人的亲摸,因此从床上迅速离开从而在慌乱中摔倒的,但伤痕与亲摸行为没有直接关系,不能据此认为强奸行为中使用了暴力。

五看威胁。能否认定为强奸罪的威胁行为要视程度而定。如果以公布手机拍摄的性爱视频为条件,要求再次发生性关系,显然属于强奸行为中的威胁;如果以给女性提供工作机会或者提供其他社会资源等为条件要求发生关系,在一般情况下,其程度上应属尚未达到精神压制的状态,是否构成强奸罪的威胁行为视具体威胁的内容和情况来认定,需达到精神压制状态才能构成"不能反抗,不敢反抗"。

六看呼救环境。尽可能进行现场实地查勘,看案发时是何种环境,包括发生在何地、何时,周围是人多还是人少,呼救环境如何。如能呼救、逃跑却没有实施相关行为,则可作为质疑非自愿性的理由。在一起强奸案中,案发地点为沿街民宿,早上5时左右很多早点摊已经出摊,且嫌疑人在实施侵害之后进入浴室洗澡,此时,报案人既有逃离时间，又有求助环境，但她选择等待嫌疑人洗完澡后与其一起开车离开，反映出其存在自愿的可能。辩护律师勘查现场后可拍摄照片提交给承办人，以便更直观地说明观点。

(3)事后

一看行为表现。看被害人在性关系发生后的表现是哭、闹、躲、冷静，还是显示暧昧状态。这些状态背后的原因又是为何。双方相处越正常，自愿性越强。

二看报案原因。看被害人是主动报案还是被动报案，如第一时间主动报案，则往往体现其不情愿性。实务中，存疑案件的报案原因常有被丈夫、男友或者家人发现奸情，为了维系家庭和名誉，遂称被对方强奸。某案中，女方与合作伙伴平日就暧昧，在酒店发生关系，被丈夫撞见，女方不得已哭诉自己是被强奸的，从而维护自己的名誉和家庭；还有“仙人跳”的情况，女方诱使男性与其发生关系后，提出经济补偿甚至建立恋爱关系、婚姻关系等要求，要求得不到满足的即报警称其被强奸。

三看陈述稳定性。对被害人的笔录，要仔细审查，看是否存在矛盾，是否有前后不一致之处，并将之与嫌疑人辩解、证人证言讲述的情况进行反复比对，发现蛛丝马迹。如某案中，证人证言都提到被害人与嫌疑人在喝酒时以男女朋友相称，相互搂抱，十分亲昵，但被害人在笔录中却没有提到这个细节，公安机关也没有问到这个细节，可见，被害人是有意回避此情节，想掩盖双方的情人关系。

(七)量刑辩护

量刑辩护主要从法定从轻和酌定从轻两个方面来展开。

法定从轻从是否存在未遂、中止、自首等法定从轻情节入手。这里重点是强奸的未遂和中止的区别。强奸未遂是迫于意志以外的原因，中止是基于意志以内的原因。在实践中，就要对当时的主客观因素进行充分的分析，核心点在于对是否“能够继续强奸”的判定，如果可以继续而停止，就是中止；如果不可以继续，则属未遂；如果不可以继续，嫌疑人也正好想停止了，这恐怕也要被认定为未遂，但辩护人必须加强其主观上主动停止继续犯罪的论证，至少要引用“存疑有利于被告人”的原则。

酌定从轻的理由有：自愿认罪认罚；达成和解，进行赔偿；获得谅解书；平时表现好；熟人之间，关系已修复，社会危害不大；酒醉误断对方自愿，主观恶性较轻；家庭情况特殊；被害人存在过错，如女方本来就是卖淫女。

如果嫌疑人的量刑在 3 年或 3 年以下有期徒刑的区间，辩护人应当提出缓刑意见，虽然强奸案缓刑率较低，但是这方面的判例还是不少的。经过笔者的收集，主要有:未成年犯罪的;限制责任能力人犯罪的;犯罪未遂的;犯罪中止的;赔偿并获得谅解的;证据存疑,辩诉交易的;被害人存在过错的;犯罪情节较轻的。

(八)申请被害人出庭并发问

第一,如果是存疑案件,一定要申请被害人到庭。申请被害人出庭,必须质疑被害人陈述的合法性、客观性,指出到庭的必要性,因此,必须结合全案证据,对前文所述的两人关系、报案动机、强奸过程、反抗行为、事后表现等进行详细的审查,发现疑点,发现矛盾,并指明其中对事实认定和法律适用的影响,递交书面申请书。

第二,要全程发问。因为被害人出庭,一定是有所防备的,有针对性地问她问题,她可能会趋利避害地回答,如此一来不可能得到对被告人有利的答案。比如,辩护人直接问她:"你是否愿意与被告人发生性关系?"她肯定回答:"不愿意!"直接问她:"你与被告人有没有感情?"她肯定回答:"没有!"因此,辩护人在法庭发问时,应当全程发问,即从头到尾地把整个过程问清楚。全程发问的目的,是让被害人防不胜防,不知道防哪里好,不知不觉地说出真相。

第三,进行全面发问,既包括强奸的过程,又包括双方的关系和感情,个人的性格好恶,报案的影响因素。全面发问的目的,是了解被害人的心态及案件的各方面影响因素,可以让被害人不能掌握辩护人发问的真正目的,促使被害人讲出真相。

第四,进行详细发问。可将案件的整个过程拆解成一个个小问题,对重点问题打破砂锅问到底,让被害人首尾不能相顾。详细发问,目的是使被害人的谎言被戳穿,使其矛盾和漏洞展示在法庭面前。比如:

问:你说被告人强奸你时你想喊叫,却没有喊叫是吧?

答:是的。

问:也就是说你当时能喊叫?

答:……应该能吧。

问:那么你为什么没喊叫?

答:因为我知道边上没有人,喊了也没有用。

问:边上不是有同事住吗?客厅也有人呀?怎么会没有人呢?

答:我认为没有人。

问:你笔录又说是没有力气喊叫,到底是没有力气喊叫,还是因为边上没有人喊了也没有用就没有喊叫?

答:……

侵犯公民个人信息罪的辩护与合规要点

刘　笛

一、公民个人信息保护法律规范密集出台却仍显粗疏

2021年是中国数据立法突飞猛进的一年。《数据安全法》和《个人信息保护法》两部纲领性质的法律出台不到半年，《深圳经济特区数据条例》《上海市数据条例(草案)》《山东省大数据发展促进条例》立即跟进。全行业目光聚焦的"网络数据安全管理条例""个人信息保护法实施条例"也在紧锣密鼓地撰写、编制。此外，国家标准和行业标准也密集出台，个人信息保护规范迅速丰富，法网逐渐严密。

即便如此，相关规范尤其是具有强制力的法律法规和司法解释，仍然显得粗疏和含混。这里仅举两例：

最高人民法院、最高人民检察院《关于办理侵犯公民个人信息刑事案件适用法律若干问题的解释》第1条规定："刑法第二百五十三条之一规定的'公民个人信息'，是指以电子或者其他方式记录的能够单独或者与其他信息结合识别特定自然人身份或者反映特定自然人活动情况的各种信息，包括姓名、身份证件号码、通信通讯联系方式、住址、账号密码、财产状况、行踪轨迹等。"

问题一："识别特定自然人身份或者反映特定自然人活动情况"仅包括个别自然人还是也包括"特定自然人群体"？

这是民事上的数据权利保护与刑事上的个人信息保护有所不同而产生的问题。如果从(民事上)数据权利的角度观察，经先筛选、分类，能够识别"特定自然人群体"的数据，其价值当然高于未经处理的数据，应当受到法律更高程度的保护——这与以字母顺序或数字大小顺序编制的通讯黄页不具有著作权，但根据特别的编排、筛选方法编制的通讯录则具有著作权类似。

但从刑事角度来看,《刑法》第253条之一属于《刑法》第四章即侵犯公民人身权利、民主权利罪。本章所保护的法益具有专属性和人身依附性。“群体”并不具有人身依附性。因此,即使不当获取和提供能够识别特定群体的信息可能具有社会危害性——例如,装修公司打电话骚扰新购房业主,婴儿用品企业向孕妇群体推销,非法行医的犯罪分子对检测过某种特殊病症的患者进行销售或诈骗等,这些行为并不针对某个特定业主、孕妇或患者,而是滋扰了该群体中不特定个体的生活安宁甚至威胁了其生命健康。但其也并不足以成为刑事认定的理由,在法条及司法解释明确使用“特定自然人”一词的情况下,不应扩张到“特定自然人群体”的范畴。相应的法益风险可以以民事、行政手段加以规制。当然,为其他犯罪提供帮助的,视情况可以以其他犯罪的共犯处罚。

问题二:“账号密码”是“账号或密码”还是“账号和密码的组合”?

笔者的观点是“账号密码”应当理解为“正确的账号和密码的组合”。主要理由有两点。一是从文义解释上看,司法解释明确将“账号密码”放置在两个顿号之间,与“姓名”“身份证件号码”其他各项形成并列关系,即“账号密码”一体才能够与其他各项并列。如果允许将“账号密码”解释为“账号或密码”,则所列各项不平等,将产生立法技术失误。二是从“账号密码”的实际应用上看,计算机系统中只有相互匹配的“账号密码组合”才能认定使用者身份,激活相关权限、功能,而仅提供账号或密码,或者提供不匹配的账号和密码组合,根本不能通过认证环节,不对应任何主体,不激活任何功能,不赋予任何权限。故此,“账号密码”应解释为“正确的账号和密码的组合”才能既符合条文文法规则,又符合实质应用情况。

顺带一提,验证码是否属于“账号密码”?自“接码平台”被刑事司法所关注后,对验证码性质的认定成为一个疑难问题。那么验证码是否属于“账号密码”中的“密码”(毕竟有的账号系统是允许以“账号和随机验证码组合”来登录的)?笔者的意见是:不属于。理由一是验证码由系统按需按次生成,并不隶属于某个特定自然人,也不专属于某个账号,没有也不能形成“特定的账号密码组合”;二是验证码随机生成仅可一次性使用,验证后即不存在价值。在其效用失去后,对其获取、提供均不会产生任何侵害公民人身权利的风险。没有以侵犯公民个人信息罪保护的必要,不应认定为侵犯公民个人信息罪解释中的“密码”。

二、从典型案例看重要辩护观点

（一）从合作条件看是否明知他人犯罪

因最高人民法院、最高人民检察院《关于办理侵犯公民个人信息刑事案件适用法律若干问题的解释》规定“知道或者应当知道他人利用公民个人信息实施犯罪，向其出售或者提供的”构成侵犯公民个人信息罪；实践中也多发因上游供应商或下游客户涉嫌犯罪而牵连出对象企业的情形。故“是否明知他人犯罪”是为涉案企业或个人辩解时的关键点之一。除了事中留下的一些客观证据和事后讯问嫌疑人、询问证人所得的言词证据之外，更多时候司法机关依赖推定方式得出嫌疑单位或嫌疑人的认识因素。

推定的事实基础最常见于以下三点：一是商业模式本身是否合法。例如，将个人信息通过 API 接口与（持牌）金融机构对接，帮助贷款申请人进行贷前资信审核，原本具有很好的合法性和合理性。经由贷款申请人专门授权，收集、使用和提供数据都有较为明确的合法基础。即使发生金融机构内部人员实施犯罪行为导致前述个人信息被非法提供给第三方的情形，数据供应商仍可以“不明知”为辩解理由。但是，央行拟出台“断直连”规定，要求助贷业务必须通过具有个人征信牌照的企业完成，不得由数据供应商与银行等金融机构“直连”。在该规定落地后，如果仍绕开具有个人征信牌照的企业而进行技术直连，传递公民个人信息，那么一旦发生下游机构将个人信息非法提供给第三方的情形，便会因直连本身就不合规而导致极难以“不明知”作为辩解。二是以明显异于市场价的价格（或其他异常苛刻或异常宽松的合作条件）收购或出售公民个人信息的。这种推定可以说是适用最高人民法院、最高人民检察院《关于办理非法利用信息网络、帮助信息网络犯罪活动等刑事案件适用法律若干问题的解释》第 11 条第 3 项的结果。三是在运维过程中发现违法犯罪线索不处理或未在运维过程中对违法犯罪迹象尽最低限度的注意义务的行为。最常见的即运维人员在发现数据接收方留有后门、权限滥用或明显未尽最低限度数据安全保护责任后仍无动于衷。这种行为会带来两重风险：第一，被推定为明知他人在进行违法、犯罪活动。第二，满足上述司法解释第 4 条所列情形的，直接被认定为《刑法》第 286 条之一第 1 款第 2 项规定的“造成严重后果”。

（二）从技术实现看涉案信息性质

以深圳某区司法机关办理的某大型企业涉嫌侵犯公民个人信息罪一案为例。辩护人向该区检察院反映意见如下：

涉案企业仅反馈手机最后一次接入的基站与输入位置间的模糊距离,反映的是“基站位置信息”而非“手机位置信息”。且无论采用何种还原方法,其精度的理论极限只能达到单基站覆盖范围(至少38万平方米),不可能指向具体自然人,故涉案企业反映的信息不属于“公民个人信息”。

根据国家市场监督管理总局、国家标准化管理委员会发布的《信息安全技术 个人信息去标识化指南》(GB/T 37964—2019)第C.2.8条“地理位置的去标识化”一节的规定,在中心区范围内通过加减100米的范围即可得到充足的模糊化结果。

从技术层面上看,手机终端在接入网络的过程中,会优先选择信号质量最好的基站进行接入。手机接收到的某一基站的信号质量,和手机距离基站的距离、手机与基站天线的方位、手机与基站天线之间是否有遮挡物、外部气候情况(风、霜、云、雨、雪、雾、霾)以及手机所在区域的人群密度、人流量大小等因素均相关,故手机接入哪个基站以及基站的覆盖区域是随时间和外部环境的变化而不断变化的。根据网络设计要求和规范,4G基站单站覆盖面积超过38万平方米。涉案公司反馈信息的精度超出100米的去标识化处理要求10倍以上,客观上不具有定位特定自然人具体坐标的可能性。

该公司的核验能力来自运营商的基站位置信息而非公民个人的手机位置信息。运营商对基站和输入坐标间的距离进行核验,结果返回后,公司又对结果进行了大幅的模糊化处理。核验结果均表述是为“是或否”或者阶梯化的“距离区间”。经脱敏处理后,该信息已“无法识别特定个人且不能复原”。根据最高人民法院、最高人民检察院《关于办理侵犯公民人个信息刑事案件适用法律若干问题的解释》第3条的规定,不属于“提供公民个人信息”,不应进行刑事追诉。

(三)合理解释法律条文的含义

典型案例是四川梓潼何某某侵犯公民个人信息罪案。在该案中,何某某涉嫌非法获取、提供的是单纯的手机号码。法院裁判的理由是:当前手机号码已经全面实施实名制,手机号码与办理号码的实名登记信息相结合能够识别特定自然人,故其属于公民个人信息。

法院的认定值得商榷。为准确定位其不当之处,让我们参考国家标准GB/T 37964—2019《信息安全技术 个人信息去标识化指南》中对“个人信息”“去标识化”“微数据”“直接标识符”“准标识符”的定义。该标准载明:“个人信息”是指“以电子或其他方式记录的能够单独或与其他信息结合识别特定自然人身份或反映特定自然人活动情况的各种信息”。这与最高人民法院、最高人民检察院《关于办理侵犯公民个人信息刑事案件适用法律若干问题的解释》的规定相一致。随后，标准继续载明："去标识化"是指"通过对个人信息的技术处理，使其在不借助额外信息的情况下，无法识别个人信息主体的过程"；"微数据"是指"一个结构化数据集，其中每条（行）记录对应一个个人信息主体，记录中的每个字段（列）对应一个属性"；"直接标识符"是指"微数据中的属性，在特定环境下可以单独识别个人信息主体"；"准标识符"是指"微数据中的属性，结合其他属性可唯一识别个人信息主体"。

凭此更细致的定义，上述案件中核心争议的判断就变得较为容易。何某某持有一个数据集，该数据集仅有一个字段，即手机号码。该数据集的使用无特定的环境条件，手机号码在一般环境下不能直接识别出特定自然人，因此该属性不是直接标识符。该数据集内无其他字段可结合，更谈不上结合后可识别特定自然人，因此该属性也不是准标识符。

法院认为的"实名登记信息"，一则不在何某某掌握的数据集内，二则何某某无法通过一般方法获得（他人向运营商查询开卡实名信息须持有开卡人本人身份证件和亲笔委托或具有法定的调查权）。何某某作为手机号码信息的控制者，不具有结合手机号码和实名登记信息的能力，即不具有根据手机号码识别特定自然人的能力。由此观之，将单纯的手机号码认定为公民个人信息，一是忽略了"特定环境"的要求，二是没有将"可结合的其他属性"限制在信息控制者所掌握或通过一般方法可掌握的数据集范围内，这是不妥当的。

对于上述分析，一种可能的质疑是：何某某虽然不掌握其他信息，不能识别特定自然人，但如果接收何某某所提供的手机号码的人（张三）有其他信息，结合手机号码后识别出了特定自然人，不是一样具有危害法益的可能性吗？对此的回答是：张三所掌握的"手机号码＋某些其他信息"的数据集应被认定为"公民个人信息"，张三所进行的"重标识"过程可能属于"以其他非法方法获取公民个人信息"，警察应该追究的是张三的责任，而非何某某。

由此，笔者的观点是，最高人民法院、最高人民检察院《关于办理侵犯公民个人信息刑事案件适用法律若干问题的解释》中的"其他信息"应有范围限制——限制于信息控制者已掌握或通过一般方法可掌握的范围内，这是较为合理的。

（四）运用证据证明是无心"BUG"还是犯罪故意

典型案例为浙江杭州某某科技有限公司侵犯公民个人信息罪一案，该公司系大数据行业中的头部企业，其数据资源、技术实力、经营效益、规范运作能力等都在业内领先。

案件的核心事实是该公司原本需要一些公民个人信息作为输入字段以开展相应业务,而随着公司算法的改良,所需要的字段减少,即需要采集的公民个人信息范围减小。考虑到公民个人信息保护的相关法律法规逐渐严苛,该公司为提升合规运营水平,决定对业务数据系统进行技术升级,不再收集、存储、使用不必要的公民个人信息,以符合"最小必要"原则的要求。于是该公司召开了高级管理人员会议,作出相关决策并制作了会议纪要;由首席技术官(CTO)领衔形成整改方案,对系统进行全面技术升级从而不再收集和使用非必需的公民个人信息;由法务人员根据新算法收集、储存、使用数据的范围撰写新的隐私协议。

这原本是一桩好事,却因为刑事合规执行和司法认定叠加,成为一个令人非常遗憾的案件。司法机关认定,该公司的犯罪事实是该公司的网关中留存有超出隐私协议授权范围的公民个人信息。其认定思路是:信息主体确实签署了隐私承诺且主动在相应界面输入了相关信息。但是该公司在隐私协议中就涉案信息作出过不储存、不使用的承诺。信息主体是在认为该公司不会储存、使用这些信息的情况下才同意了隐私协议并在相应对话框中输入了个人信息。但实际上该公司网关的缓存中却留存了这些隐私协议表明不储存的信息,即信息主体是在受到虚假承诺欺骗的情况下进行的主动输入,应认定隐私协议的明示授权和主动输入的默示授权均无效。该公司非法收集公民个人信息,情节特别恶劣,犯有侵犯公民个人信息罪。

但仔细考察这些留存在网关缓存中的数据,就会发现这些数据并没有被导入其他程序中加以加工和利用;该公司该项产品的技术已经实现了不需要使用这些数据的目标。稍有计算机行业经验的人士都能理解:这些数据之所以留存于该公司系统内,是因为技术升级时遗忘了这一部分,未对其代码进行改进,这是设计、编写程序时的一个"BUG",甚至可能连"重大过失"都称不上,只能算是一般过失。

但是,案件证据面的呈现是:会议纪要显示该公司的法人机关对涉案数据系公民个人信息,受刑法保护有明确认识。隐私协议明确承诺不对涉案信息进行储存和使用。配套整改措施已经实施。但是,整改后的系统实际违背隐私承诺。由客观行为和客观证据推定和证明主观状态,司法机关认为该公司系故意犯罪。

此案的教训是开展刑事合规工作除了对实体法要有准确认识之外,对证据及证据在刑事诉讼过程中的运用也要有深刻理解和全面把握。试想如果能够对升级整改进行过程化的留痕,充分体现整改的渐进;如果能够将系统所需个人信息的范围减少的来龙去脉进行全景式呈现;如果在辩护过程中能够阐明留存数据的后续命运，凸显其非必要、无价值、未使用，是数据冗余，乃一种负担而非资产，则本案或许能迎来另一种结局。

三、数据企业刑事合规“三维”观

（一）数据生命周期中的刑事合规体现

从数据的生命周期去审视和安排一个数据企业的刑事合规工作可能是法律工作者最自然的想法。这可能是因为法律条文所给予的强烈暗示，例如，2019 年国家互联网信息办公室通过的《儿童个人信息网络保护规定》第 3 条规定：“在中华人民共和国境内通过网络从事收集、存储、使用、转移、披露儿童个人信息等活动，适用本规定。”2020 年全国人大常委会公布的《个人信息保护法（草案）》第 4 条第 2 款规定：“个人信息的处理包括个人信息的收集、存储、使用、加工、传输、提供、公开等活动。”这些条文都列举了数据生命周期的不同环节并表示该类环节受到法律约束。同时，数据行业广泛应用的数据安全、数据治理模型也经常选用数据生命全周期作为审视和执行的维度（如微软提倡的 DGPC 框架、DSMM 模型等）。因此，首先选取数据全生命周期作为线索串联数据企业刑事合规工作，是符合法律行业和数据行业思维习惯、易于融入双方操作框架的方式。

刑事合规工作在数据全生命周期维度中主要可以体现为各个环节的规范文件体系和标准操作步骤（SOP）。试举一例：将数据生命周期分解为采集、存储、运行、传输、升级、删除六个部分。在采集环节，首先考虑常见刑事风险，如侵犯公民个人信息罪、破坏计算机信息系统罪、非法获取计算机信息系统数据罪、侵犯商业秘密罪、帮助信息网络犯罪活动罪等；然后依照各个犯罪法律规定的构成要件和现实司法实务中的认定情况等对采集数据的目的、范围、方式，采集数据所获的授权内容、授权的获取方式等焦点问题进行审视，构建公司内部的规范文件体系、确定标准操作流程、设置监督检查清单并做好存证存照工作。在存储环节，重复上述步骤，从法律分析开始，除了刚才提及的罪名，还有拒不履行信息网络安全管理义务罪等在存储环节可能涉及的犯罪；关注存储数据的介质、存储的地点、存储的时间、对存储数据的访问权限、存储数据的安全保护、是否需要进行匿名化处理等问题。在运行环节，要审视访问和使用数据的目的、运行过程中的数据安全、授权所允许的使用和运行方法以及在必要时向数据主体通知数据运行使用情况等问题。在传输环节，要充分考虑传输数据的对象、对象的数据安全保护能力、对象的合规程度、传输的目的、传输的方式、传输过程中的安全保障等问题。在数据的升级环节，要考虑升级的目的、数据主体修改权的满足、升级过程中的数据安全、必要时对数据主体进行通知等问题。在数据的删除环节，要考虑随着服务提供的解除或停止而删除数据、随着服务技术升级而删除不必要的数据、响应数据主体的删除权而删除数据等情况，还要考虑甄别删除原始数据及其衍生数据的范围，不能彻底删除的数据的隔离，以及为了保障刑事调查、公共卫生、公共安全等不应删除的数据的恰当保护和必要时通知数据主体删除情况等问题。

总之，这是一个以数据全生命周期为线索，以法律条文为依据，目光在法律规定和业务操作间来回穿梭，以织就一张数据全生命周期刑事合规保护网的过程。

（二）公司组织架构中的刑事合规体现

企业合规风险治理的一大要务是建立起专门的、独立的合规组织体系。但这里我们先放下这一点不谈，因为这是一个需要“另起炉灶”专章论述的问题。而且就目前国内的企业合规实务工作来说，在建设完整、有效的合规组织体系之前，必然需要经历一个依托现有企业结构承载合规任务的过渡阶段。所以接下来我们从企业尤其是数据行业企业合规部门外的其他各个职能部门的角度观察一下刑事合规工作的分解。同时，下文也将暂且回避法务部门和人事部门，先挑选几个围绕企业提供产品和服务的部门来讲。

在上文中，以数据的全生命周期为线索，我们串联了一张合规网络。但这张网络有两个非常明显的风险敞口：一个风险敞口是数据采集前的刑事风险。注意到这一点后，我们马上发现我们的视野不能仅局限于技术开发部门，在“程序猿”开始“种田”之前，还有产品“攻城狮”作为开端。产品设计的环节，当然必须为刑事合规工作所覆盖。如两个根本性的问题，即该产品或服务的商业模式是否为现行法律所允许？该产品或服务的应用场景是否可能具有违法性？又如一些具体的产品设计问题，即该产品的UI界面是否清晰、明确地向用户提示重要的法律问题，《隐私条款》等协议文件是否易于查找和阅读，是否提供给客户简洁的实现数据权利的通道……当产品设计通过合规考验之后，技术开发部门则需要通过合法的、风险可控的方式进行需求实现。然而这又是一个深水区，因为计算机技术和法律技术都是高度专门化的，早已形成了各自具有特色的话语体系、习惯方法等城高池深的壁垒。这给两个行业群体的相互沟通、相互理解制造了极大困难。例如，对于最高人民法院、最高人民检察院《关于办理侵犯公民个人信息刑事案件适用法律若干问题的解释》第3条第2款中“不能复原”一词的不同理解，可能会造成迥然不同的结果。一种是计算机技术从业者可能更加偏爱的解释，即将“能否复原”视为一个密码学问题或者说一个数学问题。但司法机关的执法人员将之解释为“在任何情况下均不可复原”，也就是说在重标识攻击者引入独立的外源数据的情况下仍不能复原时，才达到“不能复原”的标准。这样的理解也并没有超出司法解释用词的文义所允许的范围。最后的结果是：包括司法工作者在内的法律从业者大多对产品需求的技术实现只能做到一知半解甚至连蒙带猜，而计算机技术员们对法律要求也是云里雾里、不甚了了。如此一来，“具体的某个需求的某种实现手段是否合法”就成了双方共同面对的一个难题。拉通程序员和法律工作者尤其是司法工作人员的话语体系，是技术开发部门刑事合规工作的一项突出重点。这里由于篇幅关系我们放过开发部门，到隔壁运维部门看一看。运维部门的工作职责使他们既需要与供应商、客户亲密接触，又需要对产品、系统进行大量技术操作。这种属性让他们成为刑事合规工作中值得关注的部门。除了面临与开发部门相类似的技术面的风险防控问题，在运维过程中对异常状况的监测、分析，与客户接触过程中偶然了解到的异常信息的反馈、处理等工作需要有方法、有章法供运维人员开展相关工作。我们再到商务部门和财务部门看一看。这两个部门承担着传统的合同审核、会计合规等任务，除此之外，就刑事合规方面来说，尤为值得注意的是应当梳理两部门工作中会遇到的，对判断企业是否“知道或应当知道有犯罪行为发生或可能发生”会产生明显影响的问题。例如，合同中的采购或销售价格、支付方式等条款是否与市场价格、行业惯例等有大幅偏差等。再接下去是运营部门，最先涉及的是日常运营中对异常数据的监测和分析，警惕可能与违法犯罪活动特征类似的情形等。再者就是一些宣发活动中的内容、方式和渠道选择等问题，需要对法律规定和实务认定有正确的把握。最后不得不提的是市场销售部门，销售部门在刑事合规工作中的地位也很重要。一方面是其承担着与客户背景调查相关的大量工作，客户经理是这些工作最直接的承担者。对客户进行筛选的检查表中应当包含哪些法律问题，在不能典型地、完全地满足各问题项的情况下应当如何抉择，这些都是对客户经理的新考验。另一方面是其在与客户进行商务往来的过程中可能会偶然得知各种信息，这些信息是否具有法律含义，甚至是否提示了某种可能的违法犯罪活动的存在？客户经理对于这些信息的敏感性，以及如果接触到这些信息后的应对机制，都是刑事合规工作在销售部门的具体体现。这也将我们带回了本段开头提到的话题，以数据生命周期为线索的刑事合规工作的另一个风险敞口：数据或数据产品转移到下游客户之后仍可能继续产生刑事风险，需要有部门来采取适当防控措施。

还有很多部门目前的本职工作与刑事合规工作存在连接点,此处就不再详述了,留在其他场合再行探讨。总而言之,以企业的组织结构为构架,也是刑事合规工作设计、展开的另一线索。

（三）企业管理流程中的刑事合规体现

如果说组织架构是一个企业的骨架,那么管理流程就是企业的循环系统。空有骨架的躯壳没有生命,企业的经营活动也必须通过各个管理流程来驱动。那么刑事合规工作要成为企业日常经营活动的一部分,也就必须嵌入企业的各个、各级流程之中,才能有机地与其他工作结合在一起,共同组成企业的健康躯体。于是我们就找到了第三个观察、安排、执行刑事合规工作的维度:企业的管理流程角度。

这里我们以三个特别基本的流程为例来简单看一下刑事合规工作的浸润。

首先是集成产品开发(Integrated Product Development,IPD),它规定了产品集成开发过程中各个参与部门的工作程序,控制着业务节点。如何将产品定义、开发过程中的刑事合规任务分配到各个环节中,是合规工作者需要解决的问题。例如,前述产品部门需要对商务模式合法性进行的考量和论证,是否应当被分配到概念阶段,在概念阶段的何处设置怎样的控制点?又如,需求管理层面对各种需求的合法性的分析以怎样的形式在哪个流程节点进行?等等。当然也不必说开发阶段、验证阶段中的各项操作的合法性问题,技术规划、技术平台开发层面的合法性问题等时序的、分层的合规工作的分解和展开。此外,还包括技术规划、技术平台开发的合法性问题,开发、验证工作中各项操作的合法性问题(如利用真实业务数据进行沙盒运行测试的商业秘密、个人信息使用授权)等。这些合规评估工作需要或按时序、或分层级地分解到不后责任界面,由适当的责任人具体展开。

其次是LTC(Lead to Cash)流程。从市场观察开始,就存在合法性甄别的问题。例如,金融行业大量需要类个人征信信息或者个人信用评估服务,这个市场是否适合数据企业进入?到了销售线索的收集环节,就涉及潜在客户的背景、具体应用场景、服务客户群的法律风险分析等问题。至合同谈判、签署的部分,则要注意合同条款对业务数据使用目的、使用方式的授权和约定等关键问题的把握。收付款环节有支付方式等要素需要考虑。及至合同交付和关闭,还有大量数据安全和最后数据删除等工作需要在流程中找到立足之地。

最后是ITR(Issues to Resolve)流程,首先这个流程显然承担了数据安全方面的一大部分责任，尤其是在数据安全事件发生时，技术层面和人员层面的保障需要ITR流程予以事先考虑。就客户服务需求的合法性、满足需求的方式的合法性也要有必要的分析、决策环节。此外还不能忘记上一节提到的当运维部门在日常工作中接触到的具有法律意义的异常事态发生时，ITR流程应该允许运维人员有处理问题的程序模板。

4

第四篇

侵犯财产类犯罪

电信网络诈骗犯罪的形态与辩护思路

吴黎明

一、电信网络诈骗犯罪的形态

(一)定义

电信网络诈骗犯罪,是指以非法占有为目的,利用电话、短信、互联网等电信网络技术手段,虚构事实、设置骗局,实施远程、非接触式诈骗,骗取公私财物的犯罪行为。电信网络诈骗犯罪是传统诈骗犯罪的网络化,其犯罪构成与传统诈骗罪一致,但在犯罪手段上有所不同,其行为对象具有不确定性、广泛性,相比传统的诈骗犯罪,电信网络诈骗犯罪的社会危害性更大。

(二)特征

电信网络诈骗犯罪主要有三个方面的特征,分别是技术性、非接触性和远程性。非接触性是区分传统诈骗罪与电信网络诈骗犯罪的显著特征。

(三)类型

电信网络诈骗根据行为人对被害人的选择方式,可分为两类:一类是针对不特定人实施的诈骗,行为人通过拨打网络改号电话、利用伪基站设备群发手机短信、网上发布诈骗信息等方式实施诈骗;另一类是针对特定被害人的诈骗,行为人首先要获取被害人信息,然后根据被害人特点设计骗局,实施诈骗。

(四)大数据分析

1. 浙江警方披露的电信诈骗大数据(新华社2021年6月1日报道)

作为经济较为发达的互联网大省,浙江省电信网络诈骗案件数量和损失额目前仍然处于高增长的趋势。2021年1月至4月,浙江省共破获电信网络诈骗案件1.18万起,对8771人采取刑事强制措施,挽回经济损失8.8亿元,同比分别上升25.13%、92.64%和143.09%。

诈骗手法、类型多变。网购退赔诈骗、贷款诈骗、刷单兼职诈骗和“杀猪盘”类诈骗是主要的诈骗类型，分别占案件总数的24.17%、18.78%、17.15%和7.84%。

从受害群体学历看，在百万元以上重大案件中，高学历人群占比较高。据统计，2021年百万元以上的案件中，大专以上学历的受害人占54.6%。有的高学历人员遭遇诈骗时，对公安机关和银行工作人员的劝阻置之不理，以钱生钱、赚快钱、发大财的投机心理强，防范意识较为淡薄。

从受害群体性别看，女性占51.19%，尤其是在百万元以上的案件中，女性占78.8%，诈骗类型主要集中在冒充公检法类、刷单类、“杀猪盘”类和网购退赔类诈骗；男性占48.81%，诈骗类型主要集中在游戏类和贷款类诈骗。

从受害群体年龄看，电信网络诈骗案件的被骗群体主要是“90后”和“80后”，分别占42.91%和24.45%。“00后”占17.80%，“70后”占11.99%；浙江省受害人年龄最大的为90岁，嫌疑人冒充其孙子称其出车祸需要医药费进行诈骗；年龄最小的为8岁，因网购游戏礼包被诈骗。

2. 2022年3月2日最高人民检察院披露的电信网络诈骗犯罪大数据

当前，电信网络诈骗犯罪呈多发态势，与之关联的网络黑产犯罪滋生蔓延，严重破坏网络空间环境，影响社会和谐稳定，人民群众对此反映强烈。检察机关全链条惩治电信网络诈骗犯罪，2021年全国检察机关共起诉4万人。

一是从发案数量看，电信网络诈骗犯罪的数量有所回落，与之关联的网络黑产犯罪的数量上涨较快。2019年至2021年，检察机关分别以电信网络诈骗犯罪起诉3.9万人、5万人、4万人。2021年，电信网络诈骗犯罪起诉人数虽有所回落，但是总体上仍呈上涨趋势。与此同时，与之关联的网络黑产犯罪增长较快，主要涉及帮助信息网络犯罪活动罪，掩饰、隐瞒犯罪所得、犯罪所得收益罪，侵犯公民个人信息罪，妨害信用卡管理罪，买卖国家机关公文、证件、印章罪，偷越国（边）境罪，非法利用信息网络罪等。其中，2021年以帮助信息网络犯罪活动罪起诉近13万人，同比上升超8倍，位居各类刑事犯罪的第3位（前两位分别为危险驾驶罪、盗窃罪），成为电信网络诈骗犯罪链条上的第一大罪名；此外，为上游犯罪分子转移诈骗资金等的掩饰、隐瞒犯罪所得、犯罪所得收益罪，组织人员到国外参与电信网络诈骗犯罪活动等的偷越国（边）境罪，侵犯公民个人信息罪的数量也增长较快，2022年起诉人数同比分别上升104%、281%、64%。

二是从涉案人员看，低龄、低学历、低收入“三低”现象较为突出。被起诉的电信网络诈骗犯罪及其关联犯罪中，35岁以下的被告人占85%，其中，未成年人为

2200余人，约占2%，同比增长18%；初中及以下学历的被告人占70%；无固定职业的占94%。

三是从诈骗形式看，“幌子”花样繁多、欺骗性强。电信网络诈骗涉及日常生活的诸多领域，打着投资理财、情感交友、网络购物等“幌子”实施诈骗的占50%，其中，投资理财类诈骗位居首位，占26%。传统诈骗手段花样翻新，新型诈骗手段不断出现，各类诈骗手段交织运用，迷惑性强、危害性大。

3. 从公安机关抓获的犯罪嫌疑人人数和检察机关起诉的人数看，网络犯罪存在较大的辩护空间

公安部网站于2021年1月2日公布，全国公安机关在2020年破获电信网络诈骗犯罪案件25.6万起，抓获犯罪嫌疑人26.3万名。最高人民检察院网站于2021年4月7日公布，2020年以网络犯罪为由起诉了14.2万人，包含利用网络实施的犯罪和上下游犯罪。这两组数据差距比较大，说明网络犯罪案件的辩护大有空间，在公安侦查阶段取保候审、终止侦查，在检察院审查起诉阶段作不起诉处理的案件数量相对较多。

（五）特点分析

以上通过电信网络诈骗犯罪的定义、特征、分类及大数据分析，可以得出的结论是，传统诈骗犯罪被网络化之后，其侵害的法益已经由单一的个体财产法益，发展到个体财产法益、公共秩序法益、网络安全法益等多个法益。呈现出以下几个特点：

1. 诈骗脚本类型“推陈出新”“千变万化”，使被害人防不胜防；

2. 实施电信诈骗的服务器、通讯设备转移至境外，舞台道具被“黑化”，“演出场地”、组织者、话务组、服务器、通讯工具的境外化；

3. 资金转移方式由买卡转账发展为利用地下钱庄、外汇交易、虚拟货币等方式转移境外，呈现多样化；

4. 网络黑灰产业“链条化”“专业化”“产业化”。

电信网络诈骗犯罪的以上特点，导致了公民自我防范难，电信网络诈骗案件的通讯反制、拦截、溯源难，电子数据取证难，人员资金控制难，给侦查工作带来了难度，其事实认定、证据采信与法律适用也极具复杂性、专业性，给律师的辩护工作带来了极大的挑战。

二、电信网络诈骗犯罪的辩护流程

(一)一般构成要件的审查

电信网络诈骗犯罪是传统诈骗犯罪的网络化,首先要符合诈骗罪的一般构成要件。审查行为人的行为是否符合诈骗罪的犯罪构成,主要从以下三个方面把握。

第一,行为人是否存在虚构事实、隐瞒真相的欺骗行为。这个欺骗行为一定是诈骗罪意义上的欺骗行为,而不是一般的商业欺诈行为。比如在商品交易类的纠纷中,只要行为人没有隐瞒商品实质,夸大商品功效、虚高交易价格的行为就不能认定为诈骗行为。

第二,行为人是否具有非法占有的目的(排除意思与利用意思),即是否以占为己有的意思排除被害人对财产的占有。

第三,被害人是否因错误认识而交付财产。诈骗罪成立需具备以下构成要件:行为人以非法占有为目的而实施欺骗行为;欺骗行为致使受害人产生了错误认识;受害人基于错误认识而处分了财产;行为人基于这种欺骗行为取得了财产;被害人的财产基于这种欺骗行为受到损害。

案例一:某海洋生物保健品有限公司在国内有上百家销售网点,其中一县域销售网点的两名负责人因涉嫌诈骗罪被刑事拘留。该公司各个网点的销售模式、产品都是一样的,如果这一家网点的负责人的行为被认定为诈骗罪,那么上百家网点的工作人员的行为均有可能被认定为诈骗,公司将面临巨大的损失。辩护人接受委托后,通过会见当事人、与公司相关人员座谈了解到,该公司产品是有食品批号的正规产品,销售网点通过宣传巴德维疗法的方式,宣传该产品有辅助治疗癌症等多种疾病的功效,销售模式是通过组织旅游等方式促销。对于已售出的产品,如果其在一定保质期以内,尚未打开独立小包装、不影响第二次销售,则公司随时接受退货。辩护人认为该公司的退货机制足以说明其没有非法占有的故意,从产品标识和行为模式看其也没有虚构事实、隐瞒真相的行为。该辩护意见被检察机关采纳,两名当事人均未被批准逮捕。

案例二:公安机关的起诉意见书认为,犯罪嫌疑人周某某,非法利用信息网络,开发网上借贷平台App,用于非法放贷业务,在进行非法放贷的过程中,隐瞒借贷要收取高额利息、手续费的事实,实施诈骗。公安机关的指控思路是该App平台隐瞒了收取高额利息、手续费的事实,致使被害人陷入错误认识,并因错误认识向行为人交付了高额利息、手续费,导致财产损失。故公安机关以诈骗罪、侵犯公民个人信息罪、非法利用信息网络罪、帮助信息网络犯罪活动罪四个罪名对周某某移送审查起诉(认定诈骗金额近700万元、侵犯公民个人信息数量6万余条)。

本案中,关于诈骗罪,收取高额利息和手续费的事实毋庸置疑,有资金流水为证。但是对行为人有没有实施欺骗行为呢?辩护人仔细核实了行为人的行为流程。该公司首先通过微信、手机短信推广App。然后引导被害人进入借贷平台、实名认证、查询征信、提出借款申请。按照该App的操作流程,在放款之前该公司将预先扣除的利息和手续费的比例,通过弹窗进行了明确的提示。虽然其没有对该格式条款进行特别标注,但是对行为人并没有隐瞒预先扣除利息的事实,被害人不点击确认无法实现放款功能,故被害人不可能产生错误认识。而且按照操作流程,即便是被害人没有仔细阅读相关提示产生了错误认识,这时也是行为人向被害人放款,利息预先扣除,而非被害人向行为人交付财产,故整个流程中没有欺骗行为、没有错误认识、没有因错误认识而交付财产,不符合诈骗罪的一般构成要件,因此辩护人向公诉机关提出了行为人不构成诈骗罪的意见,该意见被公诉机关采纳。公诉机关以侵犯公民个人信息罪(侵犯公民个人信息数量5万余条)、帮助信息网络犯罪活动罪提起公诉。建议量刑6年6个月,罚金11万元。

(二)特殊构成要件的审查

电信网络诈骗犯罪不仅要符合诈骗罪的一般构成要件,还要符合电信网络诈骗犯罪的特征。否则不能被定性为电信网络诈骗犯罪。相较于普通诈骗而言,我国司法解释对电信诈骗确立了不同的入罪标准,规定了更低的入罪数额和特殊的入罪情节。因此,准确界定电信诈骗概念,不仅涉及罪轻与罪重的问题,还可能涉及罪与非罪的问题。

电信诈骗犯罪一般应同时具备技术性、非接触性、远程性的特征。其中,技术性是指该类犯罪主要利用电话、短信、互联网等信息交互工具的技术手段。利用广播电台、报纸杂志等方式实施诈骗,一般不认为具有技术性。非接触性是指该类犯罪中行为人与被害人无须面对面接触。远程性是指该类犯罪中行为人主要利用电信网络技术手段进行远程联系。实施"线上拉拢,线下骗取"行为的属于接触性犯罪,一般不被认定为电信网络诈骗。

案例三:深圳市宝安区人民法院的判例

案件情况:深圳市宝安区人民检察院以深宝检公二刑诉(2018)450号起诉书指控被告人徐某某犯诈骗罪,向人民法院提起公诉。公诉机关指控,被告人徐某某案发前曾在宝安区西乡街道步行街的一个手机店工作,工作期间其曾为被害人办理过分期购买手机业务,2017年7月,徐某某离职后,以打电话或者发微信的方式,与曾经购买过手机的被害人联系,并以帮忙一次性还清贷款免付利息为由,骗得被害人的支付宝、银行卡账号、密码等信息,后徐某某通过微信转账、支付宝转账、支付宝花呗借款、网上购物消费、维修手机等方式骗取刘某、张某等5名被害人共计36261元人民币及苹果6手机一部。公诉机关提供了相关证据,认为被告人徐某某的行为已构成诈骗罪且数额巨大,请求依法判处。

法院的判决没有认定本案系电信网络诈骗犯罪,判决说理如下:

所谓电信网络诈骗,是指以发送短信、拨打电话、互联网等电信技术手段对不特定多数人实施诈骗,本案的被害人中除了张某,其余的均是以前找被告人徐某某办理过分期购买手机业务的客户,被告人是有预谋地利用自己原来给客户服务过的身份挑选剩余分期贷款还没有还清的客户作为犯罪对象,被害人张某则是经朋友向某介绍的,其以为被告人徐某某还在手机店工作而主动联系被告人,并通过微信转账给徐某某向其购买手机,故被告人徐某某并非向不特定的大众实施诈骗。被害人被骗取财物主要是基于对被告人的信任,从而自愿向被告人披露自己的银行卡、支付宝信息及验证码等。虽然被告人徐某某获取财物时采用了网络技术手段,但司法解释之所以对电信网络诈骗规定了比普通诈骗更严格的数额标准主要是基于对受害者众多,诈骗信息蔓延的广泛性、迅速性以及施骗者的隐蔽性等因素的考虑,相较于普通诈骗电信网络诈骗更难取证,从而更加严重侵犯人民的财产安全。本案因不具备以上不特定大众的前提条件而不适宜被认定为电信网络诈骗,应当适用普通诈骗的犯罪数额标准,认定为数额较大而并非巨大。

（三）犯罪数额审查

犯罪数额的认定不仅关系到当事人的人身刑,而且关系到当事人的财产刑。实践中,公安机关一般情况下会聘请专门的会计师事务所,对涉案的电子数据、会计账目进行鉴定,以此确定行为人的诈骗数额。但是,会计师事务所只是针对公安机关提供的会计账目或电子数据本身进行统计、鉴定,不会从案件侦查的角度去考虑相关因素。作为辩护人,应当结合全案证据,对会计鉴定意见进行全面审查,对其客观性提出意见。

第一,辩护人应当结合当事人的陈述、提成情况等,与会计鉴定所依据的会计账目、电子数据、计酬规则进行对比,通过这种对比,确定会计鉴定的数据是否符合逻辑。最好的方法是启发当事人,让当事人从辩护的角度主动去发现鉴定数据是否存在逻辑错误。

第二，辩护人应当确认被害人在长时间参与、多次参与时，是否每次参与时都存在错误认识。比如案例二，由于受借款金额的限制，被害人大多从该借贷平台多次借款，如果认为被害人在借款时有错误认识，周某某的行为构成诈骗，那么即便第一次借款时有错误认识，第二次借款时也已经完全清楚了平台的借贷规则、操作流程，不可能再有错误认识，故第二次以后支付的利息不能再认定为诈骗金额。

第三，辩护人应当确认数额有无重复计算，已返还数额应予以扣除。比如集资诈骗案中，行为人一般是以后面集资人投入的资金，支付前面集资人的利息，这一部分应在诈骗数额中扣除。

第四，向被害人先交付一定货币取得信任后实施诈骗的，先交付部分应扣除。比如有这样一个平台，它是以客户参与平台拼购活动的形式向客户返利的，其吸引客户将款项转入平台，可用于购物。假如资金到了一定数额后，平台卷钱跑路了，其行为有可能构成诈骗罪，但是在计算诈骗数额时，其前期返利应当予以扣除。

第五，“延时到账”“撤销转账”使资金未实际转出的，应当认定为未遂，应以被害人失去对被骗钱款的实际控制为既遂认定标准。一般情况下，诈骗款项转出后及时到账构成既遂。但随着银行自助设备、第三方支付平台陆续推出“延时到账”“撤销转账”等功能，被害人通过自助设备、第三方支付平台向行为人指定账户转账的，可在规定时间内撤销转账，这时资金并未实际转出。这种情况下，被害人并没有对被骗款项完全失去控制，而行为人也没有取得实际控制，应当认定为未遂。

第六，辩护人应当结合出入境记录审查。诈骗行为实施时，行为人尚未出境，尚未参与到诈骗行为中来的部分数额，根据行为人在共同犯罪中发挥的作用，除犯罪集团中组织、策划者和骨干分子以外，不能被认定为犯罪数额。辩护人可以通过出入境记录的对比审查发现是否存在逻辑错误。

第七，发送信息条数和拨打电话次数不能换算累加。

最高人民法院、最高人民检察院、公安部2016年发布的《关于办理电信网络诈骗等刑事案件适用法律若干问题的意见》规定，“实施电信网络诈骗犯罪，犯罪嫌疑人、被告人实际骗得财物的，以诈骗罪（既遂）定罪处罚。诈骗数额难以查证，但具有下列情形之一的，应当认定为刑法第二百六十六条规定的‘其他严重情节’，以诈骗罪（未遂）定罪处罚：1. 发送诈骗信息五千条以上的，或者拨打诈骗电话五百人次以上的；2. 在互联网上发布诈骗信息，页面浏览量累计五千次以上的。具有上述情形，数量达到相应标准十倍以上的，应当认定为刑法第二百六十六条规定的‘其他特别严重情节’，以诈骗罪（未遂）定罪处罚。上述‘拨打诈骗电话’，包括拨出诈骗电话和接听被害人回拨电话。反复拨打、接听同一电话号码，以及反复向同一被害人发送诈骗信息的，拨打、接听电话次数、发送信息条数累计计算”。

根据上述规定，在法律及司法解释未明确的情况下，不能将拨打、接听电话的次数与发送信息条数累加。

（四）犯罪地位的审查，从犯的认定以及从犯的法律责任

1. 部分被招募发送信息、拨打电话的犯罪嫌疑人，应当对其参与期间整个诈骗团伙的诈骗行为承担刑事责任，但可以考虑到参与时间较短、诈骗数额较低以及发送信息、拨打电话较少，将其认定为从犯，从宽处理。

但是对于专门取款人，由于其可以在短时间内将被骗款项异地转移，对诈骗既遂起到了至关重要的作用，也大大增加了侦查和追赃的难度，因此应按其在共同犯罪中的具体作用进行认定，不宜一律被认定为从犯。

2. 对于电信网络诈骗犯罪集团、犯罪团伙中的从犯，特别是其中的参与时间相对较短、诈骗数额相对较低或者从事辅助性工作并领取少量报酬的人，以及初犯、偶犯、未成年人、在校学生等，应当综合考虑其在共同犯罪中的地位作用、社会危害程度、主观恶性、人身危险性、认罪悔罪表现等情节，依法从轻、减轻处罚。犯罪情节轻微的，可以依法不起诉或者免予刑事处罚；情节显著轻微危害不大的，不以犯罪论处。

（五）羁押必要性审查

《人民检察院办理羁押必要性审查案件规定（试行）》第17条是应当提出羁押必要性审查意见的情形，包括无罪、可能适用拘役以下刑罚、羁押期限可能超过法定刑、案件查清且符合取保候审条件等五种情形；第18条是可以提出羁押必要性审查意见的情形，规定经羁押必要性审查，发现犯罪嫌疑人、被告人符合十二种情形之一，且具有悔罪表现，不予羁押不致发生社会危险性的，可以向办案机关提出释放或者变更强制措施的建议。第17条符合取保候审或监视居住条件和第18条均对行为人的社会危险性考量提出了要求。

最高人民检察院发布的《检察机关办理电信网络诈骗案件指引》（高检发侦监字〔2018〕12号）对社会危险性较小的考量标准进行了规定，给辩护工作提供了依据。除了预备犯、中止犯以及被胁迫参加的情形之外，着重强调了犯罪数额未达巨大。对犯罪数额的审查还是非常的重要。当然还要求行为人真诚认罪悔罪、如实供述、供述稳定。

（六）管辖权审查

立案是公安机关对犯罪嫌疑人的人身和财产采取强制措施的法定程序。管辖权的确定决定了立案行为是否合法。管辖权应当在立案前确定还是在立案之后确定？如果使用立案后才有权采取的侦查措施，并在立案前确定了管辖权，则侦查措施是否合法？立案后采取的对人身和财产的一系列强制措施是否合法？个别地区的公安机关，在逐利性执法的利益驱动下，存在违法立案、违法使用侦查手段的行为。对此，辩护人在阅卷过程中应当予以关注。管辖权异议在辩护中可以是单一的管辖权问题，也可以作为辩诉交易的意见被提出。

（七）技侦证据审查

由于电信网络诈骗犯罪的技术化特征，故公安机关通过技术侦查获取的证据，在侦查犯罪、证据搜集方面发挥的作用越来越大。这时对使用技侦手段的合法性审查来说，技侦证据本身的客观性审查显得尤为重要。

1.《刑事诉讼法》第150～154条对技术侦查措施的适用进行了明确的规定，公安机关在立案后，对危害国家安全犯罪、恐怖活动犯罪、黑社会性质的组织犯罪、重大毒品犯罪或者其他严重危害社会的犯罪案件，根据侦查犯罪的需要，经过严格的批准手续，可以采取技术侦查措施，且有效期每次不得超过3个月。

2. 重罪使用原则及证据移送要求

技术侦查证据材料的使用应限于可能判处7年以上有期徒刑、无期徒刑、死刑的重大案件。

对于作为定案证据使用的技术侦查证据材料，侦查机关应按照省公安厅制作保密卷的要求，将批准实施技术侦查措施的法律文书和技术侦查证据单独装卷，标注密级。批准实施技术侦查措施的法律文书应当反映批准实施技术侦查的措施种类、适用对象和执行期限。侦查机关在移送审查起诉、公诉机关在提起公诉时，应将单独装卷的保密卷连同其他案卷材料一并随案移送。

监听录音作为技术侦查证据材料使用的，侦查机关应当选取能够证明犯罪过程重要环节、核心事实、关键内容的监听录音，将其转换成书面材料，并标记重要内容的起止时间，该材料由经办人签名并加盖印章，与同步录音光盘一并移送。

（八）电子数据审查

最高人民法院、最高人民检察院、公安部《关于办理刑事案件收集提取和审查判断电子数据若干问题的规定》（法发〔2016〕22号）对电子数据的定义作了规定，电子数据是指案件发生过程中形成的，以数字化形式存储、处理、传输的，能够证明案件事实的数据。

电子数据审查是对电子数据收集、提取、鉴定过程的真实性、完整性、合法性、关联性的审查。收集、提取电子数据的方式主要有以下几种：(1)扣押、封存原始存储介质；(2)冻结电子数据；(3)调取电子数据；(4)电子数据检查；(5)现场勘验检查（现场提取电子数据）；(6)远程勘验（在线提取电子数据）。

1. 真实性

根据最高人民法院、最高人民检察院、公安部《关于办理刑事案件收集提取和审查判断电子数据若干问题的规定》第22条的规定，对电子数据是否真实，应当着重审查以下内容：

(1)是否移送原始存储介质；无法封存、不便移动时，要求说明原因，并注明收集、提取过程及原始存储介质的存放地点或者电子数据的来源等情况。

(2)电子数据是否具有数字签名、数字证书等特殊标识。

(3)电子数据的收集、提取过程是否可以重现；重现的形式：笔录、录像。

(4)电子数据如有增加、删除、修改等情形的，是否附有说明。

(5)电子数据的完整性是否可以保证。

2. 完整性

电子数据的完整性是真实性的重要内容，如果电子数据的完整性无法保证，则意味着电子数据可能被篡改或者破坏，其真实性也难以保证。

根据最高人民法院、最高人民检察院、公安部《关于办理刑事案件收集提取和审查判断电子数据若干问题的规定》第23条的规定，对电子数据是否完整，应当根据保护电子数据完整性的相应方法进行验证：

(1)审查原始存储介质的扣押、封存状态；

(2)审查电子数据的收集、提取过程，查看录像；

(3)比对电子数据完整性校验值；

(4)与备份的电子数据进行比较；

(5)审查冻结后的访问操作日志。

3. 合法性

根据最高人民法院、最高人民检察院、公安部《关于办理刑事案件收集提取和审查判断电子数据若干问题的规定》第24条的规定，对收集、提取电子数据是否合法，应当着重审查以下内容：

(1)收集、提取电子数据，应当由2名以上侦查人员进行。取证方法应当符合相关技术标准。

(2)收集、提取电子数据,应当制作笔录,记录案由、对象、内容、收集、提取电子数据的时间、地点、方法、过程,并附电子数据清单,注明类别、文件格式、完整性校验值等,由侦查人员、电子数据持有人(提供人)签名或者盖章;电子数据持有人(提供人)无法签名或者拒绝签名的,应当在笔录中注明,由见证人签名或者盖章。有条件的,应当对相关活动进行录像。

(3)收集、提取电子数据,应当根据刑事诉讼法的规定,由符合条件的人员担任见证人。由于客观原因无法由符合条件的人员担任见证人的,应当在笔录中注明情况,并对相关活动进行录像。

4. 关联性

根据最高人民法院、最高人民检察院、公安部《关于办理刑事案件收集提取和审查判断电子数据若干问题的规定》第25条的规定,认定犯罪嫌疑人、被告人的网络身份与现实身份的同一性,可以通过核查相关IP地址、网络活动记录、上网终端归属、相关证人证言以及犯罪嫌疑人、被告人供述和辩解等进行综合判断。

认定犯罪嫌疑人、被告人与存储介质的关联性,可以通过核查相关证人证言以及犯罪嫌疑人、被告人供述和辩解等进行综合判断。

案例四:长沙市雨花区人民法院的判例[(2019)湘0111刑初730号]

该案中,徐某超、谢某冬等人经营网站用以传播淫秽物品牟利,公诉机关以截屏的方式收集了淫秽视频、音频、网站实际被点击数、注册会员人数等电子数据作为该案定罪量刑的依据。辩护人对该证据的客观性、合法性、完整性均提出了异议,辩护人认为勘验笔录与网页截图的提取不符合法律规定,仅凭不完整的网页截图认定会员人数明显证据不足。

长沙市雨花区人民法院采纳了该案辩护人的意见,判决书部分内容摘录:"各被告人的辩护人关于本案现有证据无法形成证据链来充分证明各被告人已达到'情节严重、情节特别严重'的量刑档次的辩护意见,本院认为,最高人民法院、最高人民检察院、公安部《关于办理刑事案件收集提取和审查判断电子数据若干问题的规定》第二条规定'侦查机关应当遵守法定程序,遵循有关技术标准,全面、客观、及时地收集、提取电子数据;人民检察院、人民法院应当围绕真实性、合法性、关联性审查判断电子数据'。本案中,公诉机关指控4个涉案网站的淫秽视频、音频、图片、文字等文件数,实际被点击数,网站注册会员人数,会员注册费,各被告人的违法所得等电子数据的收集和提取均是从网站上截屏取得,没有扣押、封存、随案移送原始存储介质；在无法扣押原始存储介质的情况下，也未严格按照法定程序对电子数据进行提取，未达到电子数据完整、全面、客观、及时的标准，导致本案现有证据无法形成证据链来证明公诉机关指控的上述4个涉案网站的实际被点击数、注册会员人数、会员注册费、被告人违法所得等事实，故本院无法认定公诉机关所指控的4个涉案网站的会员数、会员充值金额及各被告人的违法所得。上述辩解及辩护意见本院予以采纳。”

案例五：内蒙古自治区通辽市开鲁县人民法院的判例［（2016）开刑初字第194号］

2016年6月初，被告人王某2、陶某某商量利用“伪基站”发送诈骗信息骗取钱款，并约定事后对赃款进行平分。被告人王某2通过QQ昵称为“源码搭建”的人制作诈骗信息及网站提供给陶某某，由被告人陶某某携带具有短信群发功能的“伪基站”向不特定人的手机发送诈骗信息。2016年6月22日，被告人陶某某开车来到通辽市开鲁县开鲁镇内，下午3时10分始，将冒充中国工商银行客服“95588”的诈骗信息，用群发诈骗短信的伪基站设备发送，同日下午5时30分，开鲁县公安局民警将驾车在开鲁县明仁大街与和平路路口等待红绿灯的陶某某抓获。当日，被告人陶某某在通辽市开鲁县开鲁镇内发送诈骗短信共计56100条。

陶某某被抓获后，公安机关侦查人员在对其驾驶的车辆、作案工具进行搜查时，对其使用的手机当时发射的诈骗短信条数（59251条）进行了录像和拍照取证。辩护人在质证意见中对该证据的真实性、完整性提出了异议，辩护人认为，陶某某发送诈骗短信的时间是15时10分4秒，被公安机关抓获的时间是17时30分。17时31分至18时23分，陶某某及其发送设备、工具已经被公安机关控制。此时陶某某无论从主观上还是客观上都不具备继续实施犯罪行为的可能性，此期间发出的短信不是陶某某所为。陶某某被公安机关抓获的时间是17时30分。但17时31分至18时23分，该电子数据还在不断增加，这影响电子数据真实性。故起诉书认定的被告人陶某某在开鲁县开鲁镇内发送诈骗短信共计59251条是增加了的数据。根据最高人民法院、最高人民检察院、公安部《关于办理刑事案件收集提取和审查判断电子数据若干问题的规定》第28条第2项的规定，其不能作为定案的根据。

开鲁县人民法院审理后，采信了辩护人的质证意见。

5. 电子设备的封存要求对于提取的电子设备，应当按照以下要求封存：

（1）保证在不解除封存状态的情况下，无法使用被封存的电子设备。

（2）封存前后应当拍摄被封存电子设备的照片。照片应当反映电子设备封存前后的状况，清晰反映封口或者张贴封条处的状况。

（3）封存具有无线通信功能的电子设备时，应当采取信号屏蔽、信号阻断或者切断电源等措施。

（4）电子设备封装之后，在运输、保存过程中，要注意远离磁场、高温、灰尘、潮湿环境。

6. 冻结电子数据的要求

最高人民法院、最高人民检察院、公安部《关于办理刑事案件收集提取和审查判断电子数据若干问题的规定》第12条第2款规定，冻结电子数据，应当采取以下一种或者几种方法：（1）计算电子数据的完整性校验值；（2）锁定网络应用账号；（3）其他防止增加、删除、修改电子数据的措施。

7. 对现场提取电子数据的审查

（1）对现场状况以及提取数据的过程、在线分析的关键步骤应当录像，录像带应当编号封存。

（2）对在现场提取的易丢失数据以及现场在线分析时生成和提取的电子数据，应当计算其完整性校验值并制作、填写《固定电子证据清单》，以保证其完整性和真实性。

（3）不得将生成、提取的数据存储在原始存储媒介中。

（4）不得在目标系统中安装新的应用程序。如果因为特殊原因，需要在目标系统中安装新的应用程序的，应当在《现场勘验检查笔录》中记录所安装的程序及其目的①。

8. 对电子数据检查过程的审查

最高人民法院、最高人民检察院、公安部《关于办理刑事案件收集提取和审查判断电子数据若干问题的规定》第16条第2款、第3款对电子数据检查作出如下要求：

（1）应当对电子数据存储介质拆封过程进行录像；

（2）将电子数据存储介质通过写保护设备接入到检查设备进行检查；

（3）有条件的，应当制作电子数据备份，对备份进行检查；

（4）无法使用写保护设备且无法制作备份的，应当注明原因，并对相关活动进行录像；

---

① 参见《计算机犯罪现场勘验与电子证据检查规则》（公信安〔2005〕161号）。

(5)电子数据检查应当制作笔录,注明检查方法、过程和结果,由有关人员签名或盖章。

对检查人员的资质要求:首先是有侦查权的人员;其次,对专业性的要求,是省公安厅考试合格的电子数据工程师或者在电子数据岗位工作满5年。

案例六:四川省绵阳市北川羌族自治县人民法院的判例[(2018)川0726刑初99号]

2016年至2017年,被告人陈某向多人贩卖甲基苯丙胺(俗称冰毒)56次,共计12.6克。辩护人提出侦查机关提取涉案手机未予现场封存、无见证人签名,电子证据有瑕疵,指控被告人犯罪的证据不足。

法院经审理后采纳了辩护人的意见,法院认为:关于涉案电子数据收集程序及被告人陈某贩卖毒品次数、数量等事实认定的问题。公诉机关指控被告人陈某贩卖毒品的次数、数量等事实的主要证据之一是购毒者熊某、赵某与被告人陈某之间手机微信转款信息,依照最高人民法院、最高人民检察院、公安部《关于办理网络犯罪案件适用刑事诉讼程序若干问题的意见》第14条"收集、提取电子数据,能够获取原始存储介质的,应当封存原始存储介质,并制作笔录,记录原始存储介质的封存状态,由侦查人员、原始存储介质持有人签名或者盖章;持有人无法签名或者拒绝签名的,应当在笔录中注明,由见证人签名或者盖章。有条件的,侦查人员应当对相关活动进行录像"的规定,应对涉案人员的手机,在收集时予以封存,并依规记录、签名或者盖章,但经审查全案证据,并无对涉案的原始存储介质(手机)进行封存的记录,故相关电子证据收集程序存在重大瑕疵,公诉人虽在庭审中提出在对涉案手机作电子物证检查时其处于封存状态,并对拆封、提取过程进行了同步录像,但无法证实在获取原始存储介质时即作封存,相关电子数据的证明力降低,故对被告人陈某贩卖毒品的次数、数量等事实的认定应以交易双方的庭前供述(陈述)、被告人陈某的当庭供述,以及电子数据等证据为准。对辩护人提出的符合本案事实和法律规定的相关辩护意见,法院予以采纳。综上,基于对被告人有利的原则,被告人否认的19笔、7笔微信转款记录不应被认定为毒品交易。

9. 对电子数据鉴定意见的审查

根据最高人民检察院2021年1月22日印发的《人民检察院办理网络犯罪案件规定》第41条第1款的规定,对电子数据进行检验、鉴定,注重审查以下内容:

(1)鉴定主体的合法性。包括审查司法鉴定机构、司法鉴定人员的资质,委托鉴定事项是否符合司法鉴定机构的业务范围,鉴定人员是否存在回避等情形。

(2)鉴定材料的客观性。包括鉴定材料是否真实、完整、充分,取得方式是否合法,是否与原始电子数据一致。

(3)鉴定方法的科学性。包括鉴定方法是否符合国家标准、行业标准,方法标准的选用是否符合相关规定。

(4)鉴定意见的完整性。是否包含委托人、委托时间、检材信息、鉴定或者分析论证过程、鉴定结果以及鉴定人签名、日期等内容。

(5)鉴定意见与其他在案证据能否相互印证。

案例七:北京市朝阳区人民法院的判例[(2019)京0105刑初130号]

北京市朝阳区人民检察院指控,被告人梁某某于2017年10月至2018年3月,多次侵入被害单位北京中清龙图网络技术有限公司位于本市朝阳区酒仙桥14号兆维工业园区D区1楼2门2层的服务器,非法获取被害单位运营的网络游戏"热血江湖"中的游戏币"元宝"并贩卖获利,其违法所得40万余元。辩护人认为公诉机关指控被告人犯罪"情节特别严重"证据不足。

法院审理后对辩护人意见作出了如下回应:关于被害单位经济损失的问题。本案游戏"热血江湖"中的"元宝"属于虚拟货币,其本质是存储于计算机信息系统中的"电磁记录",属于电子数据,但这并不意味着被害单位不存在经济损失。公诉机关出示了相关证据予以证明,经审查被害单位出具的送检服务器日志、IOS版本违规补单损失明细表属于电子数据材料,公诉机关对其收集与提取不符合最高人民法院、最高人民检察院、公安部《关于办理刑事案件收集提取和审查判断电子数据若干问题的规定》的要求,不具有合法性;就北京通达首诚司法鉴定所《司法鉴定意见书》及奥迪特会计师事务所出具的《"北京中清龙图网络技术有限公司"热血江湖违规补单专项审核报告书》来看,其检材提取的合法性存在问题,且后者认定被害单位损失的方法的科学性值得商榷,故本案中公诉机关出示的鉴定意见的客观性存疑,不能作为定案依据。综上,关于被害单位的经济损失数额,事实不清,证据不足。辩护人的相关辩护意见,法院予以采纳。

10. 电子数据审查应当重点把握的问题

最高人民检察院在第十八批指导性案例,即张某闵等52人电信网络诈骗案中指出,张某闵等52人电信网络诈骗案的指导意义在于电子数据应重点审查客观性。

在实践中,公安机关常用的工作方法是将提取的电子数据交由行为人进行辨认、确认,或者将鉴定意见数据交由当事人签名确认。辩护人不仅要重点审查电子数据的合法性,更应该重点关注电子数据的客观性。

在前述案例二中，关于侵犯公民个人信息罪，经过对电子数据的审查，我们发现鉴定意见的鉴定程序不合法，从数据的提取到移交鉴定没有实现可视化，没有采取防止数据被删除、改动的技术措施，认定的个人信息条数不准确，存在重复计算的现象，因此我们在审查起诉阶段提出了重新鉴定的意见，但公诉机关未予采纳。审判阶段，辩护人采用传统办法，将电子数据导入电子表格，删除重复项，准确计算出个人信息条数后，再次向合议庭提出客观性意见，最终意见被采纳。当事人侵犯公民个人信息罪的信息条数由6万余条降低至2万余条，法庭当庭建议公诉机关改变量刑意见，当事人刑期由6年6个月降低至3年，罚金由11万元降低至5万元。

职务侵占罪常见辩护要点与策略

吴纪平

一、刑法条文解读

根据《刑法》第 271 条第 1 款，职务侵占罪是指公司、企业或者其他单位的工作人员，利用职务上的便利，将本单位财物非法占为己有，数额较大的行为。

犯罪主体为公司、企业或者其他单位的工作人员；

犯罪侵犯的客体为公司、企业或其他单位的财产所有权；

犯罪的主观方面为直接故意，且具有非法占有公司、企业或者其他单位财物的目的；

犯罪的客观方面为利用职务上的便利，将本单位财物非法占为己有，数额较大的行为。

《刑法修正案（十一）》第 29 条主要修改了职务侵占罪的刑罚配置。

1997 年《刑法》	2020 年《刑法修正案（十一）》
第二百七十一条第一款 【职务侵占罪】公司、企业或者其他单位的人员，利用职务上的便利，将本单位财物非法占为己有，数额较大的，处五年以下有期徒刑或者拘役；数额巨大的，处五年以上有期徒刑，可以并处没收财产。	第二百七十一条第一款 【职务侵占罪】公司、企业或者其他单位的工作人员，利用职务上的便利，将本单位财物非法占为己有，数额较大的，处三年以下有期徒刑或者拘役，并处罚金；数额巨大的，处三年以上十年以下有期徒刑，并处罚金；数额特别巨大的，处十年以上有期徒刑或者无期徒刑，并处罚金。

量刑标准：

最高人民法院、最高人民检察院《关于办理贪污贿赂刑事案件适用法律若干问题的解释》第 11 条规定："刑法第一百六十三条规定的非国家工作人员受贿罪、第二百七十一条规定的职务侵占罪中的'数额较大''数额巨大'的数额起点,按照本解释关于受贿罪、贪污罪相对应的数额标准规定的二倍、五倍执行。"从《刑法修正案(十一)》施行后的实务判决看:

1. 职务侵占数额在6万元以上不满100万元的,属于"数额较大"。

2. 职务侵占数额在100万元以上的,属于"数额巨大"。

3.《刑法修正案(十一)》对职务侵占罪进行修改后尚未明确"数额特别巨大"的相应数额起点标准。

二、案件特点分析

1. 侦查管辖机关具有交叉性,职务侵占罪系监察机关与公安机关共管的罪名,主要区别在于是不是在公职人员行使公权过程中发生的。

《国家监察委员会管辖规定》(试行)(2018年4月16日) 第四章 职务犯罪案件管辖范围	《公安部刑事案件管辖分工规定》(公通字〔2020〕9号)(2020年9月1日) 二、经济犯罪侦查局管辖案件范围(共77种)
第十七条 公职人员在行使公权力过程中发生的其他犯罪案件,包括……职务侵占罪;挪用资金罪……	(三)《刑法》分则第五章侵犯财产罪中的下列案件: 75. 职务侵占案(第271条第1款)

2. 罪名归类具有特殊性,该罪是职务犯罪,又是财产犯罪,归类在《刑法》分则"侵犯财产罪"中,虽然对公司企业管理秩序造成了破坏,但未归入破坏社会主义市场经济秩序罪一章中。公安机关通常由经济犯罪侦查部门办理职务侵占案件。

3. 案件性质具有刑民交叉的特点,该类案件往往需要认定是否存在劳动关系、财产归属,案发原因主要是股东之间、管理层之间、单位与员工之间的经济利益纠葛,案件来源以控告为主,控告人与被控告人往往是熟人。

三、辩护空间分析

1. 通过在聚法案例库的检索,2018年1月至2021年7月的职务侵占犯罪判决书共有11598个(已排除共同犯罪和数罪并罚),其中缓刑案件有1028件,占8.87%;免予刑事处罚案件有136件,占1.11%;无罪案件有44件,占0.38%;有辩护律师的案件有8037件,无罪的均有律师辩护。

2. 通过在聚法案例库的检索,2018年1月至2021年7月的职务侵占犯罪检察文书中的获取不起诉决定书有1786个(已排除共同犯罪和数罪并罚),其中相对不起诉案件有692件,存疑不起诉案件有991件,绝对不起诉(情节显著轻微、危害不大,不认为是犯罪)案件有44件,绝对不起诉案件有(没有犯罪事实发生)59件。

此外,实务中,在侦查阶段,对大量的职务侵占犯罪控告案件已经作出不立案、撤案的决定。因此,受到此类处理的职务侵占犯罪案件的占比远大于缓刑、无罪、免予刑事处罚、不起诉案件的22%的占比,总体辩护空间巨大。

四、总体辩护思路

1. 罪轻辩护:从犯罪金额,法定、酌定从轻、减轻情节等展开辩护;

2. 轻罪辩护:将职务侵占罪辩护为仅涉嫌挪用资金罪或者侵占罪等;

3. 无罪辩护:从事实、定性等多方面作不构成犯罪的辩护;

4. 退一步认罪辩护:将重罪退一步辩护为至多涉嫌职务侵占罪,获得轻罪量刑,如将盗窃罪辩护为职务侵占罪[贺某松职务侵占案——《刑事审判参考》(第452号)],将诈骗罪辩护为职务侵占罪[王某政职务侵占案——通过签订合同骗取本单位财产(2014)安中刑二终字第50号],将贪污罪辩护为职务侵占罪(张某贵、黄某章职务侵占案——工勤非从事公务《最高人民法院公报》2002年第3期)。

五、常用辩护策略

(一)被控告前,积极谈判事前防范

职务侵占罪案件整体上比较特殊,往往是有人控告,多数有经济纠葛,也涉及刑民交叉的很多问题,在事件发生后,控告人往往先向当事人追讨,有些还想通过民事诉讼途径解决,因此在有控告迹象时,律师就应积极介入提供刑事法律服务,促成双方谈判,积极促进当事人双方的矛盾化解。

1. 如果定性比较明确,那么控告后公安机关早晚会查清,建议行为人及时退赔,取得谅解,将控告消灭在初期。同时,为以防万一,行为人应向所在单位投案,根据最高人民法院《关于处理自首和立功具体应用法律若干问题的解释》,犯罪嫌疑人向其所在单位、城乡基层组织或者其他有关负责人员投案的,视为自动投案;这样可以解决"谈判成功后所在单位并没有去控告而当事人却到公安机关投案"的矛盾。

2. 如果定性有争议,一方面要积极争取谈判解决,另一方面要为对方突然的控告做好准备。一是准备好相关经济纠纷的证据,以便将来提供给公安机关;二是由

当事人来选择是否向所在单位投案。

(二)被控告后,积极为辩护做好准备

1. 如果定性比较明确,一方面要建议当事人准备好有利的证据材料,另一方面要积极劝导当事人投案自首,在职务侵占罪案件中,当事人被控告后公安机关往往不会马上立案和采取强制措施,所以当事人要争取自首。如果决定自首,且犯罪行为地与公司注册地不一致的,当事人应主动选择对自己有利的且有管辖权的公安机关投案(由于地区差别,司法环境、认定标准、量刑标准会有所不同)。

2. 如果定性有争议,投不投案由当事人选择,律师应做好法律政策分析。如果想投案,应选择有管辖权的公安机关,及时提供有利的证据材料,说明事实情况,争取使公安机关不立案,万一公安机关立案了,也可以争取投案自首情节,以获得宽缓的强制措施。

(三)立案后,从罪轻、轻罪、无罪等方面展开全面、全程辩护

前文分析到,职务侵占犯罪案件整体上比较特殊,多数是有人控告,往往是有经济纠葛,也涉及刑民交叉的很多问题,手段行为与目的行为往往有牵连,法条也有竞合,因此,辩护方法的选择也必须是全面、全程的。其中,在定性比较明确的情况下,应注意退赃退赔和取得被害单位的谅解,这两项是获得宽缓处置的重要条件。

1. 积极争取被害单位的谅解。最好是在公安机关居中调解下达成谅解,因为立案以后当事人之间的矛盾已经比较深了,让当事人去找被害单位要谅解书,比较困难,通过办案机关相对比较好操作。

2. 合理选择退赃退赔的时间。可以根据案件具体情况,比如可以在报请逮捕前、审查批准逮捕前、提出羁押必要性审查前进行退赃退赔,可以将其作为变更强制措施的一个条件。

六、常见辩护要点

我们首先要注意从职务侵占罪犯罪构成的特殊性上去考虑,其次要注意从证据标准上去考虑:

(一)职务侵占罪主体系公司、企业或其他单位的工作人员,要求与职务便利挂钩

首先,主体必须是公司、企业或其他单位的工作人员,需注意以下几个问题:

1. “公司”是否包括一人公司。司法实践中对此有不同的理解,作为辩护人可

以从公司运营过程中存在人格混同的角度，来否认公司人格，从而达到辩护的目的。《刑事案例诉辩审评——职务侵占罪　挪用资金罪》一书中收录的杨某职务侵占案就是不构成犯罪的案件。所以在区分这类案件的时候，要具体问题具体分析，从单位人员组成、资金组成、资金分配等各方面去具体判断，看是侵犯了老板一个人的利益，还是也侵犯了其他人的利益。

2.“企业”是否包括个人独资企业和合伙企业。个人独资企业和合伙企业从民法来说都是非法人企业，但是刑法认定不同于民法认定，刑法认定讲究实质。实践中一般认为，两类企业原则上都不能构成单位，但最高人民法院研究室《关于个人独资企业员工能否成为职务侵占罪主体问题的复函》（法研〔2011〕20 号）规定，《刑法》第 271 条第 1 款规定中的“单位”，包括“个人独资企业”，理由是该条的立法目的是保护单位财产。所以，职务侵占罪的被害单位与单位犯罪中“单位”不尽一致，这也是我们辩护的一个点。

3.“其他单位”是否限定为非国有单位（当然是不限定的，在国有单位中不从事公务的工勤人员也是职务侵占罪的主体）、是否要求是法人或者依法成立［根据司法解释及相关文件，不要求是法人，比如村民小组，最高人民法院《关于村民小组组长利用职务便利非法占有公共财物行为如何定性问题的批复》《全国法院审理金融犯罪案件工作座谈会纪要》规定的单位的分支机构、内设机构等，虽然它们没有依法登记、批准或备案，但是司法实践中是不影响单位的认定的，《全国法院维护农村稳定刑事审判工作座谈会纪要》（法〔1999〕217 号），最高人民法院、最高人民检察院《关于办理商业贿赂刑事案件适用法律若干问题的意见》规定的包括组委会、工程承包队等在内的非常设性的组织］、是否包括个体工商户和个人合伙（司法实践中没有多大争议，一般认为不包括）等。

以下通过几个案例来进行分析：

案例一：王某某职务侵占无罪案

检察院指控：被告人王某某系某酒厂（个体工商户）的业务员，负责给客户送货及收回货款，公安机关经侦查发现，王某某通过修改单据记载的数量、金额等手段，隐匿货款 12 万元据为己有。

公诉机关认为，被告人王某某身为某酒厂的业务员，利用职务上的便利，侵占资金，数额较大，其行为已触犯了《刑法》第 271 条第 1 款之规定，应以职务侵占罪追究其刑事责任。

辩护意见：被告人王某某不属于职务侵占罪的犯罪主体，因为个体工商户不属于职务侵占罪条文规定的“其他单位”的范畴。

法院认为:个体工商户是具有自然人全部特征的特殊民事主体,其不具备单位的组织性特点,在本质上属于自然人,将个体工商户认定为刑法意义上的“其他单位”并无法定依据。本案中,某酒厂系由自然人出资经营的个体工商户,不属于刑法意义上的“其他单位”,故不能成为职务侵占罪中的被害单位。被告人王某某作为受聘于某酒厂的业务员,亦不能成为职务侵占罪的主体。现公诉机关指控被告人王某某犯有职务侵占罪,不符刑法关于本罪的犯罪构成要件,所控犯罪依法不能成立。某酒厂经营者如认为王某某在某酒厂工作期间侵占其货款,可以通过就王某某提起刑事自诉的方式维护其合法权益。改判决被告人王某某无罪。

其次,是要有劳动关系的工作人员。

没有劳动关系,比如有挂靠关系、合作关系、承包关系的人员是否为被害单位的工作人员,能否成为职务侵占罪的主体,是一个非常重要的辩护争议点。《全国法院审理经济犯罪案件工作座谈会纪要》规定,“受委托管理、经营国有财产”,是指因承包、租赁、临时聘用等管理、经营国有财产。该条规定是否普遍适用?主流观点认为其值得商榷。如何认定是不是单位的工作人员,可以从有无真实的劳动关系来进行实质性判断,包括形式上的劳动关系(劳动合同、聘书等),也包括事实上的劳动关系。比如承包关系中为了签订承包协议签订了形式上的劳动合同,但是实际并不支付工资、缴纳社会保险费用(即便是支付也要审查资金来源),或者支付工资不是出于劳动关系,在劳动管理上,用人单位对员工的录用、考核、开除、调配、组织、安排、适用、工资绩效评价等管理活动都不参与,则不能认定为刑法意义上存在真实劳动关系。

案例二:田某某职务侵占二审无罪案

人民检察院指控:被告人田某某于2010年4月,利用担任北京某商贸有限公司山西太原销售部经理的职务之便,私自将公司货场的271吨焦炭贩卖,货款28万余元人民币据为己有。

一审判决田某某犯职务侵占罪,判处有期徒刑3年。田某某不服,提出上诉。田某某的上诉理由是:一审判决认定事实错误,其与乐某公司系合作关系,且没有非法占有28万余元货款,其无罪。

二审法院认为:因劳动合同的真实性存疑,故无法认定田某某与乐某公司之间系雇佣关系。乐某公司亦无法提供田某某领取工资凭证或者为田某某缴纳社保的凭证,而在案书证及证人郭某的证言证明田某某是太原某绿化公司的正式职工,且认定田某某非法占有28万余元货款的事实不清、证据不足,故判决田某某无罪。

通过劳动关系的认定,我们就可以判断实务中争议较大的快递员、驾驶员、保安等劳务人员是否属于本罪主体,临时工、实习生、兼职人员等非正式员工是否属于本罪的主体。这些人并不一定有劳动合同,不是在职在编人员,但是在一定期间其是履行工作职责,存在劳动关系的,都可以成为职务侵占罪的主体。《刑事审判参考》总第235号于某伟职务侵占案、总第452号贺某松职务侵占案、总第516号刘某职务侵占案也都基本持此观点。

案例三:吴某职务侵占无罪案

检察院指控:被告人吴某与金某合伙举办中兴学校。其中,被告人吴某出资8万元,并具体负责学校的经营管理,金某出资22万余元。后被告人吴某认为其本人在办学过程中贡献更大,应取得更大的回报,遂利用其经营学校的职务便利,个人决定从办学结余中提取"管理费"145万元归个人所有。案发后,被告人吴某将上述款项归还于学校账户。

中兴学校组织学生补课时,收取的补课费不纳入学校财务大账,而是由被告人吴某个人支配。经审计,学校补课盈余143万元,均由被告人吴某占为己有。

公诉机关认为:被告人吴某利用职务上的便利,将本单位钱款共计288万元非法占为己有,数额巨大,其行为已构成职务侵占罪,应以职务侵占罪定罪量刑。

法院认为:现有证据可证实被告人吴某和金某共同出资筹建中兴学校的事实,双方系合伙关系,被告人吴某作为学校的校长及法定代表人,在另一合伙人金某不知情的情况下,自行处置学校钱款288万元,其行为侵犯了另一合伙人的民事权益,但其行为并未达到刑法所要求的社会危害性,并未侵犯职务侵占罪保护的法益。根据刑法的谦抑性原则,利益相关人可通过民事途径救济自己的合法权利,对被告人吴某的行为无追究刑罚之必要。公诉机关指控被告人吴某与金某合伙举办学校及个人决定提取学校钱款288万元的事实清楚、证据确实充分,但吴某依法不构成职务侵占罪。

最后,要有利用职务便利这个条件。

职务侵占罪中的"职务"与贪污罪中的"职务",不是同一个概念,贪污罪强调的是职权和公务等管理、监督活动,职务侵占罪中的"利用职务上的便利"可理解为单位人员利用主管、管理、经手单位财物的便利条件,强调的是对物保管、控制、支配的职务便利,这里就是一个取得财物的手段与职务之间的关联性问题,"利用职务上的便利"应当包括从事管理活动的便利和从事劳务活动、技术服务的工作便利。司法实践中,驾驶员、保安、快递员等从事劳务活动的人员被认定为职务侵占罪的主体的事实,也充分说明了职务包括劳务活动、技术服务活动,如《最高人民法院公报》2009 年第 8 期刊登的李某职务侵占案裁判摘要认为,普通货物运输的承运人不仅负有将货物安全及时地送达目的地的职责,同时对该货物负有直接保管的义务。货运驾驶员在运输途中,利用其运输、保管货物的职务便利窃取货物的行为,构成职务侵占罪。但这里还要强调一个控制的问题,如果驾驶员控制了集装箱,但是集装箱实际的开封需要实际所有人完成,那么驾驶员把集装箱撬开,将里面物品取出倒卖的行为算不算利用职务便利呢?我们认为,这种情况下从财产的所有单位来看,集装箱内的物品并没有在驾驶员的控制之下,财产所有人通过特别装置排他占有了。

另外,国有单位的劳务人员,利用职务便利侵占单位资金的,基本也被认定为职务侵占罪,如《最高人民法院公报》2002 年第 3 期刊登的张某贵、黄某章职务侵占案——工勤非从事公务。当然,对于并非利用对财物控制、支配的职务便利,而是利用对工作环境的熟悉来窃取财物的行为,应认定为盗窃罪而非职务侵占罪。

(二)职务侵占罪侵犯的客体是本单位的财物

首先,从财物归属来看,辩护必须着眼于涉案财物是否为本单位财产。

典型的有建筑承包类、挂靠类公司中的承包人、挂靠人"独立核算、自负盈亏",被挂靠公司没有投入人力、物力,由挂靠人自行垫资,由被挂靠公司来结算的情形,此时工程款的所有权如何界定?其是不是公司的财产?浙江省高级人民法院、浙江省人民检察院、浙江省公安厅《关于办理建筑施工企业从业人员犯罪案件若干法律适用问题的会议纪要》(浙高法〔2017〕228 号)对关于施工项目资金所有权归属及相关行为的定性问题专门作了规定,主要意见是有约定的按约定,没有约定的垫资的归项目经理,垫资以外的工程在结算前属于公司,在结算后属于项目经理。

案例四:薛某被控职务侵占无罪案[(2013)武刑初字第 52 号]

检察院指控:2011 年 9 月 5 日,被告人薛某利用儿媳刘某甲担任××公司武强县项目部出纳的职务便利,指使刘某甲将××公司承建的武强县某某小区的工程款 315 万元转到刘某甲的个人账户上,后刘某甲除将其中 135520 元转至××公司在武强的临时账户外,还缴纳项目部水电费 29200 元,归还杜某向王某乙借款的利息 1 万元,之后刘某甲将剩余款项先后转移至薛某、王某丁、郭某甲等的个人账户中。

辩护意见:本案不具备职务侵占罪的构成要件。本案不具备构成职务侵占罪的客体要件。职务侵占罪的犯罪客体是公司、企业或者其他单位的财产所有权，具体到本案中，即指××公司的财产所有权。本案的涉案财产并不属于××公司，某家园工程只是借用了××公司的资质，××公司是被挂靠的，涉案的工程款属于挂靠人所有。××公司不参与某家园项目的管理，项目管理人员和施工人员均不是××公司员工，也不是由××公司委派的，××公司没有向某家园项目投入资金。××公司对某家园项目工程款不控制、不管理、不使用、不参与，因此，本案的犯罪客体不存在。

法院认为：武强县甲公司开发的某某小区的工程在形式上虽然是由××公司中标承建的，并组建了武强项目部。可实际上对于该某某小区的工程建设××公司并没有投入人力、物力，××公司武强项目部也未与××公司有任何的账目往来关系。武强项目部实行的是独立核算，自负盈亏。某某小区的工程建设工作全部是由武强项目部来承担的，只是按协议项目部要向××公司的法人代表交纳50万元的管理费。另外，武强项目部也没有自己的工程队，其所进行的工程建设也是采用再次分包的方式进行的。因此从职责范围和管理权限上讲，××公司武强项目部与××公司并非隶属关系，而是一种挂靠关系，属于自然人、合伙组织经营的范畴。所以，被告人薛某指使项目部财务人员刘某甲转支项目部的工程款项的行为，也并不应当被认定是支取××公司的工程款项。因此，无论是从刘某甲的主体身份来看，还是从其行为侵犯的客体来看，本案都不符合职务侵占罪的犯罪构成要件。

其次，从财物性质来看，辩护应着眼于涉案财物是否系财物。

财产性利益、可期待利益是否属于本罪的犯罪对象？公司股东的股权是不是犯罪对象？解决这些争议有以下规则可以参照：

1. 公安部经侦局《关于对非法占有他人股权是否构成职务侵占罪问题的工作意见》（2005年6月24日）明确："对于公司股东之间或者被委托人利用职务便利，非法占有公司股东股权的行为，如果能够认定行为人主观上具有非法占有他人财物的目的，则可对其利用职务便利，非法占有公司管理中的股东股权的行为以职务侵占罪论处。"

2.《全国人民代表大会常务委员会法制工作委员会对关于公司人员利用职务上的便利采取欺骗等手段非法占有股东股权的行为如何定性处理的批复的意见》（2005年12月1日，法工委发函〔2005〕105号）明确："据刑法第九十二条的规定，股份属于财产。采用各种非法手段侵吞、占有他人依法享有的股份，构成犯罪的，适用刑法有关非法侵犯他人财产的犯罪规定。"

3. 关于财物,2016年4月18日施行的最高人民法院、最高人民检察院《关于办理贪污贿赂刑事案件适用法律若干问题的解释》第12条规定:"贿赂犯罪中的'财物',包括货币、物品和财产性利益。财产性利益包括可以折算为货币的物质利益如房屋装修、债务免除等,以及需要支付货币的其他利益如会员服务、旅游等。后者的犯罪数额,以实际支付或者应当支付的数额计算。"

案例五:马某某职务侵占二审无罪案[(2017)鄂05刑终305号]

一审法院查明:2007年5月,被告人马某某利用其经营管理长江公司的便利,在公司股东辛某、李某1不知情的情况下,将长江公司56%的股权以990万元的价格转让给李某4,随后,欺骗李某1以255万元的价格转让了长江公司。

一审法院认为:股东向公司出资后,全部股权所形成的整体财产权益归属公司所有,行为人在侵占股东股权权益的同时,也侵害了股东股权所对应的公司财产权益。被告人马某某利用职务上的便利,侵占股东股权,其行为已构成职务侵占罪,故判处马某某有期徒刑3年2个月。

二审法院认为:职务侵占罪侵犯的对象或法益是本单位财物的所有权,即行为人只有将基于职务或者业务所占有的本单位财物非法据为已有时,才成立职务侵占罪。本案争议的焦点在于被告人马某某私自转让公司股权的行为是否可以被认定为"将本单位财物非法占为已有"。公司是企业法人,有独立的法人财产,享有法人财产权,公司以其全部财产对公司的债务承担责任,公司的财产与私人财产不能被混同,两者各有其主,公司财产和股东股权是两个不同性质的财产权利,前者属于公司,而后者属于个人,尽管股权反映了股东参与公司决策和资产收益等权利,但股权变动或转让不会导致公司的整体财产发生变化。在本案中,尽管上诉人马某某将公司股权转让给他人,但是长江公司的财产并未因此而发生变化。马某某违反约定擅自将公司股权卖给他人,隐瞒变卖款项的数额,虽侵犯了相关股东的权益,但未侵犯公司的财产权,据此不能认定马某某将本单位财物非法占为已有。故马某某的行为不符合职务侵占罪的构成要件,依法应当宣告无罪。

(三)从行为人主观上探究是否具有非法占有本单位财物的目的

"非法占有目的"的一般认定规则:《全国法院审理金融犯罪案件工作座谈会纪要》(法〔2001〕8号)、最高人民法院、最高人民检察院《关于办理妨害信用卡管理刑事案件具体应用法律若干问题的解释》(法释〔2009〕19号)、最高人民法院《关于审理非法集资刑事案件具体应用法律若干问题的解释》(法释〔2022〕5号)等。它们均对"非法占有目的"作出了相应的规则认定,但是,职务侵占罪往往有当事人的经济纠纷在里面，与一般的诈骗、盗窃有所区别，实践中常用“做假账平账”的规则来认定，也就是说“做假账平账”一般属于职务侵占罪的手段，能够据此认定“非法占有目的”；反之，“不做假账”“不平账”往往被认定是挪用资金或者不认为是犯罪，不能据此认定“非法占有目的”。

案例六：王某职务侵占无罪案［（2018）苏0991刑初102号］

检察院指控：2012年5月至2013年2月，被告人王某以双龙集团拖欠其工资、绩效为由，在任职双龙集团销售员期间，利用销售员可以收结货款的职务便利，先后从江苏日星电动车辆有限公司等9家企业、个人处收结货款共计115257元人民币并拒绝将货款上交给公司财务。公诉机关认为，被告人王某作为公司、企业人员，利用职务上的便利，将本单位财物非法占为己有，数额较大，其行为触犯了《刑法》第271条第1款的规定，应当以职务侵占罪追究其刑事责任。

法院认为：本案中，王某原是双龙集团的业务员，其收取公司部分货款的行为对外系基于职务代理，虽然收取货款后没有及时上交给公司，但也没有隐瞒和截留，其在辞职时提出了双方结算的意愿，双方的劳动仲裁裁决也印证了王某事后及时告知公司其收取货款的事实。王某是否有权占有及应当占有多少涉案货款，实质上属于双龙集团与其业务员之间的民事争议，不能据此认定王某具有刑法意义上的非法占有的犯罪故意。故判决王某无罪。

（四）从行为手段上看是否利用了职务便利

职务侵占的行为特征是利用职务便利，侵吞、窃取、骗取或以其他手段非法占有本单位财物，数额较大的行为。使用的手段表现形式主要有侵吞、窃取、骗取。涉及两个争议：一是什么情况是合法占有、什么情况是非法占有，这是区分的难点；二是手段行为与目的行为是一罪还是数罪，是否存在牵连。

首先，从是否合法占有，来寻找辩护要点。

通常情况下，常见的辩点是单位明知。可以考虑申请单位知情人员出庭作证或者申请调查取证来提出这样的事实。当然也要充分考虑是否存在伪证罪的风险。就公司的销售经理来说，其要拿发票来报销奖金费用，公司也允许员工用虚开发票来报销，如果公司为别的目的控告销售经理用虚假发票报销的方式套取公司财产，那么该行为可以入罪吗？

案例七：张某某职务侵占无罪案［（2020）川0121刑初126号］

检察院指控：自2014年9月起，被告人张某某作为靖泰公司股东负责该公司在金堂县××镇××工业园区中的建厂、采购、生产等业务，2015年年底，被告人张某某购买4张虚假发票骗取公司人民币360250元。被告人的行为已构成职务侵占罪。

辩护意见:涉案发票系应公司要求购买的,仅用于公司支出平账用。

法院认为:张某某在靖泰公司淮口工厂建设期间,确有权安排公司相关厂房建设、设备采购事宜及与之有关的费用支出,具体支出系由张某某安排从公司预先准备的一张有足额存款的银行卡中先行支出而后报账冲抵,故无法排除由张某某提供票据冲抵费用的这一合理怀疑,张某某构成职务侵占罪的事实不清,证据不足,对该指控不予认定。

案例八:何某某职务侵占二审无罪案[(2019)桂01刑终197号]

原判认定:被告人何某某于2013年8月20日被任命为建业公司广西分公司南宁项目部经理。2013年11月至2014年5月,何某某虚构建业公司购买柴油支出油费事实,使用41张中石化南宁分公司发票在建业公司广西分公司报销,并经其本人在最终批示栏签批同意后,其自公司报销得款382500元。对该财务事实建业公司广西分公司财务的记账摘要显示为付油费、付购买柴油费、油费挂账等,总账科目为间接费用、工程施工、材料采购等。2014年8月26日,何某某向公司申请辞职但未获批准。2014年9月29日,何某某向建业公司前海人寿总部基地项目部名下银行账户转账260000元,建业公司财务将其记为归还报销费用(还款)。2014年11月3日,建业公司广西分公司以何某某虚报发票侵占公司资金382500元,已归还260000元,有122500元拒不归还为由,向公安机关报案。另查明,2016年3月7日建业公司名下银行账户向何某某父亲何某2名下银行账户汇款328197.74元。建业公司广西分公司负责人郭某某名下银行账户于2016年9月20日向何某2名下建行账户转款153844元;于同年10月18日转款92377.58元,备注为白某某奖金。

原审法院认为:被告人何某某以虚列支出向公司报账的手段使公司的钱款382500元转移为自己占有、控制,数额较大,其行为构成职务侵占罪。

何某某提出上诉理由及辩解称:(1)在工程项目中很多支出是没有发票的,其担任项目经理期间用油票报账仅是为了弥补垫支,其主观上没有侵占公司财产的故意;(2)其报账经过了领导黄某某、甘某某的审批同意,否则将油票用于报销不会得到公司财务的同意,建业总公司也从未出具财务意见;(3)其与公司账目尚未结算的情况下,不存在侵占的行为,案发后公司支付给其家属的钱款超过指控的数额也可以证实其没有非法占有的行为。请求二审宣告其无罪。

检察院出庭意见:何某某在侦查阶段供述其向他人购买油票向公司报销,所得转入私人账户，在案并无证据证实其用油票报销经过了领导同意。公司与其之间的其他经济往来并不能否认其职务侵占罪的成立。

二审法院认为：(1)在青秀法院一审判决后，建业公司多次向何某某父亲名下账户转款达50万余元，远远超过指控何某某侵占的数额。该证据证实，案发时双方真实存在工程承包债权债务关系，而且尚有工程资金未结算。(2)从报账所得款项的去向分析，不能证明何某某对该款项具有非法占有的目的。何某某对违规报账的解释是项目过程中存在垫支，其是为了拿回自己的垫支款项。从在案证据来看，工程现场签证工程量会签单证实项目施工中确实存在道路清洗开支、光纤燃气管道维修开支。(3)从财务管理审批的程序分析，报账得以通过的事实存疑。建业公司作为大型建筑公司，有完备的财务制度，何某某使用大量的油票报销间接费，名称明显不符却能得到审批，不符合财务报账规则。何某某主张其报账是经过公司领导的同意才通过内部审批的。证人刘某的情况说明证实公司不仅有纸质的审批表，还有电脑OA系统审批。对于何某某的辩解即经公司同意审批报账，本院难以排除合理怀疑。本院认为，上诉人(原审被告人)何某某虽利用担任建业公司广西分公司南宁项目部经理的职务便利，虚列开支报账，但在案证据无法排除其有收回垫付资金、与公司存在未结清债务的可能，认定何某某主观上具有非法占有故意的证据没有达到确实、充分的标准，故原公诉机关指控上诉人何某某职务侵占罪不能成立。从刑法的谦抑性原则出发，本案中建业公司与内部员工之间的债务纠纷仍在民事法律调整的范围之内，双方完全可以通过民事诉讼途径解决。故判决上诉人无罪。

其次，从犯罪手段的来考量辩护要点，是数罪还是一罪。

犯罪手段是直接侵吞，将财物截留直接拿走，显然是一罪。但是，采用窃取手段，如撬锁，采用骗取手段，如虚开发票、签订阴阳合同等来职务侵占，其手段行为可能涉及故意毁坏财物、虚开发票类犯罪、伪造公司印章等罪。这就必须依据牵连犯(手段行为与目的行为牵连、目的行为与结果行为牵连)和想象竞合犯的原理来判定，择一重罪处断，除非法律明确规定要数罪并罚。

案例九：孙某职务侵占案

检察院指控：2016年4月，被告人孙某在任××财产保险股份有限公司××营销服务部理赔员期间，利用职务上的便利，编造刘某1驾驶×××夏利牌轿车在双辽市××公路与行人张某某相撞、致张某某死亡的交通事故，并伪造双辽市公安局交通管理大队道路交通事故认定书、司法鉴定意见书、死亡证明等文书，骗取××

财产保险股份有限公司四平中心支公司理赔款人民币110000元。被告人孙某犯职务侵占罪、保险诈骗罪、伪造国家机关公文罪。

原审法院认为：被告人孙某在担任××财产保险股份有限公司××营销服务部理赔、勘查员期间，利用职务上的便利，非法骗取本单位财物，数额较大，其行为构成职务侵占罪。公诉机关的指控事实清楚，证据充分，但指控三个罪名有误，应予纠正，应以一个罪名即职务侵占罪对被告人孙某进行处罚，因为被告人孙某不具备保险诈骗罪的主体资格，其伪造国家机关公文只是犯罪手段，其目的还是骗取本单位资金，故被告人孙某不构成保险诈骗罪、伪造国家机关公文罪，其犯罪数额应并入职务侵占罪的数额之中。应以职务侵占罪判处孙某有期徒刑4年。

上诉人孙某以量刑过重为由提出上诉。

检察院意见：原审判决认定孙某伪造国家机关公文系犯罪手段，属于牵连犯，故没有定罪，但从司法实践看，为体现打击犯罪的效果，应认定孙某犯伪造国家机关公文罪，判处拘役6个月，适用数罪并罚为宜。

二审法院认为：原审定性准确，量刑过重，最终以职务侵占罪判处孙某有期徒刑2年6个月。

案例十：周某职务侵占、虚开发票案

检察院指控：2015年10月28日至2016年10月7日，被告人周某利用担任武汉东方公司采购部经理的职务便利，在本公司与鑫星惠农农业专业合作社无真实货物交易的情况下，指使公司原料收货员李某1和刘某在收购河南正阳丰华粮油贸易有限公司11车玉米共计471746吨、1车小麦共计51.88吨的过程中，伪造鑫星惠农农业专业合作社收货通知书制作电子司磅单、入库单，随后让被告人鑫星惠农农业专业合作社法人代表杨某某提供买卖合同为其虚开湖北省增值税普通发票，共计金额953159.90元，并套取上述资金予以侵吞。应当以职务侵占罪、虚开发票罪追究其刑事责任。

辩护意见：被告人周某涉嫌职务侵占罪和虚开发票罪，属于牵连犯罪，应按照职务侵占罪一罪处罚。

法院认为：被告人周某利用职务上的便利，将本单位财物非法占为己有，数额较大，其行为已构成职务侵占罪；公诉机关指控被告人周某犯虚开发票罪本院不予支持，因被告人周某指使被告人杨某某虚开发票属手段行为，触犯虚开发票罪，其侵占本单位财物属目的行为，触犯职务侵占罪，二者成立牵连犯，故被告人周某的辩护人认为对被告人周某应当以职务侵占罪一罪处罚的意见成立，本院予以采纳。

被告人周某犯职务侵占罪,判处有期徒刑3年9个月。

（五）从证据标准要求上考虑辩护要点,提出疑罪辩护

职务侵占罪的辩护同样要详细审查在案证据的关联性、合法性、客观性,审查证据是否达到确实充分的标准,能否排除合理怀疑,审查证据之间是否存在矛盾,能否互相印证,是否形成完整的证据锁链。除此之外,职务侵占罪的常见证据——司法会计鉴定意见的审查,涉及在案证据能不能证明被告人职务侵占的数额的问题,要进行重点审查。如果指出存在严重问题,则可以取得事实不清、证据不足或者数额达不到犯罪金额的无罪辩护效果或者降档处理的辩护效果。

案例十一:楼某伟、张某杨职务侵占二审无罪案[(2017)鄂01刑终1466号]

2005年10月,被告人楼某伟担任武汉万全置业有限公司(以下简称万全公司)的法定代表人,其在负责管理万全公司日常事务时,指使担任万全公司出纳的被告人张某杨将武汉市江汉区城市建设重点工程指挥部(以下简称江汉区重点工程指挥部)退回万全公司的拆迁款人民币2163.06726万元,以往来款的名义转入由被告人楼某伟担任法定代表人的武汉实创通信设备有限公司(以下简称实创公司)的银行账户后,又以往来款的名义将该款中的人民币2160万元电汇至被告人楼某伟担任法定代表人的浙江恒源实业有限公司(以下简称恒源公司)的银行账户。2005年10月11日,被告人楼某伟安排恒源公司财务人员沈某将上述资金人民币2160万元以往来款的名义电汇至万全公司的银行账户。2005年10月12日,被告人楼某伟又指使被告人张某杨开具了万全公司收到恒源公司投资款人民币2160万元的收款收据。被告人张某杨将上述收款收据及银行提供的恒源公司转款人民币2160万元的单据,交给担任万全公司财务主管的被告人刘某和担任万全公司会计的被告人熊某复核做账。被告人刘某按照被告人楼某伟的指使,安排被告人熊某将上述投资款收据予以入账,在记账凭证上将该款记录为恒源公司投资款并计入其他应付款科目,被告人刘某作为万全公司财务主管在上述记账凭证中签字确认。为掩饰上述资金人民币2160万元系万全公司的拆迁回款,被告人张某杨、刘某、熊某作为万全公司的财务人员将上述拆迁回款人民币21630672.60元转入万全公司的银行账户,又从万全公司的银行账户转入实创公司的银行账户,再从实创公司银行账户中将上述款项中的人民币2160万元转入恒源公司银行账户的相关银行单据的凭证均未记入万全公司及相关单位的财务账目。随后,被告人楼某伟又指使被告人张某杨、刘某、熊某将上述款项中的人民币2160万元以借款的形式从万全公司的银行账户转入实创公司的银行账户,并在万全公司的财务账目上记载为对实创公司

的应收款账目，嗣后，此款由实创公司全部归还给万全公司。

裁判摘要：

(1)关于楼某伟等人是否具有职务侵占犯罪的主观故意的问题。经查，现有证据证明，楼某伟、刘某等人指示张某杨、熊某将涉案拆迁回款2160万元进行循环倒账后，使其以恒源公司投资款的名义进入万全公司，并记入该公司“其他应付款”会计科目项下是事实，但目的是增加公司成本，规避税款，而没有证据证明其具有将涉案款项占为己有的主观目的。

(2)关于涉案款项不记账并经循环倒账，其性质是否发生改变的问题。经查，虽然涉案款项以往来款名义回到万全公司，并被记入“其他应付款”科目，但该款项为万全公司实际占有和控制，仍属于该公司的财产。前述记账行为并不能直接改变涉案款项的所有权。

(3)关于涉案款项是否为楼某伟等人实际占有的问题。经查，涉案款项2160万元回到了万全公司账上，直至2007年11月恒源公司、陈某1将万全公司100%的股权转让给杭房实业公司，故没有证据证明该款项被楼某伟等人非法占有和处置。此外，也没有证据证明恒源公司或者楼某伟以该笔“投资款”向万全公司主张过权利或者获得过相关收益。

(4)关于证人杨某的证言。经查，就涉案款项进行循环倒账并以恒源公司投资款名义记账的事实，杨某的多次证言前后不一、存在矛盾，且与其他证据相互矛盾。同时，杨某与楼某伟存在利害冲突，其证言的真实性、客观性存疑。本院不予采信。

综上，二审法院认为，现有证据不能证实楼某伟等四人具有侵占2160万元的主观故意，不能证实楼某伟等四人循环倒账的行为导致涉案款项性质发生了改变，客观上也没有发生该款项为个人实际占有的结果，其行为均不符合职务侵占罪的犯罪构成。

根据最高人民法院《关于适用〈中华人民共和国刑事诉讼法〉的解释》(法释〔2021〕1号)第97条的规定，对鉴定意见应当着重审查以下内容：(1)鉴定机构和鉴定人是否具有法定资质；(2)鉴定人是否存在应当回避的情形；(3)检材的来源、取得、保管、送检是否符合法律、有关规定，与相关提取笔录、扣押清单等记载的内容是否相符，检材是否可靠；(4)鉴定意见的形式要件是否完备，是否注明提起鉴定的事由、鉴定委托人、鉴定机构、鉴定要求、鉴定过程、鉴定方法、鉴定日期等相关内容，是否由鉴定机构盖章并由鉴定人签名；(5)鉴定程序是否符合法律、有关规定；(6)鉴定的过程和方法是否符合相关专业的规范要求；(7)鉴定意见是否明确；(8)鉴定意见与案件事实有无关联;(9)鉴定意见与勘验、检查笔录及相关照片等其他证据是否矛盾,存在矛盾的,能否得到合理解释;(10)鉴定意见是否依法及时告知相关人员,当事人对鉴定意见有无异议。

上述10项审查内容,实质上可以归结为3项审查要点:(1)鉴定机构和鉴定人的资质审查;(2)鉴定程序合法性审查;(3)鉴定内容的审查。

关于鉴定机构,最高人民检察院《关于印发〈人民检察院鉴定机构登记管理办法〉、〈人民检察院鉴定人登记管理办法〉和〈人民检察院鉴定规则(试行)〉的通知》(高检发办字〔2006〕33号)虽然明确了司法会计鉴定机构的资格登记问题,但该文件仅适用于在人民检察院设立的鉴定机构,会计师事务所并不在此限。故从全国性法律文件来看,会计师事务所并不具备出具司法会计鉴定意见的资质。未经地方注册会计师协会授权从事司法会计鉴定的会计师事务所也不能以最高人民法院《关于适用〈中华人民共和国刑事诉讼法〉的解释》(法释〔2021〕1号)第100条之规定变相出具鉴定意见,因为最高人民法院《关于适用〈中华人民共和国刑事诉讼法〉的解释》(法释〔2021〕1号)第100条的前提是无鉴定机构,或根据法律、司法解释的规定。

关于鉴定范围,根据《人民检察院司法会计工作细则(试行)》第9条、第24条,司法会计鉴定范围包括:(1)资产历史成本的确认;(2)资产应结存额及结存差异的确认;(3)财务往来账项的确认;(4)经营损益、投资损益的确认;(5)会计处理方法及结果的确认;(6)其他需要通过检验分析财务会计资料确认的财务会计问题。鉴定意见不得超出委托要求范围,不应涉及对定罪量刑等法律问题的判断。由此可见,司法会计鉴定意见的内容限于委托范围内的事实问题,一方面不能超出委托范围,另一方面不能就法律适用问题发表意见。

关于鉴定检材,根据《人民检察院司法会计工作细则(试行)》第11条、第24条,委托鉴定应当提供以下材料:(1)鉴定涉及的财务会计资料及相关材料,如会计报表、总分类账、明细分类账、记账凭证及所附原始凭证、银行对账单等;(2)与鉴定有关的勘验检查笔录、扣押清单、调取证据通知书等;(3)鉴定所需的其他相关材料。鉴定意见不得依据犯罪嫌疑人供述、被害人陈述、证人证言等非财务会计资料形成。由此可见,出具司法会计鉴定意见依据的材料除会计资料外,还包括与鉴定相关的司法程序性文书,但不包括刑事诉讼中的言词证据等非财务会计资料。

案例十二:计某某职务侵占二审无罪案[(2017)冀07刑终18号]

裁判摘要:本院认为,一审认定被告人计某某构成职务侵占罪的关键证据之一即《张家口诚信司法会计鉴定中心司法鉴定意见书审查意见书》中，两名签字鉴定人之一无《司法鉴定人执业证》，不具有司法鉴定资格。该鉴定违反了《司法鉴定程序通则》中应当有两名鉴定人员共同进行鉴定的相关规定，属程序违法，故该鉴定意见不能作为定案的证据使用。同时本案控辩双方提供的现有其他证据材料在所证事实之间相互矛盾，不能形成同一指向，证实不了同一事实。公诉机关所提供指控计某某犯职务侵占罪的证据，尚不能形成完整的证据链条。一审所采信的认定计某某构成职务侵占罪的证据缺乏客观性、全面性，所认定的犯罪事实不能排除合理怀疑，不具有唯一性和排他性，故本案事实不清，证据不足，现有证据尚不足以证实计某某已构成职务侵占罪。

案例十三：胡某某职务侵占再审无罪案[(2011)晋刑再字第11号]

裁判摘要：本院再审认为，晋中分公司是否损失货款应以会计账簿的记载与实际出货收款的相关单据为依据，仅依据公安机关对王某某、李某某的询问笔录和不能提供完整出货与收款凭据的晋中分公司和平遥销售站的会计账簿，即认定存在货款损失的事实，证据不够充分；灵石司法鉴定中心〔2010〕会鉴字第6号司法会计鉴定书，以销货票和“白条”作为收款凭据，得出胡某某欠交货款的结论，却无相应实际出货与收款的单据印证；房某某系平遥销售站的站长，王某2是洪善生产资料公司（房某某是该公司的负责人）的会计，雷某某系平遥销售站的保管，三人均为本案的利害关系人，且三人的陈述内容也有一定的出入，证明胡某某收到款的证据不足。抗诉机关抗诉所举证据不能形成证据链，不能排他地证明是胡某某实施了犯罪行为，其抗诉本院不予支持。

实务中，司法会计鉴定意见常见的问题有：鉴定机构的资质不符合要求，鉴定人没有相应的专业鉴定资格，委托鉴定事项超出司法鉴定业务范围，鉴定材料不真实、不完整、不充分或者取得方式不合法，送检材料本身存在瑕疵，部分数据来源不具备鉴定条件，又无法补救等。通过检索已经生效的裁判文书发现以下几种情况下的鉴定意见没有被采信：(1)数据来源的真实性存在疑问，数据来源于被害单位提供的盘点表；(2)会计账本不能全面反映被害单位的收支情况且存在账外支出的情况，不能排除被告人已经将款项交回或者已用于业务支出的可能性；(3)会计账簿记载不全面，不能提供记载完整的出货收款凭据的会计账簿；(4)司法会计鉴定意见书以被害单位的销货票及“白条”作为收款凭据，且没有相应的出货单据及收款单据予以印证；(5)价格鉴定基准日与变卖涉案财物的时间不一致；(6)鉴定人未取得相应证据而主观臆断事实。

对于司法会计鉴定意见书存在的问题，通常需要申请重新鉴定、补充鉴定或者申请鉴定人出庭来充分辩护。

七、职务侵占罪辩护的总体策略

（一）积极防范

在发生纠纷后，控告立案前，当事人应及时委托律师为其提供法律咨询，同时争取谈判谅解，及时止损促成矛盾化解，一是防止由报案的一笔或两笔事实，增加成数笔事实；二是防止利用职务便利的职务侵占一罪，增加成挪用资金、非国家工作人员受贿、盗窃、诈骗等多个罪名。

（二）把握时机

在认罪认罚从宽的背景下，为给当事人争取最大的合法权益，律师应从犯罪构成的特殊性出发，从主体、客体、主观方面、客观方面进行充分辩护，争取公安机关撤案、检察机关不起诉，但是也要根据具体案件进行调整，如争议不大的应与当事人沟通使其适时认罪认罚，另外要注意特别是当进行主体身份辩护时，防止出现没有利用职务便利，而成立诈骗罪、盗窃罪等重罪的可能。

（三）据理力争

律师可申请调查取证（进行控告的被害人在向侦查机关提供证据时，往往仅提供有利于控告的证据，对于有利于当事人的证据应及时申请调查取证）、申请非法证据排除（如司法会计鉴定意见书）、作无罪辩护或退一步作罪轻（各种法定、酌定情节）以及轻罪（挪用资金、侵占）辩护。

（四）坚定信心

根据裁判文书检索来看，没有法定、酌定从轻、减轻处罚情节的，很难判处缓刑，而被告人具有自首、坦白、退赃、取得被害人的谅解情节的，量刑大多以缓刑为主，即使不能判处缓刑，刑期也相对较低。因此，只要尽力辩护，一般还是会取得实质效果的。

5

第五篇

妨害社会管理秩序类犯罪

计算机网络犯罪的辩护策略与技巧

陈沛文

一、计算机网络犯罪的背景与特点

（一）互联网黑灰产

计算机网络犯罪是随着近年来不断发展的网络技术而逐渐出现并呈现高发态势的一类案件，从政策管控及司法实务的案件类型来看，计算机网络犯罪所打击的核心目标系网络黑灰产业链。事实上，网络黑灰产业链是需要进一步细分理解的，具体而言可以分为网络黑产和网络灰产。其中，网络黑产往往是直接触犯国家法律规定的网络犯罪行为，例如，网络诈骗、赌博、开设钓鱼网站、黑客攻击、植入木马病毒、网络盗号等，这类行为违法的目的性较为明显，且通常直接涉嫌违法犯罪。相较而言，网络灰产则更多游走在法律边缘的领域，且相关的行为也并不是单纯、直接地为了违法犯罪而实施的，更多是为黑产提供辅助性的、争议性的支持。例如，数据爬虫、vpn 翻墙、恶意注册、虚假认证、网络刷单、软件外挂等。网络灰产或构成犯罪或不构成犯罪，但可以明确的是其核心要素在于为黑产提供支持。以网络诈骗为例，实施网络诈骗的行为，不仅需要占有大量的物料，还需要占有大量的社交网络账号。若行为人仅通过自己实名认证的一两个账号来进行诈骗，很快就会被封禁，诈骗行为根本无法实施。因此，在网络诈骗的案件中，行为人需要大量获取用于诈骗的个人信息等素材，此类素材的获取便需要数据爬虫以及信息检索等技术提供支持。同样，实施跨境赌博往往需要绕过国家防火墙的审查，因此，需要利用 vpn 翻墙等技术。批量"薅羊毛"的诈骗案件也离不开群控软件或者外挂的支持，这类群控软件同样可以用于明星打榜、微信投票，软件外挂也可以用于微商的营销、推广的批量控制。在进行学术研究、研发时，技术人员有时也需要利用翻墙软件访问境外论坛或数据库进行比较研究等。因此，事实上，灰产的应用场景十分广泛，可以用于违规行为,亦可为合法的活动提供帮助。

总体而言,互联网黑产是已经定性的违法犯罪产业链,而灰产是游走于违法犯罪和法治缺失的模糊地带,现在对于黑产的打击往往依托于打击灰产而展开,因为灰产为黑产提供了核心的支持,同样现在的打击方向也是从灰产入手以打击黑产,灰产可控,黑产亦可控,如"断卡行动"和打击帮助信息网络犯罪等。由于网络诈骗、网络赌博的具体的实行者、组织者往往在境外,故很难被直接抓获和打击,但是这些行为的实施必不可少要依赖于境内相关的技术服务,而只要境内的基本的、支持性的行为被控制,那么跨境赌博、诈骗的案子便具有被有效控制的可能性。

(二)净网行动的历史沿革

净网行动是打击网络犯罪的专项行动,最早是从扫黄打非的概念入手,打击互联网的非法出版物、淫秽色情信息等。随着网络犯罪的不断演化,如今净网行动被赋予了新的价值与要求,已上升至对互联网空间全面整治的高度,其核心主要体现在督促互联网企业开始履行自己所应当履行的信息网络安全管理义务,以及对特定黑灰产业具有危害性的一些行为进行清退。

(三)计算机网络犯罪案件的特点

总结归纳计算机网络犯罪案件的实务情况,不难发现,计算机网络犯罪案件存在以下特点:

第一,高度技术化。计算机网络犯罪行为通常并不依赖人的机械化重复行为,而是依靠计算机软件和代码来运行。也即核心的犯罪实施者的行为模式是依据代码为之。在对计算机网络犯罪案件的审查中,代码如何写,程序如何运作,比行为人如何操作程序更加重要。这类案件普遍的行为模式体现出了技术化的特征,这对侦查、审查起诉、审判和辩护工作提出了新的要求,无论是司法人员还是律师,都必须理解具体的软件程序的运作机理。

第二,危害结果抽象化。计算机网络犯罪不同于主要针对人身财产进行侵害的传统犯罪,其侵害对象更多的是计算机信息系统的控制权,计算机信息系统内部储存、管理、传输数据的权利,以及计算机信息系统和网络安全等。此类行为的危害后果往往并非直接的经济损失或比较明显的违法所得,更多是对于数据权益的侵犯,对于计算机信息系统控制权的侵犯等,故此类行为的危害后果和社会危害性相较于其他案件来说是很难直接评判的。

第三,案件处理的专业化。就计算机网络犯罪的侦、诉、审、辩,除了运用刑事诉讼的基本规则外,核心的要素是需要依赖专业的鉴定意见。我们需要判断特定的计算机网络程序的危害性，它具有何种功能，这些功能会造成什么样的后果，上述事实并非法律人士单凭自己的能力就能够判断的，必须要借助外部计算机信息网络的专家来对程序运行的机理和它可能产生的功能以及可能造成的危害结果进行判断。同样，计算机网络犯罪的核心争议焦点并非涉案软件是否具有某项功能，而是涉案软件所具有的功能是否违反《刑法》的相关规定，以及如何适用相关规定进行处置。互联网发展的迅猛与法律的滞后性这一矛盾，是当下互联网犯罪司法实践面临的主要问题，直到2021年《数据安全法》《个人信息保护法》等相关的法律规则才得以出台，但法律规则本身配套的理解与适用的司法解释等依旧空缺。互联网安全领域的管理规范相对而言是滞后的、不够完善的。因此，对于这类案件的辩护，可以利用的素材较为有限，实际上到目前为止只有一个计算机网络犯罪的司法解释，也即最高人民法院、最高人民检察院《关于办理危害计算机信息系统安全刑事案件应用法律若干问题的解释》，而该司法解释对于一些需要进一步明确的法律概念和法律适用问题并未进行规定。

事实上，正因为相关的法律规范目前还不完善，这类案件的办理才会在很大程度上受到历史上错误案例的影响。以最简单的外挂案件为例，制售外挂的罪名经历了从最早的非法经营罪到侵犯著作权罪，再到提供侵入计算机信息系统工具罪、非法控制计算机信息系统罪和破坏计算机信息系统罪的过程，而如今，《刑法修正案（十一）》出台后，制售外挂回归于侵犯著作权罪的定罪路径。上述各个罪名在实务中都有被打击处理的案例，甚至部分案例还是最高人民法院的指导案例。当然，不可否认的是，为了打击此类违法犯罪行为，在特殊的时期、特殊的节点可以有特殊的法律理解的方式，但当同样的行为能够被认定为多种犯罪的时候，其中必然会有至少一种甚至多种的罪名认定是错误的。鉴于此，如何找到可供辩护参考的依据以及驳斥这些历史错误案例的方法，也是律师在办理这类案件时必须要考虑的问题。

二、计算机网络犯罪案件主要涉及的罪名

（一）非法侵入计算机信息系统罪

非法侵入计算机信息系统罪仅需行为人侵入国家事务、国防建设、尖端科学技术领域的计算机信息系统，即便未获得信息，仅侵入也构罪。事实上，侵入行为是对计算机网络犯罪行为进行规制的核心。在《刑法》规定的非法侵入计算机信息系统罪条款（第285条第1款）之后的第2款中规定了非法获取计算机信息系统数据罪

和非法控制计算机信息系统罪两个罪名,这两个罪名规制的是侵入国家事务、国防建设、尖端科学技术领域的计算机信息系统以外的计算机信息系统。

(二)非法获取计算机信息系统数据、非法控制计算机信息系统罪

侵入计算机信息系统以后行为人的违法犯罪行为有两种:一种是行为人为了非法获取计算机信息系统内部的数据而实施的行为;另一种是行为人为了获得特定的计算机信息系统的控制权而实施的行为。

(三)提供侵入、非法控制计算机信息系统程序、工具罪

不是所有实施计算机网络犯罪的行为人都具备极高的软件技术开发能力,若为非法侵入提供工具,也有相应的提供侵入、非法控制计算机信息系统程序、工具罪进行规制。

(四)破坏计算机信息系统罪

破坏计算机信息系统罪是计算机网络犯罪的鼻祖,是最早被规定的计算机犯罪。这个罪名分为三种行为模式:第一种是对于计算机信息系统本身进行删除、修改、增加、干扰,以致计算机信息系统不能正常使用的行为。第二种是对于计算机信息系统中存储、处理或者传输的数据和应用程序进行删除、修改、增加的行为。注意,该种行为不要求致使计算机信息系统崩溃。第三种是制作、传播计算机病毒等破坏性程序的行为。但是随着杀毒软件的逐渐免费,实际上病毒类的案件并不多,不过仍然时有发生,如浙江省的"熊猫烧香"的案件,这是纯正的利用技术实施的计算机网络犯罪。技术具有一定的危害性、破坏性,影响的是我们的网络安全和数据安全。

(五)拒不履行信息网络安全管理义务罪

拒不履行信息网络安全管理义务罪是刑法所有罪名中唯一一款纯正的不作为犯罪,只针对网络服务提供者。只要行为人没有履行法律、行政法规所规定的信息网络安全管理义务,且行政机关责令其整改后拒不整改,就会涉嫌此罪。该罪名在以前属于"僵尸罪名",实践中一共只有四例,其中三例是针对提供 VPN 翻墙技术行为的处理,剩下的一例是网络发布虚假广告。拒不履行信息网络安全管理义务罪适用比较少的核心原因在于在早期的时间段,法律之中对于网络服务提供者应当履行的信息网络安全管理义务的规范处于空白的地带,因此没有办法直接适用该罪名。但随着《网络安全法》《个人信息保护法》《数据安全法》等相关规范性文件的出台,这个罪名在未来即将被大范围启动适用。就在网信办挂网的互联网企业和特定的 App 来说,网信办都是按照相应的信息网络管理义务的要求责令这些

企业和 App 进行整改的，若企业没有及时按照要求完成整改，这个罪名在未来将成为他们头上的“悬顶之剑”。

（六）非法利用信息网络罪和帮助信息网络犯罪活动罪

非法利用信息网络罪和帮助信息网络犯罪活动罪主要针对的是行为人提供的技术服务本身不会危害和影响网络安全，但是提供服务的对象是特定的企图实施前述违法犯罪行为的人，行为人对此存在一定的认知，但仍实施这种帮助类的犯罪。帮助信息网络犯罪活动罪，是帮助犯的正犯化；非法利用信息网络罪，是预备行为的正犯化。这是这类罪名的特点。

（七）侵犯公民个人信息罪

严格来讲，侵犯公民个人信息罪不是纯正的计算机网络犯罪，其可以在线下实施，也可以通过非技术类的方法实施。但是在数字经济时代，在大数据的背景下，对于公民个人信息的需求日益膨胀，而个人信息往往是通过计算机技术取得的，如爬虫。因此，侵犯公民个人信息罪在线下能适用的空间很小，基本上都在计算机网络领域，故而该罪也属于计算机网络犯罪的核心罪名之一。

三、计算机网络犯罪类案件辩护核心要素辨析

（一）什么是计算机信息系统

计算机信息系统是计算机网络犯罪中的重点要素，正确认识该系统是理解计算机网络犯罪辩护的前提。最高人民法院、最高人民检察院《关于办理危害计算机信息系统安全刑事案件应用法律若干问题的解释》第 11 条将“计算机信息系统”和“计算机系统”统一界定为“具备自动处理数据功能的系统”，包括“计算机、网络设备、通信设备、自动化控制设备”等具体设备。进一步而言，首先，所谓计算机信息系统必须具备的基础功能是自动处理数据，没有这项功能的系统不能被称为计算机信息系统。同时，它的载体是“计算机通信设备等设备”，所以对计算机信息系统的理解应当作一个区分。计算机信息系统的核心在于既有硬件又有软件，其是软件和硬件的集成，也就是说单软件本身可能具备自动处理数据的功能，但缺少硬件载体无法构成计算机信息系统；而单纯的硬件设备比如移动硬盘，通常不能独立地完成数据的处理，所以也不是计算机信息系统；而像电脑这类既有硬件作为载体同时又能自动处理数据的设备才能被称为计算机信息系统，这也是我们理解这类案件的前提和核心。

（二）什么是侵入计算机信息系统

如上所述，“侵入”是诸多计算机网络犯罪的构成要件要素，最高人民法院、最高人民检察院《关于办理危害计算机信息系统安全刑事案件应用法律若干问题的解释》第2条对于“专门用于侵入、非法控制计算机信息系统的程序、工具”作了一个界定，要求是“具有避开或者突破计算机信息系统安全保护措施，未经授权或者超越授权获取计算机信息系统数据或对计算机信息系统实施控制的功能”。侵入的行为核心在于避开或者突破计算机信息系统安全保护措施，对这个问题司法解释并未进一步说明，因此需要对计算机信息系统安全保护措施进行充分的解释与认定。我们认为，计算机信息系统安全保护措施保护的是系统安全，其核心是一种防御性的措施。在实践中，计算机信息系统之间交互过程中会存在一些验证性的措施，比如验证码、滑块解锁等，此类验证措施是否属于计算机信息系统安全保护措施，这个问题在实践中还存在争议，因此，理解“安全保护措施”还需要回归侵入行为的实质和核心，也就是要判定是否未经授权或超越授权。我们认为，计算机信息系统的保护措施一定是与计算机信息系统的操作权限息息相关的。如果行为人规避保护措施后非法地拿到特定的访问权和控制权，那这个行为是侵入行为；而如果本身就有权限，只是在权限的行使过程中需要做一些类似人机这样的验证和区别行为的，则不能被认为是避开或者突破计算机信息系统安全保护措施。同样，这里侵入的核心既然是以权限为样态的，那么最高人民法院、最高人民检察院《关于办理危害计算机信息系统安全刑事案件应用法律若干问题的解释》规定的“其他技术手段”便需要作出相应解释，也即“其他技术手段”并不一定要具有技术性，主要局限在骗取、窃取或者超越权限使用的情况。比如行为人没有权限操作其他计算机信息系统，但是它的所有者在操作的时候行为人在边上偷偷地看到了操作口令、密码，然后行为人利用偷看到的操作口令、密码登录操作系统，这个行为看似没有技术性，但是也叫侵入，因为行为达到了侵入的核心要求，即原本没有权限但是非法获得了权限并操作，这种行为是“其他技术手段”的典型示例。

（三）如何区分数据与信息

对于特定的国防安全和高端科技领域的计算机信息系统，只要有侵入行为便已构罪。对于其他计算机信息系统，若仅有侵入行为，则尚不足以构成犯罪。实践中，行为人在侵入计算机信息系统后，往往会进行其他操作，要么获取其中的数据，要么对系统进行非法控制。首先需要理解何为“数据”。在《数据安全法》出台之前，对法律层面的数据是缺少明确的界定的，而《数据安全法》的出台首次明晰了

“数据”的定义,该法第 3 条第 1 款规定,“本法所称数据,是指任何以电子或者其他方式对信息的记录”。由此可得,数据的本质是对信息的记录。站在系统论的角度,数据 = 信息 + 数据冗余。所谓的“数据冗余”就是数据的记载方式,简单理解就是一份律师事务所律师的通讯录,其被抄录在纸面,还是被记录在 word 文档中,并不改变信息的内容,但二者传递信息的方式是不一致的,此种记载方式不同的信息在刑法意义上属于两个不同的数据。可以看到,数据与信息本质上并不相同,也因此,二者的表征权益亦并不相同。根据《数据安全法》,数据权益是对信息记载权的保护,而非保护信息权益本身。这样的规则实际上最早在欧盟的通用数据保护条例中就有所体现,GFPR 赋予了信息所有者一个独立于数据记载者的权利,即信息消灭权,也就是信息权益本身大于数据权益,数据记载者只能在信息所有者授权的基础上记载数据并运用这些信息,如果信息的所有者希望删除个人信息的时候行为人必须要作出删除。这个界分在实践中有很大的作用,典型的是同样的行为到底被认定为非法获取计算机信息系统数据罪还是侵犯公民个人信息罪,这里需要判断行为到底侵犯的是信息的记载权还是信息权益本身,如果只侵犯其中一项,自然是追究特定的责任,如果两项权益都被共同侵犯,那就触犯了数个罪名。

(四)什么是“获取”

数据与特定的实际物体不同,其不存在物理上可见的实体,因而,对获取其的行为便无法作常规理解。然而,目前的法律和司法解释中并没有对“数据获取”有明确的定义,因而需要在技术领域和规范层面寻找解决的答案。《信息技术—安全技术—电子数据识别、收集、获取和保存指南》(ISO/IEC 27037:2012)其对数据获取的行为进行了界定,“所谓的获取行为,是指在特定的数据集合中进行数据副本创建的过程”。为了防止应用规范的人不理解这句话,其还特别作了一条注释,即“获取的内容是对于拟获取信息的备份”。由此可得,获取数据的核心概念就是对特定信息的复制。但是,这样一个技术类的规范标准在法律实践中会不会被认可和应用呢?很多时候我们只能把它当成辅助解释的工具,因为它并不是必须适用的法律规则。如果对非法获取数据的行为很难进行解释、定义,那就想想有没有什么合法获取数据的途径,而如果这个合法获取数据的途径在其他的法律规范中被明确规定,则类似的行为可以作为我们的参照。合法的获取数据的行为常见于许多案例之中,公安机关对电子数据的提取行为就是典型的合法获取数据的行为。最高人民法院、最高人民检察院《关于办理危害计算机信息系统安全刑事案件应用法律若干问题的解释》以及相关规范中关于电子数据提取的规定和上述技术标准中"获取"的规定是一致的,因此可得出上述论证是成立的。公安机关出台的关于电子数据提取的相关规定,以及检察机关办理犯罪的相关规程认为电子数据提取的核心,就是对于数据镜像的制作,而在规范中对于数据镜像也作了明确的解释。所谓的数据镜像,就是指二进制的0101排序的数据码流,相同数据的复制件与原件的内容无差别,我们可以看到数据镜像的制作就是对于原始数据副本的创建(copy)。只有在实践层面、规范层面、技术层面实现相互的统一,我们才可以对数据获取的概念进行准确理解,而理解到这个层面对于我们办理很多非法获取计算机信息系统数据的案件极有帮助,使我们可以一针见血地找到其中的辩点。

但是获取数据的行为也不是单一的,除了通过解释的方式分析的数据获取的行为之外,还有一种额外的获取行为,这种获取行为属于法律拟制,也就是对于虚拟财产的获取。最高人民法院研究室《关于利用计算机窃取他人游戏币非法销售获利如何定性问题的研究意见》明确提出,利用计算机窃取他人游戏币非法销售获利的行为,目前宜以非法获取计算机信息系统数据罪定罪处罚。最高人民法院、最高人民检察院《〈关于办理盗窃刑事案件适用法律若干问题的解释〉的理解与适用》一文也提出,对这类行为要按照非法获取计算机信息系统数据罪定罪处罚。特别是在理解与适用里面,主笔人喻海松大法官提出,因为虚拟财产在现有的法律规范中若被当作与一般财物一样的财产处理,难以对其进行价格的认定和价值的判断,所以在这种情形之下将获取虚拟财产的行为以非法获取计算机信息系统数据罪来处理。对于虚拟财产的获取,如行为人窃取了对方的游戏币,这个游戏币虽然在行为人的游戏账号之中,但都是储存在原来游戏开发者的服务器之中,行为人并没有创建任何游戏币的副本也没有非法获取它,只是对它进行使用和控制。而行为人的使用和控制受制于计算机信息系统服务的所有者即游戏商的安排,游戏商可以随时将行为人非法获取的游戏币清零或将行为人的装备进行恢复,连权益和控制都没有的时候怎么谈非法控制?这就是法律的拟制。

结合前文分析,非法获取数据的行为除了拟制之外,最典型的代表就是数据的跨介质迁移。数据必须依赖于特定的硬件、特定的计算机信息系统进行存储,同样在一个服务器中,如果将数据创建副本后仍留在这个服务器,那数据依然处于原始信息所有者的控制之下。以电子数据的提取为例,电子数据的提取包含两种方式。其一,改变电子数据储存介质的提取,也即直接扣押原始介质,此时把原始介质拿走,根本不用创建数据副本;其二,跨介质的电子数据提取,即将电子数据从原始储存介质之中迁移到其他的储存介质进行备份,包括网络在线提取。所谓对于数据的获取，实质就是数据的跨介质迁移。

(五)什么是非法控制

控制行为是一种操作，而非法控制就是替代性的操作，如果单纯持有控制权，但是并没有进行任何操作，并不构成非法控制计算机信息系统罪，其属于单纯的“侵入”，当所侵入的系统不属于三大类计算机信息系统时不构成犯罪。控制行为的构罪必须以使用了控制权为前提，仅仅拥有控制权不构成犯罪。在一些利用计算机信息系统进行犯罪的案例中，如果贩卖 root 机的一方同时获得了 10000 台 root 机的控制权，但是其只卖出了 100 台实际提供给他人使用，而对于剩下的 9900 台行为人拿到控制权后从来没有使用过，那么在定罪量刑时，应以 100 台的数量为准，而非 10000 台。同样，对于非法获取或者非法控制计算机信息系统要追究刑事责任，一般是按照造成的损失大小或者获利的多少来追究，当损失难以估计时，则将获利作为入罪和量刑的依据：获利 5000 元构成犯罪，获利 25000 元刑罚跳档到 3 年以上有期徒刑。在审查判断这类案件的获利时，还必须查明获利的来源。非法获利必须是以特定的控制操作作为获利的依据，如果不是与控制行为相关的获利，则不能把这些数额计算在非法控制计算机信息系统罪之中。比如，行为人非法侵入了一个计算机信息系统，利用对这个信息系统的控制权对外售卖获利 10000 元人民币，但是在利用控制权的过程中行为人发现了这个计算机信息系统中有其他人的隐私文件(账号、密码或其他商业机密)，然后行为人对外提供这些信息进一步获利，那么这部分金额并不是非法控制相关信息系统而获得的，对于该部分金额，行为人涉嫌的是盗窃、敲诈勒索、诈骗、侵犯商业秘密等罪，不能混为一谈。

(六)什么是“造成计算机信息系统不能正常运行”

破坏计算机信息系统犯罪的后果中有一项是“造成计算机信息系统不能正常运行”，如何理解“造成计算机信息系统不能正常运行”？一台电脑，如果把它砸了，当然不能正常运行，但这样的行为是故意毁坏财物，而不是破坏计算机信息系统。破坏计算机信息系统针对的是计算机信息系统的核心——自动处理数据的功能，只有破坏行为影响计算机信息系统核心运行的功能，也即数据处理准确性的时候，才可以认定为计算机系统不能正常使用。这样的破坏行为看似需要很高的技术性，但其实不然，我们曾经办理过一个案件，一个环保排污的企业采用在排污监测口放棉花或者撕开管道等方式，使环保排污监测设备不能准确地采集其排污信息，这种行为被认定为破坏计算机信息系统罪。法院的裁判理由是，企业的外部干扰行为虽然是堵棉花、接暗管，但影响了整个环保监测系统对于数据的准确运行和判断,致使环保监测系统不能正常使用,从而构成破坏计算机信息系统罪。

(七)什么是"对于数据和应用程序的增加、删除、修改"

破坏计算机信息系统犯罪的危害后果中还有一项是"对计算机信息系统中存储、处理或者传输的数据和应用程序进行删除、修改、增加",对这类行为的认定,是目前司法实践中存在错误最多、争议最大的一类行为。如果简单地理解,只要计算机信息系统中的数据有任何形式的增加都符合此罪的构成要件,那么所有对于计算机信息系统的操作行为,即所有的控制行为,都会在计算机信息系统中留下操作记录、操作日志,引起系统数据的变化和变迁,都会被认为是对数据进行了删除、修改、增加,导致非法控制计算机信息系统罪的入罪标准太低;而如果要进行区分的话,又没有相应的标准。所以,为了解决实践中的问题,最高人民法院通过指导案例和司法解释进行明确,核心的要素是:对于数据和应用程序的删除、修改、增加必须实质性地影响数据所传达的信息和应用程序的功能。数据是对于信息的记录。这在"张某某非法控制计算机信息系统案"中,人民法院认为,单单伴随着操作行为、控制行为而产生的数据变动并不是破坏计算机信息系统罪中的数据"删改增",而对于这个条款的认定,"破坏"行为是指在计算机信息系统内的操作,必须实质性地去删除、修改、增加原有的数据并且只有该操作影响了这个数据原有的信息传递和表达,才构成"破坏",不能把在计算机信息系统内的操作行为都认定为控制行为。

在最高人民法院公布的交警利用职权进入系统改分的三个指导性案例中,对行为人分别定了受贿罪、破坏计算机信息系统罪和非法控制计算机信息系统罪,也是准确地运用了上述规则。对于认定为计算机类犯罪还是受贿犯罪,判断的标准是操作计算机信息系统的人是交警本人还是第三人,交警本人是有权限的,其利用自己的权限登录账号自然不构成超越权限的侵入性行为。但是,如果交警把这个账号告诉了第三人,由第三人去登录,由于第三人并没有登录的权限,交警给第三人账号的行为无法视为合法性授权,所以,第三人实施的登录账号行为就是侵入了交警管理的计算机信息系统。第三人利用交警所给的账号进入交警管理的计算机信息系统后,发现有人因闯红灯被扣了6分,将其更改为扣0分,6分变成0分,影响了原有数据的实质性表达,改变了交警处理的过程和意见,对这种行为应定破坏计算机信息系统罪。如果第三人登录计算机信息系统后,发现有一条违章信息交警尚未处理,其利用交警给的控制权,把对闯红灯的处理修改为扣0分,罚款0元,那么在这种情况下,以上的变动是随着行为人的操作行为而产生的,应认定为非法控制计算机信息系统罪。

(八)计算机司法鉴定与电子数据鉴定的区别

"鉴定"是计算机网络犯罪案件中的重要步骤,也是辩护时的重点。前述涉罪行为都是通过计算机软件或者程序代码实施的,但是计算机软件或者程序代码到底具备何种功能,到底具不具有危害性,能否实现侵入计算机信息系统,能否造成计算机信息系统无法正常使用,以及数据到底有没有发生实质性的变动等问题,已不是单靠法律规范或法律专业知识就能够被理解或解决的,必依赖第三方专业鉴定机构进行鉴定。但是,这类鉴定在实践中也普遍存在问题,最大的问题就在于计算机司法鉴定和电子数据鉴定之间容易混淆。对于程序性内容的鉴定,特别是当要鉴定计算机软件或者程序代码的功能时,有两种鉴定方式:一种是计算机司法鉴定,即运用计算机理论和技术对于采用非法手段对计算机数据安全性、完整性或系统正常运行造成的危害性行为及程度进行鉴定。另一种是电子数据的功能鉴定。这个功能性鉴定包括对软件、电子设备和计算机的破坏性程序功能进行鉴定。两者是不一样的。电子数据的功能性鉴定体现为电子数据鉴定依附在音像资料鉴定的这一大门类之下,拥有这类鉴定资质的机构和人员非常多,而能够做计算机司法鉴定的鉴定机构在全国只有26家,基本集中在北京、上海、杭州、深圳这些互联网集群地区。电子数据鉴定,不能够替代计算机司法鉴定。实践中,很多案件通过电子数据鉴定的方式,得出该程序系破坏性程序的鉴定意见,这个鉴定意见显然是越权且错误的。电子数据的功能性鉴定,是个描述性的鉴定,但计算机司法鉴定,是通过底层的代码,将这些代码的功能进行翻译,看有哪些功能,是如何运行的。这些功能和运行本身会不会造成危害后果,有没有危害网络安全,能不能够破坏计算机信息系统,能不能够侵入计算机信息系统,必须通过计算机司法鉴定来进行。实践中,这部分鉴定非常混乱,如果我们在辩护过程中能够充分地阐述这两种鉴定的区别,将会取得很好的辩护效果。

(九)何谓帮助信息网络犯罪活动罪中的"明知"

如果行为人对于具体犯罪行为内容是明知的,那么他显然构成具体犯罪的共犯。此时对其定罪分为两种情况:第一种情况,行为人开发了一个赌博软件,明显具有资金双向进出的功能,行为人将其提供给他人用于赌博,对其定什么罪名?笔者认为不应定帮助信息网络犯罪活动罪,而应定赌博罪或开设赌场罪的共犯。第二种情况,行为人只是概括性地知道违法性,但是不知道具体的犯罪行为,这时对其定什么罪?笔者认为应定帮助信息网络犯罪活动罪。我们办理过一个案件,行为人为他人开发了一个视频直播软件,在开发的过程中,且对方告知行为人其将用这个软件去传播网络淫秽色情物，但是，其拿到软件之后并没有传播任何网络淫秽色情物而是用来实施裸聊诈骗，这时，对行为人定什么罪名？因为行为人不知道他人使用软件实施诈骗，对具体的犯罪行为没有认识，所以不能定诈骗罪的共犯，只能定帮助信息网络犯罪活动罪。对这一类的帮助行为，几乎所有的技术服务提供商都会说自己不知道对方用于什么，所以针对"明知"有专门的推理规则，监管部门的告知，接到举报后不履行法律职责，收费明显异常，相关的技术、服务或其他的行为明显具备违法性特征，故意规避监管等这些行为都可以作为推定的要素。这些用来推定的要素归结到一起，即行为人在对外提供技术服务的时候，有没有尽到必要的审慎义务？有没有尽到所有的网络服务提供者应尽的信息网络安全管理的责任？如果行为人做到了，那么推定明知就会被打消。如果没有做到，那么就可以推进行为人明知。这些所有推定性的行为，也都是未来互联网企业进行合规审查的一个基础依据。

（十）如何理解公民个人信息与其他信息相结合

纯粹的公民个人信息当然很好理解，但是最高人民法院、最高人民检察院《关于办理侵犯公民个人信息刑事案件适用法律若干问题的解释》中规定的"以电子或者其他方式记录的能够单独或者与其他信息结合识别特定自然人身份或者反映特定自然人活动情况的各种信息"是公民个人信息。那么，如何理解信息能否与其他信息相结合这个问题？对于这个问题的理解，实际上有三项标准：

第一，信息本身的重要性程度，即其是敏感信息还是非敏感信息，如果是其他关联的行为信息或者是其他特定的非敏感信息，包括一些网络访问的日志信息，虽然是个人信息，但是因其重要程度较低，很难与其他信息相结合识别为特定个人；如果是敏感信息，那自然很容易与其他信息相结合识别为特定个人，比如手机号码、姓名、身份证件号码等信息。

第二，非敏感信息是否一定不能与其他信息相结合呢？不是。敏感信息是否一定能与其他信息相结合呢？也不是。我们还需要判断这类信息与其他信息的结合程度。敏感信息与非敏感信息的界限在于个人信息保护管理标准中对于重标识攻击的阈值的判断，即信息能否突破重标识攻击的阈值。这个阈值如何计算，实际上在《信息安全技术　个人信息去标识化指南》（GB/T 37964—2019）中有明确的方式，在此就不过多展开了。

第三，要了解行为人获取信息的主观目的是什么。如果行为人获取特定的去标识化的信息，目的不是还原出特定的人，而是有其他的用途，那就不能够认为与其他信息能够结合。比如,在互联网广告推送的领域,推送的企业都喜欢获取用户的设备IMEI、手机IMEIIMEI,这些是个人的敏感信息,与其他信息结合能够还原出特定的人,但是企业获取IMEI的目的并不是还原特定的人,而是把获取的IMEI作为企业内部设置的唯一标识以标识设备。企业向这些设备推送广告,并不在意设备的所有者和设备背后的人,那么企业获取IMEI的行为,就不能被认为是侵犯公民个人信息,因为企业没有还原特定个人的目的。

以上就是我们对于这类犯罪的核心要点的理解、分析与梳理,基本上涵盖了在计算机网络犯罪办理过程中遇到的80%甚至是90%的疑难复杂问题。但是,具备以上知识储备和理解之后,在实际的办理案件过程中,我们该如何应用操作,如何将我们对于法律规范的理解、专业知识与具体的案件相结合,下面演示几个案例。

四、计算机网络犯罪辩护典型案例

(一)接码平台类犯罪辩护策略——非法获取计算机信息系统数据罪辩护示例

接码平台类计算机网络犯罪辩护,需要注意以下几个核心要素:

第一,辩护工作要建立在掌握一定专业知识的基础上,辩护人一定要了解系统、程序是如何运行的,还需要还原出业务流程图和程序运行的基本机理。在本质上接码平台的机理分三方:一方是平台本身的系统,其功能是虚拟账户注册。平台又挂了两端,一端是卡商,其提供注册的手机号,也是断卡行动打击的要素;另一端是号商,用以提供物料。卡商和平台主要通过一个叫"猫池"的工具进行对接,"猫池"上面可以插很多手机卡同时运行,与双卡双待的手机类似,其在本质上就是一个多卡多待的手机,接码平台获得了手机号之后去注册各个平台的网络账号,之后再将账号提供给账号的购买方,买账号的人主要是从事电信诈骗、网络赌博等黑灰产的人员,但是也有合法的购买方,其主要目的是"薅羊毛"、明星打榜、微信群投票等,这些行为虽然不道德但是不构成犯罪,以上是接码平台的运行机理。

在这类案件中平台一般被追究的是非法获取计算机信息系统数据行为,结合之前的运行机理判断在这套运行机理下,有没有侵入计算机系统的行为,司法实务中对于此类案件的惯常认定是接码平台通过技术功能非法获取了他人的验证码并侵入了对方的计算机信息系统,但接码平台本身是服务器的设备,是计算机信息系统,行为人想注册的类似微博、支付宝、微信等账号也是计算机信息系统,接码平台向各个平台发注册请求,各个平台给接码平台发验证码,接码平台完成注册,这在本质上是两个计算机信息系统之间的交互,那么接码平台有没有权限访问各个平台呢?实际上,各个平台的服务器是开放的,只要接码平台符合各个平台的规则就可以进行访问,而且只是在外部访问,没有进入各个平台的系统内部。

所以,第一,上述行为不符合侵入的基本特征,但是刑事辩护一般不可能仅提出一个观点就取得有效的结果。辩护需要点点突破,让司法机关没有处理的依据。

第二,回到"非法获取数据",这里可能是数据的无非有三种:平台发出的验证码、注册的账号、号商注册的过程之中新增的手机号加验证码。然而以上三种都不是数据。

首先,验证码不是数据,验证码是一串数字,数字不是数据。验证码的学名叫"一种测试人与计算机差异的图灵",其功能就是校验是人还是计算机在访问,因为在验证码逻辑中,只有人才能识别并且主动输入对应的数字,而计算机无法作出相应操作。所以验证码本身是一种验证性的措施,用来确认访问者的身份。它并不是一种计算信息系统安全保护措施,更不是数据,因为它没有独立的信息传递的意义。

其次,账号不是数据,最高人民法院、最高人民检察院《关于办理危害计算机系统安全刑事案件应用法律若干问题的解释》把账号或者手机号 + 验证码当作身份认证信息,且司法解释中明确规定非法获取身份认证信息的,属于非法获取计算机信息系统数据。这类案件的账号虽然是身份认证信息,但是在整个平台运行的过程中,账号是在注册和交互的过程中才新产生的。这是一个产生数据的过程,并不是非法获取数据的过程。因为没有创建数据副本,在注册前,连账号都还未生成,更不用谈非法获取了。

最后,注册的账号,通过手机号加验证码的方式登录,这种登录行为不属于非法获取身份认证信息。因为身份认证信息强调的是唯一性,一个人只有一个 ID,只有一个口令可以登录。但是每次使用手机登录时的验证码都不一样。在短时间内连续登录 10 次可以获得 10 组不同的验证码,相当于每个人只登录自己的 1 个账号,就可以获得 10 组手机号加验证码,但显然并非产生了 10 组身份验证信息。从这个角度分析,注册账号并没有非法获取任何的数据。账号注册过程中使用的账号本身是自己生成的,手机号是行为人通过付费从他人处获取的,在这个基础上有没有认定为非法获取计算机信息系统数据罪的基础呢?显然没有。但是对这类行为在断卡行动中当然要打击,所以打击的方向是什么呢?如果下游有犯罪行为可能会定帮助信息网络犯罪活动罪。因为这套平台运行的机制为其他人的虚拟注册提供了便利,而虚拟注册行为,在网络安全法或者是其他的规范中,是具有一定的违法性的,对其可以要求打击。但是具有违法性不代表成立犯罪,只有真实地帮助到下游犯罪才能构成帮助信息网络犯罪活动罪。这个就是一个简单的辩护示例的演示。

因此,在这类案件的辩护过程中,需要先了解整个程序和软件的运行机理,在这个基础之上,再结合构成要件进行一步步拆解,按照运行机理去匹配构成要件,找到其中的差异点,形成辩护意见。

(二)外挂类犯罪辩护策略——提供侵入、非法控制计算机信息系统程序、工具罪辩护示例

外挂类案件最开始多以非法经营罪、侵犯著作权罪进行认定,但近年来,实务中更多将外挂类案件以提供侵入、非法控制计算机信息系统程序、工具罪进行规制。对于该罪名的辩护,应遵循以下逻辑思路。

第一,了解外挂程序的技术流程。举例说明星援 App 利用微博外挂群发微博案件的辩护策略。外挂的流程解析如下:正常使用微博的时候,如果行为人要转发一条微博,需要先打开微博客户端,点击转发,然后发送请求到微博的服务器,微博服务器识别到这个请求,然后响应这个访问请求,这时在行为人的客户端就完成了微博的转发。星援 App 的功能使行为人在不登录微博客户端的情况下就可以自动化批量地转发微博。这个 App 会提前批量录入所有的微博账号和信息进而通过 App 向微博服务器发送转发特定微博的请求来取得服务器的响应以实现在微博中批量评论、点赞、打榜等。这个请求在信息网络传输过程中是通过数据进行传输的,所以这类外挂的核心技术被称为“封包技术”。具体的技术逻辑为,外挂软件向服务器发送一个特定的数据包,服务器收到该数据包后发现相应账号请求转发微博,所以响应了该数据包,实现转发操作。待登录微博客户端时,便可以看到这个微博已经被转发了。这就是整个外挂的运行机理。在这个基础之上,其核心的“封包技术”的原理同样关键。事实上,并非只要向服务器提出请求,便可得到响应。微博客户端存在的意义在于客户端与服务器之间存在一个加密的传输协议,也就是网络数据格式。所有的地址都可以访问微博的服务器,如果服务器要对每一个访问请求都进行响应的话,这个服务器很快就会瘫痪,所以它会设定一定的网络数据格式和规则。当访问请求进入服务器后,服务器会判断它符不符合特定的访问格式要求,如果不符合,直接屏蔽不响应,只有符合格式要求的访问请求才能被响应。这些封包软件就是模拟符合要求的网络数据格式,向微博服务器发送数据包,当模拟

的数据包与微博客户端发出来的数据包一模一样时,服务器就会进行识别和响应。

在这种情况下,发送数据包的行为有没有侵入计算机信息系统?数据包能否当作侵入计算机信息系统的工具?这就涉及对于客户端的界定和对客户端作用的理解。司法机关认定非法侵入计算机信息系统罪的原因是行为人介入了微博客户端与服务器之间的交互,便可以直接认定行为人侵入了特定的计算机信息系统。然而这样的认定思路存在明显的错误。《刑法》第 286 条第 2 款"破坏计算机信息系统罪"规定,"……对计算机信息系统中存储、处理或者传输的数据和应用程序进行删除、修改、增加的操作……"微博客户端是一个应用程序,这个应用程序本身是计算机信息系统中的应用程序,微博客户端与微博服务不是一个整体。客户端的功能相当于翻译,把访问请求翻译成微博服务器能够识别的内容,无非计算机系统现在不需要客户端这个翻译,换了另外一个编码者,这样一个替换的过程是服务器对自己的计算机系统进行了一定的控制。自己控制自己的计算机系统,当然不构成犯罪。所以发送数据包的行为实质上是行为人的手机、电脑等设备与微博服务器这两个计算机系统之间的交互。这样的交互显然并非"侵入"。实践中对于该行为错误认定的症结便在于没有准确认识什么是计算机信息系统,导致计算机信息系统的范围不断被扩大,从而产生了这样的误区。

第二,虽然实践中对于外挂类案件进行打击的思路存在偏差,但并不能否定制售外挂的社会危害性。这个危害性具体体现在哪里?到底侵害了谁的利益?我们为什么要打击它?便需要进行进一步研究,其中之关键便在于客户端作为翻译能够提供特定的网络数据格式,这是加密的、被保护的,微博并不希望让别人知道。为什么外挂软件的开发者了解微博的网络数据格式,并且还能进行模拟?这是因为封包外挂在制作之前,会对于微博客户端进行反编译底层的代码和逻辑。然后外挂就掌握了特定的代码字段的写法和特定的格式要求。在这个基础上进行模拟,这种行为侵犯的是微博公司的著作权,因为行为人通过封包外挂了解了微博的底层代码。但是,这类行为之前没有办法被追究,因为之前侵犯著作权罪打击的行为只有复制、发行。后来在司法实践的过程中,立法者逐渐认识到了这个问题,所以在《刑法修正案(十一)》中针对侵犯著作权罪作出了修正,将故意绕开或者突破计算机软件著作权、音像制品的保护措施的行为,认定为侵犯著作权的行为。所以在《刑法修正案(十一)》出台之后,这类行为基本上可以按照侵犯著作权罪来追究。但是,针对之前发生的此类行为,我们可以运用刑法从旧兼从轻的原则进行准确的辩护。

（三）流量劫持类犯罪辩护策略——破坏计算机信息系统罪辩护示例

流量劫持类犯罪是破坏计算机信息系统犯罪。什么是流量劫持？简单举一个例子，我们平时用手机或电脑点击网站的时候会弹出小广告、网页弹窗，如果发现这样的情形，那就说明我们的手机或电脑被流量劫持了。流量劫持看似很难完成，必须依托于运营商，其实它很简单，比如行为人在上海，其想要访问新疆的一个网站，此时行为人从上海的IP地址发送一个访问请求，这个访问请求必须经过三大运营商的光纤进行传输，通过他们的数据终端的处理，之后传输到对方的服务器之中。之后这个服务器传输的数据信息又通过三大运营商基础的光缆光信号传递给行为人。在三大运营商的机房里有一种分光器设备，分光器就访问请求，通常会分出七路光镜像，分别传送给公安、电信、司法等不同的部门，作为对于访问请求的监控，也是作为国家安全的监控，那么在运营商这端，就能够截获行为人的访问请求，运营商会通过自动化的程序在机房中对访问请求进行预先的响应。进行预先的响应之后，就是光信号传输，即本地传输的光信号和新疆传输的光信号，哪里传输的光信号会先被收到呢？当然是本地的，所以我们在打开网站的时候，会先弹出其他的广告页，这就是流量劫持的核心。那么我们在这类案件之中该如何进行辩护？这类行为往往被定为破坏计算机信息系统罪。理由很简单，在传输的数据中，行为人增加了一些广告数据，所以被定为破坏计算机信息系统罪，这显然是有问题的。

第一个问题，破坏计算机信息系统罪至少要有破坏的目的，但流量劫持的目的是什么？是使目标计算机信息系统不能正常使用？是使目标计算机信息系统接收不到其数据？还是使计算机信息系统内部的数据发生变动？上述问题的答案都是否定的，流量劫持的目的是通过这种方式控制目标计算机信息系统，弹出小广告、网页弹窗。这种行为核心的目的当然是控制性的。第二个问题，是否对数据进行了删除、修改、增加呢？针对计算机信息系统所传输的数据和原有的数据，行为人并没有作任何的变动，只是预先按照计算机系统的请求路径向计算机系统响应了自己的广告数据，向计算机系统多传输了一个数据，并没有影响原有数据的实质性表达，这也符合前文分析的控制行为的特征。第三个问题，计算机信息系统还能否正常使用？答案是可以。但是在实践之中，司法机关往往会提出一个观点，这样的行为干扰了整个城域网络的正常运行，因为不同地区的服务商、运营商拥有自己的城域网络。但是这个城域网络能不能作为破坏计算机信息系统罪的对象？城域网络是各个网络设备之间的连接，同一个地区的被称作城域网络。如果是世界范围内的，就称Internet互联网，也就是说这样的行为破坏了互联网，危害了我们的信息网络安全，但没有破坏计算机信息系统，而构成破坏计算机信息系统罪和非法控制计算机信息系统罪，虽然被侵害的法益都是信息网络安全，但是不能用法益来推导被侵害对象，所以这个推论也不能成立。

最后就是对于数据删除、修改、增加的理解，行为人没有影响计算机信息系统访问的请求和访问传输的信息，只是向计算机信息系统多传输了信息，自然也没有对计算机信息系统数据进行删除、修改、增加，没有造成计算机信息系统数据所传递信息的实质性变化，当然也不构成破坏计算机信息系统数据。

五、辩护策略小结

第一，在计算机网络犯罪案件的辩护过程中，会见时机很重要。在第一次会见之前，辩护律师必须要做好基础性的工作，要先去检索和了解涉嫌犯罪的当事人、行业特征、计算机系统功能和行业惯例，作为基础知识。否则，会见过程中很容易出现当事人和律师无法沟通的尴尬局面，这对于我们案件的办理是最大的障碍。

第二，要全面评估当事人自己对于技术合理性的辩解，同时要辅导好当事人，使其有效地进行自我辩护。因为这类案件相对比较新，司法机关也不常遇到，特别是公安机关会在侦查过程中花费大量时间提审特定的技术人员，由他们来陈述、说明技术功能，所以当事人有更多的时间和机会进行自我辩护，为自己的技术合理性、为自己没有实施具有危害性的行为进行辩解。相较于辩护律师单纯提法律意见和沟通，当事人自我辩解的效果自然更好。因为律师约见公安机关人员、检察官、法官实际上比较困难，即便能够当面沟通也只是简单陈述律师意见，留下一份法律文书就结束了。

第三，在辩护过程中，律师需要把与技术相关的内容转化成更便于理解的示意和表达，这样才能增加律师辩护工作的可接受度。

第四，"功夫在诗外"，对这类案件的辩护单依据法律规则是不够的，还必须研究其他的关联法规和行业管理规范，甚至行业标准和技术标准。以上规范可以作为我们辩护的素材和依据。这类案件的犯罪嫌疑人多为高智商的、从事正当行业的高技术人员，还有不少是从知名企业辞职出来的优秀程序员，他们的主观恶性并不高。如果我们在辩护过程中能够强化司法机关对于他们主观恶性低的认知，也会取得较好的辩护效果。

总而言之，在为这类涉及计算机网络犯罪的案件进行辩护的过程中，必须去充分探寻这类案件所有的程序技术功能的正当化的节点,包括功能是不是正当的?实施的行为是不是正当的?目的是不是正当的?有了这些正当化的节点,再加上实践的辩护实例和核心辩护要素的梳理,相信这类案件将会取得不错的辩护效果。

帮助信息网络犯罪活动罪的有效辩护

周　娜

《刑法》第287条之二规定了帮助信息网络犯罪活动罪，从最高人民检察院发布的数据来看，2021年1月至9月，此罪已经排在所有起诉罪名的第四位，作为辩护律师，有必要对帮助信息网络犯罪活动罪进行研究，提炼规律，总结经验，以求有效辩护。

一、帮助信息网络犯罪活动罪概述

（一）帮助信息网络犯罪活动罪的由来

帮助信息网络犯罪活动罪是为信息网络犯罪提供帮助行为而成立的犯罪。由于网络犯罪跨地域和分工合作的特性，实践中网络犯罪的主犯不到案的情况较多，难以认定提供帮助的人和主犯有共同的犯罪故意。这种帮助行为往往针对多个主体，这也是网络犯罪泛滥的重要因素，帮助行为的危害性有时甚至大于正犯，故对这种独立的帮助行为有必要单独定罪。因此在2015年11月1日施行的《刑法修正案（九）》增设了第287条之二，规定"明知他人利用信息网络实施犯罪，为其犯罪提供互联网接入、服务器托管、网络存储、通讯传输等技术支持，或者提供广告推广、支付结算等帮助，情节严重的，处三年以下有期徒刑或者拘役，并处或者单处罚金。单位犯前款罪的，对单位判处罚金，并对其直接负责的主管人员和其他直接责任人员，依照第一款的规定处罚。有前两款行为，同时构成其他犯罪的，依照处罚较重的规定定罪处罚"。自此，我国刑法多了一个帮助信息网络犯罪活动罪。但是条文中对于什么是"明知"、什么是"情节严重"并没有明确规定，也正因如此，这个罪名在司法实践中受到冷遇，长期处于休眠状态。

2019年11月1日，最高人民法院、最高人民检察院发布的《关于办理非法利用信息网络、帮助信息网络犯罪活动等刑事案件适用法律若干问题的解释》(以下简称《信息网络解释》)开始施行。在该解释的第11条规定了帮助信息网络犯罪活动罪七种推定“明知”的情形,在《信息网络解释》第12条中对“情节严重”标准进行细化规定,在此之后司法实践中对构成“明知”“情节严重”有了相对明确的标准,开始激活此条文。2021年6月17日,最高人民法院、最高人民检察院、公安部联合发布《关于办理电信网络诈骗等刑事案件适用法律若干问题的意见(二)》(以下简称《电信网络诈骗意见(二)》),明确非法交易“两卡”(手机卡、信用卡)行为可以被认定为帮助信息网络犯罪活动罪中的“帮助”行为,进一步完善帮助信息网络犯罪活动罪中“主观明知”和“情节严重”的认定问题,针对不法电信网络经销商为电信网络诈骗犯罪提供帮助行为的认定问题进行规定。

(二)帮助信息网络犯罪活动罪的现状和趋势

在中国裁判文书网以“帮助信息网络犯罪活动罪”作为关键词进行检索,能够发现2019年之后此罪名的判决数量大幅增加。根据最高人民检察院案件管理办公室公布的数据可知,2021年1月至9月,帮助信息网络犯罪活动罪起诉率同比上升21.3倍,已经成为起诉人数排第4位的罪名。帮助信息网络犯罪活动罪的核心是打击不法的技术支持、支付结算等帮助行为,而这些行为在网络犯罪链条中是海量的、碎片化的行为片段,涉及的犯罪主体以个人为主。因此,未来相关案件数量仍会呈增长态势。

由于涉案人数增加,且涉案人员以老年人、在校学生等相对弱势群体居多,所以帮助信息网络犯罪活动罪主要打击的对象是职业收卡、贩卡的团伙,对于未成年人、老年人、在校学生等坚持以教育、挽救、惩戒、警示为主,根据其犯罪情节、认罪认罚、退赃退赔、一贯表现等情况落实“少捕慎诉慎押”的理念。

(三)帮助信息网络犯罪活动罪的行为模式

帮助信息网络犯罪活动罪的行为模式主要是技术支持帮助行为、广告推广帮助行为和支付结算帮助行为。其中,技术支持帮助主要指提供互联网接入、服务器托管、网络存储、通讯传输等行为;广告推广帮助行为主要指通过交友软件加好友、搜索引擎代理推广等行为;支付结算帮助行为主要指提供银行卡及U盾、网络支付软件收款码等支付、结算工具的行为。从实际判决中可以看出,帮助行为不限于法律已经规定的行为类型,只要实质上对上游信息网络犯罪起到帮助作用,都可以被认定为帮助信息网络犯罪活动罪的帮助行为。

需要注意的是实践中常见的非法交易“两卡”的行为,该行为人实际上并没有直接从事相关犯罪的支付结算，属于帮助行为的帮助行为，与直接提供支付结算帮助等行为不具有等价性，该行为是否属于帮助信息网络犯罪活动罪的帮助行为并没有明确规定。直到2021年6月17日，《电信网络诈骗意见（二）》才对此作出明确规定，该意见第7条规定，“收购、出售、出租信用卡、银行账户、非银行支付账户、具有支付结算功能的互联网账号密码、网络支付接口、网上银行数字证书的；收购、出售、出租他人手机卡、流量卡、物联网卡的”，属于帮助行为。自此，非法交易“两卡”的行为明确规定为帮助信息网络犯罪活动罪的犯罪行为。

二、帮助信息网络犯罪活动罪的无罪辩护理由梳理

（一）上游行为不构成犯罪或者未达到犯罪程度

《信息网络解释》第12条规定，“明知他人利用信息网络实施犯罪，为其提供帮助，具有下列情形之一的，应当认定为‘情节严重’”。从字面表述来看，可以理解为帮助信息网络犯罪活动罪中被帮助对象实施的行为需要构成犯罪或者达到犯罪程度。

2020年12月21日，最高人民法院刑事审判第三庭、最高人民检察院第四检察厅、公安部刑事侦查局联合印发的《关于深入推进“断卡”行动有关问题的会议纪要》（以下简称《“断卡”行动会议纪要》）规定，“对于明知他人利用信息网络实施犯罪，向三个以上的个人（团伙）出租、出售电话卡、信用卡，被帮助对象实施的诈骗行为均达到犯罪程度的”，按照符合《信息网络解释》第12条规定的“情节严重”处理。2021年4月25日，重庆市高级人民法院、重庆市人民检察院、重庆市公安局联合印发的《关于办理电信网络诈骗及其关联犯罪案件法律适用问题的会议纪要》（以下简称《重庆纪要》）中规定，“‘为其犯罪提供帮助’，指上游犯罪达到刑事追诉标准，能够认定为犯罪”。从前述会议纪要可知，帮助信息网络犯罪活动罪的上游行为需要构成犯罪或达到犯罪程度。如果被帮助对象实施的是一般的违法行为，帮助者是不能构成帮助信息网络犯罪活动罪的。

但此种规定也存在例外情况。网络犯罪由于涉及面广，跨地域或者跨国犯罪现象突出，犯罪团伙或个人之间相互关联又互相独立，上下游难以查清，特别是支付结算行为在网络犯罪中又处于中间环节，经常是操作支付结算的行为人在国内，但跑分平台设在境外，侦查难度较大，较难将整个犯罪链条查清。据此特殊情况，对确因客观条件限制无法查证被帮助对象是否达到犯罪标准，但相关数额总计达到《信息网络解释》第12条第2项至第4项规定标准5倍以上，或者造成特别严重后

果的,应当以帮助信息网络犯罪活动罪追究行为人的刑事责任。但这个例外规定具有适用前提,即确实因客观条件限制无法查证才适用。如果被帮助对象是一个或较少,必须要查明被帮助对象是否构成犯罪。

此外,还要注意《信息网络解释》第13条的规定,即"被帮助对象实施的犯罪行为可以确认,但尚未到案、尚未依法裁判或者因未达到刑事责任年龄等原因依法未予追究刑事责任的,不影响帮助信息网络犯罪活动罪的认定"。对此规定,应作如下理解:(1)此处规定的"犯罪",只应理解为相关犯罪查证属实,而不能理解为经人民法院生效裁判确认;(2)只要被帮助对象的行为符合刑法规定的其他构成要件,即便因行为人未达到刑事责任年龄等原因,依法未予追究刑事责任的,也不应影响帮助信息网络犯罪活动罪的认定。

(二)行为人对他人利用信息网络实施犯罪并不"明知"

主客观一致是刑法的重要原则,帮助信息网络犯罪活动罪要求行为人的主观上"明知他人利用信息网络实施犯罪"。因此,对于提供帮助行为的当事人,如果在案证据无法证明其明知被帮助对象"利用信息网络实施犯罪",则不构成该罪,这是帮助信息网络犯罪活动罪的辩护重点。

网络犯罪具备隐蔽性、技术性、新颖性以及被帮助对象的不特定性的特点,使得犯罪认定中对于"明知"的判断较难。正因如此,《信息网络解释》第11条的规定,对于明知的认定采取"推定明知"的方式,在行为人有证据证实自己不明知的情况下,可以认定其不明知。行为人是否知道他人利用信息网络实施犯罪,可以通过以下几个方面进行认定:

1. 看是否存在《信息网络解释》第11条规定的七种情形:一是经监管部门告知后仍然实施有关行为的,如经监管部门告知或者已经采取相关处罚措施后,仍然实施有关行为,可以认定为明知;二是接到举报后不履行法定管理职责的,例如,网站托管服务商在接到某服务对象托管的网站为淫秽色情网站的举报后,仍不依法采取关停、删除、报案等措施,继续为该网站提供服务的,可以认定其明知;三是收取费用明显异常的,如服务器租赁服务商针对租赁人从事正规网站经营、赌博网站和黄色网站,分别采取不同收费标准,并为后者提供免备案登记服务的;四是从事专门用于违法犯罪的活动或者提供专门用于违法犯罪活动的程序、工具的,如为传播淫秽物品牟利的行为人专门搭建资金支付平台,或者大量开通微信商户用于传播淫秽物品牟利的资金结算通道;五是长期使用或者帮助他人使用虚假身份、隐蔽上网等措施避开监管措施或者规避调查的,如上述服务器租赁服务商针对租赁人租用的服务器因涉嫌传播淫秽物品经常被查封的情况，为租赁人更换服务器域名提供跳转等服务的；六是为他人逃避监管或者规避调查提供技术支持、帮助的；七是其他足以认定行为人明知的情形。

2. 看行为人提供的技术、服务是否具有合法性或具有合理基础、是否受人指使、是否被蒙骗，交易价格是否合理，交易的场所、交付的方式是否隐蔽，是否通过虚假身份沟通，是否有销毁数据的行为，是否受过处罚和监管，是否为银行或电信行业的从业人员，行为人所在的地区是否为打击"两卡"犯罪宣传密集的地区，等等。

3. 看行为人明知的时间节点。若是在他人实施犯罪行为之前就明知，一般会认定为存在事先共谋，是他人实施信息网络犯罪的共犯。

4. 有证据证实行为人确实不明知的，不能认定。如行为人在他人开设的服务器租赁公司打工，根据他人安排从事服务器出租工作，但并不知道对方租赁服务器的用途，除按月领取工资外没有其他收入，即使对方租赁服务器后从事违法犯罪行为，也无法认定行为人明知。

（三）行为未达到"情节严重"的程度

根据《信息网络解释》第 12 条的规定，未达到情节严重情形的，不构成犯罪。从无罪辩护的角度出发，需要对是否构成"情节严重"进行分析。从司法实践来看，笔者认为还需进一步厘清以下问题：

第一，为 3 个以上对象提供帮助的构成情节严重，那么这 3 个以上被帮助对象是个人还是团伙、是 3 个人（或团伙）还是三次、3 个以上被帮助对象是否均需构成犯罪？

《"断卡"行动会议纪要》第 5 条规定，"对于明知他人利用信息网络实施犯罪，向三个以上的个人（团伙）出租、出售电话卡、信用卡，被帮助对象实施的诈骗行为均达到犯罪程度的"，按照"情节严重"处理。《重庆纪要》中规定，"三个以上对象"是指 3 个以上没有明显关联的个人或者团伙。由此看出，"情节严重"中的"三个以上对象"既包括个人也包括团伙，3 个是指被帮助对象的人数而不是次数，还要求有一定证据证明"三个以上对象"均达到构成犯罪的程度。

第二，支付结算金额 20 万元以上的构成情节严重，那么是只计算账户的流入资金，还是计算流入和流出资金的总和？

（1）1997 年 9 月，中国人民银行颁布的《支付结算办法》第 3 条对支付结算作出规定，"本办法所称支付结算是指单位、个人在社会经济活动中使用票据、信用卡和汇兑、托收承付、委托收款等结算方式进行货币给付及其资金清算的行为"。这里的货币给付的行为属于支付结算的行为模式。

(2)《重庆纪要》中进行了细致规定,"'支付结算金额二十万元以上'指通过实施信息网络犯罪所获取的资金转入信用卡的金额在二十万元以上。行为人利用两张以上信用卡为电信网络诈骗进行支付结算的,支付结算金额应当累计计算"。

(3)司法实践中掩饰、隐瞒犯罪所得、犯罪所得收益罪中使用信用卡转账的行为只计算流入的数额而不重复计算给付的数额,而危害性不及掩饰、隐瞒犯罪所得罪的帮助信息网络犯罪所得罪却同时计算流入、给付的数额,具有一定的不合理性。

从以上规定我们可以看出,支付结算金额计算的是资金流入而不包括流出的金额。那么也会衍生出一个问题,即同一人持有的数张信用卡重复结算,怎么计算支付结算金额?

例如,甲卖出自己的A、B、C 3张信用卡,被他人利用这3张卡相互支付结算,如果A卡转入10万元,再由A卡转入B卡再转入C卡,支付结算金额是以10万元还是30万元计算?笔者认为,帮助信息网络犯罪活动罪明确处罚的是帮助支付结算的行为,交付后对信用卡如何使用甲已经失去控制,其对此是明知的,而对操作这些卡进行支付结算的人来说,无论这3张卡是在同一个人名下还是在3个人名下,每转一张卡就做了一次支付结算。此外支付结算流转的对象是账户而不是具体的人,因此这种情形,支付结算金额应按30万元计算。

(4)支付结算的资金要求必须是上游犯罪所得。假如信用卡的银行流水为60万元,但经查证属实的上游犯罪的犯罪金额只有19万元,也就是说,支付结算金额只有19万元,达不到帮助信息网络犯罪活动罪的入罪标准,因此,不构成帮助信息网络犯罪活动罪。

(5)特殊入罪标准的支付结算金额认定标准与一般标准不同。一是不要求上游犯罪达到查证属实的程度;二是只要支付结算金额达到100万元以上,即使无法与上游犯罪的犯罪金额一一对应,或者相对应的金额达不到20万元,也达到入罪标准。比如,信用卡的支付结算金额为120万元,但能与上游犯罪相对应的查证属实的金额只有19万元,在这种情况下,适用特殊入罪标准的支付结算金额认定标准,构成帮助信息网络犯罪活动罪。

第三,非法交易手机卡,主要是打击收购、贩卖团伙,而不是非法出售个人手机卡的个人,因此未将出售自己手机卡的行为纳入犯罪。

(1)《电信网络诈骗意见(二)》第9条规定,明知他人利用信息网络实施犯罪,仍为其提供帮助行为如“收购、出售、出租信用卡、银行账户、非银行支付账户、具有支付结算功能的互联网账号密码、网络支付接口、网上银行数字证书5张(个)以上的;收购、出售、出租他人手机卡、流量卡、物联网卡20张以上的”属于《信息网络解释》第12条第1款第7项规定的“其他情节严重的情形”。由以上规定可以看出,对于“两卡”中的信用卡,指向收购、出售、出租本人和他人的信用卡,具体包括信用卡、资金账户、具有支付结算功能的互联网用户账号密码、网络支付接口、网上银行数字证书等;对于“两卡”中的手机卡,指向收购、出售、出租他人的电话卡,具体包括手机卡、物联网卡、流量卡等,未将出售自己手机卡的行为纳入犯罪。

按照最高人民检察院对《电信网络诈骗意见(二)》的解读可知,这样规定是因为实践中非法交易的信用卡多被直接用于转移诈骗资金,此时诈骗行为往往已经既遂,使用非法交易的信用卡与诈骗犯罪的关联度更为紧密,直接危及被害人财产安全。而非法交易的手机卡,多是用于拨打诈骗电话、发送诈骗短信、通过即时通讯软件聊天“引流”等,往往是诈骗的预备或者实行行为,相较于信用卡,对合法财产侵害的紧迫程度相对较弱。此外,目前我国的三家通讯运营商,每家能为个人开办5张电话卡,也就是说一个人合法开办的电话卡最多15张。相较于信用卡,对手机卡更易于从源头加强行政管控,这也为行政处罚留下了执法空间。

(2)《重庆纪要》规定,行为人明知他人利用信息网络实施犯罪,向他人贩卖非本人手机卡,符合《信息网络解释》第12条规定情形的,以帮助信息网络犯罪活动罪追究刑事责任。该纪要明确手机卡不包括本人的手机卡。

第四,信用卡内流水金额超过30万元的构成情节严重,这里的流水金额是指账户里流入和流出的资金总和,且要求上游犯罪为电信网络诈骗犯罪。

《“断卡”行动会议纪要》第5条规定,明确出租、出售的信用卡被用于实施电信网络诈骗,达到犯罪程度,该信用卡内流水金额超过30万元的,按照《信息网络解释》第12条规定的“情节严重”处理。

《重庆纪要》明确,当被帮助对象实施的信息网络犯罪属于电信网络诈骗犯罪,且帮助行为是出租、出售信用卡用于支付结算服务时,信用卡内流水金额,即转入金额和转出金额合计应超过30万元,属于《信息网络解释》第12条中的“其他情节严重的情形”。

(四)系单位犯罪而非个人犯罪

帮助信息网络犯罪活动罪规定单位也可以作为犯罪主体。如果案件被认定为单位犯罪,相较于纯粹的自然人犯罪,对自然人的刑事处罚要轻,至少在罚金刑上会明显从轻；如果自然人不属于主管人员和直接责任人员，还可以提出无罪辩护；如果涉嫌犯罪，可以根据其岗位和作用，提出其属于从犯应当较大幅度从轻的意见。

三、轻罪辩护

目前的网络犯罪呈现链条式特征，形成由上至下的三段链条式结构：上游犯罪行为人提供技术工具、收集并提供个人信息；中游犯罪行为人利用技术工具、个人信息实施电信诈骗等网络犯罪；下游犯罪行为人利用银行卡、对公账户等支付结算工具来洗白资金。最为常见的非法交易“两卡”、为中游网络犯罪行为人提供帮助的行为，在司法实践中对于其适用的罪名时常存在争议。在实践中经常涉及帮助信息网络犯罪活动罪与掩饰、隐瞒犯罪所得、犯罪所得收益罪，诈骗罪，妨害信用卡管理罪，收买、非法提供信用卡信息罪等如何确定的问题，而这几个罪名的量刑均比帮助信息网络犯罪活动罪更重，处刑可在3年以上，甚至可处以10年以上有期徒刑、无期徒刑，从有利于当事人的角度，此时就要考虑以帮助信息网络犯罪活动罪这一轻罪辩护。

（一）与掩饰、隐瞒犯罪所得、犯罪所得收益罪的界分

帮助信息网络犯罪活动罪只有一个量刑档次，最高刑是有期徒刑3年。根据2021年4月15日施行的最高人民法院《关于审理掩饰、隐瞒犯罪所得、犯罪所得收益刑事案件适用法律若干问题的解释》的规定，在掩饰、隐瞒犯罪所得及其产生的收益价值总额达到10万元以上以及掩饰、隐瞒犯罪所得及其产生的收益10次以上，或者3次以上且价值总额达到5万元以上的，属于“情节严重”情形，在3年以上处刑，最高可判处7年有期徒刑。两罪主要有以下不同：

1. 主观故意不同。帮助信息网络犯罪活动罪要求行为人主观上明知他人利用信息网络实施犯罪。掩饰、隐瞒犯罪所得、犯罪所得收益罪要求行为人主观上认识到上游可能系犯罪即可。

2. 行为发生的时间节点不同。帮助信息网络犯罪活动罪发生在上游犯罪实施过程中或者尚未完全既遂之前，掩饰、隐瞒犯罪所得、犯罪所得收益罪是在上游犯罪既遂之后实施的犯罪行为。

3. 行为对象不同。帮助信息网络犯罪活动罪的行为对象是上游犯罪实施的犯罪行为，掩饰、隐瞒犯罪所得、犯罪所得收益罪的行为对象是上游犯罪获得的赃款、赃物。

4. 构罪条件不同。提供"支付、结算"帮助的帮助信息网络犯罪活动罪的构罪标准是"支付结算金额二十万元以上"或"违法所得一万元以上",而掩饰、隐瞒犯罪所得、犯罪所得收益罪的构罪标准是"掩饰、隐瞒犯罪所得及其产生的收益价值三千元至一万元以上"。

(二)与诈骗罪的界分

诈骗是重罪,最高可判处无期徒刑,如果帮助的是电信诈骗行为,就容易被指控为诈骗罪这一重罪,这与帮助信息网络犯罪活动罪的量刑存在极大差距。两罪主要有以下不同:

1. 主观故意不同。帮助信息网络犯罪活动罪要求行为人主观上明知他人利用信息网络实施犯罪即可,是概括的故意,并且行为人与上游犯罪的行为人一般没有通谋或无法查清是否有通谋。诈骗罪要求实施帮助行为的行为人明知他人实施的是电信网络诈骗犯罪,是一种具体的故意。为其在诈骗罪中提供帮助的行为人与具体实施诈骗行为的行为人一般存在事先、事中的意思联络,有通谋。

2. 行为不同。帮助信息网络犯罪活动罪的帮助行为,仅限于提供互联网接入、服务器托管、支付结算等特定帮助行为。诈骗罪的帮助行为,既包含帮助信息网络犯罪活动罪的特定帮助行为,也包含提供场所、资金支持等帮助行为。

3. 构罪条件不同。帮助信息网络犯罪活动罪要求达到"情节严重"的程度才构成犯罪,诈骗罪的帮助行为无此要求。

(三)与妨害信用卡管理罪的界分

刑法意义上的信用卡包含借记卡,即平时办理的银行卡。根据2004年12月29日实施的《关于〈中华人民共和国刑法〉有关信用卡规定的解释》的规定,"刑法规定的'信用卡',是指由商业银行或者其他金融机构发行的具有消费支付、信用贷款、转账结算、存取现金等全部功能或者部分功能的电子支付卡"。1999年3月1日起实施的《银行卡业务管理办法》规定,"银行卡包括信用卡和借记卡"。信用卡按是否向发卡银行交存备用金分为贷记卡、准贷记卡两类。信用卡具有消费支付、信用贷款、转账结算、存取现金四种功能,而借记卡具有除信用贷款功能外的其他一个至三个功能。以上,从立法解释的效力和文义解释上来看,信用卡应包括借记卡。因此,收购、出售、出租银行卡,也涉嫌构成妨害信用卡管理罪。

在法定刑配置上,妨害信用卡管理罪分为3年以下有期徒刑和3年以上10年以下有期徒刑两个量刑档次,最高刑为有期徒刑10年,明显重于帮助信息网络犯罪活动罪。两罪主要有以下不同:

1. 主观故意不同。在明知他人利用信息网络实施犯罪的前提下，行为人收购、出售、出租信用卡5张(个)以上的，构成帮助信息网络犯罪活动罪。妨害信用卡管理罪不需要明知，只要其实施非法持有他人信用卡5张以上的行为即可。

2. 行为不同。帮助信息网络犯罪活动罪要求行为人明知他人利用信息网络实施犯罪，而实施为帮助他人进行支付结算提供信用卡的行为，提供的信用卡可以是自己的也可以是他人的。妨害信用卡管理罪要求行为具有非法持有他人信用卡的行为，持有的信用卡是他人的。

3. 构罪条件不同。在帮助的帮助信息网络犯罪活动罪中，提供"支付、结算"行为人满足"支付结算金额二十万元以上"或"违法所得一万元以上"即构罪，对于信用卡的数量没有要求；或者行为人明知他人利用信息网络实施犯罪，为其收买、出售、出租信用卡5张以上，即可构罪，并且无论多少张，法定最高刑都是3年有期徒刑。非法持有他人信用卡，数量累计在5张以上的，即可构罪，但是如果持有他人信用卡的数量超过50张，法定刑则是3年以上10年以下有期徒刑。

(四)与收买、非法提供信用卡信息罪的界分

目前，涉及收买、提供银行卡(包括实体卡、账户、密码及U盾)刑事案件的被告人分为两类：一类是为获取好处提供自己的银行卡，被称为"卡农"；另一类是向"卡农"收买银行卡再出售给电信网络诈骗犯罪分子，被称为"卡商"。在"卡商""卡农"与上游犯罪的行为人不构成共犯的前提下，对"卡农"定帮助信息网络犯罪活动罪没有争议，但对于"卡商"的定罪存在是以收买、非法提供信用卡信息罪还是以帮助信息网络犯罪活动罪定罪的争议。在法定刑配置上，窃取、收买、非法提供信用卡信息罪分为3年以下有期徒刑和3年以上10年以下有期徒刑两个量刑档次，重于帮助信息网络犯罪活动罪。两罪主要有以下不同：

1. 立法目的不同。窃取、收买、非法提供信用卡信息罪的立法目的是遏制伪造信用卡的犯罪行为，即通过阻断伪造信用卡的信息资料来源，以维护金融秩序。帮助信息网络犯罪活动罪的立法目的是对信息网络犯罪的帮助行为单独定罪，剪除信息网络犯罪的各类帮助行为，以遏制信息网络犯罪。

2. 行为不同。帮助信息网络犯罪活动罪行为人实施的主要是为上游犯罪支付结算收购、出售、出租银行卡的行为。窃取、收买、非法提供信用卡信息罪行为人实施的主要是窃取、收买、非法提供他人信用卡或信用卡的信息资料，足以伪造可进行交易的信用卡或者足以使他人以信用卡持卡人名义进行交易的行为。

3. 构罪标准不同。提供"支付、结算"帮助的帮助信息网络犯罪活动罪的行为

人构罪标准是“支付结算金额二十万元以上”或“违法所得一万元以上”，无论多少张信用卡，最高刑都是3年有期徒刑。窃取、收买、非法提供信用卡信息资料，涉及信用卡1张的即可入罪，涉及信用卡5张以上的，属于数量巨大，法定刑是3年以上10年以下有期徒刑。

四、罪轻之辩

（一）从程序上查找并提出疑问，提出存疑有利于被告人的罪轻辩护

电信网络诈骗犯罪跨域性特征明显，之前多采取异地协作调取、协作地公安机关盖章后邮寄的调取方式，耗时长、效率低，不适应现实办案需要。近年来，公安机关加大侦查信息化建设，特别是“公安部电信诈骗案件侦办平台”建成后，能够有效确保调取材料的真实性、客观性，在提高办案效率方面发挥了积极作用。

《电信网络诈骗意见（二）》第13条规定，“办案地公安机关可以通过公安机关信息化系统调取异地公安机关依法制作、收集的刑事案件受案登记表、立案决定书、被害人陈述等证据材料。调取时不得少于两名侦查人员，并应记载调取的时间、使用的信息化系统名称等相关信息，调取人签名并加盖办案地公安机关印章。经审核证明真实的，可以作为证据使用”。也就是说，通过异地取证所获得的证据应当由2名办案人员签名同时加盖办案地公安机关印章，还要审核通过，才可以作为证据使用。

《电信网络诈骗意见（二）》第14条规定，“通过国（区）际警务合作收集或者境外警方移交的境外证据材料，确因客观条件限制，境外警方未提供相关证据的发现、收集、保管、移交情况等材料的，公安机关应当对上述证据材料的来源、移交过程以及种类、数量、特征等作出书面说明，由两名以上侦查人员签名并加盖公安机关印章。经审核能够证明案件事实的，可以作为证据使用”。也就是说，通过异地或境外取证所获得的案件材料应当由2名办案人员签名同时加盖办案地公安机关印章，并经审核通过后，才可以作为证据使用。如果不具备前述条件，显然证据存疑，那么就应该在量刑上对被告人体现从轻。

（二）审查是否具有法定和酌定的从轻量刑情节

法定和酌定的从轻量刑情节包括犯罪预备或犯罪未遂、自首、立功、从犯、初犯、偶犯、犯罪主体为老年人或在校学生、认罪认罚、退赃等。这类犯罪的处罚比较注重退赃表现，如果能退还非法所得，一般能被处以较轻的刑罚。情节较轻的，辩护人应该在审查起诉阶段提出不起诉的辩护意见。

（三）运用刑事政策

辩护律师要注意刑事政策的发展变化，利用刑事政策来争取对当事人从轻处理。比如根据保护非公有制经济政策、刑事合规的倡导与推行，提出对涉案企业适用合规不起诉的辩护意见。

网络赌博案件的辩护要点

朱佳明

随着互联网的发展，传统的线下赌博逐渐转为网络赌博，赌场也从有形的场所转换为虚拟的网络空间，网络赌博的形式多样，不同的涉案人员辩护策略也不同，本文分别以网络赌博平台、网络赌博代理、银商、技术人员为涉案人员，进行辩护要点梳理。

一、网络赌博概述

（一）案件数量和分布

通过大数据统计，开设赌场罪的案件数量，从 2012 年至 2020 年逐年递增。到了 2020 年，被判开设赌场罪的案件数量有近 5 万件，案件高发地主要集中在浙江省、广东省和福建省。2020 年被判赌博罪的案件近 1.5 万件，开设赌场罪的案件数量远大于赌博罪。

（二）立法现状

2020 年颁布的《刑法修正案（十一）》增加了一个罪名，即组织参与国（境）外赌博罪。开设赌场罪的刑期也进行了调整，情节严重的量刑下限从 3 年提升至 5 年。关于赌博犯罪，常用司法解释主要有三个：《关于办理赌博刑事案件具体应用法律若干问题的解释》、《关于办理网络赌博犯罪案件适用法律若干问题的意见》以及《办理跨境赌博犯罪若干问题的意见》。

（三）赌博网站的认定

第一，网络赌博平台的形式不限于网站，其可能是一个微信群，微信群在具备一定的条件之后，也可以认定为一个赌博平台。第二，国家针对博彩性质的游戏网站设置了一条红线，即游戏网站不能让玩家之间进行游戏积分的直接交换，游戏积分和人民币也不能进行双向兑换。如果平台同时具备上述两个条件,就具备了赌博功能,涉嫌网络赌博犯罪。

(四)网络赌博平台的类型

根据网络赌博平台功能的明显程度,笔者把它分为传统的赌博网站和隐蔽式的赌博网站。前者直接可以交换游戏币并且可以和人民币实现双向的兑换;后者本身不提供游戏币和人民币的兑换服务,而是通过第三方来完成,即通过代理、银商、微信群等进行交易。

(五)赌博网站常见涉案人员

1. 游戏平台建立者、股东

该类人员容易涉嫌开设赌场罪。如果股东仅出资不参与实际经营管理,无法证明其明知系赌博网站,可作无罪辩护。

2. 代理

代理主要有两类人员:第一,担任代理并接受投注的代理人员,构成开设赌场罪的正犯;第二,担任代理不接受投注,只是发展玩家、会员、下线的代理人员,构成开设赌场罪的共犯。

3. 银商

顾名思义,银商就是为赌博网站提供游戏币和人民币相互兑换的中间商。这些中间商涉嫌开设赌场罪和赌博罪。

4. 技术人员

所谓技术人员,是指为赌博网站提供互联网接入、服务器托管、网络存储空间、通讯传输通道、软件开发、技术支持的人员。如其明知自己提供技术服务的网站系赌博网站,便构成涉嫌开涉赌场罪的共犯。

二、网络平台的辩护要点

(一)无罪之辩

第一,网络平台本身合法。审查网络平台是否具备相应的资质。

第二,网络平台未抽头渔利或者提供资金结算服务。也就是说,网络平台没有按玩家之间的输赢来抽取佣金,也没有提供资金兑换服务。有些网络平台的资金兑换服务进行得相对隐蔽,玩家之间不能直接进行游戏积分的转让或者赠送,但相关文件没有禁止游戏道具的流转,所以有些网络平台先让玩家去充值游戏币,然后再用游戏币购买网络平台上的游戏道具,玩家之间互赠游戏道具,游戏道具又能兑换成游戏币，本质是通过赠送游戏道具实现游戏币的流转，这种模式存在被认定为赌博的风险。因为游戏币一旦在线上可以互相转让，玩家就可以通过游戏币对应的人民币进行线下交易，实际上并没有完全切断赌博资金的流转。

第三，网络平台没有与银商进行勾结。有些网络平台为了吸引更多的玩家来玩游戏，会招募一些银商让这些玩家实现赌博的需求。如果网络平台跟银商勾结，就变成了赌博网站。

第四，网络平台已尽到监管义务。网络平台管理人员主观上不能放任平台上赌博行为的存在，否则有可能构成网络赌博案件的共犯。一个网络平台要做到合法，首先要尽到一个监管的责任，不能放任犯罪在该平台上发生，也不能给银商上下分[①]提供便利。

第五，对招募的代理已尽到监管义务。很多网站的棋牌类游戏是免费的，但网络平台为了营利，提高玩家数量，就会招募代理，让代理推广网站以及代为销售网站的游戏币，让游戏具有赌博功能。由于网站无法提供变现功能，很多代理就组建微信群，事先约定游戏积分对应的人民币，让赌客在微信群里面进行赌资的结算。如果网络平台明知代理有上述行为而提供帮助，或对代理具有支配权，则网络平台也涉嫌犯罪。

（二）轻罪之辩

网络平台不构成开设赌场罪，而涉嫌赌博罪。通过裁判文书网的检索，大部分涉嫌赌博的网络平台都被认定为开设赌场罪，只有少部分被认定为赌博罪的共犯，如某些房卡模式的赌博网站。房卡模式即平台通过售卖游戏币获利，而非抽头获利。玩家购买游戏币再兑换成房卡，进行游戏需要消耗一定的房卡，房卡相当于入场券。

第一，网络平台属于帮助犯。代理通过销售推广游戏币，让玩家到这个平台去充值，然后约定游戏积分对应的人民币，再让玩家在微信群里结算赌资。如果网络平台对上述情况明知，则容易被认定为和代理构成共同犯罪；如果网络平台对代理处于支配地位，对代理具有人、事、物的管理权利，则平台可能构成开设赌场罪；如果网络平台和代理的关系是独立的，平台明知代理在提供资金兑换服务，仍提供游戏币和平台供玩家游戏，则可以辩护网络平台系帮助犯，对网络平台罪名的定性取决于代理构成开设赌场罪还是赌博罪。

---

① 上分，是指将人民币兑换成游戏币；下分，是指将游戏币兑换回人民币。

第二，当平台与代理的关系独立，平台仅起到帮助作用时，应论证作为主犯的代理仅涉嫌赌博罪，而非开始赌场罪，从而实现平台的轻罪辩护目的。

三、代理的辩护要点

（一）代理的行为特点

赌博网站代理的账户通常具有发展下级代理或者设立、关闭下级账号，查看投注或者输赢记录，设置信用额度的功能，对参赌人员、参赌资金的流转都有一定的控制和管理。最高人民法院《〈关于办理网络赌博犯罪案件适用法律若干问题的意见〉的理解与适用》认为，没有为赌博网站担任代理，仅通过利用自己掌握的赌博网站的网址、账户、密码等信息，组织他人进行网络赌博活动的，不属于开设赌场。根据上述理解与适用，代理不等同于将自己账号提供给他人赌博的情形，两者不能画等号。

（二）代理的类型

第一，担任代理并接受投注，构成开设赌场罪的实行犯；第二，担任代理不接受投注，只是发展玩家、会员、下线，构成开设赌场罪的共犯。

根据最高人民法院、最高人民检察院、公安部联合制定的《办理跨境赌博犯罪案件若干问题的意见》（以下简称《跨境赌博意见》）第3条第3款的规定，“为赌博网站、应用程序担任代理并发展玩家、会员、下线的”，以开设赌场罪的共犯论处。该意见将接受投注的代理和不接受投注的代理进行了区分。比如，有些代理只有发展下线的权限，没有接受投注的权限，玩家只是通过代理的邀请码注册了账户，投注都在网站或者App完成，不需要经过代理。这种情况下，代理对赌资也没有控制力，就不能认定代理接受投注。而接受投注的代理对账户、投注、抽水有实际控制力，相当于开辟了一个新的分赌场，所以直接以开设赌场罪论。结合最高人民法院、最高人民检察院、公安部《关于办理网络赌博犯罪案件适用法律若干问题的意见》（以下简称《网络赌博意见》）的定罪处罚标准，共犯的量刑标准和实行犯的量刑标准是有区别的。前者要轻于后者，对于共犯被认定为从犯的概率也更大。

综上，首先审查是否构成代理：第一，有没有设置下级账户；第二，行为人与赌博网站之间仅仅是参赌人员和庄家（赌博网站）之间的关系，其输赢方式及收益比率均与其他一般网络参赌人员相同，并没有其他额外的回扣或者返点，不存在担任赌博网站代理方面的意思联络。如果不能将其认定为赌博网站的代理，那么就可以排除赌博网站共犯的认定，可以根据聚众赌博和开设赌场的区别，进行定性之辩，符合聚众赌博的,应定赌博罪。对于和赌博网站构成共同犯罪的代理,也可以从作用大小、危害性(规模大小)、获利情形等方面争取被认定为从犯。

(三)利润分成

代理获取的"返水"不等于利润分成。有些平台基于赌客充值的金额流水给代理一定的回扣,俗称"返水"。司法实践中,常常将返水定性为赌博网站的利润分成,从而将代理行为直接认定为开设赌场罪,这是不对的。其实,根据最高人民法院官方组织编写的《〈关于办理网络赌博犯罪案件适用法律若干问题的意见〉的理解与适用》,《网络赌博犯罪案件适用法律若干问题的意见》的这一项规定主要针对的是赌博网站的投资人或参股人,尽管他们不参与赌博网站的建立和赌博活动的具体组织,也不充当赌博网站的代理人,而是通过入资等方式从中分成获利。

《跨境赌博意见》第 3 条第 3 款对构成开设赌场共犯的情形进行了列举,分别为赌博网站提供广告投放、会员发展、资金支付结算等服务和为赌博网站担任代理发展玩家、会员、下线,两种情形属于并列关系,适用相同的量刑标准,即收取服务费达到 2 万元才构成犯罪,获利 10 万元以上才属于"情节严重";根据《网络赌博意见》第 1 条之规定,参与赌博网站利润分成,违法所得数额 3 万元以上即属于"情节严重"。可见,司法解释对利润分成和共犯的获利设置了不同的量刑标准,反映了两种获利性质的不同。《网络赌博意见》第 2 条第 1 款已将为赌博网站投放广告、发展会员等服务收取的服务费单独进行评价,因此,《网络赌博意见》第 1 条中的利润分成是指除上述服务费以外的利润。两者定罪量刑标准不同,不能进行混淆处理。

四、银商的辩护要点

银商是为赌博网站的玩家提供上下分服务的中间商。根据司法判例,银商被判赌博罪和开设赌场罪的情形有以下两种。

(一)被控赌博罪,作无罪辩护

司法实践中,银商被定赌博罪的入罪思路主要有以下三个:

第一,不构成赌博罪的共犯。最高人民法院、最高人民检察院《关于办理赌博刑事案件具体应用法律若干问题的解释》第 4 条规定,"明知他人实施赌博犯罪活动,而未其提供资金、计算机网络、通讯、费用结算等直接帮助的,以赌博罪的共犯论处"。笔者认为根据这条的入罪证明难度还是比较大的,其前提是明知他人实施赌博犯罪活动。一方面,现实中有些判例中的赌博网站并没有被追究刑事责任,有些赌博网站甚至还在正常经营;也没有任何赌客被追究刑事责任,故缺少认定共同犯罪的条件。另一方面,有些游戏网站并非只有棋牌类的游戏,还有一些非博彩性质的游戏,比如直播类节目,玩家也有可能买游戏币去打赏主播。综上,论证银商明知他人实施赌博犯罪活动缺乏前提。

第二,不构成聚众赌博。聚众赌博是主动组织行为,应当是存在主动的聚集、管理、安排、带领、引导等行为。而银商是被动吸引赌客,银商的特征比较明显,其身上的游戏币比普通玩家多得多,所以一般排在平台排行榜的前端,有些银商只是在其个性签名显示一串数字,行内人都知道这是联系银商的QQ号或微信号,银商其实并没有主动地纠集玩家。有些法院认为银商通过卖特定的游戏币,将特定赌客纠集在特定的游戏网站上,所以它具备一定的聚众性。这个观点笔者也不认同,因为银商打广告只是在游戏平台内打广告,游戏平台内的玩家原本是存在的,这些玩家并不是银商来通过发广告纠集起来的,所以也不存在纠集性。

第三,不构成以赌博为业。银商的获利点是通过倒卖游戏币赚取差价。而以赌博为业,按照最高人民法院、最高人民检察院《关于办理赌博刑事案件具体应用法律若干问题的解释》的观点是要通过赌博获利,银商一般自己不参与赌博,故不符合以赌博为业的特征。

(二)被控开设赌场罪,作无罪辩护

第一,审查银商和平台有无犯意联络。实践中有些法院根据银商账户的特殊性推定与赌博网站存在犯意联络,比如银商账户上下分不需要手续费,而普通账户需要手续费。

第二,审查银商是否为赌博网站提供资金结算服务。网络赌博中帮助赌博网站提供资金支付结算服务的可以认定为平台的共犯,有的银商其实并没有为赌博网站提供资金支付结算服务,他提供服务的对象是赌客,是从赌客那里获利而不是从赌博网站获利的,这种情况下不能认定其为赌博网站的共犯。

五、技术人员的辩护要点

技术人员是为游戏平台提供技术服务的人。

(一)无罪之辩

第一,对平台的合法性已尽到审查义务。游戏平台具备相应的资质,已获得经营许可证和备案。如果平台本身形式合法,那么我们认为这些提供技术服务的人员已经尽到了审查义务。

第二,收取的服务费不异常。如果技术人员收取的费用明显高于一般的收费标准,则可以推定其主观上是明知平台非法的。所以我们还要去审查收取的服务费是否在合理的范围内。

第三,主观不"明知"有赌博行为的存在。比如说房卡模式游戏平台本身不提供资金兑换服务,都是通过微信群进行资金的流转,那么作为为网站提供技术服务的人员,是否能了解代理的行为,这需要大量证据来证明其主观是否明知。

(二)轻罪之辩

《刑法修正案(九)》增设帮助信息网络犯罪活动罪,将明知他人利用信息网络实施犯罪,为其犯罪提供互联网接入、服务器托管、网络存储、通讯传输等技术支持,或者提供广告推广、支付结算等帮助的行为独立入罪。故此罪名的增设,将开设赌场共同犯罪中的正犯和帮助犯进行分别定性。对于开设赌场罪的正犯,对其定性为开设赌场罪;对于采取放任态度即间接故意的软件开发者,可以定性为帮助信息网络犯罪活动罪。从量刑平衡上看,最终定罪的实质要求是罪责刑相一致,综合考量个案中开发者行为、主观恶性等,比照赌博平台运营者等同案犯的定罪量刑,最终将游戏开发者定性为帮助信息网络犯罪活动罪是全案量刑平衡的可行路径。

黑恶犯罪案件的辩护要点

徐激浪

一、黑恶犯罪案件辩护的特点

(一)扫黑除恶案件处理政治性强

扫黑除恶工作法律问题与政治要求交织,具有高度的复杂性。2018 年至 2021 年进行了为期三年的扫黑除恶专项斗争,斗争结束后又部署了常态化扫黑除恶,2021 年出台了《反有组织犯罪法》。2018 年时任中央政法委书记的郭声琨同志提出,要自觉地把扫黑除恶作为一个重大的政治任务来抓紧抓好。在 2019 年年底的扫黑除恶的总结会,同时也是 2020 年扫黑除恶的部署会上,时任中央政法委秘书长、全国扫黑办主任的陈一新同志,提出要把这项工作摆在更加重要的位置,他认为这是一项政治性、战略性的工程。由此可见,扫黑除恶,是由党政主导,通过集中优势人力、物力,来处理这类案件,以维护社会治安、维护社会稳定的一项政治法律活动,仅谈法律是不够的。

(二)法律条文与概念难以准确把握

首先,《刑法》第 294 条的罪状描述带有主观性,有别于法律术语的规范性,很难确定标准。如“为非作恶”,何谓“非”,何谓“恶”? 有一些是感情色彩比较浓厚的用语,如“欺压、残害群众”;有一些条文语义范畴、法律边界比较模糊,如“称霸一方”;还有些概念也不是很确定,如“黑社会性质组织”中的“性质”两字,是一个模糊词;又如“人数较多”“骨干成员基本固定”“具有一定的经济实力”“重大影响”,都不是确定概念,需要出台相关纪要、解释进行明确,提出量化的标准。

其次,相关解释、纪要、司法规范性文件多且内容不一。有关黑恶犯罪案件处理的司法解释、相当于司法解释的规范性文件多达 14 个。扫黑除恶工作开展前,最高人民法院《关于审理黑社会性质组织犯罪的案件具体应用法律若干问题的解释》

(2000年),《最高人民法院、最高人民检察院、公安部办理黑社会性质组织犯罪案件座谈会纪要》(2009年),《最高人民法院在审理故意杀人、伤害及黑社会性质组织犯罪案件中切实贯彻宽严相济刑事政策》(2010年),《最高人民法院全国部分法院审理黑社会性质组织犯罪案件工作座谈会纪要》(2015年),最高人民法院、最高人民检察院、公安部、司法部《关于办理黑恶势力犯罪案件若干问题的指导意见》(2018年)相继出台。扫黑除恶工作开展一段时间后,由于对最高人民法院、最高人民检察院、公安部、司法部《关于办理黑恶势力犯罪案件若干问题的指导意见》(2018年)的内容理解不一,各地适用比较混乱,后又相继出台了最高人民法院、最高人民检察院、公安部、司法部《关于办理恶势力刑事案件若干问题的意见》(2019年4月9日),最高人民法院、最高人民检察院、公安部、司法部《关于办理黑恶势力刑事案件中财产处置若干问题的意见》(2019年4月9日),最高人民法院、最高人民检察院、公安部、司法部《关于办理实施"软暴力"的刑事案件若干问题的意见》(2019年4月9日),最高人民法院、最高人民检察院、公安部、司法部《关于办理"套路贷"刑事案件若干问题的意见》(2019年4月9日),最高人民法院、最高人民检察院、公安部、司法部《关于办理非法放贷刑事案件若干问题的意见》(2019年7月23日),最高人民法院、最高人民检察院、公安部、司法部《关于办理利用信息网络实施黑恶势力犯罪刑事案件若干问题的意见》(2019年7月23日),国家监察委员会、最高人民法院、最高人民检察院、公安部、司法部《关于在扫黑除恶专项斗争中分工负责、互相配合、互相制约 严惩公职人员涉黑涉恶违法犯罪问题的通知》(2019年10月20日),最高人民法院、最高人民检察院、公安部、司法部《关于跨省异地执行刑罚的黑恶势力罪犯坦白检举构成自首立功若干问题的意见》(2019年10月25日)。

(三)司法政策尺度不够透明

除对外公布的上述文件外,省级、地市级,甚至县市级司法机关,对一些具体问题的处理,联合签署有一些内部规定。一般而言,县市级的规定较为具体,省级规定较为宏观。对于这些内部规定,外界无法掌握。比如有个问题:在人数少的情况下,可以认定其是一个有组织犯罪吗?又如挂牌督办,那么什么样的案子要挂牌督办?只要对司法政策的掌握不一样,或者司法政策不公开,那么就会导致不同地区对同样行为的定性不一样,量刑也不一样,裁判难以平衡。

司法尺度不透明,还体现在裁判文书说理比较笼统方面,有的裁判文书仅概括性表述"对辩护人的相关意见不予采纳",对此也不予分析,至少是分析不透彻,对辩护人辩护观点不回应。如在分析"四个特征"时,表述比较简单,对"四个特征"之间的有机联系不进行分析。

(四)人多、事多、材料多

涉黑涉恶案件犯罪嫌疑人多,犯罪事实和罪名多,案件证据材料多,审查的工作量极大。司法机关一般成立办案组,虽然出庭的仅有两名律师,但不少辩护律师也组建了办案团队,进行相应分工,发挥各自优势,建立定期集体讨论制度,以消化材料,从而更好地提出辩护意见。

二、黑恶案件律师辩护的特别提示

(一)严守刑事辩护规范

最高人民法院、最高人民检察院、公安部、司法部《关于办理黑恶势力犯罪案件若干问题的指导意见》(2018 年)对律师辩护黑恶案件,要求律所有备案、报告、集体研究制度。律师辩护活动中,律师有违法违规违纪行为的,要给予行业处理、行政处罚甚至要对其追究刑事责任。在办理黑恶案件的过程中,辩护人一定要特别规范地进行调查取证,提出无罪辩护的一定要经过律师事务所讨论并向律师协会报备,对当事人提供法律服务时要注意黑恶案件的复杂性,严防妨害诉讼行为的发生。

(二)向当事人强调黑恶案件的特殊性

黑恶案件辩护难度大,政治性强,办案适用的规则也较为特殊,律师必须将黑恶案件的特殊性给当事人讲明白,让当事人明白政策规定,以免当事人提出不切实际的期望,而一旦其未达到目标,会对律师服务工作产生不满。当然,降低期望值不等于放弃辩护,还是要对辩护工作作出十分的努力。

(三)拓宽辩护思维,多管齐下

由于黑恶案件的复杂性,所以律师要拓宽辩护思维,尽力拓展方式方法。如通过办案部门难以了解案情,我们可以通过新闻报道了解案情;会见受阻的,可以通过向律师协会投诉的方式维权;辩护意见不仅可以向办案部门提交,还可以向党委、政法委、扫黑办反映;不仅律师可以反映,还要建议家属通过合法途径去反映意见与诉求;可以发挥组织的力量,由组织出面提出中肯的意见,促使司法机关作出正确评断;要注意收集当事人的社会评价,并形成证据提交办案单位。

三、程序难题与辩护应对

(一)领导指示"严查严办"怎么办

黑恶案件,被上级关注、领导批示较为常见。比如,湖南省在全国扫黑办会议的经验发言中提到，该省督促市、州、县、区委书记对176起重大案件包案负责；安徽省提到省委指导组驻点阜阳期间，成立联合专案组，直查直办颍上县一起涉黑案，对40多人采取留置、刑拘等强制措施。

作为辩护人，要重视黑恶案件的特殊性，一方面，应要求司法机关严格依照法律规定办案，不受外界非法律因素的干扰；另一方面，要敢于直接向上级领导反映意见，让上级领导兼听则明。

（二）指定异地管辖怎么办

黑恶案件指定异地管辖，目的是排除当地在黑恶案件侦办过程中可能存在的打听案情、疏通关系、降格处理等。省、地市级公检法部门内有指定管辖方面的文件，原则是只要有一个犯罪事实发生在辖区内，均可指定辖区内任一下级司法机关办理。所以，辩护人提管辖异议被采纳的概率不高，但辩护人还是要尽到自己的职责，依据刑事诉讼法提出管辖异议，一是向办案单位提出要坚持法律规定的犯罪地管辖原则，二是要求有指定管辖的文书。

（三）技侦手续缺失怎么办

有时卷内没有技侦手续，但不等于没有技侦手续，应该是没有入卷。黑恶案件中，技术侦查的目的是摸清组织结构、人员关系，以其作为突破口供的素材，如果在办案过程中，辩护律师发现存在技侦可能性，就应该要求相关部门提供批准文书，如果其提供不了技侦批准文书，那么律师就应该提出技侦取得的证据不合法的意见。

（四）多次异地关押怎么办

异地关押，在黑恶案件中也比较常见，尤其是针对人数较多的有组织犯罪团伙和重大有组织犯罪。比如某省有个案子，异地关押至少换了4个地方，而且还化名羁押。异地关押是为了防止串供，防止案外人员的干扰，不是针对律师。律师要及时通过联系会见了解到是否存在异地羁押，及时安排会见，如果律师会见受阻，可向侦查机关上级部门、同级检察机关投诉，也可以向律师协会反映。

（五）限制律师会见怎么办

黑恶案件存在限制律师会见的现象，其理由主要有需要提审、涉及贿赂案件、需要专案组织领导审批及无理由推脱等。辩护律师可以向同级检察机关或侦查机关上级部门投诉，要求纠正违法，及时安排会见。律师也可以向律师协会反映，提出维权诉求。

（六）滥用强制措施怎么办

滥用强制措施，是指多次变更强制措施种类，如先刑拘、后监视居住、再刑拘后逮捕，在强制措施之间多次变更，甚至有刑拘、取保候审、逮捕后再监视居住的情况。刑事诉讼法对此没有明确不允许，但这种多次地、循环地变更强制措施的行为，违反了法律规定强制措施种类和期限的本意，肯定是不恰当的。辩护人可以向检察机关申请纠正，建议其向办案单位发纠正违法通知书。

（七）讯问违法违规怎么办

违法违规的讯问，可能涉及刑讯逼供，也可能是变相刑讯逼供，还可能是威胁、引诱、欺骗。发现渠道主要是会见时要详细地询问嫌疑人，是不是存在违法审讯，其笔录是否如其所述，供述是否自愿？核查最好的路径，就是申请调取同步讯问录音录像。同步录音录像的调取，律师要写申请书，引用法律条文。

（八）不当分案处理怎么办

黑恶案件人多事多材料多，为了提高诉讼效率，对有些会进行分案处理，一般10人以上的案件被分拆的概率大。如将组织者、领导者及其主要人员分在一个案件，将其余人员分在另一个案件。对于案件的拆分，辩护人很难提出分案不合法的理由，但如有必要，应当申请分案的同案犯出庭，同时要求提供同案犯完整的供述笔录。

（九）证据标准、证明标准降低怎么办

证据标准与证明标准降低的问题，在黑恶案件中比较常见，如合理怀疑不排除、瑕疵证据补证不全、裁判说理不充分等。就此问题，辩护人还是要坚持从证据“三性”、证据裁判规则出发提出意见。《刑事诉讼法》的要求是事实清楚、证据确实充分，辩护人不能降低这个标准。

（十）实际上适用地方和内部指导意见怎么办

扫黑除恶开始后，因为最高人民法院、最高人民检察院、公安部、司法部《关于办理黑恶势力犯罪案件若干问题的指导意见》对很多问题规定得不明确，故其实务指导性不够。各地司法机关出台了一些地方性的规定，以指导扫黑除恶专项斗争工作。总体来看，这些规定比较严厉，不利于律师的辩护，如浙江省《关于办理“套路贷”相关刑事案件若干问题的纪要》，其对“套路贷”认定中诈骗的范围规定较宽，给律师办案带来很多的困难。辩护人应当想办法了解相关的内部规定，仔细对照相关法律文件，指出其中的不当之处，并严肃地提出应当严格遵循罪刑法定原则，杜绝法律的扩大和拔高适用。

四、实体辩护要点

(一)黑社会性质组织与恶势力犯罪集团的区分

黑恶案件辩护的首要目标是去黑,不仅因为涉黑罪名一旦成立要处以有期徒刑且影响减刑,而且还有财产刑,如果失去人身自由已是必然,那么家属希望能保住财产,所以“去黑入恶”是比较切合实际的辩护方向。“黑”与“恶”可以从以下几个方面区分:

1. 组织化程度

恶势力是恶势力犯罪集团的前身,恶势力犯罪集团又是黑社会性质组织的前身,恶势力和恶势力犯罪集团是黑社会性质组织的低端形态,两者表现出来的组织化程度不同。

就黑社会性质组织来说,其组织更加稳定,结构更加紧密,纪律约束性更强,人数更多,一般有明确的组织者、领导者,成员基本固定,骨干成员也基本固定,还有积极参加者或者一般参加者。三个层级明显,职责分工明确。

恶势力组织结构比较松散,通常没有层级。但它有纠集者,地位稍高,但不是领导者,成员相互之间不存在隶属关系,被纠集者不固定,常常会发生变化。

2. 社会危害性

在危害程度上,恶势力的定义为“扰乱经济、社会生活秩序,造成较为恶劣的社会影响”。但黑社会性质组织的社会危害是“形成非法控制或者重大的影响”,程度明显不同。

案例一:某高利放贷案件。犯罪嫌疑人陈某、于某均进行高利放贷活动,两人刚开始是分开的,后合伙在一起,并雇用王某催债,手段有不明显的暴力(耳光、脚踢为主),更多的是软暴力(堵锁眼、泼油漆等),王某下面还有一批人,工资均由陈某、于某两人平均承担。公安机关将该案以涉嫌组织、领导黑社会性质组织罪移送审查起诉,理由是:组织特征是有组织者、领导者,有骨干成员王某,还有一般参加者;行为特征是有暴力;经济特征是有发放工资;危害性特征是在一定区域的高利贷行业中有重要影响。

辩护理由:一是组织特征不符合。组织并不稳定,陈某、于某是经济上合伙、合作的关系,不存在一个人领导另外一个人,具体的催讨人员进出比较频繁,对其的控制力较弱,两出资人不招募具体催收人员,也不发号施令;发放工资不能简单地被认为是豢养组织成员,而是非法劳务支出。二是危害性特征不符。黑社会性质组织要求通过有组织犯罪,称霸一方,或形成一个重大的影响,寻求建立地下秩序。本案更多的是为了经济利益,赚取高利贷利息,并没有寻求权力、建立地下秩序、称霸一方的目的。而且当被害人受到滋扰时,选择报警的人比较多,达不到最高人民法院、最高人民检察院、公安部、司法部《关于办理黑恶势力犯罪案件若干问题的指导意见》(2018 年)要求的不敢通过正当渠道举报或控告,所以不可能出现反社会或者控制社会的危害后果。该意见最终被检察机关采纳,检察机关未以组织、领导黑社会性质组织罪进行指控。

(二)组织特征的辩护

组织特征的辩护,主要从组织的稳定性、严密性、规模性、目的性四点入手。

1. 稳定性

组织的稳定性需考虑形成时间、组织存续时间、人员是否相对固定等因素。

关于形成时间。必须审查组织是什么时候形成的? 一般是看"举行成立仪式或者进行类似活动""反映其初步形成非法影响的标志性事件""首次共同实施该组织犯罪活动"这三个点。审查在发展过程中有没有出现合并、重组情况? 通过审查可以把一些参与人员从组织犯罪中剥离出来,将参与组织前或组织成立前的行为区分出来,不认定其为组织犯罪。成立时间的辩护,在为"保护伞"进行辩护时至关重要,笔者曾参与一起包庇、纵容黑社会性质组织犯罪辩护,通过审查发现有两个纵容事实发生在指控的黑社会性质组织成立之前,两个纵容事实认定与否直接影响法定刑是否升格,通过辩护人对时间点的准确揭示,检察机关认可了辩护人的意见。

关于组织存续时间。一般而言如果存续时间短,如在半年以内,那么肯定是不具有稳定性的,但在扫黑除恶专项斗争的背景下,也不排除存续时间短但恶性程度比较高、对当地经济社会破坏力比较强、作恶累累的组织,被认定为黑社会性质组织的情况。

关于人员是否相对固定。像一些公司化的、公司网上放贷等案件,如果其被定性为恶势力犯罪集团犯罪甚至被定为涉黑犯罪,则可以从人员进出频繁、离职相对自由、人员不固定等方面去提出辩护意见。

2. 严密性

组织的严密性体现在组织运行上面,如帮规戒律、命令传达、对组织成员的约束方式。

有的犯罪组织可能没有规定非常严格的组织纪律,但仍然具备一定的组织纪律性，对其成员的活动进行约束。有人问："不准吸毒、不准赌博、不准嫖娼""按时上下班"这些符合法律法规、社会道德要求的，能不能被视为帮规戒律？笔者认为不能，因为这是任何一个单位的正常纪律，而且是合法的，不是也不应成为区分黑社会性质组织的关键特征。黑社会性质组织的帮规戒律一般是：要求每位组织成员必须服从命令、听从指挥；尊重、忠于老大，服从老大安排、听从老大指挥，维护老大的利益与权威，遇事向老大请示汇报；出事由组织善后；组织成员要团结协作，一致对外；在组织发展过程中形成被组织成员认可的"听从安排服从命令、兄弟间一定要团结、不能搞内讧、有事须请示报告、不能擅自行动、在外面要维护圈子的利益、不能出卖兄弟，大家要统一理光头、文身，保持混社会的形象，要时常锻炼身体"等成文和不成文的规约。

3. 规模性

组织的规模性，一般要求有明确的组织者、领导者。有的组织者、领导者在幕后操纵，不影响其组织者、领导者的认定。对组织者、领导者，具体没有人数的要求，可以是一人，也可以是数人。对规模性的辩护，可以从层级性角度出发，如果在命令传达、事务操办上体现不出来有层级的，那么即使是人数多，也不能认定为其有规模性，不能简单地按照人数多少来认定是否具有规模性，而必须结合组织性来理解规模性。

4. 目的性

组织的目的性，一般区分组织、领导者和参加者而有所不同。组织、领导者，一般是出于称王称霸、逞强斗胜或者报复社会等动机，为了攫取金钱、获取权力或称霸一方，以黑社会性质组织为依托，采用暴力、威胁或其他手段，或者利用国家工作人员的包庇、纵容，组织、策划、指挥、协调、参加多种违法犯罪活动，从而大肆攫取金钱，获取权力，危害一方；参加者，一般利用黑社会性质组织为自己牟利或达到自己的某些目的，其支持并参与黑社会性质的犯罪。辩护人就必须从组织成员参加活动的合法合规的心态入手，收集行为人正常参与的理由，将之与犯罪心态进行区分，提出其对黑社会缺乏认知，也没有参加黑社会的动机和目的。

案例二：某公司从事网上放贷、暴力催收业务，梅某某担任公司财务，后被认定涉嫌组织、领导黑社会性质组织犯罪。梅某某被指控对公司运营过程清楚，认定他构成参加黑社会性质组织罪。辩护人提出，这家公司披着正规公司的合法外衣，梅某某没办法判断这个公司是否涉黑，且公司里放贷和催收两块业务分离，其根本就不可能知道暴力催收这个情况，也不能认识到整个公司业务全貌。后来法院认可了这个观点,认为梅某某接受了公司的领导和管理,从事一般的公司事务行为,行为目的不是参加黑社会性质组织,认为梅某某不构成参加黑社会性质组织罪。

案例三:2007 年至 2015 年,黄某某为称霸一方,开始经营公司、入股其他企业,并网罗了被告人田某等 10 人为其效力,在广东省惠州市博罗县湖镇镇先后多次实施聚众斗殴等多种违法犯罪活动,进而独占了木糠经营,获取了巨额的经济利益。被告人田某还参与了聚众斗殴。控方指控,田某犯参加黑社会性质组织罪、聚众斗殴罪。辩护人提出,认为被告人田某构成参加黑社会性质组织罪事实不清,证据不足,依法不能认定被告人犯参加黑社会性质组织罪,不能因为被告人田某和同案的李某、周某等 3 人之间的关系密切就认定被告人田某是参加黑社会性质组织。法院裁判认为,以黄某某(另案处理)为首的犯罪组织系黑社会性质组织,现有证据仅证明田某有参与打架斗殴的一般犯罪行为,并无证据证实其有参加黑社会性质组织的犯罪行为,因此证据不充分,故对指控的该项罪名不予认定。法院判决田某仅构成聚众斗殴罪。

(三)经济特征辩护

黑社会性质组织的经济特征,是指有组织地通过违法犯罪活动或者其他手段获取经济利益,具有一定的经济实力,并支持该组织的活动;经济收入有一部分具有违法性,部分用于组织,维系组织运转。

关于经济性特征,辩护难度比较大。因为目前法律对经济实力的认定没有规定数额标准,不再“一刀切”了,而是由司法机关根据不同地区、不同行业去考量。实务中有将发放工资报酬、聚会付费,简单地认定为豢养组织成员的情况,这是不恰当的。经济特征的辩护在于以下两点:

1. 收入不是通过违法犯罪手段取得的。即组织的收入,是通过合法的经营取得的,并不是通过违法犯罪,或利用黑社会性质组织的影响力获得竞争优势而取得的,其经济活动是合法的,不具有任何的非法性。

2. 没有将经济收入用于犯罪组织。根据司法解释,如果将合法的收入用于支持犯罪组织,也符合黑社会性质组织的经济特征。因此,辩护律师还要证明,组织的收入没有用于违法犯罪活动;如果客观上支持了违法犯罪,必须证明其主观上不知道这是一个黑社会性质组织,主客观不相一致,不能客观归罪。

案例四:如某公司垄断客车市场涉黑案例。裁判机关表述:某公司的资产是由各股东投入组成的,经济来源是车辆营运收入,并非该组织通过犯罪活动而聚敛的财产。公诉机关未明确指控该组织获取非法经济利益的多少、以何种方式获取,公诉机关提供有关调整票价的证据，目的在于证实某公司调价幅度高于政府指导价，但同时也证实了某公司在经营期间没有超过政府部门指导价。某公司在经营过程中，存在强迫交易、寻衅滋事的犯罪事实，也有犯罪中发生费用在公司报支的情况，助长了这些人的犯罪行为。但某公司的经济收益不是通过这些犯罪活动取得的，某公司通过营运车辆取得经济收入，目的也不是再实施犯罪，更不是用来支持犯罪组织，不存在“以商养黑”的目的及事实。获利不是用于组织，组织犯罪的目的性就不符合，由此不认定涉黑罪名，而认为其是普通犯罪。

（四）行为特征辩护

黑社会性质组织的行为特征，是指以暴力、威胁或者其他手段，有组织地多次进行违法犯罪活动，为非作恶，欺压、残害群众。对行为特征的把握应注意以下两个方面：

1. 违法行为的目的性辩护

关于行为特征的辩护，应先审查违法行为的目的，是否为了组织利益，如果不是就可以排除组织犯罪。

案例五：为解决工程经济纠纷，被告人彭某等人在2018年4月曾多次到某县高铁工地聚众造势，并采取恐吓、暴力殴打、扔掉工地施工工具等手段阻止工地工人施工。控方指控，被告人彭某等6人以恐吓手段，先后5次共同故意实施寻衅滋事犯罪活动，且人数众多，严重影响国家重点工程项目的施工，社会影响恶劣，是恶势力犯罪集团，被告人彭某等6人犯寻衅滋事罪。辩护人认为，被告人去高铁工地的目的是解决民事纠纷，手段的违法性是基于多数被告人年龄较小，而非为非作恶，欺压百姓，扰乱经济秩序。从时间跨度上看，5次行为发生在7天之内，所以不可能仅通过5次、7天的恐吓他人，就将项目工程的工作秩序破坏，致使其不能顺利施工。不能将短时间的几次恐吓干扰了项目工作肆意认定为扰乱经济、社会生活秩序，造成较为恶劣的社会影响。综上，本案不应该被认定为恶势力集团犯罪。法院裁判认为，被告人彭某等人不是恶势力犯罪集团，被告人彭某等6人仅构成普通的寻衅滋事罪。

2. 违法犯罪多样性辩护

黑恶犯罪一般要求暴力行为和违法犯罪事实多样、多次，如果说只是少数的或者单一的，那么就不具备黑恶犯罪的特征。

案例六：2009年河南某县的被告人丁某彦涉黑案件。公诉机关指控被告人丁某彦、罗某霞（另案处）、薛某1、薛某2非法拦截途经某县境内的东南线路的外地长途客车，强行按照从某县境内上车的乘客人数向车主索要钱财，逐渐形成一定的组织，后耿某忠等人也加入该组织，参与上车索要钱财的活动。在该组织中，被告人丁某彦为组织者、领导者，索要钱财的分配由其决定，参与该组织者须经其同意，组织成员在索要钱财中与车方发生纠纷，由其出面协调解决，骨干成员罗某霞、薛某1、薛某2基本固定，并有约定俗成的规矩，即不准私吞、私藏索要的钱财，一经发现或罚款或退出，该组织通过违法犯罪敛取钱财达10万元，在某县境内东南线路长途客运市场形成垄断地位和恶劣影响。法院经审理后认为，丁某彦、薛某1、薛某2等人除对汝南、驻马店、平玉过往的某县境内的东南线路客车收取钱财外，没有其他犯罪行为，且人数较少，组织松散，没有经济积累支持其组织活动，也没有“保护伞”，虽然在过往的驻马店、汝南、平玉客车车主及司乘人员中造成一定的恶劣影响，但尚未达到严重破坏经济秩序和社会生活的程度，不构成黑社会性质组织犯罪。

优化涉黑恶案件辩护的六项技巧

杨　汇

扫黑除恶案件,政策性强,涉及面广,专业性强,那么,作为专业律师,一方面要拒绝"勾兑",另一方面要避免"死磕",要运用技术来做好辩护,维护当事人的合法权益。笔者总结了以下六项技巧,自认为可以优化辩护,供各位参考。

一、会见策略的优化

涉黑恶案件中,经常会出现大量猜测性、意见性、传来性笔录,且充满文学色彩。虽然其证明力低,但是这样的证据一多,还是会影响裁判者的自由心证。因此,会见时除了要用"首次会见七步法"、认真做好记录,还要着重强调以下两点:

(一)告诉当事人,不认可的事不能简单地一否了之

黑恶案件牵涉的人员、事实众多,不少犯罪事实虽然"组织者"本人没参与,但是被当作组织内犯罪。在笔录中,我们经常能看见这样的对话:

侦查人员:关于张三故意伤害李四的事你是否清楚?

当事人:不清楚。

侦查人员:张三你是否认识?

当事人:这人我不认识。

侦查人员:你见过张三没有?

当事人:没见过。

可见,当事人虽然作了辩解,但体现在笔录中就显得非常生硬。第一,显得态度不好,字里行间给人留下拒不交代的印象。第二,辩解无力,在黑社会性质犯罪中,组织者不认识手下,但手下为了组织利益犯罪的,比比皆是。故此一味说"不认识""没见过""不知道"并没有太大帮助,因为毫无疑问,在案证明该事实系组织犯罪的

证据不会只有一份。

律师在会见时，应当向当事人说明，一份辩解最重要的是6个字：合理、有据、生动。当事人如果认识张三，那就承认自己认识，而不是否认。辩解的关键在于，澄清自己与张三的关系。如重点说明与张三虽然认识，但是各有各的工作，张三的生意与自家的生意并无关系，甚至对立，关于这一块内容，又有哪些人可以证明……就算真的不认识张三，也可以请侦查人员解释张三是谁，是属于哪一伙的人，再就自己所知道的内容进行澄清。故此，"没交集"胜过"不认识"，只要把前因后果、人证物证交代清楚，辩解立体生动信息量就大，就算有多份笔录对当事人不利，也没有什么可畏惧的。

（二）告诉当事人，一旦出现非法取证马上反映问题

随着司法文明的进步，通过肉刑和变相肉刑获取口供的现象越来越少了。但是指供诱供（无中生有）、记录不属实（把A记成B）、未如实记录（明明说了A，就是不记录）的情况一直存在。这样的非法取证手段之所以能屡屡得手，主要原因有：（1）当事人只签字，未核对。（2）当事人发现了问题，但侦查人员欺骗他，告诉他不影响定罪量刑。（3）当事人发现了问题，但侦查人员威胁他，如果不就范就对他不利。

记录不属实或者未如实记录讯问内容，对于涉黑案件的当事人是致命的。一旦在会见中了解到有这种情况，律师除了做好会见笔录，设法反映情况外，还要做好以下几点。

1. 马上找驻所检察室的检察官反映，出现一回，反映一回，并且要求做笔录。

2. 审查批捕阶段，要和提审的检察官反映，并且要求一定要将其记录在笔录中。

3. 侦查人员再次提审时，在笔录中重申自己认可的观点，并且强调以这份笔录为准，甚至可进一步要求修改以往所作的笔录。

嫌疑人要求司法机关如实做笔录，确实有可能会让双方产生情绪的对立。但从长远来看，如果作了违心供述，导致司法机关办理案件陷入错误、进退维谷，更是一种不负责任的行为。

二、沟通内容的优化

有一种观点认为，侦查阶段和审查起诉阶段少提辩护意见，甚至认为只要口头发表意见就行了，因为涉黑案件往往是上级非常重视的案件，公安机关和检察机关

会尽可能补充证据，如果律师提出的意见成为补证提纲，会导致辩护不利。这种观点有一定的道理，若律师提出的问题，可以轻易补证，就不应提。但是绝大部分时候，律师该提的意见应尽早提。不早点提意见，而是搞意见突袭或证据突袭，就算在法庭上打了公诉人一个措手不及，公诉人还是可以申请补充证据。届时，局势对辩方会更为不利。

（一）非法证据尽早提

前文已经说过，一旦发现非法取证的情况，要第一时间提出来。非法证据越早向检察官提越好，案子一天不起诉，检察官就一天不会为这些非法证据背书。如果不早点提非法证据而是当庭提，首先，公诉人心里会对律师和被告人产生意见。其次，公诉人会提出答辩："为什么被告人和辩护人不早说，难道公诉人不保障他们的权利吗？"最后，由于箭在弦上，公诉人一般不会放弃证据补正，而是会强力维护之前的立场。

（二）定性问题全程提

为涉黑案件辩护，围绕四大特征的论述必不可少。对于定性之辩，应全程保持并全力以赴。理由有三：其一，据笔者的经验，在侦查阶段、审查起诉阶段脱黑的案例屡见不鲜，如在沟通时不提异议，等于工作不到位。其二，虽然笔录中可能会存在大量关于四大特征的写作技巧，但如组织特征、经济特征毕竟要靠客观证据来支撑，故早提晚提都差不多。其三，实践中部分检察机关在公诉涉黑案件时，追求百分之百的定罪率，但在审查起诉阶段则无此要求，因此，到了法院阶段再辩护，显得过于被动，不利于争取检察机关的支持。

值得注意的是，对于黑恶的定性问题，承办检察官个人无法决定，律师在沟通反映情况，提交书面意见时，可考虑向检察官所在的部门领导，甚至检察委员会领导也提交一份材料。

三、发问技巧的优化

（一）对当事人：全面发问，问遍实体与程序

对自己的当事人，要问出有利之处，但不能问到哪算哪，而是应对每个事实（罪名）都进行发问，可以按照"先个罪，后黑罪"的顺序进行发问，发问前，先强调接下来对哪部分事实进行发问，这样更有利于书记员的记录。

尤其是对被告人亲身经历的证据合法性问题、程序性问题，要首先提出来。如果被告人承受了刑讯逼供或者疲劳审讯，那么在发问阶段就要提出。如果被告人

不提辩护人先提,大家就会有这样的疑问:“被告人被疲劳审讯了,你律师是怎么知道的?”紧接着,大家就会质疑:“这个问题是不是辩护人自己杜撰出来的。”故此,为了避免突兀,在发问阶段就应该提出这些问题。

不仅如此,如果被告人想当庭翻供,那么在公诉人念完起诉书后,法官询问被告人有无异议时,被告人就应该简明扼要地提出。到了发问阶段,辩护人更应该仔细发问,一要问出翻供的理由,二要问出有无其他事实、证据可以支持被告人的辩解。

(二)对同案犯:句句紧逼,直面笔录内容

前文已述,在涉黑案件众被告人的笔录中会存在大量写作技巧,试图用质证的方式去解决笔录问题是不够分量的。比如在笔者辩护的某起涉黑案中,案卷里只要是言词证据,就指向我的当事人是“黑老大”,可见,该问题已经到了这种夸张的程度。从表面上看,这些证据已经相互印证了,靠质证打掉一份两份,还有九份十份,如不发问,根本不能发现问题。这个时候,我们就要坚定一个信念:情况不能对我们再不利了,对于不利之处,我们要问出模糊,问出矛盾。比如可直接这么问:

辩护人:你与第一被告人见过几次面?

同案犯:没有几次。

辩护人:第一被告人有没有给你定什么规矩,让你守纪律?

同案犯:没有。

辩护人:他有没有给你发工资?

同案犯:没有。

辩护人:平时你需要去他住处,听他吩咐吗?

同案犯:不需要啊,我只听我们包工头的。

辩护人:你笔录中“他是我们共同的老大,他住的地方我们叫总公司”这句话是不是你说的?

同案犯:不是,我没说过。

辩护人:那怎么在笔录中呢?

同案犯:是侦查人员非要往上写的,说跟我没关系。

总之,对笔录不利于当事人的同案犯应该大胆发问,对笔录有利于当事人的同案犯反而可以少发问。如果能申请控方证人、侦查人员出庭接受质询则更好。

四、质证方法的优化

(一)围绕“三性”,以一证一质为主

有的辩护人在质证环节,会发表大段证据分析意见,甚至发表详细的辩护意见,于是经常被公诉人反对,被审判长打断。涉黑案子事实复杂、材料多,如果想要让法官、检察官耐心地听完辩护人的发言,应该进行一定的设计。笔者总结了分七步走的具体表达方式:

第一步,点出某份证据。

第几卷,第几页,什么证据?

第二步,点出对证据的哪一部分有意见。

第几段,第几行,哪一句?

第三步,点出其属于何种“三性”问题。

真实性? 关联性? 合法性? 不要说存疑(让法官不好判断),不要说认不认可(我们不是法官),直接说有意见即可。

第四步,点出有问题的主要理由。

如真实性有问题,那么是与经验法则不符,还是与查明事实不符,还是与在案其他证据有矛盾?

如合法性有问题,那么是取证主体有问题,还是取证过程有问题,抑或结论存在问题,甚至,其根本就是非法证据?

如关联性有问题,那么是不具有关联性,还是检方没有出示有利于被告人的证据?

第五步,点出有问题的具体内容。

如是刘能与赵四的笔录有矛盾,那么就应列出刘能大概说了什么,赵四大概又说了什么,因此产生了矛盾。

第六步,点出支撑意见的依据。

如赵四是对的,可简单说说为什么赵四是对的。

第七步,一句话点出结论。

如证人与被告人有利害关系且不利,就表达:真实性存疑,谨慎使用,必须结合其他证据。

如言词证据有猜测性、评论性、推断性,就表达:不具有真实性,不能作为证据使用。

如言词证据相互矛盾,就表达:证据有矛盾(纵向或横向),不具有真实性。

如证据不符合经验法则,就表达:不具有真实性,不应被采纳。

如证据系瑕疵证据,就表达:"三性"均存疑,得到补正和解释之前,不得作为定案依据。

如证据存在资质问题,就表达:合法性存疑,客观性也存疑,不得作为定案依据。

如证据系非法证据或无法排除系非法证据,就表达:系非法证据,或无法排除系非法证据,应予排除。

如证据内容有利于辩方,则强调说明:与辩方某某证据相互印证,应予采纳。

因此,完整的表述应该是这样的:辩护人对卷5第100页刘能的第一次笔录中第一段话有意见。其真实性有问题。因为这个说法与赵四的说法相矛盾。刘能说赵玉田去了谢广坤家,但赵四说那天赵玉田其实去了王长贵家,没去谢广坤家。为什么认为赵四的说法是对的,因为赵四的说法和王天来、赵玉田本人的说法能相互印证。因此,刘能的说法与众人说法不符,不具有真实性,不应采信。

据笔者观察,审判人员未必认可质证的内容,但是对这样质证的形式是比较认可的。

(二)立足辩点,以综合质证为辅

如果举证是一组一举一证一质一辩的话,那么辩护人既要审查单个证据,又要审查证据体系,就应该先对个证发表质证意见,然后对证据体系发表整体的综合质证意见。如果是同质化的证据,辩护人则不必一一重复质证,应当概要质证。综合质证,既节约了法庭的时间,也让旁听人员听清了辩护人的观点。综合质证虽非老派,其特点在于重点突出,形象生动,但其发表必须表述严谨,言之有物,符合逻辑。如对以下不同情形,可以作不同的表述。

情形一:如果控方证据体系中只有一个重要证据,并未形成证据锁链,可表述为:控方证据体系实则仅有一个证据,孤证不能定案,指控不能成立,不能排除其他可能性。

情形二:如果控方有多个重要证据,但并不能相互印证,可表述为:控方证据相互矛盾,不能相互印证,与其他间接证据无法形成证据链。

情形三:如果控方将一个事实的证据全部一次举完,那么对该事实的证据体系,辩护人必须发表整体性意见,可参考的表述有:综合全案证据,无法排除合理性怀疑;综合全案证据,没有达到排他性,结论不具有唯一性;控、辩双方均有一套证据体系,被告人的合理辩解得到相关证据的证明,存在成立的合理可能。

（三）相得益彰，密切配合被告人

庭前，辩护人就应当同被告人进行会见，全面展示证据，进行深入的庭前辅导。在庭上，可作如下安排：

1. 总体分工

被告人倾向于说真实性问题，辩护人倾向于说合法性、关联性问题。案件中，证人在不在场，有些话说过还是没说过，被告人最有发言权，应先打响真实性问题的“第一枪”。律师作为专业人士，阅卷比较深入，对真实性问题可进行专业分析、补充，对合法性、关联性问题的质证则应当挑起大梁。在一起涉恶的敲诈勒索案件中，被告人和辩护人均作无罪辩护，被告人要求检察官在庭审中尽量详细宣读其余证人的笔录。法官很不解，要求被告人对待证事实发表意见就行了，有些话没说过就说没说过，有些事没做过就说没做过，简单说结论即可。被告人说：“证人证言的待证事实基本都一样，无非证明我敲诈了，但是每个人的具体说法肯定不一样，你不让我听具体的笔录，我怎么去证明他们撒谎还是没撒谎呢？我怎么进行具体的反驳呢？”被告人的说法值得思考，其实这些意见为什么要到法庭上提呢？为什么辩护人不提前跟被告人核实到位呢？因此辩护人在审判阶段，其一应该先向被告人开示全部证据，其二应该提醒被告人，对于其不认可的证据，应努力回忆相关细节，通过细节去质疑证据的真实性。

2. 特别技巧

遇到证据多的复杂案件，尤其是当公诉人员不全面出示证据时，被告人作为非专业人士，不能及时提出有利的质证意见，这时应怎么办？律师可以在会见时给被告人传授三个锦囊：

技巧一，对有意见的证据可以说：我有什么意见，其他的意见由律师提出。

遇到证据众多的案件，一方面在庭前要进行证据开示，让当事人知道证据的主要内容，该提出自己意见的时候就要提出自己的意见；另一方面一定要让当事人在庭上认真听，有意见就直接发表出来。为防止有遗漏，当事人必须加一句“其他由我的律师发表意见”。

技巧二，如果认可自己的笔录，但对众多的证据记不住的，为了不遗漏意见，可以说：与我笔录一致的我都认可，与我笔录不一致的，我都不认可。

技巧三，如果自己发表不出意见，可以向法庭申请“先由律师发表意见，我再补充”，这也是一种很全面的做法。

五、辩论结构的优化

（一）程序、证据问题居于首位提出

不可否认的是，回避、管辖、出庭资格等程序问题一旦被提出，庭审气氛就会变得异常紧张。对辩护人来说，提程序问题是有风险的，但实事求是、维护法律的正确实施显然更为重要。辩护人应当在做好报备工作的基础上，在庭审调查前勇敢地将程序问题首先提出，在庭审笔录中留下痕迹，即便不能从根本上解决问题，也能成为日后当事人及近亲属上诉、申诉、维权的基础。

在法庭辩论阶段辩护人有必要率先对本案的证据体系作一个综述，但是又不能和综合质证意见雷同，否则容易被审判人员打断。这一阶段，辩护人应当重点说明：在第×个事实（或四大特征中的××特征）中，控方证据主要存在的问题，为何应采纳辩方证据（为什么辩方证据是合理的、有依据的）。如果在案的言词证据有大量问题，辩护人应进行深入的比对分析，防止法院将部分未来得及质证但辩方有异议的证据当作控辩双方无争议的证据予以采信。

证据问题梳理未必要单独成段居于首位提出，但应置于每节意见之首，毕竟，打官司就是打证据。

（二）优先考虑用公认事实辩护

前文已述，涉黑案件中会出现大量猜测性、意见性的证据，用于证成四大特征。假设非法证据排除程序未启动，而辩护人在发问、质证阶段又发现、指出了证据问题，想必公诉机关也不会轻易认可辩护人的观点。这时，就出现了“公说公有理、婆说婆有理”的局面，那么应该怎么办呢？我们认为要尽量运用公认证据（最好是账目、数据）进行辩护。

比如，一提起经济特征，就要想到成员之间有没有经济往来？如没有经济往来，何来的经济实力，何来的以商养黑、以黑护商？如果被指控的经济犯罪事实很多，但账目上显示，“组织者”没有获得利益，在笔录中多呈现出“应该有好处”“应该知情”的表述，那就要重点提出来。

比如，一提起组织特征，就要关注奖惩、纪律、习惯和信仰，标志性事件是如何爆发的？是通过报告“老大”，由“老大”拍板决定才引发的，还是熟人之间呼朋引伴而偶然引发的？除此之外还要关注，“组织”中的人马能不能互相借调？有没有为了“组织”利益和“组织”权威聚在一起过？如果没有，那显然不具备组织特征。

比如，一提起行为特征，不能只看到暴力的一面，还要统计一下，违法犯罪事实

中，由民间矛盾引发的占多少，由维权纠纷引发的占多少，由经济纠纷引发的又占多少？如果暴力行为并非为了维护组织权威，保障组织利益，那就不属于行为特征。

比如，一提起危害特征，可以查查当地的经济统计年鉴，看看被告人是否在区域、行业内形成垄断？如未能形成垄断，则不具备危害特征。

因此，律师在发表辩护意见、罗列证据时，应先谈客观证据、意见类证据中对当事人有利的内容，再谈对当事人不利的言词证据中的有利说法，接着谈中立的言词证据的有利说法，最后再谈当事人自己的辩解。当遇到某一事实只有当事人本人的辩解时，不能只谈"当事人是这么说的"，而是要分层次地提出："首先，被告人有这样的辩解，辩解是稳定的。其次，该辩解符合经验法则，有一定依据。最后，在案没有证据反驳当事人的辩解。故此，被告人的辩解成立。"

之所以这样做，还有另一个重要的理由，黑恶案件通常有较大的社会影响力，受到的关注度高，辩护人在庭上动辄说："我当事人说……"似乎是以当事人所述事实为真相，给人观感较差，如果优先使用公认证据进行辩护，更能体现辩护人的正义感，使辩护意见更加有说服力。

（三）做精做细辩护意见

辩护意见分三种：第一种，口头版辩护意见；第二种，详尽版辩护意见；第三种，简单版辩护意见。第一种用于庭上发表，力求简洁易懂。第二种和第三种用于庭前或庭后提交，详尽版辩护意见应全面展示辩护观点，简单版辩护意见应提纲挈领，直击要害，其可以算是详尽版辩护意见的目录、摘要。

口头版辩护意见要追求层次感，应要点化、条理化，逻辑清晰才能方便被记录。其还要有现场感，应适当保留一些口语，不要过于书面。

后两种意见除了要有层次感，还要考虑可视化。可视化有两个作用：一是一目了然，二是对比强烈。建议多使用表格进行对比，尤其是笔录之间的纵向对比、横向对比，用表格呈现更为明晰。就一起众多证人在场的毒品交易案来说，可以就证人之间的表述差异列表格：时间、地点、在场人员、毒品包装、毒品数量、毒品形状……

六、情况反映的优化

（一）律师找上级多反映

为涉黑案件辩护，律师的工作之一就是发表意见。律师可以向上级公安机关、上级检察院、上级法院、政法委、监察委等部门反映意见。反映方式包括但不限于写反映信、寄辩护意见、登门反映汇报，部分地区还设有市长热线、局长热线等直面一把手的反馈渠道，甚至有规定，一把手必须亲自回复。如辩护工作阻碍重重，那么找上级反映，要求重视本案，考虑案件处理的导向，督促司法机关公正办案，不失为一个好办法。即便相关部门很可能驳回律师的诉求，但国家工作人员在处理信访案件时，多半会找到办案人员核实情况，并要求其妥善处理，如此一来，办案人员在办案时会更谨慎，律师的目的也就达到了。

（二）亲属找媒体不参与、不反对

律师有执业纪律，那就是不能炒作案件。律师有执业追求，那就是不能用舆论来干扰审判。但对于案件的当事人及近亲属来说，维权方式应是多样的，一个人有为自己喊冤的权利。律师只要自己不通过媒体炒作案件即可，无须阻止家属去找媒体。如果媒体如实报道，引起社会反响，对案件公正审判有利，那么对法治进步也是一种推动。

虚假诉讼构罪的理论和实务问题

王超强

一、虚假诉讼罪的产生和概念

(一)虚假诉讼罪的产生

虚假诉讼罪是《刑法修正案(九)》中新增加的罪名,该法已于2015年11月1日生效。

虚假诉讼原本是民事诉讼领域的常见、多发现象。从民事跨域进入刑事法规制范畴,主要是因为其达到了严重的刑事违法性、社会危害性和应受刑罚惩罚性等,使民众利益和司法权威日益遭受严重挑战和侵害,而司法实践也在不断地发展和调整中予以回应。

《刑法修正案(九)》实施以后,本罪在司法实践和理论方面都出现了较大争议,简言之就是"立案难、查处难、被害人维权难",这也成为深入研究本罪的意义所在。

(二)司法实践的效果

从实际情况来看,虚假诉讼罪所造成的物质财产损害应当已经远远超过了盗窃、抢劫等常见侵财犯罪所造成的财产损害;其对司法权威的损害,相当于直接挑战法院的司法公信力,其危害极大,民愤极大,犯罪黑数极大。但在实践中,被虚假诉讼的被害人无论是到公安机关还是到法院、检察院提出立案、移送请求,道路往往都比较曲折。如果处置不当,虚假诉讼罪的刑法规定有可能沦为"僵尸条款",发挥不到控制和矫正虚假诉讼犯罪的目的。

习近平总书记多次强调,要"努力让人民群众在每一个司法案件中都感受到公平正义"。从虚假诉讼的多发性来看,中央高层的理想远未实现,虚假诉讼行为严重侵害了公民的财产权益,严重伤害了公众的法律情感,严重损害了中国的法治建设。

二、法条和司法解释

本罪实践中困难的原因在哪里？首先要回到本罪的犯罪构成中去探讨。

（一）《刑法》第 307 条之一

《刑法》第 307 条之一规定："以捏造的事实提起民事诉讼，妨害司法秩序或者严重侵害他人合法权益的，处三年以下有期徒刑、拘役或者管制，并处或者单处罚金；情节严重的，处三年以上七年以下有期徒刑，并处罚金。单位犯前款罪的，对单位判处罚金，并对其直接负责的主管人员和其他直接责任人员，依照前款的规定处罚……"

本罪的刑罚设置分为两档，最高可处 7 年以下有期徒刑，但从现有判例的统计来看，加重的情形相对较少，绝大多数被判处 3 年以下有期徒刑，且有相当一部分宣告了缓刑。实务处置上的轻缓，对行为人犯罪恶念的抑制十分有限。

（二）最高人民法院、最高人民检察院《关于办理虚假诉讼刑事案件适用法律若干问题的解释》（2018 年 9 月 26 日最高人民法院、最高人民检察院联合公布，自 2018 年 10 月 1 日起施行）

全面理解虚假诉讼罪的犯罪构成，离不开 2018 年最高人民法院、最高人民检察院的司法解释，其对本罪基础性的问题进行了高度的概括，解释得也十分详尽。

该解释第 1 条第 1 款以列举的方式规定何为以捏造的事实提起民事诉讼，本文抽象概括 7 种方式以方便诸君记忆。

第 1 条第 1 款　采取伪造证据、虚假陈述等手段，实施下列行为之一，捏造民事法律关系，虚构民事纠纷，向人民法院提起民事诉讼的，应当认定为《刑法》第 307 条之一第 1 款规定的"以捏造的事实提起民事诉讼"：（1）与夫妻一方恶意串通，捏造夫妻共同债务的；（恶斗夫、妻）（2）与他人恶意串通，捏造债权债务关系和以物抵债协议的；（串通捏造）（3）与公司、企业的法定代表人、董事、监事、经理或者其他管理人员恶意串通，捏造公司、企业债务或者担保义务的；（串通公司高管捏造）（4）捏造知识产权侵权关系或者不正当竞争关系的；（捏造知产权益）（5）在破产案件审理过程中申报捏造的债权的；（申请捏造破产债权）（6）与被执行人恶意串通，捏造债权或者对查封、扣押、冻结财产的优先权、担保物权的；（执行中串通捏造）（7）单方或者与他人恶意串通，捏造身份、合同、侵权、继承等民事法律关系的其他行为。（串通捏造其他民事法律关系）

实践中，前三项情形最为常见，第五项情形虽然并不少见，但揭露犯罪的证据往往十分隐蔽,查处难度较大而控告成功的比例较小。适用第七项的情形也并不少见,行为人刻意规避前六种已经成文的行为模式,以更加隐蔽的手段实施犯罪,从而给被害人造成巨大的损失。

第 2 条　以捏造的事实提起民事诉讼,有下列情形之一的,应当认定为《刑法》第 307 条之一第 1 款规定的"妨害司法秩序或者严重侵害他人合法权益":(1)致使人民法院基于捏造的事实采取财产保全或者行为保全措施的;(导致发生保全措施的)(2)致使人民法院开庭审理,干扰正常司法活动的;(导致开庭审理的)(3)致使人民法院基于捏造的事实作出裁判文书、制作财产分配方案,或者立案执行基于捏造的事实作出的仲裁裁决、公证债权文书的;(导致作出裁决的)(4)多次以捏造的事实提起民事诉讼的;(多次的规定,即便额度不大)(5)曾因以捏造的事实提起民事诉讼被采取民事诉讼强制措施或者受过刑事追究的;(有关前科的)(6)其他妨害司法秩序或者严重侵害他人合法权益的情形。

最后一项为兜底条款。请注意,按照法条与司法解释的表述,妨害司法秩序或者严重侵害他人合法权益,无论符合其中哪一种情形,只要达到了构罪标准,就应当以虚假诉讼论。

第 3 条　以捏造的事实提起民事诉讼,有下列情形之一的,应当认定为《刑法》第 307 条之一第 1 款规定的"情节严重":(1)有本解释第 2 条第 1 项情形,造成他人经济损失 100 万元以上的;(2)有本解释第 2 条第 2 项至第 4 项情形之一,严重干扰正常司法活动或者严重损害司法公信力的;(3)致使义务人自动履行生效裁判文书确定的财产给付义务或者人民法院强制执行财产权益,数额达到 100 万元以上的;(4)致使他人债权无法实现,数额达到 100 万元以上的;(5)非法占有他人财产,数额达到 10 万元以上的;(6)致使他人因为不执行人民法院基于捏造的事实作出的判决、裁定,被采取刑事拘留、逮捕措施或者受到刑事追究的;(7)其他情节严重的情形。

该解释第 3 条是关于情节严重的规定,其中有 3 个 100 万元、1 个 10 万元的数额标准,可以看出,立法机关对直接侵占持严厉打击的态度,大大降低了构罪的数额要求。

(三)最高人民法院、最高人民检察、公安部、司法部《关于进一步加强虚假诉讼犯罪惩治工作的意见》(法发〔2021〕10 号,自 2021 年 3 月 10 日起施行)

该意见共 7 章 29 条,其主旨在于进一步严密打击虚假诉讼犯罪法网,加强法益保护和维护司法权威。

该意见的发展和进步,表现在以下几个方面:

一是要求各个司法机关在应对虚假诉讼犯罪时,应当分工负责、配合协作、加强沟通协调、及时相互通报情况。这个规定非常重要,根据以往的司法办案实务情况,公安机关、人民检察院、人民法院三机关几乎是封闭式接待、处理虚假诉讼报案、投诉等维权事宜,在单方面作出处理意见后,如不及时与其他司法机关沟通或协调,会导致大量报案或投诉得不到有效处理,迟滞或放松对虚假诉讼犯罪的发现和打击。

二是就发现和甄别虚假诉讼犯罪的有关事实和证据,作出了较为细致的规定,有助于指引办案单位和办案人员依法执行。本次意见规定,较之以往的立法和司法解释,不仅有了更加明确的甄别方案,也非常确定地明确了对虚假诉讼犯罪线索的对待和处理。这不仅有助于司法机关处理虚假诉讼犯罪,也有助于受害人依法维权,还有助于律师依法提供法律帮助,以形成打击虚假诉讼犯罪的实践协作。

三是关于各个司法机关的协作机制,即人民法院、人民检察院、公安机关、司法行政机关在打击虚假诉讼犯罪方面,就如何探索和建立民事判决书、裁定书、调解书等裁判文书信息共享机制和信息互通数据平台,综合运用信息化手段发掘虚假诉讼违法犯罪线索,逐步实现虚假诉讼违法犯罪案件信息、数据共享,提出了明确要求和具体目标。

一方面,该意见颁布和实施的意义并不限于以上所述,以上只是主要的阐述和归纳,还有其他诸多方面的积极意义;另一方面,我们也不能盲目乐观,立法和司法解释的逐步严密,并不能表明在司法实践中已经完全落实。

鉴于司法机关和司法人员的司法惯性和司法习惯,新规定的贯彻落实有一个逐步推进的过程,甚至这个过程是非常漫长和曲折的。鉴于此,无论是被害人层面,还是律师层面,抑或专家和学者层面,都有必要从自己的立场,积极参与打击虚假诉讼犯罪,共同推进立法和司法解释的贯彻落实。

三、构罪的理论及分歧问题

本文所归纳的构罪的理论及分歧问题,主要从司法实践中引发,特别是从从事虚假诉讼罪控告的角度来看可能会有更多的参考价值。

(一)以行为单复性为区分的构罪说分类

1. 单行为说:提起说

单行为说认为本罪是单行为犯,实行行为只有提起民事诉讼,而不是捏造并提起民事诉讼。该学说强调不并联捏造和提起的结合关系,捏造事实不是实行行为,实行行为只有提起民事诉讼。从控告的角度来讲,单行为说更为便利,它的举证要求自然没有那么苛刻。

单行为说主张本罪主要保护的法益是司法秩序,他人合法权益是次要的。该学说虽然对于控告具有便利性,但在保护法益方面笔者认为有失偏颇,起码根据司法解释,立法者没有将保护的法益区分主次。

2. 复合行为说:捏造并提起说

复合行为说认为本罪包括两个客观行为:一是捏造事实,二是提起民事诉讼。根据复合行为说,本罪不仅需要提起民事诉讼,还需要行为人捏造事实,否则不构成本罪。

笔者认为,复合行为说限缩了虚假诉讼的法条含义,不符合立法本意,也不利于有效打击犯罪。比如,犯罪团伙利用复合行为的复合条件,刻意割裂捏造行为人和提起诉讼行为人的关系,容易逃脱刑法的控制和打击。因此,复合行为说是一种更为苛刻的不利于被害人维护自身合法权益的理论观点和实践做法。

(二)以不同法益为区分的构罪说分类

1. 司法秩序法益保护说

该观点认为,虚假诉讼罪保护的法益是司法秩序,只要侵害了司法秩序即构成犯罪,至于个人法益保护则具有附属性。该学说的构罪标准相对较低,在实践中采纳率也较低。

2. 公民个人法益保护说

该观点认为,虚假诉讼罪应当以保护公民个人为核心,行为人严重侵害公民个人合法权益构成本罪,且主要指财产权益。

3. 兼顾侧重说

兼顾侧重说集合了前两个学说,言下之意是虚假诉讼罪保护的法益二者兼顾,但以其中之一者为主要法益,另一者为次要法益,两个法益的保护有所侧重。无论以哪一个法益为主,在构罪时两者都要兼顾。

4. 包含关系说

包含关系说认为,本罪以个人法益保护为中心,在这个过程中保护司法秩序包含在其中。这种观点在实践中影响力比较小。

5. 选择性保护法益说

选择性说认为本罪既保护司法秩序，又保护个人法益，只要侵害其中一个法益，都构成犯罪。笔者认为它真正揭示了虚假诉讼罪整个法条规定的核心内涵。

事实上，从立法的初衷来说，虚假诉讼罪恰恰要保护的就是选择性的法益，只要行为人侵害某一种法益，达到了犯罪构成要件的标准、要求，那么就应当以虚假诉讼罪论处。从实践的需求来讲，这种观点值得大家多多关注。

6. 拆分说

所谓“拆分说”观点是指捏造部分事实并提起诉讼的，则该部分应认定为“捏造民事法律关系”。在司法实务中，实际上符合拆分条件的案例占到虚假诉讼案例的绝大多数。虚假诉讼行为人和被害人往往在先前存在一定的经济关系，如债权债务关系以及与其他财产或者实物有关联的一些经济关系。大多数的虚假诉讼行为人陈述的整个事实，可能有一部分是真实的，另一部分是不真实的。

探讨拆分说，就是如何看待既有真实又有虚假的行为，以及要不要将其归入犯罪行列。拆分说显然是赞同的，一个虚假诉讼中既有真实债权债务关系，又有虚假债权债务关系的行为，那么应该将虚的、假的拆分出来，然后依法处理。这种学说有一定的合理性，但其市场主要在理论界，而在司法实务部门中得到的赞同和支持较少。

（三）以构罪要素主旨特征为区分的分类

虚假诉讼罪的构罪要素是复数性的，并非单一的要素，这其中还应当包含司法解释所赋予的构罪要素，不仅有基本犯的构罪要素，还有加重犯的构罪要素。根据构罪要素的特征是映射行为或映射结果等不同主旨，此种分类包括行为犯说和结果犯说。

其一，按照行为犯说的观点，符合法条前部分条件的，即以捏造的事实提起民事诉讼，是行为犯，有该行为就构罪。其二，按照结果犯说的观点，在符合法条后部分的情况下，需要产生一定的结果，才能构成本罪。

笔者认为，行为犯说更符合法条规定文字上的要求。但也不应以偏概全，根据司法解释给予的量化和具体化，虚假诉讼罪还有着数额犯、情节犯的鲜明特征。毋庸置疑，从不同视角来看待和分析虚假诉讼罪，有助于深度理解该罪的内涵和实质。

(四)实践中理论异议

1. 诉权说

认定虚假诉讼行为的前提是行为人不享有诉权,如果行为人有一定的诉权基础,那么即便起诉的内容是虚假的,甚至严重侵害了个人合法权益,或者是损害了司法秩序,仍然不能以虚假诉讼论处。

实际上相当一部分司法实务部门坚持这种观点,但是笔者认为诉权毕竟不是一个规范概念,无法对一个行为人是否享有诉权进行精准的衡量。从最宽泛的意义来讲,任何人均可以对除自己之外的任何人发起诉讼,最起码法律不会直接排除他的诉讼权利,即便他诉的依据毫无理由。

2. 处分权说

根据处分说的主张,当行为人对涉案财物具有一定的处分权时,就不应认定行为人的诉讼是虚假的。该观点认为,有诉权的存在,就应否认行为人侵害被害人的财产权益,即不承认诉权下会发生虚假诉讼。

然而,值得关注和思考的问题是,什么是虚假诉讼罪重的诉权?应该如何界定诉权,以及认定诉权是真实的和合理的,往往带有不确定性,很难确定科学的范畴。在民事诉讼中,诉权的基础是广泛的,可以因任何违约、侵权、作为或不作为等而发生。但是,在刑事诉讼中,是否可以直接以民事诉讼中的诉权为替代而直接适用,似乎不宜"一刀切"。

3. 裁判生效说

裁判生效说认为,构成本罪的条件是存在生效的裁判。该观点将虚假诉讼罪的构罪标准推向了诉讼的后端或末端,其强调裁判的裁决和生效,并以此为考察的关键要素。

笔者认为,在虚假诉讼罪的刑法条文中已经非常明确了提起民事诉讼的要素,这至少表明构成虚假诉讼罪的基础要求是行为人提起了虚假的民事诉讼,而并未附加其他任何诉讼阶段进程的要求,如进入审判阶段、判决或裁定完成以及生效等明示或隐性包含。因此,裁判生效说可以作为犯罪既遂、未遂讨论的范畴,而不宜作为入罪的基本要素。

以上诉权说、处分权说和裁判生效说等主张,是司法实践中实务部门的主要观点。这些观点的共同倾向是,对于虚假诉讼罪的定罪标准都进行了"各自为政"的解读,不仅脱离了虚假诉讼罪的文义解释,与立法本意和公众的朴素判断相去甚远,更是模糊化了定罪标准或大大拔高了定罪标准。这些基本学说的并行和分裂给实务造成直接或间接的影响，对于被严重侵害个人财产权益的被害人来说，无处申诉的情况十分普遍。

四、"捏造"的实践问题

何为"捏造事实"是虚假诉讼罪核心的问题，本文首先从分类入手。

（一）"捏造的事实"的分类

1. 根据捏造程度分类

（1）完全捏造（无中生有型）。所谓"捏造"应指纯属虚构，"无中生有型"才是唯一的虚假诉讼，目前该观点占绝对主流。笔者认为，"无中生有"并非规范概念，采用该概念去理解虚假诉讼行为使本罪的构成要件失去明确的外延和内涵，既不够准确也不利于打击犯罪。

（2）部分篡改（部分篡改型）。"部分篡改型"和拆分说相对应，实务中将"部分篡改型"入罪的案例十分少见。

笔者认为，从刑法保护的法益来说，"完全捏造"的事实与"部分篡改"的事实，二者的危害性没有本质区别，都是对法益保护的法定侵害。另外，应避免认为"完全捏造"的事实所产生的危害是大于"部分篡改"的事实所造成的危害，这是一个认识上的误区。

也就是说，捏造的程度，不等于危害的程度。并不是捏造的程度越高，危害的内容或结果就越大；反之，也不是捏造的程度越小，其危害就越小。在量上，"完全捏造"与"部分篡改"二者没有直接的可比性，因为对完全或部分的评价是就个案而言的，而不同的个案因其标的或标的额的广泛差异。从司法实践来看，"部分篡改型"的案例在数量上可以远远大于"完全捏造"事实的类型。尤其是大标的额的诉讼纠纷中，犯罪分子只需要进行小部分篡改，就可以达成其诉讼的目的，陷被害人于不利境地。

（3）串通诉构

串通诉构，实际上就是"偷梁换柱"型，即行为人通过勾结、串通的方式骗取人民法院的裁判文书，再另行提起其他民事诉讼。这种行为模式里包含两次或多次的诉讼事件，同时存在完全捏造的或部分篡改的事实，详细的案例将在后文展开。

2. 根据捏造事实的主体不同分类

（1）自己捏造——行为人自己捏造事实。

（2）伙同捏造——参与共同捏造事实。

(3)他人捏造——利用他人捏造事实。

司法实践中,多人伙同捏造、多人进行串通,更容易形成虚假的证据链条实现犯罪目的,共同犯罪是常见的犯罪形态。

(二)对“捏造的事实”的理解和把握

对于“捏造的事实”的含义,笔者认为应当进行实质解释。原因在于,捏造的方法是多种多样的,尤其是在高科技日新月异的新时代,如果使用传统的、旧时代的思维去理解,难免挂一漏万,导致打击偏差,放纵犯罪,破坏社会的信用基础,最终伤害公众的司法认同。

1. 捏造的类型

(1)完全捏造,即纯正的捏造

完全捏造的事实,即纯正的捏造,按照当前司法实务部门的观点,“无中生有”才是纯正的捏造,才可以作为犯罪进行打击,尤其是作为立案的基本条件。除了无中生有类型的完全捏造,还应当包括隐瞒全部或主要事实情形。

无论是在理论上还是在实务中,隐瞒事实行为完全可以达到无中生有的程度。笔者认为,隐瞒事实等于隐瞒真相,相当于完全的捏造。比如,隐瞒债务已经全部清偿的事实,向人民法院提起民事诉讼,要求他人履行债务的,以“以捏造的事实提起民事诉讼”论。

从实务角度来看,由于行为人恶意串通等原因,相关犯罪行为非常隐蔽,事实掩盖彻底,被害人通常不可能发现真相,更难以找到印证假象的证据。也就是说,被害人缺乏举证能力,也无法还原事实,在民事诉讼中,犯罪分子胜诉的概率极大。如果进行出罪处理,那么不利于对被害人权益的保护。

(2)部分捏造,即不纯正的捏造

部分捏造,是指虚假诉讼的事实部分不全部是捏造的,有部分是真实的。部分的捏造,也包括部分篡改,即在原有基础上的篡改,导致事实失真。一般来讲,认定部分捏造或部分篡改是虚假诉讼的,应当考察虚假部分的比例,如果仅仅扩大了损失成本,则不宜认定为捏造。

2. 捏造的实践衡量和把握

(1)无中生有型、部分篡改型均应纳入刑法评价范围

笔者认为,无论是无中生有型还是部分篡改型,只要符合构罪标准,就应该纳入刑法的评价范围,以虚假诉讼论处,强行区分只会导致实务应对的滞后。

(2)捏造的事实足以影响公正裁决

笔者认为,捏造的实践衡量应考虑是否足以影响公正裁决。从法条规定的正面意思表达来看,只要足以影响公正裁决的,应当以犯罪来论处。

(3)合法权益不限于财产权益

笔者认为,合法权益是不可忽视的法律保护的一部分。司法解释不止一次用多个兜底条款来强调其他相关类型的合法权益,而不仅限于财产方面。

五、提起民事诉讼的理解和把握

(一)提起民事诉讼的类别

提起民事诉讼的类别,有一审起诉,二审上诉,再审申诉,简易程序,反诉,抗诉,申请执行,执行异议诉讼,督促程序,其他审判监督程序以及特别程序,等等。

(二)提起民事诉讼的理解和把握

法条虽然明确捏造事实、提起民事诉讼的行为涉嫌犯罪,但所谓“提起”究竟在程序上指立案还是开庭,还是说法院作出裁判,甚至是行为人申请强制执行并未明确,由此产生了以下四种观点。

1. 立案说

前沿的观点是立案说,行为人进行起诉,法院受理立案,提起行为就完成,理由是已经给司法资源造成浪费,影响正常的司法秩序。

2. 开庭审理说

开庭审理说认为,仅仅立案尚没有给司法秩序产生具体的妨碍,只有到开庭审理阶段才明确造成司法资源的投入和浪费。

3. 裁判结果说

裁判结果说显然强调以生效的裁判结果为条件,此时提起民事诉讼的行为才完成,这种观点的要求有些苛刻。

4. 申请执行说

第四种观点更为苛刻,不仅要有裁判结果,还要行为人申请强制执行。但是在实务中的实际情况是,司法实务部门认为在行为人还没有申请强制执行的情况下,被害人完全有通过民事诉讼挽回败诉后果的可能,因此不予立案或不予受理。

六、情节严重的理解

虚假诉讼罪属于轻罪,升档的情况较少。关于情节严重的标准,重点是对损失

100万元和非法占有10万元两个数额的准确理解，在此不再赘述。第三种标准是严重干扰司法活动，或者严重损害司法公信力。至于何谓严重干扰或严重损害，笔者认为不应以是否立案、是否开庭进行划分，应结合具体的案情进行综合评价。举例而言，某一虚假诉讼行为因为案情复杂、争议较大，虽未开庭审理，但举行了多次庭前会议，导致司法资源的浪费，虽不符合开庭说也未达到前文的数额标准，也应认定为严重干扰司法活动。第四种标准是导致他人刑事涉案的，应当归入情节严重的行列之中。

七、实务案例分析和详解

1. 陆某恶意串通虚假诉讼案①

（1）案情简介

2009年起，被害人赵某通过被告人陆某向他人借款融资，其间陆某为其记账并向他人垫付部分借款本息。2016年10月28日，经双方协商确认，赵某尚欠陆某借款本金及利息合计人民币264万元。因被害人赵某无力还款，被告人陆某于2017年5月要求赵某向被告人许某某（时系陆某前妻）借款300万元以清偿264万元的债务（借款期限为6个月，自2017年5月15日至11月15日）。2017年5月12日、13日，陆某授意许某某向赵某转款300万元，赵某遂将其中295万元转账归还给陆某，陆某又将该款转回给许某某。2017年9月12日，被告人陆某、许某某复婚。同年7月5日至2018年8月28日，被害人赵某基于陆某、许某某系夫妻关系，遂向陆某归还313万元以清偿其与许某某之间的债务。2018年10月26日，被告人陆某指使被告人许某某，故意隐瞒被害人赵某已还款的事实，向上海市某区人民法院提起民事诉讼，要求赵某归还借款300万元及相应利息并申请财产保全，获裁判支持并进入执行程序；案发后，许某某撤回执行申请，陆某、许某某被公安机关抓获归案。

（2）捏造事实的认定和分解

在本案中，被告人主要存在的三个故意隐瞒行为，成为被告人设置陷阱、捏造事实的主体部分，也即实施虚假诉讼的关键环节和步骤。

一是陆某刻意隐瞒了将赵某归还的295万元又转给许某某的事实。该笔转款，在被害人赵某看来，其是归还给了陆某；而在陆某设计的陷阱下，该笔转款又回到了许某某账户，通过赵某之手把许某某出借的钱款又收回，只是被害人赵某不知

① 参见（2021）沪01刑终215号判决书。

情。当然,许某某是知情的。

二是陆某故意隐瞒了其已经和许某某复婚的事实。该二被告人复婚的事实表明:其一,被告人之间关系良好,虽然在法律意义上离过婚但二人关系并未破裂,在合谋欺骗赵某一事中配合密切。其二,在二人复婚后,被害人主张债务混同而抵销就具有了事实和法律依据。其三,在二人已经复婚的事实背景下,除了继续向赵某隐瞒这个事实,二人还以赵某尚未归还许某某借款为由,谋划向赵某提起借款纠纷的民事诉讼。

三是在陆某授意下,许某某向被害人赵某提起了民事诉讼,并提起诉讼保全。法院依法受理后,组织开庭审理,被害人赵某败诉,并进入执行阶段。该步骤的完成,系二被告人完成了提起诉讼的全部环节,属于虚假诉讼犯罪既遂。

(3)虚假诉讼认定的辩护意见

首先,绝对"无中生有说"存在缺陷。笔者认为,本案恰恰说明"无中生有说"的缺陷,不应将其作为一种构罪的模板。陆某、许某某上诉的理由是存在真实的债权债务关系,不构成犯罪,而司法机关查明,三人之间的债权债务关系看似是三角债,实际上陆某和许某某复婚后债权债务发生合并,赵某向其中一方还款可以视为向另一方还款。陆某隐瞒真相,捏造事实并提起民事诉讼,达到构罪标准,应按照虚假诉讼论处,本案的判决是准确的。

其次,存在债权债务关系不应成为司法机关否认虚假诉讼行为的依据。在当前的大量虚假诉讼控告案件中,相当比例的控告案件,被司法机关以控告人和被控告人之间存在债权债务关系为由,不予受理或者在受理后不予立案。因此,如果依此标准,司法机关尤其是公安机关办案的实践标准,将处于自相矛盾的境地。一方面,有的公安机关主动刺破债权债务关系背后的虚假面纱,把案件中捏造的事实揭穿,使虚构的事实、隐瞒的真相得以彻底暴露。另一方面,有的案件中,公安机关却又以双方之间存在过真实的债权债务为由,而拒绝立案,甚至拒绝受理。

由此可见,无中生有说的观点是片面的,不应作为立案与否的唯一标准。

2. 刘某控告宣某虚假诉讼案

(1)案情简介

刘某向宣某借款,部分还款后,双方结算尚余750万元未还。刘某与宣某约定,以刘某在A公司的股权折抵借款,宣某同意,并安排齐某作为代持人,以持有刘某在A公司的股权,A公司确认。经过相当长一段时间后,宣某到某区法院起诉刘某,诉称刘某尚欠其750万元没有归还,刘某在诉讼过程中答辩已以股抵债,此时宣某拒绝承认齐某是其代持人,认为齐某和自己没有任何关系,最终刘某败诉。后宣某到异地故伎重演,被异地公安机关查处。在异地公安机关侦查过程中,有关证人提供证言和关键证据,证明了宣某虚假诉讼的事实。

(2)侦查机关的处理方式及对其之质疑

在本案中,刘某向公安机关提出控告请求,公安机关仍然以宣某的行为不属于"无中生有"型民事诉讼而不予立案。即便刘某提交了代持协议、证人证言等材料,相当充分地证明了宣某刻意隐瞒代持关系,公安机关仍置之不理。此后,在被害人多次追问之下,公安机关回复,在当下虚假诉讼受理案件中,除非法院移送,被害人个人提起控告的,不予立案。

显然,无论是公安机关的实际处理模式,还是其回复的内容,都是不妥当的,也是不合理的,甚至是不合法的。根据司法解释,对于虚假诉讼案件,公安部门、人民检察院、人民法院三机关应当互相配合,不应因对报案人的报案单位有争议予以拒绝。这种实践中的做法,本质上是相互推诿:一方面,法院作为虚假诉讼判决的机关,没有勇气自我纠正,因此不肯主动移送;另一方面,公安机关、检察机关因为法院没有主动移送,而放弃了依法履行自己的职责,不愿意负起互相监督的法律责任。

(3)本文观点

笔者认为,这种处置方式只是暂时现象,随着实务部门对虚假诉讼案件认知的深入,对司法解释执行理解的深入,以及对本罪研究理解的深入,对于这类案件应该产生新思维和新方案。今后,在刘某持续维权的情况下,刘某有可能获得有关司法机关的立案帮助。

3. 徐某被虚假诉讼案①

(1)案情简介

2015年9月22日,上海乐学贸易有限公司向徐某某借款450万元,并将该公司名下的上海市虹口区的多套房产作为抵押物。同年11月,为对抗上述抵押权,被告人朱某配合杨某在二人没有真实债权债务关系的情况下,捏造朱某向杨某借款400万元未归还的事实,提起民事诉讼。朱某与杨某在上海市静安区人民法院达成和解,朱某归还杨某本金及利息、上海乐学贸易有限公司对朱某应还款额承担连带责任,后法院查封了上述房产,致使徐某某的450万元债权未能实现。

---

① 参见(2020)沪02刑终1223号判决书。

(2)本文意见

本案是一例恶意串通型的典型案例。行为人为了实现侵占他人财产的目的,破坏他人债权的实现,恶意与他人进行串通,骗取人民法院的裁判文书,其行为已构成虚假诉讼罪。

4. 樊某虚假诉讼案①

(1)案情简介

樊某是D公司持股50%的股东。另一个持股50%的股东张某把股权转给樊某,退出公司管理。樊某以公司经营为借口,以D公司房产作抵押,邀请张某作为担保人,向恒丰银行转委托借款1亿元,实际借款人为F资产管理公司。2018年,樊某、D公司和F公司商议后,以F公司为原告发起对樊某和D公司的借款纠纷诉讼,但未告知张某。该诉讼发起后,又迅速达成和解,得以调解结案。调解书彻底改变了原法律关系,提高了利息、增加了多项费用,变更了还款期限。有证据表明,F公司的实际控制人为刘某,刘某也是D公司的高管、董事,并和樊某一起控制D公司。至此,张某对诉讼情况一无所知。两年后,即2020年,借款人F公司在外省,以担保纠纷为由,发起对张某等人的诉讼。

(2)控告意见

行为一:被控告人设计委托贷款合同,诱使被害人作为担保人,客观上为下一步套取调解协议以及后续在外省提起担保诉讼创造了基础。

行为二:被控告人掩盖真相,假借诉讼形式,通过虚构事实欺瞒金融法院,套取"挖坑"调解协议。该行为具体为:①掩盖真相,假借诉讼形式;②虚构事实,以提高利息率、增加巨额律师费等方式,恶意垒高担保人债务;③自导自演,欺瞒法院,套取"挖坑"调解协议;④蒙蔽被害人,被害人自始至终毫不知情;⑤公司内循环,人员内循环,资金内循环,实为团伙利益共同体。

行为三:以"挖坑"调解协议为依据,以转委托贷款公司为原告,向某中级人民法院提起担保纠纷诉讼。

行为四:为掩盖真相提起撤销之诉。

控告意见认为,根据上述行为人的多个行为,能够表明行为人已经构成特殊类型的虚假诉讼犯罪。

---

① 参见(2021)沪民终840号裁定书。

(3)本文意见

该案例凸显了实务中虚假诉讼案件的复杂程度。樊某等人通过偷梁换柱的方式,表面上是出借人向借款人起诉要求还款,实际上剑指担保人,通过前一个诉讼达成和解,提高借款的利息,免除公司的抵押担保责任,让张某在不知情的情况下承担巨大的责任。在本案中,原本房屋抵押权人在被偿还借款上是优先的,行为人通过多个诉讼转嫁风险给张某,最终达到侵占其合法财产的目的。

5. 季某某控告张某某虚假诉讼案

(1)案情简介

王某某多次借款给季某某,合计6000万元。对此借款,王某某分别提起8起借款纠纷民事诉讼,并设计让季某某无法应诉而缺席审理,后来,根据已有证据,表明季某某已经还款5500万元。法院认为,季某某已经归还的数额,不是全部的借款数额,因此不能认定王某某构成虚假诉讼罪。

(2)检察机关和法院意见

在本案中,经过公安机关的侦查,证明季某某已经还款5500万元,余下500万元季某某辩称已经还清但无法提供证据。而人民法院将8起民事诉讼视为1起,以不是无中生有、季某某存在部分款项未还为由,认为张某某不构成犯罪,对季某某的控告请求予以拒绝。

检察机关认为,季某某虽然归还了部分借款,并不能证明已经归还了全部借款,因此,在尚未归还全部借款的情况下,即便王某某对季某某提起了8起民事诉讼,且其中至少5起诉讼的事实有虚构成分,也不应当认定王某某构成虚假诉讼犯罪。

(3)本文意见

即便王某某涉嫌诈骗犯罪的小部分事实有争议,但王某某行为的大部分已经涉嫌构成套路贷诈骗犯罪,不能因为个别事实存疑而否定全案的构罪起诉。退一步来讲,即便王某某涉嫌诈骗犯罪的证据存疑,但虚假诉讼犯罪的事实证据充分,应当以涉嫌构成虚假诉讼罪予以处理。

八、辩护或控告:实践中"无中生有"的识别

其一,将"无中生有"型捏造事实作为犯罪来对待,这当然是值得肯定的进步,但其又极大限缩了打击范围,不符合复杂的实务情形,笔者认为仅认定"无中生有"型构成虚假诉讼并不可取。

虚假诉讼的具体类型，因为民事行为的多样性和复杂性等原因，其行为方式千变万化，不可能以某一二种模式而将其穷尽，即便试图将其穷尽，也只能采取列举方式，将其具体化，而不是意图穷尽。

其二，应当肯定恶意串通、“偷梁换柱”型虚假诉讼的入罪逻辑，该种类型实际本质上等同于“无中生有”型，通过骗取法院裁判文书的方式进行“无中生有”的起诉，如同前文樊某与张某的案例应当以虚假诉讼来论处。

对于犯罪人或行为人而言，为了非法获取利益，比如规避法律规定，千方百计规避法律的禁锢和制裁，其行为往往具有很强的伪装性，掩盖事实的“幌子”或其他“工具”“盖子”等也会呈现“百变形态”。如果在司法实践中，囿于“无中生有”型，并刻意缩小解释无中生有，那么难免“挂一漏万”。

其三，针对同一被害人提起多起民事诉讼的，在构罪标准上不应当算“总账”，否则被害人牵强地被归入“部分篡改型”，会导致保护失当。

虚假诉讼行为人，其虚假诉讼行为可能系一起，也可能系多起。当针对的虚假诉讼被害人是具体个体时，其提起了多起虚假诉讼，那么行为人是否构罪，应当逐一识别和逐一认定。针对每一起诉讼事实，分别作出是否属于虚假诉讼的认定，而不是“打包”式捆绑认定。“打包”式的捆绑认定，既不符合刑法对犯罪的认定规则，也不符合虚假诉讼的刑事司法政策。

其四，本文认为，“部分篡改型”应当根据篡改的虚假数额进行区分，可以参照职务侵占罪或贪腐犯罪的构罪标准。应当注意的是，部分篡改类型的虚假诉讼，不宜一概而论地认定为不符合虚假诉讼构罪要件和构罪标准。当涉案数额巨大，或者涉案数额特别巨大的情形下，司法机关应当特别慎重对待。举例而言，如果行为人真实存在的纠纷数额为几十万元或几百万元，而其进行虚假诉讼的数额涉及数倍、数十倍、数百倍以上的时候，则表明行为人的主观恶性非常大，意图非法占有他人财产的数额也特别巨大，其对司法秩序的破坏或影响也特别巨大。因此，在这种情形下，是否完全的无中生有，不应成为否认构罪的唯一标准。

“水污染”型污染环境案件的辩护路径

陈　浩

2018年5月,在全国生态环境保护大会上,习近平总书记发表重要讲话,确立习近平生态文明思想,把生态文明建设摆在治国理政的突出位置。此后,中共中央、国务院、全国人大常委会等都发布了相关文件强调对生态环境的保护。司法系统对污染环境犯罪的打击也呈日益严格之势。但污染环境案件的相关问题专业性较强,实践中在众多问题的认定上还存在争议,本文试着对“水污染”型污染环境案件的辩护路径进行探讨。

一、污染环境罪的立法情况

我国环境立法主要分为三个阶段,即从没有专门的罪名规定,到重大环境污染事故罪,最后才是现在的污染环境罪。

(一)第一阶段:1979年《刑法》没有关于污染环境犯罪的专门规定

1979年《刑法》中没有设置环境资源犯罪的专门章节,也没有专门的污染环境犯罪的罪名。与环境资源犯罪相关的罪名零散地规定在刑法当中,例如“以其他危险方法破坏河流、水源、森林”“盗伐、滥伐林木”等。

(二)第二阶段:1997年《刑法》设置“重大环境污染事故罪”

1997年《刑法》规定了重大环境污染事故罪来对环境进行保护,但该罪名规定,只有当人身、财产等法益因污染环境行为受到侵害,并造成一定的危害后果时,才能予以刑事处罚。

重大环境污染事故罪:“违反国家规定,向土地、水体、大气排放、倾倒或者处置有放射性的废物、含传染病病原体的废物、有毒物质或者其他危险废物,造成重大环境污染事故,致使公私财产遭受重大损失或者人身伤亡的严重后果的,处三年以下有期徒刑或者拘役,并处或者单处罚金;后果特别严重的,处三年以上七年以下有期徒刑,并处罚金。"

（三）第三阶段:《刑法修正案(八)》设置"污染环境罪"

1. 2011年《刑法修正案(八)》将重大环境污染事故罪修改成污染环境罪,入罪条件不要求污染环境行为造成实质的危害后果

污染环境罪:"违反国家规定,排放、倾倒或者处置有放射性的废物、含传染病病原体的废物、有毒物质或者其他有害物质,严重污染环境的,处三年以下有期徒刑或者拘役,并处或者单处罚金;后果特别严重的,处三年以上七年以下有期徒刑,并处罚金。"

《刑法修正案(八)》将罪名变更为污染环境罪,将"土地、水体、大气"删除,这是立法技术进步的体现,目前来讲该罪可能针对的污染对象主要是土地、水体以及大气,但是以后可能会进一步延伸,可能光污染、声污染也会被纳入此罪当中。另外,构罪要件从原来的"重大环境污染事故"变成了"严重污染环境的",最高人民法院、最高人民检察院《关于办理环境污染刑事案件适用法律若干问题的解释》对何谓"严重污染环境的"作了详细的规定。修改后,污染环境罪并不要求污染行为一定要造成实质性的危害后果,若污染行为对环境造成了现实紧迫的危害,也能够入罪。

2. 2020年《刑法修正案(十一)》在现在污染环境罪的基础之上,增加了一款特别严重的情形,法定刑由最高7年上升到15年

污染环境罪具体包括以下几种情形:在特定的饮用水水源保护区、自然保护区排放、倾倒危险物质的;在国家的重点江河、湖泊水域排放、倾倒危险物质的;造成大量的农田基本功能丧失或者遭受永久性的破坏的;造成多人重伤或严重疾病,或者导致严重的残疾或死亡的。《刑法修正案(十一)》在以前的基础上增加了这四种情节特别严重的情形,将法定刑增加到7年以上,也就是最高可以到15年。从此次修改也可以看出,国家对于环境保护的立法日趋严格,对环境保护也越来越重视。

二、污染环境刑事案件的特点

（一）案件数量持续增长

根据裁判文书网1998—2020年一审已经判决的案件数据,整体趋势基本呈逐年上升趋势,中间有一段时间增幅较大。1997年《刑法》规定了重大环境污染事故

罪，但适用该罪名的案件较少，1998—2010 年之前，每年的数量基本维持在个位数。2011 年，《刑法修正案（八）》规定了污染环境罪，但对“严重污染环境的”认定标准没有规定，所以该类案件的数量也不多。2013 年最高人民法院、最高人民检察院出台《关于办理环境污染刑事案件适用法律若干问题的解释》，对“严重污染环境的”情形进行了详细规定，使得实务操作有据可依，所以从 2013 年、2014 年开始，污染环境犯罪案件呈“井喷式”增加，此后案件数量也基本保持增长趋势。到了 2019 年已经增加到 2260 件，2020 年因疫情原因数量稍微有所回落，为 1731 件。所以污染环境案件数量总体来讲在逐年增加。

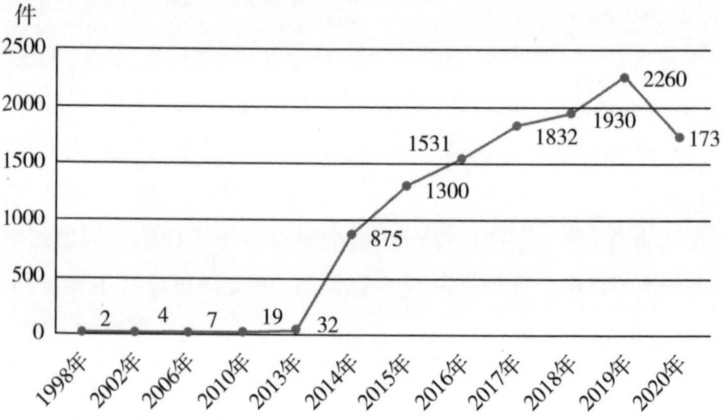

图 1 1998—2020 年全国适用《刑法》第 338 条的结案数据

（二）案件地域分布不均匀

2010—2020 年，从一审判决污染环境罪的各省法院的数据来看，海南省在这 10 年多的时间中只有 2 件案件，青海省有 5 件，甘肃省有 23 件，最多的是浙江省，有 2134 件。从统计我们可以看出，各省这类案件的数据确实是非常不均匀的，有的地方基本上没有，浙江省有 2000 多件，但这并不意味着浙江省的环境保护工作做得不好。出现上述现象的主要原因是浙江省是绿水青山理念的提出地，浙江省司法层面对这类案件的打击力度是非常大的，所以导致浙江这类案件的数量远远超过其他省份。

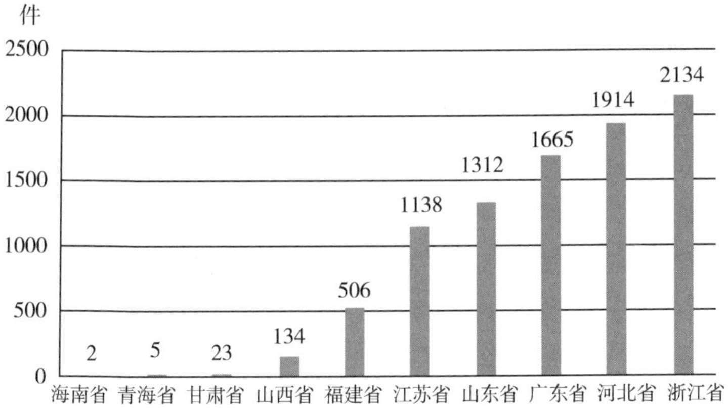

图 2　2010—2020 年，各省法院污染环境罪一审结案数

（三）入罪条文相对均匀

笔者通过裁判文书网检索发现，2020 年浙江省法院一审判决的污染环境案件共计 138 件，主要涉及三类：第一类是危险废物污染环境案件 45 件，占比 33%；第二类是重金属超标的污染环境案件 60 件，占比 43%；第三类是有害物质或干扰监测的污染环境案件等合计 33 件，占比 24%。从上述数据可以看到，相较于早期污染环境罪案件中重金属超标的案件占比达到 90% 以上，现阶段对污染环境案件的打击是全方位的。涉及危险废物、重金属超标和其他类型的污染环境案件的比例相对比较均匀。

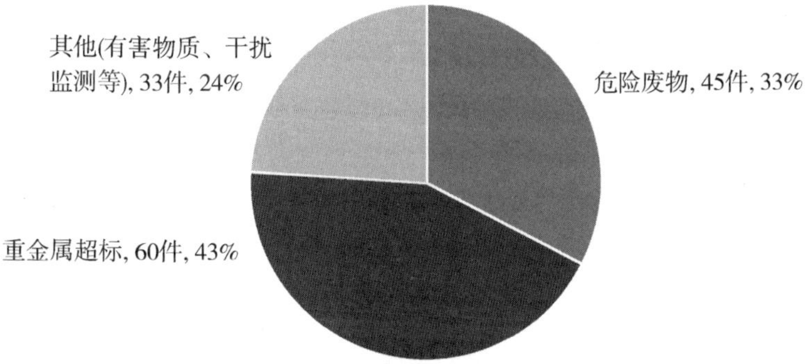

图 3　2020 年浙江省法院一审污染环境案件各类型数量及占比

（四）案件打击从严

1. 公安、环保相互协作，从严打击

公安专门成立环境犯罪侦查支队、公安驻环保联络室，形成与环保联勤协作、联动打击、联合办案的“三联”执法模式。

2. 强制措施的适用较为严厉

2014 年的浙江省高级人民法院、浙江省人民检察院、浙江省公安厅、浙江省环境保护厅联合发布的《关于办理环境污染刑事案件若干问题的会议纪要》明确，对符合逮捕条件的重点打击人员，一般应予以批准逮捕，对已被批准逮捕的人员，一般不予改变强制措施、不判处缓刑。

3. 实刑律高

污染环境案件适用缓刑较为困难，从程序上看，有些基层人民法院要判处缓刑需报中级人民法院审批，有些法院要判处缓刑需要审委会讨论。从结果上看，实刑律比其他犯罪要高。例如，2013—2014 年浙江省法院当时审理的污染环境案件的实刑率是 78.99%，同期其他犯罪的实刑率是 72.02%。

4. 适用缓刑的禁止性条件多

2019 年，最高人民法院、最高人民检察院、公安部、司法部及生态环境部联合发布了《关于办理环境污染刑事案件有关问题座谈会纪要》，该纪要可以称得上是迄今为止最严格的规定。其规定以下五种情形是不适用不起诉、缓刑或者免予刑事处罚的：一是不如实供述的；二是属于共同犯罪中情节严重的主犯的；三是犯有数个环境污染犯罪依法实行并罚或者以一罪处理的；四是曾因环境污染违法犯罪行为受过行政处罚或者刑事处罚的；五是其他不宜适用不起诉、缓刑、免予刑事处罚的情形。该纪要是全国性规定，地方上还设置了一些缓刑禁止性规定，例如，江苏省规定，跨省、市区域排放、倾倒、处置有放射性的废物、含传染病病原体的废物、有毒物质或者其他有害物质的不适用缓刑或者免予刑事处罚。

5. 审判的专门化

（1）庭审专门化。到 2019 年年底，全国环境资源专门的审判机构有 1353 个，其中环境资源审判庭 513 个，合议庭 749 个，人民法庭 91 个。（2）案件归口审理。到 2019 年年底，全国一共有 23 家高级人民法院，实行了环境资源的刑事、民事、行政案件二合一或者三合一审理，也就是说，民事和行政可能一起审，或者说刑事、民事、行政三个一起审。（3）集中管辖机制的建设。环境资源案件不再以传统的行政区划来进行管理，而是以生态系统或者生态功能单位，跨行政区域集中管辖。江苏省已经建成了以生态系统进行划分的生态功能单位，它是按照相应的环境保护的区域进行划分的。例如，一个污染环境案件的侦查和审查起诉在镇江市的丹徒区，但审理法院是无锡市的江阴市人民法院。这与一般的刑事案件审查起诉的检察院和审理的法院属于同一辖区有所不同。

三、"水污染"的相关概念

污染物：污染环境罪中的污染物包括有放射性的废物、含传染病病原体的废物、有毒物质、其他有害物质。

有毒物质：危险废物、《关于持久性有机污染物的斯德哥尔摩公约》附件所列物质、含重金属的污染物、其他具有毒性且可能污染环境的物质。

含有重金属的污染物：实务中，含重金属的污染物往往被非法排入水体中，故本文所称的"水污染"型污染环境，特指含重金属的污染物污染环境的情形。根据相关司法解释的规定，铅、汞、镉、铬、砷、铊、锑超标3倍入罪，镍、铜、锌、银、钒、锰、钴超标10倍入罪。

四、辩护要点的寻找

案例：2020年10月，杭州某公司车间生产线因产品质量下降需进行清洗，公司负责人甲安排员工在生产线增设两根管道，将清洗设备后的废水通过管道排往公司污水处理站。同时，在生产过程中，车间工人将未经处理的拖洗地面的污水从车间的洗水槽直接排至外界雨水沟。

经生态环境局检测，该公司废水标排口水样的总锌含量超过《污水综合排放标准》三级标准5.16倍，厂区外雨水沟总锌含量超过《污水综合排放标准》一级标准29.4倍。

公司未向环保主管部门报备而擅自增设的排污管道，被生态环境局认定为"暗管"。

在办理"水污染"污染环境案件时，审查的重点主要包括监测机构和监测人员的资质、标准的适用、取样过程等是否符合相关规定，具体审查方式如下。

（一）监测机构和监测人员是否具有资质的问题

监测机构和监测人员都应依法取得检测资质，并在资质范围内开展检测工作。实务中可能会出现现场监测的人员中，并不是都具备相应资质的情形，这点是应重点关注的。

（二）国家标准、行业标准及特殊流域标准的适用问题

1. 国家标准和行业标准不交叉

《污水综合排放标准》（GB 8978—1996）按照污水排放去向，分年限规定了69种水污染物最高允许排放浓度及部分行业最高允许排水量，是污水排放的国家标准。

《污水综合排放标准》第1.2条规定，“按照国家综合排放标准与国家行业排放标准不交叉执行的原则”，造纸、船舶、海洋石油开发、纺织染整、肉类加工、合成氨、钢铁、航天推进剂、兵器、磷肥、烧碱和聚氯乙烯等执行国家行业标准，其他水污染物排放均执行《污水综合排放标准》。

2. 国家标准与地方标准相比，优先适用地方标准

《环境保护法》和《水污染防治法》均有规定，国务院生态环境主管部门根据国家环境质量标准和国家经济、技术条件，制定国家污染物排放标准。省、自治区、直辖市人民政府对国家污染物排放标准中未作规定的项目，可以制定地方污染物排放标准；对国家污染物排放标准中已作规定的项目，可以制定严于国家污染物排放标准的地方污染物排放标准。地方污染物排放标准应当报国务院生态环境主管部门备案。向已有地方水污染物排放标准的水体排放污染物的，应当执行地方水污染物排放标准。

3. 特殊流域关于排放标准有特别排放限值

浙江省环境保护厅《关于钱塘江流域执行国家排放标准水污染物特别排放限值的通知》和原环境保护部《关于太湖流域执行国家污染物排放标准水污染物特别排放限值行政区域范围的公告》规定，制浆造纸、电镀、羽绒、合成革与人造革、发酵类制药、化学合成类制药等行业执行国家排放标准水污染物特别排放限值。

（三）国家标准中不同标准的适用问题

《污水综合排放标准》规定，根据污染物排入水域的不同，分别适用不同的标准。

1. 一级标准：排入GB 3838Ⅲ类水域（划定的保护区和游泳区除外）和排入GB 3097中二类海域的污水，执行一级标准。

2. 二级标准：排入GB 3838中Ⅳ类、Ⅴ类水域和排入GB 3097中三类海域的污水，执行二级标准。

3. 三级标准：排入设置二级污水处理厂的城镇排水系统的污水，执行三级

标准。

（四）取样点位的问题

《污水综合排放标准》将排放的污染物按其性质及控制方式分为两类，分别是第一类污染物和第二类污染物，两者的取样点位规定是不一样的。

1. 第一类污染物：不分行业和污水排放方式，也不分受纳水体的功能类别，一律在车间或车间处理设施排放口采样。

2. 第二类污染物：在排污单位排放口采样。

（五）取样容器的清洗问题

《水质　铜、锌、铅、镉的测定　原子吸收分光光度法》（GB 7475—87）规定："用聚乙烯塑料瓶采集样品。采样瓶先用洗涤剂洗净，再在硝酸溶液（5、6）中浸泡，使用前用水冲洗干净……"

《水质　样品的保存和管理技术规定》规定："测重金属的玻璃容器及聚乙烯容器通常用盐酸或硝酸（c = 1 mol/L）洗净并浸泡 1 ~ 2 天后用蒸馏水或去离子水冲洗。""洗涤剂洗一次，自来水洗二次，（1 + 3）HNO_3 荡洗一次，自来水洗三次，去离子水洗一次。"

（六）样品的保存问题

《水质　样品的保存和管理技术规定》规定："测定金属离子的水样常用硝酸酸化至 pH 1 ~ 2，既可以防止重金属的水解沉淀，又可以防止金属在器壁表面上的吸附，同时在 pH 1 ~ 2 的酸性介质中还能抑制生物的活动。用此法保存，大多数金属可稳定数周或数月。"

（七）采样相关问题

1. 采样位置

《水质　采样技术指导》规定："采样的位置应在采样断面的中心，在水深大于 1m 时，应在表层下 1/4 深度处采样，水深小于或等于 1m 时，在水深 1/2 处采样。"

2. 采样的方式

《水质　采样技术指导》规定：从水体中不连续的随机采集的样品称为瞬时水样，仅适用于组分较为稳定的水体或水体的组分在相当长的时间和相当大的空间内变化不大的情形。不符合上述规定的水体，不能采用瞬时水样的方法进行采样。

3. 采样的频次

《污水综合排放标准》规定："工业污水按生产周期确定监测频率。生产周期在 8h 以内的，每 2h 采样一次；生产周期大于 8h 的，每 4h 采样一次。其他污水采样：

24h 不少于 2 次。”

《水质 采样技术指导》规定，“根据管理需要进行调查性监测，监测站事先应对污染源单位正常生产条件下的一个生产周期进行加密监测。周期在 8h 以内的，1h 采 1 次样；周期大于 8h，每 2h 采 1 次样，但每个生产周期采样次数不少于 3 次。”

4. 采样次数

《水质 采样技术指导》规定，在分时间单元采集样品时，测定 pH、COD（化学需氧量）、BOD_5、溶解氧……项目的样品，不能混合，只能单独采样。

5. 采样工具有无清洗问题

有些执法人员在采样过程中，使用的是同一个采样工具，但采完前一个样品后，并未清洗工具，就直接采下一个样，这样会导致采样结果不准确。

通过对以上问题的审查，笔者发现上述案例中执法人员出现了采样点位错误、采样工具未清洗、采样容器未清洗等问题，导致最后的检测结果的真实性存疑。

（八）暗管的认定问题

1. 关于“暗管”的法律规定

最高人民法院、最高人民检察院《关于办理环境污染刑事案件适用法律若干问题的解释》第 1 条规定：“实施刑法第三百三十八条规定的行为，具有下列情形之一的，应当认定为‘严重污染环境’：……（五）通过暗管、渗井、渗坑、裂隙、溶洞、灌注等逃避监管的方式排放、倾倒、处置有放射性的废物、含传染病病原体的废物、有毒物质的……”

根据上述规定，如果认定是通过“暗管”排放含重金属的污染物，则不需要以重金属的含量超过国家标准的 3 倍或者 10 倍作为入罪条件。

2.“暗管”的认定

公安部、工业和信息化部、环境保护部、农业部、国家质量监督检验检疫总局印发的《行政主管部门移送适用行政拘留环境违法案件暂行办法》（公治〔2014〕853 号）第 5 条规定：“……暗管是指通过隐蔽的方式达到规避监管目的而设置的排污管道，包括埋入地下的水泥管、瓷管、塑料管等，以及地上的临时排污管道……”

浙江省高级人民法院、浙江省人民检察院、浙江省公安厅、浙江省环境保护厅《关于办理环境污染刑事案件若干问题的会议纪要（三）》（浙环发〔2018〕15 号）规定，“暗管”是指通过隐蔽的方式达到规避监管目的而设置的排污管道，可以依据公安部等五部门《关于印发〈行政主管部门移送适用行政拘留环境违法案件暂行办法〉的通知》（公治〔2014〕853 号）第 5 条的规定进行认定。

由此可见，“暗管”的认定需要同时具备两个条件：第一，客观上采用隐蔽的方式设置的管道；第二，主观上具有逃避监管的目的。在上述案例中，管道虽然是私自设立的，但是并非为了逃避监管，而且也未采用隐蔽的方式，故不能认定为“暗管”。

综上，经过与检察机关就上述取样点位、样品保存、采样等环节存在的问题以及对是否属于“暗管”进行多次沟通、交换意见，检察院最终采纳了辩护人的意见，认为生态环保部门采样点位的选择和采样过程的规范性都存在瑕疵且无法补正，现有证据也无法认定存在通过暗管排放有毒物质的情形，公安认定的事实不清、证据不足，案件不符合起诉条件，改作出对当事人不起诉的决定。

毒品犯罪案件的证据辩护

曹朝军

一直以来，毒品犯罪案件是刑事律师接触较多的案件类型之一，要实现毒品犯罪案件的精细化辩护的目标，最基础的工作还是得从阅卷和质证做起，即在全面阅卷的基础上围绕辩点展开有效的质证，最终达到较好的辩护效果，实现当事人利益最大化。

一、如何全面阅卷

阅卷如同摸象，全面最为重要。辩护律师阅卷后，案情的很多细节就会凸显出来。阅卷。“会见、阅卷、调查”是辩护律师了解案情的三种路径。其中阅卷是辩护律师了解案情最为基础，也最为重要的途径。辩护律师可以通过阅卷全面了解司法机关的“靶向”事实。阅卷工作可以通过“全面看”和“着重记”的方式来开展。

第一，“全面看”，主要解决“看什么”“怎么看”“如何看”的问题。实务中，卷宗材料分别归入文书材料卷、证据材料卷和附属光盘材料卷。辩护律师主要围绕文书材料卷中的各类受案登记表、立案决定书、逮捕决定书、采取技术侦查决定书等程序性材料进行查阅，以核实证据材料卷中的各类证据材料的收集、制作是否符合法定程序，必要时，可结合光盘内容予以印证。比如，在审阅犯罪嫌疑人（被告人）讯问笔录时，要看接受讯问的起止时间、地点与提审表登记的起止时间、地点是否一致，供述的内容是否与会见时当面核对的内容一致，结合讯问时的同步录音录像比对是否有实质性的改变，最终排除与案件事实不符且对当事人不利的口供。

关于“看文书”的问题。有些辩护律师不太关注这类的卷宗材料，觉得这类文书被挖掘的价值不高，且会占用很多宝贵的时间。其实不然，“小文书也会隐藏大辩点”。在这里，笔者分享以下关于文书类卷宗材料的案例。第一起是张某运输毒品案。在查阅文书材料卷时，笔者发现某表格中记载了一段“设卡盘查”的内容。经与立案决定书比对，证实公安机关在日常例行检查时发现了犯罪嫌疑人车上携带有疑似毒品的物质后，导致案发。根据《关于处理自首和立功若干具体问题的意见》（2010 年）的规定，张某符合“在司法机关未确定犯罪嫌疑人，尚在一般性排查询问时主动交代自己罪行”的情形，应当视为自动投案。最终笔者提出了自首的辩护意见并被采纳。第二起是鄢某非法持有毒品案。通过比对立案决定书，笔者发现在未刑事立案的情况下，公安机关就对犯罪嫌疑人采取了行踪监控和场所监控等技术侦查措施。笔者提出，鉴于警方提前进行了布控，查获的毒品也不会流入社会，故该案符合社会危害性较小的情形。最终，笔者的意见也得到了承办检察官的认可。以上两起案例，足说明查阅文书材料卷的重要性。

关于“看证据”的问题。毒品犯罪案件证据的特点主要体现在以下几个方面：首先，取证难度大。为逃避打击，毒品交易特别是零包贩毒往往是瞬间完成。为避免人赃俱获，交易双方还会选择线上暗语沟通，线下寄递交易，且利用局外人代为收货等方式。其次，证据数量少。毒品犯罪案件无受害人、无直接证人且没有犯罪现场，导致侦查思维主要是通过先锁定犯罪嫌疑人，再查获涉案毒品和交易现金。再次，证据认定难。为避免打草惊蛇，侦查方式通常也会秘密进行，需要依靠技术侦查方式以获取准确的交易信息和收集证据，实践中，技术侦查证据会被有选择性地入卷，这也给举证质证带来了一定的难度。最后，毒品犯罪案件所获取的证据因存在瑕疵进一步削弱了其证明力，使得相关事实处于两可之间，这也给辩护工作带来了机遇和挑战。

毒品犯罪案件的证据以口供为主，在审查时重心应放在被告人的供述与辩解之上。对于讯问笔录，除了关注是否为非法证据、是否排除非法证据外，还需关注瑕疵证据。涉及关键事实，如果瑕疵证据得不到合理解释或补正，也不能作为定案根据。笔者在查阅两份同案犯的讯问笔录时发现，在间隔 5 分钟左右的时间内，同一侦查人员出现在相隔 13 公里的地方提审同案犯。经查阅提审表和同步录音录像，笔者对该两份笔录的真实性提出了怀疑。庭审中，公诉人表示无法作出合理性解释后，审判长当庭对该两份笔录作出不得作为定案根据的认定。

关于“看光盘”的问题。实务中，部分辩护律师并不注重查阅附卷光盘材料，特别是在光盘数量较多，以及部分法院不允许辩护律师拷贝光盘内容的情况下，这类卷宗材料基本上就会被束之高阁，失去了存在的价值。笔者在承办丁某非法持有毒品案时，查阅文书材料卷和证据材料卷并没有发现较大问题，但在查阅附属光盘材料卷时，发现涉案毒品的扣押、称量、取样程序中没有见证人在场，但扣押笔录、称量笔录和取样笔录中却赫然签署了见证人的名字。对此，公诉人在庭后提交了一份情况说明，说明了见证程序违法的事实。笔者也向法庭表明虽然有同步录音录像可以证明扣押、称量、取样的真实与合法，但见证行为的违法污染了上述取证程序，应当在量刑时给予考虑，最终法院作出有期徒刑15年的判决。上述案例充分说明了"细节之处有魔鬼"，通过查阅光盘，发现了细节，充分保障了被告人诉讼利益最大化。

第二，"着重记"，主要解决在全面阅卷后辩护方案的制定问题。俗话说，"好记性不如一个烂笔头"。实务中，重大毒品犯罪案件犯罪事实复杂、证据类别多、人物关系相互交错，为及时整理出辩护要点，则需要根据阅卷内容分别制定阅卷大纲、质证大纲和辩护大纲。

阅卷大纲是在通读卷宗材料的基础上形成的一份整理笔记，是对全部的案件材料进行有序归纳。阅卷大纲可根据起诉意见书(起诉书)指控的犯罪事实，将卷宗材料分为"主观性证据"、"客观性证据"和"程序性证据"三个板块，方便承办律师和协办律师全面了解和掌握案件信息。

质证大纲是在阅卷大纲基础上，有针对性地对指控犯罪事实所列的证据进行审查与判断，对非法证据和瑕疵证据予以标注，围绕辩点对有利于辩方的证据进行排列组合，对不利于辩方的证据进行有效回应的准备工作。比如，对存在上下家交易且可能会判处死刑立即执行的毒品犯罪案件，能否对讯问笔录和通话录音进行比对，标记出是谁提出的犯意并对交易起主要作用，就可以针对此类证据发表有效的质证意见，证明非起意方的地位和作用，为可不判处极刑的辩护意见作铺垫。

辩护大纲是在质证大纲的基础上，围绕辩护方案制定的"作战规划"，既能明晰辩护要旨，又可辅助辩护人发表辩护意见。比如，对可能判处死刑的毒品犯罪案件，若能把含量鉴定意见排除掉，则该案就不能判处死刑立即执行。对于含量鉴定意见，辩护人要紧紧依据最高人民法院《关于适用〈中华人民共和国刑事诉讼法〉的解释》中关于鉴定意见审查与判断的规定从检材来源、鉴定方法、鉴定标准、鉴定人和鉴定机构资质等全方位发表质证意见，提出该含量鉴定意见不得作为定案根据的主张。在针对上述内容发表意见时，辩护大纲的框架型结构有助于辩护人口语表达的流畅。

二、如何有效质证

质证，是一门极具实战性和技巧性的技术活动。如果把案件事实比作“桥面”，那么支撑桥梁的证据构架就是“桥墩”，质证的目的就是通过对“桥墩”的敲打，重组有利于被告人的犯罪事实。

（一）证据构架

证据构架，是根据犯罪构成原理，从主客观相统一原则出发，对卷宗材料进行有序归类，从而根据辩护要旨对证据进行组合的活动。实务中，证据构架可分为三类，即程序性证据、主观性证据和客观性证据。第一类是程序性证据，主要包括受案登记表、立案决定书、采取技术侦查决定书等材料，主要用作核实案件的来源，审查是否存在自首和立功等信息。第二类是主观性证据，包括供述与辩解、证人证言等，基于毒品犯罪案件是以人到物的侦查思维，言词类证据能更好地反映案件基本事实以及各被告人在犯罪中的地位和作用。第三类是客观性证据，主要包括对疑似毒品的提取、扣押、称量、送检、鉴定活动的记录过程证据，反映了物证收集程序的规范性和鉴定检材来源的同一性。鉴定意见是鉴定人依靠科学技术设备，运用专业知识对受检物质作出认定的活动，此类证据应该是全案的核心，也是辩护律师关注的重点。通过证据的归类与梳理，从主客观相统一方面进行研判，可以更精准地发表的辩护意见。

（二）有效质证

1. 关于被告人供述

实务中，由于毒品往往不复存在，审查证据和认定事实较为困难。《全国部分法院审理毒品犯罪案件工作座谈会纪要》针对上述问题从有利于打击毒品犯罪活动的角度作出规定，“在处理这类案件时，只有被告人的口供与同案其他被告人供述吻合，并且完全排除诱供、逼供、串供等情形，被告人的口供与同案被告人的供述才可以作为定案的证据”。也就是说，涉及毒品犯罪案件，即便没有查获实物，一样可以作出相应的认定。那么针对此类证据的审查也应当放在重中之重，除诸如讯问时间、地点，讯问主体和人数的常规审查外，辩护人可结合同步录音录像供述内容对比讯问笔录，若出现实质性差异且与其他证据不相符，应当提出该口供不得作为定案根据，应当以庭审时供述为准。

另外，关于到案后否认“明知”的认定问题。实务中，行为人到案后常辩解自己并不知道携带的物质系毒品，鉴于此，2019 年最高人民法院、最高人民检察院、公安部《关于办理毒品犯罪案件收集与审查证据若干问题的意见》第43条第1款规定，从毒品包装物上提取的痕迹、生物检材，调取的物流寄递单据、资金交易记录、通信记录等其他证据足以证明其明知的，可以认定其明知是毒品。可以看出，该条文采用了证据确认的印证规则来证明主观明知。同时，该条第2款还规定，可根据行为人实施毒品犯罪的方式、过程、毒品被查获时的情形，结合其年龄、文化程度、生活状况、职业背景、是否有毒品违法犯罪经历以及与同案犯之间的关系等情况，综合分析认定其是否明知是毒品。该条文采用了内心确认的印证规则来推定主观明知。

2. 关于证人证言

毒品犯罪案件中的证人不同于其他刑事案件，一般是吸毒人员。侦查人员对证人询问的地点也异于其他刑事案件，大多选择在办案中心的讯问室。那么在审查这类证据时，还是要依据刑事诉讼法关于证人证言收集的程序规定来进行质证。比如，通过查阅询问笔录，看接受询问的地点是否为办案中心羁押室；通过查阅同步录像，看是否被带上戒具以及观察证人的精神状态是否正常。最高人民法院《关于适用〈中华人民共和国刑事诉讼法〉的解释》第88条规定，处于明显醉酒、中毒或者麻醉等状态，不能正常感知或者正确表达的证人所提供的证言，不得作为证据使用。因此，对这类证据的质证，应当结合证人属性特点来展开。

3. 关于提取、扣押、称量、取样、送检类的笔录、清单、照片等证据

这类客观性证据主要审查物证保管链条是否符合法定程序规定，从物证起获的源头到鉴定意见的出炉，疑似毒品物质的同一性是否受到污染或受到改变。最高人民法院、最高人民检察院、公安部于2016年5月24日颁布了《办理毒品犯罪案件毒品提取、扣押、称量、取样和送检程序若干问题的规定》，详尽地规范了毒品流转的各个环节，这是辩护人重点审查的范畴。

这类证据的审查，应主要围绕毒品的数量来展开。《刑法》第二编第六章第七节的涉毒罪名中，特别是第347条走私、贩卖、运输、制造毒品罪和第348条非法持有毒品罪，可以看出毒品数量多少与刑期长短相挂钩，数量决定着刑期，直到死刑。因此，"谁来称"，是辩护人审查的第一个环节，即毒品的称量主体、见证主体资格需要结合同步录音录像来核对。"称什么"，是审查称量工具是否合格、称量方法是否规范等问题。"如何称"，是审查有无被混装、称量过程要拍照和录像、犯罪嫌疑人对称量结果要指认等问题。

4. 关于鉴定意见

毒品理化检验意见是最核心的证据，可以说是"证据之王"。对这类证据的审

查,除了根据最高人民法院《关于适用〈中华人民共和国刑事诉讼法〉的解释》规定的审查与判断方法外,还要注重审查检材的来源问题。实务中,审查物证保管链条、确保送检检材来源于扣押现场、保证其同一性,是辩护律师要理解并掌握的一项重要技能。笔者在办理林某贩卖毒品案件中,除了提及鉴定人和鉴定机构没有鉴定资质外,还提出了送检检材是否来源于扣押现场存疑的质证意见,最终该质证意见被采纳。

三、证据审查判断思维

在办理毒品犯罪案件中,对证据的审查判断需要从证据的来源、证据的"三性两力"(合法性、真实性、关联性和证据能力、证明力),以及证据之间的印证关系来综合开展。对起诉书指控的犯罪事实和证据材料要有怀疑的勇气,对"完美指控"进行有效质证,重建一个事实给法官,即便不能完全脱罪,也可以达到量刑减让的辩护目标。

揭开新精神活性物质的神秘面纱

倪雨苗

一、背景介绍

(一)新精神活性物质的概念和规定

1. 新精神活性物质的概念

《刑法》第357条规定:"本法所称的毒品,是指鸦片、海洛因、甲基苯丙胺(冰毒)、吗啡、大麻、可卡因以及国家规定管制的其他能够使人形成瘾癖的麻醉药品和精神药品。"新精神活性物质,就属于本条所规定的其他能够使人形成瘾癖的麻醉药品和精神药品。毒品分为三代:第一代毒品是指列入1961年《麻醉品单一公约》管制的毒品,以吗啡、海洛因、可卡因等植物提取而得的传统毒品为代表;第二代毒品是列入1971年《精神药物公约》管制的毒品,以冰毒、摇头丸、氯胺酮等化学合成毒品为代表;第三代毒品就是近年来出现并快速蔓延的新精神活性物质。2009年至2012年,新精神活性物质的种类在200种左右。到2013年之后就开始激增至四五百种,从2017年开始,将近有800种新精神活性物质被发现。

关于新精神活性物质的概念,我们只能通过联合国毒品和犯罪问题办公室或者我国的一些毒品形势报告的相关规定来了解。比如,2013年联合国毒品和犯罪问题办公室在《世界毒品报告(2013)》中规定,"新精神活性物质,新出现的具有药物滥用潜力的物质,但尚未列入《联合国国际公约》管制";《2015年中国毒品形势报告》中规定,"新精神活性物质又称'策划药'或实验室毒品,是不法分子为逃避打击而对列管毒品进行化学结构修饰所得到的毒品类似物,具有与管制毒品相似或更强的兴奋、致幻、麻醉等效果";2018年浙江省人民政府办公厅《关于加强新精神活性物质治理工作的意见》规定:"新精神活性物质,又称'策划药'或实验室毒品,是不法分子为逃避打击而对管制毒品进行化学结构修饰,或全新设计和筛选而获得的毒品类似物,具有与管制毒品相似或更强的危害性。”浙江省人民政府办公厅的规定与《2015 年中国毒品形势报告》的规定有点类似。由此可知,关于新精神活性物质,实际上并没有一个很明确、统一的规定。

2. 新精神活性物质的规定

2013 年版的《精神药品品种目录》规定了 14 种新精神活性物质,包括 2001 年 6 月列管的氯胺酮,2010 年 9 月列管的 4 - 甲基甲卡西铜,还有另外 2013 年规定的其他 12 种物质,2015 年 10 月该目录新增了 116 种新精神活性物质的种类;2017 年 3 月、2017 年 7 月、2018 年 9 月,各新增了 4 种、4 种、32 种新精神活性物质的品种,2019 年 5 月 1 日开始,国家整类列管了芬太尼物质;2021 年 7 月 1 日,又整类列管了合成大麻素类物质以及氟胺酮等 18 种物质。上述的列管目录显示,近年来涌现了非常多的新精神活性物质,我国对于新精神活性物质的列管速度是非常快的。

(二)新精神活性物质的分类

从化学结构分类来区分,新精神活性物质有合成大麻素类、合成卡西酮类、苯乙胺类以及其他四类;从生理活性来区分,新精神活性物质主要有兴奋剂、受体激动剂、致幻剂、解离剂以及其他五类。

我们日常听到比较多的是兴奋类的,还有致幻类的,比如说 LSD 邮票就是致幻类的新精神活性物质,合成大麻素中也有很多是以兴奋剂的方式对人体造成危害。

(三)新精神活性物质案件的特点

案例一:杭州首例贩卖 LSD 新型毒品案——张某,“90 后”,杭州某大学成人教育在读学生,爱好嘻哈的他经常会在 INS 上追看喜爱歌手发布的新内容,结果他从偶像发布的视频里看到了一样新东西——“邮票”。“邮票”是一种新型毒品,成分的麦角二乙胺,简称 LSD(俗称“邮票”)。2018 年 8 月左右,张某以每张人民币 300 元的价格向潘某购得“邮票”5 张,后将 5 张“邮票”对半剪成 10 小张予以出售。本案以贩卖毒品罪对张某定罪处罚,判处张某有期徒刑 1 年 2 个月,并处罚金人民币 2000 元。后,张某不服一审判决,上诉提出其不知情 LSD 是毒品,上家仅告知是管制药品。

案例二:中美两国联合破获首起走私芬太尼案件——本案中的王某某与夏某某先后成立两家生物有限公司,招募多名员工利用互联网翻墙软件及聊天工具进入境外网站,发布销售医药中间体的广告,向境外客户销售各类医药中间体。公司成立之后,王某某通过 QQ 向蒋某某联系购买芬太尼,该芬太尼由刘某负责研制。另外,王某某也从杨某处购买阿普唑伦等贩卖给他人。本案多名被告人被判处较重的刑罚。

通过上述两个案例可以看出,新精神活性物质涉毒案件具有以下特点:

第一,新精神活性物质涉案数量非常大,尤其是一些从事化工产品贸易出口的企业可能在化工产品被列管后继续出口,涉案数量会比较大。从我国披露的一些典型案例来看,涉及企业出口有关的新精神活性物质案件,大都以千克为计量单位。

第二,行为人惯于利用立法的列管速率与毒品更新速率的“时间差”。司法实务中,某种新精神活性物质被列管后,行为人可利用其具备的一定的化学知识和技术,通过化学分子的修改将其变成另一种化学品。如果这种新的化学品没有被列管,则行为人就可以逃避法律的惩处。

第三,新精神活性物质成分非常复杂,毒性各异,因个体差异,对人体的中枢神经所起的作用存在非常大的差别。比如,合成大麻素有的有致幻的效果,有的有镇静的效果,有的有抗抑郁的效果,所以不同种类的合成大麻素对人体的中枢神经产生的作用是非常不一样的。

第四,新精神活性物质的形式多样,吸食方式也不同。

第五,制造、走私新精神活性物质的行为占比相对来说较高,贩卖方式主要是以邮递渠道为主,因为这种方式较为快捷简便,不易被查处,运输成本相对而言也较低。

第六,“暗网”成为新精神活性物质的新的交易平台,通过比特币的方式结算,行为人可以通过更隐蔽的方式来逃避侦查。

二、新精神活性物质案件的定性之辩

(一)新精神活性物质相关的管制文件不是国家规定

与新精神活性物质密切相关的一个批复——最高人民检察院《关于〈非药用类麻醉药品和精神药品管制品种增补目录〉能否作为认定毒品依据的批复》,其中,明确规定了“《非药用类麻醉药品和精神药品列管办法》及其附表《非药用类麻醉药品和精神药品管制品种增补目录》,是根据国务院《麻醉药品和精神药品管理条例》第三条第二款授权制定的,《非药用类麻醉药品和精神药品管制品种增补目录》可以作为认定毒品的依据”。需要注意的是,该批复的措辞是——“可以作为毒品认定”。关于该批复的出台,可以通过案例三得以了解。

案例三:2018 年濮阳市赵某、杜某某等涉嫌制造、贩卖、运输毒品案。该案件定性争议很大，主要涉及一种叫 α－PVP（俗称“浴盐”）的物质。侦查阶段，行为人是以非法经营罪被批捕的，案件移送审查起诉后，因为 α－PVP 能否作为毒品认定争议很大，故河南省禁毒办、河南省公安厅、河南省检察院、河南省法院于 2018 年 8 月 6 日联合发布了一个会议纪要，规定 α－PVP 应当认定为受国家管制的毒品。正是依据该会议纪要，濮阳市人民检察院将本案以制造、贩卖、运输毒品罪将四名行为人起诉至濮阳市中级人民法院。在案件审理过程中，辩护人向全国人大常委会提出了建议书，建议对该会议纪要进行审查。其后，最高人民检察院便出台了上述批复。因此，本案争议焦点之一便是该批复的时间效力的问题。辩护人认为：(1)在案件发生之前，对于新型毒品的品种、认定已有多个司法解释加以规定，但是均未将 α－PVP 认定为毒品；而且按照规定，认定毒品时必须满足目的明确、去向明确这两个条件。(2)规定哪些物质可以被认定为毒品是一种立法行为，已经超越了司法解释的空间，该批复是司法权对立法权的僭越。这种立法类型的解释，只适用于公布实施时间之后的行为，不能溯及实施之前的行为。换言之，辩护人认为该批复没有溯及力。但值得注意的是，在该批复出台之前，司法实践中不乏将新精神活性物质直接认定为毒品的案例。

案例四：2018 年镇江市郝某非法持有毒品案。该案涉及一种叫 5F－AMB 的新精神活性物质。该案中，郝某原先生产、制造 5F－AMB，但在该物质被列管后，郝某没有及时将 5F－AMB 上交、报告或进行无害化处理，而是留在了出租房内待售。镇江市人民检察院经审查认为，被告人郝某的行为构成非法持有毒品罪，理由如下：(1)从本质上讲，《刑法》规定的毒品是指属于国家管制的能够使人形成瘾癖的麻醉药品和精神药品，非药用的麻醉药品和精神药品只是未作为药品生产和使用，相对于药用性麻醉药品和精神药品而言更具危害性、更易被滥用，同样具有毒品的本质属性。(2)从法律效力上讲，《非药用类麻醉药品和精神药品列管办法》应当与《麻醉药品品种目录》《精神药品品种目录》具有同等的效力。(3)从司法实践上讲，国家禁毒委员会印发的《104 种非药用类麻醉药品和精神药品管制品种依赖性折算表》规定了 104 种非药用类麻醉药品和精神药品与海洛因或甲基苯丙胺的折算标准，在该折算表中就有本案涉及的 5F－AMB 等三种物质。这在实际上也肯定了非药用类麻醉药品和精神药品等同于毒品，而该折算表也经最高人民法院、最高人民检察院等部门同意，以供在司法实践中进行参考。

首先，碰到新精神活性物质案件，作为辩护人，仍可以质疑《关于〈非药用类麻醉药品和精神药品管制品种增补目录〉能否作为认定毒品依据的批复》，理由主要有两点：一是《非药用类麻醉药品和精神药品列管办法》位阶较低，其是否为国家规定值得探讨，因为该办法是由公安部、国家卫生和计划生育委员会（已撤销）、国家食品药品监督管理总局（已撤销）和国家禁毒委员会办公室联合印发的，并非由国务院及以上机构制定，并非国家规定；二是辩护人可以对涉案的精神活性物质进行深入研判，若有线索或者证据证明该种新精神活性物质被列管的论证过程比较粗糙，尤其是缺乏对滥用潜力、成瘾性或非法行为的情况以及社会危险性的详细论证，则可以从实质角度提出该种物质不能认定为毒品。

其次，除了对于管制文件的定性辩护之外，关于涉案物质客观流向的辩点，若有线索或者证据证实非药用类的麻醉药品或者精神药品具备一定的药用价值，并且事实上被用于医疗用途，那么，在定性辩护上，可以做并非毒品的辩护：

一是根据《非药用类麻醉药品和精神药品列管办法》的规定"非药用类麻醉药品和精神药品发现医药用途，调整列入药品目录的，不再列入非药用类麻醉药品和精神药品管制品种目录"，即并非所有的非药用类麻醉药品和精神药品一定没有医疗用途。

二是《全国法院毒品犯罪审判工作座谈会纪要》及其理解与适用也明确，"行为人出于医疗目的，违反有关药品管理的国家规定，非法贩卖上述麻醉药品或者精神药品，扰乱市场秩序，情节严重的，以非法经营罪定罪处罚"。换言之，该种情形下不以贩卖毒品罪定罪处罚。

三是《麻醉药品和精神药品管理条例》第 82 条也明确了"违反本条例的规定，致使麻醉药品和精神药品流入非法渠道造成危害，构成犯罪的，依法追究刑事责任；尚不构成犯罪的……"即涉嫌犯罪的前提是流入非法渠道。

四是诸如《刑事审判参考》或者其他类似案例裁判规则，也明确非法制造、贩卖国家管制的麻醉药品和精神药品以制造、贩卖毒品定罪，必须同时符合以下几个条件：(1)明知所制造、贩卖的是精神药品，并且制造、贩卖目的是将其作为毒品的替代品，而不是作为医疗用途的药品；(2)精神药品的去向明确，即流向了毒品市场或者吸食毒品的群体；(3)获取了远超出正常经营药品所能获得的巨额利润。因此，辩护人可以非法经营罪甚至无罪角度为行为人进行辩护。

（二）对新精神活性物质的性质不明知、去向不明知

涉毒案件中，纯粹以行为人主观上对新精神活性物质的性质、去向不明知，由此产生无罪辩护效果是非常难的。但是，作为辩护人，一旦接受当事人的委托，便需尽全力去为其争取最好的辩护效果。那么，主观方面主要有两个辩点：

一是对新精神活性物质的性质是否明知，主要综合全案证据进行判断。无论是2007年《办理毒品案件适用法律若干问题的意见》，还是2008年《全国部分法院审理毒品犯罪案件工作座谈会纪要》等均明确了毒品案件当中判断行为人对涉案毒品是否明知，不能仅凭被告人供述，而应当结合被告人实施毒品犯罪行为的过程、方式、毒品被查处时的情形等证据，结合被告人的年龄、阅历、智力等情况，进行综合分析判断。除了上述规定的综合判断之外，也规定了推定明知的10种情形。

案例五：吴某某等人走私、贩卖、运输毒品案。2012年以来，被告人吴某某在浙江省杭州市萧山区以虚构的公司名义经营油类、肽类、类固醇类等化工产品的外贸生意，并招募被告人孙某某、何某等人作为业务员负责销售。在明知上述物品系被国家管制的新精神活性物质的情况下，吴某某仍指使孙某某、何某通过电子邮件与境外买家联系，确定数量、价格并使用吴某某、郭某、吴某2等人的银行账户收取货款，通过快递运输至国内的货运代理公司，再采用国际快递的方式，将之前冒名“郑某”从被告人刘某某处购买的数十公斤3,4－亚甲二氧基甲卡西酮、3,4－亚甲二氧基乙卡西酮等新精神活性物质，冒充“保健品”“礼品”走私、贩卖给美国、加拿大、巴西等境外买家。

案例六：郑某贩卖毒品案。郑某是日本代购人员，主要从日本为他人代购不眠症治疗药——氟硝西泮片剂（俗称“蓝精灵”）。2017年9月至2018年7月，被告人郑某为牟取非法利益，明知氟硝西泮片剂系国家规定管制的能够使人形成瘾癖的精神药品，仍从日本非法渠道购买，并通过微信面向我国境内不特定人员（包括吸毒人员）贩卖上述氟硝西泮片剂，售价从98元一板至200元一板不等，共计销售氟硝西泮片剂500余板。

上述两个案例，辩护人均从行为人主观上不明知新精神活性物质性质的角度作了无罪辩护，虽然没有达到无罪的辩护效果，但是，司法机关确实也是考虑了被告人的主观认识程度，在量刑上予以从轻处罚。

二是对新精神活性物质的去向进行辩护。若客观上涉案物质流向非吸毒人员或用于医疗用途，并且行为人能够提供主观上不明知该物质流向吸毒人员充分、有利的客观证据，辩护人则可以综合全案证据，依法依规开展调查取证工作，为行为人作无罪辩护。

当然，涉毒案件中，行为人主观上不明知是毒品、不明知流向的是吸毒人员的无罪辩护是非常难开展的。因为我国对涉毒案件实施的是极其严厉的打击政策，无论是法律明确规定的推定情形，还是司法工作人员证据采信上存在的司法惯性，涉毒案件主观上不明知的辩护空间极小,但也不乏一些成功案例。

三、新精神活性物质案件的量刑之辩

除了诸如立功、从犯等量刑情节的常规毒品案件辩护策略之外,新精神活性物质案件存在一些特有的辩点,辩护人可以从以下几个角度进行辩护。

(一)数量之辩

新精神活性物质中绝大部分没有明确的数量折算标准(将相应的新精神活性物质折算成海洛因或者甲基苯丙胺),司法实务中,折算表中有对应折算标准的,一般办案人员会参考适用。目前,实务中的折算表有2004年的《非法药物折算表》、2016年最高人民法院《关于审理毒品犯罪案件适用法律若干问题的解释》(规定了14种新精神活性物质的折算标准)、2016年《104种非药用类麻醉药品和精神药品管制品种依赖性折算表》、2017年10月20日《关于印发100种麻醉药品和精神药品管制品种依赖性折算表》、2019年《3种合成大麻素依赖性折算表》以及2021年11月《氟胺酮和7种合成大麻素依赖性折算表》。通过查询司法实务中的相关案例可以发现,在最终量刑之时,司法工作人员并非必然按照上述折算表进行量刑。

案例七:2019年上海奉贤区"犀牛G点液"案。2018年11月,林某在通过微信购买性保健品时,卖家错发了3支"犀牛G点液",并声称该液体可以让性生活舒服。林某因比较好奇,便跟卖家谈妥以50元一支的价格买下这3支"犀牛G点液"并自用了一支。不久后,林某从各种途径获悉这种"犀牛G点液"是新型毒品,属于国家管制的违禁品。他有心扔掉又不想白白损失,便想着以200元一支的价格将手上的2支"犀牛G点液"销售出去,在和买家进行交易的时候,被警方当场抓获,现场查获的2支"犀牛G点液"经称重为5.9克。通过查询折算表,可以发现"犀牛G点液"跟海洛因、甲基苯丙胺的折算比例是1:1。众所周知,若行为人贩卖6克左右的海洛因或甲基苯丙胺,量刑虽为有期徒刑3年以下,但是根据《关于常见犯罪的量刑指导意见》量刑肯定不止有期徒刑几个月。然而,本案行为人仅判处了有期徒刑6个月。

案例八:2017年姚某某贩卖毒品案。姚某某从淘宝网上购买了大量30毫升一瓶装的烟油和大小号电子烟及配制工具量杯等,将烟油倒进量杯里以3:1的比例在烟油里掺加自称"柬埔寨香粉"的粉状物质(含有5F-AMB),然后将配制好的烟油再分装到从网上购买的5毫升容量的小瓶里进行包装后,通过淘宝网上开的店铺进行销售。2016年12月2日将姚某某抓获后,在其租住的房屋里当场收缴铁盒装粉状物半盒（“柬埔寨香粉”），净重54.47克；瓶装棕色液体2瓶，净重40.28克；此外从王某1手中提取烟油一瓶。另查明，“柬埔寨香粉”中5F-AMB成分含量为6.5%；烟油中5F-AMB成含量为0.38%。通过查询折算表，可以发现5F-AMB与海洛因或甲基苯丙胺的折算比例是1∶1.44。从姚某某贩卖、扣押的毒品数量来看，若纯粹按照折算表予以量刑其可能被判处有期徒刑15年甚至更高的刑罚，但是，最终本案仅判处了其有期徒刑11个月。

由此可知，虽然实务中对于新精神活性物质有相应的折算表，但并非严格按照对应的折算比例来进行定罪量刑，这就给辩护人留有一定的辩护空间。因此，新精神活性物质的案件，辩护人一定要应用好类案检索。辩护人可以通过检索相应的类案，甚至求助专家辅助人深入论证该物质的列管论证、风险评估的程序粗糙等。另外，有部分新精神活性物质尚无折算标准，辩护人可以根据《全国部分法院审理毒品犯罪案件工作座谈会纪要》的相关规定，依据存疑有利于被告人的原则，建议检察院或者法院在第一档法定刑量刑幅度内对行为人进行量刑。

另外，在司法实务中，也可能会遇到行为人贩卖几种新精神活性物质混合物的案件。对于这种案件，辩护人可以参考《全国部分法院审理毒品犯罪案件工作座谈会纪要》的相关规定来进行量刑辩护，即“对于含有二种以上毒品成分的毒品混合物，应进一步作成分鉴定，确定所含的不同毒品成分及比例。对于毒品中含有海洛因、甲基苯丙胺的，应以海洛因、甲基苯丙胺分别确定其毒品种类；不含海洛因、甲基苯丙胺的，应以其中毒性较大的毒品成分确定其毒品种类；如果毒性相当或者难以确定毒性大小的，以其中比例较大的毒品成分确定其毒品种类，并在量刑时综合考虑其他毒品成分、含量和全案所涉毒品数量。对于刑法、司法解释等已规定了量刑数量标准的毒品，按照刑法、司法解释等规定适用刑罚；对于刑法、司法解释等没有规定量刑数量标准的毒品，有条件折算为海洛因的，参照国家食品药品监督管理局制定的《非法药物折算表》，折算成海洛因的数量后适用刑罚。对于国家管制的精神药品和麻醉药品，刑法、司法解释等尚未明确规定量刑数量标准，也不具备折算条件的，应由有关专业部门确定涉案毒品毒效的大小、有毒成分的多少、吸毒者对该毒品的依赖程度，综合考虑其致瘾癖性、戒断性、社会危害性等依法量刑。因条件限制不能确定的，可以参考涉案毒品非法交易的价格因素等，决定对被告人适用的刑罚，但一般不宜判处死刑立即执行”。

（二）含量认定之辩

众所周知，涉毒案件不以毒品成分的含量认定毒品数量进而量刑。但有一种特殊情况,2016年最高人民法院《关于审理毒品犯罪案件适用法律若干问题的解释》第1条第2款明确规定:"国家定点生产企业按照标准规格生产的麻醉药品或者精神药品被用于毒品犯罪的,根据药品中毒品成分的含量认定涉案毒品数量。"换言之,若国家定点生产企业生产的非药用类的麻醉药品或者精神药品被用于毒品犯罪,可以从毒品成分含量的这个角度进行数量辩护。

(三)慎用死刑政策

包括新精神活性物质在内的新型毒品案件,在死刑适用问题上较为谨慎。作为辩护人,总体而言,可以根据会议纪要的精神,并提供类案等辩护策略,全面、深入地为行为人辩护。

案例九:2019年最高人民法院十大毒品(涉毒)犯罪典型案例之三——杨某某贩卖、运输毒品,赵某某贩卖毒品案。该案同样涉及5F-AMB这种新精神活性物质。被告人杨某某、赵某某长期从事化学品研制、生产、销售及化学品出口贸易工作。2015年4月,杨某某租用设备、场地进行化学品的研制、生产及销售。其间,杨某某雇用他人生产包括5F-AMB在内的大量化工产品并进行销售。2016年1月,赵某某与杨某某在明知5F-AMB已被国家相关部门列管的情况下,仍商定杨某某以每千克2200元左右的价格向赵某某贩卖150千克5F-AMB。2016年3月28日,被告人杨某某用约1千克5F-AMB冒充MMBC贩卖给李某某,后在李某某安排他人寄出的邮包中查获477.79克5F-AMB。2016年8月和9月,被告人杨某某、赵某某先后被抓获。公安人员从杨某某租用的冷库内查获33.92千克5F-AMB。本案的涉案毒品数量巨大,但最终行为人并未被判处死刑立即执行。这说明了我国对于包括新精神活性物质在内的新型毒品案件,量刑较为谨慎,一定程度上说明了该类案件行为人存在较大的不被判处死刑立即执行的辩护空间。

案例十:2018年最高人民法院毒品犯罪及涉毒次生犯罪典型案例之四——孙某某走私、贩卖毒品案。2016年3月,被告人孙某某明知"4-氯甲卡西酮"(4-CMC)被国家有关部门管制,仍以向境外走私、贩卖为目的,通过互联网购买约20公斤"4-氯甲卡西酮",并安排他人分批次邮寄给境外客户。上述由孙某某安排发往境外的邮包中,有17批次检出"4-氯甲卡西酮"成分,共计15854.43克。最终,孙某某被判处有期徒刑15年,剥夺政治权利5年,并处没收个人财产人民币10万元。通过本案可以发现,我国司法实务中对于新型毒品案件的死刑适用是非常严格的。尤其是案例十,综合考虑到该新型毒品的滥用范围小、列管的时间短,行为人具有坦白情节等因素,依法对孙某某判处有期徒刑15年,该案充分贯彻了宽严相济的刑事政策。

因此,若辩护人遇到数量非常大的新精神活性物质的涉毒案件,应当从多个角度、多个维度全面为行为人进行辩护,主要辩点可以参考该案评析,如滥用范围比较小、列管时间较短以及行为人存在其他酌定、法定的从轻或者减轻的理由,争取为行为人取得最佳的辩护效果。

(四)财产刑之辩

同样以孙某某走私、贩卖毒品案为例。该案中,孙某某被判处了人民币10万元的罚金刑。众所周知,目前涉毒案件一个比较明显的趋势是对于贩毒人员的财产处罚还是比较严厉的,这在毒品的相关司法政策、各级法院披露的案例中可见一斑。笔者认为,在判处相应的没收或者罚金数额当中,一般可以采取以违法所得相当的量刑裁判规则去为当事人进行辩护。辩护人在仔细审查案卷材料的基础上,扣除非列管化学品、非列管期间的获利金额或者事实不清、证据不足的金额等计算行为人的违法所得。同时,辩护人也可以检索类案,说服司法工作人员对于行为人的罚金刑,或者没收财产的这个刑罚,尽可能地往轻的角度为行为人辩护。

毒品犯罪辩护的三种思维

唐　健

对于毒品犯罪案件如何进行辩护，笔者总结出了以下三种思维模式。

一、全景辩护思维

在有多个被告人的毒品犯罪案件中，起诉书对于某被告人的犯罪事实，往往只给出时间、地点、人物、事件等简单信息，如指控贩卖毒品罪，起诉书可能只简单记载"×年×月×日，甲在A地以每颗70元的价格将×颗毒品麻果贩卖给了乙"。如果核实案卷后发现确实存在证明甲在A地交付毒品给乙并收受了毒资的证据，便认为本案已没有太多辩护空间的误解，就是被起诉书限制了辩护视野。

一名专业的毒品犯罪辩护律师，要能够做到心在案中，身在案外，要具备发现更广阔案件事实的能力。草原狼毒品犯罪辩护团队的创始人曹春风将这种开阔的思维模式很形象地命名为"全景辩护思维"。下面笔者将结合祝某贩卖毒品案介绍何谓"全景辩护思维"。

祝某贩卖毒品案起诉书一共指控了8名被告人，祝某位列第二位。其中第1～4名被告人为湖北的贩毒团伙（以下简称A团伙），第5～8名被告人为广东的运毒团伙（以下简称B团伙）。

起诉书载明的案件事实十分简单，就是B团伙开车从广东运输了50余公斤的毒品麻古交给了湖北的A团伙，A团伙将毒品进行了贩卖。起诉书的原文记载是"经依法审查查明，2019年5月30日，被告人5～8接受张××（另案处理）指使，驾驶车辆将50块毒品麻果从广东省运输至武汉市，到达武汉市后，将装有毒品的车辆交给了被告人1，随后，被告人1伙同被告人2～4将上述毒品麻果进行了贩卖"。起诉书最终指控被告人1～4贩卖毒品甲基苯丙胺达50余公斤，应当以贩卖毒品罪追究刑事责任；指控被告人5～8运输毒品甲基苯丙胺达50余公斤，应当以运输毒品罪追究其刑事责任。

起诉书对祝某所在的贩毒团伙的行为描述只有“进行了贩卖”5个字，至于贩卖给了谁、是否受指使、是否受雇佣贩卖、毒资来源等情况均未表述，但这些问题都是隐藏的辩点。根据《刑法》第347条的规定，贩卖、运输甲基苯丙胺50克以上的，量刑为15年有期徒刑、无期徒刑或者死刑。本案涉案的毒品数量达到50余公斤，已经远远超出了法律条文规定的可以判处死刑的毒品数量标准，所以本案有很大的风险判处多个被告人死刑，这是本案的难点之一。相应地，为祝某保命就成为本案的首要辩护目标。

全景辩护思维，要求不能局限在起诉书载明的案件事实的框内，要横向、纵向两个方向去审查全案事实。横向审查A团伙将毒品贩卖给了谁、贩卖的价格、犯意的提起等问题。因为A团伙与毒品买家是毒品交易上下家的关系，根据2015年《全国法院毒品犯罪审判工作座谈会纪要》“上家主动联络销售毒品，积极促成毒品交易的，通常可以判处上家死刑；下家积极筹资，主动向上家约购毒品，对促成毒品交易起更大作用的，可以考虑判处下家死刑”的规定，此时就应审查A团伙购买毒品的毒资是哪里来的，是否存在由下家积极筹资、预先支付等情况。若存在这种情况，可以考虑判处下家死刑，而对上家的A团伙，则可以从宽处理。纵向审查A团伙是否受雇佣、受指使，其所贩卖的毒品是否自行购买，还是由他人购买A团伙负责销售。2008年《全国部分法院审理毒品犯罪案件工作座谈会纪要》规定，“受雇佣、受指使实施毒品犯罪的，应根据其在犯罪中实际发挥的作用具体认定为主犯或者从犯。对于确有证据证明在共同犯罪中起次要或者辅助作用的，不能因为其他共同犯罪人未到案而不认定为从犯，甚至将其认定为主犯或者按主犯处罚。只要认定为从犯，无论主犯是否到案，均应依照刑法关于从犯的规定从轻、减轻或者免除处罚”。因此，要充分发掘A团伙背后是否还有未到案的共犯，在案卷当中寻找相关蛛丝马迹。如确实存在这种情况，即便共犯未到案，也应对A团伙从宽处理。以上横向、纵向审查，是把被告人1～4作为一个整体在讨论，具体到被告人2祝某而言，其在A团伙中的作用和地位同样值得关注。祝某是如何参与本案的、是否受其他被告人的邀约或者雇佣，这些问题同样会给祝某的量刑带来影响。

针对B团伙，起诉书中已明确载明，B团伙受张××（另案处理）的指使介入本案，这里同样涉及两个层面的问题：一是B团伙与张××是共同犯罪的关系，二是B团伙之中，谁与张××的关系最为密切。2015年《全国法院毒品犯罪审判工作座谈会纪要》规定，“一案中有多人受雇运输毒品的，在决定死刑适用时，除各被告人运输毒品的数量外，还应结合其具体犯罪情节、参与犯罪程度、与雇用者关系的紧密性及其主观恶性、人身危险性等因素综合考虑，同时判处二人以上死刑要特别慎重”，以及“在案被告人的罪行不足以判处死刑，或者共同犯罪人归案后全案只宜判处其一人死刑的，不能因为共同犯罪人未到案而对在案被告人适用死刑；在案被告人与未到案共同犯罪人的罪责大小难以准确认定，进而影响准确适用死刑的，不应对在案被告人判处死刑”。也就是说，一方面，考虑张××与B团伙，哪一方地位更高、起到的作用更大；另一方面，考虑B团伙内部哪一名被告人与张××的关系更为密切、主观恶性更深。这些都会影响被告人的具体量刑，甚至生命留存与否的问题。

基于以上分析，要培养全景辩护思维，需要辩护人多提出一些疑问，涉案毒品是哪里来的，是哪方先提起的毒品交易，毒品交易的价格是多少，毒资从何而来，毒赃流向何处，是交易主体还是居间介绍或代购，是否存在犯意引诱，等等。将这些问题的答案一一发掘出来，案件便会豁然开朗，即便有些问题无法得出答案，那么也就是存疑的状态，存疑就意味着转机。

二、证据辩换量刑辩思维

证据辩换量刑辩，是指辩护人通过对证据的审查，提出无罪或部分无罪的观点，虽然达不到无罪的结果，但可以取得从宽的量刑。当然，这样的方案应征得当事人的同意。

【基本案情】

2019年8月15日19时许，被告人罗某通过电话与被告人陈某约定购买冰毒，并约定在陈某的住处7楼703室进行交易。同日20时许，罗某到了陈某住处，通过手机转账给陈某人民币3000元，陈某将冰毒贩卖给罗某。随后，罗某携带上述毒品行至某街口处被抓获，公安机关当场从其裤子左侧口袋查获透明塑料袋包装的冰毒疑似物3袋。经称量、鉴定，上述毒品疑似物净重37.97克，均为毒品甲基苯丙胺（冰毒）。同日22时许，陈某在住处被抓获，公安机关当场在其住处隔壁厕所内查获透明塑料袋包装冰毒疑似物11袋，经称量、鉴定，上述毒品疑似物净重314.53克，均为毒品甲基苯丙胺（冰毒）。同时，在陈某住处卧室床头柜上查获透明塑料袋包装红色片剂状毒品疑似物1袋。经称量、鉴定，上述毒品疑似物净重0.47克，均为毒品甲基苯丙胺（片剂）。综上，检方指控陈某贩卖毒品甲基苯丙胺共计352.97

克(包括卖给罗某的37.97克,住处隔壁厕所查获的314.53克,房间卧室床头柜查获的0.47克)。

【争议焦点】

1. 陈某对于贩卖毒品给罗某的事实是认可的,但辩解称贩卖的数量不对,其卖给罗某2袋冰毒,而罗某被抓获时被搜查出3袋冰毒,对于多出来的1小袋计1.41克冰毒,陈某不认可是其贩卖给罗某的。

2. 对于陈某住处隔壁厕所里查获的314.53克冰毒,陈某辩解称该部分毒品与其不具有关联性。陈某的住处7楼703室实际上是其在6楼上搭建的违法建筑,由于楼顶有许多人违法搭建,也有很多临时居住的情况,所以陈某辩称隔壁厕所不是其私人空间,且隔壁厕所是上锁状态,而陈某没有钥匙可以打开。

3. 对于陈某卧室床头柜上搜出的0.47克麻果,陈某辩称是其个人吸食所用,不应计入贩卖的数量。

【辩护思路】

1. 从罗某的供述与辩解情况来看,第一次笔录中罗某称警察在其身上查获的3袋毒品冰毒都是陈某贩卖的,随后的几次笔录中罗某称陈某仅向其贩卖了2袋毒品冰毒,剩下的1袋是其在楼道里捡的。辩护人分析认为,罗某的该种说法虽看似不合常理,但能够和陈某的说法得到印证,且本案已然没有其他证据能够证实此节事实,直接贩卖的数量应扣减多出的1袋。

2. 对于在陈某住处隔壁厕所中查获的部分毒品,因数量较大,是否将该部分毒品认定在贩卖数量之中,直接影响陈某的量刑档次。关于这部分毒品的归属问题,在案证据没有其他同案犯供述、指认,也没有在该部分毒品外包装上提取到陈某的指纹或者DNA生物痕迹,而陈某否认该部分毒品属于自己所有,公安机关也确实没有在陈某的住处查获用于打开隔壁厕所的钥匙。本案也未将隔壁厕所查获的毒品与罗某身上查获的毒品进行同一性鉴定,不能认定隔壁厕所查获的部分毒品属于陈某。

3. 2015年《全国法院毒品犯罪审判工作座谈会纪要》规定,“对于有吸毒情节的贩毒人员,一般应当按照其购买的毒品数量认定其贩卖毒品的数量,量刑时酌情考虑其吸食毒品的情节;购买的毒品数量无法查明的,按照能够证明的贩卖数量及查获的毒品数量认定其贩毒数量;确有证据证明其购买的部分毒品并非用于贩卖的,不应计入其贩毒数量”。根据上述规定,陈某自我吸食的部分,可以在量刑时酌情考虑。

【结果分析】

最终法院采纳了辩护人第一部分的辩护观点，认定陈某直接贩卖给罗某的毒品为2包，将多出的1包计1.41克在贩卖数量中进行了扣减，最终认定陈某贩卖毒品甲基苯丙胺（冰毒）351.56克，犯贩卖毒品罪，判处有期徒刑15年，并处没收个人财产人民币5万元。

值得一提的是，陈某系累犯、毒品再犯，本案认定贩卖毒品数量351.56克，而只是依照该量刑档最低刑有期徒刑15年进行了判决，明显是法院对其他两个辩点也进行了量刑上的考虑。辩护人分析认为，对于第二个辩护观点提出的疑问，在案证据无法证明，法院虽然未能直接将该部分毒品从贩卖数量中予以扣减，但在量刑上进行了让步。这种留有余地的判决方式，在毒品犯罪案件尤为突出。辩护人要注意，在提出无罪或者部分无罪辩护的观点时，并不必然要追求无罪的结果，在量刑上获得优惠减让幅度的话，也是一种有效辩护。

三、合理辩解思维

在毒品犯罪案件中，常常会出现犯罪嫌疑人到案后否认主观明知毒品的情况，而毒品犯罪案件的手段往往比较复杂、隐蔽，公安、司法机关很难找到直接证据来证明主观明知问题。

2019年最高人民法院、最高人民检察院、公安部《关于办理毒品犯罪案件收集与审查证据若干问题的意见》第43条规定了“印证确认”规则和“内心确认”规则，“犯罪嫌疑人、被告人到案后否认明知是毒品，但综合同案犯罪嫌疑人、被告人供述，相关证人证言，从毒品包装物上提取的痕迹、生物检材，调取的物流寄递单据、资金交易记录、通信记录等其他证据足以证明其明知的，可以认定其明知是毒品（印证确认。——笔者注）。犯罪嫌疑人、被告人到案后否认明知是毒品，又缺乏其他证据证明其明知的，可以根据其实施毒品犯罪的方式、过程、毒品被查获时的情形，结合其年龄、文化程度、生活状况、职业背景、是否有毒品违法犯罪经历以及与同案犯罪嫌疑人、被告人之间的关系等情况，综合分析认定其是否明知是毒品（内心确认。——笔者注）”。由此可见，在既无直接证据，又无间接证据证明主观明知的情况下，需要司法者运用内心确认规则来推定犯罪嫌疑人、被告人是否主观明知，而阻断这种内心确认的有力方式就是合理辩解。

【基本案情】

2019年3月31日下午，犯罪嫌疑人李某在云南省某圆通速递点将两罐装有毒品麻果的腌菜罐子邮寄至武汉市，由万某（另案处理）予以接收。2019 年 4 月，万某在武汉市某社区蜂巢快递领取该包裹时，被公安机关抓获，现场查获藏匿有毒品的包裹，内有毒品麻果 49 袋加 8 颗，毒品净重 1058. 72 克。

【本案疑点】

介入本案后，辩护人第一时间注意到的证据是一份《到案经过》。《到案经过》显示李某是主动投案自首的，这让辩护人感到眼前一亮。一般来说，在毒品犯罪案件中，交易双方不太可能在交易完成后又后悔进行主动投案。带着这个疑问，辩护人通过会见李某，了解到李某本次邮寄包裹，是受一个缅甸的朋友之托。由于该缅甸朋友没有中国的身份证，无法在当地邮寄包裹，委托李某给武汉市的亲戚万某邮寄两罐腌菜，李某同意帮忙并接受了该朋友微信转账的 100 元。在包裹寄出后的几天，李某接到缅甸朋友的电话，告诉李某邮寄的包裹出事了，里面藏匿有毒品，让李某出去躲躲。李某就跑到了缅甸边境躲了一段时间。后来李某认为自己对毒品并不知情，于是选择投案自首。

【合理辩解】

合理辩解思维是阻断内心确信的有力武器，辩护人需牢记“四关、三高、一体内、一虚假、其他”。

2008 年《全国部分法院审理毒品犯罪案件工作座谈会纪要》规定，毒品犯罪中，判断被告人对涉案毒品是否明知，不能仅凭被告人供述，而应当依据被告人实施毒品犯罪行为的过程、方式、毒品被查获时的情形等证据，结合被告人的年龄、阅历、智力等情况，进行综合分析判断。具有下列情形之一，被告人不能作出合理解释的，可以认定其“明知”是毒品，但有证据证明确属被蒙骗的除外：(1)执法人员在口岸、机场、车站、港口和其他检查站点检查时，要求行为人申报为他人携带的物品和其他疑似毒品物，并告知其法律责任，而行为人未如实申报，在其携带的物品中查获毒品的；（通关）(2)以伪报、藏匿、伪装等蒙蔽手段，逃避海关、边防等检查，在其携带、运输、邮寄的物品中查获毒品的；（瞒关）(3)执法人员检查时，有逃跑、丢弃携带物品或者逃避、抗拒检查等行为，在其携带或者丢弃的物品中查获毒品的；（弃关）(4)行程路线故意绕开检查站点，在其携带、运输的物品中查获毒品的；（绕关）(5)为获取不同寻常的高额、不等值报酬为他人携带、运输物品，从中查获毒品的；（高额报酬）(6)采用高度隐蔽的方式携带、运输物品，从中查获毒品的；（高度隐藏）(7)采用高度隐蔽的方式交接物品，明显违背合法物品惯常交接方式，从中查获毒品的；（高度隐蔽）(8)体内或者贴身隐秘处藏匿毒品的；（体内藏毒）(9)以虚假身份或者地址

办理托运手续,在其托运的物品中查获毒品的;(虚假身份)(10)有其他证据足以认定行为人应当知道的。(其他)

【结果分析】

根据本案案情,检察机关要将本案诉至法院,就必须具有证明李某主观明知毒品的直接证据或间接证据,再或者具有推定李某主观明知的特殊情形。综观本案来看,能够用来推定的主观明知有三种情形:一是李某邮寄包裹是否接受了高额的报酬;二是李某邮寄包裹是否使用了虚假身份信息;三是李某邮寄的包裹是否经过了高度隐蔽包装。

针对以上三个方面,辩护人通过会见李某与核实在案证据,发现李某仅接受了缅甸朋友100元的微信转账,在案证据有转账记录进行证实,李某邮寄包裹已花费60多元,因此李某的获利不能称为高额报酬。根据在案证据快递物流单来看,李某使用的寄件人信息是其本人的真实姓名与电话,不存在使用虚假信息的情况。经与李某核实,其在接到朋友转交的腌菜罐子后直接进行了邮寄,没有再进行二次包装。因此,本案既不存在证明李某主观明知毒品的直接证据或间接证据,也不存在推定李某主观明知的特殊情形,最终本案在审查起诉阶段终结,检察院作出了不起诉决定。

6

第六篇

贪污贿赂类犯罪

贿赂犯罪的辩护要点与路径

武广轶

监察体制改革后，贿赂犯罪案件的调查、审查起诉与审判都呈现出新特点、新趋势。很多律师认为贿赂犯罪案件已几乎没有辩护空间，技术层面已经不是影响案件辩护效果的关键因素。笔者认为，无论外在环境与趋势如何变化，技术层面的研究与修炼都必不可少。做好做精律师所能把控的，确保辩护过程的有效性，再顺应时势、利用一切有利因素、尽量化解不利因素，贿赂犯罪案件结果层面辩护的有效性能够得到较大的提升。

下面，笔者主要从证据审查、法律适用、量刑协商三个方面分析探讨当前贿赂犯罪案件的辩护要点。

一、证据审查

刑事案件阅卷不外乎审查证据的证据资格和证明力。证据资格审查是先决问题，要确认证据有证据资格后再审查证据证明力的大小。证据中有一部分是非法证据，而非法证据之辩曾经是贿赂犯罪的主要辩点。

陈卫东教授称，贯彻落实《刑事诉讼法》最好的是公安机关，看守所的管理变化最大。退步的是检察机关，在职务犯罪中，刑讯逼供现象越来越突出，已经超过了公安机关。① 陈教授的观点值得思考的是，在检察院有侦查权的时候就存在的职务犯罪案件的证据合法性问题，不会因为监察体制改革就突然消失。在监察体制改革后的职务犯罪案件中，被告人及辩护人提出排除非法证据申请的比例大幅下降，但能不能发现非法证据以及如何申请排除非法证据仍然非常重要！尤其是对于当事

① 《人大教授：检察机关刑讯逼供已超公安》，载安徽省律师协会官网 2014 年 3 月 19 日，http://www.ahlawyer.com.cn/DocHtml/1/00004803.html。

人坚持不认罪、坚持认为取证存在问题、证据不客观的案件。

（一）如何发现和处理非法证据的问题

有没有非法取证（非法取证的手段已经达到了《刑事诉讼法》第65条规定的标准）是一个事实问题；如果有非法取证，犯罪嫌疑人、被告人所作出的供述是否客观是一个判断问题；如果有非法取证且犯罪嫌疑人、被告人作出的供述也具有客观性，要不要启动排除非法证据则是一个价值取舍问题。司法实践中，犯罪嫌疑人、被告人主张办案机关非法取证，但其供述也是实话，其只是要捍卫个人的权利而要求律师排除非法证据的情况几乎没有。几乎所有的犯罪嫌疑人、被告人申请排除非法证据的潜台词都是没有做过这件事情，但因为非法取证而违背意愿作出了不客观的供述，所以要申请排除非法证据、还原真相。或者说，犯罪嫌疑人、被告人承认经济往来的客观事实发生了，但关于背景原因、主观认识、主观故意、谋取利益等作出了有违本意的供述。也就是说，只有两个问题需要辩护人作出选择：一是有没有非法取证，如何证明有非法取证或者违法已经达到了非法取证的程度；二是有非法取证，是否提出排除非法证据申请。

此时，辩护人最关心的是排除非法证据后当事人能得到什么好处。一般来说排除非法证据后不外乎三种结果：一是减少指控罪名，二是减少指控金额，三是在量刑上有所减让。这就需要辩护人向当事人准确释法、权衡利弊，作出辩护路径的选择。

1. 如何发现非法证据

非法证据的线索要通过会见当事人、审查卷宗、分析案件背景来发现。

（1）细致会见

首次会见最重要的是告诉当事人监察委员会移送审查起诉认定的事实、数额以及可能的量刑。按照笔者的经验，首次会见分析量刑时很多当事人都会受到“惊吓”。这是由于辩护人分析的量刑档次和可能的量刑都远远超过当事人的预期，当事人难以置信或难以接受。

首次会见的“惊吓”反映出的实质问题是当事人的有罪供述、认罪认罚的自愿性和客观性的问题，是调查讯问中的释法说理是否准确、客观的问题，是侦查谋略与威胁、引诱、欺骗的区分问题。

在所有的认罪认罚案件中，对职务犯罪案件的认罪认罚是否客观存在较大争议。行贿人与受贿人出于自保先行认罪认罚。那么，他们的认罪认罚是否客观就是一个关键问题。

那么，是什么原因造成了当事人供述不客观、不真实呢？是变相肉刑，还是威胁、引诱、欺骗？首先，辩护人在会见时要准确释法。要向当事人释明认罪认罚自愿性、客观性问题与非法证据的关联及区别、释明当前职务犯罪案件非法证据排除制度的运行状况。其次，辩护人需要确认辩解、弄清过程。确认当事人在调查阶段、检察官先行拘留时的讯问阶段是否提出过证据客观性、合法性问题的辩解。如果提出过，是怎么提的？如果没有提过，在现阶段要不要提？不管最终是否决定启动排除非法证据，辩护人详细做好首次会见的笔录非常重要。

（2）证据比对

从笔者之前办理的贿赂犯罪案件来看，通过细致的证据比对能够发现很多问题。证据比对包括受贿人供述和自书材料形成过程的纵向比对，行贿人供述和自书材料形成过程的纵向比对，受贿人与行贿人双方供述的横向比对，全案证据的综合比对，等等。依靠证据比对出当事人前后供述存在差异，进而证明当事人供述是不客观的，几乎不现实，除非那种时供时翻、供述极其不稳定的案件。而且，时供时翻、供述极其不稳定的案件，到装订卷宗的时候，辩护人未必能看到不供或翻供的笔录。辩护人看到的几乎都是相互印证的笔录。

证据比对要发挥有效作用，除了律师阅卷要细致、逻辑清晰以外，还需要辩护人审查的笔录是全面的、客观的。如果证据材料已经经过了人为的取舍、裁剪，就很难通过证据比对发现其中的破绽。

在实际办案中，是先供后证还是先证后供、立功是否掌握线索、是主动说还是补充说对办案效果都具有一定的影响。例如，某案件笔录上记载，嫌疑人说完 A 罪名后，称还要补充一个问题，他还给甲送了 20 万元。这个笔录反映的就是嫌疑人主动供述其行贿的犯罪事实，看着很可信，因为都是他主动补充供述的。但实际上，是他被讯问，甚至于指供后交代的。只不过为了显示供述的可信度，记载成了其主动补充交代。

尽管证据比对发挥的作用越来越小。但也是律师进行阅卷的基本功。在有些案件中确实也能发挥出其应有的作用。

（3）审查同步录音录像

对于是否存在非法取证的问题，不仅要靠当事人提供线索，辩护人也要在卷宗和同步录音录像中寻找线索。但职务犯罪案件中同步录音录像资料的获取难度极大。《监察法》规定的是“留存备查”，由检察院协商调取，而非“随案移送”。

2021 年 9 月 20 日公布的《监察法实施条例》第 56 条第 2 款规定：“人民检察

院、人民法院需要调取同步录音录像的,监察机关应当予以配合,经审批依法予以提供。”“应当予以配合”“依法予以提供”规定得挺好,“经审批”是经哪一级审批,在几日内审批,何种条件下应当审批或不审批,辩方的权利是什么,对控方证明责任的影响是什么等都不清楚,故该条款的落地情况不容乐观。

监察体制改革后职务犯罪排除非法证据中的同步录音录像问题有诸多表现。

第一种情形是不作为指控犯罪的证据,不必调取。控方主动过滤某一份或某几份供述,称其不作为指控犯罪的证据,但不回应这几份证据是不是非法证据。

第二种情形是控方称录音录像已经公诉人审查,辩护人不必调取。针对辩护人调取同步录音录像的申请,公诉人称办案人员已经审查过了,不存在非法取证的情形、不支持调取。这就相当于公诉人以信用担保录音录像的合法性。大陆法系认为检察官、法官具有“诉讼关照义务”,追诉方会客观公正去审查证据、录像有没有问题。但是,一方面,追诉方未必能够切实履行客观公正义务;另一方面,以控方已经审查来限制、剥夺辩护人的权利,也不符合程序公正的原则。

第三种情形是法院以公诉机关未提交同步录音录像为由不支持辩护人的申请。在有的案件中,法院以公诉机关没有将同步录音录像作为证据提交而不支持辩护人调取同步录音录像的申请。

2017 年以前在贿赂犯罪案件中排除非法证据取得了一定成果,最典型的是 2011 年号称非法证据排除第一案的章国锡受贿案,催生了 2017 年最高人民法院、最高人民检察院、公安部《关于办理刑事案件严格排除非法证据若干问题的规定》第 38 条第 3 款:人民检察院在第一审程序中未出示证据证明证据收集的合法性,第一审人民法院依法排除有关证据的,人民检察院在第二审程序中不得出示之前未出示的证据,但在第一审程序后发现的除外。以此来提醒控方不能怠于举证。

第四种情形是只能调取讯问期间的同步录音录像,非讯问期间的不予调取。在杨某明受贿案中,杨某明辩称仅有的一次有罪供述是被胁迫后作出,辩护人申请调阅当天的同步录音录像,公诉机关只提供该份笔录记载的讯问起止时间的录音录像,法院认为“同步录音或录像的规定是针对‘讯问过程’这一特定时间段,被告人及其辩护人要求调取讯问前数小时及讯问后数小时的同步录像的要求不符合法律规定”。该案判决的逻辑就是只要在该讯问时段的同步录音录像内不存在胁迫,该份笔录就合法,而不论讯问笔录时段前后是否存在胁迫。

监察调查程序具有封闭性,外界主体不能参与和介入,而实际上留置点的摄像头是 24 小时不间断的,如果以不是“讯问时段”不予提供、法院对“非讯问时段”的同步录音录像不予审查。则辩护人很难有所作为。

讯问过程包含的时间段是哪一段？应否包含犯罪嫌疑人、被告人提出辩解、存在争议的讯问的前后时段？笔者认为，在留置点内，除了看守陪护、医务以外的其他人进入房间与被留置对象谈话，不管有没有做讯问笔录，实质上都与案件有关。对于双方对讯问的合法性有争议且犯罪嫌疑人、被告人提出了具体线索的，不仅应当调取讯问时段的同步录音录像，还应当调取线索提及的讯问前后时段的同步录音录像。如此，才能查明是否存在非法取证或者是否能够排除非法取证。

调取同步录音录像是辩护人开展辩护工作的难点和痛点。要破解调取录像之难，笔者认为只有依赖于当事人记忆准确、陈述清晰具体，便于辩护人收集线索；依赖于辩护人深入阅卷、发现线索、发现反常，提出申请；依赖于辩护人的人设和影响力；也依赖于能否遇到一个有担当的案件承办人。

2. 如何申请排除非法证据

根据最高人民法院、最高人民检察院、公安部、国家安全部、司法部《关于办理刑事案件严格排除非法证据若干问题的规定》第17条第1款、第2款的规定："审查逮捕、审查起诉期间，犯罪嫌疑人及其辩护人申请排除非法证据，并提供相关线索或者材料的，人民检察院应当调查核实。调查结论应当书面告知犯罪嫌疑人及其辩护人。人民检察院在审查起诉期间发现侦查人员以刑讯逼供等非法方法收集证据的，应当依法排除相关证据并提出纠正意见，必要时人民检察院可以自行调查取证。"

在辩护中，如果需要排除非法证据，首先需要启动排除非法证据调查程序。在检察院审查起诉阶段，辩护人需要提交的文书是《关于××案启动非法证据排除审查程序申请书》附控告信等相关线索、调取同步录音录像申请书。在审判阶段，需要提交的文书是《关于××案非法证据排除申请书》，也需要附控告信等相关线索、如果调取同步录音录像的申请在审查起诉环节未能实现，在审判阶段继续申请调取。

但有的案件，经过了辩护人的申请和争取，排除非法证据程序仍然不能启动。从判决来看，检察院、法院处理排除非法证据申请的很多理由缺乏法律依据。比如：以被告人已经在笔录上签字、捺印倒推证明其已经确认程序合法不需要排除非法证据；以在检察院阶段未提出排除非法证据就证明程序合法、审判阶段不需要排除非法证据；有公诉人调取在留置点的陪护记录，证明没有疲劳审讯；等等。对此，辩护人能够做的、应该做的就是坚持不懈提出申请、提供线索，要求调查、要求排除非法证据,对不启动排除非法证据或不排除非法证据的决定提出书面辩护意见,要求附卷,在当前的程序中继续推动,也为后续的诉讼程序奠定基础。

(二)证据体系和证明标准的问题

贿赂犯罪案件在证据层面的主要焦点就是证明某一罪名或某一行受贿事实是否发生、存在的证据是否确实充分,以及罪名中的某一构成要件是否有确实充分的证据证明。比如,有无利用职务便利的问题,利用影响力受贿罪中的“影响力”要用什么证据证明的问题,某一经济往来是借款还是贿款,等等。

贿赂犯罪中在证据层面传统的难点问题就是“一对一”的证据问题。“印证审查”是主流的证据审查方法,但“一对一”的证据显然没有办法印证。有的情况下究竟是如何实现印证的,是不是表面印证、假象印证等,值得深究。个别案件只能通过调取外围证据来戳破所谓的印证一致,比如通过调取转款记录证明所谓的受贿款实则是借款,且在约定时间已由嫌疑人的妻子转账归还,则受贿事实也就不复存在。

相当一部分案件的调取证据申请得不到检察院、法院的同意。基于检察机关的“案件比”的考核,职务犯罪案件退回补充侦查很困难,调取证据更是难上加难。辩护人列出调取证据的项目、阐明调取的理由,在审查起诉阶段,检察院或者监察委员会不同意调取。在法院审理阶段辩护人申请调取证据,法院认为举证责任在控方,辩护人直接与检察院联系请公诉人调取;检察院则说案件已经起诉到法院,由法院决定是否调取。有的客观证据辩护人自行调取时,公权力机关表示证据不能调给律师,要让律师申请司法机关来调取,但法院、检察院认为与案件无关、不予调取。于是调取证据进入了死循环。

对此,辩护人能够做的仍然是主动调取证据或申请调取证据。客观证据大胆调取,言词证据谨慎调取。在辩护人不能调取证据的情况下,可以发动犯罪嫌疑人、被告人的家属寻找客观证据的线索。如果还是无法获取,辩护人需要撰写高质量的调取证据申请书,说明申请调取证据的必要性。

总之,在申请调取证据的过程中,辩方认为证据不足、控方认为证据够了;辩方认为证据矛盾需要核实,控方认为可以作出合理解释;辩方认为会影响定罪量刑,控方认为不会影响,不会撼动指控证据体系……一言以蔽之,控辩双方的争议就是“那是你认为,不是我认为”。其中一部分案件调取证据的实质就是检察官、法官是否愿意或能够担当在其负责的诉讼阶段证据出现了变数。

（三）生效判决的既判力问题

行受贿案件绝大部分是对合犯，只要行贿人谋取的是不正当利益的且达到追诉标准的，双方均构成犯罪，但需要分案处理。那么，问题来了，应该先审受贿的案件还是应该先审行贿的案件？法律对此并没有规定。

行贿与受贿案件中，哪一方更容易认罪认罚？或者说，谁更容易妥协？总体而言，翻供的行贿人也有，但翻供的受贿人更多，行贿方比受贿方更容易“一认到底”。有的办案机关恰恰就是洞悉了这种特点，越是难啃的受贿案件越是要求先审理行贿人的案件，出了一个生效判决，那受贿案的被告人和辩护人还能怎么辩护呢？

《监察法实施条例》第69条第2款规定：监察机关办理职务违法案件，对于人民法院生效刑事判决、裁定和人民检察院不起诉决定采信的证据材料，可以直接作为证据使用。而有的案件，就是很生硬地用另案处理、分案处理的生效判决来处理有争议的关联案件。对此，辩护人需要向控方、向法庭释明生效判决与免证事实的区别。

在刑事案件中，关于人民法院的生效裁判能否作为免证事实，在司法实务中一直存在争议。例如，最高人民检察院在《人民检察院刑事诉讼规则》第401条第2项将“人民法院生效裁判所确认并且未依审判监督程序重新审理的事实”作为免证事实，规定在法庭审理中不必提出证据进行证明。但从《刑事诉讼法》《民事诉讼法》《行政诉讼法》相关条文中可以看出，立法机关仅在《民事诉讼法》中对经过法定程序公证证明的法律事实和文书作为免证事实，对于其他免证事实则未有规定。

最高人民法院的司法解释虽然对于免证事实进行了规定，但是均针对审理民事、行政诉讼案件中的证据认定。虽然最高人民法院未有明确对生效判决是否属于免证事实进行规定，但在最高人民法院相关业务庭主办的《刑事审判参考》刑事指导案例第497号（何某国抢劫案）中，审理法院认为，证据未经当庭出示、辨认、质证等法庭调查程序查证属实，不得作为定案的根据。同案人的刑事判决书本身是一种证据，是一种书证，但它只能证明本案其他人员被定罪判刑的情况，不能直接证明其他被告人的犯罪事实，对该文书本身的质证代替不了对其中具体证据的质证。对具体证据的质证，目的在于判断该证据能否成为后案中指控被告人犯罪的证据，它与质证该裁判文书本身的效用明显不同。同时，如果不对具体证据进行质证，被告人及其辩护人就没有机会针对该具体证据发表意见，实际上剥夺了被告人的辩护权，也不利于全面查明被告人的犯罪事实。

广东省高级人民法院课题组《关于统一全省法院刑事证据采信标准的调研报

告》指出:“对于其他刑事判决确认的事实是否属于免证事实,认识上有争议。外省法院所制定的刑事证据规则中,有的将此规定为免证事实,我们认为是不妥当的。如在共同犯罪中,共同犯罪人甲先归案,先被判决,在甲的刑事判决中,已认定乙与甲共同作案。乙随后归案,法院在对乙审理时,如果直接援引甲的刑事判决中所认定的事实,径行对乙定罪量刑,则剥夺了乙的辩护权,实质上是缺席判决,这和我国刑事诉讼的法律规定及诉讼理念是相悖的。”

生效判决的既判力问题,也是刑事辩护律师的难点所在。作为辩护人,能做的只能是对存在矛盾的证据的深刻揭露和展示,对表面印证、不能排除合理怀疑的证据进行深入分析、阐述。辩护人要指出案件存在的问题,要求控方不能将生效判决确认的事实作为“免证事实”直接运用,可以要求控方在本案中履行举证、质证义务,可以呼吁法官不要简单地认为“生效判决属于免证事实”就直接运用,不要迷信刑事生效判决,不要被表面上的印证所迷惑。

二、法律适用

(一)行贿罪与单位行贿罪

行贿数额在100万元以上,个人行贿的就属于情节严重,处5~10年有期徒刑并处罚金;500万元以上的,个人行贿就属于情节特别严重,处10年以上有期徒刑至无期徒刑,并处罚金或没收财产。但如果是单位行贿罪,不管数额多少,量刑幅度就是5年以下有期徒刑或者拘役。

同样的数额,罪名不同结果天差地别。所以,在行贿领域,最主要的辩护方向就是单位行贿。

行贿罪与单位行贿罪的区别很明显。单位行贿罪以单位名义实施、违法所得归单位所有。但有的案件中,监察委员会或者检察院虽然认可行贿主要是为了单位的利益,但认为认定单位行贿的证据不足,如没有证据能够证明代表单位意志,没有证据证明行贿资金最终在公司报销处理,一部分监察机关不认可从外账上以及个人账户转款的资金属于公司资金。所以,单位行贿罪的认定在不同的地方,甚至同一法院的不同合议庭中把握都不一致,存在对单位行贿罪的证据要求过于严格的问题。对此,辩护人需要结合具体案例,援引权威文献及案例,收集相关证据,论述是否应当认定为单位行贿罪。

(二)利用影响力受贿罪与对有影响力的人行贿罪

利用影响力受贿罪和对有影响力的人行贿罪案件数量近年来也呈现上升的趋

势，争议焦点主要是关系密切如何证明。国家工作人员近亲属很好判断，但近亲属之外的其他与国家工作人员关系密切的人的判断不是那么明晰。当今社会，人与人的联结、政商联结都呈现出越来越复杂的情况。关系密切靠什么来证明，是传闻、目睹还是国家工作人员的确认，还是仅需要行为人自己承认其与领导关系密切即可？比如新闻报道诸多政治掮客均号称或传闻与诸多高层领导有密切关系，在不良的政治生态中，很多人都信。但笔者所了解到的此类案件都没有去收集高层领导的证据，但都认定掮客是高层领导的密切关系人。此类案件即便已经进入诉讼程序也很难"去神秘化"。

另外，行贿人既有对国家工作人员的行贿行为，也有凭借与该国家工作人员的密切关系而单方面从其他第三方处获得好处，究竟是应该行贿罪与利用影响力受贿罪数罪并罚，还是将其单方面从第三方获得的好处也评价为是通过行贿罪谋取到的不正当利益，笔者认为应当分开评价，因为从第三方获得的好处已经超出了行贿罪中谋取"不正当利益"的范围。

（三）索贿、被索贿情节的认定

作为从重处罚的情节，索贿情节的认定一直存在比较大的争议。很多行贿的犯罪嫌疑人、被告人都辩解其实是被索贿，希望辩护人能够辩护为其被索贿；而受贿人则辩解是行贿人主动给予，希望辩护人为其辩护不构成索贿。

索贿的认定争议由来已久，近年来的判决也是观点各异。有观点认为，索贿是法定从重的量刑情节，其认定的标准应该更高。必须达到不得不给的程度，才叫索。不给就干不下去、不给就不能提拔，对方迫不得已给才叫索贿，相当于与敲诈勒索的"索"的程度要基本相当。甚至于还需要证据证明如果不给很有可能或者已经被刁难。还有观点认为，索贿是指索要或者勒索。只要国家工作人员一方主动提出就是索要，索的意思是"主动提出"，至于"强迫、不得不给"是"勒"的意思而不是"索"的意思。

笔者认为，索贿能否认定，争议焦点主要有三：

第一，证据是否能够确实充分证明是某一方主动要贿赂或给予贿赂。这是证据问题，根据存疑有利被告的原则认定。

第二，事先行贿方表示过事成之后将给予酬谢，后受贿方依据约定主动提出要求兑现酬谢的，不应认定为索贿。

比如云南某商贸公司、陈某某单位行贿案。检察院指控：被告单位云南某商贸公司为取得文山州国土事务中心的某泽宾馆装修工程和能够合作经营酒店等事宜,其法定代表人陈某某送文山州国土资源局局长何某1和国土事务中心主任白某刚各150万元。辩护人提出系被索贿。法院判决认为:被告人陈某某的供述证实在谈合作时陈某某已承诺要送给何某1、白某刚各500万元的好处费,白某刚供述也同样证实其还没有向陈某某提出好处费前,陈某某就主动说事成后要给两人300万元的好处费,两人的供述证实了何某1、白某刚并没有主动向陈某某索要财物,此后白某刚催要属于对陈某某履行承诺的催促,而非索贿。

深圳市中级人民法院办理的张某单位行贿案,辩护人提出的张某所送两块手表系被徐某为索贿的意见,法院判决认为,索贿是国家工作人员利用职务上的便利主动向他人索要或勒索并收受财物。经查,被告人张某为某公司谋取项目中标而向徐某为请托并许以利益在先,徐某为并未以不给予财物将利用职权对某公司作出不利行为进行明示或暗示的勒索,徐某为在中标后提出购买手表亦仅系实现贿赂的具体方式,故该辩护意见,不予采纳。

来宾市中级人民法院办理的龙某某行贿案,判决认为:经审查认为,索贿是指国家机关工作人员利用职务上的便利,主动向他人索要或勒索并收受财物,为他人谋取利益的行为。索贿的行为特征包括:首先,索贿具有主动性,即行为人是主动地要求他人给予财物,而不是被动地等待他人给予财物;其次,索贿具有索取性,即行为人总是以所掌握的职权为条件,乘人之危,向他人施加精神压力,迫使对方向其交付财物;最后,索贿具有交易性,即索贿者通过要挟迫使对方向自己给付财物,而以本人职权为某种行为或者不为某种行为为交换,表现为权钱交易的造意者、提起者。本案中,龙某某为向来宾市人民医院销售医疗设备,获取非法利益,主动找时任该院院长周某协商,双方达成了按销售额一定的比例回扣给周某的合意,证实龙某某是权钱交易的造意者、提起者。因此,不论是龙某某在每笔交易之后主动按约定给予周某回扣,还是在每笔交易之后周某按约定索要回扣,在不超出双方约定的回扣金额的情况下,不影响龙某某主动行贿的性质。龙某某及其辩护人提出周某索贿的上诉理由及辩护意见与事实不符,不予采纳。

第三,行贿一方提出被索贿,关键要看是一拍即合、各取所需,还是违背了行贿方意志。

辩护人要关注到,索贿不应当只以谁先提出来,还是应该判断是否违背其意志,违背意志不一定要到迫不得已的程度,但一定不能是“一拍即合、各取所需”。

比如,广西玉林的蒋某对单位行贿罪案,法院判决认为:索贿是指受贿方主动提出,行贿方被动接受且违背其意志。本案中被告单位是为获取北流市教育局更多的项目、实现更快的回报、获取更大的利益,是相互利用,各取所需,是典型的权钱交易,被告单位的行贿行为并未违背其意志,本案中,被告单位也获取了不正当利益,不应认定为被索贿。

(四)受贿罪中的若干所谓新型贿赂手段的罪与非罪

所谓的新型贿赂手段,就是2007年最高人民法院、最高人民检察院出台的《关于办理受贿刑事案件适用法律若干问题的意见》中规定的十种类型,随着经济的发展,新型贿赂手段已不止这十种类型。笔者的体会是实体层面有争议的职务犯罪案件是可遇不可求的。如何全面寻找辩点、发现辩点以后如何寻找论据展开论证呢?笔者认为应通过认真细致阅卷搞清楚事情的来龙去脉、体系性研究司法解释和构成要件的要求,灵活理解社会经济生活的复杂性,全面认真做学术文献整理和案例检索,肯定能够做好充分的辩护。这类辩护最好也是进行个案分析,在此不再展开。

(五)不正当利益的认定

关于为了索要拖欠的工程款给相关领导行贿,是否属于谋取"不正当利益"。曾任最高人民法院法官的苗有水的观点是,只有那种依据正当程序必然获得的确定利益,才有可能成为"正当利益"。试想,面对一种必然获得的确定利益,谁又愿意向国家工作人员行贿呢?如果国家工作人员不作为而怠于兑现相对人的确定利益时,才可能出现相对人基于谋取正当利益的心理而贿送财物的情形。而这种情形下,人们宁可选择向纪检部门举报,甚至提起行政诉讼,也不愿意行贿。结算工程款虽然是合法行为,但不是一种确定的可得利益。

笔者认为此观点太过于理想主义,绝大部分的人不愿意为必然获得的确定利益行贿,但公权力机关、国有企业的懒政、怠政现象并不少见。如果双方对货款、工程款的结算均无异议,乙方为催要货款、工程款而行贿就是为了谋取正当利益。

北京大学车浩教授指出,"谋取竞争优势"是一个中性用语,任何人参与竞争性活动,都要谋取竞争优势。因此,这一用语本身并不能给"谋取不正当利益"之"不正当"提供有效解释。有效解释的关键在于"违背公平、公正原则"。按照司法解释的用语和逻辑,违背公平、公正原则的问责对象是行为人,但在经济、组织人事管理等活动中,要求不得违背公平、公正原则的问责对象,应当是国家工作人员而非普通公民。为了催要货款、工程款等行贿,相当于请求加速办理职务行为的"加速费"。判断"加速费"是否属于"谋取不正当利益",关键点在于一项行政事务能否加速办理,这对于行政相对人而言有着至关重要的意义。对于国家工作人员的职务要求而言，其既没有违反具体规定，也不属于酌情决定，因而也就不构成行为人所谋取的不正当利益。

笔者完全赞同车浩教授的观点，如果仅是为了催促尽快拨付应付的工程款而行贿，不属于为谋取“不正当利益”。但司法实务中有的案件呈现出了更危险的倾向，在行贿人的笔录中，不仅仅是“我是为了请求领导尽快拨付工程款”，后面又多了半句话“并持续获得他的关照，以后再帮助我获得工程”。

三、量刑协商

（一）从混乱的自首认定中找对己方有利的观点和案例

自首已经成为非常关键的量刑调节器，自首认定与否对量刑的影响非常大，尤其是涉及能不能减轻处罚。职务犯罪案件自首认定的一大争点就是，电话通知到案应否认定为“主动投案”，即办案机关在已经了解其犯罪线索但尚未谈话、讯问、立案、采取调查措施前电话通知被调查对象去说明情况，单位陪同或者其本人自行去接受谈话，随后被留置的，是否应当认定为自动投案。

《监察法实施条例》第214条第1款第3项、第4项规定“在初步核实阶段，尚未受到监察机关谈话时投案的”“职务犯罪问题虽被监察机关立案，但尚未受到讯问或者采取留置措施，向监察机关投案的”，这里的核心争议点是，“电话通知其到案的”算不算“尚未受到监察机关谈话、讯问”？

赞同认定为自动投案的理由主要有三点：（1）职务犯罪中对人的“强制措施”只有留置，电话、口头或书面通知初查对象或被调查对象到案接受问话不属于强制措施，也不属于已经受到谈话和讯问。（2）以司法实践中公安机关常用的电话通知到案为例，如果是普通刑事案件，公安机关电话通知犯罪嫌疑人到案的，认定为自动投案应无疑问，《刑事审判参考》中的案例也明确了该立场。（3）既然是电话通知，虽然一般情况下对象无从逃跑，但不排除其有逃跑、自杀、自残不接受调查、审判的可能，但其没有逃跑、自杀、自残就说明通知对象有愿意将自己交付调查和审判。

反对的理由主要有两点：（1）职务犯罪案件，尚未受到调查谈话是指对象尚未与纪检监察机关办案人员进行语言交流之前，语言交流包括当面接触谈话交流，也包括使用电话、手机、微信等进行远程通信交流。纪检监察机关电话通知涉嫌职务犯罪的监察对象或涉案人员到案，就意味着纪检监察机关已经开始进行询问、谈话，在这一时间节点已无成立主动投案的空间。（2）被调查人都是中共党员或国家干部，他们原本就负有对党忠诚或向组织如实报告有关情况的义务，基于全面从严治党以及深入推进反腐败斗争的需要，在投案问题上不宜给予过多的优待。

司法实务中，相同的到案情形在不同的检察院、法院会作出矛盾的认定，除了涉及检察官、法官对自动投案的理解之外，其实还受到"情理"的影响，那就是谁来决定是电话通知嫌疑人到案还是主动去抓嫌疑人到案，区别只在于办案人员想怎么办！究竟是通知嫌疑人到案还是主动去抓人、带人，两种工作方法、策略的选择之间，为被调查人造成了到案情节的先天区别。有的案件为了抓捕安全、严防逃跑以及以突如其来的抓捕制造强大的震慑因素等原因，不适宜通知嫌疑人到案。但很多案件究竟是电话通知嫌疑人到案还是主动抓捕嫌疑人确实在办案人员的一念之间。有的法官就认为，行受贿案件的特殊性不容忽视，哪怕行贿人交代了行贿事实，若受贿人心理素质足够强大、手段足够高明、痕迹不明显，其拒不交代也无法认定。所以，电话通知嫌疑人来接受调查，只要其愿意承认，认定为自首为宜，这也是给调查机关提供政策兑现的平台。到案的方式、到案后的做法取决于办案机关和办案人员，不取决于被告人。所以要看立法原意和政策主旨来认定自首，而不要机械地看办案人员的工作方式。

（二）百折不挠争取立功情节

立功线索在职务犯罪案件中对量刑也有着重要影响。笔者认为立功主要靠当事人是否有意愿和能力提出检举揭发的线索，同时，辩护人申请查证其检举揭发材料是否构成立功也是一个坚持不懈、长期努力争取的过程。在撰写查证是否构成立功线索的申请时，可以注意援引《中国共产党纪律检查机关监督执纪工作规则》关于线索处置等的相关规定，引起办案机关的重视，即便在本案判决以前尚未查证属实，也必须留下痕迹，有利于当事人在服刑期间查证属实后减刑。

（三）量刑协商

职务犯罪的量刑协商特别难。一是难在当事人和家属的心理预期比较高，他们虽然知道即便坦白、认罪悔罪、全额退赃，也只能是从轻处罚而不能减轻处罚，但要他们接受10年以上的量刑太难了。二是对可能判处3年有期徒刑的案件，难在公诉人的量刑建议中不明确提出可以适用缓刑。很多单位行贿的案件在法定刑幅度内可以判处3年有期徒刑的，检察机关的量刑建议为2～3年或3～4年，并不明确提出可以适用缓刑。此时当事人和辩护人就很纠结要不要签。

要在量刑协商中有所作为和成效，需要做到以下三点：

1. 充分阅卷，全力寻找博弈的筹码

最高人民法院、最高人民检察院一再强调认罪认罚从宽不是辩诉交易，但实际上，如果只有一方将利益给到另一方而他自己得不到任何利益，那叫赠与、施舍不叫协商！认罪认罚从宽的博弈点在哪里？在于证据能否采信、证据体系是否闭合、事实能否认定、法律构成要件是否完备、量刑从宽能有多宽。当控方认为上述几方面确有问题的情况下，可能会下意识地遵循“你若认罪认罚减少对抗就从宽”这个规律。可见，案件怎么可能没有降低证明标准呢？笔者认为，至少减少和降低了控方的指控论证成本和裁判者的文书写作难度。所以，即便辩护人不作无罪辩护，想要获得量刑上的从轻、减轻，必须有台阶和筹码。

所谓台阶，就是法定、酌定的量刑情节；所谓筹码，就是不利于定罪的一切争点。本来是疑罪从无，做不到疑罪从无能否认定为疑罪从轻，能否因为辩方妥协而给予可以接受的量刑幅度。量刑协商、博弈的筹码来源于卷宗。辩护人要深入阅卷，整理相关焦点问题的阅卷笔录，说明案件本身存在哪些问题，辩护人和当事人如何看待这些问题，如果量刑协商顺畅，这些问题都可以顺利解决。

2. 价值排序，厘清本案排除非法证据或无罪辩护的终极目的

辩护人要根据会见、阅卷及与承办人沟通了解情况，对当事人做全面准确的释法，在当事人明确了程序权利、实体影响、司法机关权力运行的实际状况、利弊问题后，判断当事人的价值排序，讨论认罪认罚及后续的辩护方案。

每个案件的嫌疑人、被告人的价值排序都有不同。有的人名誉优先，不问排除非法证据或无罪辩护的把握大小，只在乎权利、名誉和感受，坚决要提排除非法证据、管辖、回避、无罪等；有的人量刑结果优先，愿意以程序换实体，希望妥协换来优惠的、可以接受的量刑；有的人不存在需要排除非法证据的情形，但对量刑档次又心有不甘，如何通过开展法定、酌定量刑情节的辩护来争取降档处理？如何通过否定部分金额来减少退赃和量刑从轻？所以，辩护人要申请排除非法证据和无罪辩护，除了案件本身的辩护空间外，当事人的勇气、坚持，家属的共识、支持，辩护人的勇气和技术，也缺一不可！

申请排除非法证据的主要目的是使非法证据没有证据资格。即便排除非法证据不成功，争议证据还有证据资格，但辩护人也要分析程序瑕疵和内容的矛盾点，质疑证据的真实性、证明力，动摇其可信性，引起法庭对该证据的客观性的合理怀疑。如果通过证明力的辩护也不能否定指控事实，无法实现“疑罪从无”，还可以在量刑上与控方协商，争取量刑减让。

3. 真诚沟通，以专业促成存异求同

绝大部分的案件中，真诚、专业的沟通都能取得良好的沟通效果。律师的真诚

就是把案子当回事儿，拿出敬业、专业的态度和成果去沟通。不仅仅是口头交流，还要拿出诚意满满、专业度十足的书面材料予以辅助。对于证据问题、法律适用等争议问题，详尽的案例检索和文献整理工作必不可少；不仅要关注指导案例、刑事审判参考、网上公开的案例，还要关注案件所在地的案例；文献整理除了学术论文外，还要关注全国及各地纪检监察机关、检察机关的报刊及公众号文章。

律师的口头沟通以及递交书面意见的沟通，不管办案人员是否采纳，最起码能让办案人员看到辩护人的调证申请、辩护意见以及与其进行沟通交流，从内心认可辩护人在用心审查案件和用心辩护。在具体的量刑协商中，如果志在推动认罪认罚具结的，一定要进退有度，存异求同。

总之，虽然很多人说职务犯罪案件已经没有了辩护空间，笔者却认为很多案件的辩护空间非常大，无论是证据层面还是法律适用层面均是如此。只不过是否采纳辩护意见、采纳的概率可能离辩护人的期待差距有点大。当事人想要争取、尝试，辩护人在不承诺案件结果的前提下，怀揣希望，全力以赴、竭忠尽智、奋力争取，做到有效辩护，如有憾也无愧矣！

7

第七篇

其他刑事律师业务

涉未成年人犯罪案件的辩护要点和策略

黄菊珍

一、涉未成年人犯罪的基本概念

（一）狭义的概念

狭义的涉未成年人犯罪是指不满18周岁的犯罪主体所实施的刑法所禁止的，依照刑法的规定应当承担刑事责任的行为。我国刑法对于未成年人犯罪，根据不同的年龄层次分别规定了是否承担刑事责任的不同情形及行为条件。

1. 行为人已满16周岁不满18周岁

《刑法》第17条第1款规定，已满16周岁的人犯罪，应当负刑事责任。

2. 行为人已满14周岁不满16周岁

《刑法》第17条第2款规定，已满14周岁不满16周岁的人，犯故意杀人、故意伤害致人重伤或者死亡、强奸、抢劫、贩卖毒品、放火、爆炸、投放危险物质罪的，应当负刑事责任。此款规定的8种犯罪，是指具体的犯罪行为而不是罪名。全国人大常委会法制工作委员会在2002年出具的《关于已满十四周岁不满十六周岁的人承担刑事责任范围问题的答复意见》规定："对于刑法第十七条中规定的'犯故意杀人、故意伤害致人重伤或者死亡'，是指只要故意实施了杀人、伤害行为并且造成了致人重伤、死亡后果的，都应负刑事责任。"司法实践中，已满14周岁不满16周岁的人绑架人质后杀害被绑架人，拐卖妇女、儿童而故意造成被拐卖妇女、儿童重伤或死亡的行为，依据《刑法》应当追究其刑事责任。

3. 行为人已满12周岁不满14周岁

《刑法》第17条第3款规定，已满12周岁不满14周岁的人，犯故意杀人、故意伤害罪，致人死亡或者以特别残忍手段致人重伤造成严重残疾，情节恶劣，经最高人民检察院核准追诉的，应当负刑事责任。此款是《刑法修正案（十一）》新增加的规定,进一步降低了实施故意杀人、故意伤害等严重暴力犯罪的入罪门槛,对于司法实践中出现的低龄化犯罪给予了立法回应。需要注意的是,对于此类年龄主体,需要经最高人民检察院核准后才能予以追诉。

最后,对于因达不到刑事责任年龄而不予刑事处罚的行为人,可以责令其父母或者其他监护人加以管教;在必要的时候,依法进行专门矫治教育。

(二)广义的概念

广义的涉未成年人犯罪不仅包括未成年人实施的犯罪,还包括成年人实施的、未成年人是被害人的犯罪。主要包括由成年人实施的、未成年人是被害人的《刑法》分则第四章"侵犯公民人身权利、民主权利罪"规定的犯罪以及其他章节规定的实际侵害未成年人身心健康的犯罪案件,比如向未成年人传授犯罪方法,引诱未成年人聚众淫乱,强迫、引诱、教唆、欺骗、容留未成年人吸毒,组织、强迫、引诱、容留、介绍未成年人卖淫,向未成年人传播淫秽物品等犯罪行为。

二、涉未成年人犯罪案件的内部管辖

(一)人民法院

最高人民法院《关于加强新时代未成年人审判工作的意见》第 6 条规定,被告人实施被指控的犯罪时不满 18 周岁且人民法院立案时不满 20 周岁的刑事案件,应当由少年法庭审理。该意见第 7 条规定,下列刑事案件可以由少年法庭审理:(1)人民法院立案时不满 22 周岁的在校学生犯罪案件;(2)强奸、猥亵等性侵未成年人犯罪案件;(3)杀害、伤害、绑架、拐卖、虐待、遗弃等严重侵犯未成年人人身权利的犯罪案件;(4)上述刑事案件罪犯的减刑、假释、暂予监外执行、撤销缓刑等刑罚执行变更类案件;(5)涉及未成年人,由少年法庭审理更为适宜的其他刑事案件。

(二)人民检察院

最高人民检察院《人民检察院办理未成年人刑事案件的规定》第 8 条第 1 款规定,省级、地市级人民检察院和未成年人刑事案件较多的基层人民检察院,应当设立独立的未成年人刑事检察机构。地市级人民检察院也可以根据当地实际,指定一个基层人民检察院设立独立机构,统一办理辖区范围内的未成年人刑事案件;条件暂不具备的,应当成立专门办案组或者指定专人办理。对于专门办案组或者专人,应当保证其集中精力办理未成年人刑事案件,研究未成年人犯罪规律,落实对涉案未成年人的帮教措施等工作。

最高人民检察院《未成年人刑事检察工作指引(试行)》第 2 条规定,人民检察院未检部门办理未成年人刑事案件和不宜分案办理的未成年人与成年人共同犯罪案件、侵害未成年人人身权利案件以及开展相关诉讼监督、帮教救助、犯罪预防等工作,适用本指引。

(三)公安机关

《公安机关办理刑事案件程序规定》第308条规定,公安机关应当设置专门机构或者配备专职人员办理未成年人刑事案件。未成年人刑事案件应当由熟悉未成年人身心特点,善于做未成年人思想教育工作,具有一定办案经验的人员办理。但在司法实践中,公安机关一般未能严格执行上述规定,对于未成年人犯罪案件,仍以派出所的辖区管辖为主。

三、辩护要点和策略

(一)政策之辩

《刑事诉讼法》第277条第1款规定,对犯罪的未成年人实行教育、感化、挽救的方针,坚持教育为主、惩罚为辅的原则。

《公安机关办理刑事案件程序规定》第306条规定,公安机关办理未成年人刑事案件,实行教育、感化、挽救的方针,坚持教育为主、惩罚为辅的原则。

《人民检察院办理未成年人刑事案件的规定》第2条规定,人民检察院办理未成年人刑事案件,实行教育、感化、挽救的方针,坚持教育为主、惩罚为辅和特殊保护的原则。

最高人民法院《关于审理未成年人刑事案件具体应用法律若干问题的解释》规定,为正确审理未成年人刑事案件,贯彻"教育为主,惩罚为辅"的原则。

可见,对于涉未成年人犯罪案件,我国的刑事政策是以教育感化为主,惩罚为辅,是通过办案去教育、感化、挽救犯罪的未成年人。从此种意义上说,对于涉未成年人犯罪,刑罚的目的更加倾向于特殊预防,并且特殊预防的手段也并不局限于刑罚本身,而是以教育为主。这样的刑事政策背景,也为辩护人提供了更为广阔的、灵活的辩护空间。

(二)年龄之辩

一般未成年人的年龄,以公安机关加盖公章、附有未成年人照片的户籍证明为准。

当户籍证明与其他证据存在矛盾时,可以调取医院的分娩记录、出生证明、户口簿、户籍登记底卡、居民身份证、临时居住证、护照、入境证明、港澳居民来往内地通行证、台湾居民来往大陆通行证、中华人民共和国旅行证、学籍卡、计生台账、防疫证、(家)族谱等证明文件,收集接生人员、邻居、同学等其他无利害关系人的证言,综合审查判断,排除合理怀疑,采纳各证据共同证实的相对一致的年龄。

犯罪嫌疑人不讲真实姓名、住址,年龄不明的,可以委托进行骨龄鉴定或者其他科学鉴定。经审查,鉴定意见能够准确确定犯罪嫌疑人实施犯罪行为时的年龄的,可以作为判断犯罪嫌疑人年龄的证据参考。若鉴定意见不能准确确定犯罪嫌疑人实施犯罪行为时的年龄,而且显示犯罪嫌疑人年龄在法定应负刑事责任年龄上下,但无法查清真实年龄的,应当作出有利于犯罪嫌疑人的认定。

对于骨龄鉴定问题,司法实践中可以作为主要的辩护点予以排除。虽然1997年公安部法制司《关于如何确定无户籍登记的犯罪嫌疑人年龄的答复》,对于诸如黄某等无户籍登记的犯罪嫌疑人的实际年龄,公安机关应进行司法鉴定。但“根据目前的技术水平,还无法对犯罪嫌疑人的年龄作出精确的鉴定,对25岁以内青少年的年龄鉴定结论误差范围通常在±2岁以内,只能反映犯罪嫌疑人的年龄段(如14岁以上18岁以下)”。因此,在司法实践中,人民法院很少采纳骨龄鉴定意见,除非犯罪嫌疑人不讲名字,不讲身份。因为随着社会生活条件及营养条件的改善,有的孩子骨龄的发展已经超过+2岁范围。因此,从辩护的角度,辩护律师完全可以提出排除骨龄鉴定,不作为认定依据。

(三)量刑之辩

1. 量刑的幅度

最高人民法院、最高人民检察院《关于常见犯罪的量刑指导意见(试行)》规定,“对于未成年人犯罪,综合考虑未成年人对犯罪的认知能力、实施犯罪行为的动机和目的、犯罪时的年龄、是否初犯、偶犯、悔罪表现、个人成长经历和一贯表现等情况,应当予以从宽处理。(1)已满12周岁不满16周岁的未成年人犯罪,减少基准刑的30%~60%;(2)已满16周岁不满18周岁的未成年人犯罪,减少基准刑的10%~50%”。

江苏省高级人民法院、江苏省人民检察院《关于常见犯罪的量刑指导意见(试行)》实施细则(试行)(2023最新版),对于未成年人犯罪的减少基准刑幅度作出了规定:对于未成年人犯罪,综合考虑未成年人对犯罪的认知能力、实施犯罪行为的动机和目的、犯罪时的年龄、是否初犯、偶犯、悔罪表现、个人成长经历和一贯表现等情况,应当予以从宽处罚。(1)已满12周岁不满14周岁的未成年人犯罪,减少基准刑的40%~60%。(2)已满14周岁不满16周岁的未成年人犯罪,减少基准刑的

30% ~60%。(3)已满16周岁不满18周岁的未成年人犯罪,减少基准刑的10% ~50%。(4)未成年被告人多次实施违法行为的,或酗酒、赌博屡教不改的,或曾因淫乱、色情、吸毒等违法行为被处罚或教育过的,一般适用较低的从宽幅度。(5)未成年被告人一贯表现良好,无不良习惯的,或被教唆、利用、诱骗犯罪的,一般适用较高的从宽幅度。(6)未成年被告人身心成长曾受严重家庭暴力等其他客观因素影响的,一般适用较高的从宽幅度。

2. 主刑的适用

《刑法》第49条规定,犯罪的时候不满18周岁的人,不适用死刑。最高人民法院《关于审理未成年人刑事案件具体应用法律若干问题的解释》第13条规定,未成年人犯罪只有罪行极其严重的,才可以适用无期徒刑。对已满14周岁不满16周岁的人犯罪一般不判处无期徒刑。

3. 附加刑的适用

最高人民法院《关于审理未成年人刑事案件具体应用法律若干问题的解释》第14条第1款、第2款规定,除刑法规定"应当"附加剥夺政治权利外,对未成年罪犯一般不判处附加剥夺政治权利。如果对未成年罪犯判处附加剥夺政治权利的,应当依法从轻判处。

最高人民法院《关于审理未成年人刑事案件具体应用法律若干问题的解释》第15条第1款、第2款规定,对未成年罪犯实施刑法规定的"并处"没收财产或者罚金的犯罪,应当依法判处相应的财产刑;对未成年罪犯实施刑法规定的"可以并处"没收财产或者罚金的犯罪,一般不判处财产刑。对未成年罪犯判处罚金刑时,应当依法从轻或者减轻判处,并根据犯罪情节,综合考虑其缴纳罚金的能力,确定罚金数额。但罚金的最低数额不得少于500元人民币。

4. 缓刑的适用

最高人民检察院《未成年人刑事检察工作指引(试行)》第214条规定,对于具有下列情形之一,依法可能判处拘役、3年以下有期徒刑,有悔罪表现,宣告缓刑对所居住社区没有重大不良影响,具备有效监护条件或者社会帮教措施,适用缓刑确实不致再危害社会的未成年被告人,人民检察院应当建议人民法院适用缓刑:(1)犯罪情节较轻,未造成严重后果的;(2)主观恶性不大的初犯或者胁从犯、从犯;(3)被害人同意和解或者被害人有明显过错的;(4)其他可以适用缓刑的情形。人民检察院提出对未成年被告人适用缓刑建议的,应当将未成年被告人能够获得有效监护、帮教的书面材料于判决前移送人民法院。

四、特殊制度之辩

(一)严格限制适用逮捕措施

《刑事诉讼法》第280条规定,对未成年犯罪嫌疑人、被告人应当严格限制适用逮捕措施。

《人民检察院刑事诉讼规则》第462条规定,人民检察院对未成年犯罪嫌疑人审查逮捕,应当根据未成年犯罪嫌疑人涉嫌犯罪的性质、情节、主观恶性、有无监护与社会帮教条件、认罪认罚等情况,综合衡量其社会危险性,严格限制适用逮捕措施。《人民检察院办理未成年人刑事案件的规定》第19条第1款、第2款规定,对于罪行较轻,具备有效监护条件或者社会帮教措施,没有社会危险性或者社会危险性较小,不逮捕不致妨害诉讼正常进行的未成年犯罪嫌疑人,应当不批准逮捕。对于罪行比较严重,但主观恶性不大,有悔罪表现,具备有效监护条件或者社会帮教措施,具有下列情形之一,不逮捕不致妨害诉讼正常进行的未成年犯罪嫌疑人,可以不批准逮捕:(1)初次犯罪、过失犯罪的;(2)犯罪预备、中止、未遂的;(3)有自首或者立功表现的;(4)犯罪后如实交代罪行,真诚悔罪,积极退赃,尽力减少和赔偿损失,被害人谅解的;(5)不属于共同犯罪的主犯或者集团犯罪中的首要分子的;(6)属于已满14周岁不满16周岁的未成年人或者系在校学生的;(7)其他可以不批准逮捕的情形。

最高人民检察院《未成年人刑事检察工作指引(试行)》第160条规定,对于未成年犯罪嫌疑人可能被判处3年有期徒刑以下刑罚,具备有效监护条件或者社会帮教措施,不逮捕不致再危害社会和妨害诉讼正常进行的,人民检察院一般应当不批准逮捕。对于罪行较重,但主观恶性不大,有悔罪表现,具备有效监护条件或者社会帮教措施,具有下列情形之一,不逮捕不致再危害社会和妨害诉讼正常进行的,可以不批准逮捕:(1)初次犯罪、过失犯罪的;(2)犯罪预备、中止、未遂的;(3)防卫过当、避险过当的;(4)犯罪后有自首或者立功表现的;(5)犯罪后如实交代罪行,真诚悔罪,积极退赃,尽力减少和赔偿损失,与被害人达成和解的;(6)不属于共同犯罪的主犯或者集团犯罪中的首要分子的;(7)属于已满14周岁不满16周岁的未成年人或者系在校学生的;(8)身体状况不适宜羁押的;(9)系生活不能自理人的唯一扶养人的;(10)其他可以不批准逮捕的情形。对于罪行较轻,具备有效监护条件或者社会帮教措施,没有社会危险性或者社会危险性较小,不逮捕不致妨害诉讼正常进行的,应当不批准逮捕。依据在案证据不能认定未成年犯罪嫌疑人符合逮捕社会危险性条件的，应当要求公安机关补充相关证据，公安机关没有补充移送的，应当作出不批准逮捕的决定。

（二）应当免予刑事处罚的特别规定

《刑法》第37条对于免予刑事处罚作出了一般规定，即对于犯罪情节轻微不需要判处刑罚的，可以免予刑事处罚，但是可以根据案件的不同情况，予以训诫或者责令具结悔过、赔礼道歉、赔偿损失，或者由主管部门予以行政处罚或者行政处分。

对于未成年人犯罪，相关司法解释作出了更为具体的特别规定。最高人民法院《关于审理未成年人刑事案件具体应用法律若干问题的解释》第17条规定，未成年罪犯根据其所犯罪行，可能被判处拘役、3年以下有期徒刑，如果悔罪表现好，并具有下列情形之一的，应当依照《刑法》第37条的规定免予刑事处罚：（1）系又聋又哑的人或者盲人；（2）防卫过当或者避险过当；（3）犯罪预备、中止或者未遂；（4）共同犯罪中从犯、胁从犯；（5）犯罪后自首或者有立功表现；（6）其他犯罪情节轻微不需要判处刑罚的。

（三）应当作出酌定不起诉的特殊规定

《刑事诉讼法》第177条第2款规定，对于犯罪情节轻微，依照刑法规定不需要判处刑罚或者免除刑罚的，人民检察院可以作出不起诉决定。

对于未成年人犯罪案件，最高人民检察院《未成年人刑事检察工作指引（试行）》第176条对此作出了具体规定，对于犯罪情节轻微，具有下列情形之一，依照《刑法》规定不需要判处刑罚或者免除刑罚的未成年犯罪嫌疑人，一般应当依法作出不起诉决定：（1）被胁迫参与犯罪的；（2）犯罪预备、中止、未遂的；（3）在共同犯罪中起次要或者辅助作用的；（4）系又聋又哑的人或者盲人的；（5）因防卫过当或者紧急避险过当构成犯罪的；（6）有自首或者立功表现的；（7）其他依照《刑法》规定不需要判处刑罚或者免除刑罚的情形。对于未成年人轻伤害、初次犯罪、过失犯罪、犯罪未遂以及被诱骗或者被教唆实施犯罪等，情节轻微，确有悔罪表现，当事人双方自愿就民事赔偿达成协议并切实履行，或者经被害人同意并提供有效担保，符合《刑法》第37条规定的，人民检察院可以根据《刑事诉讼法》第177条第2款的规定作出不起诉决定，并根据案件的不同情况，予以训诫或者责令具结悔过、赔礼道歉、赔偿损失，或者由主管部门予以行政处罚。

（四）附条件不起诉制度

《刑事诉讼法》第282条规定："对于未成年人涉嫌刑法分则第四章、第五章、第六章规定的犯罪，可能判处一年有期徒刑以下刑罚，符合起诉条件，但有悔罪表现的，人民检察院可以作出附条件不起诉的决定……”

最高人民检察院《未成年人刑事检察工作指引（试行）》第181条规定，“对于符合以下条件的案件，人民检察院可以作出附条件不起诉的决定：（一）犯罪嫌疑人实施犯罪行为时系未成年人的；（二）涉嫌刑法分则第四章、第五章、第六章规定的犯罪的；（三）可能被判处一年有期徒刑以下刑罚的；（四）犯罪事实清楚，证据确实、充分，符合起诉条件的；（五）犯罪嫌疑人具有悔罪表现的。人民检察院可以参照《最高人民法院关于常见犯罪的量刑指导意见》并综合考虑全案情况和量刑情节，衡量是否‘可能判处一年有期徒刑以下刑罚’。具有下列情形之一的，一般认为具有悔罪表现：（一）犯罪嫌疑人认罪认罚的；（二）向被害人赔礼道歉、积极退赃、尽力减少或者赔偿损失的；（三）取得被害人谅解的；（四）具有自首或者立功表现的；（五）犯罪中止的；（六）其他具有悔罪表现的情形。对于符合附条件不起诉条件，实施犯罪行为时未满十八周岁，但诉讼时已成年的犯罪嫌疑人，人民检察院可以作出附条件不起诉决定”。

（五）法定代理人/合适成年人到场

根据《刑事诉讼法》第281条第1款、第2款规定，对于未成年人刑事案件，在讯问和审判的时候，应当通知未成年犯罪嫌疑人、被告人的法定代理人到场。无法通知、法定代理人不能到场或者法定代理人是共犯的，也可以通知未成年犯罪嫌疑人、被告人的其他成年亲属，所在学校、单位、居住地基层组织或者未成年人保护组织的代表到场，并将有关情况记录在案。到场的法定代理人可以代为行使未成年犯罪嫌疑人、被告人的诉讼权利。到场的法定代理人或者其他人员认为办案人员在讯问、审判中侵犯未成年人合法权益的，可以提出意见。讯问笔录、法庭笔录应当交给到场的法定代理人或者其他人员阅读或者向他宣读。法庭审判中，未成年被告人最后陈述后，其法定代理人可以进行补充陈述。《公安机关办理刑事案件程序规定》第324条、第325条，《未成年人刑事检察工作指引（试行）》第46条也都有相应的规定。

（六）未成年犯罪人情况调查制度

《刑事诉讼法》第279条规定，公安机关、人民检察院、人民法院办理未成年人刑事案件，根据情况可以对未成年犯罪嫌疑人、被告人的成长经历、犯罪原因、监护教育等情况进行调查。

最高人民检察院《未成年人刑事检察工作指引（试行）》第28条规定，人民检察院办理未成年人刑事案件，应当对公安机关或者辩护人提供的社会调查报告及相关材料进行认真审查,并作为审查逮捕、审查起诉、提出量刑建议以及帮教等工作的重要参考。第29条规定,对于未成年人刑事案件,一般应当进行社会调查,但未成年人犯罪情节轻微,且在调查案件事实的过程中已经掌握未成年犯罪嫌疑人的成长经历、犯罪原因、监护教育等情况的,可以不进行专门的社会调查。

对于未成年人刑事案件,虽然《刑事诉讼法》的规定是可以进行社会调查,但实践中,司法机关对犯罪的未成年人进行社会调查,是作为一个必经程序,以委托司法局调查为主,办案机关自己调查为辅。未成年犯罪嫌疑人的社会调查报告可以反映其平时表现、成长经历、犯罪原因、监护教育等情况,是一种重要的品格证据,一般未成年人犯罪案件开庭时是需要质证的。辩护人如果发现社会调查报告中对未成年人不利的内容,要提出意见。

(七)亲情会见

最高人民检察院《未成年人刑事检察工作指引(试行)》第54条规定,人民检察院对于具备下列条件之一,且未成年犯罪嫌疑人的法定代理人、近亲属等与本案无牵连的,经公安机关同意,可以安排在押的未成年犯罪嫌疑人与其法定代理人、近亲属等进行会见:(1)案件事实已基本查清,主要证据确实、充分,安排会见、通话不会影响诉讼活动正常进行的;(2)未成年犯罪嫌疑人有认罪、悔罪表现,或者虽尚未认罪、悔罪,但通过会见有可能促使其转化,或者通过会见有利于社会、家庭稳定的;(3)未成年犯罪嫌疑人的法定代理人、近亲属对其犯罪原因、社会危害性以及后果有一定的认识,并能配合司法机关进行教育的;(4)其他可以安排会见的情形。

同时第55条第1款规定,未成年犯罪嫌疑人及其法定代理人或近亲属提出要求进行亲情会见的,人民检察院应当及时审查。对于符合条件的,原则上应当在3个工作日内安排会见。不符合条件的,要对有关情况予以说明和解释。

(八)犯罪记录封存与查询

犯罪记录封存制度主要涉及对于累犯的辩护,对于前罪符合犯罪记录封存条件的,应当排除累犯的认定。《刑事诉讼法》第286条规定,犯罪的时候不满18周岁,被判处5年有期徒刑以下刑罚的,应当对相关犯罪记录予以封存。犯罪记录被封存的,不得向任何单位和个人提供,但司法机关为办案需要或者有关单位根据国家规定进行查询的除外。依法进行查询的单位,应当对被封存的犯罪记录的情况予以保密。

最高人民检察院《未成年人刑事检察工作指引(试行)》第82条第1款规定,对于犯罪时不满18周岁，被判处5年有期徒刑以下刑罚以及免除刑事处罚的未成年人的犯罪记录，人民检察院应当在收到人民法院生效判决后，对犯罪记录予以封存。第88条规定，被封存犯罪记录的未成年人本人或者其法定代理人申请为其出具无犯罪记录证明的，人民检察院应当出具无犯罪记录的证明。如需要协调公安机关、人民法院为其出具无犯罪记录证明的，人民检察院应当积极予以协助。

五、具体罪名的辩护策略选择

对涉未成年人犯罪案件有很多特别程序，也有一些专属制度和政策，这就要求辩护人在代理此类案件中要注重法律和政策的准确适用，笔者主要以盗窃罪为例，给大家简单梳理下办理未成年人案件的辩护步骤和策略选择，简称涉未成年人犯罪辩护“七步法”。

（一）盗窃罪

第一步，正常审查罪名。对于盗窃罪，《刑法》第264条作了如下规定，“盗窃公私财物，数额较大的，或者多次盗窃、入户盗窃、携带凶器盗窃、扒窃的，处三年以下有期徒刑、拘役或者管制，并处或者单处罚金；数额巨大或者有其他严重情节的，处三年以上十年以下有期徒刑，并处罚金；数额特别巨大或者有其他特别严重情节的，处十年以上有期徒刑或者无期徒刑，并处罚金或者没收财产”。

第二步，正常审查证据及程序。审查案件是否事实清楚，证据确实、充分。对包括物证、书证、鉴定意见、言词证据、视听资料等证据的全面审查；同时审查程序是否合法，如讯问时有无法定代理人到场等。

第三步，审查该罪名是否对未成年人有特殊规定。最高人民法院《关于审理未成年人刑事案件具体应用法律若干问题的解释》第9条规定，已满16周岁不满18周岁的人实施盗窃行为未超过3次，盗窃数额虽已达到“数额较大”标准，但案发后能如实供述全部盗窃事实并积极退赃，且具有下列情形之一的，可以认定为“情节显著轻微危害不大”，不认为是犯罪：(1)系又聋又哑的人或者盲人；(2)在共同盗窃中起次要或者辅助作用，或者被胁迫；(3)具有其他轻微情节的。已满16周岁不满18周岁的人盗窃未遂或者中止的，可不认为是犯罪。已满16周岁不满18周岁的人盗窃自己家庭或者近亲属财物，或者盗窃其他亲属财物但其他亲属要求不予追究的，可不按犯罪处理。

第四步，能否酌定不起诉。最高人民检察院《未成年人刑事检察工作指引（试行）》第176条规定，对于犯罪情节轻微，具有下列情形之一，依照《刑法》规定不需要判处刑罚或者免除刑罚的未成年犯罪嫌疑人，一般应当依法作出不起诉决定：(1)被胁迫参与犯罪的；(2)犯罪预备、中止、未遂的；(3)在共同犯罪中起次要或者辅助作用的；(4)系又聋又哑的人或者盲人的；(5)因防卫过当或者紧急避险过当构成犯罪的；(6)有自首或者立功表现的；(7)其他依照《刑法》规定不需要判处刑罚或者免除刑罚的情形。对于未成年人轻伤害、初次犯罪、过失犯罪、犯罪未遂以及被诱骗或者被教唆实施犯罪等，情节轻微，确有悔罪表现，当事人双方自愿就民事赔偿达成协议并切实履行，或者经被害人同意并提供有效担保，符合《刑法》第 37 条规定的，人民检察院可以依照《刑事诉讼法》第 177 条第 2 款的规定作出不起诉决定，并根据案件的不同情况，予以训诫或者责令具结悔过、赔礼道歉、赔偿损失，或者由主管部门予以行政处罚。

第五步，能否附条件不起诉。最高人民检察院《未成年人刑事检察工作指引（试行）》第 181 条第 1 款规定，“对于符合以下条件的案件，人民检察院可以作出附条件不起诉的决定：(一)犯罪嫌疑人实施犯罪行为时系未成年人的；(二)涉嫌刑法分则第四章、第五章、第六章规定的犯罪的；(三)可能被判处一年有期徒刑以下刑罚的；(四)犯罪事实清楚，证据确实、充分，符合起诉条件的；(五)犯罪嫌疑人具有悔罪表现的”。

第六步，能否适用缓刑。最高人民检察院《未成年人刑事检察工作指引（试行）》第 214 条规定，对于具有下列情形之一，依法可能判处拘役、3 年以下有期徒刑，有悔罪表现，宣告缓刑对所居住社区没有重大不良影响，具备有效监护条件或者社会帮教措施，适用缓刑确实不致再危害社会的未成年被告人，人民检察院应当建议人民法院适用缓刑：(1)犯罪情节较轻，未造成严重后果的；(2)主观恶性不大的初犯或者胁从犯、从犯；(3)被害人同意和解或者被害人有明显过错的；(4)其他可以适用缓刑的情形。人民检察院提出对未成年被告人适用缓刑建议的，应当将未成年被告人能够获得有效监护、帮教的书面材料于判决前移送人民法院。缓刑的协商：(1)审查社会调查中其犯罪有无社会和家庭的原因。(2)有无成年人在背后组织、胁迫、引诱、教唆犯罪。(3)有无教育、感化、挽救的可能。

第七步，能否将刑期减到最低。根据《关于常见犯罪的量刑指导意见（试行）》及各高级人民法院的实施细则，争取将涉案未成年人的刑期减到最低。

办理涉未成年人犯罪案件，若能按照上述步骤来审查案件，对照未成年人特殊制度，选择合适的辩护策略，大概率可以获得较好的辩护效果。

(二)其他罪名中有关涉未成年人犯罪的特殊规定

1. 强奸罪

最高人民法院《关于审理未成年人刑事案件具体应用法律若干问题的解释》第6条规定,已满14周岁不满16周岁的人偶尔与幼女发生性行为,情节轻微、未造成严重后果的,不认为是犯罪。

2. 抢劫罪

最高人民法院《关于审理未成年人刑事案件具体应用法律若干问题的解释》第7条规定,已满14周岁不满16周岁的人使用轻微暴力或者威胁,强行索要其他未成年人随身携带的生活、学习用品或者钱财数量不大,且未造成被害人轻微伤以上或者不敢正常到校学习、生活等危害后果的,不认为是犯罪。已满16周岁不满18周岁的人具有前款规定情形的,一般也不认为是犯罪。

3. 转化抢劫罪

最高人民法院《关于审理未成年人刑事案件具体应用法律若干问题的解释》第10条第2款规定,“已满十六周岁不满十八周岁的人犯盗窃、诈骗、抢夺罪,为窝藏赃物、抗拒抓捕或者毁灭罪证而当场使用暴力或者以暴力相威胁的,应当依照刑法第二百六十九条的规定定罪处罚;情节轻微的,可不以抢劫罪定罪处罚”。

专家证人制度在辩护中的适用与作用

徐跃灵君

专家证人是英美法系国家为解决法庭专门性问题而采取的一项重要制度，其有别于大陆法系国家的鉴定人制度，但与近几年我国司法实践推动的“有专门知识的人”制度有诸多重合之处，本文试从专家证人的概念、专家证人适用的案件、专家证人如何参与辩护、怎样选择专家证人四个方面进行解读，以期作一粗浅探讨。

一、何谓专家证人

(一)专家证人的概念和分类

现代专家证人的概念来源于英美法系。美国联邦民事诉讼法将专家证人分为四种类型：(1)出庭作证的专家；(2)咨询专家；(3)非正式咨询专家；(4)其意见并非基于准备诉讼的专家。由分类可以看出，专家证人并非一定需要参与诉讼。

在我国，专家证人多是法律工作者为了方便表达而约定俗成的说法，其大致含义比英美法系有明显限缩，一般专指需要出庭作证的专家。例如，《检察日报》2020年12月9日第3版发表的郝斌的《刑事诉讼中专家证人制度的适用与完善》一文中指出，“专家证人，是指具有专业知识或专家资格并在法庭上提供专家意见的人”。但这些只是学理上的观点，并无成文法或判例加以明确规制。

(二)“有专门知识的人”的法律规定和现实考量

《刑事诉讼法》第197条第2款规定：“公诉人、当事人和辩护人、诉讼代理人可以申请法庭通知有专门知识的人出庭，就鉴定人作出的鉴定意见提出意见。”之所以不使用“专家证人”这一习惯用语，而使用“有专门知识的人”这一内涵相对较宽泛的词语，笔者认为主要是基于以下考量。

1. 让非专家也成为“有专门知识的人”

例如,4S店的汽车修理工与懂得机械原理的大学教师在进行车辆维修时,谁能又快又好地完成修理?笔者认为,大学教师未必比修理工更专业。正所谓理论的高手绝不等于实践的高手,实践中可行的方案也不一定完全可用现有理论加以阐释。

2. 有利于扩大参与诉讼人的范围,杜绝一专多能、杜绝包办行为

如果对于专门问题的解决能够不局限于“专家”,那么就会使得控辩双方选择余地大为拓宽。尤其是辩方通过各种渠道获得对鉴定意见多角度的质证变成可能,这样更有利于辩方在庭审时充分论证。

鉴于“有专门知识的人”一词读起来有些拗口,所以本文在后续行文过程中仍然沿用“专家证人”这一习惯称谓。

二、专家证人适用的案件

(一)适用案件类型及司法鉴定种类

专业的事,必须让专业的人来做。因此,在案件中遇到专业问题时,请教或者聘请专家证人出具咨询意见、出庭作证就应当视具体情况作出选择。当然,我们必须要清楚,哪些案件可能需要专家证人的介入以及可能的介入点,才能做到有的放矢,让专家证人真正为我所用。为便于归类,下面分民行案件和刑事案件两大类对相关可能适用专家证人的案件类型以及司法鉴定种类进行归类分析。

1. 民行案件

(1)交通肇事案

1)伤残鉴定

①伤残等级鉴定:例如,关节活动功能障碍的伤者的关节功能活动度恢复情况决定最终伤残等级高低,而这又直接关乎伤者能够得到多少伤残赔偿金的问题。因此,关节活动功能障碍这一专业问题就需要专业的法医临床学专家进行判断,才能明确原鉴定意见是否存在问题。

②“三期”鉴定:所谓“三期”,是指伤者受伤到恢复所要经历的事关赔偿的护理期、营养期、误工期。对“三期”鉴定偏高或偏低,都直接关乎伤者经济利益,尤其是误工期。该“三期”鉴定往往又是和伤残等级鉴定同时进行的,因此,专家证人也很有必要一并介入。

③伤病关系:有时伤残等级鉴定中需要对伤者自身的固有疾病对损伤的影响,即参与度进行判断,这可能对肇事者和伤者间责任分担以及伤残赔偿金赔付均会

有实质性影响。但这部分内容往往过于专业,所以专家证人的作用尤为突出。

④致伤方式:这种鉴定对交通事故中"碰瓷"的认定尤其重要。同样地,由于专业性太强,没有专家证人介入很难对相关鉴定意见进行有效的审查。

2)车辆性能鉴定

常规的车辆性能鉴定有车辆制动性能、操控性能,事发时车辆实时运行速度等的鉴定,这都涉及车辆工程技术问题,又事关肇事车辆责任分担问题,所以专业问题必须要进行明确。

3)涉案者交通行为方式

这类鉴定包括驾乘关系、驾乘时姿态等鉴定。例如,在驾乘关系类鉴定中,是否存在冒名顶替即可通过相关人员的伤势情况进行分析判断。

(2)医疗损害案

具体包括医疗损害鉴定和医疗事故鉴定。前者概念要宽泛一些,不仅指存在明显的医疗事故,还包括一般医疗过错但尚不至于酿成医疗事故的情形。根据国家卫生健康委员会《关于加强医疗损害鉴定管理工作的通知》的要求,医学会应当结合医疗损害鉴定工作需要建立专家库。可见医疗损害案对于专家依赖程度极高。

(3)知识产权案

涉及领域包括商业秘密、专利、著作权/版权、商标、技术合同、集成电路布图设计、产品的名称和包装等。

(4)合同纠纷案

主要是文件检验,包括笔迹鉴定、印章/印文鉴定等,偶尔也会涉及书写时间鉴定。

2. 刑事案件

(1)人身伤害类案件

人身伤害类案件是实践中专家证人应用最多的一类案件。

1)法医类鉴定

①法医病理鉴定:常规项目包括死亡原因、死亡时间、致死方式、作案工具、血迹分析等。非常规项目包括现场重建(作案过程刻画)、作案人数分析等。专家证人除了对鉴定意见进行质证之外,也可以对鉴定意见之外涉及案件内容的专业知识作出分析判断,相关意见相当于被告陈述。

②法医临床鉴定:除了常规的损伤程度鉴定之外,还包括伤病关系鉴定、致伤

方式鉴定。此处不赘述。

③法医物证鉴定:主要是将现场遗留物证与被害人、嫌疑人进行比对,是否可以认定同一,从而提高破案效率。

④法医毒物鉴定:主要涉及毒物定性和定量问题。在毒品类犯罪中,还涉及毒品数量换算对嫌疑人未来刑期的影响等。

⑤法医精神病鉴定:主要是各种能力的评定。值得关注的是,该类鉴定主观性较强,往往鉴定差错率较高。

2)痕迹鉴定

常规包括指纹/掌纹鉴定、足印鉴定等,涉及枪弹鉴定的以仿真枪为主,但鉴于严控枪支的需要,目前我国仍然采用动能说。

3)微量物证鉴定

(2)诈骗等和金融相关的案件

主要是文件检验(包括笔迹鉴定、印章/印文鉴定)、审计工作。

(3)互联网犯罪

电子数据鉴定包括电子数据存在性鉴定(指电子数据提取、固定与恢复及电子数据形成与关联分析)、电子数据功能性鉴定、电子数据相似性鉴定、电子数据同一性鉴定。

(4)走私类犯罪

①生物鉴定:主要是种属鉴定。包括是否属于国家保护动物以及保护等级确定、有害物种确定,等等。

②矿物类鉴定:比如稀土、矿物废渣废料等。

③药物鉴定:主要是原研药物和仿制药物鉴定。

(5)生产、销售伪劣产品案

产品质量鉴定或涉及公益诉讼方面的鉴定。

(二)专家证人适用受阻的原因

通常情况下,能够适用专家证人的案件绝不仅限于故意伤害等人身伤害类案件,也绝不仅限于法医类鉴定等,其可应用的范围相当广泛。但是专家证人这项制度的推进与实施不很顺畅,在实践中应用较少,其原因是多方面的。

1. 对专家证人的意义和认识不足

"有专门知识的人"的概念直到2012年《刑事诉讼法》修订时才确定下来,至今不过10年,法律工作者对其存在的意义和作用明显认识不足。

2. 专家证人制度落实严重不到位

作为专家证人制度参照的鉴定人出庭制度落实情况本身就很不理想，一部分鉴定机构和鉴定人从内心深处抵制出庭，甚至害怕出庭。而作为质证环节的重要参与方，在公诉方鉴定人缺席的情况下，如果辩方想要通过引入专家证人进行质证，就成为无的放矢。

3. 对“专业知识”应用预期有错误

法律工作者，尤其是辩护人通常对专业知识不了解，即便在辩护工作中引入专家证人，究竟对案件进程会产生什么有益的影响，均是未可知的结果。部分人认为还不如踏踏实实在法律事实和基础上多做文章，所以也不愿意在这方面有所深入。

4. 认罪认罚从宽制度的影响

部分辩护人认为，在认罪认罚从宽制度的大环境下，律师辩护空间被进一步限缩，似乎已经没有必要进一步延伸开展其他层面的辩护工作。因此，辩护人会认为请专家证人是没有必要的。

5. 固守传统的法律思维

一部分检察官和法官的观念比较传统和保守，加上自身对专业知识认知比较有限，甚至个别人会认为让有专门知识的人出庭质证会使问题复杂化，甚至让庭审时间无限延长、庭审结果不可控，因而干脆不批准专家证人参与庭审质证。

（三）适用专家证人的法制逻辑

党的十八届四中全会通过的《中共中央关于全面推进依法治国若干重大问题的决定》提出“推进以审判为中心的诉讼制度改革”，尤其是最高人民法院、司法部于2016年10月9日发布的《关于建立司法鉴定管理与使用衔接机制的意见》明确规定：“司法行政机关要监督、指导鉴定人依法履行出庭作证义务。对于无正当理由拒不出庭作证的，要依法严格查处，追究鉴定人和鉴定机构及机构代表人的责任。”

这就表明，在以审判为中心的诉讼制度改革中，强化鉴定人出庭作证是新诉讼制度改革的重要一环。作为辩护人，应当充分利用这一改革契机，让技术辩护成为自己整个辩护工作不可或缺的一个环节。否则，当公诉方在鉴定人出庭并进一步夯实、强化案件证据的时候，辩护方没有相应的专家证人与之对应，那就无法保障和平衡被告人在质证环节中应有的实体权利。

三、专家证人如何参与辩护

专家证人参与辩护工作应当从三个时间节点来考量，即庭审辩护前、庭审辩护中和庭审辩护后。下面以专家证人参与度最高的几例人身伤害案件为例对专家证人如何参与辩护工作进行说明。

(一)庭审辩护前

这个节点可以律师签订正式委托协议为界限。

1. 签约之前,律师要有引入专家证人的意识

其实,这意味着律师从接待客户开始就要有引入专家证人的意识,要求律师对适用专家证人案件的范围了然于胸。只有这样,在碰到相关案件时,才有可能把它们关联起来。

例如,一起因情感纠纷引发的故意伤害案件中,被害人先对嫌疑人进行造谣中伤,嫌疑人为报复被害人用刀划伤其脸部、颈部、两上肢等部位,意图毁坏被害人容貌。

这起案件被害人有过错在先,但嫌疑人也确实给被害人造成了伤害后果。所以,嫌疑人家属希望通过律师的工作尽量减轻嫌疑人刑事责任。

本案是路人报警,嫌疑人被当场抓获,不存在自首情节,也没有发现其他能够减轻刑事责任的情形。所以,按常规刑辩思路本案很难有所突破。

于是,律师在接待过程中提出:既然本案是故意伤害案,被害人确实存在伤害后果,如果对被害人损伤程度鉴定书进行技术性证据审查,也许能找到减轻刑事责任的依据。

被害人鉴定书显示,被害人脸部和两上肢损伤分别被评定为轻伤一级、轻伤二级。

当然,这份鉴定意见中涉及损伤程度的评定依据,即疤痕长度测量数据也都是固定的,都有明确的鉴定标准,那审查价值在哪里呢?尽管对鉴定意见本身律师无法提出实质性见解,但是如果能把两个轻伤鉴定意见去掉一个,即便嫌疑人仍然构成犯罪,也有助于减轻嫌疑人刑事责任。

后续在接待律师和客户沟通过程中,客户也正是因为看到专家的咨询服务,双方顺利签订委托协议。

从这个案件接案流程来看,律师要有引入专家证人意识。

2. 签约之后,出庭之前

在这个阶段,具体分为三个层次。

(1)公安层面

1)委托

①在公安阶段,律师是没有办法拿到书面案卷材料的。所以,承办律师应当把

已知的案件情况（包括和客户沟通的情况，和嫌疑人首次会见的情况）和专家证人进行充分沟通。

②按照法律规定，一些不是很复杂的司法鉴定意见书出具后，嫌疑人和被害人是可以拿得到的。所以，承办律师务必把这份材料的复印件提供给专家证人，让专家证人能在第一时间掌握必要的技术性证据。

③承办律师应当通读技术性证据材料，把相关疑问和辩点设想与专家证人进行沟通。当然，这些疑问和设想不仅限于技术性证据，关于案情的可知细节也应当一块儿沟通，以便于专家证人在审核技术性证据材料时做到有的放矢。

2）案例

双方在小区门口因车辆进出问题发生争执。被害人先动手殴打嫌疑人妻子，嫌疑人为保护妻子，在被害人再次进攻时，用手勾住嫌疑人后脖子，导致嫌疑人向前倒地并一侧膝盖着地，被害人倒地后迅速站起来继续殴打嫌疑人。之后，嫌疑人的母亲被被害人用腿扫倒在地肋骨骨折，构成轻微伤。被害人膝盖处半月板损伤，经鉴定构成轻伤二级。于是警方将嫌疑人逮捕。

在看似毫无切入点的情况下，承办律师咨询专家证人，看能不能从鉴定意见这个技术层面找到突破口。

在阅看案件材料后，专家证人建议，从法医学损伤鉴定角度来说，本案可以从两个方面去考虑。

一是从被害人损伤鉴定意见来看。首先，被害人在事发当日所谓的受伤后，能够迅速站起来并继续殴打嫌疑人，其半月板是否真的存在损伤存疑，况且被害人在受伤当日并没有及时去就医检查治疗。其次，被害人在受伤后反复多次前往多家医院进行伤情鉴定，其行为反常，似乎是在追求让警方必须对嫌疑人进行刑事立案的结果。

二是从嫌疑人母亲损伤鉴定意见来看。首先，嫌疑人母亲在受伤当时只是拍了一张X光片，但X光片对肋骨骨折的漏诊率非常高，通常准确率仅为1/3。其次，就肋骨骨折成伤机制而言，倒地过程中，胸部如果存在损伤的话，它所能碰触到的是一个较大的面，也就是说，肋骨骨折很有可能在两根以上。因此，嫌疑人母亲很可能不仅仅是一根肋骨骨折。

3）释疑

根据上述两方面思路，专家证人和承办律师确定“两步走”战略。

一是在警方报检方批捕过程中，承办律师结合专家证人意见和承办检察官积极沟通，取得了取保候审、退补过程中要求警方补充证据材料的良好效果。

二是在取保候审期间，专家证人建议承办律师让嫌疑人母亲拍摄肋骨的三维重建 CT 片。正如专家证人所预料，在二次拍片以后，医院诊断存在三根肋骨骨折。这样的结果无疑为整个案件带来重大转机。因为根据《人体损伤程度鉴定标准》规定，因外伤造成肋骨两处或两处以上骨折的，构成轻伤。为慎重起见，专家证人要求律师提供二次拍摄的影像片原始资料进行复看。经仔细审阅，专家证人确认嫌疑人母亲确实存在三根肋骨骨折。

在得到专家证人的确证之后，承办律师第一时间与嫌疑人一起就其母亲二次拍片的情况和承办警官进行当面沟通，详细解释了专家证人的意见。数日后，警方带嫌疑人母亲重新进行伤情鉴定，经鉴定构成轻伤。警方在确认相关的新证据之后，撤销了对嫌疑人的指控，转而将被害人抓获归案。

(2)检察院层面

在这个层面，案卷材料已经基本齐全，辩护律师对案情也已了然于胸，所以，如果法律法规层面确实没有实体性辩点的情况下，技术辩护很可能是一个很好的思路。

1)案例

下面仍以上述故意伤害案为例：在检察院阶段，承办律师在拿到全部案卷后，立刻把相关材料提供给了专家证人。

专家证人通过对鉴定意见的仔细审查发现，鉴定机构出具两个轻伤的鉴定意见是正确的。这个结果乍一看，专家证人在这个案件中似乎起不到任何作用，但是，专家证人接下来的一段话，让承办律师和委托人觉得在这个案件中引入专家证人事实上是很有必要的。

2)释疑

专家证人在仔细解读损伤鉴定书后发现，本案被害人还存在上肢重要神经损伤，而且手腕和手指的活动存在功能障碍。按照《人体损伤程度鉴定标准》关于鉴定时机的规定，涉及功能障碍的损伤，应当在损伤 90 日后再进行鉴定。鉴定意见是在被害人伤后 10 日内作出的，所以鉴定机构并没有对本案中被害人这部分涉及功能性的伤势进行鉴定。如果后期被害人手腕、手指活动功能恢复得不好，那么，被害人是可以进行补充鉴定的。这也就意味着，被害人还至少要增加一个轻伤，甚至是重伤的可能。也就是说，本案后续很可能出现加重情节。

专家证人第一时间和承办律师制定了“四步走”战略：一是专家证人与嫌疑人

家属当面沟通，由专家证人来说明鉴定意见可能会出现更加不利于嫌疑人的后果；二是承办律师做好嫌疑人认罪认罚等相关准备工作的辅导；二是和家属协商，就案件和承办检察官沟通，争取认罪认罚，从而回避可能的“加重情节”；四是积极和被害人家属沟通，争取对方的谅解并协商赔偿事宜。

从这个案件可以看出专家证人及早介入的必要性，也进一步说明专家证人的作用绝不仅仅体现在庭审质证阶段，而是在案件的任一阶段都可以发挥他的效用。

(3)法院层面

这个层面，承办律师有必要尽可能地做好专家证人出庭的相关工作。

1)准备申请材料

由承办律师准备专家证人的出庭申请材料。

①一般来说，辩护方在申请专家证人出庭的同时，也要申请公诉方鉴定人出庭，这两份材料应当同时提交，除非原先没有做过鉴定。

②申请材料一般由承办律师起草，即便申请理由涉及技术性问题也可先由承办律师起草，然后交由专家证人进行审核修正；当然，也可以由专家证人直接执笔代写，最后签名还是律师本人。

③申请材料部分除了上面提到的申请书以外，还需要专家证人提供个人简历、与专业相应的职称证书等证明材料、身份证复印件等个人证明。当然，申请材料里最重要的是专家论证意见书。不过，这个材料是否一定在这个时段提交，需要酌情而定。

④要注意务必和承办法官做好电话沟通，表达申请意图。

2)做好出席庭前会议准备

最高人民法院《关于适用〈中华人民共和国刑事诉讼法〉的解释》第226条规定：“案件具有下列情形之一的，人民法院可以决定召开庭前会议：(一)证据材料较多、案情重大复杂的；(二)控辩双方对事实、证据存在较大争议的；(三)社会影响重大的；(四)需要召开庭前会议的其他情形。”

根据上述规定，辩护人申请专家证人出庭属于召开庭前会议的第四种情形。所以，辩护人在申请专家证人出庭之后，应当告知专家证人，法院有可能会召开庭前会议，并就案件争议焦点在庭前沟通，必要的话，专家证人在这个阶段也有可能被法院邀请列席并发表专家意见。

承办律师应当就案情、辩点、疑问和专家证人做到全面沟通，做好庭前会议准备；如果庭前会议有公诉方鉴定人参与，还应当提醒专家证人对鉴定人可能提出的疑问做好应对。

如果确定召开庭前会议,要做好专家证人无法再出庭质证的准备。一些承办法官可能会利用庭前会议来解决技术方面的质证问题,从而节约庭审时间。

关于庭前会议,以一起涉黑案件为例予以说明。该案涉案人数众多,其中一名委托人的承办律师希望通过对一份损伤鉴定意见的审查,降低他的委托人在该案中的排名顺序,减轻或减少一些指控。专家证人介入后,提出了实体性和程序性两方面建议,承办法官主动邀约专家证人参与庭前会议。在会议过程中,专家证人指出:第一,案卷材料显示,鉴定机构鉴定资质在所审查的鉴定意见出具前已经到期,也就是说,鉴定机构事实上已经失去了鉴定资格;第二,鉴定人对伤者的检查结果及伤者病史资料显示,伤者生前自身存在疾病,且这种疾病对他的损伤结果严重程度会产生影响。因此,专家证人认为这份损伤鉴定意见不仅是错误的,而且是无效的。同时出席庭前会议的鉴定人无法就上述问题给出合理解释,法官将相关情况记录在案,并告知专家证人和鉴定人在实际庭审时无须再出庭。

3)撰写专家论证意见书

由专家证人撰写专家论证意见书。

①撰写意见的专家人数:一般来说,一个专业一名专家即可;特殊情况下两名也可以,但这两名专家的观点必须保持一致或互为补充。如果涉及不同专业,则每个专业至少应当有一名专家,同时,不同专业之间的专家也应当注意配合,避免相互矛盾。

②撰写要求:专家证人要充分了解辩护人和委托方的诉求;内容针对性要强,要有的放矢,切忌全面空洞;不要虚构事实、不要伪造观点,要客观论证;对于不利观点且无法回避的,要想好应对之策,即找出"模糊地带";撰写过程中,要和辩护人反复沟通、磋商,减少偏差。

③保密要求:涉案的法律性文书要做好保密工作,不得在任何载体上发布,也不能发给委托人,但是和承办律师之间要做好充分沟通,并力求完善。

4)准备出庭提纲

申请专家证人出庭获得批准的,撰写出庭提纲,并做好出庭准备,具体包括四个部分。

①设计专家证人出庭提纲。按照庭审程序,专家证人出庭时是由辩护人首先向专家证人提问,而专家证人出庭的目的就是充分表达辩护方的观点,所以,辩护人的问题应当力求开放性,以便于专家证人的发挥。

②设计鉴定人出庭提纲。按照庭审程序，鉴定人出庭时由公诉方首先向鉴定人提问，其次才由辩护人发问，这时候，鉴定人对于庭审节奏已经有了很好的适应。所以，辩护人的问题应当力求封闭性，从而打乱鉴定人回答问题的节奏，尽量避免鉴定人随意的自由发挥。

③设计专家证人的问题和设计鉴定人出庭的问题，应当有所对应，焦点问题、专业性问题更不应当遗漏，设计时对同一问题必须对双方均有考虑，以便于庭审时法官、公诉检察官比较和参考，而对于程序性问题可视情况进行设计，不予强求。

④专家证人把拟好的出庭提纲应当及时和辩护人协商沟通，以便取得辩护人的理解，如果时间允许，特别是对于专家证人庭上提问的部分，建议做一次开庭前的模拟演练，以便辩护人实际庭审质证过程中更好地把控庭审节奏，做好问题与问题之间的衔接与转换。

5)不批准情形的处理

《刑事诉讼法》第197条规定："法庭审理过程中，当事人和辩护人、诉讼代理人有权申请通知新的证人到庭，调取新的物证，申请重新鉴定或者勘验。公诉人、当事人和辩护人、诉讼代理人可以申请法庭通知有专门知识的人出庭，就鉴定人作出的鉴定意见提出意见。法庭对于上述申请，应当作出是否同意的决定。第二款规定的有专门知识的人出庭，适用鉴定人的有关规定。"

也就是说，申请专家证人出庭，并不必然会被批准。如果不批准，是不是意味着前期聘请专家证人后开展的工作就全部白费了呢?

答案当然是否定的。因为前期在专家证人共同参与下，已经对技术性证据进行了详细梳理，相关的疑问已经解决、相关的辩点已经确立，因此，完全可以把专家证人提供的专业意见用通俗化的语言由承办律师在庭审过程中充分表达出来。当然，这对专家证人就提出了更高要求：

①专业意见的撰写务必通俗化。

②专家证人自己设计的出庭问题提纲，应当附有详细答案，并应同样做到通俗化，以便于承办律师出庭时更好发表辩护意见。

③专家证人设计的鉴定人出庭问题提纲，应当附有客观准确的答案，以便辩护人在庭审过程中进行提问和对照，同样应做到通俗化。另外，还要强调一点，法庭不同意专家证人出庭，不等于不同意鉴定人出庭。所以，辩护人应当注意对鉴定人出庭还是要做好相关准备。

④在出庭前，专家证人应当和承办律师做好最后一次核对工作，对于专业术语

应务必让承办律师掌握其核心要点，以确保承办律师在庭审过程中尽量不出错。

（二）庭审辩护中

1. 既定方案的辩护

按照法律规定，刑事案件诉讼程序，在公诉人开示完所有证据后，首先是鉴定人出庭，其次才是专家证人出庭。专家证人原则上不能在庭上和鉴定人进行当面对质，而且庭审过程中专家证人和鉴定人都不能旁听。

下面以一起拳击致他人眼睛出现复视（看物体出现重影，两只眼睛不能正常聚焦）的故意伤害案为例，就专家证人审查和庭审时辩护人提问内容进行部分节选介绍。

（1）涉及专家证人和鉴定人出庭内容的梳理

1）基本案情

本案事发一酒店门口，在被害人率先动手之后，嫌疑人用持有手机的手挥拳砸中了被害人右眼，造成被害人右眼眶内侧壁骨折，其余未见眼球运动异常。被害人迟迟未做损伤鉴定，直到损伤后1个半月自述两眼看物体出现重影，后远赴异地一家非三甲私立医院进行眼眶整复手术治疗，但仍恢复不佳。至此，鉴定机构以被害人伤后出现眼眶骨折合并功能障碍为由，评定为轻伤。

2）核心问题

被害人损伤当时只有单纯眼眶骨折，却在伤后1个半月出现眼球运动功能障碍，这种复视的情况和之前损伤是否存在因果关系。

3）专家意见

因外伤产生眼球运动障碍并导致复视，应当在损伤当日就出现。被鉴定人外伤后1个半月才产生眼球运动障碍并有复视的临床症状，明显违反医学常识，其伤病因果关系不成立。根据《人体损伤程度鉴定标准》“总则”中提到的伤病关系处理原则，因果关系无法确定的损伤不应进行损伤程度评价，故原鉴定轻伤二级的鉴定意见错误，原鉴定应当仅以左眼眶内侧壁骨折评定为轻微伤。

（2）辩护人向鉴定人发问和应对

①辩护人根据《人体损伤程度鉴定标准》和《标准释义》中关于伤病关系处理原则向鉴定人进行说明，并询问其是否知晓相关规定？鉴定人回答“是”。

②辩护人根据现代医学研究结果向鉴定人当庭阐述复视产生原理，并询问鉴定人是否了解该原理？鉴定人回答“是”。

③辩护人按被害人最初损伤的情况询问鉴定人，被害人是否在受伤当日及之

后一段时间内均没有复视的主诉，且查体均未见眼球运动障碍这一已知事实？鉴定人回答“是”。

④辩护人根据《标准释义》记载进行阐述，在确认即使是外伤产生复视的前提下，按照现有的损伤情况只可能出现水平位复视，而无法造成垂直位复视，并询问鉴定人是否认同这一看法。鉴定人只能当庭表示同意，因为该问题的提出和释义是完全建立在客观的既有理论基础，并有明确的标准解释，所以鉴定人根本无法反驳。

(3)辩护人向专家证人发问内容

①辩护人询问专家证人在人体损伤鉴定过程中，是否应当考虑伤病关系问题？伤病关系处理的具体原则是什么？

②辩护人询问专家证人复视产生的原理是什么？

③辩护人询问专家证人是否了解并清晰地掌握被害人在损伤当初的一些具体表现以及之后的治疗情况？

④辩护人询问专家证人，根据现有资料，能否得出一个明确的意见，证明鉴定意见确实存在明显的错误？

通过这一轮对比发问，专家证人明确给出了下述专家意见：

首先，根据病史资料显示的查体结果，结合被害人损伤实际情况，被害人眼睛本不该出现复视的方位出现了复视的情况，本该出现复视的方位却没有产生复视。上述查体结果已经明显违背医学常识，因此，治疗医院检查结果的真实性严重存疑，建议不予采纳。其次，查阅大量医学文献资料并咨询眼科专家可知，外伤引起的复视均是在损伤当日就出现，未见迁延1个多月才产生复视的文献报道。也就是说，所谓复视的产生没有相应损伤病理基础，即损伤导致复视结果的伤病关系不成立，鉴定意见错误。

(4)庭审结果

通过专家证人的质证以及辩护人的出色应对，这个案件无疑取得了很好的效果。在检察官建议认罪认罚实刑的背景下，法官最终以嫌疑人伤害他人是事实，但被害人的伤病关系存疑为由判处嫌疑人拘役4个月，缓刑6个月。

2. 临场新问题应对

根据法律规定，专家证人在庭审过程中除了回答辩护人提出的问题之外，还应当庭回答公诉人、审判员、被害人聘请的律师提出的各种问题，这就牵涉一个临场应对的问题。但是，由于刑事案件诉讼程序中，原则上不存在和鉴定人当庭对质，因此,整体氛围还是比较宽松和友好的,对于专家证人来讲,不会出现比较大的问题。所以,专家证人只需要重点关注以下几方面,而承办律师有告知、提醒、沟通的义务。

①声音要求:回答问题口齿要清晰,声音要响亮。

②内容要求:回答问题不要似是而非,否则,只会降低之前所提交的专家论证意见书陈述内容的可信度。

③技巧要求:不要全盘否定鉴定人,可以让人感觉你是处在一个比较客观的立场,从而进一步增加言论可信度。

④道德要求:千万不可以有攻击性、侮辱性、有伤道德风化的语言,避免情绪激化;反之,在遭受相关言论攻击时,应当保持理性,必要时予以正当回击,也可以在庭后找相关部门进行申诉。

⑤应变要求:要仔细倾听提问,分辨问题中的隐含之义,以免陷入对委托人不利情境。

举个简单例子,在上述案例中,被害人一方律师向专家证人发问,"因为本案涉及眼睛损伤,而眼睛损伤是眼科医生专长,那么您作为一名法医有多少眼科临床经验?"

本案专家证人采取了迂回政策。首先,强调作为一名法医每年都参加司法鉴定行业协会的专业培训,其中就有涉及眼科方面的内容;其次,强调眼科医生侧重的是治疗,而只有法医才会重点关注损伤,特别是伤病关系问题;再次,强调自己曾经遇到类似案件的工作经验和数量;最后,反问律师,本案的鉴定人是否有眼科临床经验?曾经的工作经验和数量又是多少?因此,专家证人的临场应变能力非常重要。专家证人通过这一系列的回答和回击很好地化解了律师的问题,也再一次展示了自己的专业性。

(三)庭审辩护后

许多律师认为,庭审结束了,连律师都没有什么工作可做,那专家证人就更不需要做什么了。其实,这种想法是错误的。尽管大多数律师会在庭审前提交辩护意见,但是根据庭审情况的变化,庭后,作为辩护人应当进一步提交补充辩护意见。同理,作为专家证人,也应当根据庭审质证情况,尤其是非本方委托人提出的问题应当进一步给出适当的回应,并提交最终专家论证意见,其效果有三:一是便于承办律师在庭后和主审法官能够进一步沟通;二是便于法官根据庭审结果开展后续工作,如启动重新鉴定、发回重审、是否需要二次开庭等;三是便于承办律师和委托人判断是否需要准备二审。

下面以一起案件为例。

(1)基本案情

本起故意伤害案,嫌疑人共有3人,3人都对被害人进行了拳打脚踢,造成被害人鼻骨骨折。首次鉴定由县级公安内设鉴定机构进行,评定为轻微伤;被害人不服,进行二次鉴定,根据新的病历,市级公安内设鉴定机构评定为轻伤;嫌疑人不服,进行第三次鉴定,省级公安内设鉴定机构评定为轻伤。

(2)三点疑虑

①被害人在受伤后7日内,在四家医院拍摄了很多张鼻骨CT片;

②后两次重新鉴定时,两家公安内设鉴定机构都没有再对被害人鼻骨损伤的情况进行复查拍片,而直接以之前四家医院的影像诊断报告为依据进行了损伤程度评定;

③承办律师在受理委托时,一审庭审已经结束但是还没有宣判,而且委托人作为第一被告人在检察院阶段曾经作过实刑的认罪认罚。这无异于大大增加了律师开展工作的难度。

(3)释疑

通过申请调取病史资料,承办律师拿到了原始影像片。专家证人仔细地审核发现:被害人所谓的鼻骨损伤,能够清晰看到的只有一处骨折,不是粉碎性的,骨折处周围没有软组织肿胀,从病史描述来看,损伤当时医院查体结果表明被害人两侧鼻腔内都没有看到任何血迹,鼻子外观完好,也没有看到青紫肿胀。

根据上述情况,专家证人给出如下建议:一是尽管被害人外伤史明确,但是根据病史来看,其鼻骨骨折不排除是陈旧性骨折可能性;二是建议重新拍摄鼻子的CT片,如果是新鲜骨折,那么其伤后骨折愈合情况应当可以有一个很好的比较鉴别;三是根据复查结果,决定是否启动重新鉴定。

据此,承办律师通过各种方式反复与法官沟通,包括让专家证人当面和法官沟通,并希望能就新发现的问题进行二次开庭。最后勉强表态会重新召开合议庭就我们提交的专家论证意见进行评估。在承办律师和专家证人的共同努力下,法院延长了审限,并在审限到期之日才进行宣判。

(4)结果

原本承办律师对判决已不抱希望,但结果却出人意料。承办律师的委托人从第一被告变成了第二被告,量刑变成实报实销,不用继续蹲监狱。这充分说明,法院已认真考虑了专家的论证意见。

四、怎样选择专家证人

如何选择专家证人，其实关键还在于最开始接受案件委托时，承办律师根据具体案情选择什么样的专家。笔者建议如下：

（一）轻头衔、理论型

很多当事人对专家各种名目的头衔非常看重，甚至认为头衔越多越好，这其实是一种错误认知。根据“有专门知识的人”的定义，只要某个人在某个领域拥有特定的知识和技能，就可以作为专家证人出庭。其实，头衔越多的人，往往是在理论方面的贡献比较突出，理论型人才更容易出文章、出研究成果。尽管庭审质证发言肯定需要理论来支撑，尽管案件多数具有共通性，但是每一个案件又有其自身的特点，这就需要大量实践经验的积累。正所谓见多识广，才能在应对具体事务过程中游刃有余。所以，唯头衔论、唯理论型不可取，在选择专家证人时，应当更多地注重其本人的实践经验。

当然，完全不考虑头衔，同样是不可取的。如果拥有头衔的专家，他是通过丰富实践而获得的，那么这样的专家还是需要优先考虑的。因此，还是要具体看你想聘请的专家在该领域的成长过程和专业领域特点。

（二）重实践、经验型

在选择专家证人时，应当主要考虑他的实践经验，同时还要参考以下四个方面。

1. 实践型专家

对于专家来说，关键是解决实际问题的能力，而要在应对实际问题时，做到信手拈来，一定离不开大量实践。所以，一名专家证人的实践经验最为重要，如果还能精通理论那就更是锦上添花了。

2. 总结型专家

善于总结，也是一个专家难能可贵的品质。如果只知道做而不善于总结，那么所获得的经验永远不可能有所升华。因此，在选择专家时，可以多了解一些他在该领域发表过的实务性文章、出版的专著等，尤其是针对委托案件的特定问题，这位专家是不是曾经发表过一些有利于这个案件的看法。善于总结的专家往往在设计出庭问题时也是一把好手。

3. 逻辑型专家

一个专家的逻辑思维能力在庭审质证时异常重要，如果在庭上表达观点时词不达意、似是而非、逻辑不自洽,那么只会对当事人不利。换言之,会做不等于会说。因此,在选择专家时,应当考虑他的语言表达能力和逻辑思维能力,以保证良好的庭审效果。所以,在庭审前期开展工作的时候,承办律师最好和专家证人进行一次当面沟通,以考察专家这方面的能力。

4. 应变型专家

主要是临场应变能力。庭审质证过程中,尽管公诉检察官和庭审法官都不是专业人士,不太可能问出一些非常专业的问题,但是,也不能排除一些检察官和法官接收新知识、新观点的能力,他们往往能在极短时间内通过强大的逻辑思维问出一些"陷阱问题",从而让专家证人无所适从,如果他们当中极少数人本身就有专业知识背景的加持,那提问的角度和难度可能更加复杂难辨。因此,作为专家证人,首先,不能逃避退缩;其次,也不能逞强硬攻;最后,最重要的就是灵活地根据已发生的情况,迅速作出新的判断,灵活机智地选择应对的新方法,始终保持应变的主动。

5. 转岗型专家

一个专家如果能在同一领域的不同岗位工作过,至少能表明他在看待同一个问题时,能够从不同的角度去思考,也就更容易发现问题。如果每一个岗位,专家都工作过一段较长的时间,那这位专家所能获得的实践经验会更加宝贵。

总之,随着以审判为中心诉讼制度改革的不断推进,专家证人在庭审中的实质化应用必将越来越多,相应效果也会日益凸显。希望在不久的将来,专家证人出庭成为一种常态,更希望刑事诉讼能和民事诉讼一样,能够让专家证人和鉴定人进行当庭对质,进一步强化庭审实质化,更多地保障和维护当事人权益。

基层组织人员常涉罪名辩点梳理

张聪荣

本文所称基层组织，是指村民委员会、居民委员会（以下简称村委会、居委会）等基层群众性自治组织。切入这一视角，是因为近两年来，基层组织人员涉罪情况突显，尤其是在“扫黑除恶”过程中，有很多的团伙性犯罪跟基层组织的人员有一定程度的重合，甚至有整个村委会或居委会的主要人员都涉案的情况。在办理这类案件过程中笔者发现，基层组织人员常涉罪名或多或少都与其身份有关。基于这种情况，本文从基层组织人员常涉的三类犯罪中选取八个罪名，将主要辩点和辩护思路进行简要梳理。

一、基层组织的特点及现状

（一）基层组织的特点

1. 不是国家机关却胜似国家机关。《村民委员会组织法》第2条规定：“村民委员会是村民自我管理、自我教育、自我服务的基层群众性自治组织。”因此，村委会属于基层群众性自治组织。第36条第3款规定：“乡、民族乡、镇的人民政府干预依法属于村民自治范围事项的，由上一级人民政府责令改正。”据此，村委会独立开展工作，对村民负责。但是，在实际工作中，村委会等基层组织已经成为政府推行各项措施最基础、最前沿的单位。每一项涉及民生的举措，最终都是通过这些基层组织传达、贯彻、宣传、实施的。群众的日常矛盾、纠纷，也是由这些基层组织化解的。它们就像一个个细胞，下面连接到每一个群众，上面对接着无数政府机关，上传下达，既扮演着保障国家政策顺利推行的执行者角色，又扮演着解决群众日常纠纷的管理者角色。它的多元化职能和辐射的范围，使得它的重要性不亚于任何一个国家机关。

2. 没有行政身份却履行行政职能。村委会的人员没有行政身份，不属于《刑法》规定的"国家工作人员"。但是，由于很多政府的行政工作都是由其协助完成的，所以实践当中，村委会又履行着很多行政职能。根据 2009 年 8 月 27 日全国人民代表大会常务委员会《关于〈中华人民共和国刑法〉第九十三条第二款的解释》（以下简称全国人大常委会立法解释）的规定："村民委员会等村基层组织人员协助人民政府从事下列行政管理工作，属于刑法第九十三条第二款规定的'其他依照法律从事公务的人员'：（一）救灾、抢险、防汛、优抚、扶贫、移民、救济款物的管理；（二）社会捐助公益事业款物的管理；（三）国有土地的经营和管理；（四）土地征收、征用补偿费用的管理；（五）代征、代缴税款；（六）有关计划生育、户籍、征兵工作；（七）协助人民政府从事的其他行政管理工作。"

（二）基层组织的现状

只有了解了基层组织的现状，我们才能更清晰地看到基层组织人员涉及这些罪名的原因，明确辩护思路与他们身份的关联性。

1. 补贴低，多自筹。村委会等基层组织人员没有固定工资，他们的经费一部分来源于政府补贴，另外一部分来源于自筹，可以说，更大一部分的经费还是来源于自筹。而资金自筹的方式五花八门，形式也是多种多样，这就导致了基层组织人员还要花费极大的精力去找赞助、搞经济，否则的话不要说群众福利，连委员日常的补贴发放都成问题。在这个过程中，公私混杂，就滋生了侵占、挪用等犯罪。村委会还有个特点就是土地多，在土地的管理过程中又滋生了"非法占用农用地""非法倒卖土地使用权"等土地类犯罪。

2. 管理杂，常踩线。群众工作本来就很复杂，所以村委会等基层组织的管理方式更是多种多样，加上个体素质的差别，很多管理方式简单粗暴，常常踩在合法与违法这条分界线上。在一些极端的情况下，甚至演化为寻衅滋事等犯罪。同时，在争取群众利益的过程中，一旦方式和手段过激，又会涉及强迫交易、敲诈勒索等犯罪。

3. 账务乱，难监管。虽然政府部门已经大力监督和引导基层组织建立完善的台账，但是，账务混乱、监管困难仍然是基层的现状，而非法销毁会计凭证等违法行为时有发生，又牵扯出非法销毁会计凭证等犯罪。

综上所述，虽然村委会等基层组织重要性不亚于任何一个国家机关，但政府只给予日常经费上的部分补贴，他们需要多元化创收，加上人员素质参差不齐，管理方式粗细不一，财务管理又混乱，就导致了很多行为在罪与非罪之间徘徊。

二、基层组织人员所涉各类罪名常规辩护简析

(一)基层组织人员常涉罪名种类

本文将基层组织人员常涉罪名分为三大类:第一类是资金类,也就是挪用资金罪(挪用公款罪),职务侵占罪(贪污罪),隐匿、故意销毁会计凭证、会计账簿、财务会计报告罪等。第二类是土地类,最为突出的是非法占用农用地罪和非法转让、倒卖土地使用权罪。第三类是管理类,其中涉及强迫交易罪、敲诈勒索罪、寻衅滋事罪等罪名。

(二)基层组织人员常涉罪名辩点简析

1. 涉及资金类罪名的辩点简析

职务侵占罪(贪污罪)、挪用资金罪(挪用公款罪)最常规的辩护思路是辩主体、辩资金性质、辩具体金额。顺着这个思路,结合基层组织人员的涉案特点,笔者延伸出以下几个辩点:

(1)主体延伸出的辩点

第一,"协助人民政府从事行政管理工作"和"从事村务"如何区分?

村委会成员不是典型的国家工作人员,其只有在协助人民政府执行公务过程中利用职务上的便利实施犯罪,才可以适用《刑法》关于国家工作人员的规定。那么,第一个辩点就是"协助人民政府从事行政管理工作"和"从事村务"的区别在哪里,即"公务"和"村务"如何区分?

很多时候公务和村务的界限是模糊的,或者说公务和村务是交织在一起的。为了准确定性此罪与彼罪,即是职务侵占罪还是贪污罪,是挪用资金罪还是挪用公款罪,就必须把两者予以明确区分。全国人大常委会立法解释认为7项具体行政管理工作范围内的是依法从事公务,范围外的是村内自治管理服务。但是,即使是在7项具体行政管理工作范围之内,很多行为的定性仍然是有争议的。

举例:一村民小组组长在土地补偿款发放过程中,采用在补偿分配表中添加非本组成员的方式套取财产,进而非法占为己有。这种情况下,该行为是从事公务还是从事村务,该资金是国家公款还是集体财产?

在赵玉生、张书安职务侵占案①中最后的结论是构成"职务侵占罪",即履行的是"村务"。可是,全国人大常委会立法解释列举中第4项明确规定"土地征收、征

① 载《刑事审判参考》总第106集,第1138号。

用补偿费用的管理”属于从事公务,为什么刑事审判参考案例还会得出相反的结论呢?对此,笔者认为,对于7项具体行政管理工作,仍要从以下两个方面对其工作内容和资金性质进行实质判断:

一是以谁的名义处理的事务。这是形式辩点。也就是从表象上看,做的是国家的事,还是集体自己的事。在本案中,虽然资金的来源是土地补偿款,但是款项到了村集体后,村集体根据自己拟定的发放标准和条件进行内部分配,从形式上看,是在以村集体的名义实施工作。

二是否是公共权力的直接运用。这是实质辩点。就本案而言,“征收补偿费用的管理”是行使公共权力,但是,“征收补偿费用的管理”的范围怎么来确定呢?笔者认为该项工作包含协助政府核准、测算土地、准确统计,即协助政府准确顺利地确定补偿费用并划入集体账户,在这个过程中的工作属于行政管理工作。但是,当土地补偿费拨付给村集体后,行政管理工作已经结束。之后的补偿费用的分配,属于村集体的内部事务,资金也已转化为集体资金。

因此,从形式到实质,本案中土地补偿款的发放都已经超出了“行政管理工作”的范围,应定义为“村务”。

所以,从这个刑事审判参考案例可以看出,并非与“七项具体职责范围”有关的事务就必定是“公务”,一定要结合工作的内容、时间节点准确判断该行为的本质。

第二,家属的私自挪用行为如何定性?

这个问题应该是基层组织人员犯罪所独有的问题。因为通常不论是公款还是集体资金,都有专人管理,不会出现被家属挪用的情况。但是,在村集体的财务管理过程当中,很多时候公账和私账是混在一起的,村委会主任或财务人员用自己的卡来保管集体的钱是很常见的情况。在用私卡管钱的过程中,有时这些卡又交由家属保管。那么问题来了,假设这样一个案例:基层组织工作人员的家属乙私自挪用了集体资金出借他人,6个月后归还,乙的行为应如何定性?

对于这个案例,笔者认为难以定罪,理由有三点:

一是乙的行为没有利用职务便利。不论是挪用资金罪还是挪用公款罪,都要求行为人“利用职务上的便利”。但是乙既不是基层组织工作人员,也不存在利用职务上的便利,最多只能说乙利用了村集体账务管理的漏洞。

二是乙的行为没有“非法占有的目的”。乙将集体资金挪用了6个月就归还了,明显只有挪用的故意,没有非法占有的故意。

三是法无明文规定不为罪。综合评判乙的行为,其没有“非法占有的目的”,就不能认定为盗窃、侵占等罪;而没有相应的主体身份,也没有利用职务便利的行为,故不能构成挪用资金等罪。按照罪刑法定原则,乙的行为没有相应的罪名处罚,就不能用刑法来打击。

在一些案件中,被告人试图以"该挪用行为是家属实施的,自己不明知"为由,努力争取无罪。公诉机关针对这种情况,通常会用共犯理论来突破,即虽然该行为是家属实施的,但是被告人对此明知,对该行为授意或默认,那么家属是基层组织工作人员实施挪用行为的共犯,其主犯仍然是基层组织工作人员,两人都应定罪。

所以,这一辩点其实是一把"双刃剑"。一方面,有可能通过主张家属的独立行为来取得基层组织工作人员无罪的效果;另一方面,有可能把家属牵连成共犯,扩大了被打击的范围。因此,这一辩护方案一定要结合实际情况慎用。

第三,"利用身份威信"和"利用职务便利"如何区分?

村委会人员的身份很特殊,由于其经常行使一些社会管理职能,在群众的眼中通常是有能力、有威信的。在这种情况下,群众有时会请他们帮助办理一些事务,而这些事务可能需要利用职务便利,因此,村委会人员的一些行为会存在争议。

例如:甲想买本村乙的宅基地,于是找到村委会主任丙,请丙帮忙联系并压压价。丙以村委会主任的身份出面联系,并顺利促成了双方的交易。事后甲给了丙5万元好处费。

这种情况下,丙是否"利用了职务便利"呢?笔者认为没有。

一是该行为是丙的私人行为而非职务行为。丙为双方促成交易的行为,与其村委会主任的工作之间没在任何的关联性。

二是利用威信与利用职务便利有本质差别。丙没有利用任何与主任职位相关的职务便利,只是利用人们对主任头衔的信任与平时在群众中树立的身份上的威信,并不能视为其利用了职务、地位形成的便利条件,这两者有本质的差别。

三是党纪处分更为适合。对于丙的行为,用党纪进行处分更为适合,用刑罚来进行打击,就把公事和私事的界限模糊了,扩大了打击的范围。

(2)资金性质延伸出的辩点

第一,资金性质不明的处理原则。

实践中,由于账务混乱的问题,很多时候资金的性质难以确定。在此,可以借鉴陈某林等挪用资金、贪污案①的裁判理由,即"在农村基层组织人员所挪用款项的具体性质以及利用何种职务之便无法查清的情况下,由于无法区分他们究竟是利用何种职务便利挪用何种款项,主体身份无法明确,因此根据刑法的谦抑原则,应该从有利于被告人的角度出发,以刑罚较轻的罪名对被告人进行定罪处罚"。

在实际案件中,很多时候不仅仅是"资金的性质难以确定",还经常出现集体资金与个人财产混同的情况。按照刑法的谦抑原则,资金混同的情况下,即使不能达到存疑不定罪的程度,也应在量刑的时候酌情从轻处罚。

总结下来就是,资金性质无法确定,则按轻罪处理;资金混同难以准确区分,则应视混同程度酌情减轻。

第二,村委会关联企业的资金是不是集体资金?

前面已经说过,村委会的资金需要自筹,于是创收方式五花八门,而以集体资金创办企业的情况也很常见。当然,如果是集体资金占全股的企业,其企业资金的性质也系集体资金,这个没有什么争议。但是,如果村委会只是部分资金参股,又没有明确股份比例,这种情况下资金的性质应当如何确定呢?

例如:某村委会想建一个土建队,于是村委会出了部分资金购买设备,主任甲组织了5名委员加入,各成员出工出力,在工程施工过程中,也陆续垫付过资金。其间,赚取的工程款大部分交回村委会,机器设备也都全部更新过。5年后,土建队解散,账上还有100万元,甲以劳务分红的形式将钱分给了加入土建队的各委员。

在这个案例中,土建队是从村委会衍生出来的一个经济主体,但是,村委会只是部分出资,其他参与的人员也出过资,又没有明确股份比例,这就使得难以准确区分最后的100万元哪一部分是集体资金。很多时候公诉机关会将这些款项都认定为集体资金,而作为辩护人,必须区分这部分资金的性质。

一是土建队是一个公私混合的经济主体,其中既有集体的部分,也有个人的部分。不能因为无法准确区分就否定了个人部分的存在。

二是还应考量参与人员的劳务部分。因为在长达5年的时间里,各参与人员付出了劳动,才让土建队快速发展。所以,最后的分红款应扣除他们的劳务所得部分。

最终本案以"职务侵占罪"判决,虽然以全部数额认定,但在量刑的时候酌情从轻处罚。

结合这个案例可以看出,资金混同的辩点在实务中很难被采纳,但是,对资金

① 《刑事审判参考》第454号指导案例。

性质的展开阐述,可以从侧面争取到一定幅度的从轻量刑。

对于隐匿、故意销毁会计凭证、会计账簿、财务会计报告罪,总结下来,笔者认为可以从以下四个方面来展开辩点。

一是辩主观。主观之辩有两个层次:其一,完全不知道销毁的是什么东西。例如,在一起故意销毁会计凭证案中,企业的副总甲出差回来刚好赶上公司老总安排销毁不要的资料,于是他就带着人去把这些资料销毁了。后来公安机关立案调查时他才知道烧毁的资料里竟然有会计凭证。这个案件后来检察机关最终因证明其主观明知的证据不足,作了存疑不起诉。其二,知道销毁的是账务,但不知道具体是哪些。对于这一种,基本不影响定罪,只能从量刑上争取从轻。

二是辩证据。因为资料已经被销毁,被销毁的材料的内容经常是以涉案人员的口供证据固定的,而口供证据是不稳定的,大部分人其实对于会计凭证是没有专业认知的,特别是在基层组织中,大部分人员对会计凭证的认知都只停留在“好像是账”的程度。至于到底是什么内容,能否确定,口供证据经常会出现反复。所以没有足够的证据证明被销毁的是会计凭证等材料,这也是常规辩点。

三是辩实质。这里的实质主要从三个方面确定。借用上述土建队的案件,假设在分钱之后,村主任甲组织大家一起将土建队的账目销毁了,是否构成本罪?结合案例,笔者从实质上来展开论述。其一,是否存在会计单位。《会计法》第2条规定:“国家机关、社会团体、公司、企业、事业单位和其他组织(以下统称单位)必须依照本法办理会计事务。”土建队作为公私混杂的包工队,没有注册登记,没有字号,甚至连公章都没有,也就是说,它并没有一个法定的主体身份,不在《会计法》规定的应当依法办理会计事务的主体之中。其二,是否有保存会计凭证的法定义务。土建队并不属于《会计法》中的“会计单位”,因此并没有设置和保管会计账簿的法定义务。其三,烧毁的材料是不是会计凭证。《会计法》第14条第1款规定:“会计凭证包括原始凭证和记帐凭证。”但是在本案中,土建队的账只能算是流水账,显然不能将流水账盲目理解为是会计凭证。所以,对于该罪,应从是不是会计单位、是否有保管义务(是否超过保管期限)、是不是会计凭证等这三个方面进行实质判断。

四是辩行为。在这类案件中,很多时候有多名涉案人员。这时,还应从在决定中是否起到作用,在实施中是否积极参与等情节上来确定主犯和从犯。情节较轻的,还可以努力朝相对不起诉的方向争取。

2. 土地类罪名的辩点简析

土地类罪名也是村委会等基层组织人员经常涉及的,其中非法占用农用地罪和非法转让、倒卖土地使用权罪最为常见。

(1)这类罪名有两个共同辩点

第一,“村民小组”等基层组织是否可以构成单位犯罪?

这是一个很重要的辩点,但是,偏偏这个辩点又有着先天的障碍。2007 年公安部《关于村民委员会可否构成单位犯罪主体的批复》中明确规定:“根据《刑法》第三十条的规定,单位犯罪主体包括公司、企业、事业单位、机关、团体。按照《村民委员会组织法》第二条的规定,村民委员会是村民自我管理、自我教育、自我服务的基层群众性自治组织,不属于《刑法》第三十条列举的范围。因此,对以村民委员会名义实施犯罪的,不应以单位犯罪论,可以依法追究直接负责的主管人员和其他直接责任人员的刑事责任。”实践中基本上参照这一规定,将以村委会名义实施的犯罪以个人犯罪论处,而非法占用农用地罪等也不例外。

但是,这一规定是双标且矛盾的。最高人民法院研究室《关于村民小组是否属于刑法第二百七十二条规定的“其他单位”问题的研究意见》①认为:“刑法第二百七十二条规定的‘其他单位’包括村民小组,村民小组组长可以成为挪用资金罪的犯罪主体。”因此,当挪用村民小组资金的时候,村民小组是“其他单位”,应构成挪用资金罪;而为了村民小组的利益实施的犯罪,村民小组就不是单位了,犯罪应该由个人独立承担。这样的双标显然是不公平也是不合理的。

所以,对于“村民小组是否可以构成单位犯罪”这个问题,笔者认为应参照单位犯罪的构成要件客观评价,如果符合单位犯罪构成的,就定性为单位犯罪。指导案例赵某山、王某杰、杨某波非法占用农用地案裁判理由载明:“村委会有自己的名称、组织机构和场所,有自己的经费,且能够以自己的名义承担相应的责任,符合刑法规定的单位的形式特征和实质特征,可以作为单位犯罪的主体。且在司法实践中,为了本村村民或村集体的利益,以村委会名义实施的非法占用农用地、非法采矿、非法转让土地使用权等犯罪活动频发,将村委会认定为单位犯罪的主体,有利于规范村委会的行为,有效打击和遏制相关犯罪活动。”对该观点,笔者深表赞同。

第二,如何判定涉案人员在案件中的作用和地位?

结合第一个辩点,即村民小组可以构成单位犯罪,那么,衍生出来的第二个辩点就尤为重要了。这个辩点就是涉案人员在案件中的作用和地位。这个辩点之所

---

① 载张军主编、最高人民法院研究室编:《司法研究与指导》2012 年第 2 辑,第 160 ~ 162 页。

以重要,是因为单位犯罪的处罚原则是,对单位判处罚金,并对其直接负责的主管人员和其他直接责任人员判处刑罚。如果不是直接负责的主管人员和其他直接责任人员,就完全可以免罪。退言之,即使不以单位犯罪论处,笔者认为也应该参照单位犯罪进行处罚,对于一些作用小的、情节轻的涉案人员,完全没有刑事打击的必要性。这一点在实际案件中也得以体现,很多在村委会中的一般参与人员,就是因为作用小而被检察机关不批捕或不起诉的。作用和地位如何判定,主要看四个方面:一看具体职权,即在村委会中的任职情况;二看决策主体,即是否参与作出涉案的决定;三看执行过程,即在决定的执行中所起的作用;四看个体行为,即个人在整个事件中做了些什么。从这四个方面入手,基本就可以判定其在案件中的作用、地位了。

(2)非法占用农用地罪的辩点简析

非法占用农用地罪有四个构罪条件:一是行为人必须非法占用耕地、林地等农用地;二是违法改变土地用途;三是造成大量毁坏;四是达到立案的数量要求。这四个构罪要件层层递进,缺一不可,所以这四个方面都是案件审查的重点。在此,笔者仅针对第三个要件"造成大量毁坏"展开。

如何理解这里的"毁坏"? 最高人民法院《关于审理破坏土地资源刑事案件具体应用法律若干问题的解释》第3条第2项规定:"非法占用耕地'造成耕地大量毁坏',是指行为人非法占用耕地建窑、建坟、建房、挖沙、采石、采矿、取土、堆放固体废弃物或者进行其他非农业建设,造成基本农田五亩以上或者基本农田以外的耕地10亩以上种植条件严重毁坏或者严重污染。"可见,这里是将毁坏理解为"种植条件严重毁坏或者严重污染"。那么,具体判断标准是什么呢? 对此,笔者认为,"种植条件严重毁坏或者严重污染"应包括两种情形:一是农用地被严重毁坏或严重污染,彻底无法再复耕;二是农用地被严重毁坏或者严重污染,如果需要复耕,则需要付出高昂的代价才能实现。在一些非法占用农用地案件中,原土地是荒山荒地,种植条件恶劣,改变用途后,反而改善了植被的生长条件,在这种情况下,就可以紧紧围绕这一辩点进行辩护。

(3)非法转让、倒卖土地使用权罪的辩点简析

非法转让、倒卖土地使用权罪的构罪要件有三个:一是"以牟利为目的";二是非法转让、倒卖土地使用权;三是达到"情节严重"。在这三个构罪要件中,辩论焦点多在第一个、第二个要件中展开。

第一,以牟利为目的中的"牟利"如何理解。这里说的"牟利"是仅指经济利益,

还是可以延伸为其他利益？笔者认为应以经济利益为限，否则有扩大打击的嫌疑。比如，甲与乙置换土地，但由于甲的土地面积大，于是乙补了3万元给甲。这种情况下，笔者认为不应构成犯罪，因为甲与乙之间置换土地的行为并非以牟利为目的，而乙支付3万元的行为是建立在置换土地的基础之上，本质上还是置换土地的一部分，不能视为土地买卖行为。即使双方的土地置换行为违法，也应在行政法的范围内处罚，而不应该刑罚打击。如果“牟利”中的“利”扩大为所有利益，那么即使是置换土地过程中获得的差额补偿也应纳入刑法评价，这无疑无限扩大了打击的范围。同时，从立法初衷来看，非法转让、倒卖土地使用权罪归入“破坏社会主义市场经济秩序罪”这一章中，既然其破坏的是市场经济秩序，那么这里的牟利也应紧紧围绕“经济秩序”来确定才符合立法原意。

第二，转让、倒卖行为的实质判定。随着人们法治意识的加强，涉及土地的关联行为已经多种多样了。实践中，比较有争议的有以下几种形式：①土地联营；②合作开发；③以土地使用权投资或作价入股公司。这几种形式一定程度上介于罪与非罪之间，更多地看有无利用合法形式掩盖非法目的的情形。如果是真实的行为，那就可以围绕其行为本质展开罪与非罪的论辩。

3. 管理类涉及罪名的辩点简析

基层组织人员还很容易涉及两个罪，即强迫交易罪和敲诈勒索罪。对于这两个罪的辩点，笔者简要分析如下。

(1)强迫交易罪的常规辩点。例如，甲村委会组建了一支土建队，想承包A公司的土建工程。于是村委会主任张某找到A公司的副经理邓某说：“这个工程不给我们做的话，别人也别想做。”之后，由于附近几个村的村委会都想做这个工程，于是县政府出面协调，开会决定把工程给甲村委会施工。会议的第二天，甲村委会与A公司签订了施工合同。后邓某向公安机关报案称被威胁，公安机关以强迫交易罪对村委会主任张某立案。

结合这个案例，我们把强迫交易罪的两个重要方面逐步展开。

第一，手段是否达到了强迫的程度。在本案中，张某虽然说过一句威胁的话，但是，这样的言语行为显然远没有达到“强迫交易罪”中暴力、威胁手段的程度。我们认为“强迫”至少应对对方的身体或心理产生足够的威胁和强制，在此基础上对方才被迫作出交易的选择。如果行为和言语根本不足以压迫对方，对方也不是基于被迫而进行交易，那就丧失了本罪的前提。所以，对于本罪，首先要分析行为的强度和对对方造成的心理影响，以此进一步判断威胁行为和交易结果之间的因果关系。

第二,威胁行为与交易结果是否有因果关系。本案当中,虽然最后甲村委会和A公司达成了施工协议,但是,我们可以看到,本案威胁行为和交易结果之间介入了多个因素,两者的关联性难以建立。首先,张某威胁的对象是A公司的副经理邓某,最终合同的签订并非由邓某决定,即张某威胁的是一个没有决定权的人;其次,合同达成的关键因素是由于政府的协调,也就是说A公司之所以签订合同,并非基于张某的威胁,而是源于政府的统筹。因此,交易的达成与张某的威胁之间没有因果关系,张某不构成强迫交易罪。

(2)敲诈勒索罪的几个辩点。在实践中,基层组织人员带领群众维权的行为,常常因为方式和程序没有把握好,而牵涉敲诈勒索罪。

例如,某村群众认为附近的一个砂场把山采空了,影响了本村的风水,于是村民小组组长张某带着群众堵住了进村的道路,要求砂场老板黄某补偿村里5万元钱。黄某迫于压力,与村民小组签订了补偿协议,支付了5万元钱。事后黄某向派出所报案,派出所以敲诈勒索罪对张某立案。

借助这个案例,我们来看一下可以有哪些辩点。

第一,维权还是敲诈?敲诈勒索罪主观上是非法强索他人财物。如何区分目的的合法性和非法性,很重要的一个判断标准就是是否有合法的事由,既包括合法的债权也包括被侵权后的正当维权。如果确实存在合法的事由,基于维权的目的向对方索要财物,那即使索要的财物一定程度上高于自己的实际损失或债权,也不能认定为敲诈行为。如果索要的财物远远高于损失或债权,就有可能将合法维权动机变成敲诈故意了。回到本案中,群众认为风水被破坏而向黄某索要财物,我们认为这不是一个正常、合法的维权事由。当然,如果是村民小组由于砂场进出的车辆压坏了村中道路,索要修路的补偿,这就可以视为维权行为了。

第二,有无实施敲诈行为?本案中,群众堵路的行为是否为一种“敲诈行为”?敲诈勒索在客观方面要求使用威胁或要挟方法。威胁一般是行为人无故制造事端,强行索要他人财产的行为。换句话说,威胁是没有合适的理由和原因,捏造某种事端加害他人直接索要财物。威胁更偏向于造成被害人的心理恐惧,更多的是精神上的强制,这是敲诈勒索罪区别于抢劫罪的重要特征。本案中,村民的堵路行为给砂场造成了巨大损失,也给经营者造成了巨大的心理困扰,虽然没有身体上的伤害,却造成了心理上的强制,因此,可以视为实施了敲诈行为。如果村民只是用正常方式向黄某提出诉求,那即使诉求不合理,也不能反推其手段具有敲诈性质。

第三,什么原因使其给付财物?从被害人的角度来看,如果黄某给付5万元补偿款并非由于心里害怕或担心损失进一步扩大,而是为了和村民小组建立良性的关系等,那么,其最终给付财物就不是基于村民的索要,那也不应作为犯罪来打击。

第四,本案还有一个小的辩点,就是村民小组组长张某并没有把钱占为己有,而是存入村民小组的公账。这种情况下,虽然不影响罪名的定性,但却可以在量刑上争取从轻。很多情况下,涉案人员都没有为自己牟利,所以这一辩点还是比较常用的。

(3)寻衅滋事罪的几个辩点。基层组织人员还经常由于管理方式不当或者过激行为引发矛盾,尤其是近两年司法机关处理的恶势力团伙成员与基层组织人员有所重合,处理过程中,使用频率较高的一个罪名就是“寻衅滋事罪”。因此,我们来看一下寻衅滋事罪常见的几个辩点。

第一,重点进行主观判断。行为人究竟是无事生非还是事出有因,是逞强耍横还是正常纠纷,只能通过以下几个方面来推断:一是行为人日常的行为习惯及性格特征。也就是他平时是什么样的人,是什么样的性格,这可以作为参考。二是事发的原因及经过。也就是纠纷是怎么发生的,发生的过程中双方有没有过错,行为人的具体行为表现出来的主观心态偏向于哪一种。三是行为人的行为目的及诉求。也就是行为人的行为最终是为了实现一个什么样的目的,是履行管理职责,还是为了发泄情绪,还是有其他的现实诉求。只有综合这些因素,才能更客观地了解行为人的主观心态。

第二,将客观行为和主观方面密切结合起来进行判断。“寻衅滋事罪”法条列明的表现形式:一是随意殴打他人,情节恶劣的;二是追逐、拦截、辱骂、恐吓他人,情节恶劣的;三是强拿硬要或者任意损毁、占用公私财物,情节严重的;四是在公共场所起哄闹事,造成公共场所秩序严重混乱的。这些行为不能仅从表象上来判断,必须结合主观心态来看。比如第1项中的“随意殴打他人”,如果事出有因或者对方有过错,而行为人又不是出于要威风等动机打斗的,就不能将日常的纠纷说成“随意殴打”。其他表现形式也应紧紧围绕行为人是否有寻求不正当的精神刺激等动机,或者逞强耍横的心理状态来综合判断。判断基层组织人员是否构成寻衅滋事罪,仍然需要主观与客观结合起来进行深入分析。一是出于公的目的,还是出于私的心态,即其实施行为时,是基于职务管理行为,还是出于个人情绪的发泄,所涉及的事由是公事,还是个人私事等。以此来判断行为人的行为到底只是不当或过激的管理行为,还是为了要威风的滋事行为。二是从行为的强度上来看,是否远超管理行为所应包含的尺度。

实践中,司法机关多是对行为进行判断,很多时候弱化了与主观心态的结合,使得这个罪名的辩护效果难以显现。

以上是对基层组织人员常涉罪名部分辩点的简单梳理,我们以点窥面,看到了基层组织的一些涉刑风险。按现在的刑事合规要求来说,基层组织也需要合规,只有这样,才能规范且长远。

量刑规范化中的计算问题

时　岩

一、前言:量刑和量刑规范化

首先要明确量刑和量刑规范化是两个不同的概念,无论是内涵还是外延,量刑都远远大于量刑规范化。影响量刑的因素有很多,除了案件本身的事实、证据以外,大到某一阶段的刑事审判政策、某个地区的经济发展水平,小到审委会人员的组成比例,都可能影响案件的量刑。本文讨论的量刑规范化是指量刑的一种手段、一种方式、一个过程,实践中的量刑远比量刑规范化中规定得更加复杂,更难以预测。

二、量刑规范化的意义

(一)于司法机关

最高人民法院总结量刑规范化的优点时强调,量刑规范化与司法责任制改革和以审判为中心的诉讼制度形成了有效衔接,使量刑更加公正均衡,裁判更加公开透明,审判活动更加廉洁高效。

其实量刑规范化只有两个目的:第一,在全国范围内,最起码在全省范围内实现同案同判;第二,限制法官的自由裁量权,这也是量刑规范化的根本目的。就同案同判而言,笔者认为量刑规范化起到了较好的效果,但是对法官自由裁量权的限制有矫枉过正的倾向。

(二)于辩护人

对辩护人而言,量刑规范化的意义主要在于沟通。其一,与司法机关沟通时,双方具有探讨量刑的基础,辩护人能够从法官、检察官的角度进行思考,沟通更加顺畅,案件办理效果自然就好。其二,与刑事辩护的当事人沟通时,辩护人能够通过计算在一定程度上进行有根据的预测,这对执业活动十分有意义。

三、量刑规范化的过程及重要文件

量刑规范化工作从2010年开始在全国中级、基层人民法院全面试行。最高人民法院出台了《人民法院量刑指导意见(试行)》(已失效),最高人民法院、最高人民检察院、公安部、国家安全部、司法部联合制定了《关于规范量刑程序若干问题的意见(试行)》(已失效),量刑规范化进程从一开始就有程序性文件配合。2010年11月6日,最高人民法院、最高人民检察院、公安部、国家安全部、司法部发布了《关于加强协调配合积极推进量刑规范化改革的通知》,全面开展量刑规范化改革。各省高级人民法院陆续出台实施细则,量刑规范化成为副卷的重要内容,除了合议庭笔录上有刑期的合议外,还要单独制作量刑评议表,由合议庭成员或独任审判的审判员签字。

经过实践磨合,2014年1月1日施行的最高人民法院《关于常见犯罪的量刑指导意见》(已失效),要求各省高级人民法院结合当地实际制定实施细则。

经过总结和实践,2017年3月9日,最高人民法院印发了修改后的《关于常见犯罪的量刑指导意见》(已失效)。2017年5月1日最高人民法院发布《关于常见犯罪的量刑指导意见(二)(试行)》,在原来15种常见犯罪的基础上又规定了8种常见犯罪,各省也出台相关实施细则。

2020年11月5日,最高人民法院、最高人民检察院、公安部、国家安全部、司法部发布了出台了《关于规范量刑程序若干问题的意见》,这是目前唯一的对量刑规范化进行程序性保护的规定,与认罪认罚制度进行衔接。2021年6月16日,最高人民法院、最高人民检察院共同出台了《关于常见犯罪的量刑指导意见(试行)》,于当年7月1日开始实施。该文件具有以下特点:(1)首次由最高人民法院和最高人民检察院共同出台量刑指导意见,是重大突破;(2)量刑情节由14个增加到18个,即加入老年人犯罪、又聋又哑或盲人犯罪、认罪认罚以及被告人在监管期间表现良好四个情节;(3)与认罪认罚制度相衔接,根据认罪认罚的阶段、程度、价值、悔罪表现等情况,规定了认罪认罚减少的刑期幅度。

四、重要文件的理解和适用

本文拟结合部分省高级人民法院有关量刑规范化工作的实施细则,详细解读一下2021年《关于常见犯罪的量刑指导意见(试行)》和量刑规范化的操作方法。

《关于常见犯罪的量刑指导意见(试行)》共分为五个部分,包括量刑的指导原则、量刑的基本方法、常见量刑情节的适用、常见犯罪的量刑及附则。前三部分是总则，第四部分可以视为分则，附则的内容是量刑规范化的适用范围。

（一）量刑的指导原则

1. 以事实为依据，以法律为准绳原则

量刑应当以事实为根据，以法律为准绳，根据犯罪的事实、性质、情节和对于社会的危害程度，决定判处的刑罚。

2. 罪责刑相适应原则

量刑既要考虑被告人所犯罪行的轻重，又要考虑被告人应负刑事责任的大小，做到罪责刑相适应，实现惩罚和预防犯罪的目的。

3. 宽严相济原则

量刑应当贯彻宽严相济的刑事政策，做到该宽则宽，当严则严，宽严相济，罚当其罪，确保裁判政治效果、法律效果和社会效果的统一。

4. 量刑均衡原则

量刑要客观、全面把握不同时期不同地区的经济社会发展和治安形势的变化，确保刑法任务的实现；对于同一地区同一时期案情相似的案件，所判处的刑罚应当基本均衡。

以上四个原则中，量刑均衡原则是量刑规范化的目的，也是量刑规范要解决的问题。

（二）量刑的基本方法

量刑的基本方法是量刑规范化的核心，即量刑时应当以定性分析为主、定量分析为辅，依次确定量刑起点、基准刑和宣告刑。

根据最高人民法院刑事审判第三庭的提法，将定量分析引入量刑机制是量刑规范化改革的重大创新。传统的量刑方式由法官根据案件事实、情节进行综合分析判断，一次性估算出宣告刑。这种方法灵活、简易，但结果可能因人而异，容易出现不透明甚至不公的情况。定量分析是通过数学方法分步骤对情节进行量化，可操作性强，但局限性是容易忽视社会现象的复杂和社会科学的自身规律。

定量分析与定性分析各有利弊。量刑规范化在2010年试行之初是以定量分析为主、定性分析为辅的。经过一段时间的试行，法官感觉实践起来非常机械。全面试行之后又改成定性和定量相结合，但是使用仍然非常不方便。最后调整为定性分析为主、定量分析为辅的方法，即定性分析是主要的、根本的、决定性的，定量分析是手段、是过程。简言之，法官内心先形成一个预设的刑期，然后使用量刑规范化的方式来规范其内心的刑期。

比如,一起故意伤害致人轻伤的案件,按照各种情节推算,被告人可能被判处两年有期徒刑。但是该案还有第一被告人,系主犯,且有自首、认罪认罚等情节,可能判处两年或两年多一点有期徒刑。此时从犯被告人的刑期不宜高过主犯,法官要通过定量分析来进行调整。这也是法官在具体案件中适用不同的从轻幅度(10%、20%、30%)的根本性的原因。但这并非从结果倒推证据,而是由社会生活、犯罪事实、司法审判活动的复杂多样性以及立法的滞后性共同决定的,也是量刑规范化规定所允许的。

1. 量刑的步骤

量刑的步骤虽然十分复杂,但从便于记忆和理解的角度可以简化为三步:

(1)根据基本犯罪构成事实在相应的法定刑幅度内确定量刑起点。这里需要注意的是量刑起点不是最低法定刑,而是按照基本犯罪构成事实的既遂状态来确定的量刑幅度,个案之间存在差异。

(2)根据其他影响犯罪构成的犯罪数额、犯罪次数、犯罪后果等犯罪事实,在量刑起点的基础上增加刑罚量确定基准刑。

(3)根据量刑情节调节基准刑,并综合考虑全案情况,依法确定宣告刑。

2. 调节基准刑的方法

(1)具有单个量刑情节的,根据量刑情节的调节比例直接调节基准刑。

(2)具有多个量刑情节的,一般根据各个量刑情节的调节比例,采用同向相加、逆向相减的方法调节基准刑;具有未成年人犯罪、老年人犯罪、限制行为能力的精神病人犯罪、又聋又哑的人或者盲人犯罪,防卫过当、避险过当、犯罪预备、犯罪未遂、犯罪中止,从犯、胁从犯和教唆犯等量刑情节的,先适用该量刑情节对基准刑进行调节,在此基础上,再适用其他量刑情节进行调节。

(3)被告人犯数罪,同时具有适用于个罪的立功、累犯等量刑情节的,先适用该量刑情节调节个罪的基准刑,确定个罪所应判处的刑罚,再依法实行数罪并罚,决定执行的刑罚。

调整基准型的方法是量刑规范化的重点。简言之,就是具有单个量刑情节的,根据量刑情节的比例直接调节基准刑;具有多个量刑情节的一般根据各个量刑情节的调节比例,采取“同向相加、逆向相减”的方式调整基准刑。

(1)一般情节

公式:

基准刑×(1+从重情节的比例-从轻情节的比例)

对于特定量刑情节，采用分步调节，部分连乘，部分相加减。

(2)具有多个特定情节

采用连乘，如未成年人、从犯，那么公式就是：

$$基准刑 \times (1 - 未成年人) \times (1 - 从犯)$$

(3)一个特定情节和一个一般情节的

比如某未成年人自首，未成年人是特定情节，自首是一般情节，则先适用特殊情节，后适用一般情节。那么公式就是：

$$基准刑 \times (1 - 未成年人) \times (1 - 自首)$$

(4)具有多个特定情节、多个一般情节

比如未成年人、从犯、累犯、自首，一般情节依然是括号之内加减，然后多个特定情节是连乘：

$$基准刑 \times (1 - 未成年人) \times (1 - 从犯) \times (1 - 自首 + 累犯)$$

3. 确定宣告刑的方法

(1)量刑情节对基准刑的调节结果在法定刑幅度内，且罪责刑相适应的，可以直接确定为宣告刑；具有应当减轻处罚情节的，应当依法在法定最低刑以下确定宣告刑。

(2)量刑情节对基准刑的调节结果在法定最低刑以下，具有法定减轻处罚情节，且罪责刑相适应的，可以直接确定为宣告刑；只有从轻处罚情节的，可以依法确定法定最低刑为宣告刑；但是根据案件的特殊情况，经最高人民法院核准，也可以在法定刑以下判处刑罚。

(3)量刑情节对基准刑的调节结果在法定最高刑以上的，可以依法确定法定最高刑为宣告刑。

(4)综合考虑全案情况，独任审判员或合议庭可以在20%的幅度内对调节结果进行调整，确定宣告刑。当调节后的结果仍不符合罪责刑相适应原则的，应当提交审判委员会讨论，依法确定宣告刑。

(5)综合全案犯罪事实和量刑情节，依法应当判处无期徒刑以上刑罚、拘役、管制或者单处附加刑、缓刑、免予刑事处罚的，应当依法适用。

4. 补充：部分省高级人民法院确定宣告刑的方法

(1)被告人犯数罪，数罪并罚的案件

总和刑期不满5年的，减少的刑期一般不超过1年；总和刑期满5年不满10年的，减少的刑期一般不超过2年；总和刑期满10年不满15年的，减少的刑期一般不超过3年；总和刑期满15年不满20年的，减少的刑期一般不超过4年；总和刑期满20年不满25年的，减少的刑期一般不超过5年；总和刑期在25年以上不满35年的，可以决定执行有期徒刑20年；总和刑期在35年以上的，可以决定执行有期徒刑20年至25年。

（2）宣告刑以月为单位计算

宣告刑应以月为单位进行计算。但是，调整计算得出的数字存在小数点时，笔者认为，依据有利于被告人的原则，小数点后对应的刑期应该直接减去，不宜采用四舍五入的计算方法。

五、案例讲解

（一）案例一

被告人王某借别克小型轿车使用，归还车辆时由于采取措施不当，将由北向南横过道路的被害人撞伤。事故发生后，被告人拨打了“120”急救电话、“122”事故处理电话并通知车主。被害人送往医院救治后，被告人王某在现场等候公安机关工作人员。被害人经抢救无效死亡，被告人王某被公安机关传唤到案。

量刑评议表

<table>
<tr><td>案由</td><td colspan="2">交通肇事</td><td>案号</td><td>××号</td></tr>
<tr><td>公诉机关
或自诉人</td><td colspan="4"></td></tr>
<tr><td>被告人</td><td colspan="4">王某</td></tr>
<tr><td>简要案情</td><td colspan="4"></td></tr>
<tr><td>公诉机关
量刑建议</td><td colspan="4">建议对被告人在1年以上3年以下有期徒刑幅度内量刑</td></tr>
<tr><td>法定刑</td><td colspan="4">3年以下有期徒刑</td></tr>
<tr><td rowspan="3">确定
基准刑</td><td>量刑起点</td><td colspan="3">1年6个月以上至2年以下有期徒刑幅度内，
确定2年有期徒刑（24个月）</td></tr>
<tr><td>增加刑罚</td><td colspan="3"></td></tr>
<tr><td>基准刑</td><td colspan="3">有期徒刑24个月</td></tr>
</table>

续表

<table>
<tr><td rowspan="4">确定宣告刑</td><td rowspan="2">根据量刑情节调节基准刑</td><td>量刑情节</td><td>省高级人民法院规定减少基准刑</td><td>确定减少基准刑</td><td>省高级人民法院规定增加基准刑</td><td>确定增加基准刑</td></tr>
<tr><td>自首</td><td>20% ~40%</td><td>20%</td><td></td><td></td></tr>
<tr><td>拟定宣告刑</td><td colspan="5">24×(1-0.2)=19.2个月</td></tr>
<tr><td>宣告刑</td><td colspan="5">被告人王某犯交通肇事罪,判处有期徒刑1年7个月</td></tr>
</table>

填写量刑评议表时,被告人基本情况这一栏不能省略,是否是未成年、是否有前科以及强制措施的情况应在此处体现。

本案检察机关给出的量刑建议是幅度刑。量刑规范化的步骤是首先确定量刑起点,本案规定的量刑起点是1年6个月以上2年以下,确定量刑起点为2年即24个月。之所以如此确认是因为被告人没有取得被害人的谅解,这也是定性为主、定量为辅的体现。案件不存在增加刑罚的情形,确认基准刑为24个月。

再对基准刑进行调节。案件具有单一的自首情节,调节得出拟定的宣告刑为19.2个月。拟定的宣告刑在法定刑幅度范围之内且罪责刑相适应,最终宣告刑为有期徒刑1年零7个月,即19个月。

(二)案例二

被告人刘某将被害人张某放在人民医院住院处四楼病房内的一个女士拎包盗走,包内有手机一部(价值人民币4200元),现金人民币900元及被害人的身份证、银行卡等其他物品。同日16时许,被告人刘某被抓获。

另查明,1983年,刘某因盗窃罪被人民法院判处有期徒刑2年。1986年因盗窃罪、强奸罪被决定执行有期徒刑8年。2000年因抢劫罪被人民法院判处有期徒刑6年,并处罚金人民币1000元。2008年因盗窃罪被人民法院判处有期徒刑3年,并处罚金人民币3000元。2012年因盗窃罪被人民法院判处有期徒刑3年,并处罚金人民币2000元,2014年11月4日刑满释放。

量刑评议表

<table>
<tr><td>案由</td><td colspan="3">盗窃</td><td>案号</td><td colspan="2">××号</td></tr>
<tr><td>公诉机关或自诉人</td><td colspan="6"></td></tr>
<tr><td>被告人</td><td colspan="6">刘某,男。1983年因盗窃罪被人民法院判处有期徒刑2年。1986年因盗窃罪、强奸罪被人民法院判处合并执行有期徒刑9年。2000年因抢劫罪被人民法院判处有期徒刑6年,并处罚金人民币1000元。2008年因盗窃罪被人民法院判处有期徒刑3年,并处罚金人民币3000元。2012年因盗窃罪被人民法院判处有期徒刑3年,并处罚金人民币2000元,2014年刑满释放。2015年因涉嫌盗窃被分局刑事拘留,同年6月5日被依法逮捕。现羁押于市看守所</td></tr>
<tr><td>简要案情</td><td colspan="6"></td></tr>
<tr><td>公诉机关量刑建议</td><td colspan="6">建议对被告人在3年以下有期徒刑幅度内量刑</td></tr>
<tr><td>法定刑</td><td colspan="6">3年以下有期徒刑、拘役或者管制,单处或者并处罚金</td></tr>
<tr><td rowspan="3">确定基准刑</td><td>量刑起点</td><td colspan="5">1年以下有期徒刑幅度内,确定6个月有期徒刑(6个月)</td></tr>
<tr><td>增加刑罚量</td><td colspan="5">达到数额较大起点每增加1500元增加1个月,增加3个月</td></tr>
<tr><td>基准刑</td><td colspan="5">有期徒刑9个月</td></tr>
<tr><td rowspan="7">确定宣告刑</td><td rowspan="5">根据量刑情节调节基准刑</td><td>量刑情节</td><td>省高级人民法院规定减少基准刑</td><td>确定减少基准刑</td><td>省高级人民法院规定增加基准刑</td><td>确定增加基准刑</td></tr>
<tr><td>坦白</td><td>20%以下</td><td>10%</td><td></td><td></td></tr>
<tr><td>赃款追缴,返还被害人</td><td>10%以下</td><td>5%</td><td></td><td></td></tr>
<tr><td>累犯</td><td></td><td></td><td>20%~40%</td><td>40%</td></tr>
<tr><td colspan="5"></td></tr>
<tr><td>拟定宣告刑</td><td colspan="5">$9\times(1-0.1-0.05+0.4)=11.25$个月</td></tr>
<tr><td>宣告刑</td><td colspan="5">被告人犯盗窃罪,判处有期徒刑11个月</td></tr>
</table>

案例二是具有多个一般情节的案例。根据量刑规范化的规定,被告人的量刑起点为1年以下有期徒刑幅度内,确定为有期徒刑6个月。被告人盗窃,达到数额较大起点的,每增加1500元增加1个月,则本案增加3个月,确定基准刑是有期徒刑9个月。

被告人前科累累,考虑累犯情节时采取40%的增加比例。按照前述的调节方法拟定宣告刑为11.25个月,拟定宣告刑依然是在法定刑幅度之内并且罪责刑相适应,最终宣告被告人犯盗窃罪,判处有期徒刑是11个月。

（三）案例三

1.被告人刘某、兰某经过商议后,至超市内实施盗窃。二人在超市内分头寻找盗窃目标,被告人刘某在一层将正在购物的被害人张某娜的挎包从购物车内盗走,包内装有一部白色三星手机（价值人民币200元）、现金人民币3000元,以及手套、银行卡等物品,被告人刘某得手后遂与被告人兰某逃离犯罪现场,并在超市外进行分赃。

2.被告人刘某、兰某经过商议后,于超市内实施盗窃,在一层将正在购物的被害人王某萍的挎包从购物车内盗走,挎包内装有一部蓝黑色酷派手机（价值人民币420元）、现金人民币2000元、车票等物品,被告人刘某逃离犯罪现场后与被告人兰某在商城门口处会合并进行分赃。

被告人刘某、兰某二人系聋哑人。在商城被公安机关工作人员抓获。刘某、兰某盗窃款物总价值人民币5620元,全部返赃。被告人刘某、兰某所盗窃三星手机被扣押并返还被害人张某娜;所盗窃酷派手机及人民币1900元被扣押并返回被害人王某萍。刘某、兰某主动返赃人民币3000元给被害人张某娜、人民币100元给被害人王某萍。

量刑评议表

案由	盗窃	案号	××号
公诉机关或自诉人			
被告人	刘某（系聋哑人）,男,1971年7月25日出生		
简要案情			
公诉机关量刑建议	建议对被告人在6个月以上1年以下有期徒刑幅度内量刑,并处罚金		
法定刑	3年以下有期徒刑、拘役、管制		

续表

<table>
<tr><td rowspan="3">确定
基准刑</td><td>量刑起点</td><td colspan="5">1 年以下有期徒刑、拘役幅度内，确定拘役 6 个月(6 个月)</td></tr>
<tr><td>增加刑罚量</td><td colspan="5">达到数额较大起点每增加 1500 元增加 1 个月，增加 2 个月</td></tr>
<tr><td>基准刑</td><td colspan="5">有期徒刑 8 个月</td></tr>
<tr><td rowspan="6">确定
宣告刑</td><td rowspan="4">根据量刑情节
调节基准刑</td><td>量刑
情节</td><td>省高级人民
法院规定
减少基准刑</td><td>确定减少
基准刑</td><td>省高级人民
法院规定
增加基准刑</td><td>确定增加
基准刑</td></tr>
<tr><td>认罪</td><td>10% 以下</td><td>5%</td><td></td><td></td></tr>
<tr><td>全部
返赃</td><td>20% 以下</td><td>10%</td><td></td><td></td></tr>
<tr><td>聋哑人</td><td>40% 以下</td><td>20%</td><td></td><td></td></tr>
<tr><td>拟定宣告刑</td><td colspan="5">8 × (1 − 0.2) × (1 − 0.05 − 0.1) = 5.44 个月</td></tr>
<tr><td>宣告刑</td><td colspan="5">被告人刘某犯盗窃罪，判处拘役 5 个月，
缓刑 6 个月，并处罚金人民币 2000 元</td></tr>
</table>

量刑评议表

<table>
<tr><td>案由</td><td colspan="2">盗窃</td><td>案号</td><td>× × 号</td></tr>
<tr><td>公诉机关
或自诉人</td><td colspan="4"></td></tr>
<tr><td>被告人</td><td colspan="4">兰某(系聋哑人)，女，1967 年出生</td></tr>
<tr><td>简要案情</td><td colspan="4"></td></tr>
<tr><td>公诉机关
量刑建议</td><td colspan="4">建议对被告人兰某在 1 年以下有期徒刑幅度内量刑，并处罚金</td></tr>
<tr><td>法定刑</td><td colspan="4">3 年以下有期徒刑、拘役、管制</td></tr>
<tr><td rowspan="3">确定
基准刑</td><td>量刑起点</td><td colspan="3">1 年以下有期徒刑、拘役幅度内，确定拘役 6 个月(6 个月)</td></tr>
<tr><td>增加刑罚量</td><td colspan="3">达到数额较大起点每增加 1500 元增加 1 个月，增加 2 个月</td></tr>
<tr><td>基准刑</td><td colspan="3">有期徒刑 8 个月</td></tr>
</table>

续表

确定宣告刑	根据量刑情节调节基准刑	量刑情节	省高级人民法院规定减少基准刑	确定减少基准刑	省高级人民法院规定增加基准刑	确定增加基准刑
		认罪	10%以下	5%		
		聋哑人	40%以下	20%		
		全部返赃	20%以下	10%		
		从犯	20%~50%	30%		
	拟定宣告刑	8×(1-0.3)×(1-0.2)×(1-0.05-0.1)=3.8个月				
	宣告刑	被告人兰某犯盗窃罪，判处拘役3个月，缓刑6个月，并处罚金人民币2000元				

本案有多名被告人，具有多个量刑情节并且同时有一般情节和特殊情节，应如何处理？根据量刑规范化的要求，被告人的量刑起点是1年以下有期徒刑、拘役，考虑到二被告人是聋哑人，生活确实比较困难，且全部返赃，被害人没有经济损失，则在幅度内确定量刑起点为拘役6个月。增加刑罚量是2个月，故基准刑为8个月。

量刑情节方面，考虑到起点刑已经就低，因此认定认罪情节只减少5%，返赃只减少10%，这也体现了定性为主、定量为辅的思维过程。通过分步调节的计算方式，得出男性被告人拟定宣告刑为5.44个月，最终判处拘役5个月，缓刑6个月。

女性被告人与男性被告人有同样的情节，在同一案件中二人调节量刑的比例应该是一致的。女性被告人还有从犯情节要予以评价，经过调节最终判处拘役3个月，缓刑6个月。

（四）案例四

被告人张三共诈骗39起，诈骗人民币615.4万元，李四共诈骗21起，诈骗人民币353万元。

量刑评议表

<table>
<tr><td>案由</td><td colspan="4">诈骗</td><td>案号</td><td colspan="2">××号</td></tr>
<tr><td>公诉机关或自诉人</td><td colspan="7"></td></tr>
<tr><td>被告人</td><td colspan="7">张三</td></tr>
<tr><td>简要案情</td><td colspan="7">被告人张三共诈骗 39 起，诈骗人民币 615.4 万元</td></tr>
<tr><td>公诉机关量刑建议</td><td colspan="7">建议对张三在 10 年以上有期徒刑幅度内量刑</td></tr>
<tr><td rowspan="9">诈骗罪</td><td>法定刑</td><td colspan="6">10 年以上有期徒刑</td></tr>
<tr><td rowspan="3">确定基准刑</td><td>量刑起点</td><td colspan="5">10 年以上 12 年以下有期徒刑幅度内量刑，确定 10 年有期徒刑（120 个月）</td></tr>
<tr><td>增加刑罚量</td><td colspan="5">达到数额特别巨大起点，每增加 10000 元，增加 1 个月，增加金额 565 万元，增加刑期 565 个月</td></tr>
<tr><td>基准刑</td><td colspan="5">有期徒刑 685 个月</td></tr>
<tr><td rowspan="5">确定宣告刑</td><td rowspan="3">根据量刑情节调节基准刑</td><td>量刑情节</td><td>省高级人民法院规定减少基准刑</td><td>确定减少基准刑</td><td>省高级人民法院规定增加基准刑</td><td>确定增加基准刑</td></tr>
<tr><td>多次诈骗</td><td></td><td></td><td>20%</td><td>5%</td></tr>
<tr><td>自首</td><td>10%～30%</td><td>30%</td><td></td><td></td></tr>
<tr><td>拟定宣告刑</td><td colspan="5">685×(1－0.3＋0.05)＝513.75 个月</td></tr>
<tr><td>宣告刑</td><td colspan="5">被告人张三犯诈骗罪，判处有期徒刑 14 年，剥夺政治权利 4 年，并处罚金人民币 500000 元</td></tr>
</table>

量刑评议表

<table>
<tr><td>案由</td><td>诈骗</td><td>案号</td><td>××号</td></tr>
<tr><td>公诉机关或自诉人</td><td colspan="3"></td></tr>
<tr><td>被告人</td><td colspan="3">李四</td></tr>
<tr><td>简要案情</td><td colspan="3">被告人李四共诈骗 21 起，诈骗人民币 353 万元</td></tr>
<tr><td>公诉机关量刑建议</td><td colspan="3">建议对李四在 10 年以上有期徒刑幅度内量刑</td></tr>
</table>

续表

<table>
<tr><td rowspan="8">诈骗罪</td><td>法定刑</td><td colspan="6">10 年以上有期徒刑</td></tr>
<tr><td rowspan="3">确定基准刑</td><td>量刑起点</td><td colspan="5">10 年以上 12 年以下有期徒刑幅度内量刑，确定 10 年有期徒刑(120 个月)</td></tr>
<tr><td>增加刑罚量</td><td colspan="5">达到数额特别巨大起点，每增加 10000 元，增加 1 个月，增加金额 303 万元，增加刑期 303 个月</td></tr>
<tr><td>基准刑</td><td colspan="5">有期徒刑 423 个月</td></tr>
<tr><td rowspan="4">确定宣告刑</td><td rowspan="2">根据量刑情节调节基准刑</td><td>量刑情节</td><td>省高级人民法院规定减少基准刑</td><td>确定减少基准刑</td><td>省高级人民法院规定增加基准刑</td><td>确定增加基准刑</td></tr>
<tr><td>多次诈骗</td><td></td><td></td><td>20%</td><td>5%</td></tr>
<tr><td>拟定宣告刑</td><td colspan="5">423 × (1 + 0. 05) = 444. 15 个月</td></tr>
<tr><td>宣告刑</td><td colspan="5">被告人李四犯诈骗罪，判处有期徒刑 12 年，剥夺政治权利 2 年，并处罚金人民币 500000 元</td></tr>
</table>

案例四中，张三作用较大，是第一被告。根据量刑规范化的细则，在有期徒刑 10 年以上 12 年以下的幅度内确定张三的量刑起点为有期徒刑 10 年。由于张三的犯罪数额达到数额特别巨大，其增加刑罚后的基准刑可能远超法定刑幅度，所以在确定量刑起点时就低。再经过调节和计算，给张三拟定宣告刑为 513 个月。

量刑情节对基准刑的调节结果在法定最高刑以上的，可以依法确定法定最高刑为宣告刑。但是，司法活动还要留出一定余地，给犯罪数额比张三还要巨大的行为人留出裁量空间。最后经过合议庭研究，判处张三有期徒刑 14 年，剥夺政治权利 4 年，罚金 50 万元，而非判处法定最高刑 15 年。

而第二被告李四虽然作用较小，但是不认罪，也没有特定情节，经过调节最终宣告李四有期徒刑 12 年，剥夺政治权利 2 年，罚金 50 万元。

(五)案例五

女辅警许某 1994 年出生。2014 年 3 月至 2019 年 4 月，与多名公职人员发生不正当两性关系后，以自己家人得知后要找被害人(孙某、朱某乙、寇某、陈某甲、关某甲、兰某乙、徐某甲、林某、林某乙，庞大的被害人群体)闹事以及自己购房、怀孕、分手补偿等为由，先后索要多名受害人共计 372. 6 万元。

灌南县人民法院以敲诈勒索罪，判处许某有期徒刑 13 年，并处罚金人民币 500 万元。追缴违法所得 372. 6 万元。

参考江苏省高级人民法院2017年8月7日《〈关于常见犯罪的量刑指导意见〉[①]实施细则》:

1. 敲诈勒索数额达40万元的,在10年至11年有期徒刑幅度内确定量刑起点。数额每增加2万元,增加1个月刑期,确定基准刑。

2. 被害人对敲诈勒索的发生存在过错的,可以减少基准刑的30%以下。

3. 对于坦白、如实供述司法机关尚未掌握的同种较重罪行的,可以减少基准刑的10%~30%。

量刑评议表

<table>
<tr><td>案由</td><td colspan="4">敲诈勒索</td><td>案号</td><td colspan="2">××号</td></tr>
<tr><td>公诉机关</td><td colspan="7"></td></tr>
<tr><td>被告人</td><td colspan="7">许某,1994年出生</td></tr>
<tr><td>简要案情</td><td colspan="7"></td></tr>
<tr><td>公诉机关量刑建议</td><td colspan="7">建议对被告人在10年以上有期徒刑幅度内量刑</td></tr>
<tr><td rowspan="9">敲诈勒索罪</td><td colspan="2">法定刑</td><td colspan="5">10年以上有期徒刑</td></tr>
<tr><td rowspan="3">确定基准刑</td><td>量刑起点</td><td colspan="5">10年以上11年以下有期徒刑幅度内量刑,确定10年有期徒刑(120个月)</td></tr>
<tr><td>增加刑罚量</td><td colspan="5">达到数额40万元起点,每增加2万元,增加1个月,增加金额332万元,增加刑期166个月</td></tr>
<tr><td>基准刑</td><td colspan="5">有期徒刑286个月</td></tr>
<tr><td rowspan="5">确定宣告刑</td><td rowspan="3">根据量刑情节调节基准刑</td><td>量刑情节</td><td>省高级人民法院规定减少基准刑</td><td>确定减少基准刑</td><td>省高级人民法院规定增加基准刑</td><td>确定增加基准刑</td></tr>
<tr><td>坦白</td><td>10%~30%</td><td></td><td>20%</td><td></td></tr>
<tr><td>被害人过错</td><td>30%</td><td></td><td>20%</td><td></td></tr>
<tr><td>拟定宣告刑</td><td colspan="5">286×(1-0.2-0.2)=171.6个月</td></tr>
<tr><td>宣告刑</td><td colspan="5">判处许某有期徒刑13年,并处罚金人民币500万元。追缴违法所得372.6万元</td></tr>
</table>

① 已被《江苏省高级人民法院关于废止部分审判业务文件的通知》(苏高法〔2022〕10号)废止。

（六）案例六

毛某，2013 年因故意杀人罪被判处无期徒刑。2018 年因参加黑社会性质组织罪、寻衅滋事罪、故意伤害罪被公安机关在监管场所解回。

案例六该如何制作量刑评议表呢？本案的最终宣告刑是无期徒刑，请注意量刑规范化针对的适用范围是拘役和有期徒刑，所以本案无法制作规范化的评议表，也就无法使用量刑规范的计算。

（七）案例七

1. 2014 年 4 月 12 日 17 时许，被告人在来乐舞厅与被害人 1 跳舞后，邀请被害人 1 共同吃饭。被告人在与被害人 1 喝酒后，以送其回家为名，驾驶黑色众泰 300 轿车将被害人 1 拉至某医院院内，并持刀威胁被害人 1 与其发生性关系，在车内将被害人 1 强奸，并把被害人 1 佩戴的黄金项链咬断，被害人 1 发现后将项链放置随身携带的包内。之后被告人将被害人 1 拉至双富村路口，为将被害人 1 的黄金项链带走，被告人把被害人 1 踢到路边的沟中后开车离开，将被害人 1 放在其车上的拎包抢走，包内有现金人民币 700 元、黄金项链 1 条、手机 1 部。

2. 2014 年 3 月 15 日 13 时许，被告人在国贸门前与在舞厅跳舞时认识的被害人 2 会合后，共同到饭店吃饭，饭后被告人以送被告人 2 回家为名，驾驶黑色众泰 300 轿车将被告人 2 拉到双井附近，并趁其不备将被告人 2 脖子上戴的黄金项链盗走。

3. 2014 年 4 月 6 日 15 时许，被告人在某舞厅与被害人 3 跳舞后，邀请被害人 3 共同吃饭，并劝被害人 3 饮酒，在被害人 3 醉酒后，被告人以送其回家为名，驾驶黑色众泰 300 轿车至某医院后院，在被害人 3 不清醒的情况下，将被害人 3 脖子上戴的黄金项链抢走。

4. 2014 年 3 月 28 日 11 时许，被告人约被害人 4 共同去吃饭，吃饭过程中故意与被害人 4 饮酒，并在酒后将被害人 4 带至某旅店 203 房间内，趁被害人 4 酒醉，将被害人 4 的黄金项链抢走后逃跑，被害人 4 追出旅店，没有追上被告人。

5. 2014 年 3 月 7 日 23 时许，被告人在文化宫二楼歌舞厅时认识被害人 5。跳舞出来后，将被害人 5 打倒在地，将被害人 5 佩戴的黄金项链抢走。

6. 2014 年 5 月 23 日 13 时 40 分左右，被告人邀请通过跳舞认识的被害人 6 到烧烤店吃饭，被告人饭后趁被害人 6 酒醉，抢走被害人 6 黄金项链一条。

7. 2014 年 1 月 31 日 22 时许，被告人驾驶黑色众泰 300 轿车拉着通过跳舞认识的被害人 7 行至道边时，被告人用拳头击打被害人 7 头部，致使被害人 7 昏迷。

醒来后，被害人7发现佩戴的黄金手镯不见了。

综上，被告人强奸作案1起，盗窃作案1起、盗窃物品价值人民币5279.12元，抢劫作案6起，抢劫物品价值人民币53705.61元。

量刑评议表

<table>
<tr><td>案由</td><td colspan="4">强奸、抢劫、盗窃</td><td>案号</td><td colspan="2">××号</td></tr>
<tr><td>公诉机关或自诉人</td><td colspan="7">人民检察院</td></tr>
<tr><td>被告人</td><td colspan="7">被告人，男，1977年出生</td></tr>
<tr><td>简要案情</td><td colspan="7"></td></tr>
<tr><td>公诉机关量刑建议</td><td colspan="7">建议对被告人数罪并罚，在15年以上20年以下有期徒刑幅度内量刑</td></tr>
<tr><td rowspan="9">抢劫罪</td><td>法定刑</td><td colspan="6">10年以上有期徒刑、无期徒刑或者死刑</td></tr>
<tr><td rowspan="3">确定基准刑</td><td>量刑起点</td><td colspan="5">抢劫3次以上，可在10年至13年有期徒刑幅度内量刑，确定为12年(144个月)</td></tr>
<tr><td>增加刑罚量</td><td colspan="5">每增加3000元，增加1个月刑期，抢劫53705.61元，增加18个月。每增加1次抢劫，可以增加2年至3年有期徒刑，增加3次，增加有期徒刑6年(72个月)</td></tr>
<tr><td>基准刑</td><td colspan="5">有期徒刑234个月</td></tr>
<tr><td rowspan="5">确定宣告刑</td><td rowspan="3">根据量刑情节调节基准刑</td><td>量刑情节</td><td>省高级人民法院规定减少基准刑</td><td>确定减少基准刑</td><td>省高级人民法院规定增加基准刑</td><td>确定增加基准刑</td></tr>
<tr><td>其中一起持刀抢劫</td><td></td><td></td><td>10%以下</td><td>2%</td></tr>
<tr><td>认罪</td><td>10%以下</td><td>5%</td><td></td><td></td></tr>
<tr><td>拟定宣告刑</td><td colspan="5">234×(1-0.05+0.02)=226.98个月</td></tr>
<tr><td>宣告刑</td><td colspan="5">被告人犯抢劫罪，判处有期徒刑15年，剥夺政治权利5年，并处罚金人民币20000元</td></tr>
</table>

续表

<table>
<tr><td rowspan="8">强奸罪</td><td>法定刑</td><td colspan="6">3 年以上 10 年以下有期徒刑</td></tr>
<tr><td rowspan="3">确定基准刑</td><td>量刑起点</td><td colspan="5">强奸妇女 1 人的，在 3 年至 5 年有期徒刑幅度内量刑，确定有期徒刑 4 年(48 个月)</td></tr>
<tr><td>增加刑罚量</td><td colspan="5"></td></tr>
<tr><td>基准刑</td><td colspan="5">48 个月</td></tr>
<tr><td rowspan="4">确定宣告刑</td><td rowspan="2">根据量刑情节调节基准刑</td><td>量刑情节</td><td>省高级人民法院规定减少基准刑</td><td>确定减少基准刑</td><td>省高级人民法院规定增加基准刑</td><td>确定增加基准刑</td></tr>
<tr><td>持管制刀具</td><td></td><td></td><td>40% 以下</td><td>20%</td></tr>
<tr><td>拟定宣告刑</td><td colspan="5">48 × (1 + 0.2) = 57.6 个月</td></tr>
<tr><td>宣告刑</td><td colspan="5">被告人犯强奸罪，判处有期徒刑 4 年零 9 个月</td></tr>
<tr><td rowspan="8">盗窃罪</td><td>法定刑</td><td colspan="6">3 年以下有期徒刑</td></tr>
<tr><td rowspan="3">确定基准刑</td><td>量刑起点</td><td colspan="5">数额达到 1500 元，可以在 1 年以下有期徒刑内量刑，确定有期徒刑 6 个月</td></tr>
<tr><td>增加刑罚量</td><td colspan="5">数额达到较大起点，每增加 1500 元，增加 1 个月的刑期。盗窃数额人民币 5279.12 元，增加 3779.12 元，增加刑期 2 个月</td></tr>
<tr><td>基准刑</td><td colspan="5">有期徒刑 8 个月</td></tr>
<tr><td rowspan="4">确定宣告刑</td><td rowspan="2">根据量刑情节调节基准刑</td><td>量刑情节</td><td>省高级人民法院规定减少基准刑</td><td>确定减少基准刑</td><td>省高级人民法院规定增加基准刑</td><td>确定增加基准刑</td></tr>
<tr><td>如实供述（坦白）</td><td>20% 以下</td><td>20%</td><td></td><td></td></tr>
<tr><td>拟定宣告刑</td><td colspan="5">8 × (1 − 0.2) = 6.4 个月</td></tr>
<tr><td>宣告刑</td><td colspan="5">被告人犯盗窃罪，判处被告人有期徒刑 6 个月，并处罚金人民币 2000 元</td></tr>
<tr><td>备注</td><td colspan="7">被告人犯抢劫罪，判处有期徒刑 15 年，剥夺政治权利 5 年，并处罚金人民币 20000 元；被告人犯强奸罪，判处有期徒刑 4 年零 9 个月；被告人犯盗窃罪，判处有期徒刑 6 个月，并处罚金人民币 2000 元；决定执行有期徒刑 18 年，剥夺政治权利 5 年，并处罚金人民币 22000 元</td></tr>
</table>

案件涉及数罪并罚的情况下如何进行量刑规范化呢？应采用的方法是先单独进行每一个罪名的量刑规范化并确定宣告刑，然后进行合并执行。

本案先按照案由进行分别计算。被告人多次抢劫，确定基准刑有期徒刑 234 个月。其中有 1 起持刀且只有 1 起，则在调节量刑的幅度内确定增加基准刑 2%，结合认罪情况确定宣告刑有期徒刑 15 年，剥夺政治权利 5 年，并处罚金 20000 元。

被告人犯强奸罪，其辩解说女方是自愿的，因为不认罪，没有从轻情节，宣告刑为有期徒刑 4 年零 9 个月。

被告人犯盗窃罪，宣告刑为有期徒刑 6 个月，罚金 2000 元。

每一个罪名的量刑规范化完成后，再决定合并执行的刑期，最终对被告人决定执行有期徒刑 18 年，剥夺政治权利 5 年，并处罚金人民币 22000 元。

六、结语

量刑规范化就是定性分析和定量分析的问题。从裁判者的角度来看，自然希望定性的权利大，自由裁量权的幅度更大。从辩护人的角度来看，自然希望定量分析的比重大一些，裁判更加透明、更加易于预测。从我们律师辩护的角度出发，尽量发挥定量分析的作用，从量刑规范化的角度来制约、平衡司法裁判权。

涉刑资产处置实务问题探析

孙　宇

一、法律适用复杂

刑事诉讼中资产处置涉及的法律适用问题十分复杂，主要体现在以下三个方面：

（一）涉案资产范围认定不清晰

例如在非法集资案件中，涉案公司的资产众多，少则数千万元多则数百亿元。这些资产并非全部在涉案公司名下，有的会由关联公司或实控公司掌控，将涉案资金投资到了众多项目中。有时关联公司与涉案公司的关系不明确，并未进行工商登记，而是通过股权代持协议来体现，通过控制关联公司印章、营业执照、网银秘钥等手段，实际掌控关联公司经营权、管理权、收益权。关联公司的股权及名下资产，也时常存在第三人的他项权利，这又加剧了涉案资产认定与处置难度。

（二）刑事判决表述不清晰

由于经济犯罪案件中涉案公司经营模式复杂，涉案资产众多，公安机关很难厘清资产情况，遂在侦查之初查封、扣押、冻结的范围极易扩大，有时在被害人追赃挽损的压力下对于权属不清的资产一查了之。在审查起诉环节，检察机关多重视犯罪嫌疑人的定性、量刑问题，鲜少会对涉案资产进行处置。到了最终审判环节，大多数审判机关在判决书中不会明确涉案资产的范围、涉案资产如何处置，大多笼统地写“在案扣押、冻结款项分别按比例发还被害人；不足部分责令继续退赔”。实践中仅有少量判决书中阐明了哪些资产属于赃款赃物。

（三）交叉问题法律适用不清晰

有的涉案资产本身权属不清，又存在刑民交叉或刑行交叉问题，这些交叉问题在司法实践中本就存在争议，导致涉案资产更加难以处置。其中刑行交叉的情况较为少见，刑民交叉则比较常见。此外，由于承办法官缺乏全面、整体的法律思维，很难想到刑事程序中的某一行为会对民事、商事甚至是破产程序产生何种积极或消极的影响。正是承办人员缺乏对刑事案件的全面、深入地思考，导致了案件承办人在面对交叉问题时消极处理的态度，案件承办人大多本着不求有功，但求无过的态度处理案件。

二、不同主体利益诉求冲突

（一）被害人

1. 获得被害人身份

因犯罪行为侵害利益而受损的群体，首先需要考虑的是能否认定为刑事诉讼法意义上的被害人，认定了被害人身份才具有诉讼参与人的法律地位，才能委托律师作为诉讼代理人，才能与公检法机关建立较为顺畅的沟通渠道、阅卷、参与诉讼等。认定被害人身份是最大限度地维护自身合法权益的前提条件。

但实践中并不是所有因犯罪行为侵害利益而受损的群体都能被认定为被害人。一是部分犯罪侵犯的法益是复合法益，如《刑法》第三章的罪名，既侵犯了国家的某种秩序，又侵犯了某些群体的财产权。如非法吸收公众存款罪，侵犯的法益是国家金融管理秩序，又侵犯了出借人、投资人的财产权，但出借人、投资人在刑事诉讼中不具有被害人身份。二是因案件证据问题认定为较轻的罪名。比如，非法集资案件因在案证据不足以证明被告人具有非法占有目的，故以非法吸收公众存款罪处理；再如，因证据不足将涉嫌诈骗罪的案件认定为非法经营罪。三是部分办案机关出于趋利性执法的考虑，将案件定性为可以罚没涉案资产的罪名。比如，甲充值资金到某外盘股票交易平台交易多年，后该平台涉嫌诈骗罪被立案，案发时甲入金及出金的差额为600余万元，警方冻结涉案平台关联账户资金4000余万元，但冻结账户均非甲的充值账户，且涉案平台运营多年，资金流转复杂，甲无法提供证据证明其充值金额与冻结资金存在关联性。审判阶段罪名变更为非法经营罪，冻结资金将进行罚没，故甲因上述犯罪行为造成的损失无法挽回。

2. 查封、扣押、冻结嫌疑人、关联人资产

刑事案件中涉及资产处置的一般是经济犯罪案件，而经济犯罪案件中被害人的最基本诉求就是希望追赃挽损。基于上述诉求，被害人多会通过各种途径向办案机关尤其是公安机关表达诉求，要求查封、扣押、冻结犯罪嫌疑人名下资产，如不动产、车辆、公司股份、银行存款，以便将来到了法院判决时有可供退赔的资产。当

犯罪嫌疑人将资产转移到第三人名下时，被害人会积极提供相关财产线索，要求公安机关查封第三人名下的资产。比较常见的情况是，犯罪嫌疑人离婚时，将夫妻共有房产或婚前个人房产通过协议分割给配偶，并完成房产登记变更。此时被害人多会要求查封原配偶名下的资产以便将来追赃挽损，这就出现被害人与案外人的利益冲突。

3. 尽可能多地认定挽损金额

被害人因犯罪行为造成的损失金额并不能全部认定为犯罪金额，进而在刑事程序里得到支持、保护。一是因证据问题，部分金额缺少确实、充分的证据认定为犯罪金额。二是间接损失一般不认定为犯罪金额，如以借为名的诈骗犯罪、非法集资犯罪[①]中，借款协议约定的利息不认定在诈骗金额中，已经支付的利息要折抵本金。比如，甲以投资买房为名，向诸多同事、亲友借款共计1000万元，其中向同事乙借款600万元。甲后来将所借绝大部分资金用于期货投资，并亏损了大部分，甲无力偿还。乙及他人向公安机关报案，乙提供的证据材料证明其陆续转账给甲600万元，询问笔录里乙称被甲诈骗了600万元。报案后，公安机关告知诸多被害人回去等待，乙后续未跟进案件。甲后续辩解称其与诸多被害人的经济往来中已经归还了部分借款，后法院判决认定乙被诈骗金额为300万元。甲名下有一套房产价值约1000万元，乙在刑事财产执行中仅能以300万元为基数按比例返还。对于未能清偿部分另行提起民事诉讼，但因甲名下无其他资产，故实际上无法挽回剩余的损失。

4. 执行到位

以往我国经济发展水平不高，犯罪嫌疑人、被告人名下可供执行的财产较少，刑事司法实务中，各办案机关多关注犯罪嫌疑人、被告人的定罪和量刑，而有意、无意地忽视了财产刑，进而导致对于财产刑的执行不重视。导致执行不到位的因素较多。“执行难”是我国司法实践中的顽疾，民事执行中的问题在刑事财产刑的执行中同样存在，在此不再赘述。比如，甲利用未公开信息累计获利286万元，其中170万元连同甲自有资金30万元转账至乙账户用于投资丙公司股权，并由案外人乙代持。甲涉嫌利用未公开信息被刑事立案，后被法院判刑并追缴违法所得。判决生效进入执行阶段，法院裁定处置乙代持的丙公司股份，变现后予以追缴。但因丙

① 非法集资犯罪包括非法吸收公众存款罪和集资诈骗罪。根据刑法理论，非法吸收公众存款犯罪侵犯的法益是国家金融管理秩序，故非法吸收公众存款案件的出借人、投资人等利益受损群体，在刑事诉讼中不具有被害人身份。

公司系非上市公司,丙公司的股份难以评估,可能存在诸多隐性负债,无法进行拍卖变现。故法院又补充裁定,向乙追缴200万元。

(二)犯罪嫌疑人、被告人

1. 通过退赔争取从轻处罚

犯罪嫌疑人一旦涉嫌刑事犯罪,一般首先考虑的是人身自由问题,即对于轻罪案件能否适用非羁押性强制措施、缓刑,对于重罪案件考虑从轻、减轻处罚。持有、控制一定资产的犯罪嫌疑人、被告人面临刑事追诉时,会考虑能否通过退回违法所得、赔偿被害人、预缴罚金等方式,争取取保候审、缓刑,或者从轻、减轻处罚,并希望有较为确定的“等价交换”。

2. 解除或部分解除查封、扣押、冻结

在侦查初期,公安机关因掌握的案件信息不全,为了防止犯罪嫌疑人转移、隐匿资产,多会扩大查封、扣押、冻结的范围。限制财产性权利,容易影响涉案公司正常经营、发展,进而导致公司出现业务量大幅下降、资金链断裂等不良后果,故解除或部分解除查封、扣押、冻结成为当务之急。一方面,使涉案公司能够正常经营、运转;另一方面,能产生一定的收益,以便将来退赔。

3. 自行资产变现

资产一旦被查封、扣押、冻结,短时间内很难解除限制,在实践中对财产的限制措施多随着案件的推进而续封续冻,一直到法院的执行阶段。而且法院对财产进行拍卖,极易出现资产大幅度折价的情况,不仅损害被告人的利益,也经常出现拍卖价款无法覆盖被害人损失的情况,造成双输局面。故部分犯罪嫌疑人、被告人希望能由其自己处置资产,以最大限度地变现。

4. 对家庭及个人名下资产进行切割

犯罪嫌疑人、被告人涉案之后,除了考虑人身自由之外,还会考虑对个人名下和家庭名下的资产进行切割,希望将来法院刑事财产刑执行阶段,不要涉及其家庭资产。

比如,P2P公司实际控制人甲涉嫌非法吸收公众存款罪被羁押,甲在从事P2P行业10年前以其合法收入支付首付款并贷款购置房产,登记在甲名下,刑事立案后该房产被公安机关查封,甲的母亲乙居住在该房产内。因甲被羁押贷款未归,银行起诉至法院要求归还贷款。该房产虽是甲在从事犯罪行为前以其合法财产购置,但因非法吸收公众存款犯罪被判处刑罚后,除了罚金和追缴从事P2P的违法所得,因集资参与人损失远大于实际挽回的损失,甲还需要用其合法财产进行退赔,甲名下的房产将被法院执行。

（三）案外人、利害关系人

案外人、利害关系人多因与犯罪嫌疑人及被告人、被害人存在民商事法律关系，利益冲突起因复杂多样。

1. 建立与办案机关有效的沟通途径

案外人、利害关系人在刑事诉讼中不具有诉讼参与人的地位，缺少与办案机关正常、合法的沟通途径，希望能建立向办案机关表达诉求的正当途径。实践中，案外人、利害关系人大多通过上门陈述意见、提交申请材料的方式表达诉求，但其意见、申请多不被办案机关采纳，申请材料一般也不会入卷，进而影响法院对资产是否涉案的认定。

2. 解除对财产的限制

当案外人、利害关系人名下资产被办案机关查封、扣押、冻结之后，希望能尽快解除或部分解除对资产的限制。

比如，甲 P2P 公司银行存管账户与合作渠道丙公司有资金往来，后丙公司涉嫌“套路贷”，甲 P2P 公司银行存管账户被乙地警方冻结 5000 余万元，甲 P2P 公司与丙公司历史流水往来款 3000 余万元。甲 P2P 公司实控人立即去乙地联系公安机关，申请解冻上述资金，并提供相关证据证明冻结资金是正常业务往来，冻结资金非丙公司转账而来，上述 5000 余万元系甲 P2P 公司数千位出借人的出借款回款。在交涉过程中，甲 P2P 公司员工丁（负责与丙公司对接业务）以涉嫌诈骗共同犯罪被刑事拘留，后取保候审，甲 P2P 公司实控人暂停了与乙地警方沟通。后经工作，该账户于冻结 5 个月后解冻。取保候审 1 年后，乙地警方对丁解除取保候审并终止侦查。

3. 避免刑事诉讼影响相关民事权利义务

案外人、利害关系人多与刑事案件的诉讼参与人有较为复杂的民商事法律关系，鉴于处理刑民交叉问题时先刑后民的原则，以及刑事调查的穿透性，可以刺破诸多民商事法律关系而进行实质性认定，故案外人、利害关系人担心刑事诉讼程序影响相关民事权利义务。

比如，甲提供虚假材料向多家银行贷款，每年循环一次，贷款资金绝大部分用于对外投资，未用于贷款约定的项目。因贷款发生逾期，在后期的续贷中，银行要求甲提供足额担保才能续贷，故甲找到乙，由乙个人及乙名下资产提供担保，后银行放款。贷款到期后甲未归还贷款。银行将甲、乙诉至法院要求承担连带责任，并查封、冻结甲、乙名下资产。一审法院判决甲、乙承担连带责任。甲名下无有效资产，乙名下资产可足额偿还贷款。乙面临实际损失，向公安机关控告，公安机关以骗取贷款罪对甲立案。法院对贷款纠纷中止审理。

再如，甲 P2P 公司在撮合出借人、借款人借款时，为借款本息向乙保险公司投保，保险费用为投保标的 3%，保险合同约定在借款人还款出现逾期时乙保险公司就逾期本息全额理赔。甲 P2P 公司为乙保险公司的保险行为提供反担保，并预存 6000 万元保证金在乙保险公司账户。在前期履行保险合同时，均由甲 P2P 公司对逾期本息进行代偿，乙保险公司收取保费未理赔。2018 年 P2P 行业出现系统性风险，乙保险公司逐步降低风险敞口，并将保险费提高至投保标的 20%。2019 年乙保险公司向甲 P2P 公司注册地 A 区公安报案，举报甲 P2P 公司涉嫌非法吸收公众存款，A 区未立案，乙保险公司向甲 P2P 公司实际经营地 B 区报案，举报甲 P2P 公司涉嫌非法吸收公众存款，B 区立案并对甲 P2P 公司及实际控制人、高级管理人员采取强制措施。截至甲 P2P 公司被立案，乙保险公司累计收取保费 1 亿余元，存量保险金额为 5 亿元。立案后，乙保险公司以甲 P2P 公司涉嫌犯罪，暂时停止履行保险责任，表明将在刑事调查完毕后，根据调查情况承担相应责任。后大量出借人持续去乙保险公司办公地维权，要求乙保险公司履行保险责任，后乙保险公司进行了理赔。

4. 尽快结束刑事诉讼流程，通过民事诉讼、执行实现利益诉求

鉴于处理刑民交叉问题时先刑后民的原则，在民事诉讼程序中，若遇到刑事问题，民事法院一般会裁定驳回起诉，待刑事程序终结再行审理。但刑事案件立案后，是否能有效推进、调查、破案，存在诸多不可控因素，若案件未能调查清楚或抓获犯罪嫌疑人，则刑事案件将长期存在而不会撤案。

三、不同诉讼主体处置涉刑资产的难点

（一）被害人

1. 诉讼权利受限

（1）阅卷权受限。上文已经阐述，实践中并不是所有因犯罪行为侵害利益而受损的群体都能被认定为被害人。即使被认定为被害人，在诉讼权利上也存在诸多限制，比较典型如阅卷权。《人民检察院刑事诉讼规则》第 56 条第 1 款规定，“经人民检察院许可，诉讼代理人查阅、摘抄、复制本案案卷材料的，参照本规则第四十九条的规定办理”，即被害人的诉讼代理人阅卷，需要经过检察机关许可，而不是如犯

罪嫌疑人的辩护律师一样，不存在拒绝阅卷理由。作为最有动力发掘、追索涉案资产的人，被害人的诉讼代理人若不能阅卷，会因信息不对称难以挽回损失。

（2）沟通不畅。被害人缺少有效、顺畅的渠道与办案机关沟通，及时表达诉求。实践中，被害人报案后公安机关即要求其回去耐心等候案件处理结果，被害人难以了解案件进展情况。被害人不了解办案机关是否足额认定犯罪金额，查封、扣押、冻结涉案财产是否完整，直接影响追赃挽回损失。比较典型的是非法集资案件中，集资参与人因缺少与办案机关有效的沟通途径，为了督促办案机关，往往会通过上门、上访、上街等方式维权，以期引起相关职能部门重视。

2. 维权综合成本高

（1）维权费用高。经济类刑事案件是公诉案件，刑事立案后由公检法机关主导。但经济犯罪涉及的法律关系较为复杂，为了尽快让公安机关受理、立案、推进侦查工作，被害人往往需要委托专业律师提供法律帮助，收集、归纳、整理证据材料提出控告，进而产生律师费、差旅费等费用。

（2）维权周期长。经济类刑事案件若能及时侦破，则案件可按照刑事诉讼流程往下推进，虽然历经侦查、审查起诉、一审、二审、执行等诸多阶段，但被害人总归有个“盼头”，短则1~2年，长则5年以上。若主要犯罪嫌疑人长期未到案，则刑事案件将一直不能结案。

（3）挽损比例低。公安机关若能在侦查之初，就查封、扣押、冻结足额的资产，且资产易变现、折价低，则被害人高比例挽损才有保障。若犯罪嫌疑人、被告人名下资产不足以覆盖被害人损失，犯罪嫌疑人、被告人及其家属不愿积极主动退赔，办案机关又无法查封、扣押、冻结关联人员的资产，则被害人无法足额挽回损失。若再考虑部分资产因被限制权利在拍卖中折价甚至流拍，则被害人的挽损比例则更低。

（二）犯罪嫌疑人、被告人

1. 查封、扣押、冻结范围扩大化、长期化

由于公安机关往往缺少专业能力甄别复杂的民商事法律关系，又担心不及时采取限制措施出现转移、隐匿、设置他项权利等不利于司法机关处置资产的情况，故刑事立案后，公安机关对与案件存在关联的资产查封、扣押、冻结的范围往往扩大化。而涉案资产一旦被查封、扣押、冻结，将长期受限，公检法机关多不会主动解除限制，涉案公司难以进行变现、抵押、商业运作，到了法院执行阶段很可能折价拍卖用于兑付，不仅不利于被害人最大限度地挽回损失，也损害了财产权利人合法权益。

2. 自行处置资产存在诸多障碍

(1)缺少信任基础。刑事立案后,涉嫌犯罪人员,很难得到办案机关、被害人、利害关系人、案外人等主体的充分信任,担心犯罪嫌疑人、被告人转移、隐匿、挥霍资产,办案机关解除对涉案资产的限制有诸多要求,如提供担保措施。

(2)变现难。即使涉案资产未被查封、扣押、冻结,公安、司法机关给予犯罪嫌疑人、被告人自行处置资产的机会,在处置资产的过程中仍存在资产评估、设计交易结构等问题。

资产评估时,犯罪嫌疑人、被告人倾向于高评,以便达到以下目的:一是与商业伙伴交易时高价卖出;二是抵押贷款时获得更高的授信;三是当被害人接受以物抵债、以房抵债时,可以折抵更高的金额;四是论证其主观上不具有恶意,争取较轻的罪名。例如,在非法集资案件中,若涉案公司使用集资款投资不动产,该不动产的估值若大于或等于投资金额,则可作为论证涉案公司及人员不具有非法占有目的的有利依据,进而争取非法吸收公众存款罪这一轻罪。

设计交易结构时,因资产处置的本质属性是商业行为,而商业行为不可避免地存在一定的商业风险,加上资产处置周期长、金额大、交易结构复杂,交易结构、流程需要精心设计,如付款周期、付款方式、担保措施、信用方式、监管账户、监管人员等。一方面,设计的交易结构要尽可能降低商业风险;另一方面,交易结构、流程能够得到办案机关、被害人的认可。

比如,甲公司对某国有企业下属乙公司有应收账款4亿元,后乙公司出现大规模违约,甲公司与乙公司进行协商,将该4亿元应收账款置换为乙公司的关联公司丙公司20%的股权、丙公司关联经营管理丁公司租金收益权,每年净收益约3000万元。丙公司20%股权因其他民事诉讼被查封无法变更工商登记,甲公司与乙公司就该股权签订了代持协议。丙公司名下资产为商业不动产,资产估值20亿元,由丁公司经营管理。A商业银行出资10亿元,通过B信托公司持有丙公司80%的股权(通道业务),丙公司资产为B信托公司设立10亿元抵押权,丙公司每年支付给B公司3500万元“股权维持费”。后乙公司负责人涉嫌严重违纪被检察委员会留置,后因职务犯罪被判处刑罚。甲公司因资金链断裂无法还款被以非法吸收公众存款罪立案,未兑付金额7亿元,甲公司总经理被取保候审。后某中级人民法院裁定乙公司启动破产重整,甲公司向破产管理人申报债权,因甲公司的出借款来源于数百名私募基金投资人,故争取将债权调整为中小额债权进行,分配时具有一定优先性。公安机关要求甲公司将控制的资产变现以兑付出借人。

3. 责令中下层员工退赔有违公平

经济犯罪中同案犯较多，在非法集资案件中尤为突出，非法集资涉案公司中下层员工少则几十人、多则上千人。非法集资案件的未兑付金额往往特别巨大，这些资金缺口要么是实际控制人转移、挥霍所致，要么是项目商业风险、借款人逃废债等因素造成。刑事判决中责令中下层员工退赔并承担连带责任，甚至终生成为失信被执行人是有违公平的。

（三）案外人、利害关系人

1. 诉讼权利缺失

（1）不具有诉讼参与人身份。不具有诉讼参与人身份直接导致了案外人、利害关系人表达诉求途径不顺畅，当其名下资产受到限制时，不能像犯罪嫌疑人、被告人、被害人一样拥有法定的沟通渠道。多数情况下，案外人、利害关系人提出解除查封、扣押、冻结的申请书，以及提交的证据材料办案机关不会入卷。当办案机关需要向案外人、利害关系人了解涉案资产的权属问题时，案外人、利害关系人才有机会以证人身份提供证言和证据材料。

（2）不能阅卷。案外人、利害关系人因不能阅卷，无法准确了解到办案机关查封、扣押、冻结其名下资产的具体原因，难以向办案机关准确表达诉求、提出申辩理由。

2. 合法权益被忽视、损害

上文提到，办案机关有时连被害人追赃挽损的诉求都难以兼顾，对于不具有诉讼参与人地位的案外人、利害关系人的合法权益，则更易忽视。有时甚至扩大查封、扣押、冻结的范围，导致非涉案资产被查封、扣押、冻结。

3. 资产权利长期受限导致不良连锁反应

企业名下资产被查封、扣押、冻结后，将导致资产无法办理抵押贷款，原有贷款到期后更无法续贷，企业资金链极易断裂。从企业对外合作来说，企业名下资产被查封、扣押、冻结，则难以通过商业伙伴合作前的尽职调查，从而丧失商业机会。资产权利长期受限，则资产极易贬值，容易成为不良资产。

四、办案机关主观能动性较低

造成办案机关主观能动性低的原因有以下几个方面：

（一）法律问题复杂，自身能力不足

基层公安机关承办案件量大，即使是较为专业的经侦部门，面对疑难复杂的经济犯罪案件,以及案件背后复杂交叉的法律关系、资本运作逻辑、商业惯例等问题时,也缺少积极性投入精力研究错综复杂的法律、资本、商业等问题,更难苛求办案机关考虑到其某一个诉讼行为将对涉案资产处置产生哪些影响。

(二)工作量大,出力不讨好

办理经济犯罪案件相较普通刑事犯罪案件,需要开展更多的调查取证、出差、梳理、分析等工作。即使这样,被害人可能还会因难以挽回损失向办案机关表达种种不满情绪。加上经济案件中利益主体多,很难兼顾到各方利益。对于办案机关而言,可谓不管案件办好办坏,难免有人不满意,面临出力不讨好的境地。

(三)部分涉众型经济案件较为敏感

比较常见的如非法集资案,因集资参与人众多,少则数百人多则几万人、几十万人,属于涉众型案件。集资参与人因维权往往会形成小团体,通过信访途径持续给办案机关施加较大的压力。鉴于缺少有效途径挽回损失,集资参与人施加的压力促使办案机关只能通过扩大涉案人员范围,以及大范围地查封、扣押、冻结资产,来平息集资参与人的"怒火"。于是,实践中我们不得不面对以下局面:一是办案机关尽量多地抓捕犯罪嫌疑人,查封、扣押、冻结之后却没有时间、精力和专业能力来处置、运作、变现这些资产;二是有时间与精力的集资参与人没有权利处置被查封、扣押、冻结的资产,只能被动等待分配;三是有动力、有能力来处置资产的犯罪嫌疑人被羁押,无法有效处置、变现资产。因此资产被查封、扣押、冻结后长期无法处置、无人处置,随着时间的推移、诉讼程序的推进,时常出现涉案资产处置就不了了之的局面。

(四)本位主义较重,以不出错为目标

在本位主义的影响下,公安机关认为其职责范围就是查明犯罪事实,固定犯罪证据,锁定犯罪嫌疑人,查封、扣押、冻结涉案资产,至于后续如何处置资产则并非其职责所在。检察机关认为其负责法律定性、法律适用,也不愿主动干预、插手公安机关、审判机关的工作。虽然相关司法解释要求审判机关有责任在一审宣判前做好涉案资产处置方案,但实践中大部分法院却没有对涉案的资产如何处置予以明确。

综上,经济犯罪案件容易给辩护人、犯罪嫌疑人及被告人、案外人及利害关系人造成一种感觉,即公检法都是在自己的职责范围内,按照最"保守"的方式,办理非法集资案件,生怕某方面出现瑕疵被诉讼参与人,尤其是被害人"盯上""揪住"。

五、资产处置推进难

(一)刑事案件经手的办理机关多

从公安机关、检察机关到审判机关经历了三个办案部门,若被告人对一审判决不服,案件还需经历二审裁判。上述办案机关面对复杂的经济案件,本着不求有功,但求无过的思想,按部就班地推进诉讼流程,遇到重大、疑难、复杂的交叉问题,本能地推给后一道程序处理,鲜少在诉讼中积极处置资产,最终全部堆积到了一审法院的执行部门。

(二)刑事案件诉讼程序长

一个普通的刑事案件从立案到判决生效,短则需要半年左右,长则需要1~2年才能审结。涉众型经济案件更甚,从刑事立案到最终的分配环节,大多需要4年以上的时间。若公安机关分批处理犯罪嫌疑人,或者主要犯罪嫌疑人在逃的,那么办案所需的时间会更久。

(三)执行环节障碍多

一是刑事财产性执行中因为没有顾及某一方的利益,尤其是被害人的利益,如追赃挽损比例低,容易导致发生维稳事件,引发社会问题。二是涉案公司通过代持协议、实际控制等方式获取资产控制权,有的甚至没有签订代持协议或代持协议不完善,早期在侦查阶段的查封、扣押、冻结措施就有争议,若干年后的执行势必导致被执行人的不配合。三是案外人、利害关系人为了维护自身利益,通过执行异议、信访等方式给办案机关尤其是执行部门施加压力,客观上也会拖慢资产处置的进程,如涉案不动产有长期租约未到期、存在他项权利等。四是涉案资产因其他民事、刑事案件被查封、扣押、冻结。涉案公司资金链断裂后,涉案公司名下或控制的资产很快面临一系列的民事诉讼、仲裁,进而被民事法院查封、扣押、冻结。此外,若涉案公司的关联公司出现其他刑事问题,被各地公安机关刑事立案,也面临着资产被刑事查封、扣押、冻结。上述民事、刑事问题又增加了执行环节的难度。

比如,某金融机构曾借款给甲800万元,甲以其房产作为抵押,甲还款6个月后未再还款。后甲因涉嫌合同诈骗被公安机关羁押,其名下房产被查封、账户被冻结。金融机构向法院起诉要求归还本息,后经过法院调解,甲的父亲作为甲的诉讼代理人同意在一定期限内归还剩余本息,若未按照调解协议归还本息同意法院拍卖甲名下房产用于归还金融机构借款。后甲及甲父未按法院调解书约定还款,金融机构向法院申请执行,法院以甲涉嫌的刑事案件尚未审结、房产处于刑事查封状态为由,裁定执行中止。后甲一审因合同诈骗罪判处无期徒刑,并处罚金,二审维持原判。刑事案件审结后,金融机构向刑事法院提出申请,论证甲抵押的该房产不涉刑,请求法院解除查封。从房屋购买时间及购买金额来源等多角度论证,并提供相关证据,论证用于抵押的房产系甲的合法资产,并非使用赃款购置,该房产不属于刑事判决中所认定的违法所得。民事执行期间,执行法官顾虑刑事案件被害人未得到补偿引起涉众维稳事件,不愿推进执行。金融机构又向执行法官论证被执行房产不涉刑,申请启动拍卖程序,且金融机构享有对执行款项的优先受偿权。

律师代理刑事控告实务技能

宋雷昌

刑事控告是指被害人对侵害被害人权益的犯罪行为，依法向司法机关告发，要求予以惩处的行为。对于律师而言，在刑事三大业务（刑事辩护、刑事合规、刑事代理）中，刑事控告业务是刑事代理业务的重要组成部分。尽管刑事控告受多重因素影响，工作难度通常很大，但此类业务的发展空间同样很大。

控告过程中，律师的介入方式有两种：一是由当事人向司法机关控告，律师做好法律协助。《刑事诉讼法》规定，在刑事诉讼中被害人自案件移送审查起诉之日起可以委托律师作为诉讼代理人。因此，在刑事控告起始阶段（移送审查起诉之前），律师的工作不具有刑事诉讼法意义上独立的法律地位。但是，律师可以通过提供法律咨询等方式为被害人提供法律帮助。二是律师代理报案。律师代理报案的权限来源于民事代理行为，另外根据《刑事诉讼法》第110条的规定，任何单位和个人发现有犯罪事实或者犯罪嫌疑人，有权利也有义务向公安机关、人民检察院或者人民法院报案或者举报。所以律师代理当事人报案也是可行的。

需要律师协助的控告案件主要为：定性存在争议的案件；证据不足，现有证据无法达到受理、立案标准的案件；等等。常见的律师参与控告的案件多为刑民交叉案件，特别是和经济活动有关的案件。这些案件的工作难度通常很大，具体体现在法律关系梳理难，证据搜集难、厘清控告思路难。做好刑事控告业务，不仅需要丰富的刑事法律专业知识，还需要灵活的思维方式和精湛的实务操作技能。

一、刑事控告的作用

刑事控告的作用，也是刑事控告的目的。进行刑事控告工作，首先应当明白刑事控告的作用和目的。相对于通过民事诉讼来维权，刑事控告具有快捷、高效、震慑力强等优势。一旦刑事立案,侵害方处于随时被采取强制措施的境地,很可能会主动协商赔偿被害人损失,以换取撤案或从轻处罚的机会。被害人也就相对容易维护权益。

灵活运用刑事控告途径,可以发挥以下作用:

1. 通过刑事控告,挽回经济损失。大部分刑民交叉类案件的控告目的都是挽回经济损失,这也是刑事控告业务中最常见的工作目的。

2. 通过刑事控告,夺取谈判主动权。在经济纠纷中,如果对方的先前行为涉嫌刑事犯罪,被害人选择刑事控告为手段,则可给对方施加压力,以争取索赔谈判的主动权。

3. 通过刑事控告,实现"以刑止民",即通过刑事控告的手段终止民事诉讼处于被动的局面。比如,某被害人被对方起诉归还欠款,如果发现对方的民事诉讼存在伪造证据材料等行为,涉嫌虚假诉讼罪。被害人可以对方涉嫌虚假诉讼罪向公安机关控告。在刑事立案后,被害人将立案告知书递交给正在办理民事案件的法院后,法院通过司法机关内部工作程序向立案公安机关确认系因同一事实立案后,则会裁定中止诉讼或执行程序,待刑事案件结束后,根据刑事案件的结果,再决定是终结还是恢复民事诉讼程序。这是针对性控告,也就是针对与对方起诉被害人的相关事实予以控告。实践中,为了实现"以刑止民"的目的,并不仅限于针对性控告。

4. 通过刑事控告,争取"以刑止刑"。当对方针对我方当事人进行刑事控告时,如果对方行为也涉嫌犯罪的话,我方也可以针对对方涉嫌的罪名进行控告,以有效停止对方的继续"迫害"。

案例一:A公司为B公司通过融资租赁的方式提供多台生产机器,B公司后来连续长期不支付租金。A公司起诉后,法院判决B公司支付租金和违约金。B公司依然未能执行。A公司在申请执行无果的情况下,趁夜间B公司无人拆卸走机器的核心部件。B公司发现后,向当地公安机关报案,当地公安机关以破坏生产经营罪立案,并将A公司有关人员予以刑事拘留。此时,A公司已经陷入明显的被动,如果要解套,可以考虑针对B公司的拒不执行判决的行为进行控告,还有望扳回一局。

5. 以控为辩,通过刑事控告自辩清白。有些特殊的案件,当事人既是被害人又是犯罪嫌疑人,且被害人涉嫌犯罪的行为是为他人所害。此时,为了证明自身的清白,可以及时收集证据对他人的刑事侵害行为进行控告,来说明在整个案件中,当事人实质上是被害人,这样则可以降低自身刑事风险。

案例二:甲公司经人介绍从乙公司购买矿物,乙公司每吨加价500元后转卖给丙公司。上述购销业务并没有真实矿物交易及货物往来,但有出库单、入库单及货物验收结算单等。不久,税务局认定甲公司收到的乙公司开具的增值税专用发票(税额为5000余万元),属认证后失控增值税专用发票,后证实为虚开,要求甲公司对已认证抵扣的上述增值税进项税予以转出补缴。甲公司随时可能被警方以涉嫌虚开增值税专用发票罪进行调查。后经了解发现,乙公司、丙公司系同一人控制,此时,甲公司可在与税务部门沟通的同时,准备证据材料控告乙公司、丙公司的行为涉嫌诈骗罪。因为根据《刑法》规定,骗取增值税专用发票的行为可构成诈骗罪。这里的骗取增值税专用发票通常认为是向税务部门骗取,向其他企业骗取的是否构成犯罪存在争议。暂不论最终能否受理、立案,至少甲公司的控告行为对于说明自身清白还是有一定帮助的。

6. 通过刑事控告,搜集民事诉讼证据。一些案件,刑事诉讼程序并不能走到最后,但是通过刑事控告立案后,公安机关侦查获取的证据,有助于查清案件事实,可以用来以民事诉讼途径维权。

公安机关调查的证据材料用于民事诉讼时,当事人可以申请法院调取。部分情况下,律师也可持控告人(民事诉讼中的原告)的委托书、律师事务所函(或介绍信)、律师证等相应手续材料到公安机关调取。

7. 使被控告人承担相应刑事责任。作为刑辩律师,笔者并不主张动辄以刑事控告来解决相关问题。但有些案件,行为性质极其恶劣,社会影响尤为重大,如“套路贷”不仅侵犯他人财产,甚至严重侵害相关人员的健康乃至生命安全。面对如此严重犯罪,民事诉讼却因为证据往往难以有效维权,此时,有必要运用《刑事诉讼法》赋予的控告权来维护当事人的合法权益。

二、刑事控告的难点

刑事控告工作难度通常很大,具体体现在以下几个方面:

1. 证据要求高,获取证据难度大。不同于民事诉讼程序启动的立案登记制,刑事诉讼程序启动证据要求高,进行控告需要能达到证明犯罪事实发生的初步证据或重要线索。但实践中,刑民交叉案件的被害人往往证据意识不足,证据收集能力弱,难以获得达到立案程度的证据。

2. 目前政策环境对刑事控告的影响。为了保护企业的合法权益,保障社会主义市场经济的健康发展,国家出台了多项政策,大多要求公权力审慎介入与经济纠纷有关的刑事案件。在此背景下,司法机关对于刑民交叉类案件的刑事诉讼程序的启动,大多抱有谨慎的态度。如果不能理出此类案件中的刑事法律关系,并有明确的证据证明存在犯罪行为,公安机关通常很难立案。

3. 基层公安机关工作现状的影响。基层公安机关任务繁重,基层民警经常超负荷工作。对于调查难度比较大的刑民交叉案件的控告,基层公安机关立案意愿较低。案件一旦涉及民事或经济纠纷,公安机关均倾向以经济纠纷为由,要求控告人直接向法院提起民事诉讼。

总体来讲,刑民交叉案件控告难立案更难,已经是普遍现象。这给律师工作带来了严峻的挑战。但是,刑事控告作为刑民交叉案件维护被害人合法权益的重要途径,专业的刑事律师有必要进行认真研究,找准工作难点,寻求破解之道。

三、控告前的准备工作

要做好刑事控告,须做好以下准备工作:

1. 明确目的,确定方案。

由于刑事控告的目的不同,具体工作内容和方式有所不同,就应确定不同的工作方案。比如通常情况下,要秘密收集证据,以免打草惊蛇,造成被控告人主动弥补、毁灭证据等,为刑事控告增加困难。但如果只是为了在谈判中取得主动,则可大张旗鼓地进行,给对方制造压力。

2. 梳理案件事实中的刑事法律关系。在了解案件事实时,应让当事人充分阐述事实,这是全面获取案件信息的第一步。然后针对阐述的事实,围绕可能构成的罪名的犯罪构成要件,有针对性地提问。

另外,梳理案件事实要做到以下几点:一是要全面,不遗漏与刑事有关的任一事实;二是要聚焦,紧抓与犯罪构成有关的事实,而不过于追求细枝末节;三是要精准,注意刑民交叉案件中,同一个事实在民事和刑事上的不同意义,要研究如何表述才会被侦查机关视为犯罪事实而不是经济纠纷。

3. 确定控告"突破口",选择最易证明的罪名。

(1)确定控告的罪名,基本原则是不贪多求全,只求稳、准。如果追求多个罪名,也意味着需要证明的内容多,存在的争议也多,导致办案单位立案前的工作量较大,不利于立案。

(2)可以先选择能够证明的部分犯罪事实进行控告,如其中的手段行为、部分行为。通常可选择一个证据要求相对较低、证据收集也相对容易的罪名。比如挪用资金罪比职务侵占罪更容易证明,不需要证明有非法占有的目的,伪造公司、企业印章罪比合同诈骗罪收集证据更容易,控告非法侵入住宅比控告入户盗窃更易成功。

(3)如果各事实、罪名都比较弱,则可同时准备,强化被控告人的"罪责"。如果被控告人涉及多个事实,每一个事实都可能构成犯罪,则可以多个罪名一起控告,多管齐下,效果更佳。在重罪、轻罪证据相差不大的情况下,以重罪控告更有缓冲余地。还要熟悉常见的控告罪名,提高敏感度,如挪用资金罪、职务侵占罪、合同诈骗罪、诈骗罪、虚假诉讼罪、虚开发票罪等。

(4)结合控告目的,选择相应罪名,保留回旋余地。控告目的不同,选择的罪名也不同。如果仅仅是为了获取谈判主动权和挽回经济损失,并不想将对方送进监狱,可以从相对较轻的罪名做起,如果作用力不够,再逐步加码,直到达到控告目的。如果一上来就以重罪控告,则立案后难以影响案件的进程,毕竟刑事案件不像民事案件那样可以撤诉。

案例三:某公司为解决融资问题,通过该公司一部门经理向熟人A借款2000万元。后出借人A以该借款合同到期未能按期还款为由,向法院起诉要求该企业归还借款本息。其实,其公司早已通过该部门经理之手还给了出借人A本息2000余万元,只不过还款时该部门经理声称出借人A不方便直接收款,将还款打给了出借人的亲属B,没有原路径返还,而且某公司老板基于对该部门经理的信任没有写下结清字据。某公司因无证据证明已经向出借人A还款,而导致官司败诉。

核心问题解析:不少人可能会认为,此案例是被告人因为举证不力而导致的败诉。其实如果对其中刑事法律关系进行分析,从整体上看,如果该款项已经回到A处或者A同意回到B处,此时A的起诉可能涉嫌虚假诉讼罪。如果无法证明该款项回到了A处,或者回到B处系经A同意,则部门经理的行为可能涉嫌职务侵占罪,如果无法证明该资金被部门经理非法占有,则至少该部门经理将资金转给B可能涉嫌挪用资金罪。

从上述案例可以看出,在控告时会面临多个可能的罪名,我们应当选择可以证明的罪名,或者相对容易的罪名。

4. 搜集关键证据与重要线索。收集证据是控告成功的重点,也是难点。尽量收集物证、书证、电子数据等客观性证据,如银行转账记录、书面合同、微信或短信聊天记录、民事判决书等。同时也要重视证人证言等言词证据。虽然证人证言的证明力弱于物证、书证,但是如果多名证人的证言能够相互印证或者形成证据链,将大幅提高控告成功率。

另外,对于未经被控告方同意对被控告方实施的录音录像,在刑事案件中,因为属于侵权获得通常不能作为证据使用,但是这些录音录像可以作为让司法机关了解案情的线索。不过在自行搜集证据过程中,要避免严重侵犯社会和他人的合法权益。

对控告有利的证据收集得越多越好,不能收集的,也要尽量提供线索以减轻侦查机关的工作量,方便侦查机关明确侦查方向或依职权调取。

以控告业务中常见的职务侵占罪为例。职务侵占罪的证据体系内容繁多,控告人和律师都无法、也没有必要全面搜集,甚至司法机关也不会全部搜集,通常只要达到证明的目的即可。该罪名的核心证据包括:证明被控告人身份的证据,资金被转移的证据(这两组证据均相对容易获取);资金被非法占有的证据(较难获取)。要控告构成职务侵占罪,上述核心证据是需要搜集的(无法搜集证据的,可以向司法机关提供线索),只有具有这些核心证据,才能达到立案的标准。

因为相较于证明被控告人身份的证据和资金被转移的证据,资金被非法占有的证据是较难搜集的。如果实在无法搜集资金被非法占有的证据,可以退一步控告挪用资金罪。对于挪用资金罪来讲,核心证据是资金被转移他处的证据。

5. 撰写控告文书,备齐证据、线索材料。通常来讲,控告书不必过于专业化。撰写时可以当事人的口吻按照事情的发展过程,自然表述即可。当然逻辑要清晰,语言也要明了。

控告书后尽量附上证据、线索、法条和判例等。证据和线索要注明名称、来源、待证事实或指向内容;法条引述要全面,要具体到第几条第几款第几项;判例要整理成表格,指明与本案的相同点,切不可简单堆砌。

如果控告材料比较多、控告书比较长,可以加个目录,便于侦查机关翻阅查找。建议参照案卷标准制作材料,便于办案单位审查。

6. 综合考虑确定管辖。针对司法机关对刑事案件的管辖,从控告的角度看,应当重视地域管辖、级别管辖、部门管辖的选择。

首先,要考虑地域管辖。不同地区的司法理念、司法政策、审查标准及对案件的理解不同,控告的结果也会不同。对于多个地方都有管辖权的,要事先详细了解,通盘考虑后尽量选择控告成功可能性较大的地方进行控告。

其次,要考虑级别管辖。侦查机关中不同级别考虑的重点不同,一般越往上越注重案件的社会效果，但所有刑事案件都可以向案发地的基层公安机关报案。

在此，要考虑部门管辖，主要涉及刑侦部门与经侦部门，要根据案件特点及特定时空条件，预测向哪一个部门控告成功率更高，比如在P2P平台爆雷期，经侦部门已经忙得焦头烂额，此时以诈骗罪向刑侦部门报案，就比以合同诈骗罪向经侦报案更容易立案。

另外，有些地方赋予派出所一定的刑事案件办理权，这样的案件也可向派出所控告。当然，如果实在无法确定应由哪个部门管辖，也可向派出所控告。

7. 做好防守，防止反控告。在开展控告工作时，同时应当做好防守，防止被控告人反咬一口。此时应做好控告人一方的合规或违规后的弥补工作，在确定没有把柄在被控告人手里时，再做控告方可无后顾之忧。

比如，要控告公司某管理人员涉嫌职务侵占罪，也要看该管理人员是否在工作过程中获取或掌握了公司可能存在的刑事、行政风险的事宜，比如公司是否存在涉税问题、是否有商业贿赂的问题，等等。如果不存在任何违法问题，则大可放心。如果存在，则应先做好防护。

四、控告工作的实施

在做好一切准备工作后，即可进行控告了。

1. 与办案单位预沟通，对材料查漏补缺。在准备好材料后，可以先到公安机关的报案窗口预报案，向窗口民警请教材料是否符合条件。如果窗口接报民警认为材料欠缺，应虚心请教，确定哪些材料欠缺，之后尽量补齐所要求的材料。在此过程中，即便认为接报民警的观点不正确，也不必过度争执专业内容，应当优先考虑控告程序顺利。另外，还应尊重办案单位习惯，包括地域、级别、警种不同存在的不同工作特点等。这样做可以增加办案单位对案件的接受度，增加报案后受理的可能。

2. 受理后配合好公安机关的调查工作。接报后，公安机关应当于24小时内决定是否受理。受理后，控告方和代理律师应及时跟进案件初查进展情况。此时可以报案人主动联系询问案件进展情况为主。律师应根据案件进展情况，动态分析，及时补充证据、线索；控告的罪名不足以立案的，也可进一步提供其他证据、线索。

这个过程中，我们应当了解接报案件后的立案审查期限。公安部《关于改革完善受案立案制度的意见》规定，刑事案件立案审查期限原则上不超过3日；涉嫌犯罪线索需要查证的，立案审查期限不超过7日；重大疑难复杂案件，经县级以上公安机关负责人批准，立案审查期限可以延长至30日。法律、法规、规章等对受案立案审查期限另有规定的,从其规定。

3. 立案后的跟进和协助工作。立案后,刑事控告工作可以说已经成功大半。但是此时实现距离控告的目的,仍存在较大距离。律师仍应及时跟踪案件进程,动态分析和调整工作内容,配合和协助公安机关查清案件事实。比如跟进对犯罪嫌疑人采取强制措施情况,公安机关对案件的办理进展等。另外,案件移送检察院审查起诉后,律师可以正式作为代理人开展工作,如申请阅卷,到法院阶段申请开庭时作为代理人出庭等。

五、控告受阻后的救济工作

实践中,司法机关对于控告,特别是刑民交叉的经济犯罪,不受理、不立案是经常遇到的事情。

1. 对于证据原因未受理、立案的,我们在补足证据、线索后,可以重新报案。再次报案所提交的证据、线索材料,必须要有新内容,并且尽量补充充分。否则被再次不予受理、不立案的可能性极大。

2. 对于案件性质存在争议未受理、立案的,向同级公安机关法制部门申请复议;复议维持的,可向上级公安机关法制部门申请复核。复核后未立案的,可向检察院申请立案监督;也可不经复议复核,直接向同级检察院申请立案监督。对于属于刑事案件,但情节较轻,公安机关未予立案的,控告人也可向法院刑事自诉。

3. 司法机关的原因未予受理、立案的。公安部《关于改革完善受案立案制度的意见》专门对强化监督管理和责任追究作出规定。各级公安法制部门承担公安机关受案立案工作的监督管理主管责任,上级公安业务主管部门加强条线监督,公安机关指挥中心、纪检监察、督察、信访等部门结合自身职能,共同做好受案立案监督管理工作。对于报案不接、接报案后不登记不受案不立案、受案立案后不查处,越权管辖、违法受案立案、插手经济纠纷,以及虚报接报案和受案立案统计数据等违法违纪行为,依照有关规定追究相关领导和直接责任人员的责任。

对于不受理的,因明显违法,一是可以拨打"12389"向公安内部督查部门投诉;二是可以拨打"110","110"是必须要记录并转办且接受处理结果查询的;三是可以拨打"12388"向纪委控告,纪委管辖的范围非常广,而且要求每案必结;四是可以拨打"12345"市长热线,热线由信访局负责,网上流转快,办案单位必须在一定期限内作出答复;若涉及组织部部门,也可拨打"12380"向组织部反映,按要求 7 日内必须结案。另外,也可向公安机关的纪委、信访部门反映,以及通过公安机关的局长信箱反映违法行为,也会有一定帮助。

4. 对于其他因素影响未能受理、立案的。在一些特殊情况下,因为办案警种的不同出现的工作特点也不同,可能遇到控告受挫的情形。例如在经济犯罪案件大爆发,经侦部门忙得焦头烂额,或者电信诈骗案件进行集中攻坚阶段,刑侦部门难以抽出力量办理其他诈骗类犯罪时,受害人可以考虑变更罪名选择不同警种进行控告。毕竟很多时候,同一案件事实可能涉及多个罪名,况且刑侦管辖的罪名和经侦管辖的罪名有时并无严格的区别界限,如经济活动中的合同诈骗罪和诈骗罪。

如果存在可能影响案件公正办理的情形,则可根据案件的管辖权选择办案机关(地域管辖、级别管辖)进行控告。

六、刑事控告业务的收费方式

刑事控告业务,因为周期长、成功率低,可以考虑分段收费。比如可分为报案前的准备工作、报案受理后、立案后、移送检察院审查起诉、向法院起诉、执行等多个阶段,每个阶段根据工作量和工作难度来确定收费标准。当然,根据案件情况,可以灵活分段,只要委托方和代理律师能够共同认同即可。

委托人和律师都比较容易接受分段收费。对于委托人来说,初始支付较少的费用即可在专业律师的帮助下启动控告程序,取得工作阶段性的进展后,再支付下一阶段费用,其费用支付意愿也较强。对于律师而言,每一阶段的工作都可放开手努力去做,不用过多担心工作成本和收益。

至于刑事控告业务中,是否可以进行风险代理,应根据情况分析。《律师服务收费管理办法》第12条规定,禁止刑事诉讼案件实行风险代理收费。刑事控告业务也属于刑事诉讼案件,所以,我们认为:(1)在纯粹的刑事诉讼程序中,应当遵照此规定,不能进行风险代理。(2)运用非刑事诉讼程序特有的方式为当事人挽回经济损失的,进行风险代理并不违反规定。毕竟,在刑民交叉案件中,维权方式并不限于刑事诉讼,往往会同时使用非刑事诉讼特有的工作内容,如与被控告方进行谈判、协商、进行和解等,主要针对的是被害人的经济损失。这些工作并非刑事诉讼中特有的工作,而更倾向于民事行为,通过这样的工作挽回的经济损失,笔者认为还是可以进行风险代理的。(3)当然,在刑民交叉案件中,如果在刑事控告的同时,也进行了民事诉讼,且挽回经济损失是通过民事诉讼完成,当然民事诉讼部分是可以进行风险代理的,这里并不存在争议。

刑事申诉案件的律师实务

卢文革

刑事申诉是传统的刑事法律服务业务，但该业务远没有刑事辩护法律服务红火。从应然的角度看本该如此，而从实然的层面看，部分冤错案件依靠“亡者归来”“真凶出现”等偶然因素特别是长期信访得以纠正，律师参与度过低，刑事申诉制度远没有发挥其应有的作用，刑事申诉法律服务还有巨大的上升空间。

一、刑事申诉概述

（一）刑事申诉的定位

刑事申诉是指不服公安、司法机关诉讼终结的刑事处理决定以及不服人民法院生效刑事判决、裁定提出的申诉。

《刑事诉讼法》第2条规定，刑事诉讼法的任务是保证准确、及时地查明犯罪事实，保障无罪的人不受刑事追究。但是，刑事诉讼本身不足以避免错案，需要设置一道补救措施，才能进一步保障无罪的人不受刑事追究的目的。这个补救措施就是刑事申诉。可以说，没有刑事申诉就没有刑事案件百分之百正确的可能，刑事申诉是实现刑事诉讼目的的托底程序。

刑事申诉具有两大特征：一是追求公正优先，效率其次。二是刑事申诉制度的各个要素应当是开放性的。只有开放才有使所有的冤错案件纠正的可能。

刑事申诉的许多问题都要从上述两大特征去展开。

（二）刑事申诉的现状

1. 申诉案件数量多，立案复查比例低

根据最高人民法院某领导的说法：申诉案件大量积压已经到了非解决不可的地步。

但是,最高人民法院的信息显示,只有9.05%的申诉案件被立案复查,其中决定再审的只有7.52%,即申诉案件再审率为0.68%。

2. 纠正期限长,且可推知未纠正案件数量多于已纠正的案件数量

某省检察院对全国2013年至2017年纠正的23件重大案件进行分析,平均纠正期限12.45年,最长20年,最短3年。

已纠正的案件中,大多为杀人、强奸等传统犯罪,而且多因"亡者归来""真凶出现"等偶然因素和长期信访而得以纠正。冤错案件会动摇法治的根基,冤错案件得不到纠正会影响法治建设和社会安定,有关部门要有一定的居安思危意识。

3. 办理刑事申诉的法治环境逐步改善,再审改判的数量总体上升

刑事申诉工作不断得到重视,2017年最高人民法院、最高人民检察院、司法部出台了《关于逐步实行律师代理申诉制度的意见》,目的是改善申诉环境,将申诉引入法治轨道。2020年全国再审改判案件为1818件,再审改判数是一、二审无罪数的2.77倍。

(三)律师代理刑事申诉的现状

1. 需求量大,律师代理意愿低,当事人委托律师的意愿也低,法律服务市场双向失衡

一方面,律师提供法律咨询时,会接触到很多申诉事项。但当事人真正委托律师代理申诉的不多。

另一方面,律师代理申诉案件的积极性低,特别是资深律师大都不愿做申诉案件。

法律服务需求量大而律师代理意愿低,说明法律服务供不应求,刑事申诉法律服务是供方市场。当事人委托律师意愿低,又可以说刑事申诉法律服务是需方市场。

刑事申诉法律服务市场这种供求双向失衡,说明它不是一个正常的市场。当事人寻求自力救济,寻求涉诉涉法信访等市场失灵的替代品也就在所难免。

2. 政府干预市场力度不断加大

《关于逐步实行律师代理申诉制度的意见》是政府干预市场的表现。该意见一方面,通过改善律师执业环境、增加政府投入、动员律师参与刑事申诉,逐步实现律师代理申诉全覆盖,以增加律师法律服务供给。另一方面,该意见要求相关的人民法院、人民检察院对申诉人进行引导,调动当事人委托律师代理申诉的消费意愿。

二、刑事申诉的基本要素

关于刑事申诉的规定比较多，散见于刑事诉讼法、司法解释、规范性文件中，且时间跨度长，许多内容规定得比较原则。

（一）申诉主体

1. 规定

根据《刑事诉讼法》第252条及最高人民法院《关于适用〈中华人民共和国刑事诉讼法〉的解释》（以下简称《刑诉解释》）第451条的规定，刑事申诉的主体包括当事人及其法定代理人、近亲属，认为侵犯其合法权益的案外人。

2. 理解

法律没有规定各申诉主体有序位之分，各主体具有同等的申诉权。有人认为这样规定不尽合理。申诉的主体首先应当是当事人，只有当事人无法行使申诉权时，其他序位的主体才可以进行申诉，这样可以避免多头申诉、重复申诉、申诉矛盾等问题。

笔者认为，服刑人员申诉受到客观条件限制，有时难以有效行使申诉权。在这些问题没有解决好之前，对申诉主体进行限制，不利于维护申诉权。

3. 适用

律师要善于根据申诉人的不同情况，选择由谁提出申诉，以解决因本人服刑所造成的申诉不便，也避免因提出申诉而影响减刑假释。

（二）刑事申诉的主管

1. 规定

《刑事诉讼法》第252条规定，申诉人可以向人民法院或者人民检察院申诉。既向人民法院提出刑事申诉，又向人民检察院申诉，一方已经受理且正在审查程序当中的，未受理机关暂缓受理，并告知申诉人待已经受理的机关处理完毕后如不服再提出申诉。① 这一规定说明法院和检察院都是刑事申诉的主管机关。

2. 理解

法律没有规定法院、检察院对受理申诉案件的职能差别。

有人建议：被告人的申诉由法院主管，而被害人申诉以及被告人对法院驳回申

① 最高人民法院、最高人民检察院、公安部、司法部《关于依法处理涉法涉诉信访工作衔接配合的规定》第5条。

诉不服的申诉由检察机关管辖。理由是被告人申诉实质上是辩护权的延伸，与检察机关的公诉权是对立的，不宜由检察机关主管。被害人申诉实际上是行使控诉权，与检察机关公诉职能相对应，向检察机关提出申诉，可能达到加重被告人刑罚的目的。被告人对法院驳回申诉不服的，再向检察机关提出申诉，可以视为申请检察机关履行法律监督权，这与检察机关的职能设置是相称的。

3. 适用

(1)不要同时向法院和检察院提出申诉。文书中避免同时"此致"法院和检察院。

(2)建议一般的案件先向检察机关申诉。

一是检察机关有专门负责申诉的部门，有纠正错案的内在动力。

二是检察机关的机制更为合理。

检察机关规定的申诉复查门槛更低，①只要认为原判有错误可能，就可以进入复查程序，而不是"确有错误"的标准。

检察机关复查时会核实原案证据，进行必要的调查取证，听取当事人及代理人的意见。

三是通过检察机关监督纠正的比例较高。

2013—2017 年纠正的 23 件案件中，17 件是检察院推动纠正，占 73.9%。

四是可以避免申诉机会浪费。

选择先向检察院申诉，申诉被驳回后，再继续向法院申诉，程序上没有什么障碍。

(三)申诉管辖

1. 规定

(1)法院管辖②

①普通申诉案件：终审人民法院审查处理；

②疑难、复杂、重大的案件：也可以终审人民法院的上一级人民法院审查处理；

③死刑案件：可以由原核准的人民法院直接审查处理，也可以交由原审人民法院审查；

---

① 《人民检察院办理刑事申诉案件规定》第 19 条、第 22 条。

② 《刑诉解释》第 453 条、第 454 条、第 455 条。

④最高人民法院或者上级人民法院可以指定终审人民法院以外的人民法院管辖。

(2)检察院管辖①

①普通申诉案件:由作处生效判决、裁定的人民法院的同级检察院依法办理;

②重大、疑难、复杂申诉案件:上级人民检察院可以直接受理;

③省级人民检察院管辖的刑事申诉案件,原处理决定、判决、裁定有错误可能的,经检察长或者检察委员会决定,可由其他省级人民检察院审查。②

2. 理解

由原审法院管辖申诉,实际上是要求原审法院自我纠错,但是,由于考核、错案责任追究等,原审法院不但不可能主动纠正冤错案件,甚至可能成为冤错案件纠正的主要障碍。

根据最高人民法院调研,终审法院办理的申诉案件,绝大多数没有进入再审程序,而已纠正的冤错案件基本上曾经原审法院申诉审查。这说明由终审法院处理申诉案件流于形式,造成当事人及司法资源的极大浪费。③

实践和理论界对改革申诉管辖规定的呼声不断。有人提出申诉管辖上提一级,也有人提出申诉异地管辖,还有人提出引进独立的机构纠正冤错案件,如英国的刑事案件审查委员会、美国的“无辜者洗冤计划”。

对于申诉异地管辖,我国也有一些相关的规定。例如,2015 年 1 月 20 日,中央政法工作会议提出了“探索建立刑事案件申诉异地审查制度”;2017 年 11 月 14 日,最高人民检察院发布了《人民检察院刑事申诉案件异地审查规定(试行)》;《刑诉解释》第 454 条规定:“最高人民法院或者上级人民法院可以指定终审人民法院以外的人民法院对申诉进行审查……”

但是,由于限制条件较多实践中很难实施,异地管辖已基本被搁置。

3. 适用

律师代理申诉可以尝试申请异地管辖,但有一定的难度。在相关规定没有修改前,仍然只能向原判地司法机关申诉。

---

① 《人民检察院刑事诉讼规则》第 593 条、《人民检察院刑事申诉案件异地审查规定(试行)》第 2 条。

② 《人民检察院刑事申诉案件异地审查规定(试行)》第 2 条。

③ 参见赵霞:《刑事申诉制度改革研究》,法律出版社 2020 年版,第 39 页。

(四)刑事申诉应提交的材料

1. 规定

(1)向人民法院申诉应提交的材料①

①申诉状。应当写明当事人的基本情况、联系方式以及申诉的事实与理由。

②原一、二审判决书、裁定书等法律文书。经过人民法院复查或者再审的,应当附有驳回申诉通知书、再审决定书、再审判决书、裁定书。

③其他相关材料。以有新的证据证明原判决、裁定认定的事实确有错误为由申诉的,应当同时附有相关证据材料;申请人民法院调查取证的,应当附有相关线索或者材料。

(2)向人民检察院申诉应提交的材料②

①申诉书。申诉人不具备书写能力而口头提出申诉的,应当制作笔录,并由申诉人签名或者捺指印。

②各级人民法院作出的判决书、裁定书副本或者与原件核对无误的复印件;人民法院对申诉人提出的申诉作过处理的,应当提交相应法律文书的副本或者与原件核对无误的复印件。

③各级人民检察院作出的刑事申诉复查通知书或者刑事申诉审查结果通知书。

④以有新的证据证明原判决、裁定认定的事实确有错误为由申诉的,应当附有证据原件或者与原件核对无误的复印件。

⑤对于来访的申诉人,应当提交与原件核对无误的身份证明复印件。

⑥委托律师代理申诉的,应当提交与原件核对无误的律师执业证书复印件和律师事务所证明、授权委托书或者法律援助公函原件。

2. 理解

检察院的规定更为详细。

3. 适用

(1)材料要齐全规范,以免被打回。除了主要裁判文书外,如果有发回重审的裁定书、驳回申诉通知书、审查结果通知书都要送。

---

① 《刑诉解释》第452条第1款。

② 参见《刑事申诉指南》,载12309中国检察网,https://www.12309.gov.cn/12309/bszn/20190227-410404.shtml。

(2)向法院申诉用申诉状,向检察院申诉用申诉书,文书的名称不同。

(3)各类材料分列清楚,装订成册,并附目录。

(4)线下线上同步递交。一方面是双保险,另一方面是方便受理机关工作。电子稿方便收案部门登记,打印稿方便承办人审阅。现大部分承办人习惯书面审,所以,打印件不能少。

(五)申诉再审的条件

1. 规定

《刑事诉讼法》第253条规定了申诉启动再审的5个条件:"(一)有新的证据证明原判决、裁定认定的事实确有错误,可能影响定罪量刑的;(二)据以定罪量刑的证据不确实、不充分、依法应当予以排除,或者证明案件事实的主要证据之间存在矛盾的;(三)原判决、裁定适用法律确有错误的;(四)违反法律规定的诉讼程序,可能影响公正审判的;(五)审判人员在审理该案件的时候,有贪污受贿,徇私舞弊,枉法裁判行为的。"

2. 理解

(1)《刑事诉讼法》关于申诉引起的再审与法院、检察院启动再审的规定是不一样的。

申诉再审规定在《刑事诉讼法》第253条,法院决定再审和检察院以审判监督程序引起的再审规定在《刑事诉讼法》第254条,内容是不一样的。

启动再审的条件是原判"确有错误",而申诉再审除了"确有错误"之外,还要符合"可能影响定罪量刑""可能影响公正审判"的情形。

(2)申诉再审的要求高,并不是辩诉的继续。

根据《刑事诉讼法》规定,一审定罪的条件是"排除合理怀疑",二审撤销原判的条件是原审有错误,而再审的条件是原判"确有错误",越往后面要求越严。这是为了维护裁判的稳定性,能不改的就不改,所以不能用辩护的思维来办理申诉案件。

(3)《刑事诉讼法》规定申诉再审的条件过高,规范性文件的规定较务实。

维护裁判的稳定性,能不改就不改是立法层面考虑的问题,司法层面还是应立足于有错必纠,否则冤错案件将没有纠正的可能。正是基于这样的考虑,司法实务规定的再审条件比法律规定更为务实。

由于资源、职权有限,申诉人往往只能提供原判确有错误的线索性材料,只能证明到原判确有错误可能的程度,需要司法机关依职权进一步调查核实,才能确定原判是否确有错误。《刑事诉讼法》规定原判确有错误的申诉再审条件,显然是申诉人难以达到的。

《人民检察院办理刑事申诉案件规定》第19条、第22条规定，只要认为原判决、裁定存在错误可能，就应当决定复查。

3. 适用

（1）申诉案件还是要围绕《刑事诉讼法》规定的条件进行材料的收集和申诉书的制作。

（2）最高人民法院、最高人民检察院规定的条件较为务实，要理解运用好，必要时可以申请人民法院、人民检察院调查取证。

（3）《刑事诉讼法》规定的5个再审条件和《刑诉解释》①规定的10个重新审判条件、《人民检察院办理刑事申诉案件规定》②规定的8个抗诉条件都是申诉再审的理由，但引用条文应是《刑事诉讼法》第253条。

（六）申诉期限

1. 规定

最高人民法院规定一般案件的申诉期限为两年，特殊案件的申诉不受两年期限限制。

《关于规范人民法院再审立案的若干意见（试行）》第10条规定："人民法院对刑事案件的申诉人在刑罚执行完毕后两年内提出的申诉，应当受理；超过两年提出申诉，具有下列情形之一的，应当受理：（一）可能对原审被告人宣告无罪的；（二）原审被告人在本条规定的期限内向人民法院提出申诉，人民法院未受理的；（三）属于疑难、复杂、重大案件的。不符合前款规定的，人民法院不予受理。"

2. 理解

（1）一般情况下申诉人都会及时申诉，不会等到刑罚执行完毕两年后提出。最高人民法院没有将以新证据为由提出申诉列为期限的例外似有不妥。

（2）没有关于疑难、复杂、重大的标准。

（3）对申诉期限规定应进行理性分析。如果不改变现有的申诉制度，将申诉等同于信访，那规定期限不但不合理，而且也难以约束申诉人。

3. 适用

（1）申诉人应尽量在期限内申诉，避免不必要的申诉困难。

---

① 《刑诉解释》第457条。

② 《人民检察院办理刑事申诉案件规定》第45条。

(2)对确实属于冤错案件的,即使超过申诉期限也可以申请最高人民法院同意,或者通过信访的途径。

(七)申诉次数

1. 规定

(1)最高人民法院规定申诉以两次为限。《刑诉解释》第459条规定:"申诉人对驳回申诉不服的,可以向上一级人民法院申诉。上一级人民法院经审查认为申诉不符合刑事诉讼法第二百五十三条和本解释第四百五十七条第二款规定的,应当说服申诉人撤回申诉;对仍然坚持申诉的,应当驳回或者通知不予重新审判。"①

(2)最高人民检察院规定申诉两次为限。《人民检察院刑事诉讼规则》第459条规定:"对不服人民法院已经发生法律效力的判决、裁定的申诉,经两级人民检察院办理且省级人民检察院已经复查的,如果没有新的证据,人民检察院不再复查,但原审被告人可能被宣告无罪或者判决、裁定有其他重大错误可能的除外。"

2. 理解

(1)对以新证据、新理由为由申诉或者可能宣告无罪的,可以不受两次的限制。

(2)申诉次数的规定是对当事人的限制,而不是对司法机关的限制。司法机关可以根据需要对超过两次的申诉予以受理。

(3)实践中很难限制申诉次数,许多纠正的冤错案件都是通过多次申诉才得以纠正。

我们认为,如果不改变申诉信访化现状,即使有次数限制,也控制不了申诉人申诉,次数规定终将落空。如果能修改原审人民法院审查处理的规定,并使申诉诉讼化,那么,申诉案件经两次两级办理,申诉制度的效用得以充分发挥,就基本能够纠正大多数冤错案件。否则,再多的申诉次数,也很难有效维护当事人的合法权益,从制度上也是不经济的。

3. 适用

(1)代理申诉应遵守并用好、用足申诉次数的规定,除可以向检察院申诉两次

---

① 最高人民法院《关于规范人民法院再审立案的若干意见(试行)》第15条规定:"上级人民法院对经终审法院的上一级人民法院依照审判监督程序审理后维持原判或者经两级人民法院依照审判监督程序复查均驳回的申请再审或申诉案件,一般不予受理。但再审申请人或申诉人提出新的理由,且符合《中华人民共和国刑事诉讼法》第二百零四条、《中华人民共和国民事诉讼法》第一百七十九条、《中华人民共和国行政诉讼法》第六十二条及本规定第七、八、九条规定条件的,以及刑事案件的原审被告人可能被宣告无罪的除外。"

外,还可以向法院申诉两次。

(2)遵循申诉开放性的基本属性,对确有错误的案件不被申诉次数规定所束缚。这一点当事人本人应发挥更大的作用。

(八)刑事申诉案件办理期限

1. 规定

(1)人民法院的期限①

人民法院收到申诉材料后即时立案审查,3~6个月内决定是否再审,作出再审决定之日起3~6个月内审结。②

(2)人民检察院办理期限③

控告申诉检察部门受理后3个月内审查结案或移送刑事检察部门;刑事检察部门自收到案件之日起3个月内至适当延长期限内作出审查结案或进行复查的决定;决定复查后3~6个月内办结,决定是否提请上一级检察院抗诉或再审建议;上一级检察院收案后3个月内作出决定。

2. 理解

(1)检察院的期限是从控申部门受理开始计时,形成了闭环,对办理期限的规定是确定的。法院的期限从立案开始,但没有规定什么时候立案,期限的规定形成了空当,如果这个空当被利用,那么期限的规定将落空。

(2)从相关规定可以推知法院实行的是申诉立案登记制。我们从以下规定可以推知法院实行的是申诉立案登记制。

最高人民法院、最高人民检察院、司法部《关于逐步实行律师代理申诉制度的意见》第7条规定:"对符合法律规定条件的申诉,人民法院、人民检察院应当接收材料,依法立案审查。"从这条规定看,是否立案审查就看当事人的申诉材料,接收材料与立案审查之间没有中间环节,也没有任何其他关于立案条件的规定。所以,只要申诉主体符合、材料齐全,就应当立案,申诉案件的立案应当是登记制。

另外,根据《刑诉解释》第452条第2款"申诉符合前款规定的,人民法院应当出具收到申诉材料的回执。申诉不符合前款规定的,人民法院应当告知申诉人补充材料;申诉人拒绝补充必要材料且无正当理由的,不予审查"的规定,可以反推只

---

① 《刑事诉讼法》第258条、《刑诉解释》第457条。

② 《刑事诉讼法》第258条。

③ 《人民检察院办理刑事申诉案件规定》第23条、第36条、第37条、第49条。

要申诉人递交的材料齐全,受理法院就应当予以审查,而立案是审查的前置工作,所以,可以推知申诉立案是登记制。

确定申诉案件实行立案登记制对案件办理很重要。一是解决了申诉案件办理期限的起点,使规定的期限得以落实;二是立案后代理律师阅卷就少些障碍,解决了申诉案件阅卷难的问题。

(3)《监狱法》规定的期限供参考

《监狱法》第24条规定:"监狱在执行刑罚过程中,根据罪犯的申诉,认为判决可能有错误的,应当提请人民检察院或者人民法院处理,人民检察院或者人民法院应当自收到监狱提请处理意见书之日起六个月内将处理结果通知监狱。"

《监狱法》关于期限的规定只能作为参考。

3. 适用

申诉案件办案期限有一定的弹性,相关规定仅供参考,当事人要理性对待办案期限,有时催得太急可能反而对案件不利。

三、刑事申诉基本程序

(一)《刑事诉讼法》规定的程序

根据《刑事诉讼法》第252条至第258条的规定,申诉启动再审的基本程序是:申诉人对已经发生法律效力的判决、裁定可以向人民法院或者人民检察院提出申诉。符合再审条件的,由原审人民法院另行组成合议庭重新审理。如果原来是第一审案件,重新审理应当依照第一审程序进行,所作的判决、裁定,可以上诉、抗诉;如果原来是第二审案件,或者是上级人民法院提审的案件,应当依照第二审程序进行审判,所作的判决、裁定,是终审的判决、裁定。

(二)最高人民法院规定的程序①

申诉人向原审法院申诉,提交申诉状、原审裁判文书、证据材料等材料;对材料齐备的,立案庭应当立案审查,在3~6个月内作出决定;经审查符合《刑诉解释》第457条第2款规定的10个条件的,立案决定再审,移送审判监督庭重新审判。经审查不符合条件的,说服申诉人撤回申诉,仍然坚持申诉的,书面驳回。申诉人对驳回申诉不服的,可以向上一级人民法院申诉;上一级人民法院经审查,认为不符合再审条件的,说服申诉人撤回申诉;仍坚持申诉的,应当驳回或者通知不予重新审判。

---

① 《刑诉解释》第451~474条。

人民法院办理刑事申诉案件的程序如图 1 所示。

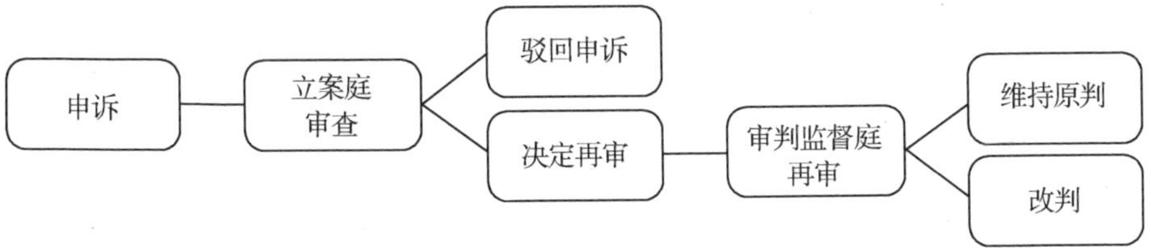

图 1 人民法院办理刑事申诉案件的程序

（三）最高人民检察院规定的程序①

申诉人不服法院生效裁判向人民检察院提出申诉，应当递交申诉书等材料，由控告申诉检察部门受理，并进行审查；经审查，认为原裁判正确或者虽有瑕疵，但不影响裁判结论的，在受理后 3 个月内审查结案；经审查，原裁判存在错误可能的，在受理后 3 个月内移送刑事检察部门办理；刑事检察部门在收到案件后 3 个月至适当延长期限内，经审查认为原裁判正确的，经检察官联席会议讨论后审查结案，认为原裁判存在错误可能的，作出复查决定。经复查，认为原裁判确有错误，具有 8 种情形之一的，在作出复查决定后 3～6 个月内向同级人民法院提出再审检察建议，或者提请上一级人民检察院抗诉（最高人民检察院除外）。经复查，认为不符合抗诉条件的，决定不予抗诉。当事人对不予抗诉的复查决定继续提出申诉的，上一级人民检察院应当受理。② 对审查结案和复查终结的，均应制作审查结果通知书，送达申诉人。

对不服人民法院已经发生法律效力的判决、裁定的申诉，经两级人民检察院办理且省级人民检察院已经复查的，如果没有新的证据，人民检察院不再复查，但原审被告人可能被宣告无罪或者判决、裁定有其他重大错误可能的除外。③

人民检察院办理刑事申诉案件的程序如图 2 所示。

① 《人民检察院刑事诉讼规则》和《人民检察院办理刑事申诉案件规定》。

② 《人民检察院刑事诉讼规则》第 593 条第 3 款。

③ 《人民检察院刑事诉讼规则》第 594 条。

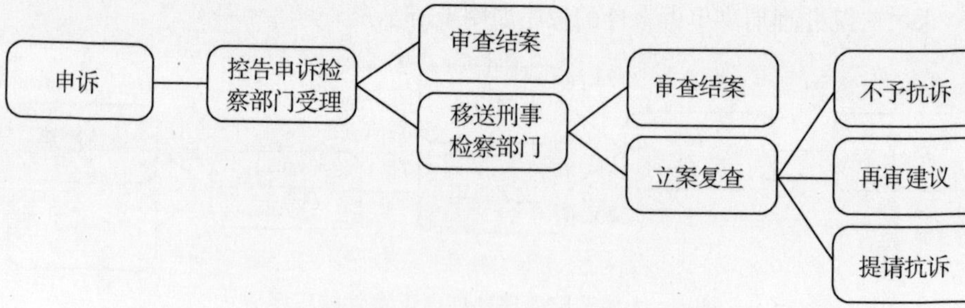

图2　人民检察院办理刑事申诉案件的程序

(四)申诉程序评价

有关刑事申诉的程序规定虽然已经比较详细,但是批评之声还是不绝于耳。有人认为申诉程序没有真正从纠正错案的角度设置,启动再审的条件过高,审查工作流于形式,致使冤错案件长期得不到纠正;有人提出进行刑事申诉诉讼化改革,借鉴大多数国家的做法实行三审终审制。

笔者认为,刑事申诉既有其特殊性,又有一般申诉的共性。其特殊性表现在,一方面,它是《刑事诉讼法》设置的一道纠正错案的救济程序,需要赋予一定的强制性,才能发挥其应有的作用。所以需要有一定的诉讼化,而不能完全信访化。另一方面,申诉仅仅是纠错程序,申诉并不是万能的,完全不考虑效率而过分追求公正也是不科学的。一部分纠正冤错案件的功能可以交给时间、社会力量和信访等其他渠道,可以将多次申诉、长期申诉视同信访,作为发现冤错的信息来源。从这个角度看,目前的两级申诉审查制还是比较合适的。

关于申诉诉讼化改革,主要是如何看待刑事申诉的属性问题。如果仅仅将刑事申诉等同于普通的申诉,看成普通的利益诉求,是发现错案的信息来源,那么,按照信访的方法来处理申诉就可以了。如果将申诉看成再审请求,能够引起一定的诉讼后果,那么,对刑事申诉进行一定的诉讼化改造也是必要的。

从错案纠正的角度,程序不是关键,纠错的动力才是最关键的,要根本解决问题还是要设立独立的申诉机构。

四、律师代理刑事申诉的几个实务问题

(一)律师代理刑事申诉的同时当事人是否可以信访

1. 律师应尊重客观实际,没有理由阻止当事人自己的合理信访

信访对纠正冤错案件是有作用的。同时,由于申诉具有开放属性,本身不排除

信访。对于期限较长的申诉，当事人与办案机关保持联系，有利于案件不被搁置。律师专业申诉和家属适当信访有利于错案的纠正。

2. 律师不能鼓动当事人信访

推行律师代理申诉制度的目的，是将申诉引入法治轨道。所以，律师不能鼓动当事人信访。要告诉当事人，如果离开合理的申诉，再多的信访也是徒劳。对当事人无理访、过激访，散布反党反社会言论的，要坚决予以制止或者进行正确引导。

（二）怎样写好申诉书

写好申诉书是申诉成功的前提，能起到事半功倍的作用。好的申诉书要观点鲜明，条理清晰，论述充分，一目了然。

写好申诉书需要抓住以下关键点：

（1）紧扣《刑事诉讼法》第 253 条重新审判的 5 个条件。申诉书要围绕“认定事实错误”“适用法律错误”“程序严重违法”这三个方面来写，并用法条中的语言进行要点概括，申诉书的关键字要与法条关键字一致，不能让承办人在申诉书中找你的观点和理由。

（2）不要将申诉书写成辩护词。有些律师将申诉当成辩护的继续，这是不准确的。其实，申诉不同于辩护，再审也不同于一审、二审。这主要表现在两个方面：

一是申诉再审的条件要高于一审定罪和二审改判的条件。一审定罪的条件是“排除合理怀疑”，所以，一审辩护只要辩出疑点就成功了。二审改判的条件是原判“有错误”，所以二审辩护的目标是指出一审判决的错误。而申诉再审的条件是原判“确有错误”。显然申诉再审的要求比一、二审的要求高，按辩护的标准写申诉书力度不够。

二是审判阶段的辩护思路是“破”，目的是动摇公诉意见或者一审判决，只要抓住一个突破口就能成功；而申诉的思路是“立”，要亮出原判确有错误的观点，并把它证成。“破”和“立”是两个不同的方向，申诉书的写法也就不同。笔者发现，有些申诉书内容不错，但没有处理好“破”和“立”的关系，直接影响了申诉效果。

（三）怎么处理好申诉与减刑、假释的关系

1. 正当申诉不影响减刑、假释

长期以来，许多人担心申诉会影响减刑、假释从而不敢申诉，这种担心其实是多余的。最高人民法院《关于办理减刑、假释案件具体应用法律的规定》第 3 条第 3 款规定：“罪犯在刑罚执行期间的申诉权利应当依法保护，对其正当申诉不能不加分析地认为是不认罪悔罪。”浙江省高级人民法院、浙江省人民检察院、浙江省公安

厅、浙江省司法厅《关于切实保障服刑人员申诉权利的意见》第13条规定:“服刑人员依法申诉,是其法定权利。申诉不影响对其减刑、假释。”

2. 减刑、假释也不影响正当的申诉

有人担心,减刑、假释的前提是认罪悔罪,减刑、假释就代表认罪了,就不能申诉了。实际上,这种担心也没有必要。

“认罪悔罪”是减刑、假释的前提,针对的是一般罪犯,不包括冤错案件当事人。严格来讲,这里的文字表述是不周延的,但目前也没有其他更好的表述方法。如果将申诉情况单列出来,不但条文冗长,还可能有歧义。实践中要领会精神,不能机械执法,被概念束缚。

(四)申诉案件如何解决阅卷难的问题

1. 阅卷难仍然是律师代理申诉案件的突出问题

现在许多法院只给代理律师审判卷,证据卷要经公安机关和检察院同意,而公安机关和检察院又会将此问题推回到法院。

浙江省高级人民法院《关于刑事案件卷宗查阅范围的答复》规定,公安侦查卷宗、检察卷宗仅对公安、检察部门开放查阅,被告人及其委托律师确需查阅的,应当经上述部门批准同意。这个规定,否定了申诉律师的阅卷权。

2015年9月16日最高人民法院、最高人民检察院、公安部、国家安全部、司法部印发的《关于依法保障律师执业权利的规定》第14条规定:“……辩护律师办理申诉、抗诉案件,在人民检察院、人民法院经审查决定立案后,可以持律师执业证书、律师事务所证明和委托书或者法律援助公函到案卷档案管理部门、持有案卷档案的办案部门查阅、摘抄、复制已经审理终结案件的案卷材料。”按照这个意见,立案后代理律师才能阅卷。

最高人民法院、最高人民检察院、司法部于2017年4月1日出台的《关于逐步实行律师代理申诉制度的意见》第9条规定:“依法保障代理申诉律师的阅卷权、会见权。在诉讼服务大厅或者信访接待场所建立律师阅卷室、会见室……”按照这个意见,申诉代理律师阅卷已经没有障碍。但是,实际上违规限制律师阅卷的情况还是没有得到解决。

2. 申诉代理律师阅卷权有充分的法律依据

(1)《关于逐步实行律师代理申诉制度的意见》关于代理申诉律师阅卷权的规定,是最新规定,其他规定与此不一致的,应以此为准。

(2)《关于逐步实行律师代理申诉制度的意见》第9条规定,代理申诉律师有阅卷权，是以身份来规定的阅卷权，而不是以诉讼阶段规定的阅卷权。只要取得代理申诉律师的身份，即取得阅卷权，而代理申诉律师身份的取得以双方签订委托合同，律师取得授权委托书开始。

(3)刑事案件结案后，案件已经公开，审判阶段和审查起诉阶段律师都可以阅卷，以保密为由限制申诉阶段代理律师阅卷理由不能成立。

(4)认为法院决定再审后律师才能阅卷的观点与法律规定不符。再审不是独立的程序，原判是一审的按一审程序审理，原判是二审的按二审程序审理。律师在再审期间的工作实质上属于审判阶段的辩护，律师完全可以辩护人的身份开展工作。再审决定前律师的工作才是真正的申诉代理。认为法院决定再审后申诉代理律师才可以阅卷的观点，实质上等于否定了申诉代理律师的阅卷权。

(5)立案审查后申诉代理律师才能阅卷的做法，违反了《关于逐步实行律师代理申诉制度的意见》的规定，也不具可操作性。

当事人申诉是立案审查的前提，申诉之前应写好申诉书(状)，而写好申诉书(状)的前提是充分阅卷。如果没有阅卷，写申诉书(状)就没有依据，没有申诉书(状)就不能提出申诉，这就陷入了死循环。

另外，司法机关没有立案环节，也不会通知当事人，立案后再阅卷的做法缺乏可操作性。

3. 解决方法

(1)两次申诉法。针对有些法院坚持立案后才能阅卷的做法，先根据现有材料制作申诉书提起申诉。根据立案登记制，司法机关对材料齐备的都应立案，待立案后再申请阅卷，阅卷后再补充申诉材料。相当于两次申诉。

(2)向原案辩护律师借阅法。《律师办理刑事案件规范》第 14 条第 2 款："在侦查、审查起诉、一审、二审、死刑复核、申诉、再审案件中，当事人变更律师的，变更前的律师可以为变更后的律师提供案情介绍、案卷材料、证据材料等工作便利"的规定，说明律师之间借案卷是合规的。律师可以通过当事人向原案辩护人借阅案卷。只要当事人配合到位，这将是解决申诉阅卷难行之有效的方法。

(五)如何依靠监狱开展刑事申诉案件代理工作

1. 大部分刑事申诉案件来自监狱

申诉人大多在监狱服刑期间就着手申诉，如果有可能，多参加监狱的法律顾问、法律咨询、讲课等活动，相信会有所收获。

2. 监狱对申诉案件有独特的作用

《监狱法》第23条规定,“罪犯的申诉材料,监狱应当及时转递,不得扣压”。第24条规定,“监狱根据罪犯的申诉,认为判决可能有错误的,应当提请人民检察院或者人民法院处理”。作为监狱,用好用足法律规定,在发现冤错案件的工作上有所作为,不但体现其工作成效,也是功德无量的善举。

监狱作用的独特性表现在:

(1)对原判是否错误进行必要的核实。监狱对发现有错误可能的申诉案件,应当及时移送司法机关处理。而“发现”要有所作为,所以,监狱为了确认原判是否有错误的可能,可以进行必要的调查核实。这种调查核实对申诉案件弥足珍贵,其作用无可替代。

(2)以监狱的名义发函转办案件更容易得到重视。监狱转办申诉案件不是简单的信件转递,而是提出原判有错误可能的意见,要附信函。这样更容易引起办案机关的重视。所以,律师在代理刑事申诉案件中,要与相关监狱沟通,充分利用好监狱的独特作用。

(六)律师如何开展刑事申诉业务

1. 关于谈案

(1)观点要明确,态度要坚决。申诉案件不同于辩护案件,结果已经存在,当事人申诉的目的就是改变原判,他要的就是取得你的支持,而不是征求你的意见。所以,律师代理申诉案件不能模棱两可,应当给予当事人明确的观点。

(2)分别谈案。分别谈案是指与服刑人员谈案件代理,与家属谈收费。

2. 关于收费

申诉案件有以下特点:(1)眼下支付能力弱,纠正后支付能力强;(2)对过程支付意愿弱,对结果支付意愿强;(3)时间跨度长,经历阶段多。

根据申诉案件的特点,可以采取以下几种方式收费:

(1)一次性收费。基于双方信任,最好采取一次性收费的方案。

(2)分期收费。针对支付能力弱的当事人,双方可以协商分期支付。

(3)分段收费。申诉案件可能经历四次申诉,可以根据不同阶段分开收费。

(4)年度收费。申诉案件时间普遍较长,为了避免律师被长期拖累,也打消当事人的顾虑,可以采取按年度收费的办法。

另外,如果当事人承诺改判后给律师奖励,是当事人单方赠与法律行为,并不违反法律规定,但承诺在交付前可以反悔。

3. 怎样会见服刑申诉人

(1)会见前先咨询。各地会见规定不一样,去监狱会见之前,最好先电话咨询会见时间、会见手续等。

(2)尽量安排在非劳动日会见。监狱采取的是“5 +1 +1”的工作模式,五天劳动,一天休息,一天学习。在可会见的时段里,尽量安排在休息日或学习日会见,以免影响当事人完成劳动任务。

4. 关于调查取证

办理申诉案件免不了调查取证,特别是以新证据为由提起的申诉。

(1)穷尽一切可能挖掘线索。申诉往往时间长、经历环节多,有效的证据线索难以轻易得到,需要想尽一切办法,穷尽一切可能获取证据线索。

(2)要特别注意风险防范。申诉的目的是推翻原案,与原办案机关和承办人有直接的利害关系,律师取证的风险比辩护阶段高得多。在取证中一定要做到客观公正,要求有两名律师参与,并做好同步录音录像。如果条件允许,尽量申请司法机关取证。

(3)要做好新证据的保密工作。新证据来之不易。有些新证据是证人证言,主观性较强,容易受污染,公开了可信度就差了。要做好保密工作,防止证言可信度降低,甚至使证言作废,给错案纠正带来不可挽回的损失。

5. 如何与当事人沟通

(1)统一当事人认识

一是统一对结果的认识。冤错案件纠正难是世界性难题,要与当事人反复说明申诉改判难的现实,虽然有成功的希望,但更要做最坏的打算。如果能与当事人统一这样的认识,申诉案件有时甚至比刑辩案件压力还小。

另外,要在签订委托协议时以书面的形式告知当事人风险。如果不能统一对结果的认识,代理申诉可能会有麻烦,最好不要接案。

二是统一对过程的认识。告知当事人申诉的基本流程,让当事人对可能出现的漫长过程有思想准备,以免失去信心。

(2)让当事人多参与具体工作

在可能的情况下,尽量让当事人及其家属参与案件的具体工作,有些工作也可以让当事人家属去做,如投信、查询案件进展情况等。让他们自己参与案件工作的作用有三个方面:一是对律师工作有感知;二是对申诉难有感知;三是树立主体意识,不会因结果不好而轻易怪罪律师。

总之,刑事申诉案件确实难做,但做多了也不见得那么难,只是与其他法律服务业务有所不同而已。

随着执法环境的改善,刑事申诉法律服务市场也会逐步正常,代理刑事申诉案件也会有相应的回报。现在来说,律师代理申诉不仅有利于国家法治建设,还有利于律师个人综合能力的提高。

减刑、假释的律师实务

卢文革

刑事判决生效后，接下去就是交付执行，而交付执行的刑罚会因某种原因发生刑期或者执行方式的变动，如因表现好被减刑假释、因严重疾病被保外就医等。其中，减刑、假释是刑罚变更的主要情形，下面探讨减刑、假释法律服务的问题。

一、减刑、假释法律服务的现状

（一）减刑、假释法律服务业务未被激活

减刑、假释制度作为刑罚变更执行制度，理应由律师提供法律服务。但实践中，很少有律师开展减刑、假释法律服务，许多人甚至还不知道有减刑、假释法律服务业务。

1. 是没有需求吗？不是

2018 年，某省法院、检察院、监狱管理局联合课题组调研，对监狱服刑人员进行调查问卷，发现 79.9% 的服刑人员希望提供减刑、假释法律服务。

2006 年至 2015 年的 10 年间，全国年平均减刑、假释案件约 57 万件，如果按 79.9% 的需求比例，全国每年有约 46 万人的服务需求。近 8 年来，全国律师办理刑事案件年均约 79 万件，减刑、假释法律服务需求量占律师办理刑事案件量的 58.23%。这说明，减刑、假释法律服务业务不但有需求，而且需求市场还很大，完全可以成为刑事律师业务新的增长点！

2. 是法律不允许做吗？也不是

在我国，没有任何法律禁止减刑、假释法律服务。相反，减刑、假释法律服务可以找到相关依据。

首先，《律师办理刑事案件规范》第 8 条规定："律师参与刑事诉讼，可以从事下

列业务:……(九)其他刑事诉讼中的相关业务。”减刑、假释是刑事诉讼法中规定的业务,当然属于刑事诉讼中的相关业务。

其次,《律师法》规定的7项律师业务中,虽然没有单独列明减刑、假释业务,但是根据有法律事务就需要法律服务的原则,减刑、假释法律服务可以归类到第1项法律顾问、第6项非诉法律服务、第7项法律咨询,或者综合三项业务。

最后,可以依据刑事辩护业务,开展减刑、假释法律服务。有人认为,“被告人”“刑事案件”是广义的概念,服刑人员也是被告人,减刑、假释案件也是刑事案件,《律师法》关于刑事辩护的规定,就是律师开展减刑、假释法律服务的依据,这个说法得到了有关方面的认同。

四川省高级人民法院、四川省人民检察院、四川省监狱管理局就持这种观点,并出台了相应制度,将减刑、假释法律服务归类为“刑事辩护”,将提供服务的律师称为“辩护人”。

3. 是什么原因阻碍了减刑、假释法律服务业务的开展

减刑、假释法律服务业务没有很好开展的原因是多方面的。一是认识上的原因,对减刑、假释到底是奖励还是权利有争议;二是体制上的原因,混淆减刑、假释工作行政属性和司法属性;三是操作层面上的原因,办理减刑、假释案件流程中没有给法律服务留下空间;等等。

但是,以上原因没有一个是根本性的,根本原因只是习以为常!人们还没有思考能不能为罪犯减刑、假释提供法律服务的问题。

(二)减刑、假释法律服务已经有了良好开端

1. 已有律师开展零星的减刑、假释法律服务。实践中,已经有律师和监狱咨询减刑、假释法律服务的具体操作问题。

2. 某省已经出台了关于审理减刑假释案件的庭审规范,率先从制度层面确立了减刑、假释法律服务,规定人民法院审理减刑、假释案件应当听取罪犯及其辩护人的意见,开庭审理减刑、假释案件,辩护人应当参与,辩护人可以询问服刑人员,可以对证据进行质证,可以向证人提问,其程序设计与刑事案件庭审差不多。

二、减刑、假释制度简介

(一)减刑、假释制度概述

1. 减刑、假释制度是功利主义刑罚目的观的产物

在报应主义刑罚目的观下,刑罚就是报复,怎么判就怎么执行,不存在减刑、

假释的问题。在功利主义刑罚目的观下,刑罚的目的是改造罪犯,预防和减少犯罪,这样就产生了刑罚个别化和根据罪犯改造情况变更刑罚执行的减刑、假释制度。

2. 现代意义上的减刑、假释制度源于英国

制度化的减刑、假释,一般认为起源于 19 世纪英属殖民地澳大利亚诺福克监狱。1839 年监狱长麦克诺奇创立了分数制①,罪犯得到一定的分数时得以减刑,累进达到一定级别时获得假释的资格。

西方国家的减刑制度主要有法定减刑和善行折减,假释有法定假释和裁定假释。其中善行折减制度值得我们学习借鉴,比悔改表现的提法更为务实。

3. 我国减刑、假释制度是激励罪犯改造的手段

我国采取的是功利主义和报应主义相结合的刑罚制度,将减刑、假释定位为激励罪犯改造的制度。减刑、假释相关制度的制定、改革都应从这个定位出发。激励手段有效的前提是司法诚信,如果罪犯按要求达到减刑、假释的条件,就应给予许诺的结果,否则激励机制将失去效果。实践中对减刑、假释一味从严,"搭车"执行财产性判项等做法,都有偏离激励罪犯改造这个定位的倾向。

(二)我国减刑制度简介

减刑是指被判处管制、拘役、有期徒刑、无期徒刑的犯罪分子,在执行期间,如果认真遵守监规,接受教育改造,确有悔改表现,或者有立功表现的,减去一定刑期的制度。

1.《刑法》规定的减刑理由

根据我国《刑法》第 78 条的规定,减刑的条件如图 1 所示。

实践中,99% 的减刑理由是确有悔改表现。

---

① 英国政府一般把罪犯流放到殖民地美国或澳大利亚,统一拘留在当地的刑事集中营里,集中营里的生活条件非常恶劣,对罪犯的羁押实际上是无期限的。1839 年,亚历山大 · 麦克诺奇被英国政府任命为澳大利亚诺福克监狱的监狱长。他认为,罪犯在量刑时无法准确地估量罪犯养成自我约束习惯及对罪犯进行改造所需要的时间,因而量刑应当是开放的,即罪犯服刑时间应以罪犯改造表现而定。为了将罪犯改造成新人,麦克诺奇创立了分数制,罪犯得到一定的分数时得以减刑,累进达到一定级别时获得假释的资格。

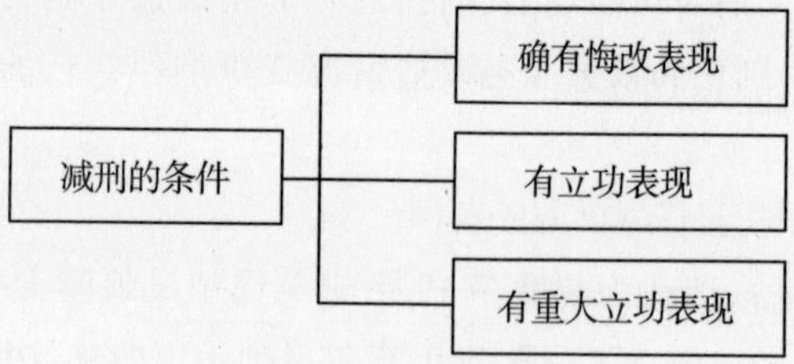

图 1　减刑的条件

2. 最高人民法院《关于办理减刑、假释条件具体应用法律的规定》细化的减刑条件

(1)确有悔改表现

最高人民法院《关于办理减刑、假释具体应用法律的规定》第 3 条第 1 款对确有悔改表现需要同时具备的条件作了规定(见图 2),实际上是四项考核内容。每个月考核一次,一般得 100 分。得分的关键是第四项劳动分和第二项监规纪律是否被扣分。

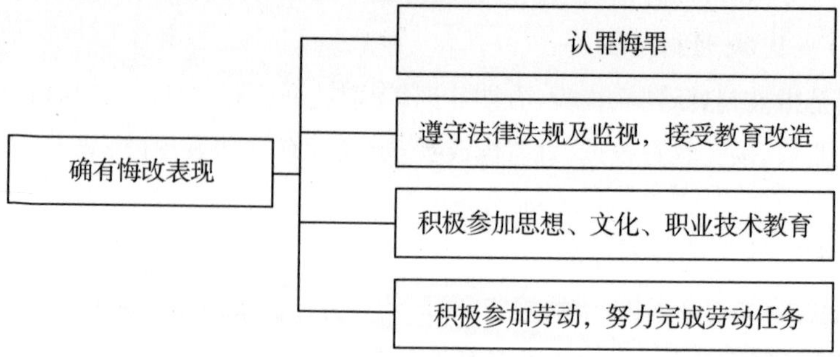

图 2　确有悔改表现

(2)立功表现的条件

最高人民法院《关于办理减刑、假释案件具体应用法律的规定》第 4 条第 1 款对可以认定法为立功表现的情形作了规定(见图 3)。与执行前阶段立功不同,除了与犯罪有关的立功外,还包括对国家和社会贡献的立功。根据最高人民法院《关于办理减刑、假释案件具体应用法律的规定》第 4 条第 2 款的规定,技术革新或者其他较大贡献应当由罪犯在刑罚执行期间独立或者为主完成,并经省级主管部门确认。

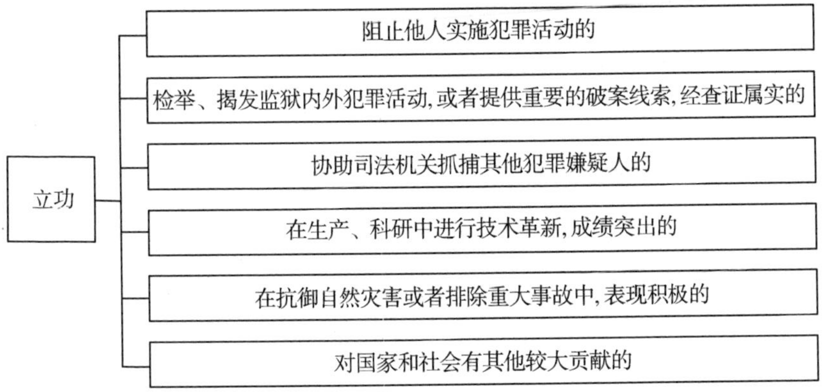

图 3　立功表现的情形

(3)重大立功表现的条件

最高人民法院《关于办理减刑、假释案件具体应用法律的规定》第 5 条对重大立功表现的情形作了规定,见图 4。

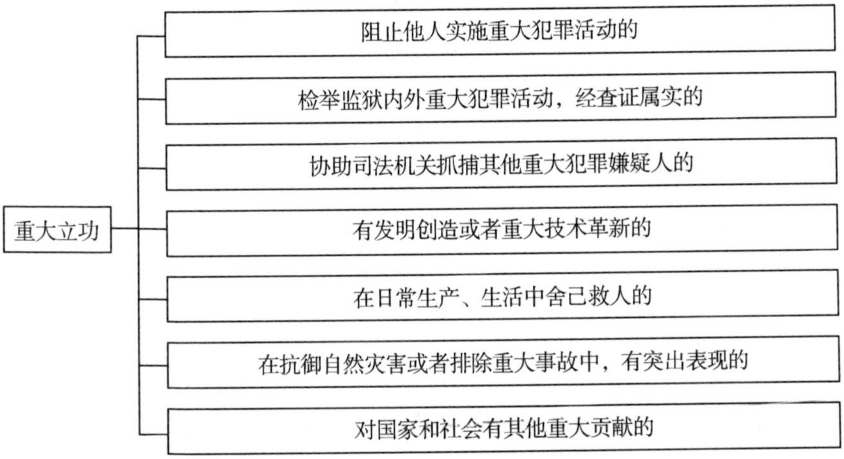

图 4　重大立功表现的情形

值得提及的是,《专利法》上的发明创造是指发明、实用新型和外观设计三种情况,这里的发明创造仅指的是《专利法》中的发明,不包括实用新型新颖和外观设计。

3. 实际操作中的减刑三要素

(1)起始条件:600 分得 1 个表扬,1 个月得 100 分左右。有期徒刑减刑的起始时间自判决执行之日起计算;看守所期间的考核分不带入监狱,只作参考。具体如图 5 所示。

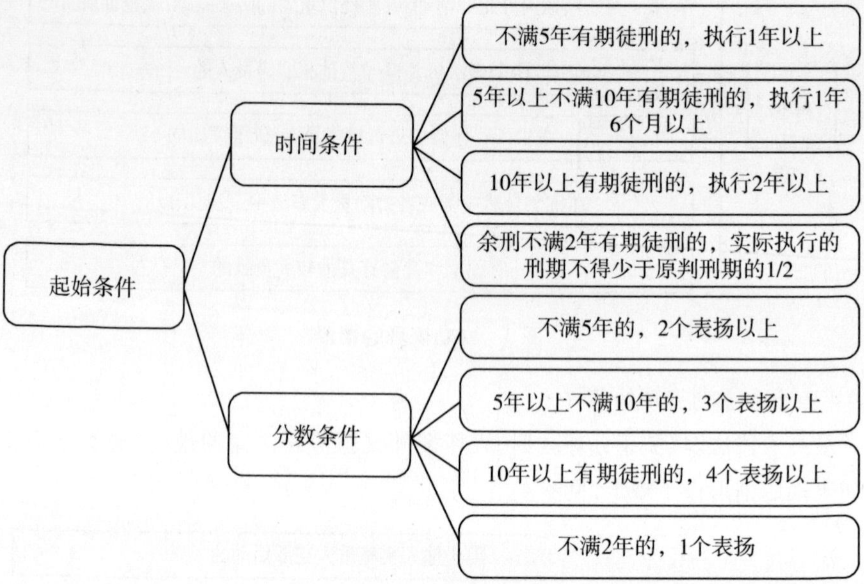

图 5　减刑的起始条件

(2)减刑幅度:1 个表扬减刑不超过 3 个月,一次减刑一般不超过 9 个月。具体如图 6 所示。

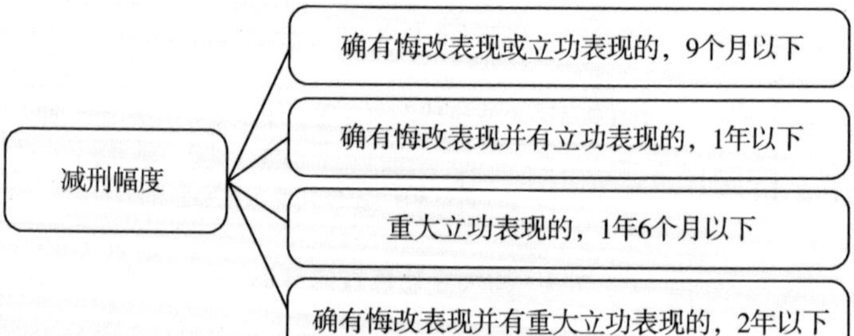

图 6　减刑幅度

(3)两次减刑的间隔期:两次减刑的间隔期具体如图 7 所示。

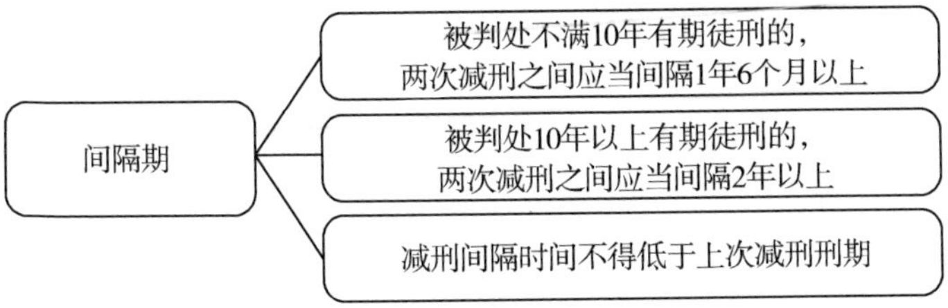

图7　两次减刑的间隔期

两次减刑的最小间隔期为1年。罪犯有重大立功表现的，可以不受上述减刑起始时间和间隔时间的限制。

4. 减刑幅度

根据现有规定，我国的减刑理论最高减刑幅度只有33.33%，实际减刑幅度大概为17%。

美国每月最高减7天，最大减刑幅度为18.92%。法国最高每年减刑2个月，最大减刑幅度为14.29%。意大利每6个月减45天，最大减刑幅度为19.74%。

（三）我国假释制度简介

被判处有期徒刑的犯罪分子，执行原判刑期1/2以上，被判处无期徒刑的犯罪分子，实际执行13年以上，如果认真遵守监规，接受教育改造，确有悔改表现，没有再犯罪的危险的，可以假释。

1. 假释的法定条件

根据《刑法》第81条的规定，假释的法定条件具体如图8所示。

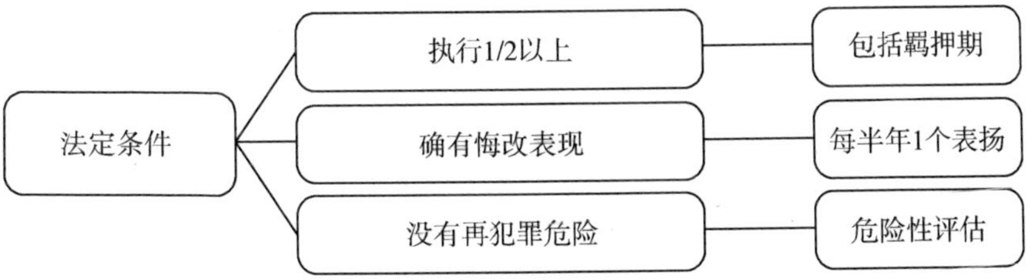

图8　假释的法定条件

2. 假释的实际操作

假释操作起来相对简单，因为只有是否假释的问题，没有幅度的问题，即定性考察为主、定量考察为辅。

(1)取得一定的表扬数。考核期内应获得考核总月数除以6的表扬个数,相当于要求假释的犯人考核分不低于平均水平。一般罪犯每6个月可以得到1个表扬。仅从考核的角度看,假释似乎比减刑更容易,但实践中假释比减刑更难,主要是假释需要做的工作较多,要审前社会调查,而且存在一定的责任风险。

(2)假释优先原则落实难。

假释优先的依据:

法理基础:假释不改变原判,减刑改变原判。

实践基础:假释的再犯罪率低得多。社区矫正再犯罪率为0.2%,其中90%是缓刑,假释的再犯罪率更低。

(四)减刑、假释的基本流程

职能分工:刑罚执行机关提请,人民法院裁判,人民检察院同步监督。基本流程中行政审批和司法审查混杂。

1. 监狱提请程序

监狱提请程序具体如图9所示。

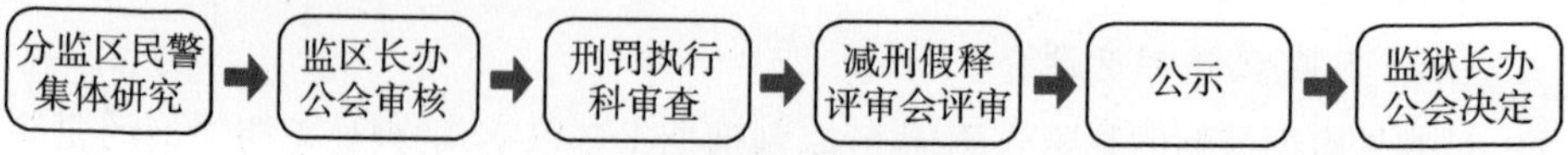

图9 监狱提请程序

2. 人民法院审理程序

人民法院审理程序具体如图10所示。

图10 人民法院审理程序

3. 人民检察院同步监督程序

人民检察院同步监督程序具体如图11所示。

图11 人民检察院同步监督程序

三、导致罪犯减刑、假释权受到侵害的因素

实践中,导致罪犯减刑、假释权受到侵害的因素有很多,以下作简要介绍。

(一)减刑、假释权没有被普遍认同

许多人认为减刑、假释是对罪犯的奖励,可以给,也可以不给。没有真正将减刑、假释视为罪犯的法定权利,导致服刑人员的减刑、假释权利受到极大的限制甚至剥夺。

然而,减刑、假释是服刑人员的权利,而且是核心权利。

《刑法》第78条规定,有重大立功表现的,应当减刑。《刑事诉讼法》第273条第2款规定:罪犯在执行期间确有悔改或者立功表现,应当依法予以减刑、假释的时候,由执行机关提出建议书,报请人民法院裁定。最高人民检察院在《全国检察机关"监督维护在押人员合法权益专项活动"实施方案》中指出,"依法维护监狱罪犯等在押人员获得刑事奖励权"。

(二)减刑、假释制度设置有欠缺

1. 减刑、假释立法过于简单

《刑法》关于减刑的规定只有3条,假释的规定只有6条,没有系统的程序规定。由于法律规定的内容过于原则,不得不通过司法解释、规范性文件等来弥补。另外,法律规定少,导致减刑假释工作一管就死、一放就乱。

笔者建议对减刑假释进行专门立法,增加法律的供给,将实践中成熟的做法用法律的形式固定下来,从立法角度推进减刑假释整体发展,适应时代的前进步伐。

2. 司法工作过度受政策影响

政策导向易变,导致司法解释、尺度把握不断在变。

3. 当事人权利救济途径缺失

权利来自哪里?从根本上说权利来自争取。

在整个减刑假释程序中,从最初的分监区全体民警集体研究,到监狱长办公会决定,再到法院作出裁定,服刑人员均没有异议权。在减刑、假释活动中,罪犯只是客体,而不是主体。

(三)不当执法理念损害减刑、假释权

1. 过分"搭车"执行财产性判项,牺牲罪犯减刑、假释权

自从实行减刑、假释与履行财产性判项挂钩后,有些法院依赖减刑、假释来执行财产性判项,实行举证责任倒置,要求罪犯证明自己没有履行能力,常常以没有

履行财产性判项为由限制罪犯减刑、假释。据某特大型监狱统计，减刑假释与履行财产性判项挂钩之前，法院不同意监狱提请意见的比例较低，如2007年为7.94%。而与财产性判项履行挂钩后，法院不同意监狱提请减刑意见的比例大幅上升，至2010年高达53.04%，2020年的比率为48.85%，最高的时候高达90%。

2. 具体工作中"左"的思想严重，减刑、假释大打折扣

司法实践中，对罪犯减刑假释一味从严，认为从严可以避嫌，从严没有责任风险。

四、当前环境下如何开展减刑、假释法律服务

当前，虽然减刑、假释法律服务还无法全面铺开，但根据先易后难的原则，可以从以下几个方面开展工作。

（一）开展狱前辅导

在投劳前对当事人进行狱前辅导，介绍监狱执法的基本情况，辅导法律知识，帮助当事人做好服刑规划，使当事人提早做好心理准备，在服刑期间少走弯路。

（二）给服刑人员及其家属提供法律咨询或担任法律顾问

根据当事人的需要提供相应的服务。

（三）代理刑事申诉案件过程中间接提供减刑假释服务

目前，相对来说，律师代理申诉更有制度保障，政策导向也希望申诉律师能够帮助纠正冤错案件，同时配合司法机关做息诉服判工作。这样，律师不但可以引导当事人积极改造，而且可以与相关单位形成互动，换取刑罚执行机关对犯人思想转变的认同，最终有利于减刑假释。

（四）直接提供减刑、假释辩护服务

1. 提请阶段法律服务

（1）提供符合减刑、假释条件服务。在提请阶段，律师可以提供以下服务：①对有财产但因客观原因未能履行财产性判项的，协助当事人对财产进行处理，履行财产性判项，为减刑、假释创造条件；②对确实没有履行财产性判项能力的罪犯，协助其取得没有履行能力的证明材料，不因财产性判项影响减刑、假释；③协助当事人与被害人达成谅解；④帮助提请假释的罪犯顺利通过审前调查；⑤其他需要的工作。

（2）向监狱提出法律意见。根据当事人的改造情况，结合原判刑罚、犯罪情节、家庭条件等，提出当事人符合减刑、假释条件的意见建议。

(3)提出维权异议。对监狱不同意提请减刑、假释,或者提请幅度不足的,依法提出辩护意见。减刑、假释辩护意见应包含以下主要内容:①论证减刑、假释是罪犯的权利;②根据减刑、假释相关法律、司法解释规定,论述当事人符合减刑、假释的条件;③论证当事人不存在有意不履行财产性判项的情形;④根据同案同判原则,对比同监服刑人员实际减刑、假释情况,提出辩护意见。

2. 法院审理阶段法律服务

由于审理阶段没有明显的对抗力量,该阶段律师法律服务的作用更多是"护",而不是"辩"。

(1)对开庭审理的案件,申请参加庭审,并发表辩护意见。由于法律没有关于律师参加减刑、假释庭审的规定,法院不会通知律师出庭,所以律师要自己申请出庭。

(2)对书面审的案件,提交辩护意见。对于没有开庭或者法院不同意律师参加庭审的,律师可以向法院提交书面辩护意见。庭审阶段重点针对当事人财产性判项履行能力进行论述,避免因财产性判项影响减刑、假释。

(3)对不予减刑、假释或扣减幅度的裁定提出纠正意见。

(五)罚金减免法律服务

1. 罚金减免的作用

罚金减免的作用有二:一是其本身属于广义的减刑;二是罚金减免可以取得终结本次执行裁定,为减刑、假释创造条件。罚金减免申请,相当于申请法院对当事人的履行能力进行调查,对确实无履行能力的,法院可能终结本次执行,从而服务减刑、假释。

2. 罚金减免的法律、政策依据

《刑法》第53条第2款规定:"由于遭遇不能抗拒的灾祸等原因缴纳确实有困难的,经人民法院裁定,可以延期缴纳、酌情减少或者免除。"

《全国法院维护农村稳定刑事审判工作座谈会纪要》关于财产刑问题的规定是,"确实无法执行或不能执行的,可以依法执行终结或者减免"。

《刑法》对罚金减免的条件,不但关注不能缴纳的结果,还关注不能缴纳的原因,只有因不可抗力造成不能履行的才能减免。而《全国法院维护农村稳定刑事审判工作座谈会纪要》对罚金减免只关注结果,只要结果确实不能履行,就可以减免。《全国法院维护农村稳定刑事审判工作座谈会纪要》是对《刑法》的细化,更符合实际,司法实践中要按《全国法院维护农村稳定刑事审判工作座谈会纪要》执行。

律师在为当事人提供法律服务时,发现对原判罚金明显不合理的,可以提出改判的申诉;对当事人符合罚金减免规定的,及时提出减免申请。

(六)权利受损害的案件是服务重点

当前,减刑、假释法律服务还未得到普遍接受,良好的工作环境尚未形成,要特别注意工作方式方法,不要因工作不当影响当事人的权利。

维权服务可以先从权利实际已经受到侵害的当事人入手,实际效果会更好。

对依法应当予以减刑、假释的罪犯,如果监狱不同意提请减刑、假释,特别是法院裁定不准予减刑、假释的,律师开展法律服务容易被当事人接受,容易体现律师的作用,容易打开法律服务的局面。

代跋:辩护思路(方案)的确定与展开

徐宗新

一、辩护思路

思路,是指思考的条理脉络。

辩护思路,是指律师对一个案件进行无罪、轻罪、罪轻辩护的选择与实现路径的有条理的思考脉络。

做任何事情首先都要有思路。一个思路清晰的人,能用思路来指引行为,更容易获得成功。

那么,辩护思路如何确定呢?

这里笔者总结了六条原则:

一是对案件定性尽可能充分地分析。是否构成犯罪,构成什么犯罪,如果构成犯罪有什么法定、酌定的从轻及从重情节。

二是对案件结果尽可能全面地预估。是无罪,还是轻罪,还是罪轻;是刑事拘留,逮捕,还是取保候审、监视居住;是撤案、不起诉,还是免刑、缓刑、实刑;刑期最轻多少,最重多少。

三是对实现路径要进行全面的挖掘。辩护目标的实现路径一般有:案例研讨;举办模拟法庭;充分而有效的沟通;申请召开听证会;向承办人反映辩护意见;当事人直接反映诉求;调查取证;申请调查、重新鉴定、勘验检查;申请取保候审;申请合规考察;申请分案处理;提出不予批捕、不起诉、撤案的意见;与被害人协商赔偿取得谅解;撮合被告方与被害方合作;寻求当事人所在单位(组织)的帮助支持;向领导反映;媒体曝光;专家论证;申请非法证据排除;申请证人(被害人)出庭作证;管辖权异议;申请回避;申请延期审理;申请并案审理;申请中止审理;申请网络直播;申请二审开庭;申请调查核实证据;建议诉辩交易;提出认罪认罚;充分挖掘从轻情节并提出精确的量刑意见。只有穷尽路径,思路才可能开阔,方案才可能全面。

四是遵循当事人利益最大化原则。选择无罪、轻罪、罪轻辩护,要以当事人利益最大化作为衡量标准,必须由当事人来决定。当事人的利益分为自由与生命、财产、名誉三类,律师必须问清当事人的最大利益是什么。如果犯罪嫌疑人、被告人的意见与家属不一致,则以犯罪嫌疑人、被告人的意见为准。所以,律师在确定辩护思路时,一定要跟当事人反复磋商,在当事人百分之分理解各个思路的前提下,依据自己的最大利益选择辩护思路。

五是要切实可行。要注意理论与现实、条文和实操之间的差距,如果法律上可行,但实践中却不可行,那一定要跟当事人讲明白;如果实践中可行,但法律上却不明确,律师则必须作为一种方案提出来。比如,非法证据排除从法律上看是在法院阶段更受重视,但是在法院阶段往往已经很难,而在侦查、审查批捕、审查起诉阶段提出来,排除的概率则更大,我们就会提议尽早提出非法证据排除,而不是等到法院阶段再提。再如扫黑除恶的案件,在专项斗争期间把握的标准相较于法律条文的标准要宽,也必须告诉当事人,不能有过高的期望值。

六是应调则调。根据案件发展的情况,如果出现了更有利于当事人权益保障的新的辩护思路,律师应当及时提出,并告知当事人,由当事人决定是否调整原来的辩护思路。比如,当事人作无罪辩解,原来证据不充分,后经过补充侦查取得了足以指控成立犯罪的证据,律师就应该告知当事人,提供一条认罪认罚的辩护思路供其选择,以防仍旧作无罪辩护而被重判。

二、辩护方案

思路确定下来后,我们就可以制定辩护方案了。

思路是方案的内核,方案是思路的展开。

方案,是指从目的、要求、方式、方法、进度等部署具体、周密,并具有很强可操作性的计划。

辩护方案,是指律师在办理案件过程中,围绕着辩护目标,对工作进度、工作方式、辩护理由组织、各方力量运用。

对辩护方案的制定,笔者认为可参考以下步骤:

1. 确定辩护目标

一种是实质结果:是无罪、轻罪还是罪轻;是骑墙式辩护,作无罪辩护,但轻判也可接受。另一种是法律结果:撤案、存疑不诉、绝对不诉、相对不诉、免刑、缓刑、实刑、保命、从轻改判。两者可以统一起来，如无罪撤案、无罪绝对不起诉、轻罪免刑、罪轻缓刑等。

请注意，辩护目标还包括阶段性目标，如取保候审、延期审理、中止审理、发回重审、分案处理、二审开庭审理、说服检察院不支持抗诉；等等。如果一步达到最终目标很难，我们就要考虑先实现阶段性目标。

2. 分列出实现该目标的要求（条件）

一方面是实体上的：主体不适格；客观无行为；实质无危害；不符合犯罪特征；涉嫌的是轻罪；从犯；自首；立功；谅解。

另一方面是程序上的：必须由律师提出无罪辩护意见并说服承办人。

两者结合起来，并针对目标，可以列出计划：

目标：无罪撤案。

要求：实体上必须要有：主体不适格；客观无行为；实质无危害；情节显著轻微。

程序上必须有：提出过硬的证据材料和法律分析意见并说服办案人员。

3. 针对要求列出每一步需要做的工作

对前述可以采用的路径中选择应当做的工作。比如为了达到前述的目标和要求，我们进一步要列上需要做的工作：

目标：无罪撤案。

要求：实体上必须要有：主体不适格；客观无行为；实质无危害；情节显著轻微。

程序上必须有：提出过硬的证据材料和法律分析意见并说服办案人员。

具体工作：进行会见，进行法律咨询和提审辅导；案例和法律检索；研究和讨论；委托专家论证；提出证据；提出专业意见；充分沟通；家属共同反映。

依照刑事诉讼的时间节点，我们就可以列出在哪一步应当做哪一项工作。比如，会见几次，每次做什么工作；沟通几次，每次沟通要达到什么目的。

4. 在辩点挖掘和具体辩护理由的组织上五步走

辩点的挖掘和理由的组织，一般是按照如下步骤进行：一是弄清法律规定；二是进行证据审查；三是进行专业审查；四是进行事实梳理（主客观两方面结合）；五是法律适用。按这样的步骤审查，工作做深做细，质量不会差。弄清法律规定，重在法律条文收集全面、理解到位；证据审查要针对证据“三性”进行严格审查；专业审查在刑行交叉案件上尤其重要，比如骗取出口退税案件的辩护，必须要对出口退税制度充分了解，做个内行人，才可以辩好案；主客观相统一了，才可以认定为案件事实；法律适用在前法与后法、一般法与特别法、刑法和其他法哪个更优先、广义与狭义要进行充分的研究和论证,法理上要成立,法条上要符合,效果上要正面。

5. 明确具体谁做什么事

一个全面的辩护方案,一般由律师、家属和犯罪嫌疑人、被告人共同完成。所以对具体的工作,要注明是谁负责。比如:律师负责案件的调查取证、提出专业意见、反映意见;家属负责与被害方联系,进行道歉,商谈和解,争取谅解,以家属名义向司法机关提出诉求;犯罪嫌疑人、被告人准确地理解法律,进行准确的表达。

6. 制作计划并画出思维导图

书面计划的结构为:

目标:无罪撤案。

要求:实体上必须有:主体不适格;客观无行为;实质无危害;情节显著轻微。程序上必须有:提出过硬的证据材料和法律分析意见并说服办案人员。

具体工作:进行会见,进行法律咨询和提审辅导;案例和法律检索;研究和讨论;委托专家论证;提出证据;提出专业意见;充分沟通;家属共同反映。

具体负责人及工作进度安排:

律师的工作有:

(1)会见4次,进行咨询、提审辅导,特别是批捕检察官提审前的辅导;(2)收集证据;(3)进行案例和法律检索,在案件报捕前完成,作为向公安机关提交辩护意见的重要依据;(4)律师事务所召开案件研讨会,集思广益,丰富辩护意见;(5)联系专家组织论证,在报捕前完成并出具专家论证报告;(6)律师撰写意见,向公安机关提出不构成犯罪的意见;如案件报捕到检察院,3日内向检察院提交相关证据及专业意见,与检察官见面沟通。

家属的工作有:

(1)向司法机关写信或当面反映诉求;(2)提供相关证据;(3)提供专家论证组织条件;(4)不腐蚀承办人员。

犯罪嫌疑人的工作有:

(1)了解法律;(2)在提审时,辩解到位;(3)信任律师;(4)保持好心态;(5)遵守监规和会见规定。

可以对辩护方案画一张思维导图,以更明晰辩护思路、辩护目标、辩护方向、辩护具体要求及具体工作的开展。

三、工作展开

辩护方案制定好,又画了思维导图,还是不够的,还要有工作计划表,即什么时间、做什么事情、怎么做、谁做、做的效果如何、下一步工作安排，列成一张表，在做工作时，就按照这张表去落实。

在落实工作时，要发挥主观能动性，还要注重技术、技巧的准备和发挥。比如说去沟通，要做好沟通的准备，列出沟通的操作细节，务必使工作达到效果。

案件的辩护，有通理，有通识，还有通法，但也因人而异、因案而异、因地而异、因势而异、因时而异，我们作为辩护律师，要深入思考、反复研究、全面分析，确定准确的辩护思路，制定全面的辩护方案，运用技术技巧落实好辩护方案，这样才能确保案件的辩护质量。

后记

2022年,是靖霖成立的第十三个年头。

这本书,也是靖霖刑事律师的第十三本专业书。

三年的疫情,2022年尤为严重,刑事辩护业务市场萎缩明显,刑事律师队伍人才流失严重。

但我对刑事业务的前景还是看好的,毕竟刑事是法治的根本,毕竟我国的法治建设还方兴未艾,毕竟疫情只是暂时的影响。

所以,刑事辩护业务的研究还得继续。干一行,爱一行,精一行,把刑辩做到极致了,靖霖刑事律师才算完成使命,而专业之路,还很长。

感谢英才苑府对本书的支持,没有他们坚持要靖霖律师在他们这个平台上开办类罪辩护的课,就没有这本书的基础材料。

感谢各位作者的辛勤付出,这些文字都是在讲稿的基础上一遍又一遍地修改而成,花费了他们大量的时间。

感谢有些已经离开靖霖的老同事的付出,不管身在何处,他们都念靖霖情,把成果留下来,与大家共享。

感谢参与本书编辑和校对工作的同事郝晓玲、任德顺、边志选、刘志伟、廖文幕、董伟靖、应李敏、陈骏杰、陈柳明、李凯。

徐宗新

2023年9月